KB218361

부처님 당시 인도 B.C 500년경 |

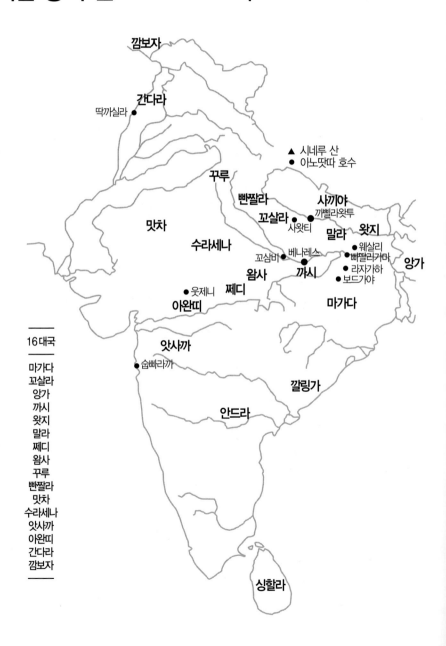

깜보자

간다라
딱까실라 ●

▲ 시네루 산
● 아노땃따 호수

꾸루

빤짤라   사끼야
꼬살라   까삘라왓투
맛차   사왓티
수라세나   말라   왓지
꼬삼비   베나레스   ● 웨살리
왐사   까시   ● 빤딸라가마   앙가
웃제니   ● 라자가하
쩨디   ● 보드가야
아완띠   마가다

16대국

마가다
꼬살라
앙가
까시
왓지
말라
쩨디
왐사
꾸루
빤짤라
맛차
수라세나
앗사까
아완띠
간다라
깜보자

앗사까
숩빠라까 ●

깔링가

안드라

싱할라

불교중심지역 majjhimadesa |

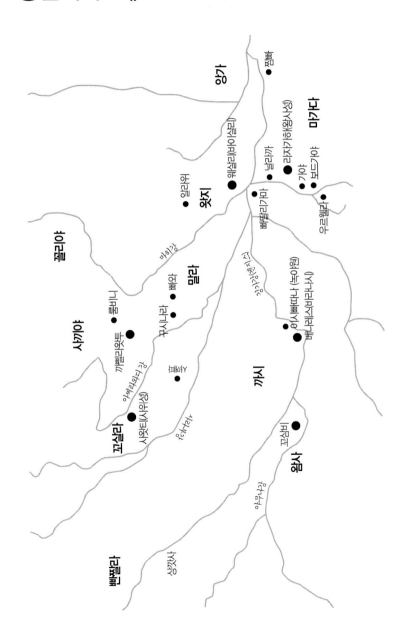

웻사
앙가
마가다
꼬살라
왓지
말라
사꺄
쩨띠
꼬삼비
밧지
왐사

껫빠
라자가하(왕사성)
날라까
가야
보드가야
아루웰라
벨루리가마
이시빠따나(녹야원)
바라나시(까시)
우루웰라
마히강
베루와
라기가라
깜뽈라왓투
아빠라와디강
사왓티(사위성)
라와라
아찌라와디강
사께따
빠따라강
고싱가
까오
상낏사
베빠라
야무나강
고다와리강

법구경 이야기 1

법구경 주석서

| Dhammapada Aṭṭakathā |

옛길

법구경 이야기 1

법구경 주석서
| Dhammapada Aṭṭhakathā |

무념 · 응진 번역

옛길

그대들은 스스로 힘써 노력하라.
붓다는 다만 길을 가르쳐 줄 뿐이다.
그 길은 모든 시대의 붓다들이
지나갔던 길이며 보여주었던 오래된 옛길이다.
그 길은 바로 깨달음과 평온으로 인도해 주는
여덟 가지 고귀한 길, 팔정도이다.

나모 땃사 바가와또 아라하또 삼마삼붓닷사

Namo tassa bhagavato arahato sammāsambuddhassa

이 세상에서 가장 존귀하고 가장 가치 있고 스스로 올바로
깨달음을 얻으신 부처님께 귀의합니다.

제1권 목차

법구경 주석서 해제

제1장 대구Yamaka Vagga

제2장 불방일Appamāda Vagga

제3장 마음Citta Vagga

제4장 꽃 Puppha Vagga

약어

A.	Aṅguttara Nikāya ㅣ 증지부
BPS	Buddhist Publication Society
BvA.	Buddhavaṁsa Aṭṭhakathā
D.	Digha Nikāya ㅣ 장부
Dhp.	Dhammapada ㅣ 법구경
DhpA.	Dhammapada Aṭṭhakathā ㅣ 법구경 주석서
It.	Itivuttaka ㅣ 여시어경
J.	Jātaka ㅣ 本生譚
JA.	Jātaka Aṭṭhakathā ㅣ 본생담 주석서
Khp.	Khuddakapātha ㅣ 小誦經
KhpA.	Khuddakapātha Aṭṭhakathā ㅣ 소송경 주석서
M.	Majjhima Nikāya ㅣ 중부
Mil.	Mīlindapañha ㅣ 밀린다 왕문경
PTS	Pāli Text Society
Pv.	Petavatthu ㅣ 餓鬼事
PvA	Petavatthu Aṭṭhakathā ㅣ 아귀사 주석서
S.	Saṁyutta Nikāya ㅣ 상응부
Sn.	Suttanipāta ㅣ 經集
SnA.	Suttanipāta Aṭṭhakathā ㅣ 경집 주석서
Thag.	Theragāthā ㅣ 장로게
ThagA.	Theragāthā Aṭṭhakathā ㅣ 장로게 주석서
Thig.	Therigāthā ㅣ 장로니게

ThigA.	Therigāthā Aṭṭhakathā	장로니게 주석서
Ud.	Udāna	감흥어경
UdA.	Udāna Aṭṭhagāthā	감흥어경 주석서
Vin.	Vinaya Piṭaka	율장
VinMv.	Vinaya Mahā Vagga	율장 대품
VinCv.	Vinaya Cūla Vagga	율장 소품
VinPr.	Vinaya Pārājika	율장 波羅夷
VinSd.	Vinaya Sañgadisesa	율장 僧殘
VinPc.	Vinaya Pāccitiya	율장 波逸提
VinPv.	Vinaya Parivāra	율장 部隨
Vis.	Visuddhimagga	청정도론
Vv.	Vimānavatthu	天宮事
VvA.	Vimānavutthu Aṭṭhakathā	천궁사 주석서

약어 표시

1) 경장, 자따까, 우다나 등에 나오는 약어는 경의 번호를 나타낸다.
   예) S11.12: 상윳따 니까야 제11상응 12번째 경
       A3.79: 앙굿따라 니까야 세 가지 모음 79번째 경
       J12: 자따까 12번째 이야기.
2) 율장은 PTS 단락 번호를 따른 것이다.

법구경 주석서 해제

I. 들어가는 말

금강경이 우리나라 불교도들에게 가장 친숙한 경전이라면 법구경 (Dhammapada)은 남방 상좌부 불교도들에게 가장 친숙하고, 가장 오래된 경전이다. 그리고 전 세계의 거의 모든 언어로 번역됐고, 가장 많이 번역됐으며 가장 널리 알려진 경전이다. 법구경 주석서는 남방 상좌부 불교에서 빠알리어 시험의 초급 및 중급 시험과목이며 빠알리어 입문 단계의 교재이기도 하다.

법구경은 423 게송으로 이루어진 게송 모음집으로 붓다께서 어떤 사건이나 에피소드 끝에 간결하고 함축적인 게송을 읊어 사람들을 깨달음으로 인도한 가르침의 정수이다. 고대의 특별한 사건과 관련해서 붓다께서 읊으신 게송들이지만 그 안에 들어있는 가르침은 특정 사건이나 시대를 초월하여 모든 사람들에게 다 적용되는 가르침이다. 이 경전은 복잡하고 현학적이지 않은 단순하고 소박한 게송이지만 그 안에 삼장三藏의 내용이 다 들어있다고 해도 과언이 아니다.

그래서 법구경은 불교도뿐만 아니라 불교도가 아닌 사람들에게까지 영감의 원천이며 삶의 안내서이다. 지혜로운 사람이라면 도덕적으로 어려운 문제나 개인적이고 일상적인 문제에서도 법구경의 가르침에서 해답을 구할 수 있을 것이다.

출가자이거나 일반인이라도 고귀한 삶이나 수행과 정신적인 진보에 관심이 있는 사람이라면 법구경에서 수행에 관한 실제적인 가르침을 얻을 수 있으며, 게송을 암송하고 그 가르침에 따라 수행한다면 해탈의 기쁨을 맛볼 수 있을 것이다.

이 책의 제목인 '법구경 이야기'의 원제목은 법구경 주석서(Dhammapada Aṭṭakathā)이다. 법구경 주석서는 법구경을 설하게 된 인연이야기因緣譚, 즉 에피소드이다. 주석서에 나오는 이야기들은 붓다의 일대기이며 초기불교의 역사이자 그 당시 인도의 역사이기도 하다. 주석서에 나오는 사건들은 그 당시 인도 사람들의 삶, 관습, 사회구조를 이해하는 가장 좋은 교재이다. 주석서를 읽으면 붓다께서 어떻게 살았고, 어떻게 사람들을 가르쳤는지, 또 어떻게 제자들을 깨달음으로 인도했는지를 쉽게 이해할 수 있다. 그리고 붓다께서 진정 우리에게 무엇을 말씀하고자 했는지 알 수 있다. 법구경과 주석서를 단순히 흥밋거리로 읽지 않고 정확히 이해하게 되면 올바른 삶이란 어떤 것이며 어떻게 살아가야 바르게 사는 것인지 알 수 있는 삶의 지침서가 될 것이다.

법구경과 주석서의 중요성을 정확히 이해하기 위해서는 윤회사상이나 인과법因果法, 사성제四聖諦, 오온五蘊, 십이연기十二緣起, 계율戒律 등과 같은 불교 기초 교리를 먼저 알아야 한다. 불교를 전혀 모르는 사람이라면 붓다가 누구인지부터 알아야 한다. 자신이 불교도라 해도 대승불교도들은 상좌부불교에 대한 기초 지식이 없어 붓다와 붓다의 가르침을 정확히 이해하는 사람은 드물다. 하지만, 여기서 남방불교 기초 교리 등은 따로 설명하지 않겠다. 교리적인 문제는 다른 책들을 참고하기 바란다.

그렇다고 해서 법구경 이야기가 이해하기 어려운 책이라는 말은 아니다. 오히려 이것은 딱딱한 교리서가 아닌, 스토리텔링이므로 아주 쉽고 흥미롭게 공부할 수 있다. 이 책을 읽는 것만으로도 어느 정도 교리에 대한 이해와 지식을 얻을 수 있다. 이해를 돕기 위해 각주에 교리에 대한 자세한 설명을 추가했다.

법구경 주석서 해제 편에서는 법구경 이야기를 읽기 전에 미리 알고 있으면 많은 도움이 되는 사항들을 살펴보고자 한다. 즉 붓다는 누구이며, 이야기에 나오는 각각의 에피소드들이 붓다의 생애 중 어느 시기에 일어났는지 등을 알아본다. 또 수행의 관점에서 법구경 이야기를 살펴보고자 한다. 더불어 법구경이 삼장의 어디에 위치하고 있는지, 주석서는 누가 언제 편집했는지, 어떤 경전과 주석서에서 인용했는지 등에 대해서도 알아본다.

II. 법구경 주석서에 나오는 붓다

우리가 붓다를 이해하는 관점은 대체로 선불교적이다.

"마음이 곧 부처다."

"마음과 부처와 중생에 차별이 없다."

"깨달으면 모두가 부처다."

깨달음이라는 보편성의 법칙에서 붓다를 이해하려고 한다면 법구경 이야기에 등장하는 붓다를 이해할 수 없다. 붓다에 대한 이런 일반적인 관념을 잠시 내려놓고 실제로 인도에서 태어난 인간 붓다에 대해 알아야 한다. 또 법구경 이야기를 읽다 보면 붓다라는 인물이 너무 신격화됐다고 생각할지도 모른다. 이렇듯 붓다를 이해하지 못하고 이 책을 읽으면 의심만 일어난다.

붓다를 바라보는 시각에는 여러 부류가 있다. 대체로 역사적이고 사실적인 관점에서 이해하려는 사람들, 평등성과 보편성의 법칙으로 이해하려는 사람들, 초인적이고 신화적인 관점에서 보려는 사람들로 나눠진다.

역사적 사실주의자들은 믿음보다 지혜가 강한 사람들이다. 이들은 경전에 나오는 기록이라도 일단 의심해 보고 사실인지 아닌지 확인하려 든다. 이런 학자적인 사람들은 신격화야말로 불교를 왜곡하고 타락시키는 원인이라고 주장한다.

선불교에서는 '마음이 곧 붓다이다(卽心是佛)'라는 평등성과 보편성의 관점에서 붓다를 이해하려고 한다. 그래서 붓다라는 역사적 인물에 관해선 관심이 없다. 다만 만물을 관통하는 근원적인 본질과 깨달음의 속성에 관심을 기울일 뿐이다.

화엄학에서는 붓다가 되기 위해서는 많은 단계를 거쳐야 한다고 주장한다. 십신十信 십주十住 십행十行 십회향十回向 십지十地의 50단계를 거쳐서 등각等覺 묘각妙覺에 이르고 이를 넘어서 마지막 53번째 단계에 비로소 붓다가 된다고 한다. 그 많은 단계를 거치려면 수 억겁의 세월이 필요하다.

붓다를 초월적인 존재로 보려는 사람들은 지혜보다 믿음이 강한 사람들이다. 이들은 붓다를 초인적인 존재라고 믿어 의심치 않으며, 가르침을 실천하기보다는 단순히 의지의 수단으로 생각하는 경향이 있다.

그렇다면 법구경 이야기에 나오는 붓다는 어떤 존재인가. 역사적 인물인가, 신화적 인물인가, 보통 사람인가, 초인인가. 어떻게 붓다가 되는가. 화엄학에서처럼 53단계를 밟아서 올라가는가, 아니면 선불교에서처럼 깨달으면 모두가 붓다인가. 법구경 이야기에 등장하는 붓다는 어떤 존재인지 한 번 정리해 보지 않고 책을 읽는다면 혼란이 일어날 수 있다. 따라서 법구경 이야기에 등장하는 붓다에 대한 정의를 초기 경전과 교리에서 정리해 볼 필요가 있다.

붓다의 생애를 다루는 경전들에는 붓다왐사(Buddhavaṃsa, 佛種姓經) 자따까(Jātaka, 前生譚), 니다나까타(Nidānakathā, 因緣譚)와 율장 대품 등이 있다. 법구경 주석서는 이 경전들을 그대로 인용하고 있기 때문에 붓다를 알기 위해선 이 경전들을 들여다봐야 한다. 그래서 이 경전들에서 묘사하고 있는 붓다에 대해 간략하게 정리해 본다.

붓다가 되는 과정

많은 사람이 붓다가 되기를 희망하지만, 아무나 붓다가 되는 것이 아니다. 붓다가 되기 위해서는 여러 조건이 갖춰져야 한다. 즉, 일체 중생을 포용할 수 있는 무한한 자비와 수많은 중생들의 다양한 근기들을 제도할 수 있는 위없는 지혜, 그리고 많은 사람을 거느릴 수 있는 무한한 복덕을 갖춰야 한다. 이런 자비와 지혜와 복덕을 갖추기 위해서는 무한한 세월 동안 공덕을 쌓고 지혜를 닦아야 한다. 그렇게 되기 위해서는 흔들리지 않는 강철 같은 서원을 세우고 초인적인 힘을 발휘해 멀고 험난한 길을 걸어가야 한다. 이 길을 체계적으로 설명한 것이 십바라밀pāramī이다.

보시 바라밀Dāna pāramī

지계 바라밀Sīla pāramī

출리 바라밀Nekkhamma pāramī

지혜 바라밀Paññā pāramī

정진 바라밀Viriya pāramī

인욕 바라밀Khanti pāramī

진실 바라밀Saccā pāramī

결정 바라밀Adhiṭṭhāna pāramī

자애 바라밀Mettā pāramī

평온 바라밀Upekkhā pāramī

이와 같이 많은 중생을 제도하는 붓다가 되기를 서원하고 붓다가 갖춰야 할 일체지一切智를 얻기 위해 오랜 세월 십바라밀을 완성해 나가는 사람을 보살(Bodhisatta, 菩薩)이라고 한다. 보살이 되기 위해서는 붓다로부터 붓다가 되리라는 수기를 받아야 한다. 처음 수기를 받는 순간에는 여덟 가지 조건을 갖추고 있어야 한다.

① 인간이어야 한다.

② 남자이어야 한다.

③ 한 게송만 들어도 바로 아라한이 될 정도로 위빳사나(통찰지) 수행이 무르익어야 한다.

④ 수기를 받는 순간 출가자(은둔자나 비구)이어야 한다.

⑤ 붓다를 만나야 한다.

⑥ 팔선정과 오신통을 갖추고 있어야 한다.

⑦ 일체지를 갖춘 붓다가 되겠다고 서원을 세워야 한다.

⑧ 몸과 마음을 아끼지 않고 바라밀을 닦으려는 결심이 확고해야 한다.

처음 수기를 받을 때부터 보살은 십바라밀을 완성해 나간다. 십바라밀을 완성하기 위해서는 오랜 세월 윤회하지 않을 수 없고, 보시 바라밀은 '기나긴 윤회의 양식'이기 때문에 가장 먼저 닦아야 한다. 보살은 윤회 중 열여덟 군데에 태어나지 않는다.

① 입태 시의 장님 ② 입태 시 귀머거리 ③ 정신이상자 ④ 벙어리 ⑤ 손, 발이 불구인 자 ⑥ 식인종 ⑦ 하인으로 태어나지 않는다. ⑧ 사견을 갖지 않는다. ⑨ 성性이 바뀌지 않는다. ⑩ 오역죄를 범하지 않는다. ⑪ 나병 환자 ⑫ 축생이 되더라도 메추리보다 작게 코끼리보다 크게는 태어나지 않는다. ⑬ 항상 굶주리고 불타는 아수라나 목이 바늘구멍만 한 아귀로 태어나지 않는다. ⑭ 무간지옥과 한빙지옥 ⑮ 욕계천의 마라 천인 ⑯ 색계 무상유정 천과 정거천(무상유정천의 중생들은 '생각이 없는 경지'가 최고라고 여기고 그런 상태를 닦았기 때문에 바위처럼 생각이 정지된 중생들이다. 정거천은 아나함과를 성취한 성인들이 가는 곳이기 때문에 더 이상 윤회하지 않고 그곳에서 구경각을 깨달아 열반에 든다.) ⑰ 무색계천 ⑱ 다른 세계에 바꾸어서 태어나지 않는다.

보살은 십바라밀 각각에 대해 3단계로 닦아야 하므로 모두 30바라밀을 완성해야 한다.

① 기본 십바라밀(pāramī): 각각의 바라밀에 대해서 아들, 딸, 아내, 재산을 포기함으로써 성취된다.

② 중간 십바라밀(upapāramī): 각각의 바라밀에 대해서 자신의 팔다리,

눈 같은 몸의 일부를 포기함으로써 성취된다.

③ 최상 십바라밀(paramattha pāramī): 각각의 바라밀에 대해서 자신의 생명을 포기함으로써 성취된다.

그리고 다섯 가지 큰 보시, 즉 아내, 자식, 왕국, 자신의 목숨, 팔다리를 보시해야 한다. 고따마 붓다께서 바라밀을 닦는 모습은 자따까前生譚에 자세히 언급돼 있다.

바라밀을 닦는 기간은 보살마다 다르다. 붓다마다 성향이 다르기 때문이다. 지혜를 우선으로 하는 보살은 4아승지+10만 대겁이 소요된다. 믿음을 우선으로 하는 보살은 8아승지+10만 대겁이 걸린다. 정진을 우선으로 하는 보살은 16아승지+10만 대겁이 소요된다.

보살은 십바라밀을 완성해 나가는 동안 만나는 모든 붓다에게서 또다시 붓다가 되리라는 수기를 받는다. 멀고도 험한 보살의 길을 지나 십바라밀을 완성하고 나면 보살은 뚜시따tusitā(도솔천)에 올라가 마지막 화려한 천상의 삶을 즐긴다. 그때의 수명은 57억6천만 년이다. 뚜시따에서 수명이 다되어 가면 도솔천왕 제석천왕 범천왕 등을 위시해서 10만 세계의 신들이 모여 보살에게 인간으로 태어날 것을 요청한다. 이때 보살은 다섯 가지 큰 관찰을 하고 천상에서 내려가 모태에 든다.

보살은 입태入胎, 주태住胎, 출태出胎에 알아차림이 있다. 벽지불이 될 사람은 입태와 주태에 알아차리지만 출태에 어두워진다. 상수제자와 대제자가 될 사람은 입태에 알아차리지만 주태와 출태에 어두워진다. 보살이 태에 들어있는 열 달 동안 사대천왕이 호위한다.

디가 니까야에는 모든 보살이 정해진 법칙에 따라 붓다가 되는 것을 밝히고 있다.1)

---

1) 보살에게 정해진 법칙(Mahāpadāna Sutta, D14, 각묵 스님).

"보살은 도솔천에서 몸을 버리고 마음챙기고 알아차리면서 어머니의 태에 들어간다.

보살이 도솔천에서 몸을 버리고 어머니의 태에 들어갈 때 신과 마라, 범천을 포함한 세상에서 사문과 바라문과 신과 인간을 포함한 무리 가운데서 측량할 수 없는 광휘로운 빛이 나타나는데 그것은 신들의 광채를 능가한다. 암흑으로 덮여 있고 칠흑같이 어두운 우주 사이에 놓인 세상이 있어, 그곳에는 신통력과 위력을 가진 해와 달도 광선을 비추지 못한다.

그러나 그곳까지도 측량할 수 없는 광휘로운 빛이 나타나는데 그것은 신들의 광채를 능가한다. 그곳에 태어난 중생들은 그 빛으로 '다른 중생들도 여기 태어났구나.'라고 서로를 알아본다. 일만 세계가 진동하고 흔들리며 전율한다. 측량할 수 없는 광휘로운 빛이 세상에 나타나는데 그것은 신들의 광채를 능가한다.

보살이 어머니의 태에 들어갈 때 사대천왕이 '인간이나 귀신이나 혹은 그 어느 누구도 보살과 보살의 어머니에게 해를 끼치지 말라'고 하면서 그들을 보호하기 위해 사방으로 나아간다.

보살이 어머니의 태에 들어갈 때 보살의 어머니는 천성적으로 계를 잘 지닌 분이다. 그녀는 생명을 죽이는 일을 삼갔고, 주지 않는 것을 가지는 것을 삼갔고, 음행을 삼갔고, 거짓말을 삼갔고, 술 마시는 것을 삼갔다.

보살이 어머니의 태에 들어갈 때 보살의 어머니는 남자들에 대해 감각적 욕망에 탐닉하는 마음이 일어나지 않는다. 그 어떤 남자도 애욕에 찬 마음으로 보살의 어머니를 범할 수 없다.

보살이 어머니의 태에 들어갈 때 보살의 어머니는 다섯 감각기관을 통한 감각적 욕망을 모두 누린다. 그녀는 다섯 가닥의 감각적 욕망을 갖추고 완비해 즐긴다.

보살이 어머니의 태에 들어갈 때 보살의 어머니는 어떤 병도 없다. 행복하고 몸이 편안하며, 자궁 안에 있는 보살의 사지와 감각기관들을 훤히 볼 수 있다. 예를 들어 진귀하고 빛나고 양질이고 팔각형이고 잘 다듬어졌고 투명하고 티가 없고 모든 측면에서 빼어난 보석이 있는데 그것이 파란색이나 노란색이나 빨간색이나 흰색이나 회색 실에 꿰어 있다고 하자. 눈 밝은 사람은 그것을 손에 놓고 '이것은 진귀하고 빛나고 양질이고 팔각형이고 잘 다듬어졌고 투명하고 티가 없고 모든 측면에서 빼어난 보석이다. 그리고 이것은 파란색이나 노란색이나 빨간색이나 흰색이나 회색 실에 꿰어 있다.'라고 직접 확인할 수 있을 것이다.

이처럼 보살의 어머니는 어떤 병도 없고 행복하고 편안하며, 자궁 안에 있는 보살의 사지와 감각기관들을 훤히 볼 수 있다.

보살이 태어난 지 7일째에 보살의 어머니는 임종해서 도솔천에 태어난다.

다른 여인들은 아홉 달 혹은 열 달 동안 임신했다가 출산한다. 그러나 보살의 어머니는 그렇지 않다. 보살의 어머니는 반드시 열 달 동안 임신했다가 출산한다.

다른 여인들은 앉아서 출산하거나 혹은 누워서 출산을 한다. 그러나 보살의 어머니는 그렇지 않다. 보살의 어머니는 오직 서서 출산한다.

보살이 어머니의 자궁에서 나올 때 신들이 먼저 받고 나중에 인간들이 받는다.

보살이 어머니의 자궁에서 나와 땅에 닿지 않았을 때 사대천왕들이 보살을 받아 '왕비여 기뻐하십시오. 큰 힘을 가진 아들이 태어났습니다.'라고 하면서 어머니 앞에 놓는다.

보살이 어머니의 자궁에서 나올 때 보살은 아주 깨끗한 상태로 나온다. 양수도 묻지 않고 점액도 묻지 않고 피도 묻지 않고, 그 어떤 불결한 것도 묻지 않으며 청정하고 깨끗하다. 예를 들어 보석이 까시 비단 위에 놓여 있을 때 보석이 까시의 비단을 더럽히지 않고 까시의 비단도 보석을 더럽히지 않는다. 그것은 무슨 이유 때문인가? 둘 모두 청정하기 때문이다.

그와 마찬가지로 보살이 어머니의 자궁에서 나올 때 보살은 아주 깨끗한 상태로 나온다. 양수도 묻지 않고 점액도 묻지 않고 피도 묻지 않고, 그 어떤 불결한 것도 묻지 않으며, 청정하고 깨끗하다.

보살이 어머니의 자궁에서 나올 때 하늘에서 두 개의 물줄기가 내려온
다. 하나는 차갑고 또 하나는 따뜻하다. 그 물로 보살과 보살의 어머니는
목욕한다.

보살이 태어나면 두 발로 가지런히 땅에 서서 북쪽을 향해 일곱 발자국
을 걸어간다. 하얀 일산이 펴질 때 모든 방향을 굽어살펴 보고 "나는 세상
에서 최상이요, 나는 세상에서 제일 어른이요, 나는 세상에서 으뜸이다. 이
것이 마지막 생이다. 더는 태어남이 없다."라고 대장부다운 말을 한다.

보살이 어머니의 자궁에서 나올 때 신과 마라와 범천을 포함한 세상에
서, 사문·바라문·신·인간을 포함한 무리 가운데서 측량할 수 없는 광휘로운
빛이 나타나는데 그것은 신들의 광채를 능가한다. 암흑으로 덮여 있고 칠
흑같이 어두운 우주 사이에 놓인 세상이 있어, 그곳에는 신통력과 위력을
가진 해와 달도 광선을 비추지 못한다.

그러나 그곳까지도 측량할 수 없이 광휘로운 빛이 나타나며, 그것은 신
들의 광채를 능가한다. 그곳에 태어난 중생들은 그 빛으로 '다른 중생들도
여기 태어났구나.'라고 서로를 알아본다. 이때 일만 세계가 진동하고 흔들
리고 전율하며, 측량할 수 없는 광휘로운 빛이 세상에 나타나는데 그것은
신들의 광채를 능가한다.

태어난 보살은 32대인상大人相을 갖추고 있다. 그는 호화롭게 자라나서
병든 자, 늙은 자, 죽은 자, 수행자를 보고 출가한다.

모든 보살들이 기간은 각각 다르지만 고행을 한다. 깨달음을 얻기 전날
10만 세계의 신들이 몰려온다. 그러나 마라(악마)가 군대를 이끌고 오면
모두 도망친다. 마라와 싸울 보살의 무기는 과거생에 닦은 십바라밀이다.
이때 지신地神이 나타나 보살의 바라밀을 증명하면 마라는 물러가고 그날
밤 초경에 숙명통이 열리고 중경에 천안통이 열리고 말경에 사성제를 깨달
아 일체지를 갖춘 붓다가 된다."

앙굿따라 니까야(증지부)에는 붓다가 세상에 출현할 때 네 번에 걸쳐 놀

라운 빛이 온 세상을 밝힌다고 말하고 있다.[2]

"비구들이여, 여래 아라한 정등각이 출현할 때 네 가지 경이롭고 놀라운 법이 드러난다. 무엇이 네 가지인가?

보살이 도솔천에서 몸을 버리고 마음챙기며 알아차리면서 어머니의 태에 들어갈 때, 보살이 마음챙기며 알아차리면서 어머니 태에서 나왔을 때, 여래가 위없는 바른 깨달음을 깨달을 때, 여래가 위없는 법의 바퀴를 굴릴 때, 이때 신과 마라와 범천을 포함한 세상에서 사문·바라문·신·사람을 포함한 무리 가운데에서 측량할 수 없이 광휘로운 빛이 나타나는데 그것은 신들의 광채를 능가한다. 암흑으로 덮여 있는 칠흑같이 어두운 우주 사이에 놓인 세상이 있어, 그곳에는 신통력과 위력을 가진 해와 달도 광선을 비추지 못한다. 그러나 그곳까지도 측량할 수 없이 광휘로운 빛이 나타나는데 그것은 신들의 광채를 능가한다. 그곳에 태어난 중생들은 그 빛으로 '다른 중생들도 여기 태어났구나.'라고 서로 알아본다. 비구들이여, 이것이 여래 아라한 정등각이 출현할 때에 드러나는 네 가지 경이롭고 놀라운 법이다."

붓다의 수명, 키, 종족, 고행 기간, 광명, 출가 수단, 보리수, 금강좌는 붓다마다 다르다. 붓다는 인간의 평균수명이 100세 이하일 때와 10만 세 이상일 때는 태어나지 않는다. 왜냐면 평균수명이 100세 이하일 때는 사람들에게 탐욕 성냄 어리석음이 치성해 진리를 가르쳐도 알아듣지 못한다. 10만 세 이상일 때는 고통이 적고 즐거움이 많아 진리를 듣고 출가해 수행하려 하지 않기 때문이다. 고따마 붓다 시대에는 평균수명이 100세였다.

키도 태어날 당시의 날씨와 기후에 따라 다르다.

종족은 최상위 계급에서 태어난다. 성직자 계급이 높은 시기에는 성직자 계급에서 왕족의 계급이 높은 시기에는 왕족에서 태어난다.

모든 붓다들이 고행을 하지만 고행하는 기간은 각기 다르다. 고따마 붓

2) 네 가지 경이로움 경(Acchariyasutta, A4.127, 대림 스님).

다는 육 년을 고행했지만, 연등불은 10개월을 고행했다.

붓다의 광명은 과거생의 바라밀에 따라 달라서 망갈라 붓다는 가장 긴 일만 우주세계를 비추었다고 한다.

출가 수단도 달라서 코끼리를 타거나 말을 타고 출가한 붓다도 있고 걸어서 출가한 붓다도 있다.

붓다들이 깨달음을 얻을 때 앉았던 나무를 보리수(Bodhirukkha)라고 부르는데 보리수의 종류도 붓다마다 다르다. 고따마 부처님의 보리수는 앗삿타 asattha나무인데 삡빨라pippala 또는 pippali 나무라고도 한다.

깨달음을 얻을 때 앉았던 금강보좌의 높이도 붓다마다 다르다.

십바라밀을 완성하면 무슨 이익이 있는가? 십바라밀을 완성한 보살은 32 상(mahāpurisa lakkhaṇa)과 80종호(anubyanjana lakkhaṇa)를 갖추어 신체적으로 가장 이상적인 모습을 한다. 그리고 십력(dasabala ñāṇa, 十力), 사무외 (catuvesārajja ñāṇa, 四無畏), 육불공지(asādhāraṇa ñāṇa, 六不共智)를 갖춘다. 육불공지 중 하나인 일체지(sabbaññutāñāṇa, 一切智)는 붓다들이 갖춰야 할 가장 중요한 능력이다. 붓다는 일체지를 얻기 위해 험난한 보살의 길을 걸어가는 것이다.

붓다의 능력

대표적인 붓다의 능력으로 십력, 사무외, 육불공지가 있다.

십력 | Dasabala-ñāṇa, 十力[3]

맛지마 니까야 대사자후 경에는 붓다의 특별한 능력에 대한 기록이 있다. 그중에는 붓다께서 갖추고 있는 열 가지 힘이 있다.

---

3) 사자후의 긴 경(Mahāsīhanāda Sutta, M12, 대림 스님).

"사리뿟따여, 여래에게는 열 가지 여래의 힘如來十力이 있다. 그 힘을 구족해 여래는 대웅의 위치를 천명하고 회중에서 사자후를 토하고 수승한 바퀴를 굴린다. 무엇이 열 가지인가?

① 여래는 원인을 원인이라고, 원인이 아닌 것을 원인이 아니라고 있는 그대로 꿰뚫어 안다.

② 여래는 과거, 현재, 미래에 행하는 업의 과보를 조건과 원인에 따라 있는 그대로 안다.

③ 여래는 모든 태어날 곳으로 인도하는 길을 있는 그대로 안다.

④ 여래는 요소와 다양한 요소를 가진 세상을 있는 그대로 안다.

⑤ 여래는 중생들의 다양한 성향을 있는 그대로 안다.

⑥ 여래는 다른 중생들과 다른 인간들의 기능의 수승한 상태와 저열한 상태를 있는 그대로 꿰뚫어 안다.

⑦ 여래는 선정과 해탈(八解脫), 삼매와 증득(九次第定)의 오염원과 깨끗함과 출현을 있는 그대로 안다.

⑧ 여래는 한량없는 전생의 갖가지 삶들을 기억한다. 즉, 한 생, 두 생, 세 생, 네 생, 다섯 생, 열 생, 스무 생, 서른 생, 마흔 생, 쉰 생, 백 생, 천 생, 십만 생, 세계가 수축하는 여러 겁, 세계가 팽창하는 여러 겁, 세계가 수축하고 팽창하는 여러 겁을 기억한다. '어느 곳에서 이런 이름을 가졌고, 이런 종족이었고, 이런 용모를 가졌고, 이런 음식을 먹었고, 이런 행복과 고통을 경험했고, 이런 수명의 한계를 가졌고, 그곳에서 죽어 다른 어떤 곳에 다시 태어나 그곳에서는 이런 이름을 가졌고, 이런 종족이었고, 이런 용모를 가졌고, 이런 음식을 먹었고, 이런 행복과 고통을 경험했고, 이런 수명의 한계를 가졌고, 그곳에서 죽어 다시 여기 태어났다.'라고 이와 같이 한량없는 전생의 갖가지 모습들을 그 특생과 더불어 상세하게 기억해낸다.

여섯 부류의 사람들이 이 전생을 기억한다. 즉 외도들은 통찰지가 약하기 때문에 40겁까지, 일반 제자들은 100겁까지, 80명의 대제자들은 10만 겁까지,

두 상수제자들은 1아승지+10만 겁까지, 벽지불들은 2아승지+10만 겁까지, 붓다들은 무한대로 전생을 기억한다. 외도들에게 전생에 대한 기억은 반딧불처럼 나타난다. 일반 제자들에게는 촛불처럼, 대제자들에게는 횃불처럼, 상수제자들에게는 새벽의 별빛처럼, 벽지불들에게는 달빛처럼, 부처님들에게는 맑은 가을 하늘의 햇빛처럼 명백하게 나타난다.[4]

⑨ 여래는 인간을 넘어선 신성한 눈으로 중생들이 죽고 태어나고, 천박하고 고상하고, 잘생기고 못생기고, 좋은 곳과 나쁜 곳에 가는 것을 보고, 중생들이 지은 업에 따라 가는 것을 꿰뚫어 안다. '이들은 몸으로 못된 짓을 골고루 하고, 말로 못된 짓을 골고루 하고, 또 마음으로 못된 짓을 골고루 하고, 성인들을 비방하고, 삿된 견해를 지녀 사견업을 지었다. 이들은 죽은 뒤 처참한 곳, 불행한 곳, 파멸처, 지옥에 태어났다.

그러나 이들은 몸으로 좋은 일을 골고루 하고, 말로 좋은 일을 골고루 하고, 마음으로 좋은 일을 골고루 하고, 성인들을 비방하지 않고, 바른 견해를 지녀 정견업을 지었다. 이들은 죽은 뒤 좋은 곳, 천상세계에 태어났다.' 라고 이와 같이 여래는 청정하고 인간을 넘어선 신성한 눈으로 중생들이 죽고 태어나고, 천박하고 고상하고, 잘생기고 못생기고, 좋은 곳과 나쁜 곳에 가는 것을 보고, 중생들이 지은 업에 따라 가는 것을 꿰뚫어 안다.

⑩ 여래는 모든 번뇌가 다해 아무 번뇌가 없는 마음의 해탈과 통찰지를 통한 해탈을 바로 지금 여기에서 스스로 최상의 지혜로 알고 실현하고 구족해 머문다.

사리뿟따여, 이것이 여래의 열 가지 힘이니 이런 힘 때문에 여래는 대웅의 위치를 천명하고 회중에서 사자후를 토하고 수승한 바퀴를 굴린다."

네 가지 두려움이 없는 지혜 | Catuvesārajja ñāṇa, 四無畏[5]

---

4) 청정도론 제13장 초월지(대림 스님).
5) 사자후의 긴 경(Mahāsīhanāda Sutta, M12, 대림 스님).

맛지마 니까야 대사자후 경에서는 붓다께서 갖추고 있는 네 가지 아주 특별한 지혜에 관해서도 설명하고 있다.

"사리뿟따여, 붓다에게는 네 가지 두려움 없음이 있다. 그것을 구족해 여래는 대웅의 위치를 천명하고 사자후를 토하고 수승한 바퀴를 굴린다. 무엇이 네 가지인가?

① '그대가 정등각자라고 천명하지만, 이러한 법들을 완전히 깨닫지 못했다.'라고 하면서 그 법에 대해 어떤 사문이건 바라문이건 신이건 마라건 범천이건 혹은 이 세상 누구도 근거 있는 말로 나를 질책할 이런 표상을 보지 못한다.

② '그대가 번뇌가 다한 자라고 천명하지만 이러한 번뇌가 완전히 제거되지 않았다.'라고 하면서 그것에 관해 어떤 사문이건 바라문이건 신이건 마라건 범천이건 혹은 이 세상 누구도 근거 있는 말로 나를 질책할 표상을 보지 못한다.

③ '그대가 설한 장애가 되는 법들을 수용하더라도 전혀 장애가 되지 않는다.'라고 하면서 그것에 관해 어떤 사문이건 바라문이건 신이건 마라건 범천이건 혹은 이 세상 누구도 근거 있는 말로 나를 질책할 표상을 보지 못한다.

④ '그대가 어떤 목적을 위해 법을 설하더라도 그 법은 그렇게 실천하는 사람을 바르게 괴로움으로 멸진으로 인도하지 못한다.'라고 하면서 그것에 관해 어떤 사문이건 바라문이건 신이건 마라건 범천이건 혹은 이 세상 누구도 근거 있는 말로 나를 질책할 표상을 보지 못한다.

육불공지 | 六不共智, Asādhāraṇa ñāṇa[6]

---

6) 무애해도(paṭisambhidāmagga)의 논모(mātikā) : 빠띠삼비다막가, P.30 임승택.

무해해도에서는 벽지불이나 아라한을 포함해서 어떤 존재도 갖추지 못하고 오직 붓다만이 갖추고 있는 아주 특별한 능력에 관해 설명하고 있다. 그것을 다른 존재들과 공유하지 않는 여섯 가지 지혜라고 한다.

① 잠재성향을 아는 지혜
제자들이 어떤 기질, 어떤 잠재성향을 가졌는지 아는 지혜다. 제자들의 잠재성향을 알아야 스승은 제자에게 정확한 수행주제를 줄 수 있다. 지혜 제일 사리뿟따 장로도 이 지혜가 부족해서 제자에게 알맞은 수행주제를 주지 못했다.(게송 285번 금세공사 아들 이야기)
② 근기의 성숙도를 아는 지혜
제자들이 진리를 깨달을 만큼 지혜가 무르익었으며 해탈할 수 있는지 아는 지혜다.
③ 일체지一切智
세상의 모든 일을 다 아는 지혜다. 그래서 붓다를 일체지자一切智者, 전지자全知者라고 부르기도 한다.
④ 장애가 없는 지혜無障智
붓다의 지혜佛智를 일으키는 데 장애가 없다. 이 지혜는 일체지의 특징이기도 하다. 붓다의 지혜는 무한해 끝이 없다.
⑤ 쌍신변의 지혜雙神變
물과 불이라는 정반대되는 성질을 동시에 몸에서 뿜어내는 신통이다.
⑥ 대연민 삼매의 지혜
붓다는 거친 윤회의 바다를 헤쳐 가는 중생들에게 연민심을 일으켜 매일 새벽이면 대연민 삼매에 들어 그날 어떤 중생이 깨달음을 성취할 인연이 무르익었는지 살핀다. 그런 후 자리에서 일어나 가사와 발우를 들고 그를 찾아간다.

벽지불, 상수제자, 대아라한, 일반 아라한과 모든 선지식이 번뇌가 다하고 열반을 성취해 삶을 완성하고 궁극의 목표에 도달했다는 점에서는 모두 같다. 하지만, 지혜의 깊이에서는 차이가 있다. 제자들을 지도하여 깨달음으로 인도하는 능력에서는 붓다를 따라갈 자가 없다.

붓다는 인간이면서 인간을 초월하고 신들을 능가한다. 붓다는 인간뿐만 아니라 신들의 스승이다. 유념할 것은 붓다는 유일무이한 존재이며 가장 존귀하신 존재이지만, 구세주는 아니다.

예수는 신의 메시지를 전달하는 자라면 붓다는 진리를 발견한 자이다. 기독교인들은 예수를 믿기만 하면 구원을 얻는다고 하지만, 붓다는 자신이 경험한 깨달음을 다른 사람도 경험하기를 원한다. 깨달음을 얻고 고통에서 벗어나는 것은 순전히 개인의 문제이지 남이 대신 해줄 수 있는 숙제가 아니다.

"그대들은 스스로 힘써 노력하라.
붓다는 다만 길을 가르쳐 줄 뿐이다.
그 길은 모든 시대의 붓다들이
지나갔던 길이며 보여주었던 오래된 옛길이다.
그 길은 바로 깨달음과 평온으로 인도해 주는
여덟 가지 고귀한 길, 팔정도八正道이다."

III. 법구경 주석서에 나오는 붓다의 생애

법구경 이야기에 나오는 붓다의 생애를 연대기적으로 살펴볼 필요가 있다. 법구경에 나오는 사건들과 에피소드들이 붓다의 생애 중 언제 일어났는지 알게 되면 책을 읽는 즐거움이 배가될 수 있기 때문이다.

붓다께서 언제 어떤 사건을 계기로 무슨 경전을 설하셨으며, 언제 어떤 사건을 계기로 계율이 제정됐는지 알아보는 것도 흥미롭다. 이는 초기 불교사를 공부하는 데도 도움이 된다.

붓다의 생애에 일어난 사건을 연대기별로 정리한 것이 붓다왐사다. 여기서는 붓다왐사에 나오는 연대별로 법구경 이야기를 나열해 본다.

고따마 붓다의 생애는 4아승지와 10만 대겁 전부터 시작된다. 그때 보살의 이름은 수메다Sumedha이다. 보살은 대부호의 아들로 태어났지만, 부모가 죽자 모든 재산을 사람들에게 나눠 주고 출가해 은둔수행자가 된다. 이때 디팡까라 붓다(Dīpaṅkara Buddha, 燃燈佛)께서 세상에 출현한다. 그는 디팡까라 붓다에게서 수기를 받는다.

"지금으로부터 4아승지와 10만 대겁이 지난 후 고따마라는 이름의 붓다가 되리라."

이때부터 보살은 붓다가 되기 위해 십바라밀을 닦아나간다. 디팡까라 붓다 이후로 스물세 분의 붓다가 세상에 출현한다. 4아승지와 10만 대겁 동안 출현하신 과거 스물네 분의 붓다를 표로 정리하면 아래와 같다.

연대	순서	붓다의 이름	수기를 받을 때의 보살의 모습	수행
4아승지+10만 대겁 前		Tanhaṅkara		
		Medhaṅkara		
		Saranaṅkara		
	1	디팡까라 Dīpaṅkarā	수메다Sumedha 은둔 수행자	은둔
3아승지+10만 대겁 前	2	꼰단냐 Koṇḍañña	위지따위Vijitāvī 전륜성왕	출가
2아승지+10만 대겁 前	3	망갈라 Maṅgala	수루찌Suruci 바라문	출가
	4	수마나 Sumanā	아뚤라Atula 용왕	
	5	레와따 Revata	아띠데와Atideva 바라문	
	6	소비따 Sobhita	수자따Sujāta 바라문	

	7	아노마닷시 Anomadassī	약카Yakkha왕	
1아승지+10 만 대겁 前	8	빠두마 Paduma	사자왕	
	9	나라다 Nārada	은둔 수행자	은둔
10만 대겁 前	10	빠두뭇따라 Padumuttara	자띨라Jatila 왕	
3만 대겁 前	11	수메다 Sumedha	웃따라Uttara 청년	출가
	12	수자따 Sujāta	전륜성왕	출가
1천800대겁 前	13	삐야닷시 Piyadassī	깟사빠Kassapa 바라문	
	14	앗타닷시 Atthadassī	수시마Susīma 은둔수행자	은둔
	15	담마닷시 Dhammadassī	삭까Sakka 천왕	
94대겁 前	16	싯닷타 Siddhattha	망갈라Maṅgala 은둔 수행자	은둔
92대겁 前	17	띳사 Tissa	수자따 Sujāta 은둔 수행자	은둔
	18	풋사 Phussa	위지따위Vijitāvi 왕	출가
91대겁 前	19	위빳시 Vipassī	아뚤라Atula 용왕	
31대겁 前	20	시키 Sikhī	아린다마Arindama 왕	
	21	웻사부 Vessabhū	수닷사나Sudassana 왕	출가
現劫 행운의 겁 bhadda-kappa	22	까꾸산다 Kakusandha	케마Khema 왕	출가
	23	꼬나가마나 Koṇāgamana	빱바따Pabbata 왕	출가
	24	깟사빠 kassapa	조띠빨라Jotipāla 바라문청년	출가

		고따마 Gotama		
		멧떼야 Metteya	미륵불	

표에 나오는 겁이라는 단어는 상당히 긴 세월을 의미한다. 두 붓다 사이의 기간이 너무 길어 계산할 수 없는 경우가 있는데, 이를 아승지阿僧祇라고 한다. 보살은 연등불에게서 붓다가 되리라는 수기를 받고 십바라밀을 닦아 나갔다. 연등불 이후 스물세 분의 붓다가 세상에 출현했다. 그 스물세 분에게서 똑같이 수기를 받았다. 스물네 분의 붓다에게서 수기를 받을 때의 보살의 모습은 은둔 수행자 다섯 번, 출가해 비구가 된 것이 아홉 번, 바라문 장자 세 번, 용왕 두 번, 왕 두 번, 약카 왕 한 번, 사자왕 한 번, 도리천왕 한 번이었다. 그동안 보살은 붓다 아래로 출가해 비구가 된 것이 아홉 번이었다. 비구 승단에 들어가지 않고 홀로 숲속에서 은둔 수행을 한 것이 다섯 번이었다. 보살은 모두 열네 번이나 세속의 삶에서 벗어나 수행했다. 이렇게 세속을 벗어나 마음을 닦는 수행을 십바라밀 중 출리出離 바라밀이라고 한다. 보살은 출리 바라밀을 닦을 때 일곱 가지를 완벽하게 닦는다.

① 삼장을 배운다.
② 계청정을 수행한다.
③ 열세 가지 두타행을 닦는다.
④ 항상 숲속에 머문다.
④ 팔선정을 닦는다.
⑥ 오신통을 닦는다.
⑦ 지혜를 닦는다.

이를 보면 십바라밀 중 보시 바라밀도 중요하지만, 출리 바라밀도 매우 중요하다는 것을 알 수 있다. 보살이 아홉 번이나 출가했지만, 바로 한 생에 해탈하여 윤회를 벗어나는 게 목표가 아니었다. 보살은 게송 하나만 듣고

도 바로 해탈할 수 있을 정도로 통찰지가 무르익었지만, 일체지一切智를 얻어 중생을 제도하는 것이 목표였다. 그래서 보살은 어느 정도 경지에 이르면 위빳사나 수행을 멈추고 사마타만을 집중적으로 수행해 사무량심四無量心과 팔선정八禪定을 완벽하게 익힘으로써 일체지를 얻을 기초를 다진다. 또한 많은 중생을 제도할 복덕을 갖추기 위해 공덕을 쌓는다.

우리가 사는 현겁現劫은 가장 많은 다섯 분의 붓다께서 세상에 출현하셨거나 출현하는 행운의 겁(bhadda-kappa)이다. 붓다께서 가신 지는 오래됐지만 그래도 가르침이 남아 있는 행운의 시대에 우리는 살고 있다.

인간으로서의 보살의 마지막 삶은 웻산따라 왕자였다. 그는 그 생에서 아내와 아이를 보시하고 마지막 바라밀을 완성했다. 보살은 바라밀을 완성하고 도솔천에서 세따께뚜(護明) 천인으로 태어나 천상의 복락을 누리며 살았다. 천상의 수명이 끝나갈 때 욕계의 사대천왕, 도리천왕, 야마천왕, 도솔천왕, 화락천왕, 타화자재천왕과 색계의 범천7) 등 수많은 신이 보살에게 와서 이제 인간세계에 태어나 붓다가 되어 뭇 중생들을 제도해 주기를 간청했다. 이때 보살은 인간세계에 내려갈 시기와 장소 등 다섯 가지 조건을 살펴봤다.

① 붓다가 될 시기를 살펴본다.
인간의 수명이 10만 세 이상이면 붓다는 출현하지 않는다. 이때는 생로병사의 고통이 선명하게 드러나지 않고 사람들이 무상·고·무아의 특성을 이해하지 못하기 때문이다. 인간의 수명이 백 세 이하에서도 붓다는 출현하지 않는다. 이때에는 중생들의 번뇌가 많고 무명업장이 두텁기 때문이다. 이들에게 법을 설해도 이해하지 못한다.
② 붓다가 될 대륙을 살펴본다.
보살은 모든 부처님이 다른 대륙에서는 출현하지 않고 잠부디빠(인도)

---

7) 불교의 세계관은 3권 부록 I 참조.

에서만 출현한다는 것을 알고 잠부디빠를 살펴보았다.

③ 붓다가 될 지방을 살펴본다.

보살은 잠부디빠의 중앙지역 중 사끼야족의 나라 까삘라왓투에 태어나는 것이 적당하다고 결정했다.

④ 탄생할 종족을 살펴본다.

붓다는 평민이나 상인, 가난한 종족에서 태어나지 않는다. 그 당시의 사람들이 왕족이 가장 높다고 생각하는 시대에는 왕족으로, 바라문이 가장 높다고 생각하는 시대에는 바라문으로 태어난다.

보살은 까삘라국의 숫도다나 대왕이 높고 순수한 혈통을 계승해 온 종족이라는 것을 관찰했다.

⑤ 어머니와 어머니의 수명을 살펴본다.

어머니가 될 분은 오계를 지키는 청정한 여인이어야 한다. 그리고 어머니의 수명이 열 달과 7일이 남아 있어야 한다.

보살은 B.C. 624년 아살하 달(Asaḷha, 음력 6월) 보름 목요일 먼동이 트기 직전에 어머니 마하마야Mahāmāyā의 모태에 들었다. 보살을 임신할 당시 마하마야의 나이는 50~60세 사이였다. 아이를 임신하자 마하마야는 은둔수행자인 깔라데윌라Kāladevila(또는 Asita)에게 받은 계율을 철저히 지켰으며 남자에 대한 감각적 욕망도 일어나지 않았다. 사대천왕은 마하마야의 네 방위에서 보살이 태어날 때까지 호위했다.

모태에 든 지 정확히 10개월 후 보살은 B.C. 623년 웨사카 달(Vesāka, 음력 4월) 보름 금요일 상서로운 날에 룸비니Lumbinī 동산에서 태어났다.

보살의 종족은 사끼야족Sakya이고, 가문의 성은 고따마Gotama다. 아버지는 숫도다나Suddhodana이고 어머니는 마하마야Mahāmāyā다. 가문의 가계도는 다음과 같다.

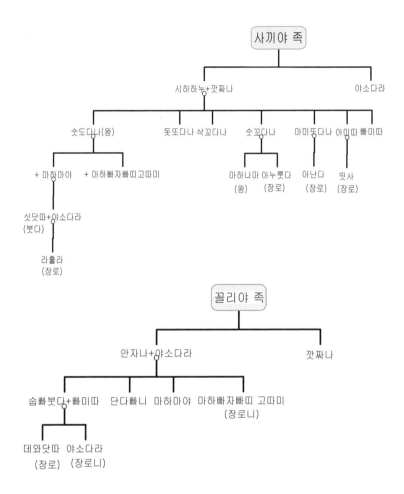

팔선정과 오신통五神通을 갖추고 있는 깔라데윌라(아시따) 선인은 '오늘 고귀한 분이 까삘라왓투의 숫도다나 왕의 아들로 태어났다.'라고 신들이 외 치며 기뻐하는 모습을 보았다. 선인은 왕궁으로 가서 왕에게 아이를 보여 달라고 청했다. 왕이 아이를 데려오게 해 선인에게 예배를 올리게 하려 하 자 선인은 고귀한 분에게는 자신이 예배하는 것이 옳다고 말하며 아이에게 예배를 올렸다. 이때 아이가 발을 들어 선인의 머리에 올려놓았다. 이를 본

왕은 아들이 거룩한 존재임을 깨닫고 첫 번째로 아들에게 예경을 올렸다.

태어난 지 5일째 되는 날 왕은 왕자의 이름을 짓는 명명식에 108명의 바라문을 초청해 진귀한 음식을 대접하고 그중 뛰어난 8명의 바라문에게 아이의 이름을 짓고 미래를 예언하게 했다. 이에 8명의 바라문들은 '목적을 성취하는 사람'이라는 뜻의 싯닷타Siddhattha라고 이름 지었다.

8명의 바라문 중 7명은 왕자의 거룩한 상호를 보고 나서 손가락 두 개를 펴며 말했다.

"세속에 남아있으면 전륜성왕이 될 것이고 출가하면 붓다가 되어 뭇 중생을 제도할 것입니다."

하지만 가장 나이가 젊은 꼰단냐Koṇḍañña 바라문은 손가락 한 개를 내보이며 말했다.

"왕자는 오직 하나의 길, 붓다의 길을 갈 것입니다."

태어난 지 7일 만에 어머니를 잃은 보살은 이모인 마하빠자빠띠 고따미 Mahāpajāpati Gotamī의 손에서 자라게 됐다.

보살이 태어난 지 한 달이 됐을 때 농경제 행사가 열렸다. 농경제가 열리는 가까운 곳에 잠부나무가 그늘을 드리우고 있었다. 그늘 아래에 고급 양탄자가 깔려있었고 부드러운 요람 위에 갓 태어난 보살이 누워있었다. 농경제가 시작되자 보살을 시중들던 유모들이 왕이 쟁기질하는 모습을 보려고 아이를 홀로 놔두고 몰려가버렸다. 보살은 주위에 아무도 없자 자리에서 일어나 앉아서 호흡에 대한 알아차림(Ānāpānasati)으로 명상에 들어갔다. 과거생에 수 억겁 동안 닦아 온 수행이었기에 보살은 짧은 시간에 초선정初 禪定에 들었다. 모든 나무의 그늘이 태양의 움직임에 따라 옮겨갔지만, 보살이 앉아있는 잠부나무의 그늘은 그 자리 그대로 아이를 드리운 채 꼼짝하지 않았다. 뒤늦게 유모들이 아이를 홀로 두고 왔다는 것을 기억해내고 되돌아왔다가 이 놀라운 광경을 보게 됐다. 유모들이 이 사실을 왕에게 보고하자 왕은 달려와서 이 기적을 보고 아이의 발아래 엎드려 두 번째로 예경을 올렸다.

보살은 16세가 되자 꼴리야족의 야소다라Yasodharā 공주와 결혼했다. 보살은 29세에 동문 밖에서 늙은 사람을 만나고, 남문 밖에서 병든 사람을 보고, 서문 밖에서 시체를 보았다. 이때 보살은 젊음에 대한 자만, 건강에 대한 자만, 긴 수명에 대한 자만이 다 사라져버렸다. 삶은 결코 즐거운 것이 아니며 윤회는 괴로움이라는 것을 사무치게 깨달았다. 그리고 북문 밖에서 출가 사문의 모습을 보고 자신이 가야 할 길을 알게 됐다. 보살은 출가할 생각을 하고 동산으로 가서 연못에서 목욕하는 도중에 아들 라훌라가 태어났다는 말을 전해 들었다.

B.C. 594년 음력 6월 보름 월요일에 보살은 깐타까Kanthaka 말을 타고 마부 찬나Channa[8])에게 말고삐를 잡게 하고 성문을 나서 출가했다. 보살은 아노마Anomā 강변에 가서 머리를 깎고 화려한 왕자의 옷을 벗고 가사를 걸쳤다. 그는 아누삐야Anupiya 망고 숲에서 일주일을 보낸 후 30요자나 거리를 7일 동안 걸어서 라자가하로 갔다. 라자가하의 빔비사라 왕은 보살의 엄숙하고 거룩한 모습에 반해 깨달음을 성취하면 제일 먼저 자신을 방문해 달라고 요청했고, 보살은 이를 수락했다. 보살은 알라라 깔라마Āḷāra Kālāma에게서 무소유처無所有處 선정을 배웠고 웃다까 라마뿟따Uddaka Rāmaputta에게서 비상비비상처非想非非想處 선정을 배웠다. 하지만, 선정은 탐욕 성냄 어리석음을 제거하지 못하고 번뇌를 제거하지 못하며 해탈로 이끌지도 않는다는 것을 알고 스승들을 떠났다.

보살은 이 세상에 자신의 스승이 될 만한 사람이 없다는 것을 알고 라자가하에서 남쪽으로 80km 떨어진 우루웰라Uruvela의 세나Sena 마을에 있는 네란자라Neranjara(尼連禪河) 강 근처의 숲속으로 갔다. 보살은 그곳에서 그 당시 사문들의 수행 전통에 따라 고행을 시작했다. 이때 꼰단냐가 이끄는

---

8) 마부 찬나와 말 깐타까는 보살과 함께 태어난 존재들이다. 마부 찬나는 나중에 출가해 비구가 됐다.(게송 78번 이야기)

다섯 수행자(Pañcavaggī)가 합류해 보살을 시중들었다.

꼰단냐는 보살이 태어났을 때 보살의 예언에 참여했던 8명의 바라문 중 한 명이었다. 왕자가 29세에 출가했을 때 예언에 참여했던 7명의 바라문은 모두 죽고 없었다. 꼰단냐는 7명의 바라문 아들들에게 함께 출가할 것을 설득했다.

"싯닷타 왕자님께서 드디어 출가하셨다. 왕자님께서는 틀림없이 붓다가 될 것이다. 여러분의 아버지들이 살아계셨다면 오늘 당장 출가하셨을 것이다. 출가하고 싶은 사람은 나를 따르라. 나는 왕자님을 따라 출가할 것이다."

7명의 아들 중 4명이 따라나섰다. 그들이 바로 최초의 승단을 구성했던 오비구五比丘로 안냐 꼰단냐Aññā-Koṇḍañña, 왑빠Vappa, 밧디야Bhaddiya, 마하나마Mahānāma, 앗사지Assaji다.

> 보살은 마음을 제어하는 수행, 호흡을 멈추는 수행, 음식을 줄이거나 끊는 등의 고행을 죽음에 이를 정도로 했지만 고행이 해탈에 아무런 도움이 되지 않는다는 것을 알았을 뿐이었다. 문득 보살은 어린 시절 잠부나무 그늘에서 초선정에 들었던 것을 기억해냈고, 이것이 해탈로 가는 길이라는 것을 확신하고 고행을 멈추었다.

고행이 부질없음을 안 보살은 보름 동안 발우를 들고 세나 마을로 들어가 탁발해서 음식을 충분히 섭취하고 몸의 기운을 회복했다. 보살이 수행을 멈추자 다섯 수행자는 보살이 '시주물을 얻기 위해서 수행하는 타락한 자'가 됐다고 혐오감을 일으키고 베나레스 근처의 이시빠따나Isipatana에 있는 미가다야Migadāya(鹿野園)로 떠나버렸다.

〈게송 11, 12번 이야기〉에서는 수자따 공양에 대해 설명하고 있다.

음력 4월 보름이면 세나 마을의 촌장 세나니Senani의 딸 수자따Sujāta는 보리수에 공양을 올렸다. 그녀는 과거 20년 전에 보리수에 기도를 올리고 아들을 얻었기 때문에 해마다 감사의 공양을 올리고 있었다. 이날 수자따는 보리수 아래에 앉아 있는 보살을 목신으로 생각하고 우유죽을 올렸다.

보살은 우유죽으로 공양하고 네란자라 강변으로 가서 목욕을 했다. 저녁이 되자 보살은 솟티야Sotthiya에게 얻은 길상초 여덟 다발을 깔고 금강보좌Mahābodhi에 앉아 마지막 결심을 했다.

"살갗과 힘줄과 뼈만 남고 피와 살이 다 말라버리더라도 깨닫지 못한다면 나는 결코 결가부좌를 풀지 않으리라."

〈게송 153, 154번 이야기〉에서는 이날 보살이 깨달음을 얻고 붓다가 되는 과정을 묘사하고 있다.

보살은 저녁에 사선정四禪定을 얻고 초경에 전생을 기억하는 지혜(宿命通)를 얻고, 중경에 하늘 눈의 지혜(天眼通)를 얻고, 말경에 12연기와 사성제를 깨달아 B.C. 586년 4월 보름날 먼동이 떠오를 때9) 일체지一切智를 갖춘 위대한 붓다가 됐다.

무엇을 깨달아 붓다가 됐는가? 이 문제에 대해 학자마다 의견이 분분하다. 어떤 이는 사성제四聖諦와 십이연기十二緣起를 깨달아 붓다가 됐다고 하고, 어떤 이는 칠청정七淸淨의 수행도를 완성하여 붓다가 됐다고 하고, 어떤 이는 사선정四禪定과 삼명三明을 깨달아 붓다가 됐다고 주장한다. 어떤 주장이든 번뇌를 완전히 소멸시키고 일체지를 이루었으며 무한한 자애와 연민을 갖춘 초월적인 존재가 됐다는 데에는 이의가 없을 것이다.

깨달음을 얻고 나서 붓다는 4주 혹은 7주 동안 보리수 주변에서 당신이 깨달은 진리를 반조하거나 열반과 해탈의 즐거움을 누리며 보냈다. 율장 대품에는 4주로, 붓다왐사에는 7주 동안으로 나온다. 여기서는 붓다왐사에

---

9) 이때의 인도의 시간은 아침부터 다음 날 새벽까지가 하루였다. 그래서 수자따가 오전에 올린 공양을 드시고 오후에 목욕하고 저녁부터 수행에 들어가 다음 날 새벽 붓다가 될 때까지가 같은 날이다.

나오는 칠처선정七處禪定을 정리해 본다.

정각 후 첫째 주에는 보리수 아래에 계속 앉아 있으면서 자신이 깨달은 진리를 반조하며 열반의 기쁨을 누렸다. 그리고 십이연기를 순관 및 역관하며 괴로움의 발생과 소멸의 과정을 명확하게 정리했다.

정각 후 둘째 주가 됐을 때 천신들은 첫째 주 일주일 동안 붓다께서 움직임도 없이 보리수 아래에 앉아 있는 것을 보고 아직 깨달음을 얻지 못한 것이 아닌지 의심하기 시작했다. 붓다는 천신들의 의심을 풀어주기 위해 자리에서 일어나 공중으로 올라가 쌍신변雙神變의 기적을 보여주었다. 그리고 공중에서 내려와 북동쪽에 서서 보리수를 바라보며 일체지를 얻게 된 금강좌와 보리수에 감사하는 마음으로 눈 한번 꿈쩍하지 않고 응시하며 일주일을 보냈다.

정각 후 셋째 주에는 천신들이 만들어 준 보배 경행대 위를 경행하며 보냈다.

정각 후 넷째 주에는 천신들이 만들어 준 보배 전각에 앉아 아비담마 논장論藏를 숙고하며 보냈다.

정각 후 다섯째 주에는 보리수 동쪽에 있는 아자빨라 니그로다 나무 아래로 자리를 옮겨 법을 숙고하며 보냈다. 이때 교만한 바라문이 다가와서 질문을 던졌다. 붓다는 설법하지 않고 게송을 읊었다. 하지만, 바라문은 아무런 관심도 기울이지 않고 떠나버렸다.

〈게송 179, 180번 이야기〉에서는 마라의 세 딸이 붓다를 유혹하는 장면을 묘사하고 있다.

이때 마라의 세 딸인 탄하Taṇhā(갈애), 아라띠Arati(혐오), 라가Rāga(애착)가 찾아왔다. 그녀들은 아름다운 여인으로 변해 붓다를 유혹하려 했지만 실패했다.

정각 후 여섯째 주에는 무짤린다 나무 아래로 자리를 옮겼다. 이때 일주일 동안 큰비가 내렸고 무짤린다 용왕이 나타나 자신의 몸으로 붓다의 머리 위를 드리우고 추위와 파리, 모기로부터 보호해 주었다.

정각 후 일곱째 주에는 라자야따나 나무 아래로 자리를 옮겨 열반의 기쁨을 누리며 지냈다.

이렇게 49일 동안 세수와 목욕을 하지 않고 음식도 먹지 않고 눕지도 않고 보내고 있을 때 따뿟사와 발리까라는 두 상인이 다가와 쌀과자와 꿀로 만든 경단을 올렸다. 붓다는 생각했다.

'과거 붓다들은 손으로 직접 음식을 받지 않았다. 무엇으로 이 상인들이 올린 음식을 받을까?'

이때 사대천왕인 다따랏따(持國天王), 위룰하까(增長天王), 위루빡카(廣目天王), 꾸웨라(多聞天王)가 붓다의 생각을 알고 각기 돌발우를 시주했다. 붓다는 네 개의 발우를 받아서 하나로 만들어 음식을 받았다.[10] 상인들은 공양을 올리고 합장하고 말했다.

"붓다와 담마(법)에 귀의합니다."

이때는 승가가 출현하지 않았으므로 두 상인은 삼보三寶가 아닌 이보二寶에 귀의한 최초의 재가신도가 됐다. 두 상인은 항상 붓다에게 예배하기 위해 붓다의 머리카락을 얻어 욱깔라Ukkalā 지방의 뿍카라와띠Pukkharavatī로 돌아가 탑을 세워 봉안했다.[11]

〈계송 11, 12번 이야기〉에서는 이때 일어난 범천권청梵天勸請을 설명하고 있다.

성도 후 50일째 되는 음력 6월 6일에 붓다는 라자야따나 나무 아래에서

---

10) 이런 이유로 남방불교에서는 하나의 발우를 사용하지만, 우리나라에서는 네 개의 발우를 그대로 사용한다.
11) 미얀마 사람들은 두 상인이 미얀마 사람이며 이 탑이 쉐다곤 파고다라고 믿는다.

일어나 아자빨라 반얀 나무 아래로 자리를 옮겨 앉아 자신이 깨달은 진리의 심오함을 숙고했다.

"내가 증득한 이 법은 너무 심오하고 보기 어렵고 깨닫기 어려워 지혜로운 사람이 아니면 이해할 수 없다. 그러나 사람들은 갈애와 집착에 얽매어 내가 이 법을 설명해도 이해하지 못할 것이고, 그로 인해 나만 피곤할 것이다."

이렇게 생각하자 붓다는 자신이 깨달은 진리를 다른 사람들에게 가르치고 싶은 마음이 사라졌다. 그때 사함빠띠 범천이 붓다의 생각을 알고 다른 천신들과 함께 하늘에서 내려와 붓다에게 간곡히 청했다.

"붓다시여, 세상에 지혜라는 눈에 번뇌의 티끌이 적은 중생들도 많이 있습니다. 그러한 중생들이 붓다의 가르침을 듣지 않는다면 그들은 타락할 것입니다. 붓다시여, 법을 설하소서! 그들이 붓다의 가르침을 듣는다면 열반을 성취할 것입니다."

이에 붓다는 지혜의 눈으로 세상을 둘러보고 이 세상에 깨달음을 성취할 만한 근기와 성향을 가진 사람들이 있음을 알고 이렇게 선언했다.

"불사不死의 문이 열렸도다!

귀 있는 자들은 신심을 내어 법문을 들어라!"

〈게송 353번 이야기〉에서는 붓다와 오비구가 만나는 장면을 묘사하고 있다.

붓다는 누구에게 제일 먼저 법을 전할까 생각하다가 고행을 할 때 시중을 들었던 오비구를 떠올렸다. 붓다는 그들에게 최초로 법문을 설하기로 결심하고 베나레스의 녹야원鹿野園으로 갔다. 그러나 오비구는 붓다를 타락한 사람이라고 생각하고 아는 체도 하지 않으려고 했지만, 결국 경의를 표하고 자리를 권했다.

첫해 안거

붓다는 B.C. 586년 음력 6월 15일[12] 저녁 태양이 어둠에 쫓겨 서쪽으로 넘어가고 달이 동쪽에서 어둠을 밝히며 솟아오를 때 꼰단냐, 왑빠, 밧디야, 마하나마, 앗사지, 오비구(Pañcavaggiyā)에게 초전법륜경初轉法輪經(S56.11)을 설했다. 붓다는 먼저 중도를 설하고 이어서 사성제를 설했다. 이 법문을 듣고 최초로 꼰단냐가 법안法眼이 열리며 수다원과를 성취했다. 붓다는 기쁨에 겨워 외쳤다.

"오! 꼰단냐가 깨달았구나!"(aññasi vata bho Koṇḍañño)

이때부터 꼰단냐는 안냐 꼰단냐Añña Koṇḍañña 장로로 불리게 됐다. 그 순간 이곳에 모여든 천신과 범천들이 소리 높여 외쳤다.

"붓다께서 드디어 법륜을 굴리셨다!"

꼰단냐가 붓다 아래로 출가하고 싶다고 청했다. 붓다는 다음과 같은 말로 그에게 비구계를 주었다.

"오라, 비구여, 법은 잘 설해졌다. 모든 고통을 끝내기 위해 청정범행을 실천하라."

꼰단냐는 붓다의 첫 번째 제자가 됐다. 나머지 4명도 차례로 수다원과를 얻어 비구가 됐다. 이로써 최초로 승단이 탄생했다.

붓다는 이어서 무아경無我經(S22.59)을 설했다. 이 법문을 듣고 오비구는 아라한이 됐다.

붓다가 최초로 법의 수레바퀴를 굴릴 때 설한 초전법륜경과 무아경의 내용은 무엇인가? 이것은 중도, 사성제, 팔정도, 무아다. 이것이 가르침의 뼈대이자 핵심이다.

어느 날 저녁, 베나레스에 사는 부자의 아들 야사Yasa가 무희들의 추한 모습에 혐오감이 일어나 녹야원으로 왔다. 붓다는 그에게 보시, 지계, 감각적 욕망의 저열함과 출가의 공덕을 설했다. 야사는 이 법문을 듣고 수다원

---

12) 남방에서는 음력 6월 15일이 안거 결제일이다.

과를 성취했으며 출가해 비구가 됐다.

야사의 아버지는 그가 돌아오지 않자 아들을 찾아 녹야원으로 왔다. 붓다는 신통으로 아들을 보지 못하게 하고서 야사의 아버지에게 법을 설했다. 야사의 아버지는 이 법문을 듣고 수다원과를 얻었고, 야사는 아라한과를 성취했다. 야사의 아버지는 불법승 삼보三寶에 귀의한 최초의 남자 재가신도가 됐다.

붓다는 신통을 풀어 야사의 아버지에게 야사가 출가해 가사를 입고 있는 모습을 보게 해주었다. 야사의 아버지는 다음 날 공양청을 하고서 집으로 돌아갔다.

다음 날 붓다는 오비구와 야사를 데리고 야사의 집으로 갔다. 붓다는 야사의 어머니와 아내에게 설법했다. 이 법문을 듣고 야사의 어머니와 아내는 수다원과를 성취했다. 그녀들은 삼보에 귀의한 최초의 여자 재가신도가 됐다. 야사가 출가했다는 소식을 듣고 야사의 54명의 친구들이 출가해 붓다의 법문을 듣고 아라한이 됐다.

이제 이 세상에 61명의 아라한(붓다 + 오비구 + 야사와 친구들 55명)이 존재하게 됐다. 음력 9월 15일 안거 해제날 붓다는 제자들을 모아놓고 전법선언傳法宣言을 했다.

"비구들이여, 길을 떠나라. 비구들이여, 처음과 중간과 끝이 뛰어나고 의미와 표현을 갖춘 법을 설하라. 원만하고 청정한 행을 보여주어라."

붓다는 출가하려는 사람이 있을 때마다 비구들이 출가하려는 사람을 자신에게 데려오는 것은 번거롭고 수고스러운 일이라는 것을 생각하고 비구들이 어디서든지 직접 비구계를 줄 수 있도록 허락했다.

"비구들이여, 어느 곳에서든 그대들이 직접 비구계를 주는 것을 허락한다. 먼저 출가하려는 사람의 머리와 수염을 깎아라. 다음에 가사를 입히고 비구의 발아래 삼배를 하게 하라. 그리고 무릎을 꿇고 합장을 하게 한 다음 삼귀의三歸依를 세 번 낭송하게 하라."

이때는 계목이 제정되지 않았으므로 단지 삼귀의를 함으로써 사미나 비구가 됐다.

붓다는 우루웰라로 가는 도중에 30명의 밧다왁기Baddhavaggī들을 만났다. 밧다왁기들이 정신없이 먹고 마시며 놀고 있을 때 기생이 재물을 훔쳐 달아났다. 그들은 기생을 찾아 헤매다 나무 아래 앉아 있는 붓다를 발견했다. 붓다는 그들에게 법문을 설해 도과를 성취하게 했다. 이들은 모두 출가해 비구가 됐다.

나중에 이 30명의 밧다왁기들이 꾸시나라의 빠와Pāva에서 두타행을 실천하며 수행하다가 아라한과를 성취한 이야기가 〈게송 65번 이야기〉에 나온다.

붓다는 우루웰라에 도착해 불을 섬기는 결발수행자 깟사빠 삼형제와 그들의 제자 천 명을 개종시키고 가야시사Gayāsīsa로 데려가서 불의 설법으로 이들을 깨달음으로 인도한다. 이 모습이 〈게송 11, 12번 이야기〉에 나온다.

붓다는 깟사빠 삼형제와 그들의 제자 천 명과 함께 라자가하로 향했다. 마가다국의 빔비사라 왕은 붓다께서 천 명의 제자들과 함께 라자가하 근처의 랏티 숲에 도착했다는 소식을 듣고 대신들과 바라문, 장자들을 이끌고 마중을 나왔다. 붓다는 그들에게 법을 설했고 왕과 함께 온 사람 대부분이 수다원이 됐다. 이를 지켜본 사람들 모두 재가불자가 됐다.
이어 왕은 붓다와 제자들이 머무를 장소를 물색했다. 도시에서 멀거나 가깝지 않고, 오가는 길이 잘 닦여 있고, 오가기 쉽고 조용해서 수행하기 적합한 곳으로 웰루와나(竹林精舍)가 있었다. 이곳이 불교 최초의 승원이다.

이때 왕의 조상들인 아귀들의 이야기가 〈게송 11, 12번 이야기〉에 나온다.
왕은 웰루와나에서 가장 먼저 승가에 대중공양을 올렸다. 붓다가 머무는 승가에 올리는 공양은 무한한 공덕이 있다. 그러나 왕은 공양을 올린 그날 밤 한숨도 못 잤다. 밤새도록 무서운 비명이 들렸기 때문이다. 다음 날 왕은 붓다에게 와서 그 연유를 물었다. 붓다는 그 이유를 설명해 주었다.

과거생에 왕의 친척이었던 사람들이 어떤 악업을 지었는데, 그로 인해 아귀로 태어나 수억 겁을 음식을 먹지 못하고 굶주리고 있다는 것이다. 이제 자신의 후손이 무한한 공덕을 지었는데 자신들에게 회향하지 않아 그 분노로 밤새 비명을 질렀다는 것이다. 왕은 다음 날 다시 승가에 대중공양을 올리고 그 공덕을 조상들에게 회향했다.

"이 보시 공덕을 조상들에게 회향합니다."

그러자 즉시 아귀들에게 먹을 것과 의복, 천상의 저택이 생겨났다. 이때 붓다는 〈담장 밖 경, Khp.7〉을 설했다.

〈게송 11, 12번 이야기〉에서는 사리뿟따와 목갈라나 장로가 출가하는 장면을 묘사하고 있다.

이때 회의론자인 산자야Sañjaya에게 우빠띳사Upatissa와 꼴리따Kolita라는 제자가 있었다. 두 사람은 산자야의 가르침에서 진리를 발견하지 못하고 진정한 스승을 찾아 헤매고 있었다. 두 사람은 인도 전역을 돌아다니며 스승을 찾았지만 찾지 못하고 고향으로 돌아왔다. 라자가하에 쉬고 있던 어느 날 우빠띳사는 앗사지 장로가 엄숙하고 고요하고 위엄있는 모습으로 탁발하는 것을 지켜보았다. 그는 장로께서 아라한과를 성취한 성인이라는 것을 느낌으로 알았다. 장로가 나무 아래에 앉아 탁발해 온 음식을 먹고 나자 그는 장로에게 다가가 자신에게 법을 설해주기를 청했다. 장로는 짧은 게송을 읊어 주었다. 우빠띳사는 즉시 수다원과를 성취했다. 그리고 붓다께서 세상에 출현해 웰루와나에 계신다는 것도 알았다. 그는 절친한 친구 꼴리따에게 붓다의 출현을 알리고 함께 웰루와나에 가서 출가했다.

우빠띳사는 출가해 사리뿟따(舍利佛)로 불리게 됐고, 꼴리따는 목갈라나

(木連)로 불리게 됐다. 목갈라나는 출가한 지 일주일이 됐을 때 깔라왈라뿟따Kalavālaputta라는 마을에서 정진하고 있었다. 그는 좌선 중에 졸고 있었다. 붓다는 그에게 나타나 혼침을 벗어나게 하는 요소에 대한 관찰을 설했다. 그는 이 법문을 듣고 즉시 아라한과를 성취했다.

사리뿟따는 출가한 지 보름이 됐을 때 붓다께서 유행자 디가나카 Dighanakha에게 〈디가나카 경, M74〉을 설하는 것을 듣고 아라한과를 성취했다.

음력 1월 보름 사리뿟따가 아라한이 되던 날 저녁 대집회가 열렸다.

음력 1월 15일 사리뿟따가 아라한과를 성취한 날 붓다는 해 질 무렵 깃자꾸따를 내려와서 웰루와나로 돌아왔다. 이때 웰루와나에서 대집회 (sāvaka sannipāta)가 열렸다. 이날 1,250명의 아라한이 웰루와나에 모였다. 이들은 깟사빠 삼형제와 그의 동료들 천 명과 사리뿟따와 목갈라나의 동료 250명이었다. 그 자리에서 붓다는 사리뿟따와 목갈라나를 승단의 지도자로 임명하는 상수제자의 지위를 부여했다.(대승경전의 서두에 나오는 1,250명의 비구는 여기에서 유래한다.)

이때 〈게송 183~185번 이야기〉에 나오는 칠불통게계七佛通偈戒가 설해졌다.

우리가 칠불통게계로 알고 있는 이 게송의 원래 이름은 훈계계목(Ovāda Pātimokkha)이다. 초기 승단에는 비구 227개가 아직 나타나지 않았다. 왜냐하면 승단의 청정이 20년간 유지됐기 때문이다. 그러므로 처음 20년간은 포살을 할 때 암송해야 할 계목이 없었으므로 훈계계목을 외우는 것으로 대신했다.

악을 행하지 말고
선을 구족하며
마음을 깨끗이 하라.

이것이 붓다들의 가르침이다.

인욕이 최고의 고행이요,
열반이 으뜸이라고 붓다들은 말씀하신다.
남을 비난하는 자는 출가자가 아니요,
남을 해치는 자는 사문이 아니다.

남을 비난하지도 말고 해치지도 말며
계목으로 단속하라.
음식의 양을 알고
한적한 곳에 머물고
높은 마음을 힘써 닦아라.
이것이 붓다들의 가르침이다.

20년이 지나자 승단에 출가자의 본분을 잃고 허물이 나타나기 시작했다. 이때부터 붓다는 계율을 제정하기 시작했고 포살 날에는 승가가 모여 제정된 계율을 암송하고 자신의 허물을 참회했다. 20년이 지나면서 포살 날에 암송하는 계율을 '권위 계목(Āṇā Pātimokkha)'이라고 한다.

붓다의 대열반 후 승단을 이끌었던 교단의 지도자 마하깟사빠 장로의 출가도 이때 이뤄졌다. 그는 부모의 반대로 출가하지 못하고 결혼해 살다가 부모가 죽자 스스로 머리를 깎고 가사를 걸치고 길을 떠났다. 붓다는 그가 라자가하를 향해 오는 것을 지혜의 눈으로 보고 마중 나갔다. 날란다에서 가까운 바후뿟따까(多子)라는 이름의 보리수 아래에서 두 사람의 역사적인 만남이 이뤄졌다. 마하깟사빠는 붓다를 보자마자 자신의 스승임을 알아보고, 삼배를 올리고 계를 받아 비구가 됐다.

〈게송 13, 14번 이야기〉에는 이때 붓다의 역사적인 고향 방문을 서술하고 있다.

까삘라왓투의 숫도다나 대왕은 아들이 6년 고행 끝에 정각을 이루고 라자가하의 웰루와나에 머무르면서 법을 설하고 있으며, 수많은 사람이 붓다의 법문을 듣고 도과를 성취하고 삼보에 귀의한다는 소문을 들었다. 왕은 아홉 번이나 천 명의 수행원이 딸린 사신들을 보내 붓다의 고향 방문을 청했다. 하지만, 웰루와나에 도착한 사신들과 수행원들은 모두 붓다의 법문을 듣고 출가해 아라한이 됐다. 아라한과를 성취하면 세속의 일에 무심해져 버리므로 이 비구들도 숫도다나 왕의 심부름을 붓다에게 전하지 않았다. 왕은 충직한 신하이자 붓다의 어릴 적 친구인 깔루다이Kaḷudāyī를 불러 이 일을 맡겼다. 깔루다이는 출가한다는 조건으로 임무를 맡았다. 깔루다이는 천 명의 수행원과 함께 웰루와나에 도착하여 법문을 듣고 아라한과를 성취했다. 그는 아라한이 됐지만 임무를 잊지 않고 붓다에게 왕의 초청을 알렸다.

붓다는 2만 명의 비구와 함께 하루에 1요자나씩 걸어서 2달 동안 여행한 끝에 까삘라왓투에 도착했다. 사끼야족의 친척들이 모두 모여 붓다를 환영했다. 하지만, 그들은 그가 비록 붓다이지만 자신들의 동생뻘 내지는 조카뻘이라고 생각하며 붓다에게 예배를 올리지 않았다. 붓다는 그들의 자존심을 꺾기 위해 공중에 올라 쌍신변雙神變의 기적을 보여주었다. 숫도다나 왕은 이 기적을 보고 세 번째로 아들에게 삼배를 올리고 존경을 표했다.

다음 날 붓다는 탁발을 나갔다. 왕은 고귀한 아들이 거리에서 이 집 저 집 돌아다니며 탁발하는 것을 보고 충격을 받았다. 왕이 궁에서 달려나와 왕가의 자손으로서 부끄러운 행동이라고 추궁하자 붓다는 탁발은 붓다 가문에서 대대로 내려온 전통이라고 말하며 게송을 읊었다. 이 게송을 듣고 왕은 수다원과를 성취했다. 붓다께서 두 번째 게송을 읊자 왕은 사다함과를 얻고 마하빠자빠띠 고따미는 수다원과를 성취했다. 붓다는 자신의 출가 전 아내 라훌라마따(야소다라)를 만났다.

어느 날 이복동생 난다의 결혼식이 열리고 있었다. 붓다는 출가할 생각도 없는 난다를 반강제적으로 출가시켰다. 10일째 되는 날에 붓다는 아들 라훌라를 출가시켜 사미계를 주었다. 라훌라는 최초로 사미가 됐다.

붓다는 대중들과 함께 까삘라왓투를 떠나 라자가하로 돌아가면서 말라국의 아누삐야Anupiya 망고 숲에서 잠시 머물렀다. 이때 숫도다나 왕은 사끼야족들을 모아놓고 한 가정에 한 명씩 출가할 것을 권장했다. 그러자 천 명의 사끼야족 아들들이 기쁘게 동의하고 아누삐야 망고 숲으로 와서 출가했다.

〈게송 17번 이야기〉에서는 이때 훗날 승단의 지도층을 형성했던 사람들의 출가에 대해 서술하고 있다. 그들은 밧디야Bhaddiya, 아누룻다Anuruddha, 아난다Ānanda, 바구Bhagu, 낌빌라Kimbila, 데와닷따Devadatta 그리고 우빨리Upāli이다. 이들 중에서 아난다와 우빨리는 붓다의 대열반 후 경장과 율장을 결집하는 데 결정적인 역할을 했던 중요한 인물이다. 이로써 정각 후 첫 해에 승단의 중요한 인물들이 출가함으로써 승단의 골격이 이루어졌다.

2~4년째 안거

붓다는 라자가하의 웰루와나(竹林精舍)에서 2년째, 3년째, 4년째 안거를 보냈다.

이때 사왓티에 제따와나(祇園精舍)를 세워 승단에 기증한 아나타삔디까 장자와 붓다의 만남이 이뤄졌다.

사왓티의 아나타삔디까Anāthapiṇḍika는 사왓티와 라자가하를 오가며 무역을 하고 있었다. 붓다는 라자가하의 시따와나(尸陀林)에서 머물고 있었다. 이때 아나타삔디까는 500대의 수레에 상품을 싣고 라자가하에 도착했다. 그는 처남에게서 붓다께서 세상에 출현하셨다는 소식을 들었다. 그는 그 말을 듣는 순간 다섯 종류의 희열이 온몸에 가득 차는 것을 느꼈다. 그는 다음 날 새벽 붓다를 친견하고 법문을 듣고 수다원과를 성취했다. 그는 붓다께 자신의 고향인 사왓티를 방문해 달라고 청했고, 붓다께서는 그의 청을 받아들였다.

아나타삔디까는 사왓티로 돌아가서 제따 왕자 소유의 동산을 황금으로 깔아 사들였다. 그리고 그 동산에 모든 시설을 완벽하게 갖춘 사원을 지었다. 이 사원이 붓다께서 20년 후부터 대열반에 들 때까지 대부분의 안거를 보냈던 기원정사祇園精舍이다. 아나타삔디까는 사원이 완공되자 심부름꾼을 라자가하로 보내 붓다를 초청했다.

라자가하의 웰루와나에서 두 번째 안거가 끝나자 붓다께서는 대중들을 이끌고 사왓티로 향했다. 가는 도중에 비구들이 서로 좋은 자리, 좋은 숙소, 좋은 음식을 차지하려고 질서 없이 행동하자 비구들 사이에서 논의가 일어났다.

"계급 순으로 차례(座次)를 정해야 한다."

"초선정, 이선정 … 팔선정 등 선정이 높은 순서대로 차례를 정해야 한다."

"수다원, 사다함, 아나함, 아라한, 삼명三明을 갖춘 아라한, 육신통六神通을 갖춘 아라한 등 도과가 높은 순서대로 차례를 정해야 한다."

그러자 붓다는 이렇게 율을 제정했다.

"비구들이여, 숙소를 배정하거나, 목욕 순서를 정하거나, 탁발 순서를 정하거나 자리에 앉는 순서를 정하거나 모든 차례를 정할 때는 계급이나, 경율을 더 잘 알거나, 선정이 높다거나, 도과가 높다거나 하는 것은 중요하지 않다. 항상 승랍(비구계를 받은 나이) 순서대로 차례를 정해야 한다. 어떠한 경우든 승랍이 낮은 비구는 승랍이 높은 비구에게 합장하고 삼배를 올리고 경의를 표하고 자리를 양보해야 한다."

붓다께서 대중들을 이끌고 사왓티에 도착하자 아나타삔디까는 성대하게 제따와나-아나타삔디까라마(제따 숲 아나타삔디까 사원, 祇樹給孤獨園) 낙성식을 열고 공덕수를 부어 승가에 기증했다.

〈게송 13, 14번 이야기〉에서는 붓다께서 어떻게 난다를 제도했는지 설명한다.

난다는 붓다에 의해 반강제적으로 출가했지만, 수행에 아무런 관심이 없었다. 그는 자신의 약혼녀인 자나빠다깔야니에 대한 그리움으로 출가 생활이 괴로울 뿐이었다. 붓다는 그를 도리천으로 데려가서 천상의 여인들을 보여주며, 천상의 여인들과 약혼녀 중에 어느 쪽이 더 예쁜지 물었다. 인간의 여인들은 제아무리 아름답다고 해도 천녀들의 아름다움에는 비할 바가 못 된다. 난다는 천녀들의 아름다움에 반했다. 붓다는 그에게 수행을 열심히 하면 천녀들을 소유할 수 있을 거라고 유혹했다. 난다는 열심히 수행해서 모든 욕망을 떨쳐버린 아라한이 됐다.

이때 〈게송 188~191번 이야기〉에 나오는 악기닷따Aggidatta의 제도가 있었다.

악기닷따는 꼬살라 국왕 빠세나디의 궁중 제사장이었다가 나이가 들자 다른 이교도의 교단으로 출가해 사문이 됐다. 그는 천 명의 제자와 함께 정령신앙을 숭배했다. 붓다는 신통제일인 목갈라나와 함께 가서 그들을 교화했다.

〈게송 68번 이야기〉에 나오는 꽃장수 수마나 이야기도 이때의 일이다. 붓다께서 라자가하로 돌아와서 웰루와나에 머물고 계실 때 꽃장수 수마나Sumanā가 왕에게 올릴 꽃을 붓다에게 올렸다. 왕은 그의 신심 있고 용기 있는 행위에 감탄해 그에게 팔종포상八種褒賞을 내렸다.

〈게송 70번 이야기〉에 등장하는 나체수행자 잠부까Jambuka는 과거생의 악업으로 발가벗고 똥을 먹고 땅바닥에 자며 살아가고 있었다. 붓다는 그에 대한 연민으로 그를 찾아가 깨달음으로 인도했다.

〈게송 290번 이야기〉에서는 이때 일어난 웨살리의 기근이라는 놀라운 사건에 관해 설명한다.

붓다께서 웰루와나에 머물고 계실 때 웨살리Vesāli에 기근이 들어 악귀가 창궐하고 역병이 돌아 사람들이 죽어 나가는 재앙이 들이닥쳤다. 웨살리의 릿차위Lichavi족들은 부족회의를 거쳐 재앙을 물리치기 위해 붓다를 초청했다. 붓다께서 갠지스 강을 건너 웨살리에 도착하자 비가 쏟아지기 시작하면서 기근이 물러가기 시작했다. 붓다께서 보배경(Ratana sutta)을 설하여 낭송하게 하자 악귀들이 물러가며 역병이 사라졌다. 재앙이 물러가자 붓다는 비구들과 함께 라자가하로 돌아갔다.

〈게송 348, 397번 이야기〉에 나오는 곡예사 욱가세나의 깨달음에 대한 이야기도 이 시기에 일어난 사건이다.

〈게송 197~199번 이야기〉에 나오는 사끼야족Sakya과 꼴리야족Koliya 사이에 전쟁이 일어날 뻔한 이야기도 이 시기에 일어난 사건이다.

사끼야족은 붓다의 종족이다. 꼴리야족은 붓다의 모계 종족이다. 두 종족 사이에는 로히니Rohiṇī 강이 흐르고 있다. 두 부족은 이 강물을 이용해서 농사를 짓고 있었다. 그러나 이 시기에 강물이 줄어들어 농사짓기에는 농업용수가 터무니없이 부족했다. 두 부족은 서로 자신들 쪽으로 물을 끌어들이기 위해 다투었다. 그 다툼은 상대방에 대한 모욕으로 비화했고, 급기야는 전쟁으로까지 치달았다. 붓다는 이 같은 위험을 천안으로 알아차리고 공중으로 날아가 두 부족을 훈계하고 화해시켰다. 이로 인해 두 부족은 각기 250명씩 500명의 젊은이를 출가시켰다.

이 500명의 젊은 비구는 부모의 권유에 억지로 출가해 출가 생활에 짜증이 일어났다. 집에 두고 온 아내와 자식들에 대한 애정 때문에 수행이 제대로 이루어질 리가 없었다. 붓다는 이 젊은 비구들에게 적절한 수행주제를 주고 지도해 모두 깨달음으로 인도했다.

5년째 안거

붓다는 웨살리의 마하와나Mahāvana(大園林) 안에 있는 꾸따가라살라 Kutagarasala(重閣講堂)에서 다섯 번째 안거를 보냈다.

붓다께서 마하와나에서 안거를 보내고 있을 때 숫도다나 왕의 죽음이 임박했다는 소식이 들렸다. 붓다는 까삘라왓투로 가서 왕에게 법문을 설했다. 왕은 이 법문을 듣고 아라한과를 성취해 대열반에 들었다.

〈게송 391번 이야기〉에서는 이때 최초로 비구니 승단이 생겨난 사건에 대해 서술하고 있다.

이전에 붓다께서 까삘라왓투의 니그로다 승원에 머무르고 계실 때, 붓다의 어머니인 마하빠자빠띠 고따미는 붓다를 찾아와 출가하고 싶다고 청했다. 붓다는 어머니의 청을 냉정하게 거절했다. 그녀는 출가를 포기하고 왕궁으로 돌아갈 수밖에 없었다. 그 후 붓다는 까삘라왓투를 떠나 웨살리로 가서 안거를 지내고 있었다.

사끼야족과 꼴리야족 간의 전쟁으로 두 종족에서 500명의 젊은이가 출가하자 졸지에 500명의 과부가 생겨났다. 이 젊은 과부들은 마하빠자빠띠 고따미에게 몰려가서 자신들도 출가하고 싶다고 말했다. 고따미는 한 번 붓다에게 거절당한 사연이 있었으므로 다시 여인들의 출가를 요청하는 것이 힘들다는 것을 알고 있었다. 그러나 그녀는 강한 결심으로 500명의 여인과 함께 스스로 머리를 깎고 가사를 만들어 입고 웨살리로 향했다.

친척들이 여인들을 위해 마차를 준비했지만, 강한 의지력의 이 여인들은 마차를 물리치고 50요자나를 맨발로 걸어갔다. 두 종족은 여인들을 호위하고 음식을 준비해 주었다. 하지만, 섬세한 귀족 여인들에게 50요자나를 맨발로 걸어간다는 것은 실로 고행이었다. 여인들의 발은 부풀어 올라 터져서 피가 흘렀고 몸은 초췌하고 먼지로 뒤덮였다. 여인들은 이런 처참한 모습으로 웨살리에 도착해 붓다의 방 앞에서 눈물을 흘리고 서 있었다.

고따미는 붓다에게 다시 출가를 요청했다. 그러나 붓다는 또다시 거절했다. 이를 지켜보던 정이 많은 아난다 장로가 중재에 나섰다. 붓다에게 여인들도 출가해 수행한다면 아라한이 될 수 있는지를 물었다. 붓다는 될 수 있다고 대답했다. 아난다는 마하빠자빠띠 고따미가 당신에게 젖을 물리고 기저귀를 갈아주며 어떻게 키웠는지 상기시켰다. 붓다는 결국 비구니팔경계比丘尼八敬戒를 지키는 조건으로 여인들의 출가를 허락했다. 그리하여 웨살리에서 최초로 비구니 승단이 탄생했다.

마하빠자빠띠 고따미는 앙굿따라 니까야에 나오는 〈간략하게 경, A8,6,3〉을 듣고 아라한이 됐으며, 500명의 비구니는 맛지마 니까야에 나오는 〈난다까의 교계에 대한 경, M146〉을 듣고 모두 수다원과 이상을 성취했다.

6년째 안거

붓다는 마꿀라Makula 언덕에서 여섯 번째 안거를 보냈다. 여섯 번째 안거가 끝나자 붓다는 마꿀라 언덕을 떠나 라자가하로 돌아와 웰루와나에 머물렀다.

〈게송 181번 이야기〉에서는 이때 일어난 놀라운 사건에 대해 기록하고 있다. 그 사건은 전단향 발우 사건 또는 사왓티의 기적이라고 불린다.

라자가하의 한 부자가 전단향으로 발우를 만들어 장대 꼭대기에 걸어놓고 아라한이라면 공중으로 날아올라서 가져가도록 공지했다. 그 당시 유명한 스승들이라고 불리는 여섯 스승(六師外道)이 시도했지만, 모두 실패했다. 이때 삔돌라 바라드와자Piṇḍola Bhāradvāja(빈두로) 장로가 신통으로 공중으로 날아올라 발우를 취했다. 붓다는 장로를 불러 꾸짖었다. 그리고 비구들에게 신통과 나무발우 사용을 금지시켰다.

외도들은 붓다가 신통을 금지한 것을 기회로 신통을 겨루자고 도전해 왔다. 붓다는 그 말을 듣고 4개월 후 사왓티에서 신통을 보이겠다고 선언했다. 붓다와 비구들과 모든 이교도가 신통 대결을 위해 사왓티로 향했다.

음력 6월 15일 안거 결제일에 붓다는 사왓티의 깐담바Kaṇḍamba 망고나무 아래서 오직 붓다들만이 할 수 있는 쌍신변(yamakapāṭihāriya, 雙神變)의 기적을 보여주었다.

7년째 안거

붓다는 일곱 번째 안거를 도리천에서 천신들에게 아비담마를 설하며 보냈다. 붓다는 쌍신변의 기적을 보여준 후 도리천에 올라 도리천왕의 홍옥보좌紅玉寶座에 앉아 전생에 어머니였던 마야데와뿟따 천신을 포함해 일만 세계의 천신들에게 아비담마(論藏)를 설했다.

〈게송 356~359번 이야기〉에서는 붓다께서 도리천에서 아비담마를 설하기 전에 안꾸라 천신과 인다까 천신의 이야기가 전개된다. 두 천신은 일찍 도착하여 붓다 가까이에 앉았다. 이후 위력 있는 천신들이 속속 도착하기 시작했다.

그런데 인다까 천신은 자신의 자리를 고수했는데 안꾸라 천신은 나중에 온 위력 있는 천신들에게 점점 밀리다가 맨 뒤까지 밀려났다. 공덕의 차이 때문에 이런 일이 벌어진 것이다. 인다까는 인간이었을 때 자신의 재산을 아낌없이 많은 사람에게 보시했지만, 공덕이 크지 않았다. 그의 공덕은 안꾸라가 아누룻다 장로에게 밥 한 주걱 보시한 공덕보다 못했던 것이다.

〈게송 176번 이야기〉에서는 붓다께서 도리천에 내려와 사왓티 제따와나로 돌아와 머물고 있을 때, 찐짜마나위까Ciñcamāṇavikā가 붓다의 아이를 밴 것처럼 연극을 하며 붓다를 모함했다가 산채로 지옥에 떨어진 사건을 설명하고 있다.

〈게송 306번 이야기〉에서는 이교도들이 순다리Sundarī를 이용해 붓다의 명예를 훼손하려 했다가 발각돼 벌을 받은 사건을 서술하고 있다.

8년째 안거

붓다는 박가Bhagga국의 숭수마라기리Suṃsumāragiri에 있는 베사깔라 숲 Bhesakāḷavana에서 여덟 번째 안거를 보냈다.

〈게송 157번 이야기〉에서는 이때 일어난 보디 왕자 이야기를 다루고 있다.

보디 왕자Bodhi Rājakumāra는 꼬삼비의 우데나Udena 왕과 와술라닷따 Vāsuladattā 사이에 태어난 아들이었다.

그는 박가국의 총독으로 수도인 숭수마라기리에 대목수를 시켜 꼬까나다(紅蓮)라는 이름의 아름다운 궁전을 지었다. 그는 대목수가 또 다른 곳에 이 궁전과 똑같은 경이로운 건축물을 지을까 봐 대목수를 죽일 계획을 세웠다. 대목수는 왕자의 친구인 산지까뿟따Sañjikāputta의 도움으로 탈출에 성공했다.

붓다께서 베사깔라 숲에서 안거를 보내고 있을 때, 왕자는 궁전 낙성식에 붓다와 비구들을 초청하여 공양을 올리고 삼보에 귀의했다. 붓다는 그에게 〈보디 왕자 경, M85〉을 설하고 그가 아이가 없는 이유에 대해 설명해 주었다.

〈게송 367번 이야기〉에는 붓다께서 베사깔라 숲에서 안거를 끝내고 사왓티 제따와나에 머물 때, 빤짝가다야까Pañcaggadāyaka 바라문 부부를 제도하는 이야기가 서술돼 있다.

〈게송 21~23번 이야기〉에서는 꼬삼비에 최초로 세 개의 승원이 세워지고, 붓다의 가르침이 전해지는 사건을 기록하고 있다.

이야기의 전편에 우데나Udena가 히말라야에서 태어나 우여곡절을 겪어 꼬삼비의 왕위에 오르는 꼬삼비 왕조실록이 전개된다. 그리고 왕이 사마와띠Sāmāvatī, 와술라닷따Vāsuladattā, 마간디야Māgandiya라는 세 여인과 결혼하는 로맨스가 이어진다. 이어서 고사까가 일곱 번이나 죽을 고비를 넘기고 재정관에 오르는 이야기가 진행된다.

이야기의 본문으로 들어가서, 꼬삼비에는 고사까Ghosaka, 꾹꾸따Kukkuṭa, 빠와리까Pāvārika라는 세 장자가 살고 있었다. 그들은 붓다에 대한 신심이 대단한 사람들이었다. 그들은 붓다께서 이 세상에 출현하셨다는 소식을 듣고 붓다를 뵙기 위해 500대의 수레에 공양물을 싣고 붓다께서 계시는 제따와나로 갔다.

세 장자는 제따와나에 도착해 붓다의 법문을 듣고 수다원과를 성취했다. 그들은 보름 동안 공양을 올리고 고향으로 돌아가면서 붓다를 꼬삼비로 초청했다. 세 장자는 꼬삼비로 돌아가서 고사까 장자는 고시따라마Gositārāma를 세우고, 꾹꾸따 장자는 꾹꾸따라마Kukkuṭārāma를 세우고, 빠와리까 장자는 빠와리까라마Pāvārikārāma를 세웠다.

〈게송 179, 180번 이야기〉에서는 붓다께서 꾸루에 사는 마간디야 부부를 제도한 사건을 설명하고 있다.

붓다는 세 장자들의 초청을 받고 꼬삼비로 향하는 도중에 마간디야Māgandhiya 부부가 깨달음을 얻을 인연이 있음을 알고 꾸루Kuru국의 깜맛사담마Kammāssadhamma로 갔다. 붓다는 두 부부에게 법문을 설하자 부부는 아나함과를 성취했고 출가해 아라한이 됐다. 하지만, 부부의 딸 마간디야Māgandhiyā는 붓다가 자신을 모욕했다고 생각하고 복수를 다짐했다.

9년째 안거

붓다께서 꼬삼비에 도착하자 꼬삼비의 세 장자는 사원 낙성식을 거행하고 승가에 사원을 기증했다. 붓다는 그들이 기증한 사원에서 아홉 번째 안거를 보냈다.

〈게송 320~322번 이야기〉에서는 붓다께서 어떻게 마간디야 왕비의 모욕을 견디었는지 설명하고 있다.

붓다께서 꼬삼비에서 안거를 보내고 있을 때 붓다에게 복수를 맹세했던 젊은 여인 마간디야는 우데나 왕의 왕비가 되어 붓다에게 복수할 기회를 엿보았다. 그녀는 깡패와 건달들을 동원해서 붓다에게 욕설과 비방을 퍼부었다. 아난다는 붓다에게 다른 도시로 가자고 종용했지만, 붓다는 결코 도망가지 않으며 수행자는 모름지기 모든 비방과 욕설을 묵묵히 참고 견뎌야 한다고 법문했다.

〈게송 21~23번 이야기〉에서는 지혜로운 여인들인 쿳줏따라와 사마와띠 왕비가 어떻게 열렬한 재가불자가 됐으며 어떻게 수행했는지 설명하고 있다. 그리고 사마와띠 왕비와 시녀들의 죽음에 대해 묘사하고 있다.

사마와띠 왕비의 시녀인 쿳줏따라는 왕비를 위해 꽃을 사러 다니다가 붓다의 설법을 듣고 수다원과를 성취했다. 그녀는 궁중으로 돌아와 사마와띠와 500명의 시녀에게 붓다의 법문을 들려주었다. 여인들은 그녀가 전해주는 붓다의 법문을 듣고 희열이 솟아올랐다. 그녀들은 바로 붓다의 열렬한 추종자가 됐다. 왕실 여인들은 계속 법문을 듣고 싶어 했다. 쿳줏따라는 매일 붓다의 법문을 듣고 돌아와 그녀들에게 들려주었다. 궁중 여인들은 법문을 듣고 열심히 수행해 모두 수다원과를 성취했다.

이때 마간디야는 붓다에 대한 복수심을 사마와띠와 500명의 시녀에게 돌렸다. 마간디야는 결국 그녀들을 불태워 죽이고 자신도 그 과보로 처형

당했다.

〈게송 6번 이야기〉에서는 이때 일어난 불교 역사상 최초로 일어난 승가의 불화에 대해 설명하고 있다.

꼬삼비의 고시따라마 사원에 살던 비구들 사이에 사소한 계율 문제로 불화不和가 일어났다. 붓다는 두 집단을 화해시키려고 노력했으나 비구들은 붓다의 훈계에도 불구하고 화해하지 않았다. 붓다는 홀로 있고 싶어 가사와 발우를 들고 발라까로나Bālakaloṇa 마을로 갔다. 그 마을에는 바구 장로가 해탈의 지복을 누리며 살고 있었다. 붓다는 장로에게 법문을 설하고 동쪽 대나무 숲 사슴동산으로 갔다. 그곳에는 아누룻다, 난디야, 낌빌라 장로가 살고 있었다. 붓다는 그들에게 법문하고 빠릴레이야까Pālileyyaka 숲으로 갔다.

10년째 안거

붓다는 빠릴레이야까 숲에서 빠릴레이야까 코끼리의 시중을 받으며 열 번째 안거를 보냈다.

〈게송 6번 이야기〉에서는 붓다께서 코끼리의 시중을 받으며 홀로 숲에서 머무는 모습을 묘사하고 있다. 이때 붓다를 시중드는 코끼리를 유심히 지켜보던 원숭이가 코끼리를 흉내 내어 꿀을 따다가 붓다에게 올렸다.

〈게송 328~330번 이야기〉에서는 승가가 참회하고 다시 화합하는 모습을 그리고 있다.

안거가 끝나자 아난다 장로가 500명의 비구를 데리고 붓다를 모시러 왔다. 붓다는 그들에게 '어리석은 이들과 함께 사느니 차라리 코끼리처럼 홀로 살아가야 한다.'고 법문했다. 그리고 붓다는 비구들과 함께 사왓티로 가서 제따와나에 머물렀다. 이때 꼬삼비 비구들이 붓다에게 와서 참회하고 다시 화합했다.

11년째 안거

붓다는 제따와나에서 한동안 머물다가 라자가하에서 멀지 않은 닥킨나기리Dakkhiṇāgiri 지방에 있는 날라Nāḷa 마을로 가서 열한 번째 안거를 보냈다.

이때 까시바라드와자Kasibhāradvāja 바라문은 500대의 쟁기를 동원하여 논을 갈고 파종 행사를 열고 있었다. 붓다는 가사와 발우를 들고 행사가 열리는 논으로 갔다. 바라드와자는 탁발 나온 붓다를 보고 말했다.

"나는 밭을 갈고 씨를 뿌린 후에 식사합니다. 당신도 밭을 갈고 씨를 뿌린 후에 식사하십시오."

"나도 밭을 갈고 씨를 뿌린 뒤에 먹는다."

"당신이 밭을 갈고 씨를 뿌리는 것을 보지 못했는데 어떻게 씨를 뿌립니까?"

"믿음이 씨고 수행이 비네. 지혜가 쟁기와 멍에이고 부끄러움이 몰이막대이네. 마음이 끈이고 알아차림이 보습이네……."〈상윳따 니까야(S7.11) 와 숫따니빠따(Sn1.4)〉

바라드와자는 붓다의 법문에 감동하여 출가했다. 그는 열심히 정진하여 아라한과를 성취했다.

12년째 안거

붓다는 웨란자 바라문이 살고 있는 웨란자Veraña 도시에서 열두 번째 안거를 보냈다.

〈게송 83번 이야기〉에서는 붓다와 비구들이 말 먹이용 사료를 먹으며 3개월 안거를 보낸 사건을 서술하고 있다.

붓다는 안거가 다가오고 있을 때 웨란자에 도착했다. 웨란자 바라문은 붓다의 법문을 듣고 삼보에 귀의하고 웨란자 마을에서 안거를 지내주기를 청했다. 붓다는 그의 청을 받아들여 500명의 비구와 함께 그곳에서 안거를 보냈다.

이때 웨란자에 기근이 들었다. 사람들은 자신들의 목숨도 이어가기 힘들어 비구들에게 공양을 올리지 않았다.

마침 웃따라빠타Uttarāpatha에서 온 말장수가 이곳에서 우기를 보내고 있었다. 말장수는 삼보에 대한 믿음이 깊었다. 그는 비구들이 도시에서 음식을 얻지 못하고 빈 발우를 들고 돌아가는 것을 보고 자신의 말 먹이용 보리를 제공하겠다고 제의했다. 보리는 말이 뜯어먹을 풀이 없을 경우를 대비해서 가져왔으며 벌레가 먹거나 썩지 않도록 한 번 쪄서 말린 것이었다. 비구들은 하루에 한 그릇의 보리를 받아서 사원으로 가져와 빻아서 버터와 당밀을 섞어 반죽해서 먹었다.

이 안거철에 사리뿟따 장로는 어떤 붓다의 가르침이 세상에 오래 남아 있었는지 물었다. 붓다께서 대답했다.

"계율을 제정하지 않고 빠띠목카(戒目)를 암송하지 않으며, 단지 '악을 금하고 선을 행하라(諸惡莫作 衆善奉行)'라는 훈계 계목(Ovāda Pātimokkha)으로 포살을 했던 붓다의 시대는 오래가지 않았다."

"부처님이시여, 계율을 제정하여 권위 계목(Āṇa Pātimokkha)을 암송해 포살을 할 수 있도록 해 주소서."

"사리뿟따여, 아직은 때가 이르지 않았다. 승가에 허물을 범한 자가 나타나지 않았다. 승가에 허물이 나타나면 계율을 제정할 것이다."

이로부터 8년 후, 정각 후 20년이 되던 해에 최초로 허물이 나타나며 계율이 제정되기 시작했다.

안거가 끝나고 해제날 자자自恣를 하고 나서 붓다는 관례에 따라 초청자인 웨란자 바라문에게 가서 떠나겠다는 인사를 했다. 그는 그때야 자신이 안거를 초청해 놓고 한 번도 공양을 올리지 않았다는 것을 상기했다. 바라문은 다음 날 공양청을 올리며 자신의 허물을 사과했다. 다음 날 바라문은 성대하게 공양을 올리고 붓다에게 가사 세 벌을 올리고 스님들에게 가사 한 벌씩을 올렸다.

붓다는 웨란자를 떠나 소레야Soreyya, 상깟사Saṅkassa, 깐나꿋자Kaṇṇakujja를 유행하면서 갠지스 강을 건너 베나레스에 한동안 머물렀다. 그리고 웨살리로 가서 마하와나의 꾸따가라살라(重閣講堂)에 머물렀다.

그 후 붓다는 비구들과 함께 웨살리를 떠나 사왓티 제따와나에 도착해 머물렀다. 이때 라훌라 사미는 열여덟 살이 됐다. 붓다는 그에게 〈라훌라를 교계한 긴 경, M62〉을 설했다.

13년째 안거

붓다는 사왓티의 제따와나를 떠나 짤리까 언덕Cālikapabbata에 있는 사원에서 열세 번째 안거를 보냈다.

〈게송 33, 34번 이야기〉에서는 이때 메기야Meghiya가 붓다의 시자로 있을 때 일어난 일화를 소개하고 있다.

처음 20년 동안은 붓다에게 고정된 시자가 없었다. 짤리까 언덕에서 머무를 때 메기야 비구가 시자로 붓다를 시중들고 있었다. 그는 탁발하고 돌아오다가 강가의 아름다운 망고 숲에 매혹당했다. 그는 그곳에 가서 수행하고 싶다고 붓다에게 허락을 구했다. 붓다는 다른 비구가 올 때까지 기다리라고 만류했지만, 그의 거듭된 요청에 허락했다.

그는 그곳으로 가서 수행했지만 뜻밖에도 선정은커녕 감각적 쾌락, 악한 생각, 남을 해치려는 생각에 시달리다가 돌아왔다. 붓다는 장로에게 〈메기야 경, A9.3〉을 설했다.

14년째 안거

붓다는 사왓티에 있는 제따와나에서 열네 번째 안거를 보냈다.

이때 라훌라는 스무 살이 되어 비구계를 받고 비구가 됐다. 그는 일찍 사미로 출가해 오랫동안 수행했지만, 비구로서 한 철의 안거도 지내지 않은 신참비구였다. 붓다는 그가 아라한과를 성취할 시기가 무르익었다는 것을 알고 사왓티에서 가까운 안다와나Andhavana 사원으로 그를 데려갔다. 붓다는 그곳에서 라훌라에게 〈라훌라를 가르친 작은 경, M147〉을 설했다. 라훌라는 이 법문을 듣고 아라한이 됐다.

〈게송 351, 352번 이야기〉에서는 아라한이 된 라훌라의 두려움 없는 경지를 설명하고 있다.

라훌라 비구가 마땅히 잘 곳이 없어 간다꾸띠(如來香室) 입구에 누워 있을 때 마라가 다가와서 커다란 코끼리로 변해 공포를 불러일으켰다. 하지만, 라훌라는 이미 아라한이기 때문에 두려움이 전혀 없었다.

〈게송 410번 이야기〉에서는 사리뿟따 장로의 무욕에 대해 설명하고 있다.

사리뿟따 장로가 제자들을 데리고 지방의 한 사원에서 안거를 보내고 난 후 사왓티로 떠나면서 까티나kathina용 가사 공양이 들어오면 자기에게 보내 달라고 하자 비구들은 장로에게 아직도 탐욕이 남아 있다고 오해했다.

15년째 안거

붓다는 까삘라왓투에 있는 니그로다라마Nigrodhārāma에서 열다섯 번째 안거를 보냈다.

〈게송 128번 이야기〉에서는 붓다의 장인이었던 숩빠붓다가 붓다를 모욕했다가 지옥에 떨어지는 과보를 설명하고 있다.

숩빠붓다Suppabuddha는 붓다의 외삼촌이자 장인이었다. 그는 두 가지 이유로 붓다에게 원한을 가지고 있었다. 하나는 자신의 딸 야소다라를 버리고 출가한 것이고, 다른 하나는 자기 아들 데와닷따 장로를 적대시하기 때문이었다. 그는 대낮에 술을 먹고 붓다의 탁발을 가로막고 방해했다. 이 과보로 그는 산채로 땅속으로 빨려 들어가 지옥에 태어났다.

〈게송 354번 이야기〉에서는 신들이 붓다에게 자신들도 법문을 들을 기회를 달라고 요청하는 사건을 기록하고 있다.

붓다는 까삘라왓투를 떠나 사왓티의 제따와나로 되돌아왔다. 이때 신들 사이에 네 가지 문제가 제기됐으나 아무도 아는 이가 없었다. 신들은 결국 삭까 천왕에게 몰려가서 질문했다. 그러나 천왕도 이 문제를 풀 수 없었다. 천왕은 이 문제는 오직 붓다만이 알 수 있다고 하면서 모든 신을 데리고 지상으로 내려가 붓다에게 질문했다. 팔만사천 신이 법문을 듣고 사성제를 이해하고 삼보에 귀의했다. 삭까 천왕은 환희심을 일으켜 붓다에게 간청했다.

"붓다시여, 앞으로 신들에게도 법문을 들을 기회를 주소서."

붓다는 비구들을 모아놓고 이렇게 말했다.

"앞으로 크고 작은 어떤 법문일지라도 시방세계의 모든 중생에게 법문을 들을 기회를 주어라."

16년째 안거

붓다는 알라위Ālavi 성에 있는 악가왈라 쩨띠야Aggāvala cetiya에서 열여섯 번째 안거를 보냈다.

이때 붓다는 식인 야차 알라와까Ālavaka를 제도해 귀의시켰다. 붓다와 야차 사이의 문답은 숫따니빠따의 〈알라와까 경, Sn1.10〉에 기록돼 있다. 붓다는 식인 야차에게 먹힐 뻔한 알라와까 왕의 아들 핫타까 알라와까 Hatthaka Ālavaka를 구해주었다.

핫타까는 훗날 붓다에게 수행지도를 받고 아나함과를 성취했다. 그는 출가하지 않았지만, 삼장에 통달하고 500명의 제자를 가르치는 재가법사가 됐다. 그는 본받아야 할 남자 신도 중 한 명이었으며, 사섭법을 실천하는 데서 제일인 재가스승이었다.

17년째 안거

붓다는 라자가하의 웰루와나에서 열일곱 번째 안거를 지냈다.

〈게송 223번 이야기〉에서는 재가 불자인 웃따라의 자애삼매에 대해 설명하고 있다.

수다원과를 성취한 웃따라Uttarā는 기생 시리마Sirimā가 끼얹은 펄펄 끓는 기름을 뒤집어쓰고도 자애삼매에 들어 화상을 전혀 입지 않았다. 시리마는 자신이 질투에 눈이 멀어 이런 잘못을 저질렀음을 알고 웃따라에게 용서를 구했다. 웃따라는 그녀를 붓다의 가르침으로 인도했다. 시리마는 붓다와 승가에 공양을 올리고 법문을 듣고 수다원과를 성취했다.(이 사건은 정확히 언제 일어났는지 알 수 없다. 다만 다음 이야기의 앞에 일어난 사건이라는 것만 확실하다.)

〈게송 147번 이야기〉에서는 붓다께서 기생 시리마의 시체를 이용해 사람들을 제도한 사건을 설명하고 있다.

이 안거철에 그 당시 최고 미인이었던 기생 시리마가 죽었다. 붓다는 시리마의 시신이 부패할 때까지 놔두게 하고, 왕에게 그녀의 시신을 살 사람을 공고하라고 했다. 살아있을 때는 그녀와 하룻밤을 자려고 천 냥의 돈을 아끼지 않던 사람들이 거저 준다고 해도 가져가려 하지 않았다.

붓다는 이때 모인 대중에게 〈승리의 경, Sn1.11〉을 설했고 많은 사람이 깨달음을 얻었다. 승리의 경은 자신의 미모에 대한 자부심이 대단했던 자나빠다깔야니 난다와 아비루빠난다에게도 똑같이 설했다고 한다.(게송 150번 이야기)

〈게송 203번 이야기〉에서는 붓다께서 알라위에 사는 농부를 제도하는 장면을 설명하고 있다.

붓다는 안거가 끝나자 라자가하를 떠나 사왓티로 가서 웰루와나에 머물렀다. 이때 붓다는 알라위Ālavi에 사는 가난한 농부가 깨달음을 얻을 시기가 왔음을 알고 30요자나의 먼 거리를 걸어가서 깨달음으로 인도했다.

18년째 안거

붓다는 짤리까 언덕에서 열여덟 번째 안거를 보냈다. 붓다는 안거가 끝나자 사왓티로 돌아와 제따와나에 머물렀다.

〈게송 174번 이야기〉에서는 붓다께서 한 직조공의 딸에게 죽음에 대한 명상을 가르쳐 깨달음으로 인도한 이야기를 기록하고 있다.

붓다는 3년 전에 알라위 주민들에게 죽음에 대한 명상을 가르쳤다. 주민 중에 직조공의 딸만이 이 명상을 실천했다. 3년이 지나 붓다는 그녀가 깨달음을 얻을 인연이 다가왔음을 알고 알라위로 가서 그녀를 교화했다.

19년째 안거

붓다는 알라위를 떠나 여러 곳을 유행하며 많은 사람을 교화하고 다시 짤리야 언덕으로 돌아가 열아홉 번째 안거를 보냈다. 안거가 끝나자 붓다는 라자가하로 가서 웰루와나에서 머물렀다.

〈게송 124번 이야기〉에서는 붓다께서 사냥꾼 꾹꾸따밋따와 그의 가족을 제도하는 장면을 묘사하고 있다.

붓다는 사냥꾼 가족을 제도하고 나서 웰루와나를 떠나 사왓티로 가서 제따와나에 머물렀다.

〈게송 62번 이야기〉에서는 구두쇠 아난다의 과보에 대한 이야기가 펼쳐진다.

지독한 구두쇠였던 아난다Ānanda 재정관이 죽어 짠달라caṇḍāla(불가촉천민) 집안에 기형아로 태어났다. 붓다는 탁발을 나왔다가 아난다의 후신後身

을 보고 아들 물라시리Mūlasiri에게 그가 과거생에 아버지였음을 확인시켜 주었다.

20년째 안거

붓다는 라자가하의 웰루와나에서 스무 번째 안거를 보냈다.

붓다는 정각 후 20년간 특정한 시자를 두지 않았다. 20년 동안 나가사말 라Nāgasamāla, 나기따Nāgita, 우빠와나Upavāna, 수낙캇따Sunakkhatta, 사가따 Sāgata, 라다Rādha, 메기야Meghiya, 쭌다Cunda 사미 등 여덟 명이 형편에 따라 시중을 들었지만 붓다는 고정된 시자가 없어 불편을 겪었다.

"비구들이여! 그동안 여러 시자가 내 시중을 잘 들어주었지만, 때때로 내가 이 길로 가자고 할 때 고집을 부리며 딴 길로 가는 시자도 있었고, 내 가사와 발우를 땅에 떨어뜨리는 시자도 있었다. 나는 이제 늙었구나! 이제 부터 항상 나를 따르며 잘 보살펴 줄 수 있는 시자가 있으면 좋겠구나."

이에 사리뿟따와 목갈라나 등 80여 명의 대아라한이 모두 시자가 되겠다 고 나섰다. 붓다는 그들의 청을 물리치고 아난다를 시자로 삼기를 원했다. 아난다는 여덟 가지 조건을 제시하며 이 조건을 수락하면 시자의 임무를 맡겠다고 대답했다.

① 붓다께서 받은 가사는 입지 않겠다.
② 붓다께서 받은 음식은 먹지 않겠다.
③ 간다꾸띠(붓다의 방)에 함께 앉지 않겠다.
④ 붓다의 공양청에 따라가지 않겠다.
⑤ 내가 요청한 신도의 공양청에 붓다는 반드시 가야 한다.
⑥ 친견하러 온 신도들을 내가 요구하면 즉시 만나줘야 한다.
⑦ 내가 의심이 일어나 질문하면 즉시 대답해 줘야 한다.

⑧ 내가 없을 때 한 법문은 나에게 다시 들려줘야 한다.

처음 네 가지 조건은 잘 먹고 잘 입는 등 특혜를 받기 위해 그런 힘든 일을 한다는 오해를 받을까 봐, 뒤의 네 가지 조건은 붓다를 성실하게 섬기면서 아무런 특혜도 없었다는 비난을 받을까 봐 제시했다고 한다. 붓다의 시자가 된 아난다 장로는 낮이나 밤이나 스승을 위해 헌신적으로 시중들었다.

웨살리에서 가까운 곳에 깔란다Kalanda 마을이 있었다. 이 마을은 다람쥐 (깔란다)가 많아서 그렇게 불렸다. 깔란다 마을의 부자 상인에게 수딘나 Sudinna라는 아들이 있었다. 외동아들인 수딘나는 웨살리에 왔다가 붓다의 설법을 듣고 어렵게 부모의 허락을 얻어 비구가 됐다.

그는 8년 동안 숲속에서 두타행을 하다가 붓다께서 정각 후 20년째 됐을 때 고향으로 돌아왔다. 부모는 그가 환속하도록 계속 설득했으나 실패했다. 부모는 아들의 출가 전 아내와 쌓아둔 재물을 이용해 유혹했으나 그는 속세에서 벗어난 기쁨에 젖어 부모의 유혹에 넘어가지 않았다. 부모는 마지막으로 재산을 상속할 자식이 없으면 왕이 재산을 모두 가져간다는 핑계를 대며 자손을 이을 수 있도록 씨를 뿌려달라고 제의했다. 차마 마지막 청까지 거절할 수 없었던 수딘나는 임신할 날짜를 잡아 아내와 관계를 가졌다. 하지만, 곧 잘못을 저질렀다는 생각에 후회가 밀려오자 장로에게 고백했고, 장로는 그를 붓다에게 데려갔다.

이 일로 붓다는 승가가 구성된 지 20년이 되던 해에 최초로 계율을 제정했다.

"음행을 한 자는 더는 비구들과 함께 생활할 수 없다(不淫行戒)."

이때부터 차례로 계율이 제정되어 마지막에는 227계가 됐다.

21~44년째 안거

붓다는 전반기 20년 동안은 여기저기 유행하면서 안거를 지냈지만, 21년째부터 44년째까지 후반기 안거는 모두 사왓티에서 보냈다. 안거철에는 사왓티에서 보냈지만 해제철에는 때때로 유행하셨다. 이때 일어난 사건들의 순서는 정확히 알 수 없으므로 붓다왐사에 나열된 순서대로 정리해 본다.

〈게송 200번 이야기〉에서는 붓다께서 빤짜살라Pañcasāla 마을로 탁발을 나셨다가 음식을 얻지 못하고 온종일 굶어야 했던 사건을 설명하고 있다.

〈게송 177번 이야기〉에서는 최상의 공양에 관해 설명하고 있다.

붓다께서 제따와나에 머물고 있을 때 빠세나디Pasenadi 왕이 '이 세상에서 비길 바 없는 공양(asadisadāna)'을 올렸다. 이런 화려한 공양은 한 붓다에게 오직 한 번 올리는 것이었다. 왕에게는 깔라Kāla와 준하Juṇha라는 두 대신이 있었는데, 깔라는 왕이 쓸데없는 곳에 돈을 낭비한다고 못마땅하게 생각했고, 준하는 왕의 공덕을 찬양했다. 이 과보로 깔라는 추방되고 준하는 수다원과를 성취했다.

〈게송 58, 59번 이야기〉에서는 붓다의 불가사의한 위신력을 묘사하고 있다.

니간타Nigaṇṭha의 제자인 가라하딘나Garahadinna는 붓다의 제자인 시리굿따Sirigutta를 자기의 종교로 개종시키려고 온갖 말로 니간타들의 위대함을 칭찬했다. 시리굿따는 그를 깨우쳐주려고 니간타들을 초청해 골탕을 먹였다. 이에 분노한 가라하딘나는 붓다에게 똑같이 복수를 준비했지만, 붓다의 지혜와 불가사의한 위신력을 드러나게 했을 뿐이었다. 이로 인해 두 친구는 수다원과를 성취했다.

〈게송 304번 이야기〉에서는 쭐라수밧다가 시집가서 시댁 식구들을 불교도로 개종시킨 사건을 설명하고 있다.

아나타삔디까 장자의 딸 쭐라수밧다Cūlasubhaddā는 니간타의 신봉자인 욱가Ugga 장자의 아들에게 시집갔다. 시아버지는 며느리에게 자신의 종교로 개종할 것을 강요했지만, 며느리는 이미 수다원과를 성취한 여인으로 붓다에 대한 확고한 신심을 갖추고 있었다. 시집 식구들은 며느리가 믿는 스님들에 대해 물었고 며느리는 아름다운 시로 붓다와 비구들의 덕과 지혜를 찬양했다. 이로 인해 욱가 장자의 가족들은 모두 붓다에게 귀의했다.

〈게송 216번 이야기〉에서는 붓다께서 한 농부를 깨달음으로 인도한 사건을 설명하고 있다.

아찌라와띠Aciravati 강변에 사는 바라문이 홍수로 일 년 동안 지은 농사를 수확하지 못하고 슬픔에 젖어있을 때 붓다는 갈애와 집착이 슬픔의 원인임을 설했고, 이 설법 끝에 농부는 수다원과를 성취했다.

〈게송 413번 이야기〉에서는 과거생의 공덕으로 배꼽 주위에서 달빛이 나타나는 짠다바Candābha(달빛)가 붓다의 가르침을 듣고 아라한과를 성취하는 장면을 설명하고 있다.

〈게송 17번 이야기〉에서는 데와닷따가 붓다를 살해하려고 시도한 사건을 기술하고 있다.

정각 후 37년, 세납 72세, 대열반에 들기 8년 전, 붓다께서 라자가하의 웰루와나에 계실 때 데와닷따Ajātasattu 왕자를 부추겨 부왕을 죽이고 왕권을 찬탈하게 했다. 그리고 자신은 붓다를 살해하고 승단을 빼앗으려고 시도했다. 그는 붓다를 살해하기 위해 자객을 보내고, 산 위에서 돌을 굴리기도 하고, 술 취한 코끼리를 붓다에게 돌진하게 했으나 모두 실패로 돌아갔다.

살해 시도가 실패로 돌아가자 그는 승단을 분열시키기 위해 다섯 가지 엄격한 계율을 제안해 자신의 의견에 동조하는 비구들을 모았다. 500명의 신참 비구가 그의 의견에 동조했다. 그는 그들을 데리고 가야시사Gayāsīsa로 가서 새로운 교단을 창설하고 교주에 올랐다. 하지만, 붓다께서 두 상수제자를 보내 신참비구들을 설득해 되돌아오게 함으로써 그의 계획은 실패로 돌아갔다.

데와닷따는 중병이 들어 몸을 움직일 수 없게 되자 후회가 밀려왔다. 그는 붓다를 만나 참회하려고 했다. 그는 들것에 실려 붓다께서 계시는 사왓티 제따와나까지 갔지만, 붓다를 만나보지 못하고 죽어 지옥에 떨어졌다. (게송 162, 163, 90번 이야기도 이 사건을 설명하고 있다.)

부왕을 살해하고 왕위에 오른 아자따삿뚜는 죄책감에 시달리고 악몽을 꾸며 잠을 이루지 못했다. 데와닷따가 땅속으로 빨려 들어가 죽임을 당했다는 소식을 듣자 왕은 자신도 그렇게 되리라는 두려움에 왕궁의 화려한 생활도 즐겁지 않았다.

어느 보름날 그는 붓다에게 가보고 싶었으나 과거에 데와닷따를 도와 붓다를 해치려했기 때문에 감히 갈 수 없었다. 이때 왕의 주치의이자 붓다의 주치의이기도 한 지와까Jīvaka가 왕의 마음을 읽고 붓다에게 가면 마음의 평화를 얻을 수 있을 거라고 권했다. 왕은 붓다께서 계시는 지와까의 망고 동산에 있는 사원으로 갔다. 붓다는 그에게 〈사문과경, D2〉을 설했고, 그는 이 법문을 듣고 불교도가 됐다.

〈게송 47번 이야기〉에서는 사끼야족의 멸망에 대한 인과를 기술하고 있다.

이야기는 과거로 흘러가서 빠세나디 왕이 사끼야족의 여인 와사바캇띠야Vāsabhakhattiyā와 결혼하게 된 동기가 나오고 두 사람 사이에 태어난 위두다바Viḍūḍabha가 사끼야족에게 원한을 품고 복수를 맹세하게 된 인과를 설명하고 있다. 빠세나디 왕은 죄 없는 반둘라Bandhula 총사령관과 아들들을 죽이고 그 죄책감으로 반둘라의 조카를 총사령관에 임명했다. 반둘라의 조카 디가까라야나Dīghakārāyaṇa는 빠세나디 왕에게 원한을 품고 복수할 기회를 노렸다.

이야기의 본론으로 들어가서 위두다바와 디가까라야나는 복수라는 같은 목적을 가지고 모반을 꾸몄다. 마침 빠세나디 왕이 총사령관 디가까라야나를 데리고 메다딸룸빠Medataḷumpa에 계시는 붓다를 찾아뵙고 〈담마쩨띠야 경, M89〉을 듣고 있을 때, 위두다바와 디가까라야나는 왕위를 찬탈했다. 위두다바는 왕위에 오르자마자 군대를 일으켜 사끼야족을 멸망시켰다. 이때가 빠세나디 왕이 80세가 된 해이자 붓다께서 대열반에 드신 해이다.

법구경에 나오는 사건들을 모두 연대기적으로 정확하게 설명한다는 것은 어려운 일이지만 인생의 마지막 여정은 디가 니까야 대반열반경(D16)에 자세히 언급되어있다.

붓다께서 44안거를 마치고 라자가하의 깃자꾸따Gijjhakūṭa에 계실 때 마가다국의 아자따삿뚜 왕은 왓지족을 정복할 계획을 세웠다. 왕은 왓사까라Vassakāra 대신을 보내 전쟁에서 승리할 것인지 물었다. 붓다는 왓지국 사람들이 일곱 가지 쇠퇴하지 않는 법을 지킨다면 절대 망하지 않을 것이라고 대답하셨다.

붓다는 라자가하로 내려와 비구들을 전부 법당에 모아놓고 승가가 '쇠퇴하지 않는 일곱 가지 법(七不退法)'을 설하셨다.

① 비구들이 자주 모임을 하고 많은 비구가 모이면 쇠퇴하지 않을 것이다.

② 비구들이 화합해 승가의 일을 함께 행한다면 쇠퇴하지 않을 것이다.

③ 비구들이 선배와 장로, 그리고 덕 있는 비구들을 존경하고 그들의 말을 경청한다면 쇠퇴하지 않을 것이다.

④ 비구들이 새로운 계율을 제정하지 않고 이미 정해진 계율을 잘 지킨다면 쇠퇴하지 않을 것이다.

⑤ 비구들이 윤회로 이끄는 욕망에 지배되지 않으면 쇠퇴하지 않을 것이다.

⑥ 비구들이 숲속에서 머문다면 쇠퇴하지 않을 것이다.

⑦ 비구들이 함께 모여 알아차림을 확립하고 열심히 수행한다면 쇠퇴하지 않을 것이다.

붓다는 라자가하를 떠나 암발랏티까Ambalatthika 동산에 도착하여 계·정·혜 삼학三學의 중요성을 강조하고 날란다를 거쳐 빠딸리가마Pātaligāma에 도착했다. 붓다는 갠지스 강을 공중으로 날아서 건너 꼬띠가마Kotigāma에 도착해 사성제四聖諦를 다시 강조하셨다. 붓다는 다시 나디까Nādika 마을에 도착해 긴자까와사타Giñjakāvasatha에 머물렀다. 이때 붓다는 〈진리의 거울法鏡〉이라는 가르침을 설했다.

붓다는 웨살리에 도착해 기생 암바빨리Ambapāli 소유의 망고 동산에 머물렀다. 여기서 붓다는 사념처四念處에 대해 설법하셨다. 암바빨리는 붓다와 비구들에게 공양을 올리고 자신의 망고 동산을 승가에 보시했다.

45년째 안거

붓다는 대열반에 들기 10개월 전, 생애 마지막 안거를 벨루와Beluva 마을에서 보냈다. 벨루와 마을은 작은 마을이어서 많은 비구가 함께 안거를 할 수 없었다. 그래서 붓다는 비구들을 웨살리 주변에 흩어져 안거를 보내게 하고 당신은 아난다 장로와 조그마한 마을에서 안거를 보냈다.

〈게송 207, 208번 이야기〉에서는 붓다께서 극심한 이질에 걸려 고생할 때 삭까Sakka 천왕이 하늘에서 내려와 병수발을 들었던 사건을 서술하고 있다.

아난다는 붓다께서 병이 낫자 말했다.

"부처님이시여, 당신께서 승가에 유언도 없이 대열반에 들지 않을 거라고 생각하면서 안심하고 있었습니다."

"아난다여, 비구들이 내게 무엇을 기대하느냐? 내게는 스승이 특별한 제자에게만 전하는 비밀스러운 가르침師拳이란 없다. 오직 자신을 섬으로 하고 자신을 귀의처로 삼고, 남을 귀의처로 삼지 마라. 법을 섬으로 하고 법을 귀의처로 삼고, 다른 것을 귀의처로 삼지 마라. 어떤 것이 자귀의自歸依 법귀의法歸依인가? 그것은 사념처四念處를 수행하며 모든 오염원을 분명하게 알아차리고 마음챙기며 머무는 것이다."

이때 사리뿟따 장로는 대열반에 들 시간이 7일 앞으로 다가오자 부처님께 나아가 고향에 가서 대열반에 들겠다고 허락을 얻고 대중들에게 마지막 법문을 했다. 그리고 동생 쭌다 장로와 500명의 비구를 거느리고 어머니를 교화하기 위해 고향인 날라 마을Nālagāmaka을 방문했다.

어머니는 비록 일곱 명의 아라한을 낳았지만, 그때까지도 신을 섬기고 불교를 믿지 않았다. 이때 장로는 이질에 걸려 자신이 태어난 방으로 들어가 자리에 누웠다. 어머니는 아들이 결혼도 하지 않고 출가함으로써 집안의 대가 끊긴 것에 분노해 아들을 보지 않고 자신의 방에 있었다.

밤이 되자 사대천왕과 삭까 천왕과 범천의 신들이 휘황찬란한 빛을 내며 내려와 장로를 시중들었다. 어머니는 위대한 신들이 아들을 시중드는 것을 보고 아들에게 가서 신들보다 아들이 더 위대한지 물었다. 아들이 그렇다고 대답하자 그녀의 몸은 기쁨으로 가득 차올랐다. 장로는 어머니에게 법문했고 그녀는 수다원과를 얻었다.

장로는 비구 대중들에게 자신의 45년 출가 생활에 허물이 있었는지 물었고 대중들은 장로가 완벽하게 청정했음을 증명했다. 장로는 여러 가지 삼매에 들었다가 나와서 새벽에 대열반에 들었다. 이때가 깟띠까 달(음력 10월) 보름날, 부처님께서 대열반에 들기 6개월 전이었다.

〈게송 137~140번 이야기〉에서는 상수제자 중 한 분인 목갈라나 장로의 대열반에 대해 설명하고 있다.

붓다는 웨살리로 가서 탁발한 후 한낮의 휴식을 취하기 위해 짜빨라 Cāpāla 탑묘로 갔다. 붓다는 아난다에게 여래는 원하기만 하면 일 겁13) 동안 세상에 머무를 수 있다고 세 번이나 암시를 주었다. 하지만 아난다는 마라에게 홀려 붓다에게 오랫동안 세상에 머무시면서 중생들을 제도해 달라고 청하지 않았다. 이때 마라가 나타나 붓다에게 이제 대열반을 실현할 때가 됐다고 유혹했다. 붓다는 마라에게 말했다.

"마라여, 걱정하지 마라. 여래는 앞으로 3개월 후 대열반을 실현할 것이다."

붓다는 마하와나Mahāvana의 꾸따가라살라로 가서 대중들을 모아놓고 이렇게 말씀하셨다.

"내가 그대들에게 가르쳤던 법을 열심히 수행하고 완벽하게 체득해 세세생생 전하여 중생들의 이익과 안락이 되도록 하라. 무엇이 내가 가르친 법인가? ① 네 가지 알아차림의 확립四念處 ② 네 가지 바른 노력四正勤 ③ 네 가지 성취 수단四如意足 ④ 다섯 가지 조절 기능五根 ⑤ 다섯 가지 힘五力 ⑥ 일곱 가지 깨달음의 요소七覺支 ⑦ 여덟 가지 바른 길八正道이다. 여래는 오늘부터 3개월 후 대열반에 들겠다."

붓다는 웨살리를 떠나 반다가마Bhandagāma, 핫티가마Hatthigāma, 암바가마Ambagāma, 잠부가마Jambugāma를 거쳐 보가나가라Bhoganagara에 도착해 아난다 탑묘Ānanda cetiya에서 머물렀다.

붓다는 보가나가라를 떠나 빠와Pāvā에 도착해 금세공사의 아들 쭌다 Cunda14)의 망고 동산에 머물렀다. 쭌다는 붓다와 비구들을 집으로 초대해

---

13) 겁(kappa)에는 여러 종류가 있다. 수명겁(āyu kappa), 아승지(asaṅ-kheyya), 대겁(mahā kappa), 중간겁(antara kappa), 불간아승지 (buddhantara asaṅkheyya) 등이 있다. 디가 니까야 주석서에서는 위의 문장에서의 일 겁一劫이란 수명겁壽命劫을 말한다고 설명하고 있다. 붓다 재세 시에 인간의 평균 수명은 100세였으므로 100년이 일 겁이 되는 것이다.

공양을 올렸다. 쭌다는 수까라 맛다와sūkara maddava15)라는 음식을 포함해서 여러 가지 맛있는 음식을 준비해 공양을 올렸다. 붓다는 수까라 맛다와는 자신에게만 올리고 비구들에게는 다른 음식을 올리게 했다. 왜냐하면 신과 인간을 포함해서 이 세상에서 수까라 맛다와를 먹고 소화시킬 사람은 여래밖에 없기 때문이라고 했다. 남은 수까라 맛다와는 땅에 묻으라고 지시했다.

붓다는 쭌다의 공양을 드시고 중병에 걸렸다. 붓다는 기력을 회복해 히란냐와띠Hiraññavati 강 건너편 꾸시나라Kusinārā로 가서 말라족의 우빠왓따나Upavattana 동산에 있는 한 쌍의 살라Sāla 나무 사이에 누웠다.

〈게송 254, 255번 이야기〉에서는 붓다의 직전제자 중에서 마지막 제자가 된 수밧다의 질문과 붓다의 법문에 대해 설명하고 있다.

유행승 수밧다Subhadda가 붓다에게 찾아와 불교 이외에 다른 종교에서도 진리가 있고 깨달은 성인이 있는지 물었다. 붓다는 팔정도가 없는 곳에는 진리도 성인도 없다고 잘라 말했다. 수밧다는 출가해 붓다의 마지막 제자가 됐다.

붓다는 한 쌍의 살라 나무 사이에 누워 비구들에게 마지막 유훈을 내렸다.

① 내가 입멸한 후에는 내가 45년 동안 설한 법法과 율律이 그대들의 스승이 될 것이다.

② 후배 비구에게는 '아우소āuso(벗이여)'라고 부르고, 선배 비구에게는

---

14) 쭌다Cunna: 쭌다는 금세공사의 아들로 부자였다. 그는 예전에 붓다를 만나 설법을 듣고 수다원과를 성취했다. 그때 그는 자신의 망고 동산에 사원을 지어 승단에 기증했다.
15) 수까라 맛다와sūkara maddava: '부드러운 돼지고기'라는 뜻의 이 음식에 대해 학자마다 견해가 다르다. 어떤 이들은 돼지들이 밟고 다니는 곳에서 나는 버섯이라고 하고, 어떤 이들은 연한 어린 돼지고기라고 하고, 어떤 이들은 천신들이 천상의 영양분을 듬뿍 넣은 우유죽이라고 주장한다.

'반떼bhante(존자님)'라고 불러라.

③ 승단이 원한다면 소소계小小戒는 파기해도 좋다.

④ 찬나 장로에게 최고의 벌을 내려라.

〈게송 78번 이야기〉에서는 찬나에게 최고의 벌을 내린 이야기를 설명하고 있다.

붓다의 출가 전 마부였던 찬나Channa 장로는 붓다와 가깝다는 이유로 쓸데없는 자부심과 고집으로 승단 내에서 화합하지 못했다. 붓다는 그의 자존심을 무너뜨리고 깨달음으로 인도하기 위해 '최고의 벌(brahmadaṇḍa)'을 내렸다. 그 벌은 '왕따'였다.

붓다는 마지막으로 제자들에게 의심나는 것이 있으면 물어보라고 했다. 그러나 한 사람도 질문하는 사람이 없었다. 이어서 붓다의 마지막 말씀이 있었다.

와야담마 상카라 아빠마데나 삼빠데타
Vayadhamma saṅkhara   appamādena sampādetha
조건지어진 것은 소멸하는 법이다.
방일하지 말고 부지런히 정진하라.

붓다께서 45년 동안 설한 가르침을 한마디로 요약하면 '불방일(appa-māda, 不放逸)'이다. 빠알리어 압빠마다appamāda라는 단어는 '태만하지 않음, 게으르지 않음'이라는 뜻이다. 자신의 마음에서 일어나는 일에 주의깊게 깨어있어 마음이 방황하지 않게 하는 것이다. 마음이 감각적인 대상을 따라 쫓아가지 않도록 늘 알아차림을 유지하는 것이다. 이러한 '늘 깨어있음'은 항상 적절한 에너지를 쏟게 하고 몸과 마음에서 일어나는 현상을 조용히 관조觀照하게 한다. 거기에는 탐욕도 성냄도 어리석은 생각도 일어나지 않는다.

붓다는 B.C. 543년 음력 4월 보름 대열반에 들었다. 사람들은 일주일 동안 붓다의 유체에 꽃과 향을 올리며 경배했다. 8일째 되는 날 깟사빠 장로가 도착해 붓다에게 경배를 올렸다. 두 번째 일주일 동안 화장을 했으며, 세 번째 일주일 동안 사리에 꽃과 향을 올리며 경배한 후 8등분으로 나누어 각 나라에 봉안됐다.

깟사빠 장로는 경전결집을 안건으로 대중공사를 열었다. 이 대중공사에서 499명의 아라한과 아난다 장로(아난다는 그때 수다원이었음)를 선출해 두 달 뒤 음력 6월 15일 안거 결제일에 라자가하에 모여 삼장을 결집하기로 결정했다. 아난다 장로는 라자가하에 도착해 결집하는 날 새벽에 아라한과를 성취했다. 그렇게 해서 제1차 경전결집이 삿따빤니구하Sattapanniguhā(七葉窟)에서 이루어졌다.

붓다의 안거 장소를 표로 정리해 보면 다음과 같다.

안거 연도	안거 장소
첫해 안거	베나레스Benares 이시빠따나 미가다야Isipatana Migadāya(鹿野園)
2~4년째 안거	라자가하Rājagaha 웰루와나Veḷuvana(竹林精舍)
5년째 안거	웨살리Vesāli 마하와나Mahāvana(大園林) 꾸따가라살라Kutagarasala(重閣講堂)
6년째 안거	마꿀라 언덕Makulapabbata 키아야 숲Khyayavana
7년째 안거	도리천Tāvatiṁsa
8년째 안거	숭수마라기리Suṁsumāragīri 베사깔라 숲Bhesakāḷavana
9년째 안거	꼬삼비Kosambi 고시따라마Gositārāma
10년째 안거	빠릴레이야까Pārileyyaka 숲
11년째 안거	날라Naḷa 바라문 마을 날라까라마Nāḷakārāma

12년째 안거	웨란자Verañjā
13년째 안거	짤리까 언덕Cālikapabbata
14년째 안거	사왓티Sāvatthi 제따와나Jetavana(祇園精舍)
15년째 안거	까삘라왓투Kapilavatthu
	니그로다라마Nigrodhārāma
16년째 안거	알라위Āḷavī
	악가왈라 탑묘Aggāvaḷa cetiya
17년째 안거	라자가하의 웰루와나
18~19년째 안거	짤리까 언덕Cālikapabbata
20년째 안거	라자가하의 웰루와나
21~44년째 안거	후반기 24안거는 모두 사왓티에서 보냈음.
	24안거 중 18안거는 제따와나,
	6안거는 뿝바라마Pubbārāma(東園精舍)
45년째 안거	웨살리의 벨루와 마을Beḷuvagāma
46년째	46년째 안거 전 음력 4월 15일 대열반

총 45안거 중 전반기 20안거는 마을과 성읍과 도시를 돌아다니며 보냈다. 후반기 24안거는 사왓티의 제따와나와 뿝바라마에서 보냈다. 젊고 힘이 있을 때는 많은 사람에게 법을 전하기 위해 여기저기 돌아다니며 진리를 전하는 데 모든 노력을 아끼지 않았지만, 나이가 들자 한곳에서 안거를 보냈다.

앙굿따라 니까야 주석에서는 아나타삔디까Anāthapiṇḍika와 위사카Visākha 두 후원자의 헌신적인 외호에 고마움을 표하기 위해 해제철에는 유행하다가도 안거철이 되면 사왓티로 돌아와 안거를 지냈다고 한다.

IV. 법구경 주석서에 나오는 붓다의 제자들

붓다의 제자들과 관련해서 알아두어야 할 것이 있다. 바로 제일 (etadagga)이라는 칭호다. 대승불교에서는 제일 칭호를 받은 장로들이 10명

뿐이다. 그들을 십대제자十大第子라는 부른다. 그러나 남방불교에서는 제일 칭호를 받은 사람이 비구 중에서 41명, 비구니 중에서 13명, 남자 재가불자 중에서 10명, 여자 재가불자 중에서 10명이 있다. 이 칭호는 붓다께서 직접 내린 것이다. 앙굿따라 니까야 하나모음 품 14장에 비구, 비구니, 남자 신도, 여자 신도 중에서 각 방면에 뛰어난 사람에게 제일이라는 칭호를 부여하고 있다. 법구경 이야기를 읽을 때 칭호의 주인공들이 등장하는 이야기를 함께 살펴보는 것도 흥미로울 것이다.

가. 41명의 으뜸가는 장로(41大長老)

1) 안냐 꼰단냐Añña Koṇḍañña : 최초의 비구

　　　　　　　　　　　　　게송 11~12번 이야기

2) 사리뿟따Sāriputta(사리불) : 지혜 제일(상수 제자)

　　　　게송 11~12, 95, 97, 389~390, 392, 400, 410번 이야기

3) 마하목갈라나Mahāmoggalāna(목건련) : 신통 제일(상수 제자)

　　　　　　　게송 11~12, 49, 137~140번 이야기

4) 마하깟싸빠Mahākassapa(대가섭) : 두타행(dhutaṅga) 제일

　　　　　　게송 28, 56, 61, 91, 118, 217 이야기

5) 아누룻다Anuruddha(아나율) : 천안天眼 제일

　　　　　　　게송 17, 93, 382번 이야기

6) 밧디야 깔리고다뿟따Bhaddiya Kāligodhaputta : 고귀한 가문 출신 제일

7) 라꾼다까 밧디야Lakuṇḍaka Bhaddiya : 감미로운 목소리 제일

　　　　게송 81, 260~261, 294~295번 이야기

8) 삔돌라 바라드와자Piṇḍola Bhāradvāja : 사자후 제일

　　　　　　　　게송 181번 이야기

9) 뿐나 만따니뿟따Puṇṇa Mantāniputta : 설법 제일

뿐나(부르나) 장로는 두 사람이 있다. 남방불교에서는 까삘라왓투 출신

이며 꼰단냐 장로의 누이의 아들인 뿐나 만따니뿟따를 설법 제일이라고 부르고, 대승불교에서는 현재의 뭄바이 근처의 숩빠라Suppāra 항구도시 출신의 뿐나 장로를 설법 제일이라고 부른다.

10) 마하깟짜야나Mahākaccāyana(대가전연): 간략하게 설한 것을 상세하게 설명하는 데서 제일 (대승불교에서는 논의 제일)

게송 94번 이야기

11) 쭐라빤타까Cūḷapanthaka

　① 마음으로 만들어진 몸을 창조하는 데서 제일(천 개의 분신을 만들고 그 분신들이 각기 다른 일을 하게 할 수 있음)

　② 색계 사선정에서 제일

게송 25, 407번 이야기

12) 마하빤타까Mahāpanthaka: 무색계 사선정에서 제일

13) 수부띠Subhūti(수보리)

　① 평화롭게 지내는 데서 제일(대승불교에서는 해공解空 제일)

　② 공양 받을 가치가 있는 데서 제일

14) 카디라와니야 레와따Khadiravaniya Revata: 숲속에 머무는 데서 제일

게송 98번 이야기

15) 깡카 레와따Kaṅkhā Revata: 선정을 즐기는 데서 제일

16) 소나 꼴리위사Soṇa Koḷivisa: 정진 제일

17) 소나 꾸띠깐나Soṇa Kūṭikaṇṇa: 감미롭고 낭랑한 목소리로 경을 낭송하는 데서 제일

게송 368~376번 이야기

18) 시왈리Sīvali: 공양을 받는 복덕에서 제일

게송 98, 414번 이야기

19) 왁깔리Vakkali: 신심 제일

게송 381번 이야기

20) 라훌라Rāhula: 계·정·혜 삼학三學에 대한 가르침을 잘 받아들이는

데서 제일(대승불교에서는 밀행密行 제일)

21) 랏타빨라Raṭṭhapāla: 확고한 신념으로 출가한 데서 제일

22) 꾼다다나Kuṇḍadhāna: 추첨 공양을 할 때 맨 먼저 음식 표를 받는 데서 제일

게송 133~134번 이야기

23) 왕기사Vaṅgīsa: 시상詩想을 떠올리는 데서 제일

게송 419~420번 이야기

24) 우빠세나 왕간따뿟따Upasena Vaṅgantaputta: 제자들에게 존경받는 데서 제일

25) 답바 말라뿟따Dabba Mallaputta: 숙소를 잘 관리하는 데서 제일

26) 삘린다왓차Pilindavaccha: 신들의 존경을 받는 데서 제일

게송 408번 이야기

27) 바히야 다루찌리야Bāhiya Dārucīriya: 빠르게 아라한과를 성취한 데서 제일

게송 101번 이야기

28) 꾸마라 깟사빠Kumāra Kassapa: 다양한 비유를 들어 설법하는 데서 제일

게송 160번 이야기

29) 마하꽂티따Mahākoṭṭhita: 사무애해四無碍解에서 제일

30) 아난다Ānanda(아난)

① 다문多聞 제일

② 법문을 기억하는 데서 제일

③ 법문을 이해하는 데서 제일

④ 노력에서 제일(법문을 배우려는 노력, 기억하려는 노력, 암송하려는 노력, 시봉하려는 노력 등)

⑤ 시자 소임에서 제일

31) 우루웰라 깟사빠Uruvela Kassapa: 큰 회중을 거느린 데서 제일

게송 11~12번 이야기

32) 깔루다이Kāludāyī: 붓다의 친척들을 붓다에게 헌신하게 하는 데서 제일

33) 바꿀라Bākula: 건강에서 제일

34) 소비따Sobhita: 숙명통에서 제일

35) 우빨리Upāli(우바리): 지계持戒 제일

36) 난다까Nandaka: 비구니를 가르치는 데서 제일

37) 난다Nanda: 감각기능을 잘 단속하는 데서 제일

게송 13~14번 이야기

38) 마하깝삐나Mahākappina: 비구들을 잘 가르치는 데서 제일

게송 79번 이야기

39) 사가따Sāgata: 불의 요소(tejodhātu)에 대한 선정에서 제일

40) 라다Rādha: 붓다에게 설법에 대한 영감을 일으키게 하는 데서 제일

게송 76번 이야기

41) 모가라자Mogharāja: 거친 옷을 입는 데서 제일

나. 13명의 으뜸가는 장로니(13大長老尼)

1) 마하빠자빠띠 고따미Mahāpajāpatī Gotamī: 최초의 비구니

게송 391번 이야기

2) 케마Khemā: 비구니 가운데 지혜 제일(비구니 상수제자)

게송 347, 403번 이야기

3) 웁빨라완나Uppalavaṇṇā: 비구니 가운데 신통 제일(비구니 상수제자)

게송 69, 401번 이야기

4) 빠따짜라Paṭacārā: 비구니 가운데 지계持戒 제일

게송 113, 228~229번 이야기

5) 담마딘나Dhammadinnā: 비구니 가운데 설법 제일

게송 421번 이야기

6) 순다리 루빠난다Sundari Rūpanandā: 비구니 가운데 선정禪定 제일

게송 150번 이야기

7) 바후뿟띠까 소나Bahuputtikā Soṇā: 비구니 가운데 정진 제일

게송 115번 이야기

8) 사꿀라Sakulā: 비구니 가운데 천안 제일

9) 밧다 꾼달라께시Bhaddā Kuṇḍalakesī: 비구니 가운데 빠르게 아라한과
를 성취한 데서 제일

게송 102~103번 이야기

10) 밧다 까삘라니Bhaddā Kāpilānī(마하깟사빠의 출가 전 아내): 비구니 가운
데 숙명통 제일

11) 밧다 깟짜나Bhaddā Kaccānā(붓다의 출가 전 아내, 야소다라): 비구니 가
운데 초월지 제일

12) 끼사고따미Kisāgotamī: 비구니 가운데 누더기를 입는 데서 제일

게송 114, 287, 395번 이야기

13) 시갈라마따Sigālamātā: 비구니 가운데 신심 제일

다. 10명의 으뜸가는 남자 신도(10大淸信士)

1) 따뿟사Tapussa, 발리까Bhallika: 최초로 귀의한 재가신도

2) 아나타삔디까Anāthapiṇḍika: 보시 제일

게송 18, 119~120번 이야기

3) 찟따Citta: 재가신도 가운데 설법 제일

게송 73~74, 303번 이야기

4) 핫타까 알라와까Hatthaka Āḷavaka: 사섭법四攝法으로 대중을 통솔하는

데서 제일(사섭법이란 보시布施 애어愛語 이행利行 동사同事)

5) 마하나마Mahānāma(아누룻다 장로의 형): 훌륭한 음식을 공양 올리는 데서 제일

6) 욱가Ugga: 기쁜 마음으로 공양을 올리는 데서 제일

7) 욱가따Uggata: 평등하게 공양을 올리는 데서 제일

8) 수라 암밧타Sūra Ambaṭṭha: 확고한 신심에서 제일

9) 지와까 꼬마라밧짜Jīvaka Komārabhacca: 사람들로부터 사랑받는 데서 제일

10) 나꿀라삐따Nakulapita: 부처님과 친밀한 데서 제일

라. 10명의 으뜸가는 여자 신도(10大淸信女)

1) 수자따Sujāta: 최초로 귀의한 여자 재가신도

2) 위사카 미가라마따Visākhā Migāramātā: 여자 신도 가운데 보시 제일

게송 53, 135, 146, 213번 이야기

3) 쿳줏따라Khujjuttara: 여자 신도 가운데 다문多聞 제일

게송 21~23번 이야기

4) 사마와띠Sāmāvatī: 여자 신도 가운데 자비심으로 머무는 데서 제일

게송 21~23번 이야기

5) 웃따라 난다마따Uttarā Nandamātā: 여자 신도 가운데 선정(자애삼매) 제일

게송 223번 이야기

6) 숩빠와사Suppavāsā: 뛰어난 보시를 하는 데서 제일

게송 414번 이야기

7) 숩삐야Suppiyā: 병든 스님을 돌보는 데서 제일

게송 53번 이야기

8) 까띠야니Kātiyānī: 신심 제일

9) 나꿀라마따Nakulamata: 부처님과 친밀한 데서 제일

10) 깔리 꾸라라가라Kali Kuraraghara: 소문만으로 믿음을 일으키는 데서 제일

게송 368~376번 이야기

V. 법구경 주석서에 나타난 수행

수행이라는 주제를 다루기 전에 먼저 수행의 목적이 무엇인지부터 알아봐야 한다. 사람들은 왜 수행을 하려고 하는가? 직장생활이나 사회생활에서 오는 스트레스를 풀기 위해서일까? 삶의 괴로움에서 벗어나 고요하고 평화로운 마음을 얻기 위해서 수행하는 것일까?

어떤 사람들은 명상이 무슨 고통을 이겨내는 진통제라고 생각하고 삶이 괴로우면 조용한 산사를 찾아 명상하려고 한다. 삶이 만족스러운 사람들은 즐거움에 묻혀 시시덕거리며 세월을 낭비한다. 수행을 마약과 같은 황홀한 엑스터시를 경험하려거나 도피처로 생각하는 천박한 사람이 아니라면 모두가 '괴로움에서 벗어나기 위해' 수행한다는 결론에 도달한다. 여기서 '괴로움'이라는 것이 도대체 무엇인지 이해해야 할 필요가 있다. 무엇이 괴로움인가? 사랑하는 사람과의 이별, 싫어하는 사람과 만나는 데서 오는 불편함, 원하는 것을 얻지 못하는 고통 등이 괴로움일까? 이런 것만이 괴로움이라고 생각한다면 삶은 그리 비관적이지 않다. 오히려 삶은 즐거움이 많다고 생각할 수 있다. 이런 괴로움은 어떻게든 극복할 수 있는 것이다. 하지만, 원하는 것을 얻었다고 행복하다고 할 수 있을까?

이런 현실의 괴로움보다 더 본질적인 괴로움이 있다. 끝없이 태어나고 병들고 죽는 괴로움, 즉 윤회의 괴로움이다. 상윳따 니까야 아나마딱가 상응(윤회의 시작은 알 수 없음, S15)에서 윤회의 괴로움을 이렇게 이야기

하고 있다.

"윤회의 시작을 알 수 없다. 무명에 덮인 중생들은 갈애에 속박돼 윤회하므로 그 최초의 시작을 알 수 없다. 그 수많은 세월을 윤회하는 동안 사랑하는 사람과 헤어지면서, 형제, 자매, 자식의 죽음, 재산의 상실, 질병의 비참을 경험하면서 비탄해 하고 울부짖으며 흘린 눈물의 양이 사대양의 물보다 많을 것이다. 수많은 세월 동안 윤회하면서 인간으로 태어나 죄를 짓고, 소나 돼지, 염소, 양으로 태어나 목이 잘려 흘린 피가 사대양의 물보다 더 많을 것이다. 그대들은 참으로 오랜 세월 동안 괴로움을 맛보고 아픔을 맛보고 불행을 맛보았다. 그러니 이제 모든 것에서 싫어하여 떠나기에 충분하고 해탈하기에 충분하다."

항상 인간이나 천상 세계에 태어난다면 삶은 그리 비관적이지 않고 괴롭지도 않을 것이다. 때로는 괴로울 때도 있지만 즐거움도 있기 때문이다. 하지만, 지옥, 아귀, 아수라, 축생의 세계에 태어나는 것은 끔찍한 고통이 아닐 수 없다. 죽으면 어디로 가는지 알 수 없다는 것에 대한 두려움, 이것이 네 가지 성스러운 진리(四聖諦)의 첫 번째인 괴로움의 진리(苦聖諦)이다.

이 첫 번째 진리를 이해했으면 괴로움이 일어난 원인을 살펴봐야 한다. 모든 것에는 원인이 있기 때문이다. 다시 태어나 윤회를 계속하는 것이 괴로움이라는 것을 알았다면 태어나게 하는 원인이 무엇인지 추적해 봐야 한다. 그 원인은 존재의 실상인 항상하지 않음(無常), 괴로움(苦), 실체 없음(無我)을 꿰뚫어 보지 못하는 어리석음(無明) 때문에, 거기에 갈애(愛)를 일으키고 집착(取)하기 때문이다. 감각적 욕망에 대한 갈애, 재물에 대한 갈애, 존재에 대한 갈애가 탄생으로 이끈다. 이 괴로움의 원인과 소멸의 연결고리를 밝힌 것이 12연기이다.

'무명無明 - 행行 - 식識 - 정신과 물질名色 - 여섯 감각기관六入 - 접촉觸 - 느낌受 - 갈애愛 - 집착取 - 업有 - 태어남生 - 늙음과 죽음老死'

이 연기의 법칙이 두 번째 진리인 괴로움의 원인의 진리(集聖諦)이다.

태어남으로 이끄는 연기의 고리를 어디서 끊어야 하는가? 갈애에서 끊어야 한다. 갈애는 관찰에 의해서 소멸된다. 갈애를 제거하고 모든 욕망을 제거하면 고요와 평온만이 존재하는 열반을 성취한다. 이 열반의 법칙이 사성제의 세 번째 진리인 괴로움의 소멸의 진리(滅聖諦)이다.

그러면 열반을 증득하기 위해서는 어떻게 해야 하는가? 여덟 가지 바른 길(八正道)을 걸어가야 한다. 그것은 바른 견해, 바른 사유, 바른 말, 바른 행위, 바른 생계, 바른 정진, 바른 알아차림, 바른 선정이다. 이것이 네 번째 진리인 괴로움의 소멸로 인도하는 길의 진리(道聖諦)이다.

이렇게 수행의 목적은 무서운 윤회에서 해탈하는 것, 즉 열반을 증득하는 것이다. 그러기 위해서는 탐진치가 소멸돼야 한다. 출가 생활은 청정한 견해, 청정한 마음, 청정한 믿음만을 위해서 하는 것이 아니다. 붓다께서는 하늘에 태어나기 위해 공덕을 짓는 것만으로 만족해서는 안 된다는 것을 강조한다. 천상 세계도 영원하지 않은 윤회하는 세계라는 것을 말씀하신다. 그래서 사정이 허락한다면 머리를 깎고 출가해 수행을 통해 윤회에서 해탈하라고 가르친다. 모든 존재는 갠지스 상류에서 하류까지 있는 모든 모래 알보다 더 많은 삶을 살고 있다. 그들은 끝없는 윤회 속에서 태어나서 늙고 병들어 죽는 고통을 겪는다. 이별의 고통, 만남의 고통, 재산 상실 등 갖가지 고통을 겪는다. 이 고통의 원인을 추적해 보면 갈애로부터 시작됐다는 것을 알 수 있다. 갈애를 뿌리째 뽑아 완전히 제거해야만 고통으로부터 해탈할 수 있다.

병의 정확한 진단과 적절한 처방이 정신적 육체적 병을 치료하는 데 필수적이다. 그래서 윤회에서 벗어나 해탈을 추구하는 자는 가장 먼저 사성제를 받아들여야 한다. 그리고 감각적 욕망을 포기하고 살아있는 생명을 해쳐서는 안 되고 모든 중생에게 자애의 마음을 품어야 한다. 몸과 말과 마음으로 계를 지키고, 힘써 노력하고 주의깊게 알아차리며 걷는다. 그리고 수행으로 마음을 붙잡아 고정하고 존재의 실상인 세 특성, 무상·고·무아를 꿰뚫어 봐야 한다. 그래서 태어남과 고통의 원인인 갈애를 완전히 제거해야 한다. 그렇게 함으로써 열반을 증득하고 아라한이 되어 생을 마감하면 더 이상 몸을 받지 않는다. 그는 윤회에서 해탈하여 대열반에 든다.

사성제를 이해하고 왜 수행을 해야 하는지 알았으면 이제 머리를 깎고 출가한다. 출가한 비구(니)나 사미(니)는 5년간 은사 스님 아래에서 계율과 경전을 공부하고 승가의 법도를 익힌다. 5년이 지나면 그는 부처님이나 스승에게서 수행주제를 받아 외따로 떨어진 숲으로 들어간다. 그는 숲속에서 홀로 머물며 가부좌를 하고 수행을 시작한다. 법구경 주석서에서 스승들은 대부분 제자들에게 몸의 32부분상에 대한 명상을 수행주제로 제시한다.

아비담마나 청정도론의 설명에 의하면 몸의 32부분상에 대한 명상은 사마타에 해당한다. 사마타 수행은 존재의 본질을 관찰해서 해탈로 가는 수행이 아니고 마음을 하나의 대상에 고정시켜 집중력을 기르고 삼매를 성취하는 것을 목표로 한다. 이런 종류의 사마타 수행에는 40가지가 있다.

법구경 주석서에서는 대부분의 수행자가 몸의 32부분상을 외우며 수행을 시작한다. 그는 하루에도 수천 번, 수십만 번 관용구를 외운다. 그러면 점점 몸이 아름답고 예쁘다는 생각이 사라지고 더럽고 불결하며, 단지 무너져가는 요소들의 모임일 뿐이며, 일시적이고 언젠가 사라진다는 관념이 일어난다. 이제 감각적 욕망이 줄어들고 마음은 고요해지기 시작한다.

몸의 32부분상은 초선정까지만 가능하다. 대체로 대상이 자주 바뀌는 명상은 선정을 얻을 수 없다. 예를 들어 부처님의 공덕을 회상하는 불수념佛隨念은 신심을 불러일으키지만 선정을 얻을 수 없다. 반면에 대상이 고정돼 있는 호흡관이나 까시나 명상은 사선정까지 성취할 수 있다. 까시나 명상으로 사선정을 성취하면 무색계 선정으로 넘어갈 수 있다.

선정을 얻어 마음이 고요해지고 집중력이 생기면 존재의 본질을 관찰하는 위빳사나 수행으로 들어간다. 하지만, 법구경 주석서에서는 사마타와 위빳사나 구분이 명확하지 않다. 대체로 선정을 성취함과 동시에 짧은 위빳사나 수행으로 깨달음을 얻는다.

위빳사나 수행은 몸과 마음에서 일어나는 모든 현상을 있는 그대로 관찰하는 수행이다. 따라서 위빳사나 수행은 마음을 하나의 대상에 고정시키는 것이 아니고 몸과 마음에서 일어나는 모든 현상이 관찰의 대상이다. 굳이 대상을 구분한다면 네 종류로 나눈다. 몸에 대한 알아차림, 느낌에 대한 알아차림, 마음에 대한 알아차림, 법에 대한 알아차림이 그것이다. 위빳사나 수행은 존재의 특성인 무상·고·무아를 꿰뚫어보는 것이다. 존재의 특성을 보고 나면 수행자는 존재하려는 욕망을 포함해서 모든 욕망을 여의고 열반을 증득한다.

법구경 주석서에서 대부분의 수행자가 몸의 32부분상으로 수행을 시작하지만, 모두가 다 같은 방법으로 수행하는 것은 아니다. 법구경 게송 285번에 나오는, 금세공사의 아들이었다가 출가한 비구는 붓다께서 신통으로 만든 황금 연꽃을 관찰하며 명상하다가 황금빛을 표상으로 취해서 선정을 성취했고, 붓다께서 황금 연꽃을 시들어버리게 하자 그 자리에서 무상을 깨닫고 모든 번뇌를 제거해 아라한이 됐다.

게송 25번 이야기에 나오는 쭐라빤타까 장로는 게송 하나 외우지 못하는 둔한 사람이었지만, 붓다께서 신통으로 만든 천을 비비면서 명상하다가 무상을 깨닫고 욕망을 제거해 아라한이 됐다. 게송 7, 8번 이야기에서 마하깔라 장로는 공동묘지에 머무는 두타행을 하면서 화장용 장작더미에서 타고 있는 시체를 관찰하다가 삶이란 무상하고 괴로운 것이고 실체가 없음을 통찰해 아라한이 됐다.

게송 347번과 게송 150번 이야기에 나오는 케마와 루빠난다 비구니는 자신의 미모에 대한 자부심이 대단했다. 부처님께서는 그들의 어리석은 생각을 깨뜨리기 위해 신통으로 환상적인 여인을 만들었다. 그들이 자신보다 훨씬 아름다운 여인의 모습에 빠져 넋을 잃고 바라보고 있을 때 부처님께서는 이 환상적인 여인을 늙고 병들어 죽게 했다. 그들은 이 광경에 충격을 받고 무상을 느끼고 모든 갈애를 제거해 아라한이 됐다.

게송 38, 39번 이야기에 나오는 쩻따핫타 장로는 임신한 아내가 부풀어 오른 시체처럼 자고 있는 모습에 혐오감을 일으켜 세속에 대한 욕망을 떨쳐버리고 아라한이 됐다. 게송 143, 144번 이야기와 379, 380번 이야기에 나오는 삘로띠까와 낭갈라꿀라 비구는 재가자였을 때 입었던 넝마와 쟁기를 경책 삼아 세속적 욕망을 제거하고 아라한이 됐다.

게송 80번과 145번 이야기는 농부가 물길을 내고, 활 만드는 이가 화살을 만들고, 목수가 굽은 나무를 바르게 하는 것을 경책 삼아 열심히 정진해 아라한과를 성취한 사미들의 이야기이다.

게송 31번 이야기에 나오는 비구는 산불이 모든 풀과 나무들을 태우며 나아가는 것을 자신의 마음에 대비시켰으며, 게송 46번과 170번 이야기에 나오는 비구들은 아지랑이와 물거품을 자신의 몸과 마음에 대비시켜 갈애와 집착을 제거하고 아라한과를 성취했다.

게송 113번 이야기에 나오는 빠따짜라 비구니는 물이 흘러가다 사라지는 것을 관찰하고, 게송 114번 이야기에 나오는 끼사고따미 비구니는 깜빡거리는 촛불을 관찰하다가 무상을 느끼고 모든 번뇌를 제거해 아라한이 됐다.

게송 111번과 404번 이야기에 나오는 삽빠다사 비구와 빱바라와시 띳사 장로는 자신의 계행에 한 점의 허물도 없었다는 것에 희열을 느끼며 통찰지를 닦아서 아라한이 됐다.

이렇듯 깨달음의 계기는 제자들마다 다 다르고 수행주제도 다양하다. 붓다께서는 제자들의 과거생과 성향과 기질을 살펴보고 가장 알맞은 수행법을 제시했다. 이 점이 붓다의 가장 큰 능력이다.

현재 남방불교에서 가르치는 위빳사나 수행은 법구경 이야기에 나오는 수행법들과 사뭇 다르다. 현대의 스승들이 제시하는 수행법은 체계적이고 틀에 박힌 형식을 갖추고 있다. 수학 공식처럼 틀에 박힌 수행은 그리 좋은 방법이 아니다. 왜냐면 사람마다 기질과 성향이 다르기 때문이다. 그리고 자기에게 맞지 않는 수행주제를 가지고 수행하면 평생을 노력하더라도 진전이 없으며 세월만 헛되이 낭비할 수 있다.

수행이 깊어지면 몸과 마음이 더욱 예리해지고 섬세해진다. 예리한 마음으로 일어나는 현상에 늘 깨어있으면 아지랑이, 물거품, 촛불의 일렁거림, 흘러가는 물, 산불 등 우리가 흔히 보는 사소한 현상들이 깊은 통찰로 이끌며 깨달음의 계기를 이룬다. 주의깊게 알아차리고 늘 깨어있는 수행자는 게송 377번 이야기처럼 재스민 꽃이 떨어지는 것을 보고도 깨달음을 얻을 수 있다.

게송 174번 이야기에 나오는 직조공의 딸은 부처님의 법문을 소홀히 듣지 않고 3년간 죽음에 대해 명상했다. 붓다께서는 그녀가 깨달음을 얻을 만큼 근기가 성숙했다는 것을 알고 먼 거리를 걸어가 깨달음으로 인도했다. 이렇게 스승은 준비된 자에게 찾아온다. 준비가 안 된 자에게는 붓다와 같이 위대한 스승이 출현하더라도 만날 기회를 얻지 못한다. 항상 주의깊게 마음챙기고 살아가는 사람에게는 스승이 살며시 다가와 깨달음으로 인도한다.

VI. 경전에서 법구경의 위치

빠알리 삼장(tipiṭaka, 三藏)은 경장(suttapiṭaka, 經藏), 율장(vinaya piṭaka, 律藏), 논장(abhidhamma piṭaka, 論藏)으로 구성돼 있다. 경장에는 디가 니까야(Dīgha nikāya, 長部), 맛지마 니까야(Majjhima nikāya, 中部), 상윳따 니까야(Saṃyutta nikāya, 相應部), 앙굿따라 니까야(Aṅguttara nikāya, 增支部), 쿳다까 니까야(Khuddakanikāya, 小部)가 있다. 율장에는 숫따위방가(Suttavibbaṅga, 비구와 비구니 계율조목), 칸다까(Khandhaka, 犍度, 品), 빠리와라(Parivāra, 部隨, 附錄)가 있다. 논장에는 담마상가니(Dhammasaṅgaṇī, 法集論), 위방가(Vibhaṅga, 分別論), 다뚜까타(Dhātukathā, 界論), 뿍갈라빤낫띠(Pugalapaññatti, 人施設論), 까타왓투(Kathāvatthu, 論事), 야마까(Yamaka, 雙論), 빳타나(Paṭṭhāna, 發趣論)의 아비담마 칠론이 있다.

경장에서 쿳다까 니까야(Khuddaka nikāya, 小部)는 단일한 경전군이 아니고 15개의 경전군들로 구성돼 있다. 이를 살펴보면, 소송경(小誦經, Khuddaka pāṭha), 법구경(法句經, Dhammapada), 감흥어(自說經, Udāna), 여시어경(如是語經, Itivuttaka), 경집(經集, Suttanipāta), 천궁사(天宮事, Vimānavatthu), 아귀사(餓鬼事, Petavatthu), 장로게(長老偈, Theragāthā), 장로니게(長老尼偈, Therīgāthā), 본생경(本生經, Jātaka), 의석(義釋, Niddesa), 무애해도(無碍解道, Paṭisambhidāmagga)이다. 그러므로 법구경은 쿳다까 니까야에서 두 번째에 속해 있음을 알 수 있다.

빠알리어 법구경은 여러 이본異本들이 존재한다. 부파불교인 설일체유부說一切有部의 우다나품Udanavarga이 있고, 한역으로는 한역 법구경, 법구비유경 등이 있고, 티베트역 법구경도 있고, 간다라어로 된 법구경과 카로쉬티 문자로 쓰인 법구경도 있다. 이렇게 여러 가지 언어로 번역됐다는 것은 법구경이 가장 오래된 경전이고 가장 널리 읽히던 경전이라는 것을 입증한다.

VII. 법구경 주석서의 저자

붓다고사Buddhaghosa는 청정도론, 율장 주석서, 4부 니까야(상윳따 니까야, 맛지마 니까야, 디가 니까야, 앙굿따라 니까야) 주석서들의 서문에서 자신이 저자임을 분명하게 밝히고 있다. 하지만, 법구경 주석서에는 저자가 누구인지 언급이 없다. 기원후 4세기쯤에 싱할라에서 씌여진 마하왐사 Mahāvaṁsa에서는 "붓다고사가 싱할라어로 된 모든 주석서를 빠알리어로 번역했다."라고 언급하고 있다. 기원후 7세기께 미얀마에서 쓰인 간다왐사 Gandhavaṁsa에서는 율장에 대한 주석서, 아비담마 7론에 대한 주석서, 소송경 주석서, 법구경 주석서, 숫따니빠따 주석서, 자따까 주석서, 비유경 주석서도 모두 붓다고사의 작품이라고 언급하고 있다. 하지만, 서양 학자들은 붓다고사가 그 많은 경·율·론의 주석서를 모두 썼다는 것은 불가능하며 각 주석서의 사용 언어와 문체, 그리고 인용의 선후 관계를 따져볼 때 붓다고사가 아닐 가능성에 무게를 두고 있다. 하지만, 남방에서는 모두가 붓다고사의 작품이라는 데 대부분 이의가 없다. 저자를 밝히는 일은 아무리 정밀 작업을 한다 해도 추론에 불과할 뿐이니 이 문제는 학자들의 손에 맡기는 게 좋다.

VIII. 법구경 주석서의 성립 시기

법구경 주석서를 편집한 시기는 주석서 안에서 단서를 찾을 수 있다. 〈게송 60번 이야기〉에서 네 명의 악인이 화탕지옥에서 고통을 겪는 장면이 나온다. 이 이야기 끝에 이런 문장이 있다.

"이 악행을 저지른 자들은 아직도 화탕지옥 아래로 가라앉고 있다. 왜냐하면 빠세나디 왕이 그 소리를 들었을 때부터 아직 천 년도 채 경과하지 않았기 때문이다."

빠세나디 왕은 붓다와 동년배이고 B.C. 500년께 인물이다. 그러므로 그때부터 천 년이 채 지나지 않았으므로 A.D. 500년이 아직 안 됐다는 계산이 나온다. 그래서 법구경 주석서가 쓰인 시기를 A.D. 400~500년으로 잡으면 붓다고사의 활동 시기가 A.D. 410~432이므로 거의 같은 시간대임을 알 수 있다.

IX. 법구경 주석서의 출처

붓다께서 B.C. 543년에 대열반에 드셨다. 바로 그해에 라자가하의 칠엽굴에서 제1차 경전결집이 있었다. 다시 100년(B.C. 3세기)이 지나 웨살리에서 제2차 경전결집이 있었다. 그 후 아소카Asoka 왕 재위 시(B.C.268 - 232년께)에 빠딸리뿟따Pataliputta에서 제3차 경전결집이 이루어졌다.

3차 결집을 주도한 목갈리뿟따 띳사Moggaliputta Tissa 장로는 아소카 왕의 원조 아래 주변 9개국에 전법사를 파견했다. 이때 아소카 대왕의 아들 마힌다Mahinda 장로가 4명의 장로와 함께 스리랑카에 파견돼 스리랑카에 불교가 전래됐다.

B.C. 1세기 후반 남인도의 타밀족이 쳐들어왔다. 이 전쟁으로 온 나라가 황폐해졌고 대기근이 발생했다. 사람들과 많은 스님이 죽거나 인도로 넘어가버려 승가의 존속이 위태로워지고 붓다의 가르침이 끊길 위기에 처했다. 승가의 존속이 위태로운 상황에서 삼장을 구전口傳으로 전한다는 것은 더더욱 불가능해졌고 붓다의 가르침을 끊이지 않고 전하는 것이 승가의 가장 시급한 문제로 대두됐다. 그래서 대장로들은 지방 수령의 비호 아래 마탈레Matale의 알루위하라Aluvihara에 모여 주석서를 포함한 삼장을 문자로 기록했다. 이것이 제4차 경전결집이다.

마하왐사(大史)와 디빠왐사(島史)에 따르면 삼장과 그에 속한 주석서들이 이때 문자화됐다고 기록하고 있다. 전통에 따르면 마힌다 장로가 인도에서 스리랑카로 넘어올 때 대주석(Mahā aṭṭhakathā 大註釋)을 가지고 와서 싱할라어로 번역했다고 한다. 이 대주석이 붓다고사가 모든 경전의 주석서를 쓸 때 주된 자료가 됐으며 자주 인용됐다고 한다.16)

따라서 법구경 주석서도 과거에 전해 내려온 것이 싱할라어로 번역됐다가 싱할라어에서 빠알리어로 재번역이 됐을 수도 있다. 법구경 주석서가 처음부터 온전하게 전해 내려오지 않았을 수도 있다. 이럴 경우에도 작가가 자기 마음대로 없는 이야기를 지어낸다는 것은 불가능하다. 모든 경에는 그 경을 설하게 된 배경이 삼장이나 다른 주석서에 존재하기 때문이다.

423개의 게송으로 이루어진 법구경은 부처님께서 직접 설한 말씀이라는 데 의심의 여지가 없다. 문제는 이 게송들이 언제, 어디서, 어떤 상황에서, 누구에게 설해졌는지를 설명해야 한다. 주석가는 이런 호기심을 충족시켜 줘야 한다. 그러기 위해서는 주석가는 삼장에 통달해야 하며 삼장의 어느 곳이 이 게송과 연관이 있는지 잘 알고 있어야 한다. 그리고 싱할라어로 된 주석서에도 통달해야 하고 빠알리어도 능통해야 한다. 게다가 힌두 전설도 꿰뚫고 있어야 한다. 경전에 나오는 이야기라면 단어 하나 문장 하나 그대로 복사했겠지만 단순한 전설이라면 목적을 위해서 약간 변경하거나 추가하거나 축소했을 수도 있다. 그는 취합한 자료들을 최대한의 능력을 발휘해 가장 훌륭하게 표현해야 한다.

그렇게 해서 어떤 학자가 주석서를 만들었을 것이다. 그러면 여기서 주석서에 나오는 이야기들이 어디에서 인용됐는지 그 출처를 살펴본다. 모든 주석서의 출처를 다 찾을 수는 없다. 확인 가능한 것만 여기에 밝혀본다.

가. 법구경 주석서의 출처

---

16) 빠알리 삼장의 유래, 빠알리 문헌의 조직(마성 스님).

1) 4부 니까야에서 유래된 이야기

니까야	경 이름	법구경 주석서
디가 니까야	대반열반경(D16)	게송 254~255번 이야기
맛지마 니까야	보디 왕자경(M85) 율장 소품(VinCu v. 21)	게송 157번 이야기
앙굿따라 니까야	메기야 경(A9.3)	게송 33~34번 이야기
	향기경(A3.79)	게송 54~55번 이야기
	사자후경(A9.11)	게송 95번 이야기
	웰라마 경(A9.20)	게송 119~120번 이야기
쌍윳따 니까야	탁발경(S4.18)	게송 200번 이야기
	비구니경((S19.18)	게송 307번 이야기
	삭까 상응(S11.11, S11.12, S11.13)	게송 30번 이야기
	고디까 경(S4.23)	게송 57번 이야기
	락카나 상응(S19) 도입 부분, 본문은 다름	게송 71번 이야기
		게송 72번 이야기
		게송 136번 이야기
		게송 281번 이야기
	뒷박분량경(S3.13)	게송 204번 이야기
	대부호경(S7.14)	게송 324번 이야기
	왓지족 사람경(S9.9)	게송 302번 이야기
	사누 경(S10.5)	게송 326번 이야기
	통치경(S4.20)	게송 331~333번 이야기
	아들없음경(S3.20)	게송 355번 이야기
	왁깔리 경(S22.87)	게송 381번 이야기
	바라문 상응(S7.1-4)	게송 399번 이야기
	데와히따 경(S7.13)	게송 423번 이야기

2) 율장(Vinaya Piṭaka)에서 유래된 이야기

율장	단락번호[17]	법구경 주석서
마하왁가 (大品)	x. 1-5	게송 6번 이야기 (자따까 428번에도 나옴.)
	i. 23-24.4	게송 11~12번 이야기 중에서 사리뿟따와

		목갈라나의 출가 부분
	i. 54	게송 13~14번 이야기 중에서 라훌라의 출가 부분
	v. 6	게송 231~234번 이야기
	v. 34	게송 252번 이야기
	viii. 15	게송 53번 이야기 중에서 위사카의 8가지 서원
	vi. 23	게송 53번 이야기 중에서 숩삐야의 허벅지 살
	i. 14	게송 65번 이야기 중에서 30명의 빠테이야까의 출가 장면
	v. 8. 1	게송 292~293번 이야기
	i. 6. 7-9	게송 353번 이야기
	v. 12~13	게송 368~ 376번 이야기
쭐라왁가 (小品)	vii. 1-4	게송 17번 이야기
	i. 18	게송 73~74번 이야기
	i. 13	게송 77번 이야기
	xi. 1. 12-16	게송 78번 이야기
	vi. 11	게송 129번 이야기 (빠쩟띠야에도 나옴.)
	v. 21	게송 157번 이야기
	vii. 3. 17	게송 163번 이야기
	v. 8	게송 181번 이야기 중 삔돌라 바라드와자 부분
	x. 1-2	게송 391번 이야기
빠라지까 (바리이)	i. 1-4	게송 83번 이야기 도입 부분
	iv. 1-2	게송 308번 이야기
	i. 10. 5	게송 69번 이야기
상가디세사 (승잔)	i. 1	게송117번 이야기
빠쩟띠야 (바일제)	xxxviii.1	게송 92번 이야기
	lxxiv. 1	게송 129번 이야기
	lxxv. 1	게송 130번 이야기
	xi. 1	게송 222번 이야기
	xxxiv. 1	게송 82번 이야기
	xiv. 1	게송 121번 이야기

---

17) 항목번호는 PTS 분류에 따른 것이다.

3) 우다나Udāna(感興語 또는 自說經)에서 유래된 이야기

우다나	이름	법구경 주석서
i. 10	바히야	게송 101번 이야기
ii. 3	막대기	게송 131~132번 이야기
ii. 8	숩빠와사	게송 414번 이야기
iii. 2	난다	게송 13~14번 이야기 중 난다와 천녀 부분
iii. 3	야소자	게송 334~337번 이야기
iii. 6	삘린다왓차	게송 408번 이야기
iii. 7	마하깟사빠	게송 56번 이야기
iv. 1	메기야	게송 33~34번 이야기 (앙굿따라 니까야에도 나옴)
iv. 3	목동	게송 42번 이야기
iv. 5	빠릴레이야까	게송 328~330 이야기
iv. 7	사리뿟따	게송 259번 이야기 중 중간에 나오는 게송
iv. 8	순다리	게송 306번 이야기. (자따까 285번 서문에도 나옴.)
v. 3	숩빠붓다	게송 66번 이야기
v. 6	소나 꼬띠깐나	게송 368~376번 이야기
v. 8	데와닷따	게송 17번 이야기 중 데와닷따가 승단을 분열시키는 장면과 게송(율장 소품에도 나옴)
vii. 10	사마와띠	게송 21~23번 이야기 중 사마와띠의 살해당하는 장면과 게송
viii. 8	위사까	게송 213번 이야기

4) 자따까(Jātaka)에서 유래된 이야기

자따까	이름	법구경 주석서
J4	쭐라까 셋티	게송 25번 이야기
J6	데와담마	게송 141번 이야기
J12	니그로다미가	게송 160번 이야기
J14	와따미가	게송 415번 이야기
J26	마힐라무카	게송 365~366번 이야기

J31	꿀라와까	게송 30번 이야기
J40	카디랑가라	게송 58~59, 119~120번 이야기
J65	아나비라띠	게송 242~243번 이야기
J68	사께따	게송 225번 이야기
J70	꿋달라	게송 38~39번 이야기
J71	와라나	게송 280번 이야기
J78	일리사	게송 49번 이야기
J96	뗄라빳따	게송 360~361번 이야기
J100	아사따루빠	게송 414번 이야기
J107	살릿따까	게송 72번 이야기
J119	아깔라라위	게송 159번 이야기
J137	밥부	게송 82번 이야기
J146	까까	게송 284번 이야기
J182	상가마와짜라	게송 13~14번 이야기
J183	왈로다까	게송 83번 이야기
J201	반다나가라	게송 345~346번 이야기
J211	소마닷따	게송 152번 이야기
J215	깟차빠	게송 363번 이야기
J221	께사와	게송 9~10번 이야기
J276	꾸루담마	게송 362번 이야기
J285	마니수까라	게송 306번 이야기
J314	로하꿈비	게송 60번 이야기
J321	꾸띠두사까	게송 61번 이야기
J325	고다	게송 394번 이야기
J346	께사와	게송 47번 이야기
J354	우라가	게송 212번 이야기
J367	살리야	게송 125번 이야기
J374	쭐라 다눅가하	게송 349~350번 이야기
J390	마이하까	게송 355번 이야기
J400	답바뿝파	게송 158번 이야기
J419	술라사	게송 102~103번 이야기
J428	꼬삼비	게송 6번 이야기
J429	마하수까	게송 32번 이야기
J449	맛따꾼달리	게송 2번 이야기
J455	마띠뽀사까	게송 324번 이야기
J465	밧다살라	게송 47번 이야기
J466	사뭇다와니자	게송 17번 이야기
J472	마하 빠두마	게송 176번 이야기
J483	사라바미가	게송 181번 이야기
J512	꿈바	게송 146번 이야기

J522	사라방가	게송 137~140번 이야기
J533	쭐라함사	게송 17번 이야기
J536	꾸날라	게송 197~199번 이야기
J542	칸다할라	게송 17번 이야기

기원전 2세기 후반에 그리스의 왕 밀린다와 나가세나 장로 사이에 벌어진 토론을 정리한 밀린다팡하Milindapañha(밀린다왕문경)에도 법구경에 나오는 인물들을 언급하고 있다. 밀린다팡하에 금생에 공덕을 짓고 금생에 바로 복을 받은 사람의 예로서 꽃장수 수마나(게송 68번 이야기), 에까사다까 바라문(게송 116번 이야기), 하인 뿐나(게송 223번 이야기), 숩삐야(게송 53번 이야기), 마하깟짜야나 장로에게 공양을 올리고 우데나 왕의 왕비가 된 고빨라마따, 부처님께 공양을 올리고 빠세나디 왕의 왕비가 된 말리까 등 6명을 들고 있다.[18]

5세기 초 활약했던 붓다고사가 가장 먼저 쓴 주석서는 청정도론이다. 뒤에 저술한 경전들의 주석서에 청정도론을 참조하라고 언급하고 있는 것으로 보아 청정도론이 가장 먼저 저술했다는 것을 알 수 있다.

청정도론 제12장 신통변화에 법구경 주석서와 같은 내용을 언급하고 있다. 지혜가 충만함에 의한 신통의 예로서, 모태에 들어있을 때 화장용 장작더미 위에서 살아난 상낏짜 장로〈게송 110번 이야기〉, 맹수와 야차들이 들끓는 성문 밖에서 살아난 아이〈게송 296~301번 이야기〉를 들고 있다.

삼매가 충만함에 의한 신통의 예로 500개의 장물 보따리에 눌리고도 무사한 카누 꼰단냐 장로〈게송 111번 이야기〉, 뜨거운 기름을 뒤집어쓰고도 무사한 웃따라〈게송 223번 이야기〉, 우데나 왕이 독화살을 쏘지 못하게 한 사마와띠〈게송 21~23번 이야기〉를 들고 있다.

공덕을 가진 자의 신통의 예로 궁전이 솟아난 조띠까 재정관〈게송 416번

---

18) 밀린다팡하2, 2편 8장 3, P185(민족사, 이미령)

이야기〉, 황금산이 솟아난 자띨라 장자〈게송 416번 이야기〉, 황금양들이 나타난 멘다까 장자, 신비한 능력을 갖춘 그의 가족〈게송 252번 이야기〉을 들고 있다.

결의에 의한 신통 중에서 하나인 상태에서 여러 몸을 창조하는 신통의 예로 쭐라빤타까 장로〈게송 25번 이야기〉를 들고 있고, 나타내는 신변의 예로 부처님께서 천상에서 상깟사로 내려올 때 천상에서 지옥까지 모두 보이게 한 사건〈게송 181번 이야기〉, 숨기는 신변으로 아노자에게 마하깝삐나를 보이지 않게 한 사건〈게송 79번 이야기〉을 들고 있다.

청정도론 외에 붓다고사가 지은 앙굿따라 니까야 주석서에도 법구경 주석서와 일치하는 이야기가 많다. 법구경 주석서가 이들 붓다고사의 저술보다 나중에 성립됐다고 보는 견해에 따르면 청정도론과 경전과 율장 주석서에서 자료를 얻었을 것으로 보인다. 그리고 법구경 주석서의 많은 부분에서 자따까를 인용하고 있는 것으로 보아 자따까가 법구경 주석서보다 먼저 생겼다는 것을 알 수 있다.

나. 법구경 주석서에서 인용한 주석서들

6세기 초에 활동한 대주석가 담마빨라Dhammapala의 저술인 장로게경 주석서, 장로니게경 주석서, 천궁사 주석서, 아귀사 주석서에도 법구경 이야기와 같은 내용들이 나온다. 이들 네 주석서의 성립 연대는 법구경 주석서보다 더 늦어지므로 법구경 주석서에서 인용했다고 봐야 한다.

1) 장로게경 주석서(Theragāthā Aṭṭkathā)에 나오는 이야기

장로게경 주석서	이름	법구경 주석서
i. 95	짝꾸빨라	게송 1번 이야기
i. 39	띳사	게송 3~4번 이야기
ii. 16	마하깔라	게송 7~8번 이야기
i. 66	메기야	게송 33~34번 이야기
xi.	상낏짜	게송 110번 이야기
vi. 6	삽빠다사	게송 112번 이야기
xxi	왕기사	게송 419~420번 이야기

2) 장로니게경 주석서(Therīgāthā Aṭṭakathā)에 나오는 이야기

장로니게경 주석서	이름	법구경 주석서
i. 12	담마딘나	게송 421번 이야기
v. 4	난다	게송 150번 이야기
v. 9	꾼달라께시	게송 102~103번 이야기
v. 10	빠따짜라	게송 113번 이야기
vi. 3	케마	게송 347번 이야기
x. 1	끼사고따미	게송 114번 이야기

천궁사 주석서(Vimānavatthu Aṭṭhakathā)에는 맛따꾼달리⟨게송 2번 이야기⟩, 웃따라⟨게송 223번 이야기⟩, 시리마⟨게송 147번 이야기⟩, 레와띠 ⟨게송 219~220번 이야기⟩ 이야기가 나온다. 아귀사 주석서(Petavatthu Aṭṭhakathā)에는 돼지아귀⟨게송 281번 이야기⟩, 화탕지옥⟨게송 60번 이야 기⟩, 큰 망치아귀⟨게송 72번 이야기⟩ 이야기가 나오고 있다.

X. 맺는 말

이제까지 우리는 붓다에 대해 살펴보았다. 붓다는 어떻게 해서 탄생하는 지, 어떤 능력을 갖춰야 붓다라고 칭하는지 알아보았다. 또한 법구경 이야 기에 등장하는 사건들이 붓다의 생애 어느 시기에 일어났는지 알아보았다. 붓다의 제자 중에서 한 분야에서 제일이라는 칭호를 받았던 붓다의 제자들,

비구 비구니 우바새 우바이들에 대해서도 알아보았다. 법구경 이야기에 나오는 수행 방법에 대해서도 살펴보았다. 법구경이야기(주석서)를 저술한 저자와 시기도 알아보았고, 법구경 이야기가 어디에서 유래됐는지도 살펴보았다. 이렇게 이런 내용들을 미리 알고 있으면 책을 읽고 이해하는 데 많은 도움이 될 것이다.

이제 본문으로 들어가서 책을 읽어보자. 이 책에는 붓다의 생애와 사건, 불교 교리뿐만 아니라 우리가 배워야 할 내용이 너무나 많다. 이 책을 읽으면서 무엇을 살펴봐야 하는지 미리 염두에 둔다면, 책을 읽는 즐거움에 더해 교리공부도 함께 하는 효과가 있을 것이다.

책을 읽으면서 가장 먼저 염두에 두어야 할 것은 불교 교리이다. 즉 윤회와 업 사상, 정확하고 피할 수 없는 인과의 법칙, 불교의 세계관, 오온, 십이처, 십팔계, 연기, 무상·고·무아, 사성제, 팔정도 등이다. 왜 교리를 알아야 하는가? 삶의 의미를 부여하기 때문이다. 왜 태어났는지, 왜 계를 지키고 착하게 살아가야 하는지, 왜 공덕을 쌓아야 하는지, 왜 수행을 해야 하는지, 왜 깨달음을 얻어야 하는지, 왜 금생에 수다원과라도 성취해야 하는지를 알게 해 준다. 그러므로 이야기가 무슨 의미를 전달하고 있는지 염두에 두고 읽는다면 삶의 의미와 철학을 배우게 되고, 이를 실천한다면 삶에 변화가 찾아올 것이다.

두 번째로 염두에 두고 읽어야 할 것은 기존에 우리가 알고 있는 붓다에 대한 관념이 법구경 이야기에서는 어떻게 설명하고 있는지 알아볼 필요가 있다. 붓다께서 새벽에 일어나 대연민 삼매에 들어 세상을 둘러보고 그날 깨달음을 성취할 인연이 있는 사람이 있다면 그 한 사람을 위해서 그 먼 거리를 걸어가 법을 설하는 모습에서 우리는 붓다의 무한한 자비심을 가슴으로 느껴볼 수 있다. 제자들 개인마다 가지고 있는 기질과 성향을 잘 파악해서, 그의 과거생까지 살펴보고서 수행주제를 정해주고, 법문을 설하여 깨달음으로 인도하는 것을 관찰하다 보면 붓다의 놀라운 지혜와 위대한 능력을 엿볼 수 있을 것이다. 또 사건이 일어나면 그 일이 어떤 원인에서 일어난 것인지 설명하는 모습에서 붓다의 일체지가 무엇인지 알아볼 수 있을 것이다. 이런 것들을 관찰하면서 책을 읽는다면 붓다에 대한 우리의 관념을 수정해야 할지도 모른다.

세 번째로 책을 읽으면서 관심을 기울여야 할 것은 이야기에 등장하는 등장인물이다. 이 인물들을 공부하는 것도 불교 교리를 이해하는 것만큼이나 중요하다. 상수제자, 장로, 장로니, 비구, 비구니 스님들에 대해서, 이름은 누구이며, 어떻게 깨달았으며, 어떤 활동을 했는지 알아보는 것이다. 또한 남자 재가불자, 여자 재가불자들에 대해서도 알아볼 수 있다. 그들이 어떻게 붓다의 가르침을 듣고 실천했는지 알아볼 수 있다. 솔직히 우리는 붓다의 제자들, 승단을 후원했던 신도들, 붓다와 함께 살다간 사람들의 이름조차도 기억하지 못하고 있는 실정이다. 그들에 대해서도 공부한다면 그들을 모델로 해서 자신의 삶의 방향을 설정할 수 있을 것이다.

네 번째로 관심을 기울이며 읽어야 할 것은 승단이다. 승가가 탁발에 의지해서 살아가는 모습이나, 스님들을 집으로 초대해 공양을 올리고, 공양이 끝나면 스님들이 법문함으로써 불교가 자연스럽게 민중들과 만나고 인도 전역으로 퍼져나갔다는 것을 상기할 필요가 있다. 신도들이 탁발 나온 스님들에게 공경스럽게 공양을 올리는 모습에서도 공덕을 어떻게 짓는지 알아볼 수 있고, 승가는 재가의 공덕을 위해 청정함을 유지하고 자자와 포살을 통해서 계에 허물이 있는지 살펴보는 모습도 관찰할 수 있다.

다섯 번째로 관심을 기울일 것은 그 당시 일어난 사건들이 붓다의 생애 어느 시기에 일어난 것인지 관찰해 보는 것이다. 승단의 불화, 승단의 분열 시도, 이교도의 모함과 도전 등과 같은 사건들을 연대기로 살펴보면, 그것이 붓다의 생애를 공부하는 것이고, 초기 불교의 역사를 공부하는 것이 될 것이다.

기타 책을 읽으면서 호기심을 충족시킬 수 있는 내용을 함께 살펴볼 수 있다. 그 당시 인도의 정치사회 구조, 계급 체계, 환경, 관습과 풍습 등을 살펴보는 것도 책을 읽는 즐거움이 될 수 있다. 강대국과 약소국의 관계, 왕권 체제와 공화국 체제, 왕위 계승, 결혼과 출산 풍습, 기근과 질병, 자연 환경 등을 관찰한다면 이것은 역사학과 인문사회학 공부도 될 수 있다.

우리는 지식을 습득하기 위해서 책을 읽기보다는 배운 것을 삶에서 어떻게 실천해야 할지 생각해 봐야 한다. 그런 면에서 이 책은 아주 훌륭한 삶의 지침서이자 안내서이다. 아무리 작은 악행이라도 저질러서는 안 되고 아무리 작은 선행이라도 서둘러 행해야 하며 남에게 해를 끼치면 언젠가 돌아온다는 인과의 무서움을 알아야 한다. 계율을 지키고 감각기관을 단속하고 바르게 생계를 유지하며 항상 마음챙기는 것이 아주 중요하다는 것을 알아야 한다. 삶은 단 한 번으로 끝나는 것이 아니며 끝없이 윤회한다는 것을 의심해서는 안 된다. 기나긴 윤회 속에 자신만이 자신의 의지처이며 어느 누구도 자신의 의지처가 되지 못한다는 것을 이해하고 스스로 주의깊게 알아차리고 힘써 노력하여 도과를 성취해서 자신에게서 안심처를 구해야 한다는 것도 이 책이 주는 교훈이 될 것이다.

붓다께서 우리에게 무엇을 가르치려 하는가? 바른 삶과 바르지 않은 삶, 나아가야 할 삶의 방향과 도착해야 할 삶의 목적지 등을 우리의 가슴에 새겨두고 실천해 나가야 한다.

이 책을 읽는 사람들은 물질적인 성공보다는 정신적인 성숙에 관심이 많은 사람이다. 이 소중한 책을 만났다면 더는 방일하게 세월을 낭비하지 말고 늘 알아차리며 살아가야 하리라. 이 책을 통독하지는 않더라도 에꿋다나 장로처럼 하나의 게송이라도 외우고 실천에 옮긴다면 많은 도움이 되리라. 이 책이 독자들의 삶에 커다란 도움이 되기를!

일러두기

1. 본문에 나오는 자따까는 실제 주석서 본문에는 나오지 않고 자따까의 제목과 설화시만 등장한다. 자따까의 내용을 각주로 처리하면 본문과 각주를 오가야 하는 번거로움이 있다. 그래서 눈의 피로를 줄이고 가독성을 높이기 위해 자따까를 요약해 본문에 삽입했다. 원문과 구별하기 위해 자따까를 안으로 들여 쓰고 다른 글씨체를 사용했다.

2. 이와 마찬가지로 담장밖경 | 게송 11, 12번 이야기, 자애경 | 게송 40번 이야기, 화살경 | 게송 47번 이야기, 사자후경 | 게송 95번 이야기, 윤회의 시작은 알수 없음 | 게송 65번 이야기, 불수념·법수념·승수념 | 게송 79번 이야기, 웰라마경 | 게송 119, 120번 이야기, 행복경 | 게송 152번 이야기, 개미언덕경 요약 | 게송 160번 이야기, 늙음경 | 게송 225번 이야기, 보배경 | 게송 290번 이야기, 까벨라 경 | 게송 334~337번 이야기도 본문에서 경의 제목만 언급하고 있다. 이 경들도 각주로 처리하기에는 분량이 많고 독자의 눈을 편하게 하려고 짙은 글씨로 본문에 삽입했다.

3. 인명과 지명에 대한 각주는 모두 빠알리어 고유명사 사전인 DPPN (Dictionary of Pāli Proper Names, PTS, 1974)을 요약했다. 각주의 내용 중에 경전에 나오는 출처는 근거 제시를 했지만, 다른 빠알리어 주석서에서 인용한 출처는 따로 언급하지 않았다. 출처를 자세히 알고자 하는 사람은 DPPN을 참고 바란다.

4. 법구경에 나오는 단어들, 예를 들어 도道, 과果, 족쇄, 번뇌, 갈애, 불방일不放逸, 마음 등과 같은 빠알리어 단어들은 우리가 흔히 알고 있는 단어가 아니고 불교적이고 아비담마적인 특별한 의미가 있다. 각주에 그 의미를 간략하게 설명했으나 더 자세히 알고자 하는 사람은 아비담마 서적을 따로 읽어보기 바란다.

제1장 대구

Yamaka Vagga

제1장 대구Yamaka Vagga

첫 번째 이야기
눈이 멀 때까지 수행을 멈추지 않은 짝꾸빨라 장로[19]

부처님께서 사왓티[20]에 머무실 때 짝꾸빨라 장로와 관련해서 게송 1번을 설하셨다.

사왓티에 마하수완나라는 장자가 살고 있었다. 재산이 많은 그는 온갖 즐거움을 누리고 있었지만 아쉽게도 자식이 없었다. 어느 날 그는 강가에서 목욕하고 집으로 돌아오는 길에 무성한 가지를 내뻗고 있는 커다란 나무를 보았다.

'이 나무에는 틀림없이 큰 위력을 가진 목신이 살고 있을 거야.'

그는 나무 아래를 청소하고 땅을 고르고 주위에 울타리를 쳤다. 그리고

---

19) 이 이야기는 장로게경의 짝꾸빨라 주석(ThagA. i. 95)에 나온다.
20) 사왓티Sāvatthi: 부처님 시대에 꼬살라 왕국의 수도로 인도의 6대 도시 중 하나였다. 라자가하Rājagaha에서 북서쪽으로 25요자나 떨어져 있었고 두 도시 사이에 웨살리Vesāli가 있었다. 부처님께서는 아나타삔디까 Anāthapiṇḍika의 초청으로 처음으로 이곳을 방문하셨다. 사왓티에는 아나타삔디까가 세운 제따와나Jetavana 사원과 위사카Visākā가 세운 뿝바라마Pubbārāma 사원이 있었다. 부처님께서는 제따와나(祇園精舍)에서 19 안거, 뿝바라마(東園精舍)에서 6안거, 모두 25안거를 사왓티에서 지내셨다. 이외에도 사왓티에는 빠세나디 왕이 지은 라자까라마Rājakārāma 사원이 있었다. 사왓티는 부처님께서 쌍신변의 신통을 보이신 곳이다. 사왓티의 주요 재가신도로는 아나타삔디까, 위사카, 숩빠와사Suppavāsā, 빠세나디 Pasenadi 왕이 있었다. 이곳에서 871개의 경이 설해졌으며, 그중 842개의 경은 제따와나에서, 23개의 경은 뿝바라마에서, 4개의 경은 도시 주변에서 설해졌다고 한다. 사왓티는 현재의 사헤트-마헤트Sāhet-Māhet이며 건물의 기단 부분이 아직도 남아 있다.

울타리 안에 모래를 뿌리고 깃발을 달고서 기도를 올렸다.

"만약 아들이나 딸을 얻게 되면 그 은혜에 보답하겠습니다."

그리고 그는 집으로 갔다.

얼마 지나지 않아서 아내는 아이를 갖게 됐다. 그녀는 임신하자마자 남편에게 이 사실을 알렸다. 남편은 태아를 안전하게 보호하기 위해 온갖 정성을 기울였다. 달이 차서 아내는 사내아이를 낳았다. 장자는 나무를 잘 보호한 덕분에 아이를 얻게 됐다고 생각해서 아이를 빨라(보호)라고 이름 지었다. 얼마 지나 그는 둘째 아들을 얻어 첫째를 마하빨라라고 부르고 둘째를 쭐라빨라라고 이름 지었다. 두 아들은 성년이 되자 결혼했고, 세월이 흘러 부모가 죽자 전 재산을 물려받았다.

이때 부처님께서는 법륜法輪을 굴리며 여기저기 유행하다가 아나타삔디까 장자가 지어 기증한 제따와나21)에 머무르고 계셨다. 제따와나에 머무는 동안 부처님께서는 사람들에게 천상으로 가는 길과 해탈에 이르는 길에 대한 가르침을 설하셨다.

부처님께서는 아버지 쪽 친척 8만 명과 어머니 쪽 친척 8만 명, 모두 16만 명의 친척들이 힘을 합쳐 세운 까삘라왓투에 있는 사원에서 오직 한 안거만 지내셨다. 그러나 아나타삔디까22)가 지은 제따와나에서는 19안거23)

---

21) 제따와나Jetavana(제따 숲): 사왓티에 있는 숲으로 제따 왕자Jetakumāra의 소유였다. 아나타삔디까 장자는 라자가하에서 부처님을 처음 뵙고 사왓티로 초청하고서 부처님과 스님들이 머물 장소를 찾다가 이곳을 발견했다. 장자는 제따 왕자의 소유의 동산을 1억8천 냥에 이 땅을 사들여 아나타삔디까라마Anāthapiṇḍkārāma(給孤獨園)를 지었다. 제따 왕자는 땅을 판 돈으로 방이 딸린 정문을 세우고, 다른 건물을 짓는 데도 목재를 시주했다. 이 사원은 제따와나 아나타삔디깟사 아라마Jetavana Anāthapiṇḍikassa Ārāma(祈樹給孤獨園)라고 불린다. 주석에서는 두 사람의 보시공덕을 기리기 위해서 그렇게 이름 지었다고 한다. 이 사원은 제따라마Jetārāma(祇園精舍)라고 불리기도 한다. 부처님께서는 이곳에서 19안거를 나셨다.

를 보내셨다. 위사카24)가 세운 뿝바라마25) 사원에서도 6안거를 지냈다. 이

---

22) 아나타삔디까Anāthapiṇḍika(給孤獨): 사왓티 성의 거부 장자이며 부처님
   의 가장 큰 후원자이다. 부처님께서 이시빠따나Isipatana(鹿野園)에서 첫
   안거를 보내시고 라자가하에 와서 시따와나Sītavana(屍陀林)에 머물고 계
   실 때, 장자는 라자가하에 사업차 갔다가 부처님의 법문을 듣고 수다원과
   를 얻었다. 장자는 사왓티로 돌아와 제따와나라마Jetavanārāma(祇園精舍)
   를 지어 승단에 기증했으며, 매일 자기 집에서 500명의 스님에게 공양을
   올렸다. 부처님께서는 그를 보시제일이라고 선언하셨다. 그의 본명은 수
   닷따Sudatta이지만 주로 아나타삔디까(무의탁자에게 음식을 베푸는 자)
   라는 이름으로 불렸다. 그의 아버지는 수마나Sumana이고 아내는 뿐나락
   카나Puññalakkhana이고 아래로 한 명의 아들과 세 딸을 두었다. 그는
   죽어 뚜시따(도솔천)에 태어났다. 그가 뚜시따에 태어난 날 밤, 제따와나
   에 내려와 제따와나와 사리뿟따 장로를 찬양하는 노래를 불렀다.
23) 안거(vassa): 일 년에 한 번 우기 3개월 동안 한 곳에 머무르며 수행하는
   것을 말한다. 이 기간에는 유행을 할 수 없다. 대체로 스님들의 승랍은
   이 안거 햇수로 구분한다.
24) 위사카Visākhā: 그녀는 앙가Aṅga국의 밧디야Bhaddiya 성에서 아버지
   다난자야Dhanañjaya와 어머니 수마나Sumanā 사이에서 태어났다. 일곱
   살이 됐을 때 밧디야를 방문하신 부처님의 법문을 듣고 수다원과를 얻었
   다. 아버지가 꼬살라의 사께따Sāketa로 이사를 하게 되면서 그곳에 정착
   해서 살았으며, 결혼할 나이가 되자 사왓티의 뿐나왓다나Puṇṇavaddhana
   와 결혼했다. 시아버지인 미가라Migāra는 니간타Nigaṇṭha(자이나 교주)
   의 열렬한 신도였는데 위사카의 설득으로 휘장 뒤에서 부처님의 설법을
   듣고 수다원과를 얻었다. 시아버지는 며느리에게 너무나 감사한 나머지
   '자신의 어머니'라고 불렀다. 그래서 그녀는 미가라마따Migāramātā(미가
   라의 어머니, 鹿子母)로 더 알려졌다. 그녀는 사왓티의 동쪽 뿝빠라마
   Pubbārāma(東園)에 미가라마뚜빠사다Migāramātupāsāda(鹿子母講堂)를
   세워 승단에 기증했으며, 매일 자기 집에서 500명의 스님에게 공양을 올렸
   다. 부처님께서는 그녀를 여자 신도 중 보시제일(dāyikānaṃ aggā)이라고
   칭찬하셨다. 많은 경이 그녀에게 설해졌다.
25) 뿝바라마Pubbārāma(東園): 사왓티 동쪽 문에 있는 공원으로 위사카가
   이곳에 1억8천 냥의 돈을 들여 미가라마뚜빠사다(鹿子母講堂)를 세웠다.
   부처님께서는 이곳에서 6안거를 나셨다.

두 가족의 커다란 공덕 때문에 부처님은 사왓티에서 모두 25안거를 지내셨다.

가장 뛰어난 재가신도인 아나타삔디까와 위사카는 부처님을 찾아뵙기 위해 매일 하루에 두 번씩 사원에 갔다. 어린 사미26)들은 '오늘은 무엇을 가지고 왔을까?'하며 두 사람이 사원에 오는 것을 잔뜩 고대했다.

그들은 사원에 한 번도 빈손으로 간 적이 없었다. 오전에는 여러 가지 음식을 가져갔고, 오후에는 다섯 가지 약과 여덟 가지 음료수를 가져갔다. 그리고 집에 탁발을 나온 비구들을 위해 언제나 2천 개의 의자를 준비해 두고 음식이든 음료수든 약이든 비구들이 원하면 바로 시주하곤 했다.

아나타삔디까는 부처님에게 한 번도 질문한 적이 없었다. 아나타삔디까는 스승에 대한 무한한 존경심 때문에 질문하기를 꺼렸다.

'여래는 섬세한 분이시다. 부처님께서 '이 장자는 나의 대시주자이다.'라는 생각 때문에 법문하신다면 피곤해지실 것이다.'

그는 이런 생각으로 스승에게 질문하지 않았다. 부처님께서는 장자의 마음을 읽으셨다.

'이 장자는 나를 지나치게 배려하는구나. 나는 중생들에게 진리를 가르치기 위해 4아승지와 10만 대겁27)을 윤회하며 바라밀28)을 완성했다. 아름

---

26) 사미(samanera): 만 20세가 되어 비구계를 받기 전까지 십계를 받아 지니고 출가 생활을 하는 어린 스님들을 말한다.
27) 4아승지 + 10만 대겁: 보살이 붓다가 되기 위해 바라밀을 완성하는 데 걸리는 기간으로 지혜를 우선으로 하는 부처님은 4아승지 + 10만 대겁이 걸리고, 신심을 우선으로 하는 부처님은 8아승지 + 10만 대겁이 걸리고, 정진을 우선으로 하는 부처님은 16아승지 + 10만 대겁이 걸린다고 한다.
28) 바라밀pāramī: 붓다가 되려고 서원을 세운 고귀한 보살은 일체지一切智를 갖추어야 하는데, 일체지를 갖추려면 십바라밀을 완성해야 한다. 십바라밀은 보시, 지계, 출가, 지혜, 정진, 인욕, 진실, 결정, 자애, 평정이다. 각각의 바라밀에는 하, 중, 상의 세 가지가 있다. 보시 바라밀을 예로 들면, ① 바라밀pāramī은 생명 있거나 없는 물건(아들, 딸, 부인, 재산 등)의 보시를

답게 장식한 머리를 자르고, 눈알을 뽑아 보시한 적도 있고, 심장을 뽑아 보시한 적도 있고, 생명처럼 사랑스러운 아들딸과 아내를 보시한 적도 있다. 이것은 오직 일체지를 얻어 중생들을 제도하기 위해서였다. 그런데 이 장자는 나를 존경하여 지나치게 배려하는구나.'

부처님께서는 이렇게 생각하시며 장자에게 법29)을 설하셨다.

이 당시에 사왓티에는 7천만 명의 인구가 살고 있었다. 이 중 5천만 명은 부처님의 가르침을 듣고 깨달음을 성취한 고귀한 제자가 됐다. 그러나 2천만 명은 법을 들었지만, 깨달음을 얻지 못한 평범한 제자였다. 신도들에게는 해야 할 일이 두 가지 있었는데, 오전에는 탁발 나온 비구들에게 음식을 올리고, 저녁에는 향과 꽃을 손에 들고 하인에게 가사와 약과 음료수를 들게 하고서 사원으로 법문을 들으러 가는 것이었다.

어느 날 마하빨라는 신도들이 향과 꽃을 손에 들고 사원으로 가는 것을 보고 물었다.

말하고, ② 우빠 바라밀upapārami은 자기의 사지四肢 등 몸의 부분을 보시하는 것을 말하고, ③ 빠라마타 바라밀paramattha pārami은 자기 목숨을 보시하는 것을 말한다. 이 세 가지를 완성하면 보시 바라밀을 완성하는 것이다.

29) 법(Dhamma, 法): dhamma의 어원은 dhara다. dhara는 '유지하다. 지니다' 라는 의미가 있다. 그래서 담마는 '자신의 고유한 성품을 가지고 있는 것' 을 말한다. 제법무아諸法無我라는 말에서 법法(담마)이라는 단어가 이렇게 넓은 의미로 쓰인 것이다. 그러나 주석서에서는 '이 법을 닦은 사람을 4악 처에 떨어지지 않도록 이끌어가기 때문에 담마라고 한다.'라고 좁은 의미로 정의하고 있다. 이 경우에는 수다원도, 수다원과, 사다함도, 사다함과, 아나함도, 아나함과, 아라한도, 아라한과의 여덟 가지와 이들의 대상인 열반, 이렇게 아홉 가지만이 담마에 해당한다. 각각의 입장에 따라 담마를 정의할 수도 있는데 부처님의 입장에서는 '가르침'이 담마이고, 중생의 입장에서는 마땅히 배워야 하는 것, '삼장'이 담마이다. 수행자의 입장에서는 마땅히 닦아야 하는 것들, '선업, 사마타, 위빳사나'가 담마이고, 성인의 입장에서는 마땅히 누려야 하는 것, '열반'이 담마이다.

"이 많은 사람이 어디로 가는 중입니까?"

"부처님께 법문을 들으러 갑니다."

"저도 같이 가겠습니다."

그는 그들을 따라가서 부처님께 삼배를 올리고 모임의 맨 뒤에 앉았다.

모든 부처님이 법문을 설하실 때는 언제나 그때 모인 청법자들이 삼보三
寶에 귀의했는지, 계를 잘 지키는지, 출가자인지 주의깊게 관찰하시고 나서
각 개인의 기질이나 성향을 고려해서 설법하신다. 그날 고따마 부처님께서
는 마하빨라의 근기를 고려해서 차제설법30)을 하셨다. 보시에 대한 이야
기, 계에 대한 이야기, 천상에 대한 이야기, 감각적 욕망의 위험에 대한 이
야기, 출가의 이익에 대한 이야기 등을 순차적으로 설하셨다.

마하빨라는 법문을 듣자 확고한 신심이 일어났다.

'사람이 죽어 저세상으로 갈 때, 아들딸이나 형제가 따라가지 못하고 재
산도 가져가지 못한다. 세속의 삶이 내게 무슨 이익이 있으랴? 나는 비구가
돼야겠다.'

법문이 끝나자 그는 부처님께 다가가서 출가를 요청했다. 부처님께서 그
에게 물으셨다.

---

30) 차제설법次第說法: 부처님께서 설법하실 때는 가장 이해하기 쉽고 실천하
기 쉬운 기본적인 가르침으로 시작해서 점점 이해하기 어렵고 실천하기
어려운 상승 법문으로 순차적으로 가르치셨다. 가장 먼저 보시의 공덕을
말씀하신다(dāna kathā). 다음으로 살생, 도둑질, 사음, 거짓말, 음주를
금하는 오계五戒를 설하신다(sīla kathā). 그리고 보시와 계를 지키면 천상
에 태어나는 이익이 있음을 설하신다(sagga kathā). 세간의 사람들에게는
이 세 가지 보시布施, 지계持戒, 생천生天을 주로 설하시고, 출가해 깨달음을
얻을 인연이 있는 사람에게는 상승 법문으로 넘어가는데, 감각적 욕망을
추구하는 데서 오는 위험을 설하시고(kmanaṃ ādinava kathā),출가해
오염원을 제거하고 열반을 성취하면 영원한 행복을 얻는다는 출가의 이익
에 대해 설하신다(nekkhamme ānisaṃsa kathā). 이렇게 세간의 법칙에서
출세간의 법칙으로 순차적으로 가르치는 설법을 차제설법이라고 한다.

"그대의 출가를 알려야 할 가족은 없는가?"

"동생이 있습니다."

"그러면 동생한테 가서 출가하겠다고 알리고 오너라."

"그렇게 하겠습니다."

그는 부처님께 삼배를 올리고 집으로 가서 동생에게 말했다.

"아우야, 이 집안의 모든 재산은 살아있는 것이든 살아있지 않은 것이든 모두 너의 것이다. 네 마음껏 즐기고 누려라."

"그러면 형님은 어떻게 하시려고요?"

"나는 출가할 것이다."

"어떻게 그런 말씀을 하십니까? 어머니가 돌아가셨을 때 형은 제게 어머니와 같았고, 아버지가 돌아가셨을 때는 형을 아버지처럼 생각했습니다. 우리에겐 많은 재산이 있습니다. 세속에 살면서도 많은 공덕을 쌓을 수 있습니다. 그러니 출가하지 마십시오."

"아우야, 부처님의 법문을 듣고 나서 나는 더 이상 가정을 지키고 살 수 없게 됐단다. 부처님은 처음도 좋고 중간도 좋고 끝도 좋은 법을 설하셨단다. 무상하고 괴롭고 실체가 없는 존재의 세 가지 특성에 대해 간결하고도 정확하게 말씀하셨지. 가정을 돌보면서 깨달음을 성취하는 것은 어려운 일이다. 그러니 나는 출가하겠다. 아우야, 너는 아직 젊다. 나이들 때까지 기다렸다가 출가해라. 사람이 늙으면 손발조차 말을 듣지 않고 자신의 의지를 따르지 않는데 가족이야 오죽하겠느냐? 너의 말을 따를 수 없구나. 나는 비구가 되어 성스러운 깨달음을 성취해야겠다. 출가하는 것이 내겐 최상의 선택이다."

나이 들어 약해지면 손발도 말을 듣지 않는데
힘이 떨어지면 어떻게 법을 수행할 수 있겠는가?

동생의 탄식에도 불구하고 마하빨라는 부처님께 가서 출가를 요청했다. 그는 비구가 되어 은사스님 아래에서 5년[31])을 보낸 뒤 다시 부처님께 찾아

가서 여쭈었다.

"부처님이시여, 이 교단에는 해야 할 의무가 몇 가지 있습니까?"

"두 가지 의무가 있다. 교학을 배우는 것과 수행하여 깨달음을 성취하는 것이다."

"교학을 배우는 것과 깨달음을 성취한다는 말이 무슨 뜻입니까?"

"교학을 배우는 것은 자기에게 알맞은 한두 가지 경전 혹은 삼장을 통달해서 마음에 새기고 외워서 가르치는 것이다. 반면에 깨달음을 성취한다는 것은 소박하게 살고, 외진 곳에 만족하고, 생멸하는 현상을 지켜보는 수행을 닦으며 끊임없이 노력하여 아라한에 이르는 것이다."

"부처님이시여, 저는 나이 들어서 출가했기 때문에 교학을 배우기는 힘들지만, 위빳사나 수행은 할 수 있습니다. 제게 수행주제32)를 가르쳐주십시오."

부처님께서는 그에게 아라한으로 인도하는 수행주제를 가르치셨다. 그는 부처님께 삼배를 올리고 물러 나와 같이 수행을 떠날 도반33)을 구했다.

---

31) 비구는 출가한 날로부터 5년간은 은사 스님을 시봉하며 계율과 상가의 습의習儀를 익혀야 한다. 은사 스님과 함께 살지 않을 때는 승랍 10년 이상인 비구 가운데 계율에 정통한 스님(의지아사리, nissaya ācariya) 아래에서 계율을 완벽히 숙지해야 한다. 오 년이 지나도 계율에 익숙지 않으면 기간을 연장할 수 있다.

32) 수행주제(kammaṭṭhāna): 불교 수행방법을 크게 나누면 삼매와 집중을 닦는 사마타samatha와 존재의 본질을 통찰하여 도와 과를 얻는 위빳사나 vipassanā가 있다. 사마타에는 40가지 수행주제가 있고 위빳사나에는 사념처四念處가 있다. 대념처경(D22) 또는 염처경(M10), 청정도론에서 수행에 관해 자세하게 설명하고 있다. 자세한 것은 3권 부록 II 수행주제와 수행방법 참조.

33) 도반(kalyāṇamitta, 道伴): 어원은 좋은 친구, 덕 있는 친구, 정신적인 스승이라는 의미이다. 즉 서로 충고해 주고 격려해 주고 법에 대해 진지하게 토론하며 도를 닦는 친구에서 수행을 지도하는 스승까지 모두 포함한다. 우리나라에서는 도반과 선지식을 구분해 사용하지만, 남방에서는 선지식

60명의 비구가 모이자 그들은 함께 길을 떠났다. 20요자나[34] 정도 갔을 때, 그들은 국경 근처에 도착했고, 탁발을 하기 위해 한 마을로 들어갔다. 마을 주민들은 비구로서 갖추어야 할 위의를 갖춘 그들을 보자 호의적으로 맞았다. 주민들은 비구들에게 의자를 제공하고, 맛있고 향기로운 음식을 올리고서 물었다.

"스님들이시여, 고귀한 스님들께서 어디로 가시는 중입니까?"

"재가 형제여, 수행하기 적당한 장소를 찾고 있습니다."

지혜로운 마을 사람들은 '스님들이 우기 안거를 보내며 수행할 만한 거처를 구하고 있다.'는 말을 듣고서 이렇게 청했다.

"스님들이시여, 훌륭한 스님들께서 우리 마을에서 3개월 안거를 나신다면 우리는 삼보에 귀의하는 마음을 더욱 확고히 하고 오계를 받아 지닐 수 있을 것입니다."

비구들은 '이 마을 사람의 도움으로 윤회로부터 해탈할 수 있을 것이다.'라고 생각하며 마을 주민들의 요청을 받아들였다. 그러자 주민들은 사원을 짓기 시작했다. 밤에 머무를 숙소와 낮에 정진할 수행홀을 지어 비구들에게 기증했다. 비구들은 탁발할 때만 규칙적으로 마을로 들어갔다. 이때 신심 있는 한 의사가 와서 건강 상태를 살핀 후 말했다.

"스님들이시여, 많은 사람이 거주하는 곳에서는 병을 피할 수 없습니다. 병이 생기면 즉시 제게 말씀해 주십시오. 제가 치료약을 처방해 드리겠습니다."

안거 첫째 날 스님들이 모두 모였을 때 마하빨라 장로가 일어나서 말했다.

"대중 스님들이여, 이 안거 석 달 동안 몇 가지 자세로 안거를 보내실 겁니까?"

도 도반에 포함된다.

34) 요자나(由旬, yojana) : 소에 멍에를 매어 쉬지 않고 온종일 갈 수 있는 거리로 7마일(11km) 정도의 거리이다.

"네 가지 자세35)로 보낼 생각입니다."

"스님들이여, 네 가지 자세가 타당하다고 생각합니까? 우리는 철저하게 주의깊은 알아차림36)을 유지해야 합니다. 여기로 오면서 우리는 살아계신 부처님으로부터 수행주제를 받았습니다. 수행하는 흉내나 내며 게으르게 보내면 부처님을 기쁘게 할 수 없습니다. 오직 굳은 의지로 열심히 정진하여 깨달음을 성취해야 부처님을 기쁘게 할 수 있습니다. 그러나 네 가지 자세로 수행하면 종종 알아차림을 놓치고 방일放逸하게 될 수 있습니다. 방일한 자에게는 사악처37)가 마치 자신의 집과 같습니다. 그러므로 스님들이여, 항상 주의깊게 알아차리며 생활해야 하지 않겠습니까?"

"그러면 스님은 어떤 자세로 보낼 생각입니까?"

"우기 안거 석 달 동안 세 가지 자세로 보낼 생각입니다. 나는 등을 땅에 대지 않겠습니다."

"좋습니다, 스님. 주의깊은 알아차림을 유지하십시오."

한 달이 지나자 잠을 자지 않고 용맹정진勇猛精進하는 장로에게 눈병이 생겨서 통증이 일어나기 시작됐다. 마치 깨진 독에서 물이 새듯이 눈에서 눈

---

35) 네 가지 자세: 걷고 서고 앉고 눕는 자세로 일상생활에서 일어나는 모든 동작을 말한다. 불가佛家에서는 행주좌와 어묵동정行住坐臥 語默動靜이라는 관용구를 사용한다.
36) 알아차림(sati): 사띠sati라는 단어는 sar라는 어근에서 나온 단어로 문자의 본래 뜻은 '기억하다'이다. 사띠(기억, 念)란 과거의 사건이나 상황을 기억한다는 일차적인 의미뿐만 아니라, 수행자가 현재 자신의 몸과 마음에서 일어나고 사라지는 현상을 놓치지 않고 기억하려는 모든 행위를 이른다. 그뿐만 아니라 깨달음을 향해 나아가기 위해 닦아야 하는 보시, 지계, 선업 공덕 등과 같이 항상 관심을 가지고 주시하고 관찰하고 기억하는 것도 사띠라고 할 수 있다. 보통 이 단어를 마음챙김, 마음집중, 알아차림, 깨어있음, 주의집중, 주의깊음 등 여러 단어로 번역하고 있지만, 단어의 본래 의미는 '잊지 않고 기억하기 위해 관찰한다.'라는 의미가 강하다.
37) 악처(apāya-bhūmi, 惡處): 즐거움은 없고 괴로움이 많은 세계로 지옥, 축생, 아귀, 아수라의 세계를 말한다. 3권 부록 I 불교의 세계관 참조.

물이 계속해서 흘러나왔다. 장로는 밤새도록 명상에 몰두하고 새벽이 밝아오자 방에 들어가서 자리에 앉았다. 탁발 나갈 시간이 되자 비구들이 와서 말했다.

"스님, 탁발을 나갈 시간입니다."

"알겠습니다. 가사와 발우를 가지고 오십시오."

장로는 그들에게 가사와 발우를 들게 하고 출발했다. 비구들은 그의 눈에서 눈물이 계속해서 흐르는 것을 발견하고 물었다.

"스님, 무슨 문제가 있습니까?"

"바람에 눈을 다쳤습니다."

"스님, 의사의 진찰을 받아보시겠습니까?"

"그러지요."

비구들이 의사에게 알리자 의사가 물약을 보냈다. 장로는 항상 수행하는 자세 그대로 앉은 채 약을 코에 넣고서 마을로 들어갔다. 의사가 장로를 보고 말했다.

"스님께서 바람에 눈을 다쳤다는 말을 들었습니다."

"재가신도여, 그렇습니다."

"스님, 제가 보내준 물약을 코에 넣었습니까?"

"그렇게 했습니다."

"지금은 어떻습니까?"

"통증이 계속해서 일어납니다."

의사는 '이 물약은 한 번만 넣어도 치료가 되는데 어찌 된 일인가!'라고 생각하면서 장로에게 물었다.

"스님, 앉은 자세로 물약을 넣었습니까, 아니면 누운 자세로 물약을 넣었습니까?"

장로는 침묵했다. 의사가 재차 물었지만 장로는 한마디도 하지 않았다.

'사원에 가서 장로의 거처를 살펴봐야겠다.'

의사는 이렇게 생각하며 사원에 가서 장로의 거처를 살펴보았다. 그곳에는 경행대와 좌선대는 있어도 누울 침대가 마련되어 있지 않았다. 의사는 장로에게 다시 물었다.

"스님, 앉아서 약을 넣었습니까, 아니면 누워서 약을 넣었습니까?"

장로는 침묵했다.

"그래서는 안 됩니다. 몸이 건강해야 수행도 잘 되는 것입니다. 누워서 약을 넣었습니까?"

의사가 재차 질문하자 장로가 말했다.

"신도여, 그냥 가보시오. 나는 이 문제에 대해 의논해 보고 결정을 내리겠소."

장로는 그곳에 친척도 피를 나눈 형제도 없었다. 그러니 누구와 의논할 수 있겠는가? 그래서 그는 자기 자신과 의논했다.

"형제 마하빨라여, 여기에 대해 말해보시오. 눈이 중요한가, 부처님의 가르침이 중요한가? 시작을 알 수 없는 옛적부터 수없이 윤회하면서 눈이 없었던 적은 많았다. 수백 수천의 부처님이 지나가는 동안 너는 단 한 분의 부처님도 만난 적이 없었다. 이제 이 안거 3개월 동안 너는 눕지 않기로 결심했다. 그러니 눈이 썩어 없어지더라도 내버려 두어라. 눈을 지키지 말고 부처님의 진리만을 지키고 실천해라."

장로는 사대요소로 이루어진 자신의 몸을 훈계하고 나서 게송을 읊었다.

눈도 무너져가고, 귀도 무너져가고, 몸도 또한 무너져간다.
몸에 붙어 있는 모든 것이 무너져가는데
마하빨라여, 그대는 왜 알아차림을 하지 않는가?

눈도 시들어가고, 귀도 시들어가고, 몸도 또한 시들어간다.
몸에 붙어 있는 모든 것이 시들어 가는데
마하빨라여, 그대는 왜 알아차림을 하지 않는가?

눈도 파괴돼 가고, 귀도 파괴돼 가고, 몸도 또한 파괴돼 간다.
몸에 붙어 있는 모든 것이 파괴되어 가는데

마하빨라여, 그대는 왜 알아차림을 하지 않는가?

이렇게 시를 읊으며 자신을 훈계하고 나서 그는 전처럼 앉은 자세로 코에 약을 넣고서 마을로 탁발을 나갔다. 의사가 장로를 보고 물었다.

"스님, 느낌이 어떻습니까?"

"통증이 전처럼 계속 일어납니다."

"스님, 약을 앉아서 넣었습니까, 누워서 넣었습니까?"

장로는 침묵했다. 의사는 재차 질문했지만 장로는 한마디도 하지 않았다. 의사가 말했다.

"스님은 자신을 위해 해야 할 일을 하지 않습니다. 앞으로 제게 눈약을 처방해 달라고 하지 마십시오. 저도 스님에게 눈약을 처방해 드리겠다고 하지 않겠습니다."

의사가 치료를 포기하자 장로는 사원으로 돌아가며 자신에게 말했다.

"비구여, 의사는 포기했지만, 너는 너의 자세를 포기하지 마라."

의사가 치료를 포기하고 단념했으며
예정대로 죽음의 왕은 다가오는데
마하빨라여, 그대는 왜 알아차림을 하지 않는가?

그는 이렇게 게송을 읊으며 자신을 훈계하고 나서 정진을 계속했다. 그날 밤 중경이 지났을 때 장로는 눈이 멀어버린 것과 동시에 모든 번뇌가 부서져 나갔다. 그는 순수 위빳사나 수행38)으로 아라한이 된 것이다. 그는 방에 들어가 시간의 흐름을 잊고 지복 속에 잠겼다. 아침이 되어 탁발 시간이 되자 비구들이 와서 장로에게 말했다.

"스님, 탁발 나갈 시간입니다."

---

38) 순수 위빳사나(sukkha-vipassanā): 무색계 선정을 얻지 않고 색계 사선정 중 하나를 증득하거나, 선정을 얻지 않고 바로 위빳사나 수행으로 깨달음을 얻는 방법을 말한다. 학자들은 순수 위빳사나를 언급한 근거로 보통 앙굿따라 니까야 쌍경(A4.170)을 들곤 한다.

"벌써 그렇게 됐습니까?"

"그렇습니다, 스님."

"다녀오십시오."

"스님은 안 가시렵니까?"

"도반들이여, 저는 눈이 멀어버렸습니다."

비구들은 눈곱으로 가득 찬 장로의 눈을 보고 말했다.

"스님, 걱정하지 마십시오. 우리가 도와드리겠습니다."

비구들은 장로를 안심시키면서 보살펴주고 탁발을 나갔다.

장로가 보이지 않자 마을 사람들이 궁금해 했다.

"스님들이시여, 장로님은 어디 가셨습니까?"

무슨 일이 일어났는지 알게 된 마을 주민들은 우선 쌀죽을 만들어 장로
에게 보냈다. 그런 후 주민들은 음식을 장만해서 장로에게 가서 삼배를 올
리고 엎드려 눈물을 흘리며 슬퍼했다. 그들은 장로를 안심시키면서 말했다.

"스님, 우리가 보호해 드리겠습니다. 너무 염려하지 마십시오."

그때부터 마을 주민들은 때가 되면 쌀죽을 만들어 사원으로 보냈다.

장로는 쉬지 않고 60명의 비구를 가르치고 격려했고, 비구들은 그의 가
르침을 성실하게 받들어 행하여 안거가 끝날 무렵에 모두 사무애해[39]를

---

39) 사무애해四無碍解(paṭisambhidā) : 막힘없이 아는 분석적인 통찰지로 네
가지가 있다.
① 뜻(attha)에 대한 무애해(義無碍解) : 괴로움에 대해 정확하게 이해하는
것, 부처님이 가르치신 경들을 정확히 이해하는 것, 열반을 정확히 아는
것, 즉 결과를 정확히 아는 것이 의무애해이다.
② 법(dhamma)에 대한 무애해(法無碍解) : 괴로움이 어떻게 해서 일어나는
지 정확히 아는 것, 괴로움을 어떻게 소멸시키는지 아는 것, 즉 원인과
조건을 정확히 아는 것이 법무애해이다.
③ 언어(nirutti)에 대한 무애해(詞無碍解 : 빠알리어의 뜻과 문법을 정확히
알고 사용하는 것이 사무애해이다.
④ 영감(paṭibhāna)에 대한 무애해(辯無碍解) : 앞의 세 가지 지혜에 대해

갖춘 아라한이 됐다. 우기 안거가 끝나자 비구들은 부처님을 찾아뵈려고 장로에게 말했다.

"스님, 우리는 부처님을 찾아뵙고 싶습니다."

이 말을 듣고 장로는 생각했다.

'나는 눈이 멀었고 가야 할 길은 험하고 악귀가 출몰하는 숲속 길이다. 내가 같이 간다면 모두가 지치고 힘들어 탁발할 수 없을 것이다. 그들을 먼저 보내야겠다.'

그래서 그는 이렇게 말했다.

"스님들이여, 먼저 가시오."

"스님은 어떻게 하실 겁니까?"

"나는 눈이 멀었고 가야 할 길은 악귀가 출몰하는 숲속 길입니다. 그러니 먼저 가시오."

"스님, 그러지 마십시오. 우리는 스님과 함께 가겠습니다."

"도반 스님들이여, 그렇게 하지 않아도 됩니다. 그렇게 하는 것은 나를 불편하게 하는 것입니다. 내 동생이 스님들을 보고 나에 대해 물으면 내가 눈이 멀었으니 길 안내자를 보내서 데려가 달라고 하십시오. 그리고 십력40)을 지닌 부처님과 80명의 대장로에게 제 이름으로 삼배를 올려 주십시오."

장로는 그렇게 말하면서 비구들을 배웅했다.

비구들은 걸망을 메고 길 떠날 준비를 하고서 아침 공양을 하려고 마을에 들어섰다. 마을 주민들이 의자를 제공하고 음식을 올리면서 물었다.

"스님들이시여, 왜 떠나시려고 합니까?"

"신도들이여, 우리는 부처님을 뵈러 가야 합니다."

주민들은 스님들이 마을에 오래 머물러 주기를 여러 번 간청했으나 결심이 확고한 것을 알고 눈물을 흘리며 마을 밖까지 배웅했다.

각각의 대상, 역할 등으로 상세하게 아는 것이 변무애해이다.

40) 십력十力(Dasabalañāṇa): 해제 II 참조

비구들은 여기저기 유행한 끝에 제따와나 사원에 도착해서 부처님을 찾아뵙고 부처님과 80명의 대장로에게 마하빨라 장로의 안부를 전했다. 그리고서 빨라 장로의 동생이 살고 있는 거리로 탁발을 나갔다. 장로의 동생이 비구들을 알아보고 반갑게 맞이하면서 의자를 제공하며 물었다.

"저의 형님이신 장로님은 어디 계시나요?"

비구들은 그간의 일을 모두 말해주었다. 동생은 몸이 무너지듯 땅에 털썩 주저앉아 슬프게 울었다.

"그러면 이제 어떻게 해야 하나요?"

"장로님은 당신을 데리고 올 사람을 보내달라고 합니다."

"여기 제 조카, 빨리타를 보내도록 하지요."

"가는 길이 위험하기 때문에 그냥 보낼 수 없습니다. 먼저 승가에 들어와 사미계를 받고 가사를 걸치고 가는 게 덜 위험할 것입니다."

"그렇게 해 주십시오."

비구들은 조카에게 사미계를 주어 가사를 입히고 보름 동안 가사를 입는 법부터 여러 가지 스님으로서 갖춰야 할 위의威儀를 가르치고 나서 길을 떠나보냈다.

조카는 여기저기 거친 후에 마을에 도착하여 한 노인을 보고 물었다.

"여기에 숲속 사원이 있습니까?"

"있습니다, 스님."

"누가 살고 계십니까?"

"마하빨라 장로님이 살고 계십니다."

"거기로 가는 길을 가르쳐 주십시오."

"당신은 누굽니까?"

"저는 장로님의 조카입니다."

노인은 조카를 데리고 숲속 사원으로 가서 장로를 만나게 해 주었다. 사미는 장로에게 삼배를 올리고 보름 동안 크고 작은 의무를 행하면서 성실하게 시봉하고 나서 말씀드렸다.

"스님, 저의 외삼촌께서 장로님을 모시고 오라고 합니다. 이제 출발하도록 하십시다."

"좋다. 이 지팡이 끝을 잡고 나를 인도해라."

사미는 걸망을 메고 떠날 준비를 하고서 장로를 모시고 마을에 들어갔다. 마을 주민들이 의자를 제공하면서 물었다.

"스님, 정말 가시렵니까?"

"신도들이여, 그렇습니다. 부처님께 인사를 드리고 수행의 결과를 말씀드리러 가야 합니다."

마을 사람들은 장로가 마을에 남아있기를 청했으나 어쩔 수 없었다. 그들은 동네 밖까지 따라가서 장로를 전송하고서 눈물을 흘리며 돌아갔다.

사미는 장로의 지팡이 끝을 잡고 인도하며 여러 날을 여행했다. 여정의 중간쯤 이르렀을 때 사미는 전에 장로가 거주했던 숲 근처의 깟타나가라라는 마을에 도착했다. 사미가 마을을 벗어나 숲속으로 들어서자 땔감을 모으며 노래 부르는 여인의 아름다운 노랫소리가 들려왔다. 사미는 여인의 노랫소리를 듣자 온몸에 짜릿한 흥분이 일어났다.

여자의 목소리처럼 남자를 전율시키는 소리는 없다. 그래서 부처님은 말씀하셨다.[41]

비구들이여, 여자의 목소리만큼 남자의 가슴을 휘어잡는 그런 소리를 난 알지 못한다.

사미는 여인의 목소리에 홀려 장로의 지팡이를 놓으며 말했다.

"스님, 여기서 잠깐만 기다려 주십시오. 잠시 할 일이 있습니다."

사미는 그렇게 말하고 여인에게로 걸어갔다. 여인은 사미를 보자 노래를

---

41) 앙굿따라 니까야 하나모음(A1.1.2)

멈추었다. 사미는 음행의 계율을 범했다. 장로는 무슨 일이 일어났는지 알
아차렸다.

'방금 여인의 노랫소리가 들려왔고 사미는 간 지 오래됐다. 사미가 음계
淫戒를 범한 게 틀림없다.'

사미가 일을 끝내고 돌아와서 말했다.

"스님. 이제 떠나시지요."

"사미여, 너는 계를 범했느냐?"

사미는 침묵했다. 질문이 몇 차례 계속됐지만, 그는 한마디도 대답하지
않았다.

"너 같은 천박한 자는 나의 지팡이를 잡을 수 없다."

사미는 후회스러운 마음이 몰려오자 노란 가사를 벗어 내팽개쳐버리고
속복으로 갈아입고서 말했다.

"스님, 조금 전까지 저는 사미였지만, 이제 다시 속인이 됐습니다. 제가
출가한 것은 신심이 있어서가 아니고 단지 여행에 대한 두려움 때문이었습
니다. 자 이제 가십시다."

"속인이건 사미이건 천박한 자는 천박한 자다. 사미였을 때에도 음계를
지킬 수 없었는데, 속인이 된다고 훌륭한 사람이 되겠느냐? 너 같이 천박한
자에게 내 지팡이를 잡게 할 수 없다."

"스님, 여기는 악귀들이 출몰하는 지역이고 스님은 앞이 보이지 않습니
다. 여기에 어떻게 남아있을 겁니까?"

"형제여, 걱정하지 말게나. 내가 여기 쓰러져 죽거나 아니면 여기저기 헤
매는 한이 있더라도 자네와는 결코 함께 가지 않겠네."

그렇게 말하면서 장로는 게송을 읊었다.[42]

아아! 나는 눈을 잃고
힘든 길을 비틀거리며 걸어왔네.

---

42) 장로게경 95번째 게송이다.

하지만 차라리 기어갈지언정
악한 자와 함께 가지 않으리.

아아! 나는 눈을 잃고서
힘든 길을 비틀거리며 걸어왔네.
하지만 차라리 죽을지언정
악한 자와 함께 가지 않으리.

이 게송을 듣고 후회스러운 마음이 몰려오자 사미는 울면서 외쳤다.
'나는 무거운 죄를 저질렀구나! 나는 부도덕한 죄를 저질렀구나!'
그는 슬피 울며 숲속으로 사라져버렸다.

장로의 공덕의 힘으로 길이 60요자나, 넓이 50요자나, 높이 15요자나이
며 자야수마나 꽃 색깔의 삭까 천왕[43]의 홍옥보좌가 천왕이 앉으려 하자
쑥 내려갔다가 올라오며 뜨거워졌다.
'누가 나를 의자에서 밀어내는가?'
그는 천안으로 세상을 살펴보다가 장로를 발견하고 게송을 읊었다.

천 개의 눈을 가진 신들의 왕은 청정한 천안을 얻었는데,
천박한 자를 꾸짖는 마하빨라 장로는 청정한 삶을 완성했구나.

천 개의 눈을 가진 신들의 왕은 청정한 천안을 얻었는데,
마하빨라 장로는 법을 존중하고 부처님의 가르침을 즐거워하는구나!

'천박한 자를 꾸짖고 가르침을 엄격히 따르는 장로를 도우러 내려가지
않으면 내 머리가 일곱 조각으로 쪼개질 것이다.'
천 개의 눈을 가지고 신들을 지배하고 있는 삭까 천왕은 순식간에 땅으
로 내려가서 마하빨라 장로에게 다가갔다.

---

43) 삭까Sakka 천왕: 게송 30번 이야기에 삭까가 누구이며 어떤 공덕을 지어
    천왕이 됐는지 자세히 설명하고 있다.

가까이 가서 인기척을 내자 장로가 외쳤다.

"거기 누구요?"

"여행자입니다, 스님."

"재가자여, 어디로 가는 중입니까?"

"사왓티로 가는 중입니다, 스님."

"가던 길을 계속 가도록 하시오."

"스님께서는 어디로 가시는 중입니까?"

"나도 사왓티로 갑니다."

"잘됐습니다. 같이 가십시다, 스님."

"나는 몸이 안 좋습니다. 같이 가면 지체될 것입니다."

"제게 급한 일도 없고 또 길을 잘 알고 있습니다. 스님을 모시고 간다면 공덕을 쌓을 기회도 됩니다. 그러니 같이 가시지요, 스님."

'이 사람은 틀림없이 신심이 있는 사람이다.'

장로는 이렇게 생각하며 말했다.

"좋습니다. 지팡이 끝을 잡으시오."

삭까 천왕은 지팡이 끝을 잡고 신통으로 거리를 줄여서 저녁에 사왓티에 도착했다. 나팔소리, 드럼소리 등 여러 악기 소리가 뒤섞인 도시의 소음이 들려오자 장로가 물었다.

"이 소리가 어디서 나는 겁니까?"

"여기는 사왓티입니다, 스님."

"전에 올 때는 시간이 아주 많이 걸렸는데 이상하군요."

"제가 지름길을 알고 있었습니다, 스님."

그 순간 장로는 느낌으로 그가 인간이 아니고 천신이라는 것을 알았다.

천 개의 눈을 가지고 신들을 다스리는 삭까 천왕이
거리를 단축시켜 단숨에 사왓티에 오게 했구나.

삭까 천왕은 동생이 예전에 형이 급할 때 사용하도록 지어놓은 오두막집으로 장로를 데려가서 편히 쉬게 했다. 그리고 동생의 친구로 변신해서 동생네 집으로 가서 외쳤다.

"여보게 친구 있는가?"

"친구여, 무슨 일인가?"

"그대의 형인 장로 스님이 도착했다는 것을 알고 있는가?"

"아니, 그게 사실인가?"

"그렇다네. 친구여, 내가 방금 오두막집에서 돌아왔는데 자네 형이 오두막집에 풀을 깔고 앉아 있는 걸 보았다네."

삭까 천왕은 그렇게 말하고서 떠나갔다.

동생은 급히 오두막집으로 달려갔다. 그는 장로를 보자마자 발아래 풀썩 엎드리며 눈물을 흘렸다.

"이런 괴로운 일이 일어날까 봐 제가 출가를 만류했던 것입니다."

형제는 오랫동안 대화를 나누었다. 그리고 동생은 두 노예 소년을 노예 신분에서 풀어주고[44] 장로에게 데려가서 사미계를 받게 하고 장로를 시봉하게 했다.

"마을에서 우유죽과 여러 가지 음식을 탁발해 와서 장로에게 드리도록 하시오."

사미들은 신심으로 스승에 대한 의무를 행하면서 장로를 시봉했다.

어느 날 먼 나라에 거주하는 일단의 비구들이 부처님을 친견하려고 제따와나에 왔다. 그들은 부처님께 삼배를 올리고 80대장로[45]를 찾아뵌 후에

---

44) 출가시켜서는 안 되는 자: 율장 대품(Mahāvagga)에는 다섯 가지 질병(나병, 종기, 결핵, 습진, 간질병)을 앓고 있는 자. 관리, 군인, 범죄자(강도, 탈옥한 도둑, 지명 수배된 도둑, 태형을 받았던 사람, 낙인의 형벌을 받았던 사람), 부채자, 노예, 성불구자(거세자, 동성애자, 양성애자)는 출가시켜서는 안 된다고 규정하고 있다. 그래서 장자는 노예 신분에서 해방시킨 다음 출가시켰다.

사원을 두루 한 바퀴 둘러보았다. 비구들이 마하빨라 장로의 꾸띠46) 근처에 갔을 때 저녁에 장로를 만나보자고 합의를 보았다. 비구들이 저녁이 되어 마하빨라 장로를 방문하려고 방문을 나섰을 때 갑자기 소나기가 몰려와서 되돌아 갈 수밖에 없었다.

"지금은 저녁이고 비바람이 너무 심해."

비구들은 다음 날 아침에 가보기로 했다. 비는 초경까지 계속 내리다가 중경에 그쳤다. 언제나 기운이 넘치는 마하빨라 장로는 새벽이면 항상 뒤뜰에 나와 경행하곤 했다. 아침이 되자 많은 벌레가 젖은 땅에서 기어 나왔다가 경행하는 장로의 발에 밟혀 죽었다. 두 사미는 장로가 거니는 경행처를 청소하지 않았다.

"우리 이제 장로가 머무는 꾸띠를 찾아가 보세."

비구들이 장로의 처소에 도착하자 벌레들이 밟혀 죽어 있는 것을 보고 사미들에게 물었다.

"이 뒤뜰에서 경행한 사람이 도대체 누군가?"

"저희 스승입니다, 스님."

비구들은 불쾌한 기분으로 이야기를 나누었다.

"이 장로가 한 짓을 보게나. 보는 눈이 있을 때는 누워서 잠이나 자고 빈둥빈둥 놀면서도 살생은 하지 않았는데, 눈이 멀고 나니까 경행을 한답시고 죄 없는 벌레를 밟아 죽였군. 좋은 일을 한다면서 나쁜 일만 저지르는구나."

비구들은 부처님을 찾아가서 이 일을 보고했다.

---

46) 꾸띠kuṭī: 스님들이 거주하는 오두막집에서부터 큰 건물에 이르기까지 모든 스님이 거주하는 건물을 말한다. 율장 상가디세사(saṅghādisesa, 十三僧殘) 여섯 번째 계율에 '비구가 시주 없이 스스로를 위해 자신의 노력으로 꾸띠를 지을 때는 정해진 치수를 넘어서는 안 된다. 그 치수는 가로는 부처님 뼘으로 열두 뼘(약 2.7m), 세로 7뼘(약 1.6m)이다. 그리고 꾸띠를 짓기 전에 승가를 초대해서 허락을 얻어야 한다.'라고 규정하고 있다. 하지만, 시주자가 있을 경우에는 크기에 제한이 없다.

"부처님이시여, 마하빨라 장로는 경행을 한답시고 벌레를 밟아 죽였습니다."

"그가 벌레를 죽이는 걸 본 적이 있는가?"

"보지 못했습니다."

"그대들이 그가 한 일을 정확히 보지 못했듯이 그도 벌레를 보지 못한다. 비구들이여, 아라한에게는 죽이려는 의도가 있을 수 없다."

"부처님이시여, 그는 아라한과를 성취할 공덕이 있는데 어째서 눈이 멀게 되는 과보를 받았습니까?"

"비구들이여, 그것은 그가 전생에 지은 악업 때문이다."

"부처님이시여, 그가 도대체 어떤 악업을 저질렀습니까?"

"비구들이여, 잘 들어라."

마하빨라 장로의 과거생 이야기: 마음씨 나쁜 의사

오랜 옛날, 까시[47]의 왕이 베나레스(지금의 바라나시)를 다스리고 있을 때였다. 한 의사가 여러 읍과 마을을 돌아다니며 치료해 주다가 눈병이 있는 여인을 보고 물었다.

"어디가 아프십니까?"

"시력을 잃었습니다."

"제가 치료해줄 수 있습니다만."

"선생님, 제발 제 눈 좀 치료해 주세요."

"그러면 치료해 준 대가로 무엇을 주시겠습니까?"

---

47) 까시Kāsi: 고대 인도 16대국 중의 하나로 수도는 바라나시Bārāṇasi였다. 부처님 당시에는 꼬살라Kosala 왕국에 합병돼 빠세나디 왕이 다스리고 있었다. 까시는 지금처럼 그때에도 상업의 중심지였고 인구가 많은 대도시였다. 까시에서 사왓티로, 까시에서 라자가하로 장사를 떠나는 대상隊商들이 많았으며 까시에서 생산되는 실크는 최상품으로 인정받았다. 까시는 자따까에 가장 많이 언급되는 장소이다.

"제 눈을 전처럼 잘 보이게 해 주신다면, 저와 제 아들과 딸 모두 당신의 노예가 되겠습니다."

"좋습니다."

그가 치료약을 만들어 단 한 번 발라주자 그녀의 눈이 원래대로 회복됐다.

하지만, 그녀는 시력을 되찾자 생각이 달라졌다.

'나와 아들과 딸까지 그의 노예가 되겠다고 약속했지만, 만약 그렇게 되면 그는 내게 친절하게 대하지 않을 것이다. 그를 속여야겠다.'

의사가 와서 상태가 어떤지 묻자 그녀는 거짓말을 했다.

"전에는 눈이 약간 아팠는데 지금은 전보다 더 심하게 아파요."

의사가 생각했다.

'이 여자는 아무것도 주기 싫어서 거짓말을 하는구나. 치료비는 필요 없으니 그녀의 눈을 다시 멀게 만들어야겠다.'

의사는 집에 가서 아내에게 이 일을 이야기하자 아내는 아무 말도 하지 않았다. 그는 연고를 만들어서 그녀의 눈에 넣고 문지르라고 말했다. 그녀가 약을 넣고 문지르자 등불이 꺼지듯이 눈이 멀어버렸다. 그때의 의사가 지금의 마하빨라였다. 이것이 장로가 과거생에 지었던 악업이었다.

"비구들이여, 나의 아들이 그때 저질렀던 악업이 계속해서 그를 따라다닌다. 수레바퀴가 멍에를 맨 황소의 발굽을 뒤따르듯이 악업이 그를 뒤따라 다닌다."

법왕이신 부처님께서는 이렇게 인과관계를 정확히 밝히시고 왕이 칙령을 옥새로 결인하듯이 아래의 게송을 읊으셨다.

모든 것은 마음이 앞서가고
마음이 이끌어가고
마음으로 이루어진다.
나쁜 마음으로 말하고 행동하면

괴로움48)이 저절로 따르리라.
수레바퀴가 황소발굽을 따르듯이.49) (1)

---

48) 괴로움(dukkha): 괴롭게 하기 때문에, 혹은 행복을 막기 때문에 괴로움이
라 한다. 청정도론(Vis16.16)에서는 괴로움(dukkha)을 어원에 따라 다음
과 같이 설명을 한다. "dukkha는 더럽고 미운 아이를 dupputta라고 하듯
du는 더럽고 밉다는 뜻이다. 텅 빈 허공을 kha라고 하듯 kha라는 말은
'비었다. 아무것도 없다'라는 뜻이다. 괴로움의 진리(dukkha)는 많은 위험
이 도사리는 장소이기 때문에 혐오스럽고, 어리석은 사람들이 상상하는
'영원함, 아름다움, 행복, 자아'가 없기 때문에 비었다. 그러므로 더럽고
텅 비었기 때문에 괴로움(dukkha)이라 한다."
49) 대부분의 종교는 신이 세상을 창조한다고 하지만 불교에서는 마음이 세상
을 창조한다고 한다. 대부분의 종교는 '신'이라는 단어를 제일 먼저 가르치
지만 불교는 '마음'이라는 단어를 제일 먼저 가르친다. 왜냐하면 마음이
천당과 지옥을 창조하고 마음이 행복과 불행을 만들기 때문이다.

두 번째 이야기
부처님께 귀의한 것만으로 천상에 태어난 맛타꾼달리50)

부처님께서 사왓티에 계실 때 맛타꾼달리와 관련해서 게송 2번을 설하셨다.

사왓티에 아딘나뿝빠까라는 바라문이 살고 있었다. 그는 어느 누구에게 어떠한 것도 준 적이 없었다. 이것이 '한 번도 준 적이 없는 자(아딘나뿝빠까)'라고 불리는 이유였다. 그에게는 매우 사랑하는 아들이 있었다. 그에게 아들은 기쁨의 원천이었다. 어느 날 그는 아들에게 장신구를 사주고 싶었다. 그러나 금세공사에게 의뢰하면 세공비가 들 것을 걱정해서 직접 금을 두드려서 아무 조각도 없는 평평한 금귀고리 한 쌍을 만들어 아들에게 달아주었다. 이 일로 아들은 '평평한 금귀고리를 달고 다니는 아이'라는 뜻의 맛타꾼달리라는 이름을 얻게 됐다.

열여섯 살이 됐을 때 아들은 그만 황달에 걸리고 말았다. 어머니가 아들을 살펴보고 나서 남편에게 말했다.

"아들이 병에 걸렸어요. 빨리 의사에게 데려가서 치료해 주세요."

"여보, 의사에게 가면 치료비를 지불해야 하는데, 당신은 재산이 축나는 것은 걱정하지도 않는단 말이오?"

"아니, 그러면 어떻게 하려고요?"

"재산을 축내지 않고 아들의 병을 잘 치료할 테니 걱정하지 말아요."

바라문은 여기저기 의사들을 찾아다니며 물었다.

"이런 병에는 보통 어떻게 치료하지요?"

의사들은 치료에 좋다는 이런저런 나무껍질들을 알려주었다.

바라문은 의사들이 알려준 나무껍질들로 약을 달여서 아들에게 먹였다.

---

50) 이 이야기는 맛타꾼달리 자따까(Maṭṭakuṇḍali Jātaka, J449)와 천궁사 주석(VvA.vii. 9)에 나온다.

그러나 이런 노력에도 불구하고 아들의 병은 점점 더 악화돼 갔다. 아들의 병세가 극도로 나빠져 더 이상 자신이 치료할 수 없다는 것을 깨닫게 된 바라문은 아들을 의사에게 데려갔다. 의사는 젊은이의 병이 치료의 한계를 넘어선 것을 알았다.

"지금 중요한 일이 있어서 가봐야 합니다."

의사는 이렇게 핑계를 대면서 다른 의사에게 보냈다.

모든 의사가 치료를 거부하자 바라문은 아들을 데리고 집으로 돌아오지 않을 수 없었다. 바라문은 아들이 죽음의 문턱 가까이에 왔음을 직감했다.

'사람들이 아들 장례식에 조문을 오면 우리집이 부자인 것을 알게 될 것이다. 아들을 집 밖으로 내놓아야겠다.'

이렇게 생각한 바라문은 아들을 집 밖에 눕혀 놓았다.

그날 이른 아침에 부처님께서는 대연민삼매[51]에 들었다가 나오셔서, 과거의 부처님 아래에서 공덕을 쌓았고 그 공덕이 뿌리가 되어 깨달음을 얻을 시기가 무르익은 사람을 살펴보기 위해, 불안佛眼으로 10만 세계에 일체지[52]의 그물을 펼쳤다. 그러자 맛타꾼달리가 집 밖에 누워 있는 것이 일체지의 그물에 나타났다. 부처님은 그를 보는 순간 그가 죽음을 앞두고 집밖으로 옮겨졌다는 것을 알고서 당신이 그리로 가게 되면 어떤 이익이 있는지 앞으로 일어날 일을 살펴보았다.

이 젊은이는 내게 믿음을 일으켜 평화로운 마음으로 죽을 것이고, 그러

---

51) 연민(karuṇā)삼매: 사무량심[자애(慈, mettā) 연민(悲 karuṇā), 같이 기뻐함(喜, muditā), 평온(捨, upekkhā)] 가운데 하나이다. 연민은 사람을 불쌍히 여기는 마음이다. 연민삼매는 '모든 중생이 고통에서 벗어나기를'이라고 불쌍히 여기는 마음으로 내면을 가득 채우는 것이다. 3권 부록 II A.6.b 참조

52) 일체지一切智(sabbaññutāñāṇa): 일체를 다 아는 지혜로 벽지불이나 제자들에게는 없고 오직 부처님만이 가지고 있는 여섯 가지 지혜六不共智 중하나이다. 이 지혜를 얻기 위해서는 붓다가 되려는 서원을 세우고 십바라밀을 완성해야 한다.

면 삼십삼천에 있는 황금궁전에 일천 천녀를 거느린 천신으로 화생化生할 것이다. 바라문의 아버지는 아들의 시체를 화장하고 날마다 슬픔 속에서 화장터에 나와 울 것이다. 천신은 육십 바리 분량의 장신구로 온몸을 장식하고 키가 4분의 3요자나이며, 일천 천녀에 둘러싸인 자신을 살펴보고서, 자신이 무슨 공덕으로 천상에 태어나 이런 호사스러운 부귀영화를 누리고 있는지 회상해 볼 것이다. 그는 자신이 부처님에게 청정한 믿음을 일으켜 편안하게 죽음으로써 이 같은 영광을 얻게 됐다는 것을 알게 될 것이다. 천신은 재산이 축나는 것이 두려워 제때에 치료하지 않아 죽게 만든 아버지가 매일 화장터에 가서 우는 것을 알고 아버지의 삶의 태도를 변화시키려고 생각할 것이다. 그는 아버지에게 내려가서 예전의 맛타꾼달리로 변해서 화장터에 엎드려 흐느껴 울 것이다. 그러면 바라문이 그에게 물을 것이다.

"당신은 누구요?"

"저는 당신의 아들 맛타꾼달리입니다."

"너는 어디에 태어났느냐?"

"저는 삼십삼천에 태어났습니다."

그러면 바라문은 놀라서 물을 것이다.

"네가 도대체 무슨 공덕을 지었기에 그곳에 태어났단 말이냐?"

맛타꾼달리는 부처님에게 신심으로 귀의해 편안하게 죽음으로써 삼십삼천에 태어나게 됐다고 대답할 것이다. 그러면 바라문은 내게 사실을 확인하려고 물을 것이다.

"부처님이시여, 단지 부처님에게 청정한 믿음을 일으킴으로써 천상에 태어난다는 것이 가능합니까?"

"그러한 예는 수백 수천 수십만, 아니 셀 수 없이 많다."

나는 이렇게 말하고서 게송을 읊어주게 될 것이고, 이 게송 끝에 많은 사람이 사성제53)를 이해하게 될 것이고, 맛타꾼달리와 그의 아버지는 수다

---

53) 사성제四聖諦(Cattāri ariya-sacca) : 우리의 삶의 본질과 참된 삶의 목표 그리고 그것을 실현하는 방법에 대한 참된 가르침이다.

원과54)를 얻을 것이다. 이렇게 한 젊은이로 인해서 많은 사람이 사성제를 이해하는 이익이 있을 것이다.

부처님은 이 모든 것을 알고 나서 가사를 걸치고 많은 비구와 함께 사왓티로 탁발을 나가는 도중에 먼저 바라문의 집에 들렀다. 그때 맛타꾼달리는 얼굴을 집 쪽으로 돌리고 누워 있었다. 부처님은 그가 당신이 온 것을

---

① 괴로움의 진리(dukkha sacca, 苦聖諦): 삶이란 도대체 무엇인가에 대한 근원적인 문제이다. 삶의 본질은 우리의 생각과 달리 괴로움이다. 괴로움은 우리가 알고 이해해야 할 진리이다.

② 일어남의 진리(samudaya sacca, 集聖諦): 왜 괴로움이 일어나는가에 대한 문제이다. 괴로움은 갈애 때문에 일어난다. 갈애는 우리가 버리고 벗어나야 할 진리이다.

③ 소멸의 진리(nirodha sacca, 滅聖諦): 진정한 삶의 목표는 무엇인가에 대한 문제이다. 괴로움을 소멸하고 진정한 행복을 얻기 위해서 열반을 증득해야 한다. 열반은 우리가 실현해야 할 진리이다.

④ 소멸에 이르는 길에 대한 진리(magga sacca, 道聖諦): 열반을 증득하기 위해서는 어떻게 해야 하는가에 대한 문제이다. 팔정도를 닦아야 한다. 팔정도는 우리가 닦고 키워나가야 할 진리이다.

54) 수다원(sotāpatti): 깨달음에는 수다원, 사다함, 아나함, 아라한의 네 단계가 있다. 수다원부터 성인으로 들어가고 수다원 아래에는 범부(puthujjana)이다. 수다원이 되면 다시는 사악도에 떨어지지 않으며 최대 일곱 생 이내에 구경각인 아라한이 되어 윤회에서 벗어난다. 수다원이 됐다는 것을 확인하는 방법은 자신에게서 세 가지 족쇄가 떨어져 나갔는지 확인하는 것이다. 세 가지 족쇄란 ① 유신견有身見(sakkāya diṭṭhi): 자아가 있다는 견해, ② 계율과 의식(戒禁)에 대한 집착(戒禁取, sīlabbata pāramāsa): 계율과 의식을 통해 해탈할 수 있다고 집착하는 것, ③ 의심(疑, vicikicchā): 불, 법, 승, 계율, 연기법 등을 의심하는 것이다. 이 세 가지 족쇄 중에서 유신견에서 벗어난 것을 확인하는 것이 가장 중요하다. 유신견에서 벗어났다는 것은 자신의 몸과 마음을 '나'라든가 '나의 것' 또는 '나 자신'이라고 생각하는 동일시가 더 이상 일어나지 않는 것을 의미한다. 다시 말해서 수다원은 아직 탐욕과 성냄이 그대로 남아있지만 유신견을 제거한 성인이다.

모르고 있다는 것을 알고서 한 줄기 빛을 비추었다.

'이게 무슨 빛이지?'

맛타꾼달리가 돌아누우면서 의혹에 가득 찬 시선으로 바라보자 거기에 부처님이 서 있었다.

"어리석은 아버지 때문에 존귀하신 부처님을 찾아뵙지도 못하고 공양을 올리지도 못하고 법문을 듣지도 못했습니다. 저는 제 손가락 하나 까딱하지 못하지만, 지금 딱 한 가지는 할 수 있습니다."

그러면서 그는 부처님께 청정한 믿음을 일으켜 귀의했다.

"맛타꾼달리여, 너는 그것으로 충분히 네가 해야 할 일을 한 것이다."

부처님은 이렇게 말씀하시고 떠나가셨다.

부처님이 시야에서 멀어지자 그는 오롯이 청정한 믿음을 지닌 채 죽어 천상의 30요자나 넓이의 거대한 황금궁전에서 마치 잠에서 깨어나듯이 화생55)했다. 바라문은 아들의 시체를 화장하고 날마다 화장터에 나와 온종일 슬피 울며 탄식했다.

"아들아, 너는 어디 있느냐?"

예전의 아들인 천신은 자신의 부귀영화를 둘러보고 과거에 무슨 공덕을 지었기에 이런 영화를 누리게 됐는지 곰곰이 생각해 보았다. 그러자 이런 부귀영화가 오로지 부처님께 청정한 믿음으로 귀의했기 때문이라는 것을 알게 됐다.

'바라문 아버지는 내가 병에 걸려 고통 속에 괴로워하고 있을 때 제때

---

55) 화생化生: 존재가 새로운 삶을 시작할 때는 태생胎生, 난생卵生, 습생濕生, 화생化生의 네 가지 모습으로 태어난다. 인간과 포유류처럼 모태에서 태어나는 것을 태생이라고 하고, 새처럼 알로 태어나는 것을 난생이라고 하고, 물고기처럼 물이 있는 곳에서 체외수정을 통해서 태어나는 것을 습생이라고 한다. 그러나 신들은 부모가 될 천신들의 가슴이나 침대 위에서 남자는 20세 여자는 16세의 모습으로 바로 태어나 그 모습으로 한평생 머문다. 이와 같이 천상이나 지옥, 아귀 세계에 태어날 때는 전생의 존재가 죽자마자 어른의 모습으로 바로 태어나는 것을 화생이라 한다.

치료해 주지 않고 죽음에 이르게 했으면서 내가 죽자 이제는 화장터에 가서 슬피 울며 탄식하고 있구나. 내려가서 그를 변화시켜야겠다.'

그는 맛타꾼달리 모습으로 변신하고 화장터 가까운 곳에 내려가서 양손을 휘저으면서 울기 시작했다.

'나는 아들의 죽음으로 울고 있는데 이 화려한 옷을 입은 젊은이는 무슨 일로 울고 있는가? 그에게 물어봐야겠다.'

바라문은 이렇게 생각하고 그에게 노래하듯 물었다.

화려한 장신구와 반짝이는 귀걸이를 하고서
화환을 두르고 뾰쪽한 황금 신발을 신고서
손을 휘저으며 슬피 우는 젊은이여!
그대는 무엇 때문에 이 깊은 숲속에서 괴로워하고 있는가?

젊은이가 대답했다.

저는 빛나는 황금수레를 얻었는데
거기에 걸맞은 두 수레바퀴를 찾을 수 없습니다.
그래서 죽고 싶을 정도로 슬프답니다.

바라문이 그에게 말했다.

그 바퀴가 금이든 은이든
구리이든 아니면 보석이든
착한 젊은이여, 나에게 알려주기만 하게나.
내가 그대를 위해 만들어 주겠네.

'이 바라문은 자기 자식은 제때 치료해 주지 않아 죽게 했으면서 이제 와서 단지 내가 아들과 닮았다는 이유로 금이든 은이든 구리든 보석이든

아끼지 않고 황금수레에 걸맞은 바퀴를 만들어 주겠다고 하는구나. 좋아, 그를 놀려줘야겠다.'

젊은이는 이렇게 생각하며 바라문에게 말했다.

"수레바퀴가 아무리 크더라도 만들어 주실 수 있습니까?"

"아무리 크더라도 그대가 원한다면 만들어 주겠네."

"저는 해와 달 수레바퀴를 원합니다. 그것을 제 수레바퀴에 끼워 주십시오."

해와 달은 어울리는 한 쌍의 형제
나의 수레는 황금수레
황금수레에 해와 달을 단다면
내 수레는 찬란히 빛날 텐데.

바라문이 대답했다.

젊은이여, 얻을 수 없는 것을 구하는 어리석은 바보여!
해와 달을 얻을 수 없으니 결국 죽을 수밖에 없구나.

그러자 젊은이가 바라문에게 물었다.

"존재하는 것을 얻으려고 우는 사람과 존재하지도 않는 것을 찾으려고 우는 사람 중에 누가 더 어리석은 바보입니까?"

해와 달은 오가는 것을 볼 수 있고
그 빛은 길에서도 볼 수 있지만
죽어 사라진 당신의 아들은 볼 수 없습니다.
그럼 우리 둘 중 누가 더 바보인가요?

이 말을 들고 바라문은 크게 느끼는 바가 있었다.

"젊은이의 말에 현명한 지혜가 들어있구나."

젊은이여, 그대의 말에는 진리가 들어있구나.
우리 두 사람 중에 진정 바보는 바로 나로다.
달을 따 달라고 우는 어린아이처럼,
죽어버린 아들이 살아 돌아오기를 바라다니!

젊은이의 말을 듣고 슬픔에서 벗어난 바라문은 노래를 부르며 젊은이를
칭찬했다.

나는 계속 기름을 끼얹는 불길 위에 앉아 있었는데
그대가 물을 부어 꺼 주었네.
나의 모든 슬픔의 불을.

내 가슴에 박힌 슬픔의 화살을
그대가 와서 뽑아 주었네.
나는 슬픔 때문에 죽은 사람이었는데
그대가 슬픔을 제거하여 살려 주었네.
슬픔의 화살이 제거되니 고요하고 행복하네.
젊은이여, 그대의 말을 듣고 나니
더 이상 슬프지도 않고 괴롭지도 않네.

바라문이 젊은이에게 물었다.

젊은이여, 그대는 누구인가, 천신인가, 건달바인가, 삭까 천왕인가?
그대는 누구인가? 누구의 아들인가? 어떻게 그대를 알 수 있는가?

젊은이가 대답했다.

저는 당신이 그토록 울며 애타게 찾았던 그 사람
당신이 화장했던 바로 당신의 아들,
그가 공덕을 지어 천상에 태어났습니다.

아들이 공덕을 지어 천상에 태어났다는 말을 들은 바라문은 믿지 못하겠
다는 듯이 물었다.

네가 집에 있을 때
많거나 적거나 간에 보시하는 것을 본 적이 없고,
우뽀사타를 지키지도 않았는데
무슨 공덕으로 천상에 태어났단 말이냐?

젊은이가 대답했다.

제가 병에 걸려 고통 속에 신음하고 좌절 속에 누워있을 때
욕망과 의심 없이 행복하고 지혜로운 마음으로 부처님을 바라보았습니다.
그리고 기쁜 마음과 청정한 믿음으로 합장하고서 부처님께 귀의했습니다.
이 공덕의 결과로 천상세계에 태어난 것입니다.

이 말을 듣고 바라문은 황홀한 기쁨이 온몸에 가득 차오르는 것을 느꼈
다. 넘쳐흐르는 기쁨은 노래가 되어 흘러나왔다.

놀라운지고! 불가사의한지고!
단 한 번의 부처님에 대한 예경으로
이 같은 놀라운 복덕을 받다니!
나도 기쁜 마음과 청정한 믿음으로
오늘부터 부처님께 귀의하리라.

젊은이가 기뻐서 말했다.

오늘부터 청정한 믿음으로
붓다와 담마와 상가에 귀의하십시오
오계를 받아 지니시고 범하거나 파하지 마십시오
생명을 죽이지 말고
주지 않는 것은 가지지 말고
삿된 음행을 하지 말고
거짓말을 하지 말고
취하는 것을 마시지 마십시오

바라문이 그의 말에 따를 것을 맹세하며 노래를 불렀다.

천신이여, 내가 잘 되기를 바라고
행복하기를 바라는 그대는 나의 스승
그대의 말에 따르리라.

거룩한 붓다에 귀의하고
비할 바 없는 담마에 귀의하고
고귀한 상가에 귀의하리라.

이 순간부터
살생을 하지 않고
주지 않는 것은 가지지 않고
삿된 음행을 하지 않고
거짓말을 하지 않고
취하는 것을 마시지 않으리라.

"바라문이여, 당신의 집에는 많은 재물이 있습니다. 부처님을 찾아뵙고 공양을 올리고 법문을 듣고 의심나는 것이 있으면 질문하십시오."

천신은 그렇게 말하고 사라졌다. 바라문은 집에 가서 아내에게 말했다.

"여보, 사문 고따마와 제자들을 집에 초청해서 공양을 올리고 여쭈어볼 말이 있으니 대접할 준비를 하시오."

바라문은 사원으로 가서 부처님에게 삼배를 올리지 않고 한 곁에 서서 말했다.

"사문 고따마여, 사문들을 데리고 저의 집에 와서 식사하셨으면 합니다."

부처님은 바라문의 공양청에 응낙했다. 바라문은 곧장 집으로 달려와서 여러 가지 맛있는 음식을 준비했다. 부처님은 비구 대중들과 함께 바라문의 집으로 가서 준비된 자리에 앉았다. 바라문은 부처님과 스님들에게 정성스럽게 공양을 올렸다. 이 소식을 듣고 많은 사람이 몰려왔다.

삿된 견해를 가지고 있는 사람이 부처님을 초청할 때는 삿된 견해와 바른 견해를 가진 두 부류의 사람들이 모여든다고 한다. 삿된 견해를 가지고 있는 사람들은 이런 생각으로 몰려온다고 한다.

'오늘 사문 고따마가 질문을 받고 당황해서 어찌할 바를 몰라 헤매는 것을 보게 되겠군.'

반면, 바른 견해를 가지고 있는 사람들은 이런 생각으로 몰려온다고 한다.

'오늘 우리는 부처님의 위대한 능력과 놀라운 공덕을 보게 될 것이다.'

부처님께서 공양을 마치시자 바라문은 부처님께 다가가서 여쭈었다.

"사문 고따마여, 당신에게 공양을 올리지도 않고, 삼배를 드린 적도 없고, 법문을 들은 적도 없고, 계를 받아 지키거나 우뽀사타56)를 지키지도 않

---

56) 우뽀사타uposatha(布薩): 우뽀사타uposatha는 '갖추다. 구족하다'는 뜻을 지닌 upa와 '살아감, 삶'의 뜻을 지닌 vasatha의 합성어로 지켜야 할 규칙을 어기지 않고 제대로 갖추고 살아가는 것을 말한다. 우뽀사타에는 재가

앗는데, 단지 당신에게 귀의했다고 해서 천상에 태어날 수 있습니까?"

"바라문이여, 어째서 그런 질문을 내게 하는가? 이미 그대의 아들인 맛타꾼달리가 나에게 단지 귀의함으로써 천상에 태어났다고 말하지 않았던가?"

"사문 고따마께서 어찌 그 일을 알고 계십니까?"

"오늘 그대가 화장터에 가서 슬피 울고 있을 때, 근처에서 한 젊은이가 손을 휘저으며 울고 있는 것을 보지 않았던가? 화려한 장신구와 반짝이는 귀걸이에 향기로운 화환을 두르고 뾰쪽한 황금 신발을 신은 그 젊은이와 말하지 않았던가?"

부처님은 두 사람 사이에 있었던 맛타꾼달리 이야기를 처음부터 끝까지 자세하게 말씀해 주셨다.

"바라문이여, 내게 단 한 번 청정한 믿음을 일으킴으로써 천상에 태어난 사람은 수백 수천 수십만을 넘어 그 수를 헤아릴 수 없다."

그곳에 모인 사람들은 믿기 어렵다는 듯이 의혹에 가득한 얼굴을 하고 있었다. 부처님은 그들의 의심이 풀리지 않는 것을 보고 천상에 있는 맛타꾼달리를 지상으로 불러내셨다.

"천신 맛타꾼달리여, 천상의 궁전에서 내려오너라."

자의 우뽀사타와 출가자의 우뽀사타가 있다. 재가자의 우뽀사타는 한 달에 네 번, 즉 1일, 8일, 15일, 23일에 산 생명을 죽이지 않고 오후에 음식을 먹지 않는 등 8계를 받아 지키고 나쁜 마음이 일어나지 않도록 마음을 깨끗이 하며 출가 수행자처럼 불교인의 참된 자세를 되새기는 것이다. 출가자의 우뽀사타는 한 달에 두 번(초하루와 보름) 계단에 모두 모여 계율을 암송하고 계율에 허물이 있는 자는 고백하고 참회한다. 큰 죄를 범한 자는 별도의 처분을 받으며 이 자리에 참석하지 못한다. 즉, 여기서는 비교적 가벼운 범계를 고백하고 참회하는 것이다. 이 의례는 승가가 청정을 유지하는 막대한 역할을 한다. 스님들은 227계를 항상 지켜야 한다. 바라문교에서도 초하루와 보름을 성스러운 날로 정해 단식하고 하루를 청정히 보내는 전통이 있었다.

키가 큰 맛타꾼달리가 천상의 장신구로 화려하게 치장하고서 천상의 궁전에서 내려와 부처님에게 삼배를 올리고 한쪽 곁에 공손히 서자 부처님께서 게송으로 그에게 물으셨다.

"너는 어떤 공덕을 지었기에 이런 영광을 얻었는가?"

빼어난 아름다움을 소유하고
샛별처럼 찬란하게 온 사방을 비추는 그대 천신이여!
그대에게 묻노니
인간으로 있을 때 무슨 공덕을 지었기에
신의 힘과 영광을 얻었더란 말인가?

그러자 천신이 대답했다.

"부처님이시여, 저는 부처님께 청정한 믿음을 일으킴으로써 이런 영광을 얻었습니다."

"내게 귀의함으로써 이런 영광을 얻었다는 것이 사실인가?"

"그렇습니다, 부처님이시여."

사람들이 부처님과 천신의 대화를 듣고서 놀라움에 가득 찬 목소리로 외쳤다.

"부처님의 위대한 능력은 정말 불가사의하구나! 바라문의 아들 맛타꾼달리가 부처님께 단 한 번 청정한 믿음을 일으킴으로써 천상에 태어나다니! 전에 한 번도 공덕을 지은 적이 없던 이가 이런 영광을 얻다니!"

사람들이 부처님의 위신력에 감동해 환희심을 내자 부처님께서 그들에게 말씀하셨다.

"마음은 행위의 근원이다. 좋거나 나쁘거나 마음은 행위에 앞서간다. 청정한 믿음으로 한 행위는, 마치 그림자처럼 그 행위를 한 사람을 뒤따른다."

진리의 왕이신 부처님께서 이렇게 인과관계를 상세히 밝히시고 왕이 칙령을 옥새로 결인하듯이 아래의 게송을 읊으셨다.

모든 것은 마음이 앞서가고
마음이 이끌어가고
마음으로 이루어진다.
깨끗한 마음으로 말하고 행동하면
행복이 저절로 따르리라.
그림자가 몸을 따르듯이.(2)

이 게송 끝에 맛타꾼달리와 전생의 아버지 아딘나뿝빠까는 수다원과를
성취했다.

세 번째 이야기
거만한 띳사 비구[57]

부처님께서 제따와나에 계실 때 띳사 비구와 관련해서 게송 3, 4번을 설하셨다.

띳사 비구는 부처님의 아버지 숫도다나[58] 왕의 누이동생의 아들로 부처님과는 고종사촌이었다. 그는 나이가 들어 출가했는데 몸이 뚱뚱해 띳사(뚱보)라고 불렸다. 띳사는 부처님과 친척이라는 것을 은근히 자랑하고 뻐기곤 했는데, 가사를 염색해서 깔끔하게 차려입고 법당 한가운데 앉아 있는 일이 잦았다.

어느 날 먼 곳에서 제따와나에 도착한 일단의 비구들이 부처님을 뵈려고 법당에 들어왔다가 띳사 비구를 보았다. 비구들은 그가 대장로 중 한 명일 거라고 생각하고 다가가 다리를 주물러 드리면서 아랫사람의 예의를 갖추

---

57) 이 이야기는 장로게 띳사 주석(ThagA. i. 39)에서 유래한다.
58) 숫도다나Suddhodana: 까삘라왓투Kapilavatthu의 사끼야족의 왕이다. 그는 마야Māyā, 마하빠자빠띠Mahāpajāpati 두 자매와 결혼해, 마야 왕비와의 사이에서 고따마Gotama 태자를 낳았고, 마하빠자빠띠와의 사이에서 아들 난다Nanda와 딸 순다리난다Sundarī Nandā를 낳았다. 태자가 정각을 이루어 붓다가 됐다는 소식을 듣고 숫도다나 왕은 태자의 소꿉친구인 깔루다이Kāḷudāyī를 보내어 부처님을 초청했다. 부처님은 정각 후 2년째에 까삘라왓투를 방문해서 거리에서 탁발하고 있을 때, 왕은 자기 가문에서 구걸을 한다는 것은 수치스러운 일이라고 항의했다. 그러자 부처님은 탁발하며 살아가는 것은 붓다 가문의 전통이라고 법문하셨다. 이 법문을 듣고 왕은 수다원과를 얻었다. 왕은 부처님을 왕궁으로 초대해 공양을 올렸다. 공양이 끝난 후 부처님의 법문을 듣고 왕은 사다함과를 얻었다. 그리고 왕은 마하담마빨라 자따까(Mahā dham- mapāla Jātaka)를 듣고 아나함과를 성취했다. 정각 후 5년째 되던 해에 그가 죽음이 임박했다는 소식을 듣자 부처님께서는 까삘라왓투로 가서 법을 설하셨다. 왕은 이 법문을 듣고 아라한과를 성취하고 재가 아라한으로 대열반에 들었다.

어도 되느냐고 물었다. 띳사는 침묵으로 이를 당연하다는 듯이 받아들였다. 이때 한 젊은 비구가 그에게 물었다.

"스님은 몇 안거를 보내셨습니까?"

"나는 나이가 들어 출가했기 때문에 아직 한 안거도 지내지 않았습니다."

이제 갓 출가해 승랍이 일 년도 안 된 신출내기 비구라는 말에 승랍이 오래된 젊은 비구가 꾸짖었다.

"이 오만한 늙은 비구여, 자신이 대단한 존재라고 생각하는 모양이구려, 그대 앞에 있는 대선배 비구들을 보고도 삼배를 올리지 않고, 선배들이 그대에게 아랫사람의 예의를 갖추겠다고 하자 침묵으로 응낙했소. 게다가 이런 잘못을 저지르면서도 조그마한 양심의 가책도 없구려."

그렇게 말하면서 젊은 비구는 띳사 비구에게 모욕을 주었다.

하지만, 띳사 비구는 캇띠야 계급59)의 우월감을 드러내며 거만하게 말했다.

"당신들은 누구를 친견하려고 여기에 왔습니까?"

"우리는 부처님을 친견하려고 왔습니다."

"나를 잘 모르는 모양인데 나로 말할 것 같으면 캇띠야 계급의 왕족으로 부처님과 사촌입니다. 내가 당신들을 모두 쫓아버릴 수도 있습니다."

그리고는 슬픈 얼굴로 울며 부처님에게 갔다.

비구들은 띳사 비구가 홀로 부처님에게 가면 문제가 복잡해질까 보아 모두 그를 뒤따라가서 부처님께 삼배를 올리고 공손히 한쪽 곁에 앉았다.

"띳사여, 왜 그렇게 슬픈 얼굴로 눈물을 흘리느냐?"

"부처님이시여, 이 비구들이 나를 모욕했습니다."

"그때 너는 어디에 앉아 있었느냐?"

---

59) 캇띠야Khattiya: 산스끄리뜨어로는 끄샤뜨리야Kshatrya다. 인도의 사성 계급(바라문, 끄샤뜨리야, 바이샤, 수드라)의 하나로 전사계급이며 왕족과 귀족들이 여기에 속한다.

"법당 한가운데 앉아 있었습니다."

"너는 비구들이 들어오는 것을 보았느냐?"

"부처님이시여, 보았습니다."

"너는 일어나 그들에게 인사하고 공손히 맞이했느냐?"

"부처님이시여, 그렇게 하지 않았습니다."

"그들에게 세면도구를 챙겨드렸느냐?"

"부처님이시여, 그렇게 하지 않았습니다."

"그들에게 시중들며 마실 물을 가져다주었느냐?"

"부처님이시여, 아무것도 가져다주지 않았습니다."

"그들에게 앉을 자리를 제공하고 발을 주물러 주었느냐?"

"부처님이시여, 그렇게 하지 않았습니다."

"띳사여, 이 승랍 높은 비구들에게 이 모든 시중을 들었어야 옳다. 이런 의무를 하지도 않은 사람은 법당에 앉아 있을 자격이 없다. 비난받아 마땅한 사람은 바로 너다. 그들에게 용서를 구해라."

"부처님이시여, 저는 용서를 구하지 않겠습니다."

비구들이 부처님께 말씀드렸다.

"부처님이시여, 이 비구는 억지가 심합니다."

"비구들이여, 그가 억지를 부리는 것은 이번이 처음이 아니다. 과거생에서도 이렇게 억지를 부렸었다."

"부처님이시여, 그가 과거생에서는 어떻게 억지를 부렸습니까?"

"비구들이여, 이야기해 줄 것이니 잘 들어라."

띳사 비구의 과거생 : 데왈라와 나라다

옛날 베나레스[60]의 왕이 베나레스를 통치하던 시절에 데왈라라는 사문

---

60) 베나레스Benares(현재의 바라나시) : 부처님 당시 까시Kāsi국의 수도로 공업과 상업의 중심지였다. 부처님께서는 이 도시 근처의 이시빠따나 Isipatana에 있는 미가다야Migadāya(鹿野園)에서 초전법륜을 굴리셨다.

이 히말라야 산에서 8개월을 살다가 4개월은 도시 근처에서 지내면서 짜고 신 음식을 섭취하려고 하산했다. 그는 성문에 들어서다가 두 소년을 보고 물었다.

"수행자가 이 도시에 들어오면 보통 어디서 하룻밤을 묵는가?"

"옹기장이 작업장에 가면 하룻밤 지낼 수 있습니다."

데왈라는 옹기장이 작업장으로 가서 물었다.

"주인장, 괜찮으시다면 여기서 하룻밤을 지낼까 합니다."

옹기장이가 고개를 돌려 그를 바라보며 말했다.

"존자님, 오늘 밤에는 할 일도 없고, 작업장은 아주 넓으니 여기서 머무르셔도 좋습니다."

데왈라가 작업장에 들어가 앉자마자, 히말라야에서 돌아온 나라다라는 사문도 옹기장이에게 하룻밤 묵어갈 것을 청했다.

'먼저 온 사문이 나중에 온 사람과 함께 머물고 싶은지 그렇지 않은지 알 수 없으니 일단 책임을 면해야겠다.'

옹기장이는 이렇게 생각하고 나중에 온 사문에게 물었다.

"존자님, 먼저 온 사문이 있으니 그분이 좋다고 하신다면 하룻밤 머물 수 있습니다."

나라다는 데왈라에게 가서 말했다.

"존자시여, 괜찮으시다면 여기서 하룻밤 묵어갈까 합니다."

"물론이지요. 작업장은 아주 넓습니다. 들어오셔서 하룻밤 머물다 가십시오."

나라다는 들어가서 먼저 온 사문 뒤에 자리를 잡고 앉았다. 둘은 서로 간단하게 인사를 나누었다.

잠잘 시간이 되자 나라다는 데왈라가 누운 곳과 문의 위치를 주의깊게 살펴보고 자리에 누웠다. 그러나 데왈라는 처음 잠자리에 들 때의 장소가 아닌, 문으로 나가는 길목을 막고 가로로 누웠다. 자정이 지날 무렵 나라다가 소변을 보려고 일어나서 미리 봐두었던 문의 위치를 대충 짐작하고 걸어 나가다가 데왈라의 묶인 머리털을 밟고 말았다. 그러자 데왈라가 흥분해서 소리쳤다.

"누가 내 머리털을 밟은 거야?"

나라다가 어쩔 줄 몰라 하며 대답했다.

"존자님, 접니다."

"경솔한 사문 같으니라고! 당신은 내 머리털을 밟으려고 숲속에서 내려왔는가?"

"존자님이 여기 누워 있는지 몰랐습니다. 죄송합니다."

나라다는 몹시 아픈 듯이 신음하는 체하는 데왈라를 놔두고 밖으로 나가 용무를 보았다.

데왈라는 다시 나라다를 괴롭힐 궁리를 했다.

'그가 들어올 때 또 나를 밟도록 해야겠다.'

데왈라는 몸을 돌려서 발이 있던 곳에 머리를 두고 누웠다. 나라다는 들어오면서 생각했다.

'조금 전에는 존자님의 머리 쪽으로 지나가다 다치게 했으니 이번에는 다치지 않게 발 쪽으로 지나가야겠다.'

이렇게 해서 나라다는 이번에는 데왈라의 목을 밟고 말았다. 데왈라가 또 흥분해서 소리쳤다.

"누구야?"

나라다가 당황해하면서 대답했다.

"존자님, 접니다."

"경솔한 사문이로군! 아까는 머리털을 밟더니 이번에는 내 목을 밟다니! 나는 당신을 저주하겠다."

"존자님, 제 잘못이 아닙니다. 저는 존자님이 그런 자세로 누워있다는 것을 알지 못했습니다. 나갈 때 당신을 다치게 했으니 들어올 때는 다치지 않게 하려고 발 쪽으로 지나가려 했던 것입니다. 죄송합니다."

"경솔한 사문이여, 나는 그대를 저주하겠다."

"용서하십시오, 존자님."

그러나 데왈라는 나라다가 용서를 구했음에도 저주를 내렸다.

수천의 빛을 비추고 타오르는 열기를 지니며
어둠을 몰아내는 태양이
내일 새벽 지평선 위로 떠오를 때
그대의 머리가 일곱 조각으로 갈라져 버릴지어다.

나라다는 데왈라의 처사가 너무 심하다고 생각해 이렇게 말했다.

"존자님, 이것은 제 잘못이 아니라고 말씀드렸습니다. 더욱이 용서를 구했음에도 저주를 내리시다니! 죄 없는 사람의 머리가 아니라 죄 있는 사람의 머리가 일곱 조각으로 갈라질 것입니다."

그러면서 나라다도 데왈라에게 저주를 내렸다.

수천의 빛을 비추고 타오르는 열기를 지닌
어둠을 몰아내는 태양이
내일 새벽 지평선 위로 떠오를 때
죄 있는 사람의 머리가 일곱 조각으로 갈라져 버릴지어다.

나라다에게는 과거 40겁의 전생을 기억할 수 있는 숙명통61)과 미래 40

---

61) 숙명통(pubbenivāsa ñaṇa, 宿命通) : 여러 경전에 나오는 숙명통에 대한 정형구는 다음과 같다. "그는 수많은 전생의 갖가지 삶들을 기억합니다. 즉, 한 생, 두 생……, 백 생, 천 생, 십만 생, 세계가 수축하는 여러 겁, 세계가 팽창하는 여러 겁을 기억합니다. '어느 곳에서 이런 이름을 가졌고, 이런 종족이었으며, 이런 용모를 가졌고, 이런 음식을 먹었고, 이런 행복과 고통을 경험했고, 이런 수명을 가졌고, 그곳에서 죽어 다른 어떤 곳에 다시 태어나 그곳에서는 이런 이름을 가졌고, 이런 종족이었으며, 이런 용모를 가졌고, 이런 음식을 먹었고, 이런 행복과 고통을 경험했고, 이런 수명의

겁에 일어날 일을 예측할 수 있는 천안통62) 등 큰 신통력이 있었다. 그는 내일 새벽 누구에게 저주가 내릴지 예측해 보니, 바로 데왈라였다. 나라다는 데왈라가 불쌍하고 측은해서 신통력으로 태양이 떠오르지 못하게 했다.

태양이 떠오르지 않자 시민들이 왕궁 앞에 모여 울부짖으며 외쳤다.

"폐하, 태양이 떠오르지 않습니다. 폐하는 우리들의 왕이시니 우리를 위해 태양이 떠오르게 해 주십시오."

왕은 자신의 생각과 말과 행위를 회상하며 자신에게 무슨 허물이 있어 이런 재앙이 생겼는지 찾아보았다. 하지만, 아무리 생각해 봐도 자신에게는 잘못이 없었다.

'어째서 이런 일이 일어났는가?'

왕은 문득 사문들의 싸움 때문일지도 모른다는 생각이 들어 시종에게 물었다.

"이 도시에 사문들이 있느냐?"

한계를 가졌고, 그곳에서 죽어 여기 다시 태어났다.'라고. 이처럼 한량없는 전생의 갖가지 모습들을 그 특색과 더불어 상세하게 기억합니다."(디가니까야 D2.93, 각묵 스님)

62) 천안통(dibbacakkhu ñaṇa, 天眼通): 경전에 나오는 정형구는 다음과 같다. "그는 청정하고 인간의 눈을 넘어선 신성한 눈으로 중생들이 죽고 태어나고, 천박하거나 고상하고, 잘생기거나 못생기고, 좋은 곳(善處)에 가거나 나쁜 곳(惡處)에 가는 것을 보고, 중생들이 지은바 그 업에 따라가는 것을 꿰뚫어 압니다. '이들은 몸과 입과 마음으로 못된 짓을 하고 성인을 비방하고 삿된 견해를 지녀 사견업을 지었다. 이들은 죽어서 몸이 무너진 다음에 비참한 곳, 나쁜 곳, 파멸처, 지옥에 태어났다. 이들은 몸과 입과 마음으로 좋은 일을 하고 바른 견해를 지녀 정견업을 지었다. 이들은 죽어서 몸이 무너진 후 좋은 곳, 천상세계에 태어났다.'라고. 이와 같이 그는 청정하고 인간을 넘어선 신성한 눈으로 중생들이 죽고 태어나고, 천박하거나 고상하고, 잘생기거나 못생기고, 좋은 곳에 태어나거나 나쁜 곳에 태어나는 것을 보고, 중생들이 지은바 업에 따라가는 것을 꿰뚫어 압니다."(디가니까야, D2.95, 각묵 스님)

"폐하, 지난밤 옹기장이 작업장에 두 사문이 도착했다고 합니다."

왕은 즉시 시종들에게 횃불을 들게 하고 옹기장이 작업장으로 가서 나라
다에게 삼배를 올리고 경건하게 한쪽에 앉아서 물었다.

　　나라다여, 잠부디빠[63] 나라 사람들은
　　항상 하던 일을 해야 하는데
　　어째서 이 세상이 어둠에 덮여 있는지
　　저에게 말씀해 주지 않으시렵니까?

나라다는 어떻게 해서 이런 일이 일어났는지 설명해 주었다.

"이렇게 해서 저 사문이 나를 저주했고, 나도 그에게 저주를 내렸습니다.
내게는 잘못이 없습니다. 우리 중에 저주가 내린 사람에게 잘못이 있습니
다. 나는 누구에게 저주가 내릴지 천안으로 살펴보았는데, 태양이 떠오르자
마자 저 사문이 저주를 받아 머리가 일곱 조각으로 쪼개진다는 것을 알고
측은한 마음이 생겨서 태양이 떠오르지 못하게 한 것입니다."

"존자님, 그러면 어떻게 하면 저 사문에게 내린 저주가 풀리고 그가 파멸
에서 벗어날 수 있습니까?"

"내게 용서를 구하면 저주가 풀리고 파멸에서 벗어날 수 있습니다."

"좋습니다."

왕은 데왈라에게 가서 말했다.

"저분에게 용서를 구하시오."

---

63) 잠부디빠jambudīpa: 잠부jambu 나무가 있는 섬(dīpa)이라는 뜻으로 인도
　　를 가리킨다. 인도의 지형이 잠부나무 열매처럼 생겨서 그렇게 부른다고
　　한다. 잠부나무는 찔레과의 나무로 장미사과나무라고도 부른다. 중국에서
　　는 염부제閻浮提 또는 남섬부주南瞻部洲로 음역했으며 대승불교에서는 우
　　리 인간이 사는 세계를 통칭하는 데 사용하고 있다.

하지만 데왈라는 억지를 부렸다.

"대왕이시여, 저 녀석이 내 머리털과 내 목을 밟았습니다. 나는 경솔한 사문에게 용서를 구하지 않겠습니다."

"존자님, 용서를 구하시오. 그렇게 억지를 부리면 안 됩니다."

"대왕이시여, 나는 용서를 구하지 않겠습니다."

"그러면 당신의 머리는 일곱 조각이 날 것입니다."

"그런다고 해도 용서를 구하지 않겠습니다."

"당신은 자유의지로는 용서를 구하지 않을 거라는 것을 알겠습니다."

왕은 그의 손 발 목 복부를 붙잡게 해서 나라다의 발 앞에 끌고 가서 억지로 무릎을 꿇게 하고 머리를 조아리게 하자 나라다가 말했다.

"존자님, 일어나십시오. 난 당신을 용서합니다. 대왕이시여, 이 사문이 자유의지로 용서를 구하지 않는 한 저주가 풀리지 않습니다. 그를 가까이에 있는 호수로 데려가서 진흙 덩어리를 머리에 이고 목까지 물에 잠기게 한 후 서 있게 하십시오."

왕은 그렇게 했다. 나라다는 데왈라에게 말했다.

"존자님, 내가 신통의 힘으로 태양이 떠오르게 하겠소. 그 순간 물속으로 깊이 잠수해서 다른 곳으로 나와서 가도록 하시오."

그때 태양이 지평선 위로 떠올라 머리에 이고 있는 진흙덩이를 비추는 순간 진흙덩이는 일곱 조각으로 갈라졌다. 데왈라는 얼른 물속으로 잠수해서 다른 곳으로 나와 도망치듯 달아났다. 이것이 과거생에 있었던 이야기이다.

"비구들이여, 그때의 왕은 지금의 아난다이고, 데왈라는 지금의 띳사이고, 나라다는 지금의 여래이다. 그때에도 띳사는 그렇게 억지를 부렸다."

부처님께서는 이렇게 말씀하시고 띳사에게 훈계하셨다.

"띳사여, 누가 나를 모욕했고, 누가 나를 때렸고, 누가 나를 패배시켰고, 누가 내 물건을 훔쳐 갔다고 생각한다면 미워하는 마음이 그치지 않는다.

그러므로 그런 생각을 품지 마라. 그런 생각을 품지 않으면 미움은 그치게
되느니라."
　이렇게 말씀하시고 부처님께서는 게송을 읊으셨다.

　'그가 내게 욕을 하고
　나를 때리고, 나를 패배시키고
　내 물건을 훔쳤다.'
　이렇게 앙심을 품는다면
　그 원한은 고요해지지 않으리라.(3)

　'그가 내게 욕을 하고
　나를 때리고, 나를 패배시키고
　내 물건을 훔쳤다.'
　이런 생각을 품지 않으면
　그 원한은 고요해지리라.(4)

네 번째 이야기
원한 맺힌 여인들

부처님께서 사왓티에 있는 제따와나 사원에서 아이를 낳지 못하는 여인과 관련해서 게송 5번을 설하셨다.

어떤 장자의 아들이 아버지가 죽자 혼자 농사를 짓고 집안일을 꾸리며 살아가고 있었다. 게다가 그는 어머니를 봉양해야 했으므로 삶이 여간 힘든 게 아니었다. 그래서 어머니가 아들에게 말했다.

"아들아, 이제 너도 나이가 들었으니 장가를 들도록 해라. 내가 젊은 여인을 한 명 데려오겠다."

"어머니, 그런 말씀 하지 마십시오. 제가 바라는 것은 오직 살아계시는 동안 어머니를 잘 봉양하는 것입니다."

"아들아, 너 혼자 농사일과 집안일을 모두 꾸려나가기란 힘든 일이다. 네가 너무 안쓰러워 어미 마음이 아프구나. 젊은 여인을 데려와 아내로 삼고 함께 가정을 꾸려간다면 서로 의지가 되지 않겠니?"

아들은 장가를 들지 않겠다고 계속 고집을 부렸지만, 어머니의 거듭된 청에 결국 어머니의 뜻을 따르기로 했다.

어머니는 이미 혼처로 생각해둔 집이 있었다. 그 집 딸을 데려오려고 집을 나서자 아들이 물었다.

"어머니, 누구네 집으로 갑니까?"

"아무개네 집으로 간다."

아들도 이미 마음에 점찍어둔 처자가 있었다. 그는 어머니에게 그녀를 데려오면 안 되겠냐고 했다. 어머니는 하는 수 없이 아들이 연모하는 여인이 사는 집으로 가서 그녀를 데려왔다. 그런데 결혼을 시켜놓고 보니 이 여인은 애를 낳지 못했다.

며느리가 애를 낳을 수 없다는 것을 알게 된 어머니가 아들에게 말했다.

"아들아, 네가 선택한 여자를 데려왔지만, 아이를 낳지 못하는구나. 자식을 얻지 못하고 죽으면 혈통이 끊겨 조상을 뵐 면목이 없게 된다. 그러니 둘째 부인을 얻도록 해라."

"어머니 저는 한 여자면 충분합니다."

아들은 거절했지만 어머니는 좋다고 할 때까지 계속 들볶았다. 애를 낳지 못하는 아내가 모자간의 말을 엿듣고 생각했다.

'아들은 원래 부모의 말을 거역할 수 없는 법이지. 시어머니가 아이를 낳을 수 있는 여인을 데려오면 그때부터 나는 하인으로 전락할 것이다. 내가 남편을 위해 여자를 선택해서 데려오면 어떨까?'

이렇게 생각한 아내는 어떤 집에 찾아가서 젊은 처녀를 데려오려 했다. 하지만 처녀의 부모가 매우 심하게 반대했다.

"여인이여, 도대체 무슨 말을 하는 건가?"

"저는 아이를 낳지 못합니다. 자식이 없으면 가문이 끊깁니다. 당신의 딸이 아들을 낳으면 가문의 여주인이 되어 살림을 모두 맡게 될 것입니다. 그러니 딸을 주면 당신의 딸은 호사스러운 삶을 누릴 수 있습니다."

그녀는 결국 처녀의 부모를 설득시켜 집으로 데려와서 남편에게 둘째 부인을 안겨주었다.

남편에게 둘째 부인이 생기자, 첫째 부인은 문득 이런 생각이 들었다.

'나의 경쟁자가 아들을 낳게 되면 그녀가 안주인이 되고 나는 남편의 사랑과 관심은커녕 하녀처럼 되고 말겠지.'

그래서 그녀는 둘째 부인에게 말했다.

"아이가 들어서면 바로 알려주세요."

"그렇게 할게요."

둘째 부인은 아무런 의심도 하지 않고 임신하자마자 첫째 부인에게 이를 알렸다.

그러자 불임 아내는 다음 날부터 손수 우유죽을 쑤어 산모에게 가져다주었다. 물론 우유죽에는 낙태시키는 약이 들어있었고, 둘째 부인은 결국 유산하고 말았다. 둘째 부인은 얼마 후 다시 임신하자 그 사실을 첫째 부인에게 또 알렸다. 전처럼 불임 아내는 산모에게 약을 넣은 우유죽을 쑤어 주었고, 산모는 또다시 유산했다.

이웃집에 사는 여인들이 모여앉아 둘째 부인에게 물었다.

"아이를 가졌을 때 첫째 부인이 자네에게 뭔가 가져다주지 않던가?"

여인이 그렇다고 말하자 그녀들이 동시에 외쳤다.

"이런, 바보 같으니라고! 임신했다는 것을 왜 알려줬어? 그녀는 네가 자기 자리를 차지할까봐 두려운 거야. 그래서 유산시키는 약을 네게 먹인 거야, 이 바보야! 앞으로는 임신하더라도 절대 말하지 마."

둘째 부인은 세 번째로 아이를 가졌을 때 첫째 부인에게 임신 사실을 알리지 않았다. 하지만, 첫째 부인은 그녀의 배가 불러오자 임신했다는 것을 알아챘다.

"아이를 가졌다고 왜 내게 말하지 않았어?"

"나를 이 집에 데려와서 유산의 고통을 겪게 한 사람은 바로 당신이었어요. 그런데 왜 내가 당신에게 말해야 하죠?"

자신의 계책이 들통 나서 유산시키기가 힘들어지자 첫째 부인은 그날부터 산모의 경계가 소홀한 틈을 노리기 시작했다. 그러다 뱃속의 아이가 상당히 자랐을 때 그녀는 기회를 포착해서 유산시키는 약을 먹이는 데 성공했다. 그러나 뱃속의 아이가 거의 다 자란 상태였기 때문에 이번에는 단순히 유산의 문제가 아니었다. 아이가 나오다가 자궁 입구에 걸려 산모의 목숨까지 위태로워졌다. 산모는 뱃속에서 날카롭게 찌르는 통증으로 괴로워했다. 그녀는 이제 죽음의 시간이 다가오는 것을 알고 원한 맺힌 목소리로 외쳤다.

"네가 나를 죽이는구나! 여기로 데려온 사람도 너였고, 세 번이나 유산시킨 사람도 너였고, 지금 나는 죽어가고 있다. 내가 죽으면 다음 생에 귀신으로 태어나 네 자식들을 모두 잡아먹고 말 테다!"

그녀는 원한을 품고 죽어 바로 그 집의 고양이로 태어났다. 남편은 첫째 부인을 붙잡고 말했다.

"내 가족을 파멸시키는 자가 바로 너로구나."

그리고는 첫째 부인을 죽도록 두들겨 팼다. 그녀는 지독하게 얻어맞고 죽은 후 바로 그 집의 암탉으로 태어났다.

둘째 부인은 고양이로, 첫째 부인은 암탉으로 그 집에 태어나 같이 살게 됐다. 암탉이 알을 낳으면 고양이가 와서 날름 먹어치웠다. 세 번씩이나 알을 먹어치우자 암탉이 원한에 사무쳐 말했다.

"세 번씩이나 내 알을 먹어 치우고 이제 나까지 잡아먹으려고 하는구나. 내가 죽으면 너와 네 자식들까지 잡아먹을 테다."

이후 암탉은 원한을 품고 죽어 표범으로 태어났고, 고양이는 죽어 사슴으로 태어났다.

그러니까 애를 못 낳았던 첫째 부인은 암탉으로 태어났다가 표범으로 다시 태어났고, 임신이 가능했던 둘째 부인은 고양이로 태어났다가 이번에는 사슴으로 태어난 것이다. 사슴은 세 번이나 새끼를 낳았고 표범은 그때마다 와서 새끼를 먹어치웠다. 사슴이 죽어갈 때 증오에 가득 차서 말했다.

"이 악독한 짐승은 내 새끼를 세 번이나 먹어치웠고 이제 나까지 잡아먹으려고 하는구나. 내가 죽으면 다음 생에서는 너와 네 자식들을 다 잡아먹을 테다."

사슴은 이렇게 원한을 품고 죽어 이번에는 약키니[64]로 태어났다. 표범

---

64) 약키니yakkhinī: 약키니는 여자 야차를 말한다. 야차野叉는 약카yakkha의 번역어인데 귀신, 목신, 지신, 산신, 도깨비, 유령 등이 여기에 속한다. 위마나왓투(Vimānavatthu, 天宮事) 주석서에서는 사대천왕(Catumahārāja) 중에서 북쪽을 관장하는 웻사와나Vessavaṇa 천왕이 약카yakkha(야차)

은 죽어 사왓티에서 여자로 태어났다.

그러니까 임신이 가능했던 둘째 부인은 다음 생에 고양이로 태어났다가 그다음엔 사슴으로 태어났고 금생에는 약키니로 태어났다. 첫째 부인은 다음 생에 암탉으로 태어났다가 그다음엔 표범으로 태어났고 금생에는 사왓티에 여자로 태어난 것이다.

그녀는 자라서 결혼하고 남편과 함께 사왓티 성문 근처에서 가정을 꾸리고 소박하게 살아가고 있었다. 시간이 흘러 그녀가 아이를 낳자 약키니가 산모와 가까운 친구의 모습으로 변신하고 나타나서 물었다.

"제 친구는 어디 있어요?"

"저 방안에 있어요. 방금 아이를 낳았답니다."

"아들인가요? 딸인가요? 축하해 주고 싶어요."

약키니는 방으로 들어가 아이를 살펴보는 척하다가 아이를 먹어치우고 사라졌다. 젊은 여인이 두 번째 아이를 낳았을 때도 똑같은 방법으로 접근해서 아이를 잡아먹고 사라졌다.

세 번째 아이를 가졌을 때 여인은 남편에게 말했다.

"여보, 우리 집은 약키니가 두 아들을 잡아먹고 사라진 곳이에요. 이번에는 친정에 가서 아이를 낳는 게 좋겠어요."

들을 통치한다고 한다. 경전에는 삭까 천왕도 약카라고 부르고 있으며 또 많은 천신도 약카라고 부르고 있다. 하지만 일반적으로 웻사와나 천왕의 권속眷屬들을 일컫는다. 디가 니까야 아따나띠야 경(Āṭānāṭiya Sutta, D32)에는 웻사와나가 부처님 앞에서 이렇게 아뢴다. "부처님이시여, 약카들 중에는 불교에 믿음이 있는 수승한 자도 있고, 믿음이 없는 저열한 자도 있습니다. 하지만, 대부분은 믿음이 없습니다……" 이렇듯 약카들 중에는 선한 자와 악한 자, 수승한 자와 저열한 자가 있으며, 인간에게 이익을 주기도 하고 해를 끼치기도 한다. 그중에는 형이상학적이고 윤리적인 약카들도 있다. 오늘날에도 존재하는 약카 숭배신앙은 가장 원시적인 종교 형태이다.

이때 약키니는 물을 긷는 순번이 되어 사왓티에서 아주 먼 곳에 있었다. 사천왕천의 북쪽에 모여 사는 약카들은 돌아가면서 아노땃따[65] 호수에서 물을 길어야 한다. 물을 길을 때는 위아래로 쭉 늘어서서 호수에서 머리 위로 물이 가득 찬 물동이를 전달한다. 4~5개월 동안 그 임무를 끝마쳐야 해방이 된다. 어떤 약카들은 이 일이 너무 힘들어 죽는 경우도 있다고 한다. 임무를 끝마치고 해방이 되는 순간 약키니는 부리나케 젊은 여인의 집으로 가서 물었다.

"제 친구는 어디 있나요?"

"여기 없어요. 여기서 아기를 낳을 때마다 약키니가 와서 아이를 잡아먹었대요. 그래서 이번엔 아이를 낳으러 친정집으로 갔어요."

'아무리 도망치려 해도 내게서 벗어날 수 없지.'

약키니는 증오에 가득 차서 사왓티 성을 향해 쏜살같이 달려갔다.

그러나 젊은 여인은 이번에는 아이를 무사히 낳았다. 이제 어머니가 된 젊은 엄마는 아이를 목욕시키고 이름을 지어주고 나서 남편에게 말했다.

"여보, 이제 우리 집으로 돌아가요."

그녀는 아이를 안고 남편과 함께 집으로 가는 도중에 제따와나 사원을 지나가게 됐다. 부부가 사원 근처에 있는 연못에 도착했을 때 아내는 남편에게 아이를 맡기고 연못에 들어가 몸을 씻었다. 그녀가 목욕을 마치자 이번에는 남편이 연못에 들어가 몸을 씻었다. 남편이 목욕하고 있는 동안 젊

---

65) 아노땃따Anotatta: 히말라야에 있는 호수로 다섯 개의 산으로 둘러싸여 있으며 다섯 개의 강이 여기서 시작된다고 한다. 부처님의 어머니가 이 호수에서 목욕하고 흰 코끼리가 몸 안에 들어오는 꿈을 꾸고서 부처님을 잉태했다. 부처님께서 삼십삼천에 올라가 3개월 동안 법문하실 때 아노땃따 호수에 내려와 목욕하고 웃따라꾸루Uttarakuru에서 탁발하셨다.(게송 181번 이야기) 그리고 수마나 사미가 아노땃따 호수의 용왕을 굴복시키고 호수의 물을 길어 가서 스승의 병을 낫게 했다.(게송 382번 이야기) 이 호수는 현재 티베트에 있는 마나사로바 호수다.

은 아내는 연못 근처에 앉아 아이에게 젖을 물리고 남편을 바라보고 있었다.

바로 그 순간 약키니가 증오에 가득 찬 시뻘건 눈을 하고서 그녀에게 다가왔다. 젊은 아내는 약키니가 다가오는 것을 보고 단박에 누구인지 알아보았다. 그녀는 공포로 몸을 부르르 떨며 남편에게 큰소리로 울부짖었다.

"여보! 여보! 빨리 와요! 빨리! 여기 그 약키니가 왔어요!"

공포에 사로잡힌 그녀는 남편이 올 때까지 기다리지 못하고 아이를 안고 제따와나 사원으로 뛰어들었다.

그때 부처님께서는 사원에 모인 대중들에게 법문을 설하고 계셨다. 아이 엄마는 아이를 부처님 발아래 내려놓고 부처님에게 애원했다.

"부처님이시여, 제 아이를 부처님에게 바칩니다. 이 아이의 생명을 구해주세요."

사원의 정문에 거주하며 문을 지키는 수마나 신장神將은 약키니가 사원에 들어오려는 것을 막았다. 부처님께서 아난다 장로에게 말씀하셨다.

"아난다여, 가서 신장에게 약키니를 들여보내라고 해라."

장로가 가서 약키니를 들어오게 했다. 아이 엄마가 두려움에 가득 찬 목소리로 외쳤다.

"부처님! 저기 그 약키니가 옵니다."

"내가 들어오게 했으니 조용히 해라."

약키니가 들어와서 부처님 앞에 서자 부처님께서 말씀하셨다.

"왜 그런 짓을 저질렀느냐? 나와 같은 부처님을 만나지 못한다면 일 겁 동안 뱀과 몽구스처럼 서로 증오하고, 까마귀와 올빼미처럼 증오와 적개심 때문에 온몸을 떨고 전율할 것이다. 왜 원한을 원한으로 갚으려 하느냐? 증오의 불길은 증오가 아니라 자애의 물로 꺼야 하느니라."

부처님께서는 이렇게 말씀하시고 게송을 읊으셨다.

원한을 원한으로 되갚는다고
맺힌 한이 풀어지랴?
원한을 품지 않아야만
원한이 풀어지리라.
이것은 영원한 진리라네.(5)

이 게송 끝에 약키니는 수다원과를 얻었다.

부처님께서는 아이 엄마에게 말씀하셨다.
"아이를 약키니에게 건네주어라."
"부처님이시여, 두렵습니다."
"두려워하지 마라. 그녀를 두려워할 이유가 전혀 없다."
아이 엄마는 아이를 약키니에게 건네주었다. 약키니는 아이에게 입 맞추고 어르고 달래다가 아이 엄마에게 돌려주었다. 그런 후에 약키니는 슬프게 울었다.
"왜 우는가?"
"부처님이시여, 지금까지 어떻게든 먹고 살긴 살았지만 항상 먹을 것이 부족해서 배가 고팠습니다. 나는 어떻게 살아가야 합니까?"
"걱정하지 마라."
부처님께서는 아이 엄마에게 말씀하셨다.
"이 약키니를 집으로 데려가서 네 집에서 같이 살아라. 맛있는 우유죽을 쑤어서 항상 대접하여라."

아이 엄마는 약키니를 집으로 데려가서 헛간의 중앙 서까래 위에 살게 하고 항상 우유죽을 만들어 주었다.
어느새 추수철이 다가왔다. 마을 사람들이 벼를 헛간으로 옮겨 도리깨를 내리치며 타작하기 시작하자 약키니는 두려움을 느꼈다. 도리깨가 위로 올라갔다가 자신의 머리 위로 떨어질 것만 같았다. 약키니는 아이 엄마에게 요청했다.

"난 더 이상 여기서 살 수 없어요. 다른 곳에 살 곳을 마련해 주세요."

약키니는 도리깨 창고, 물방앗간, 빵 굽는 집, 곳간, 쓰레기더미, 마을 문을 옮겨 다니며 살았지만, 어느 곳도 마음에 들지 않는다고 불만을 토로했다.

"여기는 도리깨가 올라갔다 내리칠 때 내 머리를 두 조각 낼 것만 같고, 여기는 애들이 끊임없이 어질러 놓고, 여기는 개들이 누워 있고, 여기는 애들이 볼일을 보는 곳이고, 여기는 사람들이 쓰레기를 버리는 곳이고, 여기는 마을 소년들이 점치고 노는 곳이에요."

아이 엄마는 약키니를 위해 마을 밖에 혼자 조용히 지낼 곳을 마련해 주고 매일 우유죽을 쑤어 약키니에게 가져다주었다.

약키니는 아이 엄마의 남편에게 말했다.

"올해는 비가 많이 올 거예요. 그러니 마른 땅에 곡식을 심도록 하세요."

"올해는 비가 거의 오지 않을 거예요. 그러니 물이 많은 곳에 곡식을 심도록 하세요."

다른 사람들은 비가 너무 오거나 비가 적게 와서 농사를 망쳤지만, 이 젊은 부부는 약키니 덕분에 항상 많은 양의 곡식을 수확했다.

사람들이 아이 엄마에게 와서 물었다.

"당신은 비가 많이 오거나 가물어도 농사를 망치지 않고 많은 곡물을 수확하는데, 곡식을 심을 때 올해는 비가 많이 올지 적게 올지 알고 있는 것 같으니 어찌 된 일인가요?"

아이 엄마가 싱긋 웃으며 말했다.

"제겐 약키니 친구가 한 명 있어요. 그녀가 올해는 비가 많이 올지 적게 올지 미리 알려 주지요. 그러면 저는 그녀가 가르쳐준 대로 높은 땅이나 낮은 땅에 곡식을 심어요. 알겠어요? 대신 우리는 매일 맛있는 우유죽과 여러 가지 음식들을 그녀에게 가져다주지요. 당신들도 맛있는 우유죽과 음식들을 가져다주면 그녀가 당신들의 곡식도 돌봐줄 거예요."

마을 주민들은 즉시 약키니를 섬기기 시작했다. 약키니는 그 후 마을의 모든 곡식을 돌봐주고 그 보답으로 많은 선물을 받고 많은 부하를 거느렸다. 약키니는 사람들에게 항상 여덟 가지 음식을 보시하도록 했고, 이 풍습이 오늘날까지 지켜지고 있다.

다섯 번째 이야기
꼬삼비 비구들의 불화66)

부처님께서 제따와나에 계실 때 꼬삼비67) 비구들과 관련해서 게송 6번을 설하셨다.

꼬삼비의 고시따라마68)에 두 스님이 각각 500명의 대중을 거느리고 살아가고 있었다. 한 스님은 계율을 가르치는 율사69)였고, 다른 스님은 교학을 가르치는 강사70)였다.

어느 날 강사 스님이 화장실에서 볼일을 보고는 뒷물 그릇에 쓰고 남은

---

66) 여기 이 승단의 불화는 부처님 성도 후 10년째 되던 해에 일어난 사건이다. 이 사건은 율장 대품(VinMv x. 1-5)에서 자세히 언급하고 있다. 이 사건과 디가우 왕자 이야기는 꼬삼비 자따까(Kosambi Jātaka, J428)에 나온다.

67) 꼬삼비Kosambi: 왐사Vaṁsa 국의 수도로 부처님 당시 우데나Udena가 왕으로 있었다. 꼬삼비에는 네 개의 사원이 있었다. 꾹꾸따 장자가 지은 꾹꾸따라마Kukkuṭārāma, 고시따 장자가 지은 고시따라마Gositārāma, 빠라와까 장자가 지은 빠와리까라마Pāvārikārāma 그리고 바다리까라마 Badarikārāma이다. 그 외에도 우데나 공원과 심사빠 숲Siṁsapāvana이 다른 경에 나타난다. 부처님께서는 아홉 번째 안거를 이곳에서 보냈으며 이때 마간디야에 의해 사마와띠 왕비가 불에 타 죽는 사건이 일어났다.(게송 21, 22, 23번 이야기) 그리고 10년째에 꼬삼비 비구들의 불화가 일어났다. 꼬삼비는 현재 인도 웃따라쁘라데쉬 주의 알라하바드에서 90마일 정도 떨어진 야무나 강변의 꼬삼Kosam이라는 두 마을이라고 한다.

68) 고시따라마Ghositārāma: 고시따(Ghosita 또는 Ghosaka) 장자가 지어 승단에 기증한 사원으로 최초의 승단 불화사건이 일어난 곳이다.

69) 율사律師: 숫따위방가Suttavibbaṅga(비구와 비구니 계율조목), 칸다까 Khandhaka(犍度, 品), 빠리와라Parivāra(部隨, 附錄)로 이루어진 율장에 정통하고 새로 계를 받은 스님들에게 계율을 가르치는 스승을 말한다.

70) 강사講師: 상윳따 니까야(상응부), 맛지마 니까야(중부), 디가 니까야(장부), 앙굿따라 니까야(증지부) 쿳다까 니까야(소부)의 경장과 아비담마 7론(논장)을 가르치는 스승을 말한다.

물을 버리지 않고 그냥 나왔다. 바로 뒤에 율사 스님이 화장실에 들어갔다가 뒷물이 그대로 있는 것을 보았다. 그는 밖으로 나와서 강사 스님에게 말했다.

"스님, 스님께서는 사용하신 뒷물을 버리지 않고 그대로 두고 나오셨습니까?"

"그렇습니다."

"뒷물 그릇에 사용하고 남은 물을 버리지 않는 것은 계율에 어긋난다는 것을 모릅니까?"

"저는 미처 모르고 있었습니다."

"스님, 그것은 계율을 범하는 일입니다."

"제가 참회하겠습니다."

"물론 이것은 계율에 어긋나는 일이지만, 의도적으로 한 것이 아니고 부주의로 저지른 것이어서 계를 범했다고 볼 수는 없습니다."

그러나 율사 스님은 돌아가서 자신의 제자들에게 말했다.

"강사 스님은 계율을 어기고도 계율을 어긴 줄을 모른다."

율사 스님의 제자들이 강사 스님의 제자들을 보며 빈정거리는 투로 말했다.

"너의 스승은 계율을 어기고도 계율을 어긴 줄을 모른다."

강사 스님의 제자들이 돌아가서 스승에게 이 말을 전했다.

강사 스님은 언짢은 마음으로 말했다.

"율사 스님은 내게는 계율을 범한 것이 아니라고 하더니 이제는 계율을 범했다고 한다. 그는 거짓말쟁이다."

강사 스님의 제자들이 이 말을 듣고 율사 스님의 제자들에게 말했다.

"너의 스승은 거짓말쟁이다."

이와 같이 비구들은 싸움을 키워갔다. 율사 스님은 기회를 붙잡아 강사 스님이 허물을 알지 못한 데 대해 일방적으로 축출 결의71)를 선언했다.

그러자 음식, 약, 가사, 거처를 후원하는 신도들도 두 파벌로 갈라졌고, 그들의 가르침을 따르는 비구니들, 스님들을 보호하는 신들, 하늘에 거주하는 신들, 지상에서 하늘의 범천에 이르기까지 모든 범부도 두 파벌로 갈라졌다. 이 다툼은 욕계 사천왕천부터 색계 색구경천72)까지 알려졌다.

한 비구가 부처님께 가서 이 일을 말씀드렸다. 요점인즉, 축출 결의를 한 비구들은 강사 비구가 적합한 계율에 따라 축출됐다고 주장하고, 축출당한 비구 측의 사람들은 율에 맞지 않게 축출됐다고 주장한다는 것이었다. 또 강사 스님 측의 비구들은 강사 스님을 지지하기 위해 따로 모였으며, 율사 스님 측의 비구들은 그들이 모이지 못하게 막았다는 했다. 부처님께서는 이 보고를 듣고 두 번이나 사람을 보내 말씀하셨다.

"화합하도록 하여라."

그러나 이들은 두 번이나 똑같은 대답을 보내왔다.

"부처님이시여, 화합할 수 없습니다."

세 번째로 사람을 보냈을 때 비구 승가가 분열됐다는 소식을 듣게 됐다. 부처님께서는 꼬삼비로 가서 비구들을 모아 놓고 축출을 결의한 비구들에게는 그렇게 한 행동의 잘못을 지적하고, 계를 범한 것을 인정하지 않는 비구들에게는 범계를 돌아보지 않는 잘못을 지적하셨다.

부처님께서 규칙을 정하시기를 꼬삼비에서는 우뽀사타 등의 대중공사는 한 곳(계단)에서 하도록 하고 공양간에서는 서로 자리를 나누어 앉도록 하

---

71) 축출 결의(ukkhepanīya kamma): 축출은 죄를 범한 자를 반성하고 개선하게 하는 취지에서 그 지방을 떠나게 하는 갈마이다. 그 지정된 지방의 경계로부터 축출하는 처벌이므로 축출이라고 한다. 그러나 여기에 나오는 법구경 주석서에서는 축출逐出 결의를 내린 것으로 나오지만, 똑같이 꼬삼비 사건을 기록하고 있는 율장 대품 제10편에서는 정권停權(일시적인 승려 자격정지) 결의를 내린 것으로 나온다. 율장에 의하면 자신이 계를 어겼다는 것을 인정하지 않을 경우에는 정권에 해당한다. 정권이란 비구로서의 활동에 강제로 정지처분을 내리는 벌이다.

72) 사천왕천에 색구경천까지는 3권 부록 I 불교의 세계관 참조.

셨다.

그 말을 듣고도 싸움이 계속되자 부처님은 비구들을 훈계했다.
"비구들이여, 이제 그만두어라. 비구들이여, 싸우지 마라. 싸우고 투쟁하고 다투고 논쟁하는 것은 이익이 없는 것이다. 서로 단결하면 조그마한 메추라기도 힘센 코끼리를 물리치느니라."
그리고 부처님께서는 조그마한 메추라기 이야기를 해주셨다.

메추라기 한 마리가 풀을 뜯는 곳에서 알을 품고 있었다. 메추라기 새끼들이 알에서 갓 부화했을 때 코끼리의 왕(보살)이 무리와 함께 그쪽으로 다가오다가 어미 메추라기의 부탁으로 조심스럽게 새끼 메추라기들을 피해 갔다. 그러나 무리를 뒤따라오던 떠돌이 코끼리 한 마리(데와닷따)는 어미 메추라기의 부탁과 경고를 무시하고 둥지를 밟아 새끼 메추라기들을 모두 죽여 버렸다. 어미 메추라기는 복수를 결심하고 까마귀를 설득해서 코끼리 눈알을 파버리게 하고 거기에 구더기를 집어넣었다. 코끼리가 고통스러워하며 물을 찾자 메추라기는 개구리를 시켜 산꼭대기에서 울게 함으로써 코끼리를 절벽으로 유인했다. 결국 코끼리는 절벽에서 떨어져 죽었다.(Laṭukika Jātaka J357)

"비구들이여, 화합하여라. 논쟁하지 마라. 논쟁 때문에 메추라기들이 생명을 잃었느니라."
부처님께서는 이렇게 말씀하시고, 다른 메추라기들 이야기도 해 주셨다.

보살이 메추라기였을 때, 메추라기 울음소리를 흉내 내 그들을 유인해서 그물을 던지는 사냥꾼이 있었다. 보살은 사냥꾼이 그물을 던지면, 그물과 함께 날아오르자고 제의를 해서 번번이 그물을 빠져나오곤 했다. 그래서 사냥꾼은 항상 빈손으로 돌아가 아내의 구박을 받았다. 그러던 어느날 메추라기 두 마리가 싸우기 시작했다. 보살은 그들의 언쟁을 듣고 나머지 동료들을 데리고 다른 곳으로 가버렸다. 그때 사냥꾼은 다시 다가와 그물을 던져 싸움에 열중하고 있는 두 메추라기를 쉽게 잡을 수 있었다.(Sammodamāna Jātaka, J33)

그래도 그들은 부처님의 말씀에 전혀 주의를 기울이지 않았다. 한 스님이 보다 못해 부처님께 이제 이런 골칫거리에서 벗어나시라고 청했다.

"부처님이시여, 과삼매[73]에 들어 편안하게 지내십시오. 갈수록 다툼과 분쟁이 커져 어차피 분열될 것입니다."

그러자 부처님께서는 또 다른 전생이야기를 해 주셨다.[74]

"비구들이여, 먼 옛날에 까시의 왕 브라흐마닷따가 수도 베나레스에서 자신의 왕국을 통치하고 있었다. 브라흐마닷따 왕은 디가우의 아버지인 디기타가 왕으로 있는 꼬살라 왕국을 공격했다. 디기타 왕은 전쟁에 승산이 없자 아내와 함께 몰래 성문을 빠져나와 베나레스로 가서 유행자로 변장해 살았다. 그러나 예전에 자신의 이발사가 브라흐마닷따 왕에게 그들을 밀고했다. 왕은 그들 부부를 붙잡아 밧줄에 묶고 이리저리 끌고 다니다가 살해했다. 디기타 왕은 죽음을 맞이하면서 아들인 디가우 왕자에게 '너는 절대로 브라흐마닷따 왕에게 원한을 품지 말고 복수하려고도 하지 마라. 원한은 원한에 의해 사라지지 않는다. 자애와 연민에 의해 원한은 사라진다.'라고 신신당부했다. 훗날 디가우 왕자는 브라흐마닷따 왕의 측근이 됐다. 그리고 어느 날 왕과 함께 사슴사냥을 나가게 된 그는 사냥에 지친 왕이 자신의 무릎을 베고 잠이 들자 원한에 사무쳐 검을 빼 들었다. 하지만 아버지 유언이 떠올라 검을 내리치지 못했다. 분노를 참아낸 것이다. 왕이 깨어나

---

73) 과삼매(phala samadhi) : 처음에 과果를 증득할 때는 두세 심찰라 동안만 열반 상태를 체험한다. 그러나 수행을 통해 반나절, 한나절 하루 등으로 열반에 들어있는 상태를 늘릴 수가 있다. 열반 상태에 들어있는 마음을 선정과 비슷하다고 해서 '과삼매'라고 한다.
74) 율장 대품(VinMv.x) 제10편에 나오는 디가우 왕자 이야기이다.

자 그는 자신이 디기타 왕의 아들 디가우임을 밝히고 서로 해치지 않기로 약속했다. 왕은 자신이 정복한 꼬살라 왕국을 디가우에게 돌려주고 딸과 결혼시켰다.

이렇게 검을 들고 권력을 행사하는 왕들에게도 인욕과 자비가 있었다. 하물며 너희들은 출가 수행자로서 더욱더 인욕하고 자비스러워야 마땅하지 않겠는가? 비구들이여, 잘 설해진 교학과 계율에 의지해 출가한 그대들이 인욕과 자비를 갖춰야 함은 지극히 당연한 일이 아니겠는가?"

부처님께서는 이렇게 비구들을 타이르셨다.

그러나 부처님의 훈계에도 불구하고 비구들은 화해하지 않았다. 부처님께서는 비구들의 불화 때문에 마음이 편치 않았다.

'주위의 상황이 번잡스럽고 혼란스럽고 편안하지 못하구나. 게다가 비구들은 아무도 내 말에 주의를 기울이지 않는다. 대중들로부터 벗어나서 홀로 지내는 것이 어떨까?'

부처님께서는 오전에 꼬삼비에 들어가 탁발하셨다. 그러고 나서 비구들에게 알리지 않고 가사와 발우를 들고 홀로 발라깔로나 마을로 가셨다. 그곳에는 바구[75] 장로가 홀로 살아가고 있었다. 부처님께서는 장로에게 홀로 머무는 기쁨에 대해 법문하고 빠찐나왐사 미가다야로 가셨다. 그곳에서는 세 비구가 정진하고 있었다. 붓다는 세 비구[76]에게 화합의 필요성에 대해

---

75) 바구Bhagu: 사끼야족의 왕자 출신으로 아누룻다Anuruddha, 아난다 Ānanda, 낌빌라Kimbila, 데와닷따Devadatta, 밧디야Bhaddiya와 함께 출가했다. 맛지마 니까야 오염원 경(Upakkilesa Sutta, M128)에 의하면 부처님께서 꼬삼비 비구들을 화해시키지 못하고 바구 장로가 살고 있는 발라까로나Bālakaloṇa 마을로 가셨다. 이때 바구는 아라한과를 성취해 행복 속에 살고 있었다. 부처님께서는 바구에게 홀로있음을 칭찬하고 하루밤낮을 법문하셨다. 다음 날 부처님께서는 바구 장로와 함께 탁발하고 아누룻다와 함께 있는 세 비구를 만나기 위해 떠나셨다.

76) 세 비구: 맛지마 니까야 오염원 경(Upakkilesa Sutta, M128)에 의하면 세 비구는 아누룻다Anuruddha, 난디야Nandiya, 낌빌라Kimbila라고 한

법문을 설하시고 빠릴레이야까 숲으로 가셨다. 그 숲에서 아름다운 살라나무 아래에 거처를 정하시고 우기 안거를 빠릴레이야까 코끼리의 시중을 받으며 편안하게 보내셨다.

꼬삼비에 거주하는 재가신도들이 부처님을 뵈러 사원에 찾아왔다. 하지만, 부처님의 모습이 보이지 않자 비구들에게 물었다.

"스님들이시여, 부처님께서는 어디 가셨나요?"

"빠릴레이야까 숲속으로 가셨습니다."

"왜 그곳으로 가셨습니까?"

"부처님께서는 우리를 다시 화합시키려 하셨지만 우리가 끝내 화합하지 않았기 때문입니다."

"그러니까 스님들 말씀은 제자인 비구로서 스승이신 부처님께서 직접 훈계하시는 데도 그 말씀을 따르지 않고 화합하지 않았다 이 말씀입니까?"

"그렇습니다. 재가신도여."

스님들의 말을 듣고 재가신도들은 이런 결론에 도달했다.

'이 스님들은 부처님에게서 직접 훈계를 듣고 화합하라는 부처님의 말씀에도 불구하고 의견 차이를 조정하려 하지 않았다. 우리가 부처님을 뵈올 수 없는 것은 순전히 이들의 잘못이다. 우리는 이 비구들에게 자리를 제공하거나 합장하거나 삼배를 올리지 않을 것이고 공양도 올리지 않을 것이다.'

그 이후로 신도들은 비구들에게 어떤 예의도 차리지 않았다.

그러자 비구들은 음식을 얻지 못해 거의 굶어 죽을 지경이었다. 이런 상황이 며칠간 계속되자 비구들 사이에 화합하려는 움직임이 일어나기 시작했다. 그들은 서로 자기의 잘못을 고백하고 용서를 빌었다. 비구들이 신도들에게 말했다.

다. 이때 세 비구는 빠찐나왐사 미가다야Pācīnavaṃsa migadāya(동쪽 대나무 숲 사슴동산)에 머물며 정진하고 있었다.

"신도들이여, 우리는 화해했으니 예전처럼 대해주시기 바랍니다."

"스님들이시여, 부처님께 용서를 구하셨습니까?"

"신도들이여, 아직 용서를 구하지 못했습니다."

"그러면 부처님께 용서를 구하십시오, 부처님께서 용서하시면 우리도 예전처럼 공양을 올리고 예의를 갖추겠습니다."

그때는 우기가 한창이어서 비가 많이 오고 있었다. 비구들은 부처님께 갈 수 없었고 우기 내내 아주 불편하게 지내야만 했다. 하지만, 부처님께서는 코끼리의 시중을 받으며 편안하게 우기를 보내셨다. 이 고귀한 혈통의 코끼리는 번잡스러운 무리를 떠나 홀로 있는 즐거움을 누리려고 숲에 들어온 것이다.

부처님과 코끼리와 원숭이

'나는 많은 암코끼리, 수코끼리, 새끼 코끼리, 젊은 코끼리들에 둘러싸여 살고 있다. 이 코끼리들은 내가 먹고 싶은 풀의 연한 끝부분을 먼저 뜯어먹고, 내가 부러뜨려놓은 가지들을 먼저 뜯어먹고, 내가 마시려고 하는 물을 흐려놓는다. 내가 물에 들어가 온몸을 적시고 나오면 암코끼리들은 내게 와서 자기들 몸을 비벼댄다. 이 무리에서 벗어나 혼자 살아가면 어떨까?'

이런 생각으로 고귀한 코끼리는 무리에서 떨어져서 보호구역인 빠릴레이야까 숲의 살라 나무 아래, 부처님 계시는 곳으로 들어갔다. 코끼리는 부처님께 가까이 다가가 공손히 존경심을 표했다. 코끼리는 부처님 주변에 아무도 없다는 것을 알고서 발로 살라 나무 아래를 고르고, 코로 살라 나무 가지를 꺾어서 빗자루를 만들어 땅을 깨끗이 쓸었다.

코끼리는 코로 물항아리를 가져와 마실 물과 사용할 물을 가득 채웠다. 더운 물도 필요할 것 같아 그것도 준비했다. 어떻게 준비했는가? 먼저 코로 나무와 나무를 비벼서 불씨를 얻은 후 그 불씨 위에 나뭇가지들을 올려놓았다. 이렇게 불을 붙이고 그 불에 작은 돌들을 데웠다. 그 돌들을 막대기로 굴려 바위에 파인 물웅덩이에 떨어뜨렸다. 그리고는 코를 물에 집어넣어 물이 충분히 데워졌는지 확인한 후 부처님께 가서 준비됐다는 표시로 고개를 숙였다.

"빠릴레이야까야, 물이 따뜻한가?"

부처님께서는 물웅덩이로 가서 목욕하셨다.

목욕하시는 동안 코끼리는 숲으로 들어가서 여러 가지 맛있는 야생 과일을 따와 부처님께 올렸다.

부처님께서 마을로 탁발을 나가실 때가 되면 코끼리는 부처님의 가사와 발우를 자신의 머리에 얹고 부처님의 뒤를 따라갔다. 마을이 가까워지면 부처님께서는 코끼리에게 가사와 발우를 달라고 하시면서 말씀하셨다.

"빠릴레이야까야, 너는 더 이상 갈 수 없단다. 자 이제 내게 가사와 발우를 다오."

부처님께서 가사와 발우를 받아들고 마을로 들어가면 코끼리는 부처님께서 돌아오실 때까지 그 자리에 그대로 서 있었다. 부처님께서 탁발을 마치고 돌아오면 코끼리는 전처럼 가사와 발우를 받아들고 돌아와 부처님이 거처하시는 곳에 조심스럽게 내려놓은 후 예의를 표하고 나뭇가지로 부처님께 부채질을 해드렸다. 또 밤이 되면 먹이를 구하러 나온 사나운 짐승들로부터 부처님을 보호하기 위해 코로 큰 곤봉을 만들어 들고서 '부처님을 보호해야 해'라고 생각하면서 숲속 공터에서 해가 뜰 때까지 앞뒤로 왔다 갔다 하곤 했다. (이때부터 이 숲을 '빠릴레이야까 코끼리가 보호해 주는 숲'이라고 불렀다고 한다.) 코끼리는 해가 뜨면 부처님께 세수하실 물도 떠다 드렸다. 이렇게 여러 가지 크고 작은 일을 성실히 행하면서 부처님을 시봉했다.

코끼리가 매일 부처님께 크고 작은 일을 시중드는 것을 유심히 지켜보는 원숭이 한 마리가 있었다.

'나도 뭔가 훌륭한 일을 할 수 있을 거야.'

어느 날 원숭이는 이 나무 저 나무로 뛰어다니다가 벌이 없는 벌집을 찾아냈다. 원숭이는 벌집이 달린 나뭇가지를 조심스럽게 부러뜨려서 가지에 꿀이 달린 채로 바나나 잎에 담아 부처님께 올렸다. 원숭이는 부처님께서 벌꿀을 드시는지 안 드시는지 지켜보았지만, 웬일인지 부처님께서는 받아 들고서 드시지 않고 가만히 앉아계시는 것이었다.

'뭐가 문제인가?'

이상하게 생각한 원숭이는 가지의 끝을 잡고 벌집을 자세히 살펴보았다. 벌집엔 벌의 알이 몇 개 들어 있었다. 원숭이는 그 부분을 조심스럽게 들어낸 후 다시 올리자 부처님께서는 비로소 그 꿀을 드셨다.

원숭이는 너무나 기뻐 이 가지 저 가지로 뛰어다니면서 소리를 지르고 춤을 추었다. 그러다가 붙잡았던 가지가 부러지면서 나무에서 떨어져 뾰쪽하게 솟은 나무등걸에 깊숙이 찔려 죽고 말았다. 죽은 후 원숭이는 부처님에 대한 믿음 하나만으로 삼십삼천에 태어났다. 그는 천 명의 천녀를 거느린 천신이 되어 거대한 황금궁전에 살았다. 천신은 과거에 원숭이로 살았기 때문에 막가타 데와뿟따라고 불렸다.

부처님께서 코끼리의 시중을 받으며 보호구역에 머무르고 계신다는 이야기가 잠부디빠 전역에 알려지게 됐다. 사왓티에서 아나타삔디까 장자, 위사카 그리고 여러 유명한 큰 신도가 아난다 장로에게 와서 요청했다.

"스님, 우리에게 부처님을 만날 수 있게 해주십시오."

사방에 사는 500명의 비구도 안거가 끝나자 아난다 장로에게 다가와서 요청했다.

"아난다 장로님, 부처님으로부터 법문을 들은 지 오래됐습니다. 우리도 부처님으로부터 직접 법문을 들었으면 합니다."

그래서 장로는 500명의 비구를 데리고 부처님이 계시는 보호구역으로 갔다. 하지만, 보호구역에 도착하자 장로는 이런 생각이 들었다.

'부처님은 안거 3개월을 홀로 보내셨다. 이 많은 비구와 함께 부처님께 가는 것은 옳지 않다.'

아난다 장로는 비구들을 숲 밖에 기다리게 하고서 혼자 부처님에게 갔다. 빠릴레이야까 코끼리는 장로가 다가오는 것을 보고 코로 몽둥이를 들고 장로에게 돌진했다. 부처님께서 돌아보시고 코끼리에게 말씀하셨다.

"빠릴레이야까야, 물러서라, 물러서라, 그를 막지 마라. 그는 부처님의 시자이니라."

코끼리는 즉시 방망이를 던져버리고 장로의 가사와 발우를 받아들려고 했으나 아난다 장로가 거절했다. 코끼리는 이렇게 생각했다.

'장로가 승가의 예법을 잘 알고 있다면 자기의 가사와 발우를 부처님께서 앉아 계시는 반석 위에 놓지 않을 것이다.'

코끼리 생각대로 아난다 장로는 자신의 가사와 발우를 땅에 내려놓았다.(승가의 예법을 잘 아는 이라면 스승의 자리나 침대에 자신의 소지품을 놓지 않는다.) 장로는 부처님께 삼배를 드리고 한쪽 곁에 앉았다.

부처님께서 아난다 장로에게 물으셨다.

"그대는 혼자 왔는가?"

장로는 500명의 비구와 함께 왔다고 대답했다.

"그들은 어디 있는가?"

"함께 들어오면 부처님께서 어떻게 생각하실지 몰라 숲 밖에 기다리게 하고 혼자 들어왔습니다."

"비구들을 데리고 들어오너라."

장로가 나가서 비구들과 함께 들어와 부처님께 삼배를 올리고 말씀드렸다.

"부처님이시여, 부처님께서는 존귀한 왕자 출신으로 매우 섬세한 분입니다. 우기 석 달 동안 홀로 지내시면서 많은 어려움을 겪으셨을 것입니다. 크고 작은 여러 가지 의무77)를 행하며 시중들 사람도 없고, 세숫물을 떠다

줄 사람도 없는 곳에서 힘들지 않으셨습니까?"

"비구들이여, 빠릴레이야까 코끼리가 나를 위해 모든 일을 시중들었느니라. 이와 같은 벗을 만난다면 함께 지내는 것이 좋지만, 이와 같은 벗을 만나지 못한다면 홀로 지내는 것이 더 낫다."

부처님께서는 이렇게 말씀하시고 세 게송을 읊으셨다.

사려 깊고 함께 할 만하며
훌륭하게 살아가는 지혜로운 벗을 만났다면
그와 함께 모든 어려움을 이겨내며
즐겁게 알아차리며 살아가야 하리라.(328)

사려 깊고 함께 할 만하며
훌륭하게 살아가는 지혜로운 벗을 만나지 못했다면
홀로 살아가야 하리라.
왕이 정복한 왕국을 버리고
덩치 큰 코끼리가 숲속에서 홀로 살아가듯이.(329)

어리석은 무리와 벗하느니
홀로 살아가는 것이 더 낫다.
코끼리가 숲속에서 걸림 없이 살아가듯
나쁜 짓을 저지르지 말고
홀로 살아가야 하리라.(330)

---

77) 제자가 스승에게 해야 할 의무(侍奉): 아침에 스승께서 일어나시면 세숫물 준비, 화장실 준비, 아침공양을 하시면 자리와 음식 준비, 탁발 준비. 탁발에서 돌아오시면 가사와 발우 받기, 식사 자리, 음식 준비, 드시고 나시면 자리 청소, 목욕물 준비, 목욕을 도와드림, 스승으로부터 교리를 배우고 암송함, 건물 청소 등이다.

이 게송 끝에 500명의 비구는 아라한과를 성취했다

아난다 장로는 부처님께 아나타삔디까와 신도들의 뜻을 전해드렸다.

"부처님이시여, 아나타삔디까를 비롯한 5천만 재가신도들이 부처님께서 돌아오시기를 간절히 바라고 있습니다."

"좋다, 가사와 발우를 들어라."

부처님께서는 비구들과 함께 가사와 발우를 들고 출발했다. 그때 코끼리가 다가와서 길을 가로막았다.

"부처님이시여, 코끼리가 무얼 하려는 겁니까?"

"비구들에게 공양을 올리고 싶은 것이다. 코끼리는 오랫동안 나를 시중들었다. 그러니 비구들이여, 코끼리 마음을 상하게 해서는 안 된다. 되돌아가도록 하자."

부처님과 비구들은 원래 자리로 되돌아갔고 코끼리는 숲으로 들어가 바나나와 다른 야생과일들을 잔뜩 따서 쌓아 두었다가 다음 날 비구들에게 올렸다. 비구들은 그 양이 너무 많아서 다 먹을 수 없었다. 비구들이 공양을 마치자 부처님께서는 가사와 발우를 들고 사왓티로 출발하셨다. 코끼리는 비구들을 헤치고 나와 부처님을 가로막았다.

"부처님이시여, 코끼리가 또 왜 그러는 겁니까?"

"비구들이여, 그대들을 떠나보내고 나를 붙잡으려는 것이다."

부처님께서 빠릴레이야까 코끼리에게 말했다.

"빠릴레이야까야, 나는 이제 이곳을 떠나서 다시는 돌아오지 않을 것이다. 너는 그 몸으로는 선정에 들어갈 수 없고, 위빳사나 지혜[78]를 닦을 수

---

78) 위빳사나 지혜(vipassanā ñāṇa) : vipassanā는 vi(특별하게) + passanā(본다)라는 단어의 합성어로 특별하게 본다는 뜻이다. 즉 현상의 무상, 고, 무아의 본성을 꿰뚫어보는 것을 말한다. 다시 말해서 몸과 마음에서 일어나는 모든 현상이 무상하고 괴롭고 실체가 없다는 것을 직관적으로 드러내는 통찰지를 말한다. 그러므로 위빳사나(통찰지)는 지적인 이해의 결과가 아니며, 몸과 마음의 현상을 관찰하는 수행을 통해 직접 체험해야 얻을

도 없고, 도와 과79)를 얻을 수도 없다. 그러니 그만 멈추도록 해라."

코끼리가 이 말을 듣자 코를 입에 집어넣고 눈물을 흘리며 조용히 뒤를 따랐다.(코끼리가 부처님을 돌아가게 할 수 있었다면 죽는 그날까지 그렇게 시중들었을 것이다.)

부처님께서는 마을 입구에 도달하자 코끼리에게 말했다.

"빠릴레이야까야, 여기부터는 네가 사는 곳이 아니다. 여기는 온갖 위험으로 가득 찬 인간들이 사는 곳이란다. 그러니 그만 돌아가도록 해라."

코끼리는 그곳에 멈춰 서서 눈물을 흘렸다. 부처님께서 시야에서 서서히 사라져 보이지 않자 코끼리는 상심한 나머지 그 자리에서 죽고 말았다. 코끼리는 부처님에 대한 지극한 신심으로 죽어 삼십삼천에 태어났다. 그는 천 명의 천녀를 거느리고 30요자나의 황금궁전에서 살았다. 그의 이름은 빠릴레이야까 천신이다.

부처님께서는 오래지 않아 사왓티 제따와나 사원에 도착하셨다. 꼬삼비의 비구들은 부처님께서 사왓티로 돌아가셨다는 이야기를 듣고 부처님께 용서를 구하고 참회하려고 사왓티로 출발했다. 꼬살라80)의 왕 빠세나디81)

수 있다. 청정도론(Vis21.1)에서는 7청정 중에서 계청정, 심청정, 견청정, 의심을 극복함에 의한 청정을 지나서 위빳사나 지혜가 9단계로 발현된다고 설명하고 있다. 9단계의 위빳사나 지혜는 다음과 같다. ① 생멸의 지혜, ② 무너짐의 지혜, ③ 공포의 지혜, ④ 위험의 지혜, ⑤ 역겨움의 지혜, ⑥ 해탈하기를 원하는 지혜, ⑦ 깊이 숙고하는 지혜, ⑧ 상카라에 대한 평온의 지혜, ⑨ 수순하는 지혜이다. 9단계의 위빳사나 지혜를 지나면 마음은 도과를 향해 달려간다.

79) 도道와 과果: 도(magga)는 깨달음을 향해서 나아가는 과정이고 과(phala)는 깨달음에 도달한 것을 말한다. 도과에는 4쌍으로 8가지가 있다. 수다원도, 수다원과, 사다함도, 사다함과, 아나함도, 아나함과, 아라한도, 아라한과이다.

80) 꼬살라Kosala: 고대 인도 16대국 중 두 번째 강국으로 수도는 사왓티 Sāvatthi이며 두 번째로 큰 도시는 사께따Saketa이다. 자따까에 까시kāsi

는 꼬삼비의 화합할 줄 모르는 비구들이 사왓티로 온다는 말을 듣고 부처님께 와서 말씀드렸다.

"부처님이시여, 이 화합할 줄 모르는 비구들이 제 국토에 들어오지 못하

와 꼬살라 사이의 전쟁에 대한 기록이 많이 나오는 것으로 보아 두 나라는 자주 전쟁을 했던 것 같다. 그러나 마하꼬살라의 왕이 딸 꼬살라데위를 마가다 왕국의 빔비사라 왕에게 시집보내면서 까시의 한 마을을 지참금으로 준 것을 보아 부처님 당시에 꼬살라가 까시를 완전히 정복해 합병시켰다는 것을 알 수 있다. 부처님께서는 인생의 후반기를 대부분 꼬살라에서 보내셨으며 율장의 많은 부분이 꼬살라에서 제정됐다. 꼬살라는 음식이 풍부해 탁발하기 좋고 기근이 없었으며 숲이 많아 비구들이 수행하기 좋았다고 한다. 부처님께서 대열반에 드신 후 마가다의 아자따삿뚜 왕에 의해 정복당했다.

81) 빠세나디Pasenadi: 그는 꼬살라 왕국의 마하꼬살라Mahākoala 왕의 아들로 태어났다. 그는 딱까실라Takkasila로 유학 가서 릿차위족의 마할리Mahāli 왕자, 말라족의 반둘라Bandhula 왕자와 동문수학하며 학문과 무술을 익혔다. 그가 공부를 마치고 돌아와서 자신의 무위를 선보이자 마하꼬살라는 그에게 왕위를 물려주었다. 그는 일찍이 부처님의 신도가 됐으며 죽을 때까지 부처님께 헌신했다. 하지만, 부처님께 귀의했으면서도 인도의 전통에 따라 다른 종교에 관대했다. 그는 자주 부처님을 찾아가 질문하고 법문을 들었다. 상윳따 니까야 꼬살라 상응(S3)은 부처님과 그와의 대화들을 모은 것이다. 그가 과식으로 비만해지자 부처님께서 그에게 음식을 절제하라고 충고하는 이야기가 법구경 게송 204번, 325번 이야기에 나온다. 그는 위두다바Vidūdabha 왕자에게 왕위를 찬탈당하자 누이의 아들인 아자따삿뚜Ajatasattu 왕에게 원조를 청하려고 라자가하로 달려갔다. 하지만, 너무 늦게 도착해서 성문이 이미 닫혀 있었다. 그는 늙고 피로해서 그날 밤 성문 밖에서 객사했으며, 아자따삿뚜 왕이 시신을 수습해서 성대하게 장례를 치러주었다.(법구경 게송 47번 이야기) 그의 아내는 말리까Mallika 왕비를 비롯해 빔비사라 왕의 누이, 사끼야족의 와사바캇띠야Vāsabhakhattiyā, 소마Soma, 사꿀라Sakula 등 여러 명이 있었다. 그의 누이 꼬살라데위Kosaladevī는 빔비사라 왕과 결혼해 아자따삿뚜를 낳았다. 그의 아들 브라흐마닷따Brahmadatta와 누이 수마나Sumanā는 출가해 아라한이 됐다.

게 하겠습니다."

"대왕이여, 그들은 결코 나쁜 사람들이 아닙니다. 서로 논쟁하느라고 나의 말에 주의를 기울이지 않았을 뿐입니다. 이제 비구들이 자신들의 허물을 알고 용서를 구하러 온다고 하니 들어오게 하십시오."

제따와나 사원을 창건한 아나타삔디까도 부처님께 말씀드렸다.

"부처님이시여, 화합하지 않는 비구들이 사원에 들어오는 것은 옳지 않습니다."

부처님께서는 빠세나디 왕에게 말한 것처럼 그를 설득시켰다.

꼬삼비 비구들이 사왓티에 도착했을 때 부처님께서는 머물 곳을 따로 마련하라고 지시하고 다른 비구들은 그들과 어울려 같이 앉거나 서 있지 말라고 말씀하셨다. 신도들은 사원에 오자마자 부처님께 여쭈었다.

"부처님이시여, 꼬삼비의 화합하지 못하는 비구들은 어디에 있습니까?"

부처님은 손가락으로 가리키면서 말씀하셨다.

"저기에 있다!"

사원에 들어온 신도들도 손가락으로 그들을 가리키며 경멸했다.

그들은 부끄러움으로 고개를 들지 못했다. 그들이 부처님 발아래 꿇어앉아 용서를 빌자 부처님께서 말씀하셨다.

"비구들이여, 그대들은 무거운 죄를 저질렀다. 비구가 되어서 부처님으로부터 직접 훈계와 충고를 들었음에도 화합하지 않았다. 그대들은 화합시키려는 나의 노력을 무시하고 내 말에 귀를 기울이지 않았다. 옛날에 한 현명한 사람은 죽음에 이른 부모의 가르침에 귀를 기울이고, 부모의 말씀을 거스르지 않아 훗날 두 왕국의 왕이 됐다."

부처님께서는 꼬삼비까 자따까(디가우 왕자 이야기)를 다시 한 번 말씀하시고 이렇게 훈계하셨다.

"비구들이여, 디가우 왕자는 부모들이 목숨을 잃는 순간에 '복수하지 마라.'는 훈계와 가르침을 받아들여 원수를 용서했으며, 그 결과 브라흐마닷따 왕의 딸과 결혼해 잃었던 나라를 되찾고 까시와 꼬살라 두 왕국의 왕이 됐다. 그러나 그대들은 나의 말을 따르지 않고 화합하지 못해 결국 무거운 죄를 저지른 것이다."

부처님께서는 이렇게 말씀하시고 게송을 읊으셨다.

어리석은 자는
언젠가 죽어야 한다는 것을
알지 못하기에 다투고,
지혜로운 이는
잘 알기에 다투지 않는다.(6)

이 게송 끝에 많은 비구가 수다원과를 성취했다.

여섯 번째 이야기
마하깔라 장로와 환속한 쭐라깔라82)

부처님께서 세따위야83)에 계실 때 마하깔라와 쭐라깔라와 관련해서 게송 7, 8번을 설하셨다.

마하깔라, 맛지마깔라, 쭐라깔라 삼형제가 세따위야에 살고 있었다. 장남 마하깔라와 막내 쭐라깔라는 500대의 수레에 상품을 싣고 여러 지역을 돌아다니며 장사했다. 어느 날 이들 형제는 여느 때처럼 500대의 수레에 다양한 상품을 싣고 사왓티로 향하다가 세따위야와 제따와나 사이에서 잠시 쉬고 있었다.

초저녁이 됐을 때 마하깔라는 사왓티에 거주하는 신도들이 향과 화환을 손에 들고 어딘가로 가는 것을 보았다.

"어디로 가시는 겁니까?"

신도들이 부처님께 법문을 들으러 간다고 하자 마하깔라는 생각했다.

'나도 그들을 따라 법문을 들으러 가야겠다.'

마하깔라는 막내에게 말했다.

"아우야, 나는 부처님께 가서 법문을 듣고 올 테니 수레를 잘 지키고 있어라."

그는 신도들과 함께 부처님께 가서 삼배를 드리고 대중들의 맨 뒤에 앉았다.

---

82) 이 이야기는 장로게경 마하깔라 주석(ThagA. ii. 16)에서 유래한다.
83) 세따위야Setavyā: 꼬살라국의 조그만 성읍으로 사왓티에서 라자가하로 향할 때 첫 휴식처다. 이 도시·너머에 까삘라왓투Kapilavatthu, 꾸시나라 Kusinārā, 빠와Pāvā 등이 있었다. 이 도시 남쪽에는 빠야시 경(Pāyāsi Sutta, D23)이 설해진 심사빠 숲Siṃsapāvana이 있었다. 이 도시는 에까담마사와니야Ekadhammasavaṇya 장로와 마하깔라Mahākāla 장로의 출생지다.

그날 부처님께서는 마하깔라의 근기와 성향에 맞추어 순차적으로 법문을 설하셨다. 괴로움의 모임에 관한 경84)과 여러 다른 경들을 인용하면서 감각적 욕망의 허물과 저열함, 감각적 욕망에서 벗어났을 때의 이로움에 대해 설하셨다. 마하깔라는 법문을 듣고 생각했다.

'누구나 저승에 갈 때는 모든 것을 남기고 떠난다. 재산도 친척도 데려가지 못한다. 내가 왜 가정생활을 계속해야 하는가? 나는 출가해 진리를 구해야겠다.'

법문이 끝나고, 모였던 사람들이 부처님께 예배를 드리고 떠나자 그는 부처님께 다가가서 출가하겠다고 말씀드렸다.

"그대의 출가를 알려야 할 가족은 없는가?"

"부처님이시여, 막냇동생이 있습니다."

"그에게 가서 출가를 알리도록 해라."

"부처님이시여, 그렇게 하겠습니다."

마하깔라는 쭐라깔라에게 가서 말했다.

"아우야, 이 재산을 모두 가지거라."

"형님, 그게 무슨 말씀입니까?"

"나는 부처님이 계시는 승단에 들어가려 한다."

쭐라깔라는 형의 출가를 막으려고 온갖 말로 설득했지만 형의 확고한 의지를 꺾을 수가 없었다.

"좋습니다. 형님 좋을 대로 하십시오."

마하깔라는 부처님께 가서 비구계를 받았다. 쭐라깔라도 '시간이 좀 지나면 형을 데리고 세속으로 되돌아가겠다.'라는 생각으로 형을 따라가 비구

---

84) 괴로움에 대한 경: 맛지마 니까야 괴로움 무더기의 긴 경(Mahādukkha khanda sutta, M13)과 괴로움 무더기의 짧은 경(Cūḷadukkhakkhanda sutta, M14)에 괴로움에 대해 자세히 언급하고 있다.

가 됐다.

마하깔라는 비구가 된 후 부처님께 나아가 여쭈었다.

"부처님이시여, 이 승단에는 얼마나 많은 의무가 있습니까?"

부처님께서는 교학을 배우는 것과 수행하는 것, 두 가지 의무가 있다고 알려주었다.

"부처님이시여, 저는 나이가 들어서 출가했기 때문에 교학을 배우기에는 너무 늦었습니다. 저는 바로 수행으로 들어가겠습니다."

마하깔라는 부처님께 아라한으로 인도하는 공동묘지에 머무는 두타행[85]을 가르쳐 줄 것을 청했다. 그는 부처님의 가르침에 따라 두타행을 수

---

85) 두타행(dhutaṅgā, 頭陀行): 두타행은 옷, 음식, 거처에 대한 갈애를 제거하고, 작은 것에 만족하고, 번뇌(오염원)를 제거하고, 홀로 머물고, 청정한 지혜를 얻기 위해 수행한다. 두타행에는 13가지가 있으며, 전부를 지켜도 되고 그중 몇 가지를 지켜도 된다. 부처님이 살아계실 때는 부처님께 직접 받아 지녀야 하고, 열반에 드신 후에는 아라한에게 받아 지녀야 하고 아라한이 없는 경우에는 아나함, 사다함, 수다원, 삼장법사, 이장법사, 일장법사 순으로 받아 지녀야 한다. 아래 열세 가지 두타행 중에서 ①,②는 입는 가사(衣), ③~⑦은 음식(食), ⑧~⑫는 거처(住), ⑬은 정진精進에 관한 것이다.

① 시체를 싸는 천으로만 가사를 만들어 입는 수행(paṁsukūlikaṅga 糞掃衣支)

② 가사 한 벌(三衣)만 수용하는 수행(tecīvarikaṅga 三衣支)

③ 탁발 음식만 수용하는 수행(piṇḍapātikaṅga 常乞食支)

④ 차례대로 탁발하는 수행(sapadānacārikaṅga 次第乞食支)

⑤ 한자리에서만 먹는 수행(ekāsanikaṅga 一座食支)

⑥ 발우 [한 개]의 탁발 음식만 먹는 수행(pattapiṇḍikaṅga 一鉢食支)

⑦ 나중에 얻은 밥을 먹지 않는 수행(khalupacchābhattikaṅga 時後不食支)

⑧ 숲에 머무는 수행(āraññikaṅga 阿練若住支)

⑨ 나무 아래 머무는 수행(rukkhamūlikaṅga 樹下住支)

⑩ 노천에 머무는 수행(abbhokāsikaṅga 露地住支)

⑪ 공동묘지에 머무는 수행(sosānikaṅga 塚間住支)

행하기 시작했다. 초경이 되어 사람들이 모두 잠들면 공동묘지로 가서 수행하다가 새벽녘 사람들이 일어날 때가 되면 사원으로 돌아왔다.

그때 공동묘지를 관리하고 시체를 화장하는 깔리라는 여인은 어떤 사람이 공동묘지에서 앉고 일어서고 경행하는 것을 보고 생각했다.

'한밤중에 이 무시무시한 곳에 오는 사람은 도대체 누구인가? 가서 알아봐야겠다.'

그 시각에는 너무 어둠이 짙어서 상대를 알아볼 수 없었다. 그녀는 공동묘지의 헛간에 가서 횃불을 준비한 후 아들과 딸을 데리고 공동묘지에 몸을 숨기고 기다렸다. 스님이 가까이 오자 그녀는 스님에게 다가가 삼배를 올리고 물었다.

"스님께서 이곳에 머무십니까?"

"그렇습니다, 재가자여."

"스님, 공동묘지에 머물려면 지켜야 할 규칙이 있습니다. 제가 말씀드리는 규칙을 지킬 의향이 있습니까?"

"무얼 지켜야 합니까?"

"스님, 공동묘지에 머무는 두타행을 하는 사람은 사원의 수석 장로와 마을 촌장과 묘지기에게 공동묘지에 머무는 두타행을 한다고 이야기해야 합니다."

---

⑫ 배정된 대로 머무는 수행(yathāsanthatikaṅga 隨處住支)

⑬ 눕지 않는 수행(nesajjikaṅga 不臥)

위에 마하깔라 장로가 택한 '공동묘지에 머무는 두타행'을 수행하면, 죽음을 계속 생각함(死隨念)을 얻고, 방일함이 없이 머물고, 부정한 표상(不淨相)을 얻고, 애욕을 버리고, 끊임없이 몸의 본성을 보고, 크게 윤회에 대한 두려움이 생기고, 건강에 대한 교만 등을 버리고, 두려움과 공포를 극복하고, 인간이 아닌 이들의 존경을 얻고, 소욕지족하며 생활하게 된다.(청정도론 제2장, 대림 스님)

"왜 이야기해야 합니까?"

"물건을 훔친 도둑이나 강도들이 주인이 추격해 오면 흔히 공동묘지로 도망쳐 와서 장물을 숨기곤 합니다. 그때 주인은 공동묘지에 거주하는 사람을 도둑이나 강도로 오인해 해를 끼칠 수 있습니다. 이때 우리가 '이 스님은 얼마 동안 이곳에서 공동묘지 두타행을 수행하는 중입니다. 도둑이 아닙니다.'라고 말해줌으로써 불상사를 피할 수 있습니다. 그래서 제가 말씀드렸던 세 사람에게 두타행을 한다고 이야기해야 하는 것입니다."

"제가 해야 할 일이 또 있습니까?"

"스님, 공동묘지에 머무는 동안에는 귀신이 좋아하는 생선, 고기를 가져와서는 안 되고, 정력이 넘치게 해서 음욕을 돋우는 우유, 기름, 설탕, 깻가루, 콩밥을 먹어서는 안 됩니다. 날이 샐 때까지 잠을 자서는 안 됩니다. 나태하거나 게으름을 피워서도 안 됩니다. 강한 결심과 강한 의지력으로 분투해야 하고, 수행하는 흉내나 내면서 속여서는 안 됩니다. 저녁에 모든 사람이 잠이 들 때 사원을 떠나 여기에 와서 수행하다가 사람들이 일어나기 전 새벽에 사원으로 돌아가야 합니다."

"스님께서 이 공동묘지에 거주하는 동안 비구의 의무86)를 완성하고 죽는다면, 그래서 사람들이 스님의 시체를 가져온다면 제가 장작더미 위에 스님의 시체를 얹어 놓고 향과 화환으로 시체를 장식하고 삼배를 올리고 장례를 치를 것입니다. 만약 스님께서 비구의 의무를 완성하지 못하고 죽는다면 장작더미에 불을 붙이고 스님의 시체를 끌고 가서 도끼로 찍어 조각내어 불속에 던져 넣고 화장할 것입니다."

"좋으실 대로 하십시오. 그건 그렇고 그대가 보기에 수행주제에 어울리는 물질이라고 생각되는 시체가 있다면 제게 알려주십시오."

그녀는 그렇게 하겠노라고 스님에게 약속했다.

마하깔라는 자기가 의도한 대로 공동묘지에서의 수행을 계속했다. 반면

---

86) 비구의 의무: 출가의 목표인 열반을 얻어 아라한이 되는 것을 말한다.

쭐라깔라는 출가할 때부터 수행할 의도가 전혀 없이 비구가 됐기 때문에 항상 가정을 꾸리고 세속에서 살아갈 생각만 하며 시간을 보냈다. 그는 아내와 자식이 그리울 때마다 '우리 형은 참으로 어렵고 힘든 수행을 하고 있구나.'라고 생각했다.

어느 날 한 여인이 갑자기 병에 걸리더니 그날 저녁 큰 고통 없이 급사하고 말았다. 저녁에 친척들과 친구들이 시체와 화장용 장작더미와 기름과 그 밖에 필요한 물건을 들고 공동묘지에 와서 묘지기에게 말했다.

"이 시체를 화장해 주시오."

그들은 묘지기 여인에게 충분히 사례한 후 되돌아갔다. 여인은 시체의 옷을 벗기고 죽은 지 얼마 되지 않아 아름다운 피부를 지닌 황금빛 시체를 자세히 살피고서 생각했다.

'이 시체는 수행주제에 적합할 것 같으니 스님에게 보여줘야겠다.'

그녀는 스님에게 가서 합장하고 말했다.

"스님, 아주 훌륭한 수행주제가 있습니다. 오셔서 살펴보시기 바랍니다."

스님은 가서 시체를 덮고 있는 천을 벗기고 발바닥에서 머리털까지 자세히 살펴보고 말했다.

"이 아름다운 황금빛 시체를 불속에 던져 넣고 불길이 시체를 태우기 시작하면 곧바로 내게 알려 주시오."

그리고는 자기 자리로 돌아갔다.

묘지기 여인은 불이 시체에 닿기 시작하자 스님에게 알렸다. 스님이 와서 시체가 불에 타는 것을 관찰하기 시작했다. 불길이 시체에 닿자 황금빛 피부는 얼룩덜룩한 암소 가죽처럼 변해갔다. 발은 삐져나와 축 늘어지고, 팔은 뒤로 뒤틀렸다. 아름다웠던 얼굴은 부풀어 오르고 쭈글쭈글해지다가 벗겨지면서 흉물스럽게 변해갔다.

'이 여인은 전에는 너무나 아름다워 많은 사람에게 즐거움을 주었는데 이제는 죽어 한 줌의 재가 되어가는구나!'

스님은 자리로 돌아가 앉아서 늙음과 죽음을 분명하게 관찰하기 시작했다.

모든 형성된 것들은 무상하다네.
끊임없이 일어났다 사라지는 것들.
일어나고 사라지는 것들을 고요히 하면
진정한 행복이 찾아온다네.[87]

이 게송을 암송하면서 마하깔라는 통찰지를 개발해 사무애해를 갖춘 아라한이 됐다.

마하깔라가 아라한이 된 얼마 뒤에 부처님께서는 비구들을 거느리고 여기저기 유행하시다가 세따위야에 도착해 심사빠 숲에 머무셨다. 쭐라깔라의 출가 전 부인들은 부처님께서 도착하셨다는 이야기를 듣고 자신들의 남편을 되찾을 궁리를 하기 시작했다. 그녀들은 부처님께 가서 부처님과 비구 대중을 집으로 초청했다. 부처님께서 오래 머물지 않은 지역이거나 자주 가시지 않은 지역에서는 자리 배치를 알려주는 비구가 공양청을 한 집에 먼저 가는 것이 관례였다. 부처님의 자리는 한가운데이고, 부처님의 오른쪽은 사리뿟따 장로[88]의 자리이고, 부처님의 왼쪽은 목갈라나 장로[89]의

---

87) 이 게송은 디가 니까야 대반열반경(D16), 마하수닷사나 경(D17)과 상윳따 니까야(S6.16, S15.20)에 나오며 한역경전으로는 대승열반경과 법화경의 설산동자 이야기에서도 나온다. 한문 번역은 제행무상 시생멸법 생멸멸이 적멸위락諸行無常 是生滅法 生滅滅已 寂滅爲樂이다. 모든 형성된 것(諸行)이란 일체 유위법有爲法을 말한다. 즉 조건에 의해서 생겨나는 모든 것이다. 나의 몸과 마음을 포함해서 일체 우주 만물은 조건에 의해서 생겨나며 조건 없이 생겨나는 것은 없다. 조건 없이 생겨나는 것은 오직 하나가 있다. 그것이 열반(無爲法), 즉 진정한 행복이다. 열반은 끊임없이 생겨나고 소멸하는 무상한 것들에 대한 집착을 버려야 얻을 수 있다. 열반은 탐진치라는 조건에 의해 생겨나는 번뇌를 제거하고 고요히 해야 찾아온다.

자리다. 양쪽의 그다음 자리는 비구 대중이 승랍 순으로 앉는다. 그래서 마하깔라 장로는 가사를 바르게 입는 곳에서 쭐라깔라를 먼저 보내면서 말했다.

"먼저 가서 자리 배열이 잘 됐는지 확인해라."

쭐라깔라가 나타나자 출가 전 부인들은 쭐라깔라의 시선을 사로잡았다. 부인들은 장로들이 앉아야 할 곳에 사미들의 자리를 놓고 사미들이 앉아야 할 곳에 장로들의 자리를 놓으면서 쭐라깔라를 놀려대자 쭐라깔라가 말했다.

"그렇게 자리를 배열하지 마시오. 아랫사람 자리를 윗자리에 놓지 말고 웃어른의 자리를 아랫자리에 놓지 마시오."

여인들은 못들은 체하면서 말했다.

"여기서 왔다 갔다 하면서 무슨 짓을 하는 거예요? 자리를 배열하는 데 이래라저래라 지시할 권리가 있나요? 누구 마음대로 비구가 됐어요? 누가 당신을 비구로 만들었나요? 무엇 때문에 여기 왔나요?"

여인들은 그의 웃가사와 아랫가사를 찢어 벗기고서 흰옷을 입히고 목에 화환을 씌우고 속인으로 만들어 놓고 말했다.

"부처님께 가서 자리 준비가 다 됐다고 아뢰도록 하세요."

쭐라깔라는 짧은 기간 비구가 됐다가 한 안거도 지내기 전에 환속還俗했기 때문에 환속에 대한 부끄러움이 없었다. 쭐라깔라는 흰옷을 입고 속인의 모습으로 거리낌 없이 부처님께 가서 삼배하고 부처님과 스님들을 모시고 돌아왔다.

비구 대중들이 공양을 마치자 마하깔라의 출가 전 부인들도 자신의 남편을 되찾을 궁리를 했다.

---

88) 사리뿟따Sāriputta: 부처님의 제자들 중 통찰지(지혜) 제일이며 상수제자 중 한 분이다.(게송 11, 12번 이야기 참조)

89) 마하 목갈라나Mahā Moggallāna: 부처님의 제자 중 신통제일이며 상수제자 중 한 분이다.(게송 11, 12번 이야기 참조)

"쭐라깔라의 아내들은 자기 남편을 되찾았는데 우리도 남편을 되찾아야 겠다."

그녀들은 다음 날 부처님과 비구들에게 공양을 청했다. 그러나 이번에는 다른 비구가 자리를 배열하러 와서 여인들은 마하깔라를 당황스럽게 할 기회를 놓치고 말았다. 부처님과 스님들이 자리를 잡자 그녀들은 공양을 올렸다. 쭐라깔라에게는 두 아내가 있었고, 맛지마깔라에게는 네 명의 아내가 있었고, 마하깔라에게는 여덟 명의 아내가 있었다. 음식을 먹고 싶은 스님들은 자리에 앉아 먹기 시작하고 음식을 다 먹고 나가고 싶은 스님들은 일어나서 나갔다. 부처님께서 공양을 마치시자 여인들이 부처님께 말씀드렸다.

"부처님이시여, 마하깔라 스님은 저희에게 법문을 해줘야 하니 부처님께서는 먼저 가십시오."

"그렇게 하도록 해라."

부처님은 비구들과 함께 먼저 떠났다.

부처님께서 마을 입구쯤 나갔을 때 비구들이 투덜거리기 시작했다.

"부처님께선 어떻게 일처리를 하시는 거야? 의도적으로 하신 건가 아니면 알고도 모르는 체하시는 건가? 어제는 쭐라깔라 스님이 자리 배치를 한다고 먼저 갔다가 환속했지만 오늘은 다른 스님이 가는 바람에 아무 일도 일어나지 않아 다행이다 싶었는데 부처님께서는 마라깔라 비구를 뒤에 남게 하시다니!"

어떤 비구들은 다른 의견을 내놓았다.

"마하깔라 스님은 계를 철저히 지키고 올곧은 분이시지. 그분이 과연 출가 생활을 그만두고 환속할까?"

부처님께서 이 말을 듣고 잠시 멈추어 서서 물으셨다.

"비구들이여, 무슨 말을 하고 있느냐? 마하깔라와 쭐라깔라가 같다고 생각하느냐?"

"부처님이시여, 같지 않다고 생각하지만 쭐라깔라는 아내가 둘인데 마하깔라 비구는 여덟이나 되니 그녀들이 합심해서 바짓가랑이를 붙잡고 놓지 않으면 그도 어쩔 수 없지 않겠습니까?"

"비구들이여, 그렇게 말하지 마라. 쭐라깔라는 끊임없이 감각적 쾌락을 추구하는 사람이다. 그는 현상을 아름답다고 생각하고 대상에 마음이 휩쓸려간다. 마치 강기슭에 얕게 뿌리내린 나무가 작은 홍수에도 휩쓸려가는 것과 같다. 반면에 나의 아들 마하깔라는 현상을 아름답다고 보지 않으며 대상에 마음이 흔들리지 않아 마치 단단한 바위산과 같다."

부처님께서는 이렇게 말씀하시고 게송을 읊으셨다.

더러운 것을
아름답게 여기고
감각기관을 잘 단속하지 않고
게걸스럽게 먹어대고
게으르고 노력하지 않는 이는
결국 악마에게 정복당한다.
거센 바람이 약한 나무를 쓰러뜨리듯이.(7)

아름다운 것을
헛것으로 여겨 꺼리며
감각기관을 잘 단속하고
음식을 절제하고
믿음이 깊고 노력하는 이를
악마는 결코 정복할 수 없다.
바람이 바위산을 넘어뜨리지 못하듯이.(8)

전에 마하깔라의 아내였던 여인들이 그를 둘러싸고 말했다.
"누구 마음대로 비구가 됐나요? 이제 그만 가정으로 돌아오세요."

그녀들은 그를 환속시키기 위해 온갖 감언이설로 유혹하면서 스님의 노란 가사를 벗기려고 했다. 그러나 마하깔라는 이러한 그녀들의 행위를 보고 앉은 자리에서 일어나 신통으로 지붕을 뚫고 공중으로 날아올랐다. 그는 부처님이 게송을 마칠 때 부처님의 황금빛 몸을 찬양하면서 공중에서 내려와 부처님 발아래 엎드려 삼배를 드렸다.

일곱 번째 이야기

어울리지 않는 가사를 입은 데와닷따⁹⁰⁾

부처님께서 제따와나에 계실 때 마가다국⁹¹⁾의 수도 라자가하⁹²⁾에서 데와닷따가 값비싼 가사를 걸치고 뽐낸 일과 관련해서 게송 9, 10번을 설하셨다.

두 상수제자인 사리뿟따와 목갈라나가 각각 500명의 비구를 데리고 제따와나에 계신 부처님 곁을 떠나 라자가하로 갔다. 라자가하의 주민들은 두 사람, 세 사람 또는 모두가 함께 모여 멀리서 찾아온 비구들에게 공양을 올리곤 했다. 어느 날 사리뿟따 존자는 공양 올린 음식을 먹고 나서 공양축원을 하면서 보시의 공덕에 대해 설법했다.

"재가신도여, 어떤 사람이 자신은 보시하고 다른 사람에게 보시를 권하

---

90) 이 이야기는 께사와 자따까(Kāsāva Jātaka, J221)에서 유래한다.
91) 마가다Magadha: 부처님 시대에 인도 중원 16국 가운데 하나다. 정치체제는 절대군주제이며 수도는 라자가하Rājagaha이다. 부처님 재세 시에는 빔비사라Bimbisāra와 아들 아자따삿뚜Ajātasattu가 왕으로 있었으며 빔비사라는 앙가국을 합병하고 아자따삿뚜는 릿차위 공화국과 꼬살라 왕국을 합병했다. 후대에 왕조가 바뀌었지만 아소까Asoka 대왕에 이르러 인도를 통일했다. 그러므로 북인도의 고대 역사는 마가다의 역사라고 볼 수 있다. 마가다는 불교의 탄생지이고 불교를 인도 전역에 전파한 나라다.
92) 라자가하Rājagaha: 마가다의 수도이며 다섯 개의 산봉우리로 둘러싸인 도시였다. 이곳에는 빔비사라 왕이 세운 최초의 사원 웰루와나Veḷuvana(竹林精舍)가 있었고, 깃자꾸따(독수리봉)에는 부처님께서 때때로 휴식을 취하셨던 간다꾸띠가 있었다. 그 산 아래에 지와까망고 숲(Jīvakamba vana)이 있었고 그 숲에 지와까가 세운 사원이 있었다. 라자가하의 앞산에는 마하깟사빠 장로가 머물렀던 삡팔리석굴(Pipphaliguhā)이 있었다. 부처님께서 전반기 20년 동안 전법활동의 기지로 삼았으며, 부처님 열반 후 앞산에 있는 삿따빤니구하Sattapaṇṇiguhā(七葉窟)에서 제1차 경전 결집이 이뤄졌다.

지 않으면 그는 내생에 재복은 많지만 인덕은 없다. 또 어떤 사람이 자신은 보시하지 않으면서 다른 사람에게 보시를 권하면 그는 내생에 재복은 적고 인덕은 많다. 또 어떤 사람이 자신도 보시하지 않고 다른 사람에게도 보시를 권하지 않으면 그는 내생에 배를 채우지 못할 것이다. 또 어떤 사람이 자신도 보시하고 다른 사람에게도 보시를 권하면 그는 내생에 재복과 인덕을 함께 갖추게 될 것이다."

어떤 현명한 사람이 법문을 듣고 생각했다.

'이 설법은 행복을 얻는 방법을 잘 설명한 훌륭한 법문이다. 내가 두 가지 복덕을 얻기 위해 공덕을 짓는 것은 아주 당연한 일이다.'

그는 장로에게 공양을 청했다.

"스님, 내일 저의 공양을 받아주시기 바랍니다."

"신도여, 몇 분의 비구를 초청하실 생각입니까?"

"여기 스님들이 몇 분 계십니까?"

"천 명이 함께 지내고 있습니다."

"스님들을 모두 초청하고 싶습니다."

장로는 초청을 받아들였다.

신도는 거리로 나가서 다른 사람들에게 공양 행사에 동참하기를 권했다.

"신도들이여, 제가 내일 천 명의 스님을 공양에 초대했습니다. 내일 올리는 공양 행사에 여러분도 동참하시기 바랍니다. 당신은 몇 분의 스님에게 음식을 올릴 수 있습니까?"

사람들은 각자의 재력에 따라 음식을 올리겠다고 약속했다.

"우리는 열 분의 음식을 올릴게요."

"우리는 이십 분의 음식을 올릴게요."

"우리는 백 분의 음식을 올릴게요."

신도는 그들에게 음식 재료를 어느 한곳으로 가져오라고 말했다.

"내일 그곳에 모여 함께 음식을 만들기로 합시다. 모두 그곳으로 참깨,

쌀, 기름, 설탕과 반찬 등 식재료를 가져오시기 바랍니다."

이때 어떤 장자가 10만 냥의 가치가 있는 부드러운 고급 천을 보시하면서 말했다.

"내일 공양을 준비하는 데 돈이 부족하면 이 천을 팔아서 비용을 충당하시지요. 돈이 충분하다면 이 천을 훌륭한 비구에게 올리도록 하시고요."

공양을 준비하는 데 비용은 충분했고 모자란 것이 없었다. 그래서 그 신도는 사람들에게 말했다.

"여러분, 어떤 장자가 음식을 준비하는 데 사용하라고 보시한 고급 천이 남았습니다. 이것을 어느 스님에게 올리면 좋을까요?"

누군가가 의견을 제시했다.

"사리뿟따 장로님께 올리도록 합시다."

다른 이가 말했다.

"사리뿟따 장로님은 곡식이 익어 추수할 때만 이곳에 왔다 갑니다. 그러나 데와닷따 스님은 우리들의 크고 작은 일들을 지켜보며 늘 함께합니다. 그분은 마치 언제든지 마실 수 있도록 준비된 물항아리와 같이 항상 우리 곁에 계십니다."

오랜 논의 끝에 데와닷따 스님에게 보시하기로 결정이 났다. 그들은 고급 천을 데와닷따 장로에게 보시했고, 장로는 그것을 잘라 염색하고 가사로 만들어 입고 다녔다. 사람들이 그렇게 새 가사를 입고 다니는 데와닷따를 보고 말했다.

"저 가사는 데와닷따 스님에게 어울리지 않고 사리뿟따 장로에게 어울릴 것 같아. 데와닷따 스님은 어울리지도 않는 가사를 입고 돌아다니면서 은근히 뽐내는구나."

변방에 사는 한 비구가 라자가하에 왔다가 이 일을 알게 됐다. 그는 사왓티로 가서 부처님께 삼배를 드리고 데와닷따의 우스꽝스러운 모습을 보고

했다. 비구는 고급 가사에 대한 사건을 처음부터 끝까지 자세히 설명해 드렸다. 부처님께서 비구의 설명을 듣고 말씀하셨다.

"비구들이여, 데와닷따가 자기에게 어울리지도 않는 가사를 입었던 것은 이번이 처음이 아니다. 과거생에서도 그는 이런 부적절한 행동을 했느니라."

그러면서 부처님께서는 데와닷따의 과거생 이야기를 해 주시었다.

데와닷따의 과거생: 코끼리 사냥꾼과 훌륭한 코끼리[93]

어느 때 브라마닷따 왕이 베나레스를 통치하고 있을 때 한 코끼리 사냥꾼이 코끼리를 잡아서 상아와 발톱과 내장과 살을 내다팔아 생계를 유지하고 있었다. 그때 어떤 숲에 수천 마리의 코끼리 떼가 먹이를 찾아다니다가 벽지불[94]들이 앉아 계시는 것을 보았다. 그날부터 그곳을 지나갈 때마다 코끼리들은 벽지불들께 무릎을 꿇고 인사를 드리곤 했다.

어느 날 코끼리 사냥꾼이 이 광경을 보고 기막힌 계책을 강구해냈다.

'코끼리 떼를 공격해 죽이는 것은 위험하고 무모한 짓이다. 코끼리들은 여기를 지나갈 때마다 벽지불에게 인사를 드린다. 코끼리가 무얼 보고 벽지불에게 인사를 드리는가? 그것은 벽지불이 입고 있는 노란 가사 때문이다. 나도 노란 가사를 구해야겠다.'

---

93) 께사와 자따까: Kāsāva Jātaka, J221
94) 벽지불(paccekabuddha): 부처님의 가르침이 사라진 시기에 자기 혼자 스스로 생긴 지혜로 네 가지 진리(四聖諦)를 깨달아 해탈한 사람들이다. 벽지불이 되려면 2아승지+10만 대겁 동안 바라밀을 닦아야 한다. 벽지불은 다른 사람을 제도하기가 어렵다. 이것은 자신의 깨달음을 남에게 가르치기를 꺼리는 이기적인 생각 때문이 아니고 부처님처럼 일체지一切智를 갖추지 못했기 때문이다. 즉 가르칠 능력이 부족해서다. 그가 가르칠 수 있는 것은 '행주좌와行住坐臥에 열심히 정진하라' '번뇌를 적게 하라'는 정도다.

그는 벽지불이 자주 목욕하는 연못으로 가서 벽지불이 연못가에 옷을 벗어놓고 목욕하는 동안 가사를 훔쳐 입었다. 그는 가사로 머리와 몸통을 가려 벽지불로 가장하고서 코끼리들이 지나가는 길목에 앉아 있었다. 그러자 코끼리들이 그에게 무릎을 꿇고 인사를 드리고 지나갔다. 무리의 맨 마지막 코끼리가 무릎을 꿇고 인사를 드리는 순간 그는 가사 속에 숨기고 있던 창을 꺼내서 번개같이 코끼리를 찔러 죽였다. 그리고 상아와 값이 나가는 부분을 챙긴 뒤에 나머지는 땅에 묻고 사라졌다.

미래에 붓다가 되실 보살95)은 코끼리로 태어나서 코끼리의 우두머리, 코끼리 왕이 됐다. 이때 코끼리 사냥꾼이 비열한 계책을 사용해 코끼리를 사냥하고 있었다. 보살은 코끼리 무리의 수가 점점 줄어드는 것을 알아차리고 코끼리들에게 물었다.

"코끼리 가족이 왜 이리 줄어드는 거지? 다들 어디로 갔는가?"

"우리도 알지 못합니다."

보살은 곰곰이 생각했다.

'코끼리들이 어디 가려면 내 허락을 받고 가야 한다.'

그때 그의 머릿속에 수상쩍은 한 사람이 떠올랐다.

---

95) 보살(Bodhisatta, 菩薩)): 보살은 붓다가 되기를 서원하고 붓다의 특성인 일체지를 갖추기 위해 십바라밀을 닦는 사람을 말한다. 보살은 붓다가 되기 전까지 수다원이 돼서는 안 된다. 수다원은 열반의 즐거움을 체험한 사람이기 때문에 노력하지 않아도 7생 이내에 아라한이 되어 윤회를 벗어난다. 그러므로 수기를 받은 보살은 수다원이 될 수 없다. 왜냐면 일체지를 갖춘 붓다가 되기 위해서는 바라밀을 완성해야 하고, 바라밀을 완성하려면 가장 짧게 잡아도 4아승지+10만 대겁이 걸리기 때문이다. 그 긴 세월 동안 보살은 축생으로 태어날 수도 있다. 과거생에 지은 악업이 닥쳐오는 것을 피할 수 없는 까닭이다. 여기서 보살이 코끼리 왕으로 태어나는 것도 과거의 악업 때문이다. 많은 사람이 붓다가 되기를 발원하지만, 축생으로 태어나거나 악도에 태어나는 위험을 감수하고 바라밀을 닦을 수 있는 용기와 불굴의 의지를 갖춘 사람은 거의 없다.

'노란 가사를 걸치고 머리를 가리고 앉아 있는 이가 의심스럽다. 그는 지금 우리가 오기를 기다리고 있을 거야.'

그래서 코끼리 왕은 천천히 걸어가면서 다른 코끼리들을 앞세우고 자신은 무리의 맨 뒤로 처졌다. 여느 때처럼 코끼리들이 벽지불로 가장하고 앉아 있는 코끼리 사냥꾼에게 절을 하고 지나갔다. 코끼리 사냥꾼은 맨 뒤에 보살이 다가오는 것을 보고 가사 자락을 걷어 올리면서 창을 들어 힘껏 던졌다. 그러나 보살은 그가 다가오는 것에 주의를 집중하고 있었기 때문에 뒤로 물러나면서 창을 쉽게 피했다.

'내 코끼리들을 죽인 자가 바로 이 자로군.'

보살이 앞으로 돌진하면서 그를 붙잡으려고 하자 코끼리 사냥꾼은 나무 뒤로 재빠르게 몸을 피해 웅크려 있었다. 보살은 사냥꾼을 어떻게 잡을지 생각했다.

'내 상아로 사냥꾼과 나무를 동시에 휘감아 땅바닥에 내동댕이쳐야겠다.'

그때 사냥꾼이 노란 가사를 입고 모습을 드러내자 보살은 잠시 마음이 혼란스러워졌다.

'이 자를 해치게 되면 붓다와 벽지불과 아라한에 대한 나의 존경심을 잃어버릴 것이다.'

코끼리 왕은 참을성을 유지하면서 물었다.

"네가 내 가족들을 죽였느냐?"

"그렇다."

"왜 그런 사악한 짓을 저질렀는가? 그 노란 가사는 번뇌가 사라진 성인들이 입는 옷이지 너 같은 사악한 사람에게는 어울리지 않는다. 나쁜 짓을 저지르다니 너는 중죄를 지었다."

코끼리 왕은 게송으로 그를 꾸짖었다.

더러움에 물든 채
가사를 걸치고

스스로를 경책하지 않고
거짓말을 하는 이는
가사를 걸칠 자격이 없다.

더러움에 물들지 않고
계를 잘 지키고,
스스로를 경책하고
바른말을 하는 이는
가사를 걸칠 자격이 있다.

코끼리 왕이 말했다.
"네가 저지른 행위는 가사에 걸맞지 않은 것이다."

부처님께서 이 이야기 끝에 자따까[96]에 나오는 인물들이 지금의 누구인지 밝히셨다.

"그 당시 코끼리 사냥꾼은 지금의 데와닷따이고, 그를 꾸짖은 코끼리 왕은 지금의 나다. 비구들이여, 데와닷따가 자신에게 맞지 않는 가사를 입었던 것은 이번이 처음이 아니다. 그는 과거생에서도 그 같은 짓을 저질렀다."

부처님께서는 그렇게 말씀하시고 게송을 읊으셨다.

더러움에 물든 채
가사를 걸치고
스스로를 경책하지 않고
거짓말을 하는 이는
가사를 걸칠 자격이 없다.(9)

---

96) 자따까(Jātaka, 本生經): 석가모니 부처님의 전생담前生譚으로 547편의 이야기가 담겨 있다.

더러움에 물들지 않고
계97)를 잘 지키며
스스로를 경책하고
바른말을 하는 이는
가사를 걸칠 자격이 있다.(10)

---

97) 계(sīla): 계는 불자들이 지켜야 하는 생활규칙으로 빠알리어 실라sīla를
옮긴 말이다. sīla는 '고요히 하다. 잘 두다.'라는 뜻으로 몸과 입으로 하는
행위(身業, 口業)를 고요히 하다는 의미이다. 신업과 구업을 고요히 한다는
것은 나쁜 행위를 하지 않도록 몸과 입을 알아차리며 단속하고 다스리는
것이다. 중국에서는 몸과 입이 하는 행위를 삼가고 경계하다는 뜻으로
계戒로 번역했다. 계는 삼학三學의 첫 번째이고 수행의 기초이다. 팔정도
에서 세 가지 항목이 계에 관한 것이다. 계는 나쁜 행위만을 금하는 것이
아니고 나쁜 생각이 일어나는 것을 의식적, 의도적으로 단속하는 것도
포함된다. 팔정도에서의 바른 말, 바른 행위, 바른 생계는 '자연적인 계율
(pakati sīla)'이라고 부르고, 비구들이 강제적으로 지키는 계율은 '제정된
계율(paññatti sīla)'이라고 부른다. 5계, 8계, 10계 등을 학습하고 훈습해
야 한다고 해서 '학습 계율(sikkāpada)'이라고 하기도 하고, 남을 돕는
선행을 적극적으로 실천할 경우에는 '실천 계율(cāritta sīla)'이라고 하고,
강제로 금지하는 경우에는 '금지 계율(vāritta sīla)'이라고 하기도 한다.
이외에도 '네 가지 청정한 계율(catupārisuddhi sīla)'이 있다. ① 계목의
단속에 관한 계(pātimokkha sīla): 비구의 경우 227계를 지키는 것이다.
② 감각기능의 단속에 관한 계(indriya saṁvara sīla): 형상, 소리, 냄새,
맛, 감촉, 생각 등이 감각기관을 통해 들어오는 것을 잘 단속해 해로운
마음을 일으키지 않는 것이다. ③ 생계청정에 관한 계(ājīva pārisuddhi
sīla): 적합하지 않은 방법으로 음식 등을 얻는 것이다. ④ 필수품에 관한
계(paccaya sannissita sīla): 단지 추위와 더위를 피하기 위해 옷을 입고,
단지 몸을 유지하기 위해 먹고, 단지 기후변화의 위험을 피하기 위해 거처
를 사용하고, 단지 병의 고통을 극복하기 위해 약을 사용한다고 반조하면
서 사용하는 것이다.

여덟 번째 이야기

상수제자가 된 사리뿟따 장로와 목갈라나 장로

부처님께서 웰루와나 사원에 계실 때 산자야의 제자였던 두 제자를 상수제자로 선언하신 것과 관련해서 게송 11, 12번을 설하셨다.

1. 부처님의 생애[98]

4아승지와 10만 대겁 전에 우리의 보살은 아마라와띠 성에 수메다라는 이름의 바라문으로 태어났다. 수메다는 자라면서 바라문의 학문과 기예를 능숙하게 익혔다. 그는 젊었을 때 양친이 돌아가시자 조상 대대로 내려온 많은 재산을 상속받았다. 그러나 그는 삶과 죽음의 괴로움에서 벗어나 생사가 없는 경지를 깨닫기 위해 재산을 모두 나눠 주고 출가해 은둔수행자가 됐다. 그는 히말라야 산기슭에 오두막집을 짓고 깊은 삼매를 닦아 팔선정[99]과 오신통[100]을 얻었다.

이때 십력을 지닌 디팡카라(練燈佛) 부처님께서 세상에 출현하셨다. 디팡카라 부처님께서는 40만 명의 제자를 거느리시고 수닷사나 사원을 출발해 람마 도시로 가는 중이었다. 그래서 주민들이 부처님이 지나가실 도로를 깨끗이 청소하고 단장하고 있었다. 수메다는 바로 그날 공중으로 날아가다가 사람들이 길을 청소하고 있는 것을 보았다. 그는 사람들에게서 부처님

---

98) 부처님의 생애는 자따까의 주석서 서문에 해당하는 니다나까타Nidāna kathā(因緣譚)를 요약한 것이다.
99) 팔선정(jhāna): 3권 부록 II A.4.d와 A.5 참조
100) 오신통五神通(abhiññā): 삼매를 완벽하게 성취하면 인간의 능력을 벗어난 초월지(또는 신통지)를 개발할 수 있다. 오신통은 세간의 다섯 가지 초월적인 지혜로 ① 하늘 눈의 지혜(dibbacakkhu ñaṇa, 天眼通) ② 하늘 귀의 지혜(dibbasota ñaṇa, 天耳通), ③ 남의 마음을 아는 지혜(cetopariya ñaṇa, 他心通), ④ 신통변화의 지혜(Iddhividdha ñaṇa, 神足通) ⑤ 전생을 기억하는 지혜(pubbe nivāsa ñaṇa, 宿命通)를 말한다.

께서 오신다는 말을 듣고 길의 한 부분을 맡아 물로 패인 구덩이를 메워 길을 평평하게 고르고 꽃을 뿌렸다. 그러나 수메다가 미처 진흙구덩이를 다 메우지 못했을 때 부처님께서 40만 명의 제자와 함께 도착하셨다. 그러 자 수메다는 진흙구덩이 위에 망토를 펴고 그 위에 엎드렸다. 부처님과 제 자들이 더러운 흙을 묻히지 않고 자신의 등을 밟고 지나가게 하고 싶었기 때문이다.

"부처님과 비구들께서 진흙을 밟지 않고 차라리 나를 밟고 지나가게 하 소서."

수메다는 그때 단 하나의 게송만 들어도 바로 일체의 번뇌를 제거하고 아라한이 될 수도 있었다. 하지만, 그는 많은 사람을 미망의 세계에서 구제 하기 위해 붓다가 되려는 강한 서원으로 그곳에 엎드려 있었다. 디팡카라 부처님께서는 은둔수행자 수메다가 붓다가 되려는 강한 서원으로 엎드려 있는 것을 아셨다. 부처님께서는 미래를 천안(天眼)으로 살펴보시고 수기를 내리셨다.

"여기 이 수행자는 지금으로부터 4아승지와 10만 대겁이 지나 고따마라 는 이름의 붓다가 되리라."

수기를 내리신 디팡카라 부처님 이후로 스물세 분의 부처님이 세상에 출 현하셨다. 그분들은 꼰단냐 붓다, 망갈라 붓다, 수마나 붓다, 레와따 붓다, 소비따 붓다, 아노마닷시 붓다, 빠두마 붓다, 나라다 붓다, 빠두뭇따라 붓다, 수메다 붓다, 수자따 붓다, 삐야닷시 붓다, 앗타닷시 붓다, 담마닷시 붓다, 싯닷타 붓다, 띳사 붓다, 풋사 붓다, 위빳시 붓다, 시키 붓다, 웻사부 붓다, 까꾸산다 붓다, 꼬나가마나 붓다, 깟사빠 붓다이시다.101)

스물네 분의 부처님이 차례로 세상에 출현하셔서 세상의 어둠을 밝히셨 다. 그 각각의 부처님으로부터 우리의 보살은 미래에 붓다가 되리라는 수 기를 받았다. 그는 기본 십바라밀, 중간 십바라밀과 최고 십바라밀, 모두 삼

---

101) 과거 24부처님 연대기(붓다왐사) : 법구경 주석서 해제 Ⅲ 참조(p.28).

십 바라밀을 닦았다.[102]

그가 보살로서의 마지막 삶이었던 웻산따라 왕자로 태어났을 때 아들과 아내를 보시하고 마지막으로 큰 바라밀을 완성하자 대지가 크게 진동했다. 그리고 그곳에서 수명이 다하자 모든 보살의 마지막 삶인 도솔천[103]에 세 따께뚜라는 이름의 천신으로 태어났다. 도솔천에서의 수명도 거의 다하자 사왕천의 사대천왕, 도리천의 삭까 천왕, 야마천의 수야마 천왕, 도솔천의 산뚜시따 천왕, 화락천의 수님미따 천왕, 타화자재천의 왓사왓띠 천왕과 일만 세계의 신[104]들이 모여들었다. 그들은 보살에게 가서 두 손을 모아 합장하고 청원했다.

위대한 천신이시여,
이제 시간이 됐습니다,
어머니 모태에 드실 때가.
천신과 인간의 이익을 위해서
윤회의 고통을 끝내는 불사不死의 문을 여소서.

보살은 과거의 보살들이 그러했듯이 인간 세상에 태어날 시기, 대륙, 지방, 종족, 생모의 수명, 다섯 가지 조건[105]을 살펴보고 모태에 들었다. 열 달이 지나 보살은 까삘라왓투 사끼야족 왕인 숫도다나의 왕자로 태어났다.[106] 그는 겨울철, 여름철, 우기철에 각각 지낼 수 있는 세 개의 궁전에서 천신들의 복락에 버금가는 태자의 부귀영화를 누리면서 젊은 시절을 보냈다. 그러던 어느 날 그는 성문 밖 동산으로 놀이를 나갔다가 늙은 사람을

---

102) 삼십 바라밀: 법구경 주석서 해제 II 참조(p16).
103) 도솔천(Tusita): 3권 부록 I 불교의 세계관 참조.
104) 불교에서의 하늘(天)은 하나만 있는 것이 아니다. 그 수행과 공덕의 정도에 따라 많은 세계가 존재한다. 불교의 세계관은 3권 부록 I 참조.
105) 다섯 가지 조건: 법구경 주석서 해제 III 참조(p.31).
106) 붓다의 가계도: 법구경 주석서 해제 III 참조(p.33).

보았다. 두 번째 나갔을 때는 병든 사람을 보았다. 세 번째 나갔을 때는 죽은 사람을 보았다. 이들은 범천(색계 천신)이 출가의 길을 보여주기 위해 변장해서 나타난 것이었다. 왕자는 엄청난 충격 속에 왕궁으로 돌아온 후 깊은 생각에 잠겼다. 늙은이, 병든 이, 죽은 이를 보고 나서 언젠가 나도 저렇게 되리라는 생각에 젊음에 대한 교만, 건강에 대한 자만, 긴 수명에 대한 아만이 사라져버렸다.

네 번째로 왕궁 밖으로 나갔을 때 왕자는 출가 수행자를 보았다.
'나도 출가해 수행자가 되어야겠다.'
보살은 출세간의 길을 가야겠다고 결심했다. 그는 출가할 날을 생각하면서 놀이동산으로 가서 왕실 연못에서 깨끗하게 목욕하고 하루를 보냈다. 그가 연못가에 앉아 있을 때 이발사로 가장한 윗사깜마 천신이 다가와서 세속의 마지막 날을 기념하려고 천상의 온갖 장신구로 아름답게 단장해 드렸다. 그런데 때마침 아들이 태어났다는 소식을 들었다. 그는 아들에 대한 강한 애정에 온몸이 전율하는 것을 깨닫고는 이렇게 외쳤다.
"나를 얽어매는 장애가 태어났구나!"
저녁이 되어 수레에 높이 앉아 돌아오는 왕자를 보고 고모의 딸인 끼사 고따미가 누각에서 노래를 불렀다.

복덕이 큰 저분의 어머니는 얼마나 행복할까!
공덕이 큰 저분의 아버지는 얼마나 행복할까!
복덕과 공덕을 두루 갖춘 저분의 아내는 얼마나 행복할까!
저런 분을 남편으로 삼았으니!

'나의 누이 끼사 고따미가 아버지, 어머니와 아내가 나를 바라볼 때 행복이 일어난다고 노래하는데 과연 어떤 것들이 사라지면 마음이 행복할까?'
그는 탐욕, 성냄, 어리석음, 교만과 사견 등 마음의 때가 모두 사라져야 진정한 행복이 온다는 것을 깨달았다.

'이 여인은 행복이 진정 어디에 있는지 가르쳐주는구나.'

그는 진정한 행복을 찾도록 일깨워 준 끼사 고따미에게 고마움의 대가로 값비싼 진주 목걸이를 벗어 선물로 보냈다.107) 궁으로 돌아온 왕자는 넓고 화려하게 잘 꾸며진 침대에 가서 누웠다. 아름답게 치장한 무희들은 악단이 연주하는 감미로운 선율에 맞춰 부드럽게 춤추며 노래를 불렀다. 하지만, 모든 즐거움에 흥미가 사라진 왕자는 이내 잠들었다. 왕자가 잠이 들자 무희들과 악단들도 그 자리에 쓰러져 잠이 들었다. 잠깐 동안의 잠에서 깨어난 왕자는 조금 전의 여인들이 악기를 내던지고 혐오스러운 모습으로 여기저기 엎드려 자고 있는 모습에 충격을 받았다. 그는 마부 찬다를 깨워 자신의 애마 깐타까를 데려오게 했다. 그는 말을 타고 일만의 천신들에 둘러싸여 성문을 열고 위대한 출가를 했다. 그는 아노마 강변에서 머리를 깎고 비단옷과 장신구를 벗어버리고 가사를 걸치고 출가 수행자의 모습을 갖추었다.

보살은 사문이 되어 탁발하면서 여기저기 유행한 끝에 마가다국의 수도 라자가하에 도착했다. 그가 빤다와 산에 올라 동굴에 머물고 있을 때 마가다국의 빔비사라 왕이 찾아와 보살의 위엄 있는 모습에 감동받아 자신의 왕국을 나눠 줄 테니 같이 통치하자고 제의했다. 보살은 자신은 세속적 욕망에 미련이 없으며 위없는 깨달음을 얻기 위해 출가했다며 왕의 제의를 거절했다. 그러자 왕은 일체지를 얻으면 제일 먼저 자신의 왕국을 방문해 주길 간청했다. 보살은 그러겠다고 약속했다. 이후 그는 알라라 깔라마108)와 웃다까 라마뿟따109)에게 가서 선정을 배웠다. 그러나 보살은 그들의 가

---

107) 끼사 고따미Kisāgotamī: 끼사 고따미는 게송 114번에 나오는 끼사 고따미가 아니다. 이 여인은 고따마 가문에 속하는 여인이다. 끼사 고따미는 싯닷따 왕자의 선물을 사랑의 징표로 착각하고 기뻐했다고 한다.
108) 알라라 깔라마Ālāra Kālāma: 보살이 첫 번째 만난 스승으로 그에게서 무소유처(akiñcaññāyatana) 선정을 배웠다.
109) 웃다까 라마뿟따Uddaka Rāmaputta: 보살이 두 번째 만난 스승으로 그에게서 비상비비상처(nevasaññāsaññāyatana) 선정을 배웠다.

르침이 아라한으로 인도하지 못한다는 것을 알았다. 그래서 보살은 그곳을 떠나 고행림으로 가서 6년간 극도의 고행을 했다.

보살은 웨사카 달 보름날[110] 이른 아침에 수자따[111]가 황금 발우에 담아 올린 우유죽을 먹었다. 그는 황금 발우를 강물에 띄우며 '만약 오늘 붓다가 된다면 이 발우가 물결을 거슬러 올라갈지어다. 붓다가 되지 않는다면 물결 따라 흘러갈지어다.'라고 생각하면서 발우를 네란자라 강에 띄웠다. 발우는 강물을 거슬러 올라가다가 강 아래로 내려가 깔라 용궁에 도착해 과거 세 부처님이 쓰시던 발우와 부딪쳐 소리를 냈다. 그러자 깔라 용왕이 외쳤다.

"오늘 부처님 한 분이 탄생하셨다. 오늘 다시 부처님 한 분이 탄생하셨다."

깔라 용왕이 외치는 소리를 들으며 보살은 금강보좌에 올라 숫티야가 올린 길상초 여덟 다발로 깔개를 만들고 앉아서 마지막 굳은 결심을 했다.

---

110) 웨사카Vesāka 달 보름날: 웨사카 달은 우리나라의 음력 4월에 해당한다. 남방불교에 의하면 부처님의 탄생과 성도와 대열반이 모두 이날 일어났다고 한다.

111) 수자따Sujātā: 우루웰라Uruvelā 근처의 세나니Senāni 마을의 지주 세나니의 딸이다. 그녀는 반얀banyan 나무의 목신에게 아이를 낳게 해달라고 기도를 올리며 아이를 얻으면 우유죽을 바치겠다고 맹세했다. 소원이 이루어지자 그녀는 해마다 음력 4월 보름이면 보리수의 목신에게 우유죽을 올렸다. 부처님이 깨달음을 얻은 날도 그녀는 가장 훌륭한 우유죽을 만들기 시작했다. 이때 천신들이 그 솥에 천상의 영양분을 넣었다. 그녀는 하녀 뿐나Puṇṇā를 시켜 나무 아래에 제단을 만들라고 지시했다. 이날 부처님께서는 고행을 버리고 보리수 아래에 앉아 계셨는데 하녀 뿐나는 목신이 직접 현신現身한 것이라고 착각하고 수자따에게 이 사실을 알렸다. 수자따는 너무나 기뻐하며 황금 발우에 우유죽을 담아 가서 부처님께 올렸다. 부처님께서는 음식을 들고 강으로 가서 목욕하고 음식을 드셨다. 그리고 그 다음 날 새벽에 일체지를 깨달아 붓다가 되셨다. 부처님께서는 이 음식을 드신 후 49일 동안 아무 음식도 드시지 않고 깨달음의 즐거움을 누리셨다. 수자따는 야사Yasa 존자의 어머니라고 한다.

바라건대 살갗과 힘줄과 뼈만 남아라!
내 몸에 살과 피도 말라붙어라!
대장부의 끈기와 노력과 정진만으로 이룰 수 있는
위없는 깨달음을 얻지 못하고서
어찌 남겨둘 힘이 있으랴!

보살이 동쪽을 향해 앉아 있을 때 마라112)가 붓다가 되는 것을 방해하려고 수십만 명의 마군을 이끌고 쳐들어왔다. 마라가 쳐들어오자 1만 세계의 천왕과 천신들은 모두 도망쳐버리고 보살 혼자 앉아 있었다. 보살은 수많은 세월 동안 닦아온 십바라밀의 힘으로 마라를 물리쳤다.

보살께서는 초경에 전생을 기억하는 지혜(숙명통)113)를 얻고, 중경에 중생들의 죽음과 다시 태어남을 아는 지혜(천안통)114)를 얻고 말경에 십

---

112) 마라Māra: 마라는 크게 두 가지다. 하나는 내면에서 일어나는 온갖 해로운 마음들이고, 하나는 실제로 존재하는 신이다. 첫 번째 경우는 숫따니빠따에 나오는 문장을 인용해본다. "악마 나무찌Namuci여! 너의 첫째 군대는 탐욕(kāma), 둘째 군대는 혐오(arati), 셋째 군대는 기갈(khuppipāsā), 넷째 군대는 애착(taṇhā)이다. 다섯째 군대는 해태와 혼침(thinamiddha), 여섯째 군대는 공포(bhīru), 일곱째 군대는 의심(vici-kicchā), 여덟째 군대는 위선과 아만(makkha-thambha)이다. 잘못 얻은 이득과 명성, 존경과 명예, 또한 자기를 칭찬하고 남을 경멸하는 것. 나무치여, 이것들이 너의 병력兵力이다. 검은 악마의 공격군이다. 용감한 사람이 아니면 그를 이겨낼 수 없다. 용자는 이겨서 즐거움을 얻는다."
두 번째 경우는 타화자재천(Paranimmita vasavatti)에 거주하며 수행자들이 욕계를 벗어나 색계·무색계·출세간의 경지로 향상하는 것을 방해하는 신으로서의 마라다. 그는 군대를 보유하고 있으며 이를 마군(Mārasena)이라고 한다. 그러나 타화자재천의 공식적인 왕은 아니며 반군의 우두머리처럼 타화자재천의 한 천신으로서 성질 나쁜 천신들을 거느리고 인간이나 천신들의 공덕과 수행을 방해한다고 한다.
113) 전생을 기억하는 지혜(pubbenivāsa ñaṇa, 宿命通): 게송 153, 154번 이야기 참조.

이연기十二緣起115)에 대한 지혜를 얻고 일체지를 깨달아 십력十力과 사무외지四無畏智와 모든 고귀한 특성116)을 지닌 붓다가 되셨다.

부처님께서는 깨달음을 얻으신 후 7주를 금강보좌에 앉아 해탈의 즐거움을 누리셨다. 8주째에 야자빨라 니그로다 나무 아래로 자리를 옮겨 스스로 증득한 진리의 심오함을 관찰하셨다. 그때 부처님에게 이런 마음이 떠올랐다.

'내가 깨달은 이 깊고 깊은 미묘한 법을 사람들에게 설명한다 해도 이해하고 깨닫기 어렵다. 사람들은 갈애와 집착을 즐기며 살아간다. 그들에게 갈애가 사라진 경지, 집착이 소멸한 경지, 열반을 설한다 해도, 그들이 이해하지 못한다면 나만 피곤할 뿐이다.'117)

그 순간 대범천 사함빠띠118)가 1만 세계의 신을 거느리고 부처님께 다

---

114) 중생들의 죽음과 태어남을 아는 지혜(天眼通, dibbacakkhu): 게송 153, 154번 이야기 참조
115) 십이연기(paṭiccasamuppāda, 十二緣起): 게송 153, 154번 이야기 참조
116) 부처님의 특성을 나타내는 일체지一切智, 십력十力, 사무외지四無畏智, 육불공법六不共法은 법구경 주석서 해제 II 참조(p22~26).
117) 부처님께서 중생을 제도하기 위해 붓다가 되기를 서원하고 4아승지+10만 대겁 동안 십바라밀을 완성하고 일체지를 얻으셨다. 그런데 왜 이렇게 중생제도를 주저하셨는가? 이에 대해 상윳따 니까야 주석서에서는 두 가지로 설명하고 있다. ① 부처님께서 열반을 실현하고서야 열반이 얼마나 깊고 미묘한 것인지 알게 됐다. 그리고 중생들의 무명업장無明業障이 너무 두터워서 이해시키기가 너무 어렵다고 생각하셨기 때문이다. ② 당시 바라문교(오늘 날의 힌두교)에서 섬기는 지고무상의 신이 브라흐마(범천)다. 당시 바라문 사제들과 일반 민중들은 브라흐마(범천)를 숭배했다. 그래서 브라흐마의 권청을 받음으로써 자신의 법이 뛰어남을 입증하게 되고, 그러면 사람들이 자신의 법을 믿고 들으려고 할 것이기 때문이다.
118) 사함빠띠Sahampati: 상윳따 니까야(S48.57)에 의하면 사함빠띠는 깟사빠 부처님 시대에 사하까Sahaka 비구였으며 이때 오근五根을 닦아 대범천에 태어났다고 말하고 있다. 붓다고사에 의하면 그는 비구였을 때 초선

가와 세상에는 지혜의 눈에 먼지(번뇌)가 적은 중생들이 있으니 이들에게 법을 설해주기를 권청勸請했다.

부처님께서는 불안佛眼으로 중생들을 살펴보셨다. 마음의 때가 적은 중생들과 많은 중생들, 근기가 뛰어난 중생들과 모자란 중생들, 마음이 선한 중생과 악한 중생들, 가르치기 쉬운 중생과 어려운 중생들을 모두 살펴보시고 범천들의 권청을 받아들이셨다.

'그러면 누구에게 제일 먼저 법을 설할까?'

부처님께서 세상을 관찰하자 예전의 스승이었던 알라라 깔라마와 웃다까 라마뺏따는 얼마 전에 죽었다는 것을 알았다. 부처님께서는 다시 생각에 잠겼다. 그러자 6년 동안 고행할 때 자신을 보살피고 도움을 주었던 다섯 사문이 생각났다. 그들은 나의 법을 이해할 것이다. 부처님께서는 자리에서 일어나 까시뿌라로 가다가 우빠까119)를 만나서 대화를 나누었다.

부처님께서는 아살하 달의 보름날120)에 이시빠따나121)에 있는 사슴동

정을 얻어 대범천에 태어났으며, 당시 인도에서 가장 경배하는 최고의 신 마하브라흐마Mahābrahmā라고 말하고 있다. 사함빠띠는 부처님께 법을 설하기를 권했으며(S6.1), 부처님께서 이 세상에 자신보다 뛰어나거나 위대한 사람이 없어 의지할 것이 없으니 당신은 당신이 깨달은 법에 의지해야겠다고 생각하실 때 사함빠띠가 나타나 과거의 모든 부처님께서도 법을 존중하고 법에 의지했음을 증명했다.(S6.2) 사함빠띠는 꼬깔리까 비구가 두 상수제자를 비난하고 죽었을 때 홍련지옥에 태어났음을 증명했다.(S6.10) 그리고 부처님께서 꾸시나라에서 대열반에 드셨을 때 이를 추모하는 시를 읊었다.(S6.15)

119) 우빠까Upaka: 그는 나중에 부처님께 출가해 아나함과를 얻고 정거천에 태어났다. 게송 353번 이야기 참조.

120) 아살하Āsāḷha 달의 보름날: 인도 달력으로 4월이며 우리나라 달력으로는 음력 6월에 해당한다. 음력 6월 보름은 안거 결제일이다. 이날부터 남방에서는 3개월의 우기 안거에 들어간다. 부처님께서는 정각 후 첫 번째 안거 결제날 초전법륜을 굴리셨다.

산에 도착하셨다. 부처님께서는 오비구122)에게 최초로 법륜을 굴리셨
다.123) 그때 1억8천만 명의 신들이 부처님께서 설하시는 최초의 설법을 들
으려고 모여들었다. 이 설법이 끝났을 때 이 모든 사람 가운데 안냐 꼰단
냐124)가 최초로 법을 이해하고 수다원과를 성취했다. 부처님께서 나머지

---

121) 이시빠따나Isipatana: 바라나시에서 6마일 정도 떨어진 사슴동산
(Migadāya, 鹿野園)이다. 부처님께서는 보드가야에서 18요자나 떨어진
이곳까지 걸어오셔서 빤짜왁기야Pañcavaggiya(오비구)에게 초전법륜
경(Dhammacakkappavattana Sutta, S56.11)과 무아경(Anattalakkhaṇa
Sutta, S22.59)을 설하셨다. 이곳은 야사와 그의 친구 54명이 출가해 아라
한이 된 곳이다. 그리고 부처님께서 정각 후 60명의 비구와 여기에서 첫
번째 안거를 나셨다. 이곳은 불자라면 반드시 순례해야 할 사대성지 중
하나이다.
122) 오비구(Pañcavaggiyā): 꼰단냐Koṇḍañña, 밧디야Bhaddiya, 왑빠
Vappa, 마하나마Mahānāma, 앗사지Assaji의 다섯 비구이다. 부처님께서
는 이시빠따나에서 그들에게 최초로 법을 설하셨다. 꼰단냐는 보살의 명
명식에 초대된 여덟 명의 바라문 중 가장 젊은 바라문이었고, 나머지 네
명은 명명식에 초대된 바라문들의 아들이었다. 이들은 아버지의 유언에
따라 보살이 출가하자 우루웰라로 가서 합류했다.
123) 부처님께서 최초로 설하신 경전이 상윳따 니까야에 나오는 초전법륜경
(Dhammacakkappavattana Sutta, S56.11)이다.
124) 안냐 꼰단냐Aññā-Koṇḍañña: 까삘라왓투에서 가까운 도나왓투
Doṇavatthu 바라문 가문에서 태어났다. 그는 베다와 관상학에 능통했으
며, 싯닷타 태자가 태어났을 때 태자의 미래를 예언하기 위해 초청된 여덟
명의 바라문 중 한 명으로 일곱 명의 바라문이 전륜성왕이 되거나 부처가
될 것이라고 예언했으나, 그만이 오직 붓다가 될 거라고 예언했다. 그는
태자가 출가하기를 기다려 다른 네 명과 함께 출가했으며, 보살이 고행림
에서 6년 동안 고행할 때 그를 보살피고 시중들었다. 그러나 보살이 고행
을 포기하자 타락했다고 비난하며 이시빠따나로 갔다. 부처님께서는 깨
달음을 얻으신 후 그곳으로 가서 초전법륜경을 설하셨고, 인간으로서 최
초로 법을 이해해 수다원과를 얻었다. 그래서 부처님께서는 '안냐시 와따
보 꼰단뇨aññāsi vata bho Koṇḍañño!(꼰단냐는 완전히 알았다!)'라고 두
번 외치셨다. 그 후로 장로는 안냐 꼰단냐로 불렸다. 5일 후 그는 무아경
(Anattalakkhaṇa Sutta, S22.59)을 듣고 아라한이 됐다. 그는 최초로 비

네 사람에게도 법을 설하자 왓빠와 밧디야가 수다원이 됐고, 그다음에 마하나마와 앗사지가 수다원이 됐다. 이들은 깨달음을 얻은 차례대로 부처님의 '에타 빅카오(오라 비구여!)[125]'라는 말 한마디로 비구가 됐다. 보름이 지나고 5일째 되던 날에 부처님께서 무아에 대해 법문을[126] 하시자 오비구는 모든 번뇌를 소멸한 아라한이 됐다.

바로 그날 바라나시에 사는 야사는 대부호의 아들로 다섯 가지 애욕에 둘러싸여 지내다가 시녀들이 잠자는 모습을 보고 환멸을 느껴 무작정 집을 나와 이시빠따나로 걸어갔다. 부처님께서는 새벽 무렵에 야사가 오는 것을 보고 그의 바라밀이 성숙됐고 법을 쉽게 이해할 수 있으며 번뇌에서 벗어나 청정한 가르침을 따르고자 한다는 것을 아시고 법을 설하셨다. 야사는 법문을 듣고 수다원이 됐다. 그는 '에타 빅카오!'라는 말로 비구가 됐다. 다음 날 야사는 법문을 듣고 아라한이 됐다.

또 야사의 친구 54명이 야사가 머리와 수염을 깎고 가사를 입고 출가했

구계를 받았으며, 최초로 법을 이해한 사람이라고 선언됐다. 그는 부처님의 허락을 얻어 찻단따 숲Chaddantavana에 있는 만따끼니Mandākinī로 들어가서 12년간 머물렀다. 그가 숲에 머무는 동안 숲속의 코끼리들이 야생 열매를 따서 시중을 들었다고 한다. 장로는 대열반에 들 시간이 되자 숲을 나와 부처님께 가서 허락을 받고 다시 숲으로 되돌아와 대열반에 들었다. 8천 마리의 코끼리와 천상의 신들과 아누룻다를 비롯한 500명의 비구가 다비식에 참여했으며 사리는 웰루와나에 안치됐다고 한다. 설법제일 뿐나 만따니뿟따Puṇṇa Mantānīputta가 누이의 아들이다.

125) 에타 빅카오: 어떤 특별한 사람들은 부처님께서 "에타 빅카오!(오라 비구여!)"라는 말 한마디로 비구가 된다. 이들은 과거생에 가사와 발우 등을 시주한 공덕이 있어야 한다. 이들은 가사, 발우 등을 준비하지 않아도 부처님께서 '에타 빅카오!'라고 부르시는 것과 동시에 가사와 발우 등이 동시에 갖춰지고 법랍 60년이 된 장로의 모습으로 바뀌며 비구가 된다. 이들은 아라한이 될 바라밀이 무르익은 사람들이다.

126) 이때 설하신 경전이 상윳따 니까야에 나오는 무아경(Anattalakkhaṇa Sutta, S22.59)이다.

다는 소식을 듣고 그가 있는 곳으로 와서 부처님께 법을 설해줄 것을 간청했다. 부처님께서는 그들에게 차례차례 법을 설했다. 그들은 때 묻지 않은 하얀 천이 염색이 잘 되듯이 그 자리에서 수다원이 됐다. 그들은 부처님 곁으로 출가하기를 원했다. 그들은 '에타 빅카오!'라는 말로 비구계를 받고 비구가 됐다. 또한 그들은 부처님의 계속된 법문으로 모두 아라한이 됐다.

이로써 세상에는 모두 61명의 아라한이 존재하게 됐다. 우기 안거가 끝나고 자자를 하고 나서 부처님께서는 비구들에게 전법선언(傳法宣言)을 하셨다.

"비구들이여, 길을 떠나라. 법을 설하고 진리를 가르쳐라."[127]

부처님께서는 우루웰라[128]로 가셨다. 그곳으로 가는 도중에 깟빠시까 숲에서 밧다왓기야[129]로 알려진 30명의 젊은이들을 만나 가르침을 설하셨다. 이들 중 가장 낮은 자는 수다원을, 가장 높은 자는 아나함에 이르렀다.

---

127) 전법선언문: "비구들이여, 길을 떠나라. 많은 사람의 이익과 안락을 위해, 세상에 대한 자비심을 품고, 많은 이들의 안녕과 선과 해탈을 위해, 인간과 천신들의 행복을 위해 길을 떠나라. 두 사람이 한길을 가지 마라. 비구들이여, 처음도 좋고, 중간도 좋고, 끝도 좋은, 의미와 문장을 갖춘 법을 설하라. 아주 원만하고 청정한 행을 드러내 보여라. 세상에는 마음에 먼지와 때가 적은 자가 있다. 그들이 법을 듣지 못한다면 쇠퇴하고, 듣는다면 해탈로 나아가리라. 비구들이여, 나도 법을 설하기 위해 우루웰라로 가겠노라."

128) 우루웰라Uruvelā: 네란자나Nerañjarā 강변 지역으로, 보살께서 근처의 보리수나무 아래에서 6년간 고행하셨다. 보살께서 이곳에서 너무 극심한 고행으로 실신하자, 그가 죽었다는 소문이 숫도다나 왕에게까지 전해졌다. 하지만, 왕은 깔라데윌라 선인의 예언을 믿으며 그의 죽음을 믿지 않았다(J447 서문). 우루웰라 근처에는 수자따Sujāta가 살고 있는 세나니Senāni 마을이 있었고, 깟사빠 삼형제도 이곳에서 교단을 이루고 살고 있었다.

129) 밧다왓기야Bhaddavaggiya: 게송 65번 이야기에 나오는 빠테이야까 비구들이다.

이들도 '에타 빅카오!'라는 말로 비구계를 받고 비구가 됐다.

부처님께서는 30명의 비구들에게도 전법의 유행을 떠나도록 하시고 계속 나아가 우루웰라에 도착하셨다. 우루웰라에는 깟사빠 삼형제와 천 명의 결발수행자結髮修行者가 불을 섬기며 살고 있었다. 부처님은 3천500가지의 신통변화로 깟사빠 삼형제와 천 명의 결발수행자를 개종시켰다. 부처님께서는 그들에게 법을 설하고 '에타 빅카오!'라는 말로 비구계를 주셨다. 부처님께서는 이들을 가야시사130) 산 정상에 앉히고 '불의 설법'131)을 하셨다.

비구들이여, 모든 것이 불타고 있다. 어떻게 불타고 있는가?

비구들이여, 시각이 불타고 형상이 불타고 안식眼識이 불타고 시각의 접촉이 불타고 있다. 시각의 접촉을 조건으로 생겨나는 즐거운 느낌, 괴로운 느낌, 무덤덤한 느낌이 불타고 있다. 어떻게 불타고 있는가? 탐욕의 불, 성냄의 불, 어리석음의 불로 불타고 있고, 태어남, 늙음, 죽음, 우울, 슬픔, 고통, 불쾌, 절망으로 불타고 있다.

비구들이여, 청각, 후각, 미각, 촉각, 의식도 마찬가지다.

비구들이여, 나의 고귀한 제자들은 이와 같이 보아서 시각을 싫어하고 형상을 싫어하고 안식을 싫어하고 시각의 접촉을 싫어하고 시각의

---

130) 가야시사Gayāsīsa: 가야Gayā에서 북서쪽으로 1마일 떨어져 있는 작은 산이다. 부처님께서 결발수행자 삼형제와 그들의 제자 천 명을 개종시키고 이곳에 데려와 함께 머물며 깨달음으로 인도했다. 또한 데와닷따가 승단을 분열시키고 500명의 젊은 비구를 데려와서 머물렀던 곳이며, 아자따삿뚜 왕이 그를 위해 이곳에 사원을 지었다고 한다. 중국의 현장법사가 여기에서 남동쪽에 있는 깟사빠 삼형제의 탑을 보았다고 〈대당서역기〉에 기록하고 있다.

131) 불의 설법(Ādittapariyāya, S35.28): 상윳따 니까야에 나오는 유명한 가르침이다. 부처님께서는 가야시사 정상에서 불을 섬겨서 불의 성질을 잘 아는 결발수행자 삼형제(Tebhātikajaṭilā)와 제자들에게 불의 비유를 들어 내부에서 타오르는 탐욕·성냄·어리석음의 불을 속히 꺼버리고 해탈을 이루라고 가르치셨다.

접촉을 조건으로 일어난 괴로운 느낌, 즐거운 느낌, 무덤덤한 느낌을 싫어해서 떠난다.

비구들이여, 청각, 후각, 미각, 촉각, 의식도 마찬가지다.

싫어하여 떠나고 사라져서 해탈한다. 해탈하면 '나는 해탈했다'는 지혜가 생겨난다. 지혜가 생겨나면 '태어남은 부서지고 성스러운 삶을 살았으며, 해야 할 일을 다 마치고 더 이상 윤회하지 않는다.'라고 분명히 안다.[132]

이 법문을 듣고 이들은 모두 아라한이 됐다. 부처님께서는 이들 천 명의 아라한을 데리고 빔비사라 왕과의 약속을 지키기 위해 라자가하의 랏티와나[133] 동산으로 가셨다.

동산지기가 빔비사라 왕에게 와서 보고했다.

"부처님께서 도착하셨습니다."

빔비사라 왕은 12만 명의 바라문 장자들을 이끌고 부처님께 와서 법문을 들었다. 법문이 끝나자 빔비사라 왕과 11만 명의 바라문들은 수다원이 됐고 나머지 1만 명은 삼보에 귀의했다. 다음 날 빔비사라 왕의 공양청에 응해 라자가하 왕궁으로 들어가는 길에 젊은 동자로 변장한 삭까 천왕[134]이 부처님을 찬미하는 노래를 불렀다. 부처님께서 공양을 마치시자 빔비사라 왕은 라자가하에서 가장 가까운 웰루와나[135]에 사원을 지어 부처님께 바

---

132) '태어남은 부서지고, 성스러운 삶을 살았으며, 해야 할 일을 마치고 더 이상 윤회하지 않는다고 분명히 알았다.'라는 이 문구는 구경의 깨달음을 얻은 사람이 자신의 깨달음을 반조返照할 때 일어나는 해탈지견解脫知見의 내용이다.

133) 랏티와나Laṭṭhivana: 라자가하의 남서쪽에 있는 숲으로 이곳에 수빠띳타 탑Supatiṭṭha cetiya이 있었다. 부처님께서 정각 후 라자가하를 처음 방문했을 때 이 사원에 머물렀으며 빔비사라 왕과 11만 명의 시민들이 부처님의 가르침을 듣고 수다원과를 성취한 곳이다.

134) 삭까Sakka: 게송 30번 이야기 참조.

쳤다. 이곳이 사리뿟따 존자와 목갈라나 존자가 부처님을 찾아와 귀의한 곳이다.

2. 사리뿟따 장로136)와 목갈라나 장로137)의 출가138)

135) 웰루와나Veluvana(竹林精舍) : 라자가하 근처의 대나무 숲으로 빔비사라 왕의 놀이동산이었다. 부처님께서 정각 후 처음으로 라자가하를 방문했 을 때 빔비사라 왕은 부처님께서 머무실 장소로 성에서 너무 멀지 않아 사람들이 쉽게 찾아갈 수 있고, 사람들이 붐비지 않아 조용히 머물 수 있는 이곳에 사원을 지어 승단에 기증했다. 이 사원은 부처님께서 최초로 받은 사원(ārāma)이었다. 이때 사리뿟따와 목갈라나가 승단에 들어왔다. 깔란다까니와빠Kalandakanivāpa(다람쥐 보호구역)는 웰루와나 안에 부 처님이 머무시는 장소다. 이곳에서 많은 경이 설해졌고 많은 계율이 제정 됐다. 이곳에서 비구니 상수제자 케마 장로니가 출가했다. 부처님 생전에 안냐 꼰단냐 장로와 마하목갈라나 장로의 사리탑이 이곳에 세워졌다. 부 처님께서는 45안거 중 2년째, 3년째, 4년째, 17년째, 20년째 안거를 여기서 보내셨다.

136) 사리뿟따Sāriputta : 부처님의 첫 번째 상수제자(aggasāvaka)이며 속명 은 우빠띳사Upatissa이다. 장로의 아버지는 왕간따Vaṅganta이고 어머니 는 루빠사리Rūpasārī이다. 장로는 어머니의 이름을 따서 사리뿟따(사리 의 아들)라고 불렸다. 장로에게는 세 남동생, 쭌다Cunda, 우빠세나 Upasena, 레와따Revata와 세 여동생, 짤라Cālā, 우빠짤라Upacālā, 시수 빠짤라Sisūpacālā가 있었다. 이들은 모두 출가해 아라한이 됐다. 그는 불 가지론자인 산자야Sañjaya의 제자였으나 앗사지Assaji 장로가 읊은 게송 을 듣고 수다원과를 얻어 불교에 귀의했다. 장로는 스님이 된 지 보름 후에 부처님께서 그의 조카인 디가나카Dīghanakha에게 웨다나빠리가하 경(Vedānapariggaha Sutta, M74)을 설하는 것을 듣고 아라한과를 성취 했다. 부처님께서는 대중들을 모아놓고 그가 지혜제일(etadaggaṃ mahāpaññānaṃ)이라고 선언하셨다. 부처님께서 종종 요점만 설하시면 사리뿟따 장로가 이를 해석해 상세히 법문했고 부처님께서 그의 법문을 인가하고 칭찬하셨다. 그래서 장로는 법의 사령관(Dhammasenāpati, 法 將)이라고 불린다. 장로는 동료 비구들과 많은 주제를 가지고 법담法談을 나누고 제자들을 가르쳤으며, 많은 이교도들과 토론을 벌여 그들을 개종

시켰다. 경전에 장로의 이름이 부처님 다음으로 많이 등장하며, 법구경에
도 게송 11, 12, 95, 97, 389, 390, 392, 410번이 장로에 관한 이야기다.
장로는 대열반에 들 시간이 가까이 오자 부처님께 나아가 고향에 가서
대열반에 들겠다고 허락을 얻고 대중들에게 마지막 법문을 했다. 그리고
동생 쭌다Cunda 장로와 500명의 비구를 거느리고 어머니를 교화하기
위해 고향 날라까 마을Nālakagāma을 방문했다. 어머니는 비록 7명의
아라한을 낳았지만 그때까지도 신을 섬기고 불교를 믿지 않았다. 고향집
에 온 장로는 이질에 걸려 자신이 태어난 방에 들어가 자리에 누웠다.
하지만, 어머니는 아들이 결혼도 하지 않고 출가함으써 집안의 대가 끊긴
것에 분노해 아들을 보지 않았다. 이때 사대천왕과 삭까 천왕과 범천의
신들이 내려와 장로를 시중들었다. 어머니는 위대한 신들이 아들을 시중
드는 것을 보고 아들에게 가서 이 신들보다 아들이 더 위대한지 물었다.
아들이 그렇다고 대답하자 그녀의 온몸은 기쁨으로 가득 차올랐다. 이때
장로는 어머니에게 법문했고 그녀는 수다원과를 얻었다. 장로는 비구 대
중들에게 자신의 45년 출가 생활에 허물이 있었는지 물었고 대중들은
장로가 완벽하게 청정했음을 인정했다. 장로는 여러 가지 삼매에 들었다
가 나와서 새벽에 대열반에 들었다. 이때가 깟띠까 달(음력 10월) 보름날,
부처님께서 대열반에 드시기 6개월 전이었다.

137) 마하목갈라나Mahāmoggallāna: 그는 라자가하의 꼴리따 마을
Kolitagāma에서 어머니 목갈리(Moggalī 또는 Moggallānī)의 아들로 태
어났다. 그래서 불교에 귀의하기 전에는 마을 이름을 따서 꼴리따Kolita
라 불렸으며, 비구가 돼서는 어머니의 이름을 따서 목갈라나로 불렸다.
장로는 비구가 된 지 일주일이 되던 날 혼침 속에 좌선중일 때 부처님의
법문을 듣고 혼침에서 벗어나 아라한과를 성취했다. 장로는 신통
(iddhipātihāriya) 제일이어서 삭까 천왕의 궁전을 신통으로 흔들거나 범
천을 흔들어 신들에게 경각심을 일깨우고, 용왕을 굴복시켰으며, 어떤
세계나 어떤 존재도 볼 수 있었으며, 어떤 세계든 갈 수 있었다. 뿐만
아니라 지혜에 있어서도 사리뿟따 다음으로 뛰어나서 여러 곳에서 부처
님을 대신해서 법문을 설했다. 게송 137번 이야기에는 장로가 니간타들이
고용한 악당들에게 죽을 정도로 두들겨 맞고 대열반에 드는 이야기가
나온다. 이때는 사리뿟따 장로가 죽은 지 보름 후였다. 장로는 사리뿟따와
함께 상수제자(aggasāvaka)로 불린다.

138) 사리뿟따와 목갈라나 장로의 출가 이야기는 율장 대품(VinMv. i. 23-

부처님께서 세상에 출현하시기 전에 라자가하로부터 그리 멀지 않은 곳에 우빠띳사 마을과 꼴리따 마을이 있었다. 어느 날 우빠띳사 마을에 사는 루빠사리라는 바라문 여인이 아이를 갖게 됐고, 동시에 꼴리따 마을에 사는 목갈리라는 바라문 여인도 임신했다. 이 두 집안은 선조 7대를 내려오는 동안 깊고 돈독한 우정을 유지하고 있었다. 그들은 산모와 태아를 보호하려고 정성을 기울였다. 마침내 달이 차서 두 여인은 아이를 낳았다.

아이의 이름을 짓는 날 루빠사리 부인의 아들은 우빠띳사 마을의 가장 유명한 가문이었으므로 아들을 우빠띳사라고 지었고, 목갈리 부인의 아들은 꼴리따 마을의 가장 유명한 가문이었으므로 꼴리따라고 이름 지었다. 두 아이는 자라서 모든 학문과 기예를 두루 섭렵하고 익혔다. 소년 우빠띳사가 강이나 동산으로 놀러 나갈 때는 언제나 500대의 황금마차와 500명의 아이들이 따라다녔고 꼴리따에게도 500대의 황금수레와 500명의 아이가 따라다녔다.

라자가하에는 해마다 산 정상에서 열리는 축제가 있었다. 두 젊은이는 그들을 위해 준비돼 있는 긴 의자에 앉아 축제를 바라보며 웃기는 장면이 나오면 웃고, 깜짝 놀라게 하면 놀라고, 재주를 잘 부리는 사람에게는 상을 주며 축제를 즐겼다. 이렇게 여러 날을 보내다가 어느 날 지혜가 생기자 웃겨도 웃지 않고, 놀라게 해도 놀라지 않고, 잘하는 사람에게도 상을 주지 않았다.

'왜 우리가 이런 무의미한 것을 구경해야 하지? 100년이 채 지나가기 전에 여기 있는 사람들 모두 죽어 땅속으로 사라질 텐데 지금 웃고 즐길 시간이 어디 있는가? 우리는 차라리 해탈의 길을 찾는 것이 낫지 않을까?'
이런 생각으로 한참을 앉아 있다가 꼴리따가 우빠띳사에게 말했다.
"친구 우빠띳사여, 자네는 전처럼 즐거워하거나 기뻐하지 않고 오히려

24.4)에서 유래한다.

우울한 표정을 짓고 있는데 무슨 생각을 하고 있나?"

"친구 꼴리따여, 축제가 도대체 무슨 의미가 있을까? 이런 세상사 모두 부질없는 짓이 아닐까? 나는 이런 무의미한 삶에서 벗어나 진리를 찾아 떠나볼까 생각 중일세. 그런데 자네는 왜 그렇게 침울한 표정을 짓고 있나?"

꼴리따도 같은 생각을 하고 있다고 말하자 우빠띳사가 말했다.

"우리는 참으로 똑같은 생각을 하고 있었네. 우리 함께 출가해서 해탈의 길을 찾도록 하세. 하지만, 누구 문하로 출가하면 좋을까?"

그때 유행자 산자야[139]가 많은 제자를 거느리고 라자가하에 살고 있었다.

"우리 산자야 밑으로 출가하도록 하세."

두 젊은이는 자신들을 따르는 500명의 젊은이들을 집으로 돌려보내며 말했다.

"마차와 수레를 가지고 집으로 돌아가게나."

그리고 남아있는 500명의 청년들과 함께 산자야 문하로 출가해 사문이 됐다. 그들이 자신의 문하로 출가하자 산자야는 부귀와 명성을 누리기 시작했다. 며칠 지나지 않아서 두 젊은 제자는 스승이 가르치는 교리와 수행의 경계를 넘어서 버렸다.

"스승이시여, 이것이 당신께서 알고 있는 전부입니까? 아니면 다른 가르침이 남아 있습니까?"

"이것이 전부다. 더 이상 그대들에게 가르칠 것이 없다. 그대들은 내가 알고 있는 모든 것을 다 배웠다."

---

139) 산자야 벨랏티뿟따Sañjayena Belaṭṭhiputta : 육사외도六師外道 중 한 명으로 회의론자懷疑論子, 불가지론자不可知論者이다. 그는 질문을 받으면 애매모호한 말을 사용해 뱀장어처럼 미끄럽게 문제를 빠져나간다고 해서 암마라윗케삐까Amarāvikkhepikas(뱀장어처럼 빠져나가는 자)라고 불렸다.

우빠띳사와 꼴리따는 실망했다.

"스승의 말씀이 사실이라면, 더 이상 이곳에 남아 있는 것은 무의미한 일이다. 우리는 윤회에서 벗어나는 길을 찾기 위해 출가했는데 이 스승에게선 더 이상 얻을 게 없구나. 잠부디빠는 넓고 스승은 많다. 마을과 읍과 성과 도시를 돌아다니며 진정한 가르침을 찾아보자. 어디선가 틀림없이 해탈의 길을 가르쳐 줄 스승을 만나게 될 것이다."

그때부터 둘은 사문이든 바라문[140]이든 깨달은 사람이 있다는 소문이 들리면 그곳으로 달려가서 문답을 주고받았다. 그러나 우빠띳사와 꼴리따의 질문에 그들은 대답하지 못했고, 그들의 모든 질문에 우빠띳사와 꼴리따는 쉽게 대답했다. 둘은 잠부디빠를 온통 헤집고 돌아다녔지만, 결국 아무런 소득 없이 집으로 돌아오고 말았다. 헤어지기 전에 우빠띳사가 꼴리따에게 말했다.

"친구 꼴리따여, 우리 중에 깨달음을 먼저 얻은 사람이 다른 사람에게 반드시 알려주기로 하세."

이렇게 약속하고 둘은 헤어졌다.

이때 부처님께서는 이곳저곳 유행하시다가 라자가하에 도착하시어 빔비사라 왕이 보시한 웰루와나 사원에 머무르고 계셨다. 부처님께서는 60명의 아라한에게 널리 유행하면서 법을 전하라고 이르셨다.

"나아가라. 비구들이여, 가서 법을 설하고 가르쳐라."

오비구 중 한 명인 앗사지 장로가 라자가하로 돌아와 웰루와나 사원에 숙소를 정하고 다음 날 가사와 발우를 들고 탁발을 위해 라자가하에 들어섰다. 바로 그날 아침 우빠띳사는 아침을 일찍 먹고 집을 나섰다가 앗사지 장로의 엄숙한 용모와 거룩하고 위엄 있는 거동에 큰 감동을 받았다.

---

140) 사문(samaṇa)과 바라문(brāhmaṇa): 바라문은 베다를 암송하고 만뜨라를 외우며 제사 의식을 거행하며 살아가는 성직자들이다. 사문은 바라문을 제외하고 불교와 자이나교 등 나머지 모든 교단에 출가한 자나 홀로 출가해 숲속에서 살아가는 사람들을 모두 포함한다.

'전에 이런 사문을 본 적이 없다. 그는 필시 아라한이거나 아라한의 길에 들어선 사람일 것이다. 그에게 다가가서 '형제여, 그대는 누구에게 출가했습니까? 누가 그대의 스승입니까? 누구의 가르침을 따르고 있습니까?'라고 물어보는 것이 어떨까?'

그러나 그가 지금 탁발 중이라는 데 생각이 미쳤다.

'저분은 지금 이집 저집 돌아다니며 탁발하는 중이다. 지금은 질문하기에 적당한 시간이 아니다. 저분의 발자국을 조용히 따르다 보면 질문할 기회가 올 것이다.'

앗사지 장로가 탁발을 마치고 어떤 곳에 가서 앉으려고 하자 우빠띳사는 재빨리 자신의 깔개를 깔아드렸다. 장로가 자리에 앉아 식사를 마치자 우빠띳사는 자신의 물병을 장로에게 올렸다. 이렇게 제자가 스승에게 하는 의무를 행하고서 그는 식사가 끝난 장로에게 인사를 드리고 나서 물었다.

"벗이여, 당신의 감관은 매우 청정하며 피부는 맑고 깨끗합니다. 벗이여, 당신은 누구에게 출가했으며 당신의 스승은 누구이며 누구의 법을 따르고 있습니까?"

장로는 생각했다.

'이 사문은 우리의 가르침에 호감이 있는 것 같지 않다. 이 사문에게 불법佛法의 심오함을 보여줘야겠다.'

장로는 먼저 겸손하게 자신은 단지 초심자라고 설명했다.

"벗이여, 저는 초심자이고 출가한 지 얼마 되지 않아 법과 율에 대해 배움이 짧습니다. 그래서 부처님의 가르침을 자세히 가르쳐 줄 수 없고 간략한 의미만 말할 수 있을 뿐입니다."

"저는 우빠띳사라는 유행자입니다. 많든 적든 능력껏 말씀해 주십시오. 저는 하나를 알면 천을 꿰뚫어 아는 능력이 있습니다."

우빠띳사는 이렇게 말하면서 시를 읊었다.

많든 적든 말씀해 주소서.

오직 핵심만을 말씀해 주소서.

저에게 필요한 것은 핵심일 뿐

많은 말이 무슨 소용이리오.

장로는 이에 응답해 게송의 첫 구절을 읊었다.

모든 것이 일어나는 데는 원인이 있다네.

부처님께서는 원인에 대해 말씀하신다네.[141]

우빠띳사는 이 첫 구절을 듣는 순간 수다원을 얻었다. 그는 수천 가지로 그 의미를 유추해 냈던 것이다. 그가 수다원과를 얻자 장로는 곧바로 두 번째 구절을 읊었다.

원인이 소멸한 열반에 대해서도

부처님께서는 또한 말씀하신다네.[142]

---

141) 첫 번째 게송에서 말하는 '모든 것'이란 오온五蘊을 말한다. 오온이란 몸(色)과 마음(受想行識)이다. 오온 그 자체는 괴로움이 아니지만 거기에 집착하면 괴로움이 일어난다. 그래서 모든 것(오온)은 사성제의 첫 번째인 괴로움의 진리(苦聖諦)를 말한다. 그리고 같은 문장에서 말하는 '원인'은 괴로움의 원인, 즉 집착이다. 이것은 사성제의 두 번째 진리인 일어남의 진리(集聖諦)를 말한다. 한문 번역으로는 제법종연기 여래설시인(諸法從緣起 如來說是因)이다.

142) 두 번째 게송에서는 괴로움의 소멸에 대해 말하고 있다. 괴로움을 소멸시키려면 괴로움의 원인인 갈애와 집착에서 벗어나 열반을 증득해야 한다. 그러므로 이 게송은 사성제의 세 번째인 소멸의 진리(滅聖諦), 즉 열반을 설명하고 있다. 위의 게송에서는 사성제의 마지막 진리인 소멸에 이르는 길의 진리(道聖諦)는 말하지 않았지만 소멸의 진리를 말할 때 '거기에 이르는' 도성제가 있음을 암시한다고 할 수 있다. 한문 번역으로는 피법인연진 시대사문설(彼法因緣盡 是大沙門說)이다.

우빠띳사는 두 번째 게송을 듣고 나서 더 높은 깨달음[143]을 얻지 못했다.

'내가 더 높은 도과를 성취하지 못하는 데는 이유가 있을 것이다.'

우빠띳사는 이렇게 생각하며 장로에게 물었다.

"더 이상 법을 설하지 않으셔도 됩니다. 이것으로 충분합니다. 장로님의 스승께서는 어디에 살고 계십니까?"

"벗이여, 저의 스승은 웰루와나에 머물고 계십니다."

"장로님께서는 먼저 가십시오. 제게는 깨달음을 먼저 얻은 사람이 상대방에게 알려주기로 약속한 친구가 있습니다. 먼저 그에게 가서 약속을 지켜야 합니다. 그런 다음 친구와 함께 곧바로 장로님의 뒤를 따라 부처님께 가겠습니다."

우빠띳사는 장로의 발아래 오체투지로 삼배를 드리고 오른쪽으로 세 바퀴 돌아 최상의 존경심을 표하고 나서 친구 꼴리따에게 갔다.

꼴리따는 우빠띳사가 멀리서 오는 것을 보고 생각했다.

'오늘 벗의 얼굴빛은 예전의 얼굴빛이 아니다. 그는 깨달음을 얻었음이 틀림없다.'

그가 우빠띳사에게 깨달음을 얻었는지 묻자 우빠띳사가 대답했다.

"벗이여, 그렇다네. 나는 깨달음을 얻었다네."

---

143) 깨달음의 단계: 깨달음의 단계에는 수다원, 사다함, 아나함, 아라한, 네 가지가 있다. 이 단계는 마음의 족쇄가 얼마나 풀려나갔느냐에 따라 구분한다. ① 수다원(sotāpatti)은 유신견(sakkāya diṭṭhi), 계율과 의식에 대한 집착(sīlabbata paramāsa), 의심(vicikicchā)의 세 가지 족쇄가 완전히 풀린 사람이다. ② 사다함(sakadāgami)은 수다원의 세 가지 + 감각적 욕망과 적의가 아주 엷어진 사람이다. ③ 아나함(anāgami)은 수다원의 세 가지 + 감각적 욕망(kāma rāga), 적의(paṭigha)가 완전히 다 풀려나간 사람이다. ④ 아라한(arahan)은 아나함의 다섯 가지 + 색계 존재에 대한 집착(rūpa rāga), 무색계 존재에 대한 집착(arūpa rāga), 자만(māna), 들뜸(uddhacca), 무명(avijjā)까지 다 풀려나간 사람이다.

우빠띳사는 앗사지 장로가 읊었던 게송을 똑같이 반복했다. 이 게송 끝에 꼴리따도 수다원과를 얻었다. 꼴리따가 기쁨에 가득 찬 목소리로 물었다.

"벗이여, 우리의 부처님은 어디에 계시는가?"

"벗이여, 웰루와나에 계신다네. 우리의 스승 앗사지 장로께서 알려주셨네."

"벗이여, 어서 부처님을 뵈러 가세나."

우빠띳사에게는 항상 스승을 깊이 존경하는 아름다운 마음씨가 있었다.

"우리의 스승 산자야에게 알려주도록 하세나. 우리가 깨달음을 얻었다고 말일세. 그의 마음이 깨어있다면 이해할 것이고, 이해하지 못한다 해도 우리의 말이 진실임을 믿을 것이네. 그래서 부처님의 설법을 듣게 되면 그도 도와 과를 얻게 될 거야."

둘은 산자야에게 갔다. 산자야는 둘에게 물었다.

"벗들이여, 불사不死의 길을 가르치는 사람을 찾았는가?"

"스승이시여, 그렇습니다. 우리는 그런 분을 찾았습니다. 부처님이 세상에 출현하셨습니다. 법이 출현하고 승가가 출현했습니다. 당신은 쓸모없고 핵심도 없는 곳에서 헤매고 있습니다. 그러니 우리와 함께 부처님께 귀의합시다."

"그대들이나 가시게. 난 갈 수 없네."

"이유가 무엇입니까?"

"많은 사람에게 존경받는 스승으로 살다가 다시 남의 제자가 된다는 것은 견딜 수 없는 일일세. 그건 마치 큰 항아리가 조그만 물그릇이 되는 것과 같다네. 내가 남의 제자가 된다는 것은 있을 수 없는 일일세."

"스승이시여, 그렇게 생각해서는 안 됩니다."

"벗들이여, 걱정 말고 그대들이나 가도록 하시게. 난 절대 가지 않겠네."

"스승이시여, 부처님께서 세상에 출현하신 그 순간부터 사람들이 부처님께 가서 향과 화환을 올리며 삼배를 드리고 있습니다. 우리도 부처님께 갑니다. 당신은 왜 가지 않으려는 겁니까?"

"벗들이여, 이 세상에는 현명한 자가 많은가 아니면 어리석은 자가 많은가?"

"스승이시여, 어리석은 자는 많고 현명한 자는 적습니다."

"벗이여, 현명한 자는 현명한 사문 고따마에게 갈 것이고, 어리석은 자는 내게 올 걸세. 그대들은 어서 가보게. 나는 절대 가지 않겠네."

"스승이시여, 당신은 유명한 스승이 될 것입니다."

둘은 그렇게 말하면서 떠나갔다. 둘이 떠나자 산자야의 회중會衆은 깨지고 숲은 텅 비어버렸다. 산자야는 제자들이 떠난 텅 빈 숲을 보고 뜨거운 피를 토했다. 500명의 제자 모두 두 사람을 따라 나섰다가 아직 산자야에게 믿음이 있는 250명은 되돌아갔고, 두 사람이 제자로 받아들였던 250명은 두 사람을 따라 웰루와나로 향했다.

부처님께서 사부대중 가운데 앉아 법문하시다가 두 사람과 250명의 제자가 멀리서 오는 것을 보시고 말씀하셨다.

"비구들이여, 저기 우빠띳사와 꼴리따가 오고 있구나. 둘은 나의 상수제자가 될 것이다."

두 사람은 부처님께 삼배를 드리고 존경하는 마음으로 한쪽에 앉아 부처님께 말씀드렸다.

"부처님이시여, 우리는 부처님께 출가해서 비구가 되고 싶습니다."

"에타 빅카오!(오라 비구여!) 법은 잘 설해졌느니라. 모든 괴로움을 완전히 끝낼 때까지 성스러운 삶을 살아라."

부처님의 말씀이 끝나자마자 그들은 과거 공덕의 힘으로 가사와 발우가 저절로 갖춰지고 마치 60안거를 지낸 장로처럼 됐다.

부처님께서는 두 사람의 제자들에게 근기에 따라 높은 단계로 이끄는 가르침을 설하셨다. 그래서 두 상수제자를 제외하고 모두 아라한이 됐다. 두 상수제자는 세 가지 높은 단계를 성취하지 못했다.

그 이유가 무엇인가? 두 상수제자가 갖추어야 할 지혜는 다른 아라한에 비해서 훨씬 더 심오하기 때문이다.

마하 목갈라나(예전의 꼴리따) 장로는 마가다의 깔라왈라 마을 근처에 머물며 수행하고 있었다. 비구가 된 지 7일째 되던 날 장로는 가부좌를 틀고 앉아 고개를 끄덕이며 졸고 있었다. 부처님께서는 그가 혼침에 빠져 있는 것을 천안으로 보시고 찾아와 혼침을 극복하는 법을 설하셨다. 그가 혼침에서 벗어나자 부처님께서는 느낌을 관찰해 집착을 여의고 갈애를 소멸시키는 가르침을 설하셨다.144) 그는 부처님의 법문을 듣고 상수제자의 완벽한 지혜를 갖춘 아라한이 됐다.

사리뿟따(예전의 우빠띳사) 장로는 승가에 들어온 지 보름이 됐을 때 라자가하 근처에 있는 수까라카따 동굴에 머물고 있었다. 그때 부처님께서 장로의 조카인 유행자 디가나카에게 웨다나빠릿가하 경145)을 설하시는 것을 듣고 상수제자의 완벽한 지혜를 갖춘 아라한이 됐다.

분명 사리뿟따 장로는 지혜가 뛰어난 사람이다. 그런데 상수제자의 지혜를 갖춘 아라한이 되는데 왜 목갈라나 존자보다 일주일이나 더 늦었는가? 먼 길을 가려면 더 많은 준비가 필요한 법이다. 이것은 왕의 행차와 비교해볼 수 있다. 왕이 행차를 할 때는 코끼리 등에 화려한 안장을 얹어야 하는 등 여러 가지 준비를 해야 한다. 반면에 거지가 길을 떠날 때는 어디를 가

---

144) 이때 설하신 경전이 앙굿따라 니까야에 나오는 졸고있음 경(Pacalā Sutta, A7.58)이다.

145) 웨다나빠릿가하 경(Vedanāpariggaha Sutta): 맛지마 니까야 디가나카 경(Dīghanakha Sutta, M74)의 다른 이름이다. 부처님께서 유행자 디가나카(사리뿟따 누이의 아들)에게 이 경에 나오는 가르침을 설하고 계실 때 사리뿟따는 부처님 뒤에서 부채질을 해드리면서 법문을 듣다가 깨달아 아라한이 됐다.

든지 거적을 돌돌 말아 등에 지고 바로 떠나면 된다.

그날 저녁 그림자가 길게 드리우고 있을 때 고따마 부처님 생전에 단 한 번 있었던 제자들의 대집회146)가 웰루와나에서 열렸다. 부처님께서는 모인 대중들 앞에서 두 사람을 상수제자에 임명하시고 최초의 우뽀사타布薩를 거행하셨다.147)

비구들은 불만족스러운 얼굴로 서로에게 말했다.

"부처님께서는 영광스러운 상수제자의 자리를 주는 데 있어서 편애하고 계십니다. 상수제자를 임명하려면 가장 먼저 출가한 사람, 즉 오비구에게 우선권을 주는 것이 합당하지 않을까요? 그들이 관심을 보이지 않으면 야사와 54명의 친구들에게 우선권을 주는 것이 합당하지 않을까요? 그들이 양보한다면 30명의 젊은이들에게 우선권을 주는 것이 합당하지 않을까요? 그들이 이의가 없다면 우루웰라 깟사빠, 나디 깟사빠, 가야 깟사빠의 삼형제에게 우선권을 주는 것이 합당하지 않을까요? 이 모든 비구에게 우선권을 주지 않고 가장 나중에 출가한 사람을 상수제자 자리에 앉힌다면 이것은 부처님께서 편애한다고 볼 수밖에 없습니다."

부처님께서 다가와 물으셨다.

"비구들이여, 무엇을 토론하고 있는가?"

비구들이 솔직하게 말씀드리자 부처님께서 말씀하셨다

"비구들이여, 나는 이런 영광스러운 자리를 주는 데 있어 편애하지 않는다. 어느 누구든지 간에 그가 전생에 어떤 서원을 세웠는지에 따라 영예를

---

146) 제자들의 대집회(sāvaka sannipāta): 모든 부처님마다 한 번 내지 세 번의 대집회가 열린다. 고따마 부처님에게는 단 한 번의 대집회가 있었다. 이때 모인 대중이 1천250명의 아라한이었다.
147) 비구계는 성도 후 20년이 되던 해부터 제정됐으므로 이때는 아직 비구계본이 없었다. 계목(Pātimokkha)이 없을 때에는 세 가지 게송(법구경 게송 183-185, 칠불통게)을 외우는 것으로 포살을 마친다. 이를 훈계 계목(Ovāda Pātimokkha)이라고 부른다.

주는 것이다. 안냐 꼰단냐는 아홉 번에 걸쳐 첫 수확한 곡식을 공양을 올리면서 상수제자가 되겠다는 서원을 세우지 않았다. 그는 모든 사람들보다 가장 먼저 아라한과를 얻겠다고 서원을 세웠을 뿐이다.

"부처님이시여, 그가 언제 그런 서원을 세웠습니까?"

"비구들이여, 이야기해 줄 테니 잘 들어라."

부처님께서는 안냐 꼰단냐의 과거생 이야기를 시작하셨다.

안냐 꼰단냐의 과거생: 쭐라깔라와 마하깔라

비구들이여, 91대겁 전에 위빳시 부처님이 세상에 출현하셨다. 그때 마하깔라와 쭐라깔라 두 형제가 가정을 꾸리고 넓은 땅에 농사지으며 살고 있었다. 어느 날 쭐라깔라가 논에 나가 벼의 낟알을 씹어 보았더니 맛이 기막히게 달콤했다. 비록 덜 익긴 했지만, 맛이 달콤해 그 쌀을 부처님이 계시는 승가에 올리고 싶어진 그는 형에게 가서 말했다.

"형님, 비록 덜 익었지만, 이 벼를 켜서 밥을 지어 부처님께 공양을 올립시다."

"아우야, 지금 제정신으로 하는 말이냐? 난 이제까지 덜 익은 벼를 켜서 공양을 올린 사람을 본 적이 없다. 앞으로도 그런 사람은 없을 것이다. 괜스레 잘 익어가는 벼를 망치지 마라."

그러나 동생이 계속해서 졸라대자 형은 마지못해 말했다.

"좋다. 그러면 논을 둘로 나누자. 네 논은 네가 하고 싶은 대로 해라. 하지만, 내 논은 손대지 마라."

"좋습니다."

쭐라깔라는 자신의 논에 많은 일꾼을 고용해 덜 익은 벼를 추수해서 쌀로 만들었다. 그는 그 쌀에 우유와 버터, 꿀, 설탕을 넣고 밥을 지어 부처님과 비구들에게 공양을 올렸다. 부처님께서 공양을 마치시자 그는 자신의 서원을 말씀드렸다.

"부처님이시여, 첫 수확한 곡식으로 밥을 지어 공양을 올린 공덕으로 가장 먼저 부처님의 가르침을 깨닫기를 원합니다."

"그렇게 되기를 바라노라."

그리고 부처님께서는 법문을 설하셨다.

그는 들판으로 나가 자기 논을 살펴보았다. 벼들이 빼곡히 잘 자라고 있는 것을 보고 다섯 가지 희열[148]이 온몸 가득 차오르는 것을 느꼈다.

'나는 많은 복을 받았구나.'

그는 덜 익은 벼로 공양을 올리고, 벼가 익자 맨 처음 벤 벼로 공양을 올리고, 맨 처음 볏단을 묶은 벼로 공양을 올리고, 맨 처음 볏가리를 쌓은 벼로 공양을 올리고, 맨 처음 탈곡한 벼로 공양을 올리고, 맨 처음 나락더미를 쌓은 벼로 공양을 올리고, 맨 처음 도정한 쌀로 공양을 올리고, 맨 처음 계량한 쌀로 공양을 올리고, 맨 처음 창고에 저장한 쌀로 공양을 올렸다. 이렇게 아홉 번 맨 처음 수확한 곡식으로 부처님이 계시는 승가에 공양을 올렸다. 그는 계속 공양을 올리느라 곡식이 줄어들었지만, 늘 더 많은 곡식을 수확하곤 했다. 복덕은 공덕을 쌓는 사람에게 돌아오는 법이다.

진실로 법은 법을 닦는 사람을 지켜주고
잘 닦은 법은 행복을 가져오네.
이것이 법을 닦는 이익이니
법을 닦는 이는 결코 악처에 떨어지지 않네.

"이와 같이 위없는 깨달음을 얻으신 위빳시 부처님께서 세상에 계실 때 안냐 꼰단냐는 아홉 번이나 첫 수확한 곡식을 공양을 올리면서 가장 먼저

---

148) 다섯 가지 희열(pīti): ① 몸의 털이 곤두서는 짧은 희열(khuddikā pīti), ② 번갯불처럼 일어나는 순간적 희열(khaṇikā pīti), ③ 거듭 스쳐가는 희열(okkantikā pīti), ④ 몸이 붕 뜨는 황홀한 희열(ubbegā pīti), ⑤ 온몸 가득 차오르는 희열(pharaṇā pīti)이다.

최고의 깨달음을 얻겠다는 서원을 세웠다. 그는 10만 대겁 전 빠두뭇따라 부처님이 함사와띠 시에 머물고 계실 때에도 훌륭한 공양을 올리고 부처님 발아래 엎드려 가장 먼저 아라한과를 성취하겠다는 서원을 세웠었다. 그래서 나는 그가 세운 서원에 따라 가장 먼저 깨달음을 얻는 영광을 주었다. 나는 영예를 주는 데 있어서 편애하지 않는다."

야사와 54명의 친구의 과거생

부처님이시여, 야사와 54명의 친구는 무슨 공덕을 지었습니까?

그들도 또한 과거 부처님 앞에서 서원을 세우고 공덕을 지었다. 현재의 붓다가 세상에 출현하기 전에 그들은 서로 친구가 되어 가난하고 의지할 곳 없는 외로운 자들이 죽으면 함께 장사를 지내고 화장하는 일을 했다.

어느 날 이들은 임신한 여인의 시체를 공동묘지로 가지고 가서 화장하게 됐는데, 야사와 네 친구는 남아서 화장하는 일을 맡고 나머지 친구들은 마을로 돌아갔다. 야사는 시체를 막대기로 이리저리 뒤집으면서 화장하던 중 몸에 대한 혐오감[149]이 밀려와 온 마음을 사로잡았다. 그는 이런 생각을 네 명의 친구에게 말했다.

"벗이여, 이 시체를 보게나. 피부가 여기저기 부풀어 올라 터지는 것이 마치 얼룩 암소의 피부와 전혀 다를 바 없지 않은가. 불결하고 더럽고 혐오스럽지 않은가."

야사의 이 생각은 네 명의 친구에게 곧장 전달돼 그들도 몸에 대한 혐오감에 사로잡혔다. 다섯 친구는 화장을 끝내고 마을로 돌아가 친구들에게 자신들이 느꼈던 것을 이야기했다. 야사는 집으로 가서 아버지, 어머니, 아내에게도 이야기했다. 그들은 모두 몸에 대한 혐오감을 얻었다.

---

149) 몸에 대한 혐오감(不淨觀) 수행은 청정도론 제6장 부정에 대한 명상주제, 대념처경(D22), 염처경(M10)에서 묘지에서 시체가 부패되는 과정을 9단계로 나누어 관찰하는 방법을 자세히 설명하고 있다.

이 젊은이들은 과거생에 이런 공덕을 지었다. 이 공덕으로 야사는 무희와 시녀들이 아무렇게나 누워 자는 모습을 보고 몸에 대한 혐오감이 일어나 출가했던 것이다. 그들은 과거생에 깨달음을 성취할 바라밀을 갖추었기 때문에 금생에 즉시 깨달음을 얻을 수 있었다. 비구들이여, 그들이 세운 서원은 단지 아라한이 되는 것이었다. 나는 영광스러운 자리를 주는 데 있어서 편애하지 않는다.

30명의 젊은이의 과거생

부처님이시여, 그러면 30명의 젊은이는 무슨 공덕을 지었습니까?

그들도 또한 과거 부처님 앞에서 아라한이 되겠다는 서원을 세우고 공덕을 지었다. 현재의 붓다가 세상에 출현하기 전에 그들은 30명의 부도덕한 자들이었다. 그러나 뚠딜라의 훈계와 가르침을 듣고 6만 년 동안 오계를 지켰다.150) 이와 같이 그들도 서원하는 것만을 성취한 것이다. 나는 이런 영광스러운 자리를 주는 데 있어서 편애하지 않는다.

깟사빠 삼형제의 과거생

부처님이시여, 우루웰라 깟사빠, 나디 깟사빠, 가야 깟사빠 삼형제는 어떤 공덕을 지었습니까?

그들도 또한 공덕을 짓고 아라한과만을 얻고 싶다는 서원을 세웠다. 과거 92대겁 전, 그 겁에서는 띳사와 뿟사, 두 부처님이 세상에 출현하셨다. 뿟사 부처님 시대에 마힌다 왕이 까시를 다스리고 있었다. 왕의 첫째 왕비가 아들을 낳아 이름을 뿟사라 지었다. 뿟사는 출가해 위없는 깨달음을 성취해 붓다가 됐다. 왕의 장남이 깨달음을 얻어 붓다가 됐을 때 왕의 막내아

---

150) 게송 65번 이야기에서 이들의 과거생 이야기와 깨달음을 성취하는 과정을 설명하고 있다.

들은 첫 번째 상수제자가 됐고 제사장의 아들은 두 번째 상수 제자가 됐다. 왕은 부처님께 가서 말했다.

"나의 장남은 존귀하신 부처님이고, 나의 막내아들은 첫 번째 상수제자이고, 나의 제사장의 아들은 두 번째 상수 제자이다."

왕은 이들 세 사람을 쳐다보고 기쁜 목소리로 외쳤다.

"부처님은 나의 것이다. 부처님의 가르침은 나의 것이다. 승가는 나의 것이다."

그는 세 번에 걸쳐 감흥어151)를 읊었다.

나모 땃사 바가와또 아라하또 삼마삼붓닷사
(Namo tassa bhagavato arahato sammāsambuddhassa)
(이 세상에서 가장 존귀하고, 가장 가치있고, 스스로 올바로 깨달음을 얻으신 부처님께 귀의합니다.)

왕은 부처님의 발아래 무릎을 꿇고 합장하며 말했다.

"부처님이시여, 나의 수명이 9만 년이 남았습니다. 내가 죽는 그날까지 다른 집으로 탁발하러 가지 말고 오직 나에게서만 네 가지 필수품(음식, 가사, 약, 거처)을 받도록 하시오."

왕은 부처님의 동의를 받고 붓다와 승가에 공양을 올리는 특권을 홀로

---

151) 감흥어(Udāna): 마음속에서 깊은 감동이 물결쳐 온몸을 휘감을 때 그 기쁨이 저절로 입을 통해 흘러나오는 말이다. 여기서 읊은 '나모 땃사 바가와또 아라하또 삼마삼붓닷사'란 구절은 요즈음은 남방에서 법문을 시작하거나 예불을 할 때 제일 먼저 외우는 일상적인 게송이고, 책의 맨 앞에 나타나는 구절이다. 하지만, 처음에는 이렇게 제자들이나 신도들의 입에서 부처님에 대한 강한 믿음으로 기쁨이 솟구칠 때 입에서 저절로 흘러나온 감흥어였다. 후대에 이 구절이 가장 부처님을 잘 표현한 말이라고 생각해서 모두가 암송하는 찬불가로 정착됐다. 감흥어만 결집한 것이 쿳다까 니까야(소부아함)에 들어있는 우다나Udāna이다.

누리면서 어느 누구에게도 공양을 올릴 기회를 주지 않았다.

왕에게는 세 명의 아들이 더 있었다. 둘째 아들이 500명의 군인을, 셋째 아들이 300명의 군인을, 넷째 아들이 200명의 군인을 각각 거느리고 있었다. 그들은 기회 있을 때마다 아버지에게 자신들의 형인 뽓사 부처님께 공양을 올리게 해 달라고 요청했다. 하지만 그때마다 왕은 이를 거절했다.

얼마 후 국경 지방에서 반란이 일어났다. 세 왕자는 왕의 명령으로 군대를 이끌고 출동해 반란을 진압했다. 세 왕자가 국경 지방에 질서를 회복하고 의기양양하게 돌아오자 왕은 왕자들을 껴안고 이마에 입을 맞추고 말했다.

"사랑하는 아들들아, 원하는 것이 있거든 주저 말고 말해라. 다 들어주겠다."

"좋습니다, 폐하."

세 왕자는 왕의 제의를 받아들이며 대답했다. 그러나 며칠이 지나도 아무런 요구가 없자 왕은 다시 말했다.

"아들들아, 원하는 것이 있거든 주저 말고 말해 보아라. 내가 모두 들어주겠다."

"우리의 형인 부처님께 공양을 올리고 싶습니다. 다른 포상은 필요가 없습니다. 우리가 원하는 것은 이것뿐입니다."

"그것만은 허락할 수 없다."

"저희가 영원히 공양을 올리는 것을 원치 않으신다면 7년 동안만 공양을 올릴 수 있도록 허락해 주십시오."

"그것만은 허락해 줄 수 없다."

"좋습니다. 그러면 6년 동안만, 아니면 5년, 4년, 3년, 2년, 1년 동안만, 이것도 안 된다면 7개월, 6개월, 5개월, 4개월, 3개월 동안만이라도 공양을 올릴 수 있도록 허락해 주십시오."

"그것도 허락할 수 없다."

"그렇다면 우리 삼형제에게 각각 한 달씩 3개월 동안만이라도 공양을 올릴 권리를 누리도록 허락해 주십시오."

"좋다. 그럼 3개월 동안 부처님께 공양을 올리도록 해라."

삼형제에게는 집사와 재산관리인이 있었다. 집사는 많은 일을 도와주는 사람들과 요리사들을 거느리고 있었다. 삼형제는 집사와 재산관리인을 불러서 말했다.

"우리는 앞으로 3개월간 사미십계를 받고 나무껍질로 물들인 가사를 걸치고 부처님과 함께 살 것이오. 우리가 없는 동안 음식을 준비해서 공양을 올리는 것은 그대들이 할 일이오. 그대들은 매일 9만 명의 비구들과 천 명의 군인들에게 여러 가지 맛있는 음식을 준비해서 올리도록 하시오. 오늘 이후로 우리는 묵언默言할 참이오."

삼형제는 천 명의 부하들과 함께 십계를 받고 사미가 되어 가사를 걸치고 사원에 머물렀다. 그들은 그곳에서 계를 지키고 설법을 듣고 부처님과 스님들을 성실히 시봉했다.

재산관리인과 아내는 삼보에 대한 신심이 깊었다. 그는 왕자들의 창고에서 곡물을 꺼내와 집사에게 넘겼다. 그러면 집사는 1만1천 명의 친척들과 함께 음식을 준비해 부처님이 계시는 승가에 공양을 올렸다.

그때 사악한 친척들은 아이들이 쌀죽과 여러 가지 맛있는 음식들을 달라고 울고 보채자 승가에 공양을 올릴 음식을 아이들에게 나눠 주었다. 그들은 스님들이 공양을 마치고 남은 음식을 가져다주는 것이 아니고 스님들에게 올리기도 전에 먼저 아이들에게 가져다주었다. 이 친척들은 점점 탐욕스러워져 아이들에게 음식을 주면서 자기들도 먹기 시작하다가 나중에는 맛있는 음식을 보기만 하면 먹고 싶은 마음을 참을 수 없게 됐다. 이 사악한 친척들의 수는 1만 명이나 됐다. 그들은 스님들에게 올릴 음식을 먹어버렸기 때문에 죽어서 아귀로 태어났다.

반면, 삼형제와 천 명의 부하들은 함께 천상에 태어나 천상에서 인간계로, 인간계에서 천상계로 윤회하면서 92대겁을 보냈다. 이는 삼형제가 그때 아라한과를 얻겠다는 서원을 세우고 공덕을 지은 결과다. 그들이 세운 서원은 단지 아라한이 되겠다는 것뿐이었다. 나는 이런 영광스러운 자리를 주는 데 있어서 편애하지 않는다.

그때의 집사는 지금의 빔비사라 왕이고 재산관리인은 라자가하의 위사카 장자이고, 삼형제 왕자들은 깟사빠 삼형제다.

그 사악한 친척들은 아귀152)로 태어나 이 세계에서 저 세계로 옮겨 다녔다. 그들은 위빳시 시키 웻사부153) 부처님이 지나가는 동안에도 아귀였다. 이 아귀들은 수명이 4만 년인 현겁現劫에서 까꾸산다 부처님154)에게 다가가 배고픔을 호소했다.

"우리가 언제 먹을 것을 얻을 수 있는지 말씀해 주십시오."

"나의 시대에는 먹을 것을 얻을 수 없다. 내가 지나간 후 커다란 땅이 1요자나 솟아오를 때 꼬나가마나 부처님155)이 출현하실 것이다. 그분에게 물어보도록 해라."

그들은 꼬나가마나 부처님께서 출현하실 때까지 기다렸다가 여쭈었다. 꼬나가마나 부처님께서 대답하셨다.

"나의 시대에는 먹을 것을 얻을 수 없다. 내가 지나간 후 커다란 땅이 1요자나 솟아오를 때 깟사빠 부처님156)이 출현하실 것이다. 그분에게 여쭈

---

152) 아귀(peda): 3권 부록 I 불교의 세계관 참조.
153) 위빳시Vipassī, 시키Sikhī, 웻사부Vessabhū: 경전에 나오는 과거 7불 중 세 분 부처님이다. 법구경 주석서 해제 참조(p.29).
154) 까꾸산다Kakusandha: 고따마 부처님 세 번째 앞에 출현하신 부처님이다. 주석서 해제 참조(p.29).
155) 꼬나가마나Koṇāgamana: 고따마 부처님 두 번째 앞에 출현하신 부처님이다. 법구경 주석서 해제 참조(p.29).
156) 깟사빠Kassapa: 고따마 부처님 바로 앞에 출현하신 부처님이다. 법구경 주석서 해제 참조(p.29).

어 보거라."

그들은 또다시 혹독한 굶주림의 고통을 참으며 기다렸다가 깟사빠 부처님이 출현하시자 다가가서 여쭈었다. 깟사빠 부처님께서 대답하셨다.

"나의 시대에는 아무것도 얻을 수 없다. 내가 지나간 후 커다란 땅이 1요자나 솟아오를 때 고따마 부처님이 출현하실 것이다. 그때 그대들의 친척 빔비사라가 왕이 될 것이다. 그가 부처님께 공양을 올리고 그 공덕을 그대들에게 회향한다면 그대들은 천상의 음식을 얻을 수 있을 것이다."

두 부처님 사이의 기간(佛間劫)이 그들에게는 내일과 같았다. 부처님이 세상에 출현하시자 빔비사라 왕은 첫째 날 부처님께 공양을 올렸지만 그들에게 공덕을 회향하지 않았다. 그들은 밤이 되기를 기다렸다가 왕에게 자신들의 모습을 드러내면서 끔찍스러운 소리를 질러댔다. 밤새 잠을 못자고 무서운 소리와 형상에 시달린 왕은 날이 밝자 웰루와나 사원으로 달려가 부처님께 어젯밤의 끔찍스러운 일을 말씀드렸다. 부처님께서 대답하셨다.

"대왕이여, 구십이 대겁 전, 뿟사 부처님157)이 세상에 출현하셨을 때 이 아귀들은 그대의 친척이었습니다. 그때 그들은 비구 승가에 올려야 할 음식을 먹어치웠기 때문에 아귀로 태어났습니다. 그들은 계속 아귀로 윤회하면서 까꾸산다 부처님, 꼬나가마나 부처님, 깟사빠 부처님께 언제 음식을 얻을 수 있는지 여쭈었습니다. 그들은 대왕이 공양을 올리고 공덕을 회향해주기를 간절히 바라고 있습니다. 이것이 어젯밤 그들이 괴성을 지르고 난리를 피운 이유입니다. 대왕께서 공양을 올렸지만, 그들은 그 복덕을 받지 못했던 것입니다."

"부처님이시여, 그러면 제가 다시 공양을 올리고 공덕을 회향한다면 그들은 그 복덕을 받을 수 있습니까?"

"대왕이여, 그렇습니다."

---

157) 뿟사Phussa: 과거 28불 가운데 18번째 부처님이다. 법구경 주석서 해제 참조 (p.29).

왕은 부처님과 비구 승가를 초청했다. 다음 날이 되자 부처님은 비구들과 함께 왕궁에 도착해 준비된 자리에 앉으셨다. 왕의 옛 친척이었던 아귀들도 왕궁의 담장 밖에 서서 왕이 자신들에게 공덕을 회향해 주기를 잔뜩 기대하고 있었다. 부처님은 신통으로 왕이 옛 친척들인 아귀들을 볼 수 있게 하셨다. 왕은 갖가지 맛있는 음식을 올리고 나서 부처님 손에 공덕수를 부으며 말했다.

"이 청정수를 부음으로써 오늘 올린 공양 공덕이 나의 옛 친척인 아귀들에게 돌아가기를 기원합니다."

그가 보시 공덕을 친척 아귀들에게 회향하자 아귀들 앞에 천상의 음식과 감로수가 나타났다. 아귀들은 음식과 물을 먹고 건강한 외모와 다섯 감관을 완전히 회복했다.

다음 날 아귀들이 벌거벗은 모습으로 왕에게 나타나자 왕은 또 부처님께 와서 여쭈었다.

"부처님이시여, 어젯밤에는 아귀들이 벌거벗은 모습으로 나타났습니다."

왕은 자신이 어떻게 해야 하는지 묻자 부처님께서 대답하셨다.

"대왕이여, 당신은 가사를 보시하지 않았습니다."

다음 날 왕은 부처님이 계시는 비구 승가에 가사를 보시하고 말했다.

"이 보시 공덕을 저의 친척인 아귀들에게 회향합니다."

그가 이렇게 보시공덕을 회향하자 아귀들은 온갖 보석으로 치장된 천상의 옷을 입게 됐다. 이제 아귀들은 아귀의 형상을 벗고 천신의 모습을 갖추게 됐다. 부처님은 신통으로 왕의 친척들이 행복과 부귀영화를 누리는 모습을 볼 수 있게 해주셨다. 왕은 이 모습을 보며 기뻐했다. 부처님은 보시의 이익에 대해 법문하시며 담장 밖 경158)을 설하셨다.

---

158) 담장 밖 경(Tirokuṭṭa Kanda, Khp.7)은 쿠닷까빠타(小誦經)의 7번째 경이다.

죽은 친척들이 담장 밖에 서 있네.
옛집에 돌아와 문기둥에 서 있네.
온갖 음식과 음료와 진수성찬이 차려졌지만
과거에 지은 업 때문에
아무도 그들을 기억하지 않네.

죽은 친척들을 애처롭게 생각하는 사람들은
제철의 깨끗하고 맛있는 음식을 공양올리고
죽은 친척들에게 회향해야 한다네.

이 공덕이 죽은 친척들에게 돌아가기를!
죽은 조상들이 행복하기를!
여기 모인 죽은 친척 아귀들을 위해 공덕을 지으니
풍요로운 음식과 성찬에 기뻐하기를!

우리가 얻은 공덕으로
죽은 친척들이 오래 살기를!
우리가 회향한 공덕으로
그들이 좋은 과보를 얻기를!"

죽은 친척들이 사는 곳은
농사도, 농사지을 소도, 장사도, 장사할 돈도 없어
그들은 오직 우리가 회향해 주는 것만으로 살아간다네.

물이 언덕에서 골짜기로 흘러가듯이
여기서 회향해 주는 공덕으로
죽은 친척들은 좋은 과보를 받네.

강물이 바다로 흘러가듯이
여기서 회향해 주는 공덕으로
죽은 친척들은 좋은 과보를 받네.

'나에게 재산을 물려주었고 나를 위해 일했다.
그들은 나의 가족이고 동료이고 친구였다.'라고
죽은 친척들이 우리에게 했던 일을 회상하며
그들을 위해 공덕을 지어야 하네.

울며 슬퍼하고 땅을 치며 통곡해도
죽은 친척에겐 아무 도움이 되지 않으니
거룩한 승가僧家에 공양을 올리면
즉시 좋은 과보를 받고 오랫동안 복덕이 되네.

이렇게 죽은 친척들을 위해 공양을 올렸고
그들은 이로 인해 좋은 과보를 받았고,
비구들에게는 큰 힘이 되었으니
그대들은 큰 공덕을 지었네.

이 법문 끝에 많은 중생이 법에 대한 이해159)를 얻었다. 부처님께서는 이렇게 법을 설하고 결발수행자 삼형제 이야기를 끝마치셨다.

두 상수제자의 과거생: 사라다와 시리왓다

부처님이시여, 두 상수제자는 어떤 공덕을 지었습니까?

그들은 상수제자가 되고자 하는 서원을 세웠다. 사리뿟따는 현겁으로부터 1아승지와 10만 대겁 전에 거부장자인 바라문 가정에 태어났다. 그때 그의 이름은 사라다였다. 목갈라나도 거부장자의 가정에 태어나 시리왓다라

---

159) 법에 대한 이해: 사성제四聖諦를 깨닫는 것을 말한다. 초전법륜경에서는 부처님께서 사성제를 설하시자 꼰단냐가 "법의 눈(法眼)을 얻었다."라고 말하고 있다. 주석서에서는 법안을 얻는 것은 수다원과를 얻은 것이라고 설명하고 있다.

는 이름을 갖게 됐다. 두 소년은 어렸을 적부터 함께 흙바닥을 뒹굴며 놀던 소꿉친구였다.

사라다는 아버지가 돌아가시자 거대한 유산을 상속받았다. 어느 날 그는 조용한 곳으로 가 홀로 앉아서 생각에 잠겼다.

'나는 이 세상의 삶에 대해서만 알 뿐 저세상에 대해서는 전혀 알지 못한다. 태어난 모든 사람은 결국 죽는다. 나는 출가해 해탈의 길을 구해야겠다.'

그는 친구에게 가서 말했다.

"친구 시리왓다여, 나는 출가해 해탈의 길을 찾고자 하네. 나와 함께 출가하지 않으려나?"

"친구여, 나는 출가할 수 없다네, 자네 혼자 출가하게나."

사라다는 홀로 생각했다.

'아무도 저세상으로 가는 길에 함께 가지 않는다. 친구도 친척도 함께 가지 않는다. 자기가 지은 업만이 자기를 따른다.'

그는 재물 창고를 활짝 열어젖히고 모든 재산을 가난한 자, 여행자, 거지들에게 보시했다. 그리고는 산골짜기에 들어가 사문의 삶을 살아갔다. 처음에는 한두 명이 그를 따라 생활하더니 나중에는 많은 사람이 모여들어 커다란 사원을 이루게 됐다. 결국 한 사원에서 7만4천 명의 결발수행자가 함께 생활하게 됐다. 사라다는 오신통과 팔선정을 증득했는데, 그는 이 결발수행자들에게 선정 수행을 단계적으로 가르쳐 결국 그들 모두 오신통과 팔선정을 갖추게 됐다.

이때 아노마닷시 부처님이 세상에 출현하셨다. 그의 도시는 짠다와띠였고, 아버지는 왕족 계급의 야사완따였고, 어머니는 야소다라였다. 부처님의 보리수[160]는 앗주나 나무였고, 니사바와 아노마가 상수제자였고 와루나가

---

160) 보리수(Bodhirukkha): 부처님들이 깨달음을 얻을 때 앉았던 나무를 보리수라고 부르는데 그 보리수의 종류는 부처님마다 다르다. 고따마 부처님의 보리수는 아삿타asattha이다. 아삿타 나무는 아스왓타(asvattha)

시자였고, 순다라와 수마나가 상수 비구니였다. 부처님의 수명은 10만 년이었고, 신장은 쉰여덟 자였다. 부처님은 전생의 공덕으로 몸에서 빛이 12요자나까지 비추었고, 10만 명의 비구를 거느렸다. 어느 날 이른 새벽에 부처님께서 대연민삼매에서 나와 천안으로 세상을 두루 살펴보시다가 사라다를 보고 앞으로 일어날 일을 예측하셨다.

'내가 오늘 사라다에게 가서 법을 설한다면 사라다는 첫 번째 상수제자가 되겠다는 서원을 세울 것이고, 그의 친구 시리왓다 장자는 두 번째 상수제자가 되겠다는 서원을 세울 것이다. 그리고 이 법문 끝에 사라다가 데리고 있는 7만4천 명의 결발수행자들은 모두 아라한이 될 것이다. 그러니 마땅히 가서 법을 설하리라.'

부처님께서는 가사와 발우를 들고 누구에게도 알리지 않고 사자처럼 홀로 가면서 생각했다.

'사라다에게 내가 붓다라는 것을 알게 해 주리라.'

사라다의 제자들이 과일을 따기 위해 숲으로 들어가고 없을 때 부처님은 공중으로 날아가 사라다가 보는 앞에서 땅으로 내려섰다.

부처님의 신통력과 거룩한 모습을 보고 사라다는 옛날부터 전해 내려오

나무 또는 삡빨라(pippala) 나무라고도 하는데, 무화과나무의 일종이다. 하지만, 보리수의 자리는 모든 부처님이 똑같다. 왜냐하면 다른 자리는 부처님의 깨달음을 지탱할 수 없다고 한다. 보리수가 자라면 나무 아래에는 풀 한 포기도 자라지 않고 땅은 부드럽고 은빛 모래가 펼쳐진다. 그리고 나무 위로는 새 한 마리도 지나갈 수 없고 심지어 삭까 천왕도 지나갈 수 없다. 고따마 부처님께서 세상에 태어난 날 보리수도 땅에서 솟아났다. 부처님께서 정각을 얻으신 후 일주일 동안 감사한 마음으로 보리수를 눈 한 번 깜빡이지 않고 응시하셨다. 제따와나에는 아난다 보리수Ananda Bodhi가 서 있다. 이 보리수는 부처님께서 유행을 떠나시고 안 계실 때 사왓티의 주민들이 부처님을 대신할 예배의 대상이 필요하자 보드가야 보리수에서 싹을 가져와 심은 것이다.

는 위대한 사람의 특징을 이야기하는 베다의 구절을 떠올렸다.

'이런 특징을 가진 사람은 세속에 산다면 전륜성왕이고, 출가자의 삶을 산다면 윤회를 끊어버리고 일체지를 갖춘 붓다이다.'

그는 부처님에게 다가가서 오체투지로 삼배를 올리고 자리를 만들어 앉기를 청했다. 부처님께서 준비된 자리에 앉으시자 사라다는 한쪽에 공손하게 앉았다.

그때 과일을 따러 숲에 들어갔던 결발수행자들이 달콤하고 맛있는 과일을 많이 따가지고 스승에게 돌아왔다. 그들은 앉아계신 부처님과 스승을 보고 말했다.

"스승이시여, 저희들은 이 세상에 스승보다 뛰어난 사람은 없다고 생각했는데 여기 이분은 스승보다 뛰어나 보입니다."

"벗들이여, 뭐라고 말하는가? 그대들은 겨자씨를 6만8천 요자나 높이의 수미산에 비교하고 있는가? 감히 일체지를 갖추신 부처님과 비교할 수 있겠는가?"

제자들은 놀라움을 감추지 못했다.

'이 분이 평범한 사람이라면 우리의 스승이 이렇게까지 비유하지 않을 것이다. 이분은 진정 위대한 분임에 틀림없다.'

그들은 이렇게 생각하면서 부처님 발아래 엎드려 삼배를 드렸다.

사라다가 제자들에게 말했다.

"벗들이여, 우리는 부처님께 공양을 올린 적이 없었네. 부처님께서는 마침 우리가 탁발을 나갈 시간에 오셨으니 우리의 능력껏 공양을 올리도록 하세. 그대들이 따온 과일 중에서 가장 좋은 것을 골라 가져오시게."

사라다는 제자에게 과일을 가져오게 해서 손수 물에 씻어 부처님 발우에 담아드렸다. 부처님께서 과일을 받아들자 신들이 천상의 맛과 향을 과일에 불어넣었다. 사라다는 또한 마실 물을 걸러 부처님께 올렸다. 부처님께서 공양을 끝내시자 사라다는 제자들을 모두 불러 모아 함께 부처님 앞에 앉았다.

부처님께서 이렇게 생각하셨다.

'나의 두 상수제자와 비구들을 여기로 오게 해야겠다.'

곧 두 제자가 10만의 아라한을 데리고 와서 부처님께 삼배하고 공손하게 한쪽에 앉았다. 사라다가 자기 제자들에게 말했다.

"벗들이여, 부처님께서 앉아 계신 자리가 높지가 않네. 스님들의 자리도 아직 마련되지 않았네. 오늘 우리는 부처님께 최대한의 예를 올려야 한다네. 산에 가서 아름답고 향기로운 꽃을 꺾어오게나."

실제로 걸리는 시간보다 설명하는 데 시간이 더 많이 걸리는 법이다. 신통력을 가진 사람이 할 수 있는 힘은 상상할 수 없다. 이때가 바로 그런 경우였다. 그들은 순식간에 아름답고 향기로운 꽃을 꺾어와 커다란 꽃방석을 만들어 부처님께 드리고 상수제자들에게는 중간 크기의 꽃방석을 만들어 드렸다. 그리고 나머지 비구들에게는 작은 꽃방석을 만들어 드리고 사미들에게는 더 작은 꽃방석을 만들어 주었다. 숲속 사원에서 어떻게 커다란 꽃방석을 만들 수 있는지 의심하지 마라. 이것은 신통의 힘으로 가능한 일이다. 자리가 마련되자 사라다는 부처님 앞에 서서 공손히 합장하고 말씀드렸다.

"부처님이시여, 오래도록 저희들의 번영과 행복을 위해서 이 꽃방석에 앉으소서."

그는 여러 가지 꽃과 향기로 꽃방석을 준비하고 이렇게 노래했다.

부처님이시여,
여기 당신에게 알맞은 자리가 마련됐습니다.
이 꽃방석에 앉으시어 저희들의 마음을 흡족하게 해주소서.

칠일 낮과 칠일 밤을 꽃방석에 앉으시어
저희들의 마음을 채워주시고

천신과 인간들을 기쁘게 해주소서.

부처님께서 자리에 앉으시자 두 상수제자와 나머지 스님들도 자리에 앉았다. 사라다가 부처님 머리 위로 커다란 꽃 일산을 드리우자 부처님께서 말씀하셨다.

"결발수행자들이 내게 지은 공덕으로 훌륭한 복덕을 받을지어다."

부처님은 곧바로 멸진정161)에 들어가셨다. 부처님께서 멸진정에 들어가시자 두 상수제자와 다른 제자들도 따라서 멸진정에 들어갔다. 부처님께서는 일주일 동안 멸진정의 기쁨을 즐기면서 앉아 계셨다. 음식을 구할 시간이면 사라다의 제자들은 숲속으로 들어가서 야생과일을 따먹고 나머지 시간에는 부처님 앞에서 공손히 합장하고 서 있었다. 그러나 사라다는 음식을 구하러 가지 않고 부처님 머리 위로 꽃 일산을 드리우고 서 있으면서 기쁨과 행복감 속에 일주일을 보냈다.

---

161) 멸진정(nirodha-samāpatti, 滅盡定): 상수멸(saññā vedayita nirodha)이라고도 부른다. 청정도론 제 23장에 나오는 멸진정에 대한 것을 정리하면 다음과 같다. 멸진정은 사마타의 힘과 위빳사나의 힘을 동시에 갖춘 자만이 들어갈 수 있다. 사마타의 힘은 팔선정, 즉 무색계 비상비비상처까지 증득해야 하고 위빳사나의 힘은 아나함과 이상을 증득해야 한다. 멸진정에 들기 전에 미리 네 가지 결심을 해야 한다. ① 내 몸에서 떨어져 있는 필수품들이 화재나 다른 재난으로 손상되지 않기를 결의한다. ② 승가가 원하면 출정한다. ③ 부처님(스승)이 부르시면 출정한다. ④ 7일 이내에 수명이 다하지 않는지 살핀다. 이렇게 결심하고 나서 초선에서 비상비비상처에 든 직후에 멸진정에 든다. 멸진정에 들면 죽은 자처럼 몸과 마음이 정지한다.(정확히 표현하면 몸과 말과 마음의 상카라가 소멸한다.) 그러나 죽은 자와 다른 것은 아직 목숨이 끊어지지 않고 온기도 남아 있으며 감각기능도 파괴되지 않는다. 멸진정에 들어있는 동안에는 화재나 어떤 재난으로도 몸이 손상되지 않고 몸에 붙어 있는 물건들도 손상되지 않는다. 몸에서 떨어져 있는 물건은 멸진정에 들어가기 전에 손상되지 않기를 결심하면 손상되지 않는다. 멸진정은 8일 이상 들지 않는다.

부처님께서 멸진정에서 나오신 후 오른쪽에 앉아있는 첫째 상수제자에게 말씀하셨다.

"니사바여, 꽃방석을 만들어 올린 사문들에게 보시공덕에 대해 법문하거라."

니사바 장로는 마치 전륜성왕에게서 직접 영예로운 큰상을 받은 용맹한 전사처럼 상수제자의 완벽한 지혜를 드러내어 꽃방석을 올린 공덕에 대해 법문했다. 법문이 끝나자 부처님은 두 번째 상수제자에게 말씀하셨다.

"그대도 사문들에게 법문해라."

두 번째 상수제자인 아노마 장로가 부처님의 가르침인 삼장을 인용해서 법을 설했다. 두 상수제자가 법을 설했지만, 한 명의 결발수행자도 법에 대한 이해를 얻지 못했다. 그래서 부처님께서는 붓다의 무한한 힘을 드러내어 법문하셨다. 법문이 끝나자 사라다를 제외한 모든 결발수행자들은 아라한이 됐다. 부처님은 손을 내밀며 "에타 빅카오!"라고 말씀하시자, 그들은 바로 머리카락과 수염이 사라지고 비구팔물[162]이 갖춰지면서 비구가 됐다.

왜 사라다는 아라한이 되지 못했을까? 그때 그는 다른 생각을 하고 있었기 때문이다. 그가 상수제자의 옆 자리에 앉아 있을 때 첫 번째 상수제자가 완벽한 상수제자의 지혜를 드러내면서 법문했다. 상수제자의 법문을 듣는 순간 그에게 이런 생각이 떠올랐다.

'오! 미래에 새로운 부처님께서 세상에 나셨을 때 이 상수제자처럼 나도 상수제자가 되고 싶다!'

그는 이런 생각을 하느라 부처님의 법문에 정신을 집중하지 못했고, 그로 인해 아라한과를 성취할 수 없었다.

사라다는 부처님께 삼배를 올리고 두 손을 합장하고 말씀드렸다.

---

162) 비구 8물: 비구가 항상 갖춰야 할 여덟 가지 필수품으로 웃가사(上衣, 鬱多羅僧), 아랫가사(下衣, 安陀會), 두겹가사(重衣, 僧伽梨), 발우(鉢盂), 물 거르는 주머니(漉水囊), 삭도(削刀), 바늘, 깔개(坐具)이다.

"부처님이시여, 교단에서 부처님 우측에 앉은 비구를 뭐라고 부릅니까?"

"내가 법륜을 굴릴 때 나를 도와 법륜을 굴리는 비구다. 그는 제자들이 얻을 수 있는 최고의 지혜에 도달한 사람이다. 그는 열여섯 가지 지혜[163]를 갖춘 사람이다. 그래서 나의 교단에서 그를 상수제자라고 부른다."

"부처님이시여, 저는 부처님을 존경하는 마음에서 일주일 동안 꽃 일산을 부처님 머리 위로 드리우고 서 있었습니다. 저는 이 공덕으로 제석천왕이나 범천으로 태어나고 싶지 않습니다. 단지 미래 부처님 아래에서 상수제자가 되기를 발원합니다. 마치 지금의 니사바 상수제자처럼 말입니다."

사라다가 이렇게 서원을 세우자 부처님은 미래를 보는 지혜로 사라다의 미래를 살펴보셨다.

---

163) 상수제자의 열여섯 가지 지혜: 맛지마 니까야 차례대로 경(Anupada Sutta, M111)에 상수제자인 사리뿟따 장로가 여섯 가지 지혜를 갖추고 8선정과 멸진정을 한 단계씩 차례대로 성취해 아라한도를 얻어 상수제자가 되는 과정을 기록하고 있다. 여섯 가지 지혜 + 8선정 + 멸진정 + 아라한도 = 열여섯 가지 지혜. 열여섯 가지 지혜를 나열해 보면 다음과 같다. ① 큰 지혜(mahāpañña) ② 넓은 지혜(puthupañña) ③ 명쾌한 지혜(hāsupañña) ④ 빠른 지혜(javanapañña) ⑤ 예리한 지혜(tikkhapañña) ⑥ 꿰뚫어보는 지혜(nibbedhikapañña) ⑦ 초선정 ⑧ 이선정 ⑨ 삼선정 ⑩ 사선정 ⑪ 공무변처정 ⑫ 식무변처정 ⑬ 무소유처정 ⑭ 비상비비상처정 ⑮ 멸진정 ⑯ 아라한도의 지혜. 여기서 특기할 만한 사실은 사리뿟따는 각각의 선정을 성취하고 각각의 선정을 구성하고 있는 마음들, 즉 아비담마적 용어를 사용하면 '마음(citta)과 마음부수(cetasika, 心所)'들을 분석하고 통찰했다는 것이다. 예를 들어 초선정을 성취하고 초선정 상태에서 일어나는 마음과 마음부수들, 즉 일으킨 생각(vitakkka), 지속적인 고찰(vicāra), 기쁨(pīti), 행복(sukha), 일념(ekaggatā)의 선정의 5요소와 마음(citta), 접촉(phassa), 느낌(vedanā), 지각(saññā), 의도(cetanā), 열의(chanda), 결심(adhimokkha), 정진(viriya), 알아차림(sati), 평온(upekkha), 주의력(manasikāra)을 분석하는 것이다. 각 선정 단계마다 선정의 5요소는 줄어든다. 비상비비상처정에서의 마음부수들은 너무나 미묘해 상수제자의 지혜일지라도 관찰할 수 없다. 오직 부처님만이 관찰할 수 있다.

'그의 서원이 이루어질까?'

부처님께서는 셀 수 없이 먼 미래를 살펴보시다가 1아승지와 10만 대겁이 지난 뒤에 그의 서원이 이루어진다는 것을 아셨다.

"그대의 서원은 이루어지리라. 1아승지와 10만 대겁이 지나 고따마 부처님이 세상에 출현하실 것이다. 어머니는 마하마야이고 아버지는 숫도다나 왕이고, 아들은 라훌라이고, 시자는 아난다이고, 두 번째 상수제자는 목갈라나일 것이다. 이때 그대는 지혜제일인 첫 번째 상수제자가 될 것이고, 그때 그대의 이름은 사리뿟따가 될 것이다."

부처님께서는 이렇게 사라다에게 수기를 내리고 법문하신 다음 비구들과 함께 공중으로 날아올라 떠나가셨다. 사라다는 곧장 시리왓다의 집으로 달려갔다.

시리왓다가 친구를 보자 환한 웃음을 지으며 말했다.

"오랫동안 멀리 떠나있던 친구가 드디어 돌아왔구나."

그는 친구에게 자리를 권하고 자신은 낮은 자리에 앉아 물었다.

"존자님, 어째서 제자들과 시자들은 보이지 않습니까?"

"벗이여, 아노마닷시 부처님이 나의 수행처에 왔었고 우리는 부처님께 최대한의 존경을 표했습니다. 부처님께서는 법을 설하셨고 법문 끝에 나를 제외한 모두가 아라한이 되어 승가에 들어갔습니다. 그때 나는 부처님의 첫 번째 상수제자인 니사바 장로를 보고 미래에 출현하실 고따마 부처님의 상수제자가 되기로 서원을 세웠습니다. 그대는 두 번째 상수제자가 되기로 서원을 세우지 않으시렵니까?"

"그러나 존자님, 저는 부처님을 잘 알지 못합니다."

"내가 부처님께 말씀드릴 테니 그대는 공양을 올릴 준비나 하십시오."

시리왓다는 친구의 말에 따라, 법왕이신 부처님께 존경심을 표하려고 마당 한가운데를 평평하게 다지고 모래를 뿌리고 다섯 종류의 꽃을 뿌렸다.

그리고 그 위에 청련으로 지붕을 만든 천막을 세우고 부처님과 비구들의 자리를 마련했다. 그는 푸짐한 음식과 공양물을 준비하고 사라다에게 부처님을 초청하라고 말했다. 사라다는 부처님과 비구들을 시리왓다의 집으로 모시고 가서 천막으로 안내했다. 마중을 나온 시리왓다는 부처님의 가사와 발우를 받아들고 천막으로 안내한 후 의자와 마실 물을 드리고 가장 훌륭한 음식을 올렸다.

공양이 끝나자 시리왓다는 고급스러운 가사를 보시하고 부처님께 요청했다.

"부처님이시여, 이렇게 부처님과 스님들을 초청해 공양을 올리는 것은 훌륭한 지위를 얻고 싶기 때문입니다. 제게 큰 자비를 베푸시어 일주일 동안 이곳에 머무르시기 바랍니다."

부처님께서는 은혜를 베풀어 일주일 동안 머물렀고 시리왓다는 맛있는 음식을 만들어 올렸다. 그렇게 일주일 동안 공양을 올린 후 시리왓다는 부처님께 삼배를 드리고 공손하게 합장하고서 말씀드렸다.

"부처님이시여, 제 친구 사라다는 미래 부처님의 상수제자가 되겠다는 서원을 세웠다고 합니다. 저도 부처님의 두 번째 상수제자가 되기를 발원합니다."

부처님께서는 미래를 내다보고 그의 서원이 이루어지는지 살펴보시고 이렇게 수기를 내리셨다.

"1아승지와 10만 대겁이 지나 그대는 고따마 부처님의 두 번째 상수제자가 되리라."

부처님의 수기를 듣자 시리왓다는 가슴 가득 기쁨이 차올랐다. 부처님께서는 법문하시고 비구 대중들과 함께 사원으로 돌아가셨다.

비구들이여, 이것이 나의 아들 사리뿟따와 마하목갈라나가 그때 세운 서원이다. 그들은 자신들이 세운 서원에 따라 이 영광을 얻은 것이지 내가 두 사람을 편애해서 상수제자에 임명하는 것이 아니다.

부처님께서 이렇게 법문을 마치시자 두 상수제자는 부처님께 절을 올리고 말씀드렸다.

"부처님이시여, 우리가 출가하기 전 장자의 신분이었을 때 산 정상에서 하는 축제에 참여하고 있었습니다……"

그들은 그때부터 최근에 앗사지 장로를 만나 수다원과를 얻을 때까지 일어난 일을 전부 말씀드렸다.

"부처님이시여, 우리는 스승인 산자야에게 가서 그의 얕은 견해를 지적하고 부처님께 귀의하면 고귀한 진리를 깨달을 수 있으니 부처님께 같이 가자고 했습니다. 그러나 그는 '다른 사람의 제자가 되어 살아가는 것은 마치 큰 항아리가 조그만 물그릇이 되는 것과 같다.'고 하면서 자신은 죽어도 다른 사람의 제자가 될 생각이 없다고 말했습니다. 그래서 저희들은 '많은 사람이 모두 손에 꽃과 향을 들고 부처님께 존경을 표하려 가는데 당신은 어떻게 하시려고 그러십니까?'라고 물었습니다. 이에 그는 '이 세상에 어리석은 자와 현명한 자 중에서 누가 더 많으냐?'라고 반문하기에, 우리는 '그야 어리석은 자가 많지요.'라고 대답했습니다. 그는 '그러면 현명한 자는 현명한 사문 고따마에게 가도록 하고 어리석은 자는 내게 오게 하라.'고 말했습니다. 부처님이시여, 그는 그렇게 말하면서 여기로 오는 것을 거절했습니다."

부처님께서 이 이야기를 듣고 나서 말씀하셨다.

"비구들이여, 산자야는 사견을 고집하고 껍질을 본질로, 본질을 껍질로 여긴다. 너희들은 지혜롭게 본질을 본질로 껍질을 껍질로 알고 껍질을 버리고 본질을 받아들여라."

이렇게 말씀하시면서 부처님께서는 게송을 읊으셨다.

껍질을 본질로 여기고

본질을 껍질로 보는 이는
삿된 견해를 가졌기에
본질을 얻을 수 없으리라.(11)

본질을 본질로 알고
껍질을 껍질로 보는 이들은
바른 견해를 가졌기에
본질을 얻을 수 있으리라.164)(12)

---

164) 껍질은 이익, 명예, 권력 등 물질적인 것이고, 본질은 진리, 깨달음 등
정신적인 것이다. 이것은 삶의 가치 기준을 어디에 둘 것이며 우월감과
열등감, 행복과 불행, 성취 등의 기준이 무엇인가의 문제이다. 물질적인
이익과 명예를 추구하는 이는 진정한 가치가 있는 정신적인 성숙을 이룰
수 없다.

아홉 번째 이야기
천녀를 얻기 위해 수행한 난다 장로

부처님께서 제따와나 사원에 계실 때 난다 장로와 관련해서 게송 13, 14
번을 읊으셨다.

자신의 의지와 상관없이 비구가 된 난다[165)

부처님께서 깨달음을 얻으신 후 법륜을 굴리며 라자가하에 도착해 웰루
와나 사원에 머물고 계실 때였다. 그때 부처님의 아버지인 숫도다나 대왕
은 천 명으로 구성된 사절단을 열 번이나 부처님께 보내 고향을 방문해 달
라고 요청했다.[166)

"라자가하에 가서 나의 아들을 데리고 와서 나를 만나게 해다오."

아홉 번째 사절단이 라자가하에 도착했지만, 그들은 부처님의 법문을 듣
고 아라한이 되어 왕의 심부름은 까맣게 잊고 출가했다. 왕은 이번에는 어
릴 적 부처님의 소꿉친구였던 깔루다이[167)를 불러 임무를 맡겼다. 깔루다

---

165) 난다Nanda의 출가 이야기는 니다나까타Nidānakathā에 언급돼 있다.
166) 부처님의 고향 방문: 아버지 숫도다나 대왕의 요청으로 고향 까삘라왓투
　　를 방문한 시기는 녹야원에서 초전법륜을 굴리시고 첫 안거를 나신 다음
　　해 웰루와나(죽림정사)에서 2년째 안거를 나기 전에 일어난 일이다.
167) 깔루다이Kāḷudāyī: 숫도다나 왕의 대신의 아들로 부처님과 같은 날 태어
　　난, 부처님의 어릴 적 소꿉친구다. 부처님이 출가하자 깔루다이는 왕이
　　가장 총애하는 신하가 됐다. 왕은 아들이 깨달음을 얻어 붓다가 됐다는
　　소식이 들리자 신하들을 보내서 아들을 초청했지만 심부름 간 신하들이
　　모두 부처님의 법문을 듣고 아라한이 되자 세속 일에 무심해져버렸다.
　　왕은 결국 깔루다이에게 임무를 맡겼다. 깔루다이는 출가를 허락하는 조
　　건으로 임무를 맡았다. 깔루다이도 라자가하에 도착해 부처님의 법문을
　　듣고 아라한이 됐지만 임무를 잊지 않았다. 유행하기 좋은 계절이 되자
　　그는 부처님께 친척을 방문하기 적당한 시기임을 알렸다. 부처님은 60요
　　자나의 거리를 60일 동안 여행해 까삘라왓투에 도착했다. 그러나 부처님

이는 출가를 조건으로 임무를 맡았다. 그는 라자가하에 도착해 부처님의 법문을 듣고 아라한이 되어 출가했다. 그러나 그는 임무를 잊지 않고 부처님께 지금은 여행하기 좋은 계절이며 부왕께서 고향을 방문해 달라는 요청이 있었다고 말씀드렸다. 부처님은 2만 명의 비구들을 데리고 두 달간의 긴 여정 끝에 고향을 방문했다.

부처님께서 까뻴라왓투 성에 도착해서 니그로다 동산에 머무시자 사끼야족의 친척들이 모두 부처님을 만나 보려고 몰려왔다. 사끼야족들은 자부심이 강하고 거만한 종족이었다.

'싯닷타(부처님의 출가 전 이름)는 우리보다 나이가 적다. 그는 우리의 동생이다. 그는 우리의 조카다. 그는 우리의 손자다.'

친척들은 이렇게 생각하면서 아들딸들에게 지시했다.

"너희들은 부처님께 삼배를 올려라. 우리는 뒤에 앉아 있겠다."

친척들이 부처님께 예배하지 않고 자리에 그냥 앉자 부처님께서는 그들의 자만심을 꺾기 위해 공중에 올라 쌍신변의 신통을 보이셨다. 그러자 숫도다나 왕과 모든 친척이 자리에서 일어나 부처님께 삼배를 올렸다. 부처님께서는 공중에서 내려와 아버지를 비롯한 친척들에게 법문하셨다. 법문이 끝나자 하늘에서 비가 쏟아져 내려 젖고 싶은 사람은 젖고, 젖고 싶지 않은 사람은 물방울조차 튕기지 않았다. 부처님께서는 그들이 '희유한 일이다'라고 의아해 하자 과거생에서도 이런 일이 있었다면서 웻산따라 자따까를 설하셨다.

께서 도착하기 전에 깔루다이는 매일 공중으로 날아가서 사끼야족에게 부처님이 어디까지 오셨는지 말해주고 발우에 음식을 받아와서 부처님께 올렸다. 부처님께서 고향에 도착했을 때는 이미 모든 친척들이 부처님에 대한 완벽한 믿음을 가지고 있었다. 그래서 부처님께서는 그를 '부처님의 친족에게 청정한 믿음을 가지게 하는 데 제일(kulappasādakānaṃ aggo)'이라고 선언하셨다.

웻산따라(보살)는 시위(수도 제뜻따라)의 왕 산자야의 아들로 태어났다. 그는 태어나면서 바로 말을 했다고 하며 같은 날 빳짜야라는 이름의 흰 코끼리도 같이 태어났다. 그 코끼리에게는 비를 내리게 하는 능력이 있었다. 웻산따라가 여덟 살에 커다란 보시를 하겠다고 하자 땅이 흔들렸다. 열여섯 살에 맛디라는 여인과 결혼해서 잘리와 깐하지나라는 이름의 두 아이를 두었다. 그때 깔링가에 큰 가뭄이 들었는데 여덟 명의 바라문이 와서 코끼리를 달라고 하자 보시했다. 제뜻따라 시민들은 왕자가 코끼리를 남의 나라에 줘버린 것에 화가 나서 왕에게 웻산따라를 왕까기리로 추방하라고 요구했다. 왕자는 떠나기 전에 커다란 보시를 행했다. 그가 떠나려고 하자 아내와 아이들도 따라 나섰다. 그들은 네 마리 말이 끄는 화려한 마차를 타고 갔는데 네 명의 바라문이 말을 요구하자 말도 보시했다. 또 다른 바라문이 와서 마차를 요구하자 마차마저 보시했다. 그들은 삼촌의 도시 쩨따 왕국까지 걸어서 갔다. 그러나 그들은 왕국 안으로는 들어가지 않고 숲으로 들어가 오두막을 짓고 살았다. 그들은 참마와 과일을 따먹으며 생활했다. 그때 주자까라는 바라문이 와서 아이들을 하인으로 부리고 싶다고 요구했다. 그는 눈물을 흘리며 아이들을 보시했다. 그때 땅이 크게 흔들렸다. 삭까 천왕이 바라문으로 가장하고 다가와 아내를 요구했다. 그는 아내마저도 보시했고 또다시 땅이 크게 흔들렸다. 삭까 천왕은 모습을 드러내며 아내를 돌려주었다. 주자까가 아이들을 데리고 깔링가로 가려고 했으나 아이들의 할아버지인 산자야가 비싼 값으로 아이들을 다시 샀다. 깔링가의 국민들은 흰 코끼리를 먹이고 키울 수가 없어 되돌려 주었고, 웻산따라와 그의 아내 맛디도 다시 고향 제뜻따라로 되돌아와 가족이 모두 재회하게 됐다. 그때 여섯 명의 가족이 만남의 기쁨으로 기절하자 삭까 천왕이 비를 내려 소생시켜 주었다. 웻산따라는 왕위에 올라 죽는 그날까지 보시 공덕을 쌓았다. 이 이야기는 부처님이 성도 후 까삘라왓투에 방문했을 때 친척들이 모인 가운데 천상의 비가 내려 젖고 싶은 사람은 젖고, 젖고 싶지 않은 사람은 젖지 않는 희유한 일이 발생하자 과거생에서도 그런 일이 있었음을 설명하려고 당신의 전생 이야기를 하신 것이다. 이때의 웻산따라는 지금의 부처님이고 아내 맛디는 라훌라의 어머니이고 산자야 왕은 숫도다나 왕이다. 그 생에서 보살은 마지막 보시바라밀을 완성했다. 그리고 붓다가 되기 위해 인간 세상에 내려오기까지 도솔천에 올라가 머물렀다.(Vessantara Jātaka J547)

다음 날 부처님께서는 성에 들어가 이집 저집 돌아다니며 탁발하자 놀란 왕이 왕궁에서 달려 나왔다.

"부처님이시여, 우리 왕족 혈통에서는 걸식을 한 자가 한 명도 없습니다."

"대왕이여, 우리 붓다의 혈통에서는 탁발로 생명을 유지하는 것이 전통입니다."

부처님께서는 이렇게 말씀하시고 부왕에게 게송을 들려주었다.

탁발 의무를 가벼이 여기지 말고
면밀하게 알아차리며 탁발하라.
이 가르침을 닦는 이는
금생과 내생에서 행복하리라.(168)

이 게송 끝에 부왕이신 숫도다나 대왕은 수다원과를 얻었다. 부처님께서는 당신의 양어머니이자 이모이신 마하빠자빠띠에게도 게송을 읊어 주셨다.

성실하게 탁발하고
탁발 수행을 게을리 하지 마라.
이 가르침을 닦는 이는
금생과 내생에서 행복하리라.(169)

이 게송을 듣고 마하빠자빠띠 고따미 왕비는 수다원과를 얻었고 숫도다나 왕은 사다함과를 얻었다.

부왕은 부처님을 궁으로 모시고 가서 공양을 올렸다. 부처님께서는 공양을 마치고 당신의 출가 전 아내였던 라홀라마따168)를 만났다. 부왕은 며느리의 덕을 칭찬했다.

"부처님이시여, 제 며느리는 당신이 누런 옷을 입고 있다는 소문을 듣자 자신도 누런 옷을 입었으며, 당신이 하루에 한 끼를 먹는다고 하자 자신도 하루에 한 끼밖에 먹지 않았으며, 당신이 화려한 침상을 쓰지 않는다고 하자 자신도 허름한 침상에서 잤으며, 당신이 꽃과 향을 쓰지 않는다고 하자 자신도 꽃과 향을 사용하지 않았습니다."

부처님께서는 그녀가 과거 전생에서도 얼마나 헌신적으로 남편을 사랑했는지 설명하면서 짠다 낀나라 자따까를 설하셨다.

> 보살이 짠다라는 이름의 낀나라(사람의 얼굴을 가진 천상의 새)로 태어났을 때 그의 짝은 짠다아였다. 어느 날 그들이 시냇가에서 노래 부르고 춤추고 놀고 있을 때 베나레스의 왕이 사냥을 나왔다가 짠다아를 보고 사랑에 빠졌다. 왕은 화살로 짠다를 죽이고 그녀에게 왕비의 영광을 누리게 해주겠다며 구애했다. 그러나 그녀는 제의를 거절하고 남편에게 불행한 일이 닥치도록 내버려 둔 신에게 눈물을 흘리며 항의했다. 그러자 신들의 왕 삭까가 바라문으로 가장하고 내려와 남편 짠다의 생명을 부활시켜 주었다. 그때의 왕은 아누룻다이고, 짠다는 부처님이고, 여자 짠다아는 라홀라의 어머니였다.(Canda Kinnara Jātaka, J485)

---

168) 라홀라마따Rāhulamatā: 붓다의 출가 전 아내이자 라홀라 존자의 어머니이다. 경전에는 밧다 깟짜나Bhaddā Kaccānā, 라홀라의 어머니Rāhulamatā, 야소다라Yasodharā, 빔바데위Bimbādevi, 빔바순다리Bimbāsundari 등 여러 이름으로 나온다. 그녀는 붓다와 같은 날 태어났다고 한다. 그녀는 마하빠자빠띠 고따미와 500명의 사끼야족 여인들과 함께 출가해 아라한이 됐다. 그녀는 수천 겁의 과거를 기억할 수 있었다고 하며 그래서 초월지를 얻은 비구니 가운데 제일이라고 불린다.

셋째 날은 부처님의 이복동생인 난다 왕자의 관정식과 궁전의 완공식, 그리고 결혼식이 동시에 열리고 있었다. 부처님께서 난다의 궁전으로 탁발하러 오시자 난다가 공손히 공양을 올렸다. 그런데 부처님께서는 공양을 마치고 행운을 가져다주는 법문을 하고, 난다에게서 발우를 돌려받지 않고 길을 나서는 것이었다. 난다는 부처님에 대한 지극한 존경심 때문에 감히 발우를 돌려받으시라고 말을 할 수 없었다.

'부처님께서는 저 계단 입구에서 발우를 돌려받으실 거야.'

난다는 이렇게 생각하고 발우를 들고 뒤를 따라갔지만, 부처님께서는 계단 입구에 가서도 발우를 돌려받지 않으셨다.

'부처님께서는 저 계단 아래에서 발우를 돌려받으실 거야.'

난다의 생각과 달리 부처님께서는 거기서도 발우를 돌려받지 않으셨다.

'부처님께서는 궁전 정원에서 발우를 돌려받으실 거야.'

그러나 부처님께서는 거기서도 발우를 돌려받지 않으셨다. 난다는 자신의 신부에게 돌아가고 싶은 마음이 굴뚝같았지만 자신의 의지와는 상관없이 부처님을 계속 따라갔다. 부처님에 대한 존경심이 너무나 커서 감히 말을 못하고 계속 따라가면서 생각했다.

'여기서 발우를 돌려받으실 거야. 저기서 돌려받으실 거야. 거기서 돌려받으실 거야.'

경국지색傾國之色인 난다의 신부 자나빠다깔야니에게 이런 소식이 들려왔다.

"신부여, 부처님께서 당신의 신랑인 난다를 데리고 가고 있어요. 그가 없으면 어떻게 결혼식을 할 수 있겠어요?"

자나빠다깔야니는 머리를 산발한 채 눈물을 흘리며 황급히 뛰쳐나가 난다 왕자를 뒤쫓아 가며 외쳤다.

"왕자님, 제발 빨리 돌아오세요!"

그녀의 이 외침은 난다의 가슴을 온통 헤집어 놓았다. 하지만, 난다는 결국 부처님께서 머무시는 니그로다 동산까지 따라가게 됐다. 사원에 도착하자 부처님께서는 난다에게 말씀하셨다.

"난다여, 비구가 될 생각은 없느냐?"

난다는 부처님에 대한 지극한 존경심 때문에 감히 '저는 비구가 되기 싫어요!'라고 말할 수 없었다. 결국 난다의 입에서는 자신의 의지와는 상관없는 말이 흘러나왔다.

"저는 비구가 되고 싶어요!"

"난다를 데려가서 비구계를 주도록 해라."

이 일은 부처님께서 까삘라왓투에 도착하시고 사흘째 되던 날에 일어났다.

라훌라의 출가169)

7일째 되던 날 라훌라마따는 어린 라훌라 왕자를 곱게 단장시켜 부처님에게 보내면서 일렀다.170)

"나의 아들아, 가서 2만 명의 비구를 거느리고 황금빛 살결에 범천과 같은 아름다운 모습을 지닌 분을 찾아 보거라. 그분이 너의 아버지다. 그분에게 커다란 황금 항아리171)에 대해 물어 보거라. 우리는 그분이 출가한 후에 항아리를 보지 못했다. 아버지께 그 유산을 달라고 청하며, 이렇게 여쭤

---

169) 라훌라의 출가 이야기는 율장 대품(VinMv.i.54. 1-2, 4-5)에 나온다.
170) 라훌라가 출가한 나이는 부처님이 출가 후 7년째 라훌라의 나이 7세 때의 일이다.
171) 황금 항아리: 부처님들께서 세상에 출현하실 때 함께 태어나거나 생겨나는 일곱 가지가 있다. 아내, 시자, 마부, 친구, 보리수, 말, 황금 항아리다. 고따마 부처님에게 아내는 라훌라마따이고, 시자는 아난다 존자이고, 마부는 찬나이고, 친구는 깔루다이이고, 보리수는 앗삿타이고, 말은 깐타까이고, 황금 항아리는 4개이다. 이들은 보살이 태어나는 날 태어나거나 생겨났다.

어라. '아버지, 저는 왕자입니다. 저는 관정식을 받는 순간 전륜성왕172)이 될 것입니다. 저는 많은 재산이 필요합니다. 제게 재산을 물려주십시오. 아버지의 재산이 아들에게 상속되는 것은 당연한 일입니다.'라고 여쭈어라."

어머니의 말에 따라 라훌라는 부처님께 갔다. 부처님을 보는 순간 그는 아버지에 대한 애틋한 정이 일어나 떨리는 가슴으로 말했다.

"사문이여, 당신의 그림자조차 평화롭습니다."

그는 자기에 대한 이야기를 주절주절 늘어놓았다. 부처님께서 공양을 마치고 법문을 한 후 자리에서 일어나 니그로다 사원으로 향하셨다. 라훌라 왕자는 부처님의 발뒤꿈치를 따라가며 계속 외쳤다.

"사문이여, 제게 유산을 주십시오. 제게 유산을 주십시오."

부처님께서는 그가 따라오도록 내버려두었고 비구들도 천진한 라훌라 왕자를 막을 수 없었다. 그래서 라훌라는 부처님을 따라 사원까지 오게 됐다.

'아들에게 상속되는 아버지의 유산은 길고 긴 윤회의 원인이 될 뿐이다. 보라! 나는 내가 보리수 아래에서 얻었던 성인들의 일곱 가지 재산을173)

---

172) 전륜성왕(cakkavatti): 이상적인 왕으로 군대를 이끌고 진군하면 하늘에서 전륜轉輪이 내려와 군대 앞에서 빙글빙글 돌며 나아간다. 적들은 싸우지 않고 항복하며 왕은 나라를 통일하고 오계와 법으로써 세상을 통치한다. 전륜성왕은 부처님과 마찬가지로 삼십이상三十二相(32가지의 큰 특징)을 갖추고 전륜(輪寶), 코끼리(象寶), 말(馬寶), 아름다운 아내(女寶), 진귀한 보석(珍寶), 재상(主兵臣寶), 조언자(居士寶)의 칠보를 소유한다.
173) 일곱 가지 재산: 앙굿따라 니까야 재산 경(Dhana Sutta, A7.5~7.7)에 나오는 말이다. 세간의 재산은 아무리 많더라도 재난을 당하거나 도둑맞거나 사업이 망하면 사라진다. 그러나 믿음(信), 계행(戒), 악행을 두려워함(慚), 악행을 부끄러워 함(愧), 법문을 들음(聞), 보시(施), 지혜(慧)라는 일곱 가지 재산은 결코 잃어버릴 수 없고 깨달음으로 인도하고 해탈로 인도한다. 이 세상에 이보다 더 가치 있는 재산이나 보물은 없다. 법구경 게송 66번 문둥이 숩빠붓다 이야기에서도 일곱 가지 재산을 언급하고 있다.

그에게 물려주리라. 출세간의 유산을 상속해 주리라.'

부처님은 이렇게 생각하며 사리뿟따 존자를 불러 지시하셨다.

"사리뿟따여, 라훌라 왕자를 출가시키도록 해라."

라훌라가 사미계를 받고 승단에 들어갔다는 이야기가 할아버지 숫도다나 왕에게 전해지자 왕은 슬픔에 가슴이 저미는 듯했다. 아들과 손자를 동시에 잃은 슬픔을 가눌 길 없어 왕은 부처님께 와서 탄식하며 말했다.

"부처님이시여, 당신이 출가할 때 나는 큰 고통을 느꼈습니다. 난다가 출가할 때도 마찬가지였습니다. 이제 라훌라마저 출가해 버리니 너무나 괴롭습니다. 원컨대 부모의 허락 없이는 아이들을 출가시키지 말아 주었으면 합니다."

부처님께서는 왕의 제안을 받아들이셨다. 어느 날 부처님께서 궁전에 들어가서 공양을 마치고 앉아계실 때 왕은 공손하게 한쪽에 앉아서 부처님께 말했다.

"부처님이시여, 당신이 고행하다가 쓰러져 의식을 잃었을 때 어떤 천신이 내게 와서 '당신의 아들이 죽었습니다.'라고 말했습니다. 나는 그 말을 믿지 않고 '내 아들은 깨달음을 얻기 전에는 죽지 않을 것이오.'라고 말하며 천신의 말을 부정했습니다."

"대왕이여, 당신은 과거생에서도 어떤 사람이 와서 뼈를 보여주면서 '당신의 아들은 죽었소.'라고 했을 때에도 그 말을 믿지 않았습니다."

이렇게 말씀하시고 부처님께서는 마하 담마빨라 자따까를 설하셨다. 이 설법 끝에 부왕은 아나함과를 얻었다.

까시국의 한 마을에 담마빨라 가족이 살고 있었다. 그 가족은 계를 지키고 법을 실천하며 살았기 때문에 담마빨라(법을 호지하는 자)라는 이름을 가지고 있었다. 아버지는 마하 담마빨라이고 아들은 담마빨라 꾸마라(담마빨라 동자)였다. 아들은 교육의 도시 딱까실라로 가서 한 스승 밑에서 학문을 배웠다. 스승의 맏아들이 죽자 모두가 슬퍼하고 눈물을 흘리는데 담마빨라 꾸마라는 눈물을 흘리지 않았다. 동료 학생들이 왜 울지 않느냐고 묻자 자기는 젊어서 죽는 것은 믿을 수 없다고 했다. 이를 매우 기이하게 여긴 스승이 그에게 더 자세히 물어보니 자신의 가족은 선조 때부터 젊어서 죽은 사람이 아무도 없다는 것이었다. 스승은 이 사실을 확인하고 싶어 그의 고향으로 가서 그의 아버지 앞에서 눈물을 흘리며 당신의 아들이 죽었다고 말했다. 그러면서 가짜 염소 뼈를 보여주며 아들의 뼈라고 속였다. 그러나 아버지 마하 담마빨라는 호탕하게 웃으며 자기 가문에는 젊어서 죽은 사람이 아무도 없다면서 믿지 않았다. 스승이 왜 그러냐고 묻자 자기 가문은 예부터 계를 철저히 지키고 법을 실천하며 살기 때문에 수명이 길다고 대답했다. 그때의 아버지 마하 담마빨라는 지금의 숫도다나이고, 아들 담마빨라 꾸마라는 지금의 부처님이고, 스승은 사리뿟따이다. (Mahā Dhammapāla Jātaka, J447)

난다와 천녀174)

부처님께서는 부왕을 깨달음으로 인도하고 비구들을 데리고 라자가하로 돌아오셨다. 그 무렵 아나타삔디까 장자가 500대의 수레에 짐을 가득 싣고 라자가하의 절친한 친구 집을 찾아갔다가 부처님이 세상에 출현하셨음을 전해 듣고 부처님께 다가가 법문을 듣고 수다원과를 얻었다. 그는 다음 날 부처님께 사왓티로 방문해 달라고 청했다. 부처님께서 그의 청을 승낙하시자 그는 사왓티로 돌아가 거대한 제따와나 사원을 건립해 완공했다. 부처님께서는 제따와나로 가서 낙성식에 참석하고 그곳에 머무셨다.175)

부처님께서 제따와나에 머무르고 계실 때 억지로 출가한 난다는 출가 생

---

174) 난다와 천녀 이야기는 우다나의 난다 경(Nanda Sutta, Ud3.2)에 나오고, 상가마와짜라 자따까(Saṁgāmāvacara Jātaka, J182) 서문에도 언급돼 있다.

175) 아나타삔디까 장자는 붓다께서 제2안거 중일 때 라자가하에서 붓다를 처음 친견했다. 그는 사왓티로 돌아가 기원정사를 준공하고 부처님을 초청했다. 부처님은 2안거가 끝나고 3안거 사이에 사왓티에 가서 머물렀다.

활이 지겹고 즐겁지 않다고 스님들에게 자주 불평을 늘어놓았다.

"스님들이여, 나는 청정범행의 길을 가는 것이 전혀 즐겁지 않습니다. 청정범행이라는 부처님의 가르침을 감당할 수 없습니다. 비구계를 반납하고 세속의 삶으로 돌아가고 싶습니다."

부처님께서는 이 말을 전해 듣고 난다를 불러 물으셨다.

"난다여, 그런 말을 했다는 게 사실이냐?"

"부처님이시여, 사실입니다."

"난다여, 수행하며 사는 삶이 어째서 불만족스러운가? 수행하며 사는 삶이 어째서 참을 수 없는가? 어째서 계를 반납하고 세속으로 돌아가겠다는 것인가?"

"부처님이시여, 제가 집을 떠날 때 아내 자나빠다깔야니(절세미인이라는 뜻)가 머리를 풀어 헤치고 쫓아오면서 '왕자님, 제발 빨리 돌아오세요!'라고 외치던 소리가 아직도 귓가에 맴돕니다. 부처님이시여, 저는 아직도 그 목소리를 잊지 못해 청정한 삶에 만족하지 못하고, 청정한 삶을 더 이상 참을 수도 없습니다. 저는 계를 반납하고 세속으로 돌아가고 싶습니다."

부처님께서는 난다의 팔을 잡고 신통으로 삼십삼천에 올라가셨다. 올라가는 도중에 불이 휩쓸고 지나간 들판에 귀와 코와 꼬리가 화상을 입어 문드러진 탐욕스러운 원숭이 한 마리가 불탄 그루터기에 앉아 있는 것을 보여주셨다. 삼십삼천에 도착하자 부처님께서는 삭까 천왕을 기다리며 앉아 있는 500명의 아름다운 핑크빛 발을 가진 천녀를 보여주셨다. 부처님께서는 이 두 광경을 보여주고 나서 난다에게 물으셨다.

"난다여, 그대가 사랑하는 자나빠다깔야니를 이 500명의 아름다운 핑크빛 발을 가진 천녀와 비교하면 어느 쪽이 더 아름답고 귀엽고 사랑스러운가?"

난다가 대답했다.

"부처님이시여, 어찌 이 천녀들과 제 아내를 비교할 수 있겠습니까? 500명의 아름다운 핑크빛 발을 가진 천녀에 비하면 자나빠다깔야니는 귀와 코와 꼬리를 잃은 탐욕스러운 원숭이 정도밖에 되지 않습니다. 반면에 이 500명의 아름다운 핑크빛 발을 가진 천녀는 아름답고 귀엽고 사랑스럽기가 이루 말로 표현할 수 없습니다."

"기뻐하라, 난다여! 네가 열심히 수행해 깨달음을 얻는다면 500명의 아름다운 핑크빛 발을 가진 천녀를 얻게 된다는 것을 내가 보증하노라."

난다가 설레는 가슴으로 말했다.

"부처님께서 500명의 천녀를 얻게 된다고 보증하신다면 저는 아주 기쁜 마음으로 수행에 정진하겠습니다."

부처님께서는 난다를 데리고 천상에서 내려와 제따와나에 도착하셨다. 얼마 지나지 않아 비구들 사이에 소문이 돌았다.

"부처님의 동생, 난다 스님은 아름다운 천녀들을 얻기 위해 수행한다더라. 부처님은 그가 500명의 아름다운 핑크빛 발을 가진 천녀들을 얻게 된다는 것을 보증하셨다더라."

그때부터 비구들은 난다를 '일용직 잡부'처럼 천녀라는 대가를 얻기 위해 수행하는 자이며, 고귀한 수행으로 천녀를 사려는 자라고 놀려대며 천녀를 얻기 위해 부처님으로부터 보증을 받은 것이 분명하다고 비난하기 시작했다.

"난다는 확실히 대가를 바라고 수행하는 자야. 천녀들을 얻기 위해 수행하는 것이 분명해. 부처님께서는 500명의 아름다운 핑크빛 발을 가진 천녀를 얻게 된다고 보증하셨다지."

난다는 다른 비구들이 '일용직 잡부 또는 장사꾼'이라고 비난하는 말에 부끄럽고 창피해 홀로 떨어져서 방일하지 않고 열심히 정진했다. 그리고 얼마 지나지 않아 훌륭한 가문의 아들들이 성취하고자 집에서 집 없는 곳으로 출가하는, 그 위없는 청정한 삶을 지금 여기에서 스스로 알고 깨달아 성취해서 머물렀다.

'태어남은 다했다. 청정한 삶을 완성했다. 해야 할 일을 다 했으며 다시는 어떤 존재로도 돌아오지 않을 것이다.'라고 최상의 지혜로 알았다. 난다 장로는 아라한들 중 한 분이 됐다.

밤이 되자 한 천신이 제따와나를 온통 환하게 밝히고 내려와 부처님께 절을 올리고 말씀드렸다.

"부처님이시여, 부처님의 양어머니의 아들, 난다 장로는 지금 여기에서 번뇌가 다하여 아무 번뇌가 없는 마음의 해탈과 통찰지의 해탈176)을 스스로 알고 깨달아 성취해서 머뭅니다."

부처님에게도 이와 같은 지혜가 일어났다.

"난다는 지금 여기에서 번뇌가 다하여 아무 번뇌가 없는 마음의 해탈과 통찰지의 해탈을 스스로 알고 깨달아 성취해서 머문다."

그날 밤 난다 장로는 부처님께 다가와서 절하고 말씀드렸다.

"부처님이시여, 부처님께서 예전에 제게 수행을 완성하면 500명의 아름다운 핑크빛 발을 가진 천녀를 얻게 된다고 보증하신 그 약속을 철회해 드립니다."

"난다여, 나는 이미 네가 '지금 여기에서 번뇌가 다하여 아무 번뇌가 없는 마음의 해탈과 통찰지의 해탈을 스스로 알고 깨달아 성취하여 머문다.'라고 안다. 그리고 천신이 와서 또 그렇게 말해주었다. 난다여, 네가 세상에 대한 집착에서 벗어나고 번뇌로부터 해탈한 순간 나는 이미 그 약속에서 벗어났다."

---

176) 마음의 해탈(ceto-vimutti, 心解脫)과 통찰지의 해탈(paññā-vimutti, 慧解脫): 이 두 해탈을 여러 가지로 해석하지만, 가장 중요한 한 가지만 언급하면, 마음의 해탈은 어느 정도 욕망이 제거되어 근접 삼매나 몰입 삼매에서 일시적으로 고요와 평온을 경험하는 세간적인 해탈을 말하고, 통찰지의 해탈은 위빳사나 수행으로 완전히 번뇌를 제거하여 영원한 평화를 경험하는 출세간적인 해탈을 말한다.

일이 이렇게 진행되리라는 것을 미리 알고 계셨던 부처님께서는 마음에서 일어나는 감흥을 조용히 읊으셨다.

> 감각적 욕망의 진흙 수렁을 건넌 사람
> 욕망의 가시를 뽑아버린 사람
> 어리석음에서 벗어나 열반에 이른 사람,
> 그런 사람은 행복하거나 괴롭거나
> 마음에 흔들림이 없다.

어느 날 비구들이 난다 장로에게 다가와 물었다.

"벗 난다여, 예전에는 '나는 출가의 삶이 만족스럽지 못하며 세속으로 돌아가고 싶다.'라고 하더니 지금도 그렇습니까?"

"벗들이여, 나는 세속의 삶에 아무런 흥미가 없습니다."

비구들은 그의 대답을 듣고 말했다.

"난다 스님은 자신이 마치 아라한인 것처럼 말하고 있습니다. 예전에는 '나는 출가의 삶이 만족스럽지 못하고 세속으로 돌아가고 싶습니다.'라고 말하더니 이제는 '세속의 삶에 아무런 흥미도 없습니다.'라고 말합니다."

비구들이 이 일을 보고하자 부처님께서 말씀하셨다.

"비구들이여, 예전에 난다의 마음은 성글게 지붕을 이은 집과 같았지만, 지금은 지붕을 촘촘히 이은 집과 같으니라. 그는 천녀를 본 순간부터 출가자의 목표에 도달하려고 분투노력하여 이제 구경의 깨달음을 성취한 아라한이 됐다."

부처님께서는 이렇게 말씀하시고 게송을 읊으셨다.

> 성글게 이은 지붕에
> 빗물이 쉽게 스며들듯
> 잘 닦지 않은 마음에

욕심이 쉽게 스며드네.(13)

잘 이은 지붕에
빗물이 스며들지 않듯
잘 닦은 마음에
욕심이 스며들지 못하네.(14)

비구들이 법당에서 이 일에 대해 토론하기 시작했다.

"벗들이여, 부처님은 정말 경이로운 분입니다! 난다 스님이 자나빠다깔 아니 때문에 출가 생활에 만족을 느끼지 못하고 있었는데 부처님께서 천녀를 미끼로 그를 순종하게 했습니다."

그때 부처님께서 들어오셔서 물으셨다.

"비구들이여, 여기 앉아 무슨 얘기들을 하고 있었는가?"

부처님께서는 비구들의 대답을 듣고 말씀을 이으셨다.

"비구들이여, 난다가 이성을 미끼로 순종하게 된 것은 이번이 처음이 아니다. 과거생에서도 그런 일이 있었다."

부처님께서는 이렇게 말씀하시고, 과거생에서 일어났던 일을 이야기 하셨다.

난다의 과거생: 깝빠따와 당나귀

브라흐마닷따 왕이 베나레스를 통치하고 있을 때 깝빠따라는 상인이 베나레스에 살고 있었다. 깝빠따에게는 항아리를 싣고 매일 일곱 요자나를 갈 수 있는 당나귀 한 마리가 있었다. 어느 날 깝빠따는 항아리를 당나귀에 싣고 딱까실라로 갔다. 딱까실라에 도착해 물건을 처분하는 동안 그는 당나귀를 풀어서 자유롭게 놀도록 해주었다. 당나귀는 개울둑을 따라서 터덜 터덜 걸어가다가 암탕나귀를 보고 곧장 달려갔다. 암탕나귀는 그에게 애정이 듬뿍 담긴 말로 인사하며 물었다.

"넌 어디서 왔니?"

"베나레스에서 왔지."

"무슨 일로 왔니?"

"물건을 팔기 위해서 왔지."

"너는 얼마나 많은 짐을 나를 수 있니?"

"많은 항아리를 나를 수 있지."

"그렇게 많은 짐을 싣고 하루에 얼마나 갈 수 있니?"

"일곱 요자나를 갈 수 있지."

"네가 어딜 가면 혹시 발과 등을 문질러주는 사람이 있니?"

"없어."

"그렇다면 넌 아주 힘들게 살아가는구나!"

물론 동물에게 자기 발과 등을 문질러주는 사람은 없다. 암탕나귀가 그렇게 말한 건 사랑으로 맺어지고 싶었기 때문이다. 하지만, 암탕나귀의 말에 수탕나귀는 갑자기 자신의 삶이 불만스러워지기 시작했다. 상인이 물건을 처분하고 당나귀에게 돌아와서 말했다.

"자, 당나귀야, 이제 떠나자."

"당신이나 떠나시오. 난 가지 않겠소."

상인이 부드러운 말로 달래면서 가자고 계속 설득했으나, 당나귀는 가지 않겠다고 끝까지 고집을 부렸다. 상인이 화를 내며 욕설을 퍼부어도 요지부동이었다.

'너를 가게 하는 방법이 있지'

상인은 이렇게 생각하며 노래를 불러 위협했다.

나는 16인치 가시가 달린 막대기를 만들어

네 몸을 갈갈이 찢어놓겠다.

알아들어? 이 당나귀야.

당나귀가 이 말을 듣고 말했다.
'그러면 나도 당신에게 어떻게 해야 할지 알고 있지.'
당나귀도 이렇게 생각하며 노래를 불렀다.

당신이 16인치 가시가 달린 막대기를 만든다면,
좋습니다!
그러면 저는 앞발을 땅에 박고 뒷발을 날려
당신의 이빨을 몽땅 부셔버리겠습니다.
알겠습니까? 깝빠따여.

상인이 이 말을 듣고 생각했다.
'무엇이 이렇게 말할 정도로 그를 변하게 만들었지?'
여기저기 주위를 둘러보던 상인의 시선이 암탕나귀에게 가서 멈추었다.
'아! 저 암탕나귀가 그를 이렇게 변하게 했구나. 그러면 저런 짝을 구해
주겠다고 유혹해서 집에 데려가면 되겠군.'
상인은 노래를 불렀다.

진주처럼 영롱한 얼굴과 아름다운 몸매를 가진
네 발 달린 암탕나귀를
집에 데려와 짝을 지어주겠다.
알아들었지? 이 당나귀야.

당나귀가 이 말을 듣고 기쁨에 겨워 노래로 대답했다.

진주처럼 영롱한 얼굴과 아름다운 몸매를 가진
네 발 달린 암탕나귀를
집에 데려와 짝을 지어준다면,
그렇다면, 깝빠따여!

지금까지는 하루에 일곱 요자나를 걸었지만,
이후로는 열네 요자나를 걸어가겠소.

"좋다. 그럼 가도록 해볼까?"
깝빠따는 당나귀를 데리고 달구지가 있는 곳으로 가서 달구지를 끌고 출발했다.
집으로 돌아온 지 며칠이 지난 후에도 상인으로부터 아무런 소식이 없자 당나귀가 그에게 물었다.
"내 짝을 데리고 온다고 말하지 않았습니까?"
"그렇게 말했지. 나는 약속을 어기지 않는다. 다만 너와 네 짝이 함께 먹기에 충분하든 말든 네가 먹을 음식만 주겠다. 이것은 네가 결정할 문제다. 둘이 함께 살게 되면 새끼도 태어날 텐데, 그때도 셋이 먹기에 충분하건 모자라건 네가 먹을 음식만 주겠다. 결정은 너에게 달렸다."
상인에게서 이 말을 들은 당나귀는 희망을 버렸다.

부처님께서 자따까의 이야기를 마치면서 말씀하셨다.
"비구들이여, 그때 암탕나귀는 자나빠다깔야니이고, 수탕나귀는 난다이고 상인은 나다. 옛날에도 난다는 이성을 미끼로 순종하게 됐다."

열 번째 이야기
돼지 백정 쭌다의 죽음

부처님께서 웰루와나 사원에 머무실 때 돼지 백정 쭌다와 관련해서 게송 15번을 읊으셨다.

쭌다는 45년 동안 돼지를 도살해 먹거나 혹은 팔며 생계를 유지해 왔다. 기근이 들면 그는 수레에 쌀을 잔뜩 싣고 시골로 가서 벼 한두 됫박으로 수레가득 돼지 새끼를 사와 집 뒤 빈터에 울타리를 치고 풀어 놓았다. 돼지들은 잡풀과 대변을 먹으며 자랐다.

그가 돼지를 도살할 때 언제나 돼지를 나무기둥에 움직이지 못하도록 단단히 묶고 모난 곤봉으로 사정없이 두들겨 패서 살을 연하고 부드럽게 만들었다. 그런 다음 살아있는 돼지의 턱을 억지로 열어 쐐기를 박고 목구멍으로 펄펄 끓는 물을 부었다. 뜨거운 물이 뱃속으로 들어가 똥과 함께 항문으로 흘러나왔다. 돼지 창자에 똥이 조금이라도 남아 있으면 더럽고 탁한 물이 나왔고, 창자가 완전히 청소되면 맑고 깨끗한 물이 나왔다.

창자가 완전히 씻기면 이번에는 돼지의 등에 뜨거운 물을 부어 껍질을 벗기고, 남은 털은 횃불로 그슬렸다. 그리고 마지막으로 날카로운 칼로 돼지의 목을 딴 후 콸콸 쏟아지는 피를 접시에 받아서 고기를 구울 때 그 피를 발랐다. 그렇게 만든 돼지고기 요리를 가족들과 함께 게걸스럽게 먹어 치우고, 남은 고기는 내다팔았다. 그렇게 그는 45년을 살았다. 부처님께서 이웃 사원에 머물고 계셨지만, 쭌다는 단 한 번도 꽃 한 송이 밥 한 숟갈 보시하지 않았고 단 한 번의 공덕도 지은 적이 없었다.

그런 쭌다에게 어느 날 병마가 찾아왔다. 아직 살아있는데도 아비지옥의 불길이 그의 눈앞에 치솟아 올랐다.

아비지옥의 불은 100요자나 정도 아주 먼 거리에서 바라보는 사람의 눈조차 태워버릴 정도로 뜨겁다. 앙굿따라 니까야에 이와 같이 묘사돼 있다.

"사방 100요자나까지 거대한 불꽃을 계속해서 토해내고 있다."

나가세나 장로는 밀린다팡하에서 아비지옥의 열기가 얼마나 뜨거운지 보여주기 위해 이렇게 설명했다.

"대왕이여, 산더미만큼 커다란 바위를 지옥의 불길 속에 던져 넣으면 순식간에 재가 돼버립니다."

그러나 과보의 힘으로 지옥에 태어난 중생들은 어머니 뱃속에서 지내는 중생처럼 타지 않고 끔찍한 고통을 겪어야 한다.

아비지옥의 고통이 돼지 백정 쭌다에게 들이닥치자 그의 행동은 과거에 행한 악행을 닮아갔다. 돼지처럼 꿀꿀거리고 손과 무릎으로 온 집안을 헤집고 기어 다녔다. 가족들이 억지로 붙잡아서 입에 재갈을 물리는 등 별짓을 다해 보았지만, 그의 이상 행동을 막을 수 없었다.(과거의 악행으로 일어난 과보는 어느 누구도 막을 수 없는 법이다.)

그로 인해 주변 일곱 가구에 사는 사람들은 전혀 잠을 잘 수 없었다. 가족들은 죽음에 대한 공포로 두려움에 떠는 쭌다를 밖으로 나가지 못하도록 문에 빗장을 걸어 안에다 가둬놓고 온종일 밖에서 지켰다. 쭌다는 일주일 동안 지옥의 고통 속에 비명을 질러대며 돼지처럼 집안을 기어 다니다가 7일째 되던 날 죽어 아비지옥에 태어났다.(아비지옥에 대한 설명은 저승사자 경에 자세히 나온다.)177)

한 비구가 그 집 앞을 지나다가 비명소리를 듣게 됐다. 그는 이 소리의 정체가 당연히 돼지의 꿀꿀거리는 소리이거나 돼지 멱따는 소리일 거라고 생각했다. 사원으로 돌아온 그는 부처님 앞에 앉아 말씀드렸다.

"부처님이시여, 돼지 백정 쭌다의 집이 일주일 동안 닫혀 있는데 돼지

---

177) 저승사자 경(Devadūta Sutta, M.130): 저승사자 경에 큰 지옥부터 작은 지옥까지 여러 지옥에서 고통 받는 모습을 설명하고 있다.

도살하는 소리가 계속 들렸습니다. 이건 필시 큰 잔치를 열 모양입니다. 부처님이시여, 그는 얼마나 많은 돼지를 죽였을까요? 그는 단 한 번도 자비스러운 마음을 내어본 적이 없는 사람입니다. 저는 그렇게 잔인하고 야만적인 사람을 본 적이 없습니다."

부처님께서 말씀하셨다.

"비구들이여, 그는 일주일 동안 돼지를 도살한 것이 아니라 과거에 지은 악행과 같은 과보를 받고 있었다. 아직 살아있음에도 불구하고 아비지옥의 불길이 그에게 닥쳐왔다. 아비지옥의 불길이 그를 태우기 때문에 7일 밤낮을 돼지처럼 비명을 질러대며 집안을 헤집고 기어 다녔다. 그러다 오늘 죽어 아비지옥에 태어났다."

"부처님이시여, 그는 금생에서도 이렇게 고통을 겪고 죽어서도 고통스러운 세상에 태어났습니다."

"비구들이여, 그러하다. 부주의하게 살아가는 이는 재가자거나 출가자거나 양쪽 세상에서 고통을 겪는다."

부처님은 이렇게 말씀하시고 게송을 읊으셨다.

악행을 저지른 자는
금생에서 슬퍼하고
내생에서 슬퍼하고
두 생에서 슬퍼한다.
자기가 지은 악행을 떠올리며
그는 슬퍼하고 괴로워한다.(15)

열한 번째 이야기
천상에서 서로 모셔가려고 하는 재가신도

부처님께서 제따와나 사원에 머무실 때 담미까라는 재가신도와 관련해서 게송 16번을 읊으셨다.

사왓티에 500명의 법다운 삶을 사는 남자 신도들이 있었다. 이들 중에서 회장 격인 담미까에게 일곱 명의 아들과 일곱 명의 딸이 있었다. 아들딸들은 탁발 나온 스님에게 올리는 음식, 지정된 스님에게 올리는 음식, 반달에 올리는 음식, 하현달에 올리는 음식, 공양청을 해서 올리는 음식, 우뽀사타 재일에 올리는 음식, 객스님에게 올리는 음식, 안거철에 올리는 음식 등 여러 가지 음식을 올렸다. 담미까는 스님들에게 공양을 올리는 공덕행을 시작한 지 얼마 되지 않아서 아내와 열네 명의 자식들과 함께 열여섯 종류의 공양[178] 올리는 일을 빠뜨리지 않았다.

세월이 흘러 담미까도 늙고 병들어갔다. 생명력이 점차 사그라드는 걸 느낀 담미까는 법문을 듣고 싶어 부처님께 사람을 보내 말씀드렸다.

"제게 여섯 분 혹은 열여섯 분의 스님을 보내주소서."

스님들은 부처님의 지시에 따라 그에게 가서 침대 옆에 준비된 의자에 앉았다.

"스님들이시여, 제가 병이 나서 스님들을 보지 못합니다. 경을 암송해 주십시오."

"어떤 경을 듣고 싶습니까? 재가 형제여."

---

178) 16종류의 공양: 대중공양, 탁발 공양, 죽 공양, 지정된 비구에게 주는 음식, 공양청을 해서 올리는 음식, 제비뽑기를 해서 올리는 음식, 반달마다 올리는 음식, 우뽀사타 재일마다 올리는 음식, 하현달에 올리는 음식, 초승달에 올리는 음식, 객스님에게 올리는 음식, 떠나는 스님에게 올리는 음식, 병든 스님에게 올리는 음식, 간병 스님에게 올리는 음식, 안거철에 올리는 음식, 차례대로 올리는 음식.

"모든 부처님께서 공통으로 설하셨던 대념처경179)을 듣고 싶습니다."
비구들은 경을 암송하기 시작했다.

비구들이여,
이 길은
중생들을 청정하게 하고
근심과 탄식을 극복하게 하고
육체적 고통과 정신적 고통을 사라지게 하고
지혜를 얻게 하고
열반을 실현하기 위한 오직 하나뿐인 길이다.
그것은 바로 네 가지 알아차림(四念處)의 확립이다.

무엇이 넷인가?
비구들이여,
몸에서 몸을 관찰하며 머문다.
느낌에서 느낌을 관찰하며 머문다.
마음에서 마음을 관찰하며 머문다.
법에서 법을 관찰하며 머문다.

---

179) 대념처경大念處經(Mahāsatipaṭṭhāna Sutta, D22): 디가 니까야 22번째
경으로 부처님께서 꾸루Kuru국의 깜맛사담마Kammāssadamma에서 설
하셨다. 이 경에서 부처님께서는 네 가지 알아차림(四念處)이 열반에 이르
는 유일한 길이라고 말씀하신다. 네 가지 알아차림이란 몸(kāya)에 대한
알아차림, 느낌(vedanā)에 대한 알아차림, 마음(citta)에 대한 알아차림,
법(dhamma)에 대한 알아차림이다. 이 경은 부처님께서 설하신 경전 중
에서 가장 중요한 경전이고, 수행의 기준이 되는 경전이다. 남방에서는
이 경을 단지 외우는 것만으로도 재난을 예방하고 행복을 가져온다고
믿는다. 불자들은 임종할 때 이 경을 암송하거나 아니면 독송하는 소리를
들으면서 죽는다. 이 경은 맛지마 니까야 염처경(念處經, Satipaṭṭhāna
Sutta, M10)에도 나온다.

세상에 대한 욕심과 싫어하는 마음을 버리면서
근면하게 알아차리고 마음챙기는 자 되어 머문다......

그 순간 욕계 여섯 천상에서 천신들이 화려하게 장식한 황금마차를 타고 내려왔다. 천신들은 서로 자기 마차에 타기를 재촉했다.

"우리 천상 세계로 모시고 가겠습니다."

천신들은 서로 자신들의 마차에 오르기를 바라면서 말을 이었다.

"마치 낡은 진흙 접시를 부셔버리고 황금 접시를 사용하듯이 낡은 인간의 몸을 버리고 천상에 태어나 천상의 즐거움을 누리도록 하십시오."

담미까는 독송 듣는 것을 방해받고 싶지 않아서 외쳤다.

"잠깐만 기다리시오! 잠깐만 기다리시오!"

그러나 스님들은 담미까가 자기들에게 말하는 줄 알고 독경을 멈추었다.

'아직 아버지께서는 법을 충분히 듣지 못했다. 아버지께서 독경을 듣고 싶어 스님을 초청했지만, 멈추게 했다. 세상에 죽음을 두려워하지 않는 이가 없구나.'

아들딸들은 이렇게 생각하며 눈물을 흘렸다.

"우리는 기다릴 여유가 없습니다."

스님들은 이렇게 말하고 일어나서 떠나갔다.

잠시 후 의식을 회복한 담미까가 아들딸들에게 물었다.

"왜 울고 난리인가?"

"아버지께서 스님들을 모셔와 독경을 듣고 있을 때 스님들에게 독경을 멈추라고 했어요. 우리는 아버지께서 죽음이 두려워 그러는 줄 알고 '세상에 죽음을 두려워하지 않는 사람이 없구나.'라는 생각에 울고 있는 거예요."

"그런데 스님들은 어디 가셨느냐?"

"스님들은 기다릴 여유가 없다면서 떠나가셨어요."

"사랑하는 아들딸들아, 멈추라고 한 말은 스님들에게 한 말이 아니다."

"그럼 누구에게 하신 말씀인가요? 아버지!"

"여섯 천상 세계에서 화려하게 장식한 마차를 타고 내려온 천신들이 공중에 멈추어 서서 '우리 천상 세계에서 즐거움을 누리시기 바랍니다.'라고 말하기에 잠깐 기다리라고 한 것이다."

"아버지, 마차가 어디 있나요? 우리 눈에는 보이지 않아요!"

"혹시 가지고 있는 꽃다발이 있느냐?"

"있습니다, 아버지."

"어느 천상 세계가 가장 즐거운가?"

"부처님의 어머니가 머무는 곳, 미래에 부처님이 되실 보살께서 머무시는 곳, 바로 뚜시따 천(도솔천)이 가장 즐거운 곳입니다."

"그럼, '이 꽃다발이 뚜시따 천의 마차에 걸리기를!'이라고 말하면서 공중으로 던져라."

아들딸들이 꽃다발을 던지자 공중에 멈추어 있는 마차의 장대에 걸렸다. 아이들의 눈에는 허공에 꽃다발만 보이고 마차는 보이지 않았다.

"너희들의 눈에 꽃다발이 보이느냐?"

"예, 보입니다."

"그 꽃다발이 뚜시따 천에서 내려온 마차에 걸려있단다. 난 뚜시따 천으로 가련다. 나를 어지럽게 하지 마라. 너희들도 나와 함께 살고 싶다면 나처럼 열심히 공덕을 쌓고 법에 의지해서 살아라."

담미까는 곧바로 화려한 장신구로 치장한 옷을 입고 키 큰 천신으로 태어났다. 천 명의 천녀가 시중을 들었고 거대한 황금 궁전에서 살았다.

비구들이 사원으로 돌아오자, 부처님께서 물으셨다.

"비구들이여, 재가신도에게 독경을 잘 해 주었느냐?"

"그렇습니다, 부처님이시여, 그런데 독경하는 중간에 '잠깐 기다리시오, 잠깐 기다리시오.'라고 외치면서 독경을 멈추게 했습니다. 그러자 아들딸들이 울기 시작했고, 우리는 '기다릴 여유가 없다.'고 생각해서 곧장 돌아왔습니다."

"비구들이여, 그는 그대들에게 멈추라고 한 것이 아니다. 여섯 천상 세계에서 화려하게 장식된 마차를 타고 내려온 천신들이 서로 데려가려고 하자 독경을 듣는 것을 방해받고 싶지 않아서 그리 말한 것이다."

"부처님이시여, 그 말이 사실입니까?"

"사실이다."

"부처님이시여, 그는 지금 어디에 태어났습니까?"

"그는 뚜시따 천의 천신으로 태어났다."

"부처님이시여, 그는 살아서도 가족들과 즐겁게 지내고 죽어서도 즐거운 곳에 태어났습니다."

"비구들이여, 정말 그렇다. 재가자거나 출가자거나 항상 깨어있는 삶을 사는 사람들은 양쪽 세상에서 즐거워한다."

부처님께서는 이렇게 말씀하시고 게송을 읊으셨다.

선행을 하는 이는
금생에서 즐거워하고
내생에서 즐거워하고
두 생에서 즐거워한다.
그는 자기가 지은 선행을 떠올리며
참으로 즐거워한다.(16)

열두 번째 이야기
승단을 분열시키고 부처님을 시해하려 한 데와닷따[180)

부처님께서 제따와나에 계실 때 데와닷따와 관련해서 게송 17번을 설하셨다. 데와닷따가 비구가 된 때부터 땅이 갈라지면서 그를 삼켜버릴 때까지 데와닷따의 이야기가 자따까에 자세히 기술돼 있다.[181) 여기서는 대략적인 줄거리만 이야기한다.

여섯 왕자의 출가

부처님께서 말라[182)의 상업도시 아누삐야 근처에 있는 아누삐야 망고숲에 머물고 계셨다. 그때 부처님의 친척들인 8만 명의 사끼야족은 부처님에게서 여래만이 갖추고 있는 고귀한 특징들을 발견했다. 사끼야족 청년들은 이렇게 생각했다.

'그분은 부처님일 거야. 부처님께 출가해 출세간의 삶을 살아가야겠다.'

이렇게 해서 여섯 명의 청년들을 제외하고 모두가 부처님께 출가해 비구가 됐다. 그러나 밧디야[183), 아누룻다, 아난다, 바구, 낌빌라, 데와닷따, 여

---

180) 이 이야기의 대부분은 율장 소품(VinCv. vii. 1-4)에서 유래한다.
181) 자따까 542번째 이야기, 533번째 이야기, 466번째 이야기, 404번째 이야기.
182) 말라Malla: 말라는 고대 인도 16대국 중 하나다. 말라는 나라를 의미하지만 종족의 이름이기도 하다. 이 나라는 빠와Pāva를 수도로 하는 빠웨이야까-말라Pāveyyaka-Mallā와 꾸시나라Kusinārā를 수도로 하는 꼬시나라까Kosinārakā로 나눠져 있었다. 부처님께서는 빠와의 쭌다Cunda의 집에서 마지막 공양을 드시고 꾸시나라로 가서 대열반에 드셨다. 말라족들은 부처님의 유해를 꾸시나라의 마꾸따반다나 탑Makuṭabandhana cetiya에서 다비했다. 이 나라는 왓지Vajjī족처럼 말라족 수장들이 돌아가면서 통치하는 공화제 국가였다. 말라는 반둘라 이야기처럼(법구경 게송 47번 이야기) 왓지족과 작은 싸움이 있긴 했으나 대체로 이웃나라와 평화롭게 지냈다. 그러나 부처님께서 대열반에 드신 후 마가다의 아자따삿뚜 왕에 의해 정복됐다.

섯 사끼야족 왕자는 아직 출가하지 않고 있었다. 그래서 사끼야족 왕족들은 이 문제에 대해 토론하기 시작했다.

"우리는 한 집안에 한 명씩 출가를 허락한다. 한데 이 여섯 명의 왕자는 사끼야족이 아니란 말인가? 왜 출가하지 않는 것인가?"

그러자 사끼야족 왕자 마하나마가 동생 아누룻다에게 가서 말했다.

"아우야, 우리 집안에는 비구가 된 사람이 없구나. 네가 출가하거라. 내가 너를 따라 출가하겠다."

아누룻다는 과잉보호 속에 호사스럽게 자라 이제까지 '없다'라는 말을 들어본 적이 없었다. 한 번은 이런 일이 있었다. 여섯 사끼야족 왕자가 과자를 내기로 걸고 구슬치기를 하고 놀고 있었다. 아누룻다가 놀이에 져서 어머니에게 하인을 시켜 과자를 보내달라고 했다. 어머니는 황금 접시에 과자를 가득 담아 아들에게 보냈다. 왕자들은 과자를 먹고 다시 구슬치기를 시작했다. 아누룻다가 연속해서 세 번이나 놀이에 졌고, 어머니는 세 번이나 과자를 보내야 했다. 그러나 네 번째는 과자가 다 떨어져서 어머니는 하인에게 이제 과자가 '없다'는 말을 전하라고 했다. 아누룻다는 이제까지 '없다'라는 말을 들어본 적이 없었다. 그래서 이 '없다'는 틀림없이 다른 종류의 과자일 거라고 추측하고 하인에게 말했다.

"가서 '없다' 과자를 가져와"

어머니는 '없다 과자를 보내주세요'라는 아들의 말을 전해 듣고 곰곰이 생각했다.

'나의 아들은 이제까지 '없다'라는 말을 들어본 적이 없다. 어떻게 하면

---

183) 밧디야Bhaddiya: 이 책에는 세 사람의 밧디야가 등장한다. 사끼야족이며 아누룻다의 친구인 밧디야와 오비구(Pañcavaggiyā) 중 한 명인 밧디야, 라꾼다까 밧디야Lakuṇḍaka Bhaddiya이다. 사끼야족인 밧디야는 밧디야 깔리고다뿟따Bhaddiya Kāligidhaputta라고 불린다. 그는 500생 동안 왕이었다고 해서 고귀한 가문 출신(uccakulikānaṃ) 중에 제일이다.

'없다'라는 말의 의미를 가르칠 수 있을까?'

고민 끝에 그녀는 황금 그릇을 깨끗이 닦고 거기에 황금 접시를 포개서 아들에게 보내면서 하인에게 말했다.

"이걸 아들에게 가져다주게나."

이때 도시를 지키는 천신들이 이 광경을 지켜보며 생각했다.

'사끼야족 아누룻다가 과거생에 안나바라였을 때 자기 몫의 음식을 우빠릿타 벽지불에게 올리고 '앞으로 '없다'라는 말을 듣지 않도록 해주소서. 앞으로 음식이 어디서 나오는지 알 필요가 없게 해주소서.'라고 서원을 세웠다. 그가 지금 텅 빈 그릇을 보게 된다면 나는 천신들의 모임에 들어갈 수 없을 뿐만 아니라 내 머리가 일곱 조각으로 갈라질 것이다.'

이렇게 생각한 천신들은 그 접시에 천상의 과자를 가득 채워 주었다. 하인이 접시를 들고 도착했다. 그러나 아직 접시를 열지 않았는데도 진기한 향기가 온 도시 전체를 진동시켰고, 과자를 입에 넣자 그 맛이 7천 가닥의 신경선을 짜릿하게 흥분시켰다.

아누룻다는 이렇게 생각했다.

'어머니는 나를 사랑하지 않나 봐. 여태 이렇게 맛있는 '없다' 과자를 구워주시지 않았다니… 앞으로는 다른 과자는 절대 먹지 않을 거야.'

놀이가 끝나고 집으로 돌아온 아누룻다가 어머니에게 물었다.

"어머니는 나를 사랑하지 않는 거예요?"

"사랑하는 아들아, 무슨 말을 하는 거냐? 너는 눈에 넣어도 아프지 않고, 너를 위해서라면 심장도 떼어줄 수 있단다."

"어머니, 그렇게 사랑한다면서 왜 이제껏 '없다' 과자를 구워주시지 않았던 거예요?"

어머니는 의아해서 하인에게 물었다.

"자네, 그 그릇에 무엇이 들어있던가?"

"마님, 그 접시에는 제가 전에 보지 못했던 새로운 과자로 가득 차 있었습니다."

어머니는 곰곰이 생각해보았다.

'나의 아들은 전생에 커다란 공덕을 쌓고 서원을 세운 게 틀림없어. 그래서 천신들이 천상의 과자를 가득 채워준 게 분명해.'

아들이 어머니에게 말했다.

"어머니, 앞으로는 이 과자 외에 다른 과자는 절대 먹지 않을 거예요. 그러니 앞으로는 '없다' 과자만을 구워주세요."

그날 이후로 아들이 과자를 먹고 싶다는 전갈을 보내면 어머니는 텅 빈 그릇에 접시를 덮어서 보내곤 했다. 그가 세속에 사는 동안에는 천신들이 언제나 천상의 과자를 담아주었다. 아누룻다는 이처럼 아주 단순한 사람인데 어떻게 '비구가 된다'는 말을 이해할 수 있겠는가?

그래서 그는 형에게 물었다.

"비구가 된다는 말이 무슨 말입니까?"

"비구란 머리와 수염을 깎고, 가사를 걸치고, 나무깔개든 좋은 침대든 가리지 않고 자고, 음식을 탁발해서 먹고 살아간단다."

"형, 저는 아주 고상한 사람이에요. 저는 결코 비구가 될 수 없는 사람이에요."

"좋아, 그럼 농사일을 배우고 가족의 생계를 책임지는 세속의 삶을 살아가거라. 우리 집에 적어도 한 명은 비구가 되어야 하니 내가 출가하겠다."

형이 이렇게 말하자 아누룻다가 다시 물었다.

"아니, '농사일'이란 건 또 뭡니까?"

밥이 어디서 나오는지도 모르는 좋은 가문의 아들이 '농사일'이란 말을 어떻게 알겠는가? 어느 날 낌빌라, 아누룻다, 밧디야 세 왕자 사이에 '어디서 밥이 나오는가?'라는 문제로 토론이 벌어졌다. 낌빌라가 먼저 말했다.

"밥은 창고에서 나오는 거야."

밧디야가 말했다.

"너는 밥이 어디서 나오는지도 모르는구나. 밥은 솥에서 나오는 거야."

그러자 아누룻다가 말했다.

"너희 둘은 진정 밥이 어디서 나오는지 모르는구나. 밥은 보석이 촘촘히 박힌 손잡이가 달린 황금 그릇에서 나오는 거야."

낌빌라는 어느 날 사람들이 창고에서 쌀을 꺼내는 것을 보고 이렇게 말했었다고 한다.

"밥은 창고에서 생산되는 거야."

밧디야는 하녀들이 솥에서 밥을 꺼내는 것을 보고 이렇게 말했다고 한다.

"밥은 솥에서 생산되는 거야."

그러나 아누룻다는 벼를 찧는 것도 솥에서 밥을 꺼내는 것도 본 적이 없고, 오직 자기 앞에 놓인 그릇에서만 보았을 뿐이어서 그렇게 말했다고 한다.

"사람들이 먹고 싶다는 생각을 하면 언제나 밥이 황금 그릇에 뚝딱 나타나는 거야."

이처럼 세 왕자는 밥이 어디서 나오는지도 모르고 자랐던 것이다.

"'농사일'이란 것이 뭡니까?"

"먼저 논에 나가 쟁기질을 한단다. 그다음에 씨를 뿌리고, 물을 대고, 잡초를 매고, 벼를 베고, 탈곡하고, 볏단을 골라내고, 왕겨를 벗겨내고, 키질해서 쌀만 모아야 한다. 그리고 다음해에도, 그 다음해에도 똑같이 그 일을 해야 한단다."

아누룻다는 곰곰이 생각했다.

'농사짓는 일은 언제 끝이 나는가? 언제 재물을 즐기면서 한가로이 세월을 보낼 수 있는가?'

그에게 농사일이란 영원히 끝나지 않는 일처럼 보였기 때문에 형에게 자신의 선택을 말했다.

"좋아요, 그렇다면 형이 세속에 남아 가정을 책임지도록 하십시오. 나에게 세속의 삶은 아무 흥미가 없습니다."

아누룻다는 어머니에게 가서 말했다.

"어머니, 전 비구가 되고 싶습니다. 허락해 주십시오."

아누룻다는 세 번이나 어머니에게 출가를 허락해 달라고 요청했으나 어머니는 번번이 거절하다가 어쩔 수 없자 이렇게 말했다.

"너의 친구 밧디야 왕이 출가한다고 하면 허락하겠다."

아누룻다는 친구 밧디야에게 가서 말했다.

"친구여, 나의 출가는 전적으로 자네의 출가 여부에 달렸다네."

아누룻다는 친구 밧디야 왕을 설득해 7일째 되는 날 그와 함께 출가하기로 약속을 받아냈다.

사끼야족의 밧디야 왕, 아누룻다, 아난다, 바구, 낌빌라, 데와닷따의 여섯 캇띠야 계급의 왕자들은 천상의 호화로움을 즐기는 천신들처럼 7일 밤낮을 화려하게 즐기고서 이발사 우빨리[184]를 데리고 네 종류의 군대(코끼리병, 기마병, 전차병, 보병)를 정렬시키고 맨 앞에서 말을 타고 나아갔다. 국경에 도착하자 그들은 군대를 돌려보내고 국경을 넘었다. 여섯 왕자는 자신들의 몸을 치장했던 값비싼 장신구를 모두 떼어 우빨리에게 주면서 말했다.

"우빨리야, 너는 이걸 가지고 돌아가라. 이 정도면 평생 풍족하게 먹고

---

184) 우빨리Upāli: 까삘라왓투의 이발사 출신으로 사끼야족 여섯 왕자와 함께 출가했다. 그가 숲속으로 들어가 수행하겠다고 하자 부처님께서는 대중들과 함께 머물며 수행과 법을 동시에 배우기를 권했다. 부처님께서는 그에게 율장(Vinayapiṭaka)을 모두 가르쳤으며 대중들이 모인 가운데 그가 지계제일(vinayadharānaṃ)이라고 선언하셨다. 법구경 게송 160번 이야기와 같이 계율에 대한 문제가 일어나면 부처님께서는 그에게 문제의 해결을 지시하셨다. 부처님 생전에 비구들은 그에게서 율장을 배우는 것을 대단한 영광으로 여겼으며, 부처님께서 대열반에 드신 후 제1차 경전결집에서 그는 율장을 송출誦出했다.

살 수 있을 것이다."

우빨리는 땅에 털썩 엎드려 눈물을 흘렸다. 하지만, 감히 명령을 어길 수 없어 되돌아갔다. 그들이 떠나자 땅이 흔들리고 숲이 들썩이며 흐느끼는 듯했다.

우빨리는 얼마쯤 가다가 이런 생각을 했다.

'사끼야족들은 거칠고 무자비하다. 그들은 내가 자기 형제들을 살해한 줄 알고 나를 죽일지도 모른다. 지금 사끼야 왕자들은 모든 영광을 포기하고 샐비어 꽃처럼 아름답고 값비싼 장신구들을 헌신짝 버리듯 내던져버리고 출가하려고 한다. 헌데 왜 나는 안 되는가?'

그는 보따리를 풀어서 장신구들을 모두 나뭇가지 여기저기에 걸어놓고 말했다.

"누구든지 원하는 사람은 가져가라."

그리고는 왕자들에게 가서 자신도 출가하고 싶다고 말했다.

그래서 여섯 명의 사끼야족의 왕자들은 이발사 우빨리를 데리고 부처님께 다가가서 말씀드렸다.

"부처님이시여, 사끼야 왕족들은 거만합니다. 이 사람은 오랫동안 우리를 시중들었습니다. 그에게 먼저 계를 주십시오. 그런 다음 우리가 계를 받고 그에게 삼배를 올려 교만심을 누르고 하심下心하는 것을 배우겠습니다."

이렇게 해서 이발사 우빨리가 먼저 계를 받고 나중에 왕자들이 비구계를 받았다.

여섯 명의 왕자들 중 밧디야가 그해 안거가 끝나기 전에 세 가지 지혜[185]를 얻었다. 아누룻다는 천안天眼을 얻고 나서 대인상에 대한 숙고 경[186]을 듣고 아라한이 됐다. 아난다는 수다원을 얻었다. 바구와 낌빌라는

---

185) 세 가지 지혜(三明, tevijja) : 숙명통宿命通, 천안통天眼通, 누진통漏盡通을 말한다.
186) 대인상에 대한 숙고 경(Mahāpurisavitakka Sutta) : 아누룻다가 이 경을

위빳사나를 닦아 아라한이 됐다. 데와닷따는 범부의 신통력을 얻었다.

부처님과 제자들은 꼬삼비에 머물 때 많은 사람에게 크나큰 존경을 받았다. 사람들이 손에 가사와 약과 여러 가지 공양물을 들고 와서 물었다.

"부처님은 어디에 계시나요? 사리뿟따 장로님은 어디에 계시나요? 목갈라나 장로님은 어디에 계시나요? 깟사빠 장로님은 어디에 계시나요? 밧디야 장로님은 어디에 계시나요? 아누룻다 장로님은 어디에 계시나요? 아난다 장로님은 어디에 계시나요? 바구 장로님은 어디에 계시나요? 낌빌라 장로님은 어디에 계시나요?"

신도들은 부처님과 여덟 명의 장로가 앉아계시는 곳을 찾아 사원을 돌아다녔다.

데와닷따의 사악한 행위[187]

그러나 아무도 '데와닷따 장로님은 어디에 앉아 계시나요?'라고 묻지 않았다. 데와닷따는 자존심에 상처를 입었다.

'그들이 비구가 될 때 나도 비구가 됐다. 그들도 캇띠야 계급 출신이고 나도 캇띠야 출신이다. 하지만 신도들은 음식과 꽃과 향을 들고 와서 그들만 찾고 나를 찾는 이는 아무도 없다. 누구와 손을 잡고 누구에게 환심을 사야 혼자 힘으로 이득과 명예[188]를 얻을 수 있을까?'

들고 아라한이 됐다고 한다. 하지만 이 이름의 경은 없다. 주석서에서는 앙굿따라 니까야 여덟의 모음 30번째 경(A.8.30)인 아누룻다 경(Anuruddha Sutta)을 말한다고 설명하고 있다.

187) 데와닷따가 부처님을 살해하려고 시도하고 승단을 분열시키려고 한 일은 부처님 성도 후 37년, 세납 72세, 대열반에 드시기 8년 전에 일어난 사건이라고 한다.

188) 이득과 명예: 이득은 물질적으로 필요한 것, 즉 음식, 가사, 거처, 약을 충분히 제공받는 것이고, 명예는 정신적으로 꽃과 향을 올리며 귀의를 받는 것을 말한다.

그는 환심을 살 사람을 찾기 시작했다.

'빔비사라 왕은 부처님을 처음 본 그날 10만1천 명의 주변 사람과 함께 수다원과를 얻었다. 그는 성인과 범부를 알아보므로 나와 손을 잡으려 하지 않을 것이다. 꼬살라 국왕과도 손을 잡을 수 없겠다. 그러나 빔비사라 왕의 아들 아자따삿뚜는 좋고 나쁜 사람을 구별하지 못한다. 그와 손을 잡아야겠다.'

데와닷따는 꼬삼비를 떠나 라자가하로 갔다. 그는 신통으로 동자로 둔갑해서 손과 발에 네 마리 뱀을 감고, 목에 한 마리 뱀을 두르고, 머리에 모자처럼 똬리를 튼 뱀을 한 마리 얹고, 어깨에도 뱀 한 마리를 둘러 온몸을 뱀으로 치장하고서 공중으로 날아올라 아자따삿뚜의 무릎에 내려앉았다. 아자따삿뚜는 몹시 놀라 비명을 질렀다.

"당신은 누구요?"

"저는 데와닷따입니다."

데와닷따는 가사를 걸치고 발우를 든 본래 모습으로 돌아와 아자따삿뚜 앞에 섰다. 아자따삿뚜는 그의 신통력에 감탄해 아침저녁으로 500대의 수레에 음식을 가득 담아 데와닷따에게 공양을 올렸다. 데와닷따는 드디어 스스로 이득과 명예를 얻은 것이다.

그는 이득과 명예에 도취돼 삿된 생각을 일으켰다.

'승단을 이끌어야 할 사람은 부처님이 아니라 바로 나다.'

이런 사악한 마음이 일어나자 데와닷따는 신통력을 잃어버렸다. 그때 부처님께서는 웰루와나에서 대중들에게 법을 설하고 계셨다. 대중 가운데는 왕과 신하들도 있었다. 데와닷따는 삼배하고 자리에서 일어나 합장한 채 부처님께 말했다.

"부처님이시여. 당신은 이제 나이 들어 늙고 쇠약합니다. 이제 아무것도 관심을 두지 마시고 과의 선정에 들어 행복하게 지내십시오. 제게 승단을 맡겨주십시오. 제가 승단을 이끌어가겠습니다."

부처님께서는 데와닷따가 제안한 삿된 요구를 일거에 거절하며 '다른 사람이 뱉은 가래를 삼키는 자'라고 꾸짖었다. 이에 데와닷따는 크게 분개해 부처님에 대한 악의를 품고 떠나갔다. 부처님은 라자가하에서 데와닷따와 관련해 대중공표 갈마189)를 하게 했다.

"비구들이여, 데와닷따는 이제 예전의 데와닷따가 아니다. 그는 삼보를 인정하지 않고 자신만을 인정한다. 그래서 라자가하에서 데와닷따를 징계한다. 사리뿟따여, 데와닷따가 징계를 받았다고 라자가하 전역에 알리거라."

부처님을 시해하려 한 데와닷따190)

'사문 고따마는 나를 거절했다. 그에게 괴로움을 안겨 주리라.'

이렇게 생각한 데와닷따는 아자따삿뚜에게 가서 말했다.

"왕자시여, 옛날에는 사람들의 수명이 길었지만 오늘날에는 짧습니다. 왕자님은 왕이 되지 못하고 왕자로 죽을 것입니다. 그러니 부왕을 죽이고 왕위에 오르십시오. 나는 붓다를 죽이고 붓다의 자리에 오를 것입니다."

데와닷따의 사주로 아자따삿뚜는 부왕을 죽이고 왕위에 올랐다. 이어 데와닷따도 부처님을 살해하려고 자객들을 고용했다. 그러나 자객들은 부처님의 법문을 듣고 모두 수다원이 되어 부처님께 귀의했다. 자객을 고용해 부처님을 살해하려던 계획이 실패로 돌아가자 데와닷따는 직접 깃자꾸따

---

189) 대중공표 갈마(Pakāsaniya kamma, 顯示羯磨): 승가의 회의에서 결정한 사항이나 징계 등을 사부대중에게 널리 알리는 일을 말한다.

190) 아자따삿뚜 왕의 도움으로 부처님을 시해하려고 자객을 고용하고 돌을 굴리고 술 먹인 코끼리를 풀어 돌진하게 한 이야기는 쭐라함사 자따까(Cullahaṁsa Jātaka, J533) 서문에 자세하게 언급돼 있다. 부처님을 시해하려고 자객을 고용한 부분은 칸다할라 자따까(Khaṇḍahāla Jātaka, J542) 서문에 자세하게 나온다.

산봉우리로 올라갔다.

'내가 직접 사문 고따마를 죽이겠다.'

그는 산 위에서 부처님을 향하여 커다란 돌을 굴렸다. 하지만, 돌은 부처님 발에 피를 냈을 뿐이었다. 계획이 실패하자 데와닷따는 사나운 코끼리 날라기리를 부처님을 향해 돌진하게 했다. 코끼리가 코를 치켜세우고 귀와 꼬리를 세운 채 돌진해오자 아난다 장로가 목숨을 내던지며 앞으로 나아가 부처님의 생명을 보호하려 했다. 그러나 부처님께서 자애삼매의 힘으로 코끼리를 감싸자 코끼리는 금세 온순해져서 부처님께 무릎을 꿇었다.

부처님께서는 신도들이 가져온 음식을 드신 후 라자가하의 시민들에게 법문하셨다. 이때 많은 신도가 수다원과를 얻었다.

"아난다 장로는 정말 거룩한 모습을 보여주었다! 사나운 코끼리가 돌진해 올 때 부처님 앞에 나서며 자신의 목숨으로 막으려 하다니!"

부처님께서는 비구들이 아난다 장로를 칭찬하는 말을 듣고 말씀하셨다.

"비구들이여, 그가 나의 목숨을 지키기 위해 목숨을 내던진 것은 이번이 처음이 아니다. 과거생에서도 그런 일이 있었다."

비구들이 이야기를 청하자 부처님께서는 쫄라함사 자따까, 마하함사 자따까, 깍까따 자따까를 설하셨다.

(쫄라함사 자따까)

다따랏타(보살)라는 9만 마리의 거위를 거느린 황금 거위 왕이 찟따꾸따에 살고 있었다. 어느 날 부하 거위들은 사냥꾼들이 자주 나타나는 마누시야 호수 근처에 먹이가 풍부하다는 것을 알고 다따랏타에게 같이 가자고 졸랐다. 이렇게 해서 다따랏타는 부하들과 함께 가게 됐는데, 그곳에 내려앉는 순간 그만 올가미에 걸리고 말았다. 옴짝달싹못하게 된 그가 부하거위들이 다 먹기를 기다려 경고의 소리를 외치자, 모두 도망치고 수무카(아난다)만이 남아 있었다. 사냥꾼(찬나)이 오자 수무카는 거위 왕의 목숨과 자신의 목숨을 바꾸자고 제의했다. 사냥꾼은 그 충성에 감동해

거위 왕을 놓아주고 상처도 치료해 주었다.(Cullahaṁsa Jātaka, J533)

(마하함사 자따까)

베나레스의 삼야마(사리뿟따) 왕에게 케마(케마)라는 왕비가 있었다. 어느 날 왕비는 황금 거위가 왕좌에 앉아 법을 설하는 꿈을 꾸었다. 왕비는 황금 거위가 왕좌에 올라 법을 설하는 것을 실제로 보고 싶었다. 왕이 그녀의 소원을 들어주려고 신하들의 조언에 따라 성의 북쪽에 연못을 만들었다. 그리고 거위를 유혹해 붙잡으라고 사냥꾼에게 지시했다. 거위 왕에게는 부하대신인 수무카(아난다)가 있었다. 수무카는 거위 왕에게 그 연못에 가자고 졸랐다. 거위 왕은 9만 마리의 거위와 함께 그 아름다운 연못을 구경하려고 날아갔다. 사냥꾼 케마까(찬나)는 7주 동안 기회를 노려 올가미로 거위 왕을 사로잡는 데 성공했다. 거위 왕의 경고 소리에 모든 거위들이 날아 도망치고 오직 수무카만이 남아서 거위 왕을 놓아달라고 간청했다. 사냥꾼 케마까는 그들을 베나레스의 왕에게 데려가야 하는 이유를 설명했다. 베나레스의 삼야마 왕은 수무카의 헌신에 감동해 거위 왕에게 최대한의 예우를 하고 용서를 빌었다. 거위 왕은 왕과 왕비에게 법에 따라 열심히 정진하라고 법문하고 고향으로 돌아갔다.(Mahāhaṁsa Jātaka, J534)

(깍까따 자따까)

히말라야의 꿀리라다하 호수에 집채만큼 커다란 황금 게가 물을 마시러 오는 코끼리들을 잡아먹으며 살고 있었다. 코끼리들은 괴물 같은 게에 대한 두려움 때문에 하나둘 그곳을 떠나갔다. 코끼리로 태어난 보살은 친구와 함께 무리를 떠나 호수로 되돌아갔다가 게의 집게발에 붙잡히고 말았다. 그가 고통스럽게 울부짖었지만 무리들은 모두 도망쳐버렸다. 오직 그의 애인 코끼리(아난다)만이 홀로 남아 여인의 아름답고 달콤한 말로 게를 유혹했다. 여인의 목소리에 정신이 홀린 게는 붙잡고 있던 코끼리를 놓쳐버렸다. 그 순간 보살은 게를 밟아 죽였다.(Kakkaṭa Jātaka, J267)

데와닷따의 악행은 왕의 죽음을 사주하고, 자객을 고용하고 큰 돌을 굴려 부처님을 살해하려고 할 때까지는 사람들에게 드러나지 않았지만, 날라기리 코끼리를 풀어놓음으로써 신도들과 사람들에게 알려졌다. 신도들은 분노하기 시작했다.

"데와닷따는 왕을 죽음으로 몰아넣고, 부처님을 살해하려고 자객을 고용하고 돌을 굴렸다. 그런 그가 이제 날라기리 코끼리마저 풀어 부처님을 살해하려고 했다."

아자따삿뚜 왕은 시민들의 원성소리를 듣고 데와닷따에게 올리는 500대분의 음식을 취소하고 이후로는 그가 원하는 것을 전혀 들어주지 않았다. 시민들도 데와닷따가 탁발을 나와도 음식을 거의 올리지 않았다.

승단의 분열을 획책한 데와닷따

데와닷따는 이득과 명예를 잃게 되자 나쁜 계략을 꾸몄다. 그는 승단의 화합을 깨뜨리고 분열시키기 위해 부처님께 가서 더 강화한 다섯 가지 계율을 제안했다.

첫째, 비구는 평생 숲속에서만 생활하고 사원에서 살면 안 된다.

둘째, 비구는 오직 탁발해서 먹어야 하고 신도들의 공양청에 일절 응해선 안 된다.

셋째, 비구는 남들이 입다버린 누더기로만 가사를 만들어 입어야 하고 재가자들이 새 천으로 만들어 준 가사는 입어서는 안 된다.

넷째, 비구는 평생 나무 아래에서 머물러야 하며 지붕 아래에서 자서는 안 된다.

다섯째, 비구는 생선이나 고기를 먹어서는 안 된다.[191]

---

191) 세 가지 깨끗한 고기(三淨肉)는 먹어도 된다. 삼정육이란 나를 위해서 잡았다고 의심이 들거나, 잡는 소리를 들었거나, 잡는 것을 보았던 고기를 제외한 모든 고기다. 하지만 사람, 코끼리, 말, 개, 뱀, 사자, 호랑이, 표범, 곰, 늑대, 10종류의 고기는 먹어서는 안 된다.(율장 대품 VinMv. vi)

부처님께서는 그의 제안을 거절하며 말씀하셨다.

"데와닷따여, 그만두어라. 누구든 원한다면 숲속에 머물러도 좋고 사원에 머물러도 좋다. 누구든 탁발해도 좋고 공양청에 응해도 좋다. 누구든 누더기 가사를 입어도 좋고 새 가사를 입어도 좋다. 누구든 우기를 제외한 8개월은 나무 아래에서 머물러도 좋다. 누구든 자기가 먹으려고 잡은 것이 아니라면 물고기나 고기를 먹어도 좋다."

데와닷따는 부처님께서 자기가 제안한 엄격한 계율을 거절하자 기쁜 마음으로 비구들에게 말했다.

"형제들이여, 누구의 가르침이 더 고귀한가? 붓다의 가르침인가 아니면 나의 가르침인가? 젊은 비구들은 내가 제안한 다섯 가지 계율에 따라 살아야 합니다. 형제들이여, 괴로움에서 벗어나기를 원하는 사람은 누구든지 나와 함께 가도록 합시다."

이렇게 말하고서 데와닷따는 나가버렸다.

최근에 출가한 비구들과 지혜가 부족한 비구 500명이 그의 말을 듣고 서로에게 말했다.

"데와닷따의 말이 맞습니다. 우리 그에게 합류합시다."

데와닷따는 자기를 따르는 500명의 비구와 함께 라자가하를 돌아다니면서 자기가 새로 제정한 오계를 지지해 달라고 사람들을 설득하기 시작했다. 그는 승단을 분열시키려고 갖은 수를 다 썼다. 그러자 부처님께서 그에게 말씀하셨다.

"데와닷따여, 그대가 승단을 분열시키려고 한다는데 그게 정말인가?"

"사실입니다."

"데와닷따여, 승단의 화합을 깨뜨리면 무거운 악업을 짓게 된다."

부처님께서는 그에게 여러 가지로 충고하셨으나 그는 전혀 귀를 기울이지 않았다. 데와닷따는 아난다가 라자가하에서 탁발하고 있을 때 그에게 다가가서 말했다.

"형제 아난다여, 오늘부터 부처님의 승단과 별개로 우리끼리 우뽀사타와 대중공사를 하도록 하겠소."

아난다가 이 말을 부처님께 전했다.

"부처님이시여, 오늘 데와닷따가 승단을 분열시킬 것입니다."

부처님께서는 데와닷따의 가슴에 분노와 적개심이 가득한 것을 알고 말씀하셨다.

"데와닷따는 천신들과 중생들에게 아무 이익이 없는 일을 하고 있다. 그는 이로 인해 지옥에서 고통을 받으리라."

악행은 행하기 쉽지만 해로움을 초래하고,
선행은 행하기 어렵지만 이로움을 가져온다.

부처님께서는 게송을 읊으시고 마음에서 흘러나오는 감흥을 노래하셨다.[192]

선한 사람은 선행하기 쉽고
악한 사람은 선행하기 어렵네.
악한 사람은 악행하기 쉽고
고귀한 사람은 악행하기 어렵네.

드디어 우뽀사타 날이 되자 데와닷따는 자기 추종자들과 한쪽에 앉아 있다가 자리에서 일어나 투표권을 들고 말했다.

"내가 제시한 오계를 지지하는 사람들은 누구든지 이 투표권을 받으시오."

500명의 릿치위족 출신으로, 은혜를 모르는 신참 비구들이 투표권을 받았다.

---

192) 이 게송은 우다나의 아난다 경(Ananda Sutta, Ud5.8)에 나온다.

이 같이 데와닷따는 승단을 분열시킨 후 비구들을 데리고 가야시사로 가버렸다. 부처님께서는 그들이 가야시사로 갔다는 말을 듣고 두 상수제자를 보내 비구들을 데려 오게 했다. 사리뿟따와 목갈라나는 가야시사로 갔다. 두 상수제자가 자신에게 오자 데와닷따는 뛸 듯이 기뻐했다. 두 상수제자가 자기의 법이 부처님의 법보다 더 훌륭하다고 생각해 자기에게 귀의하러 온 줄로 착각한 것이다. 그는 두 사람에게 법을 설하게 하고 자신은 잠이 들었다. 사리뿟따 장로와 목갈라나 장로는 훌륭한 법문과 불가사의한 신통으로 비구들에게 법안法眼이 열리게 했다. 그런 후 두 상수제자는 비구들을 데리고 제따와나로 되돌아왔다.

꼬깔리까193)가 잠을 자고 있는 데와닷따를 깨우며 말했다.

"데와닷따여, 일어나십시오. 사리뿟따와 목갈라나가 그대의 제자들을 모두 데리고 가버렸습니다. 그래서 내가 사리뿟따와 목갈라나를 믿지 말라고 하지 않았습니까?"

데와닷따가 화를 내며 말했다.

"사리뿟따와 목갈라나가 나쁜 마음을 품고 있었구나. 그들은 악한 마음에 사로잡혀 있구나."

꼬깔리까는 가슴을 치며 한탄하고, 데와닷따는 분노로 뜨거운 피를 토해냈다.

비구들은 사리뿟따 장로가 비구들을 데리고 돌아오는 것을 보고 말했다.

"부처님이시여, 사리뿟따 장로가 갈 때는 동료 한 사람만 데리고 갔었는데 올 때는 많은 사람을 데리고 장엄한 모습으로 돌아오고 있습니다."

---

193) 꼬깔리까Kokālika : 경에는 두 명의 꼬깔리까가 나온다. 이를 구분하기 위해 마하꼬깔리까, 쭐라꼬깔리까라고 불렀다. 쭐라꼬깔리까는 게송 363번 이야기에 나온다. 마하꼬깔리까는 데와닷따의 추종자였다. 데와닷따가 사람들의 비난을 받자 그를 적극 옹호하고 찬양하며 많은 신도가 그를 믿게 했다고 한다.

"비구들이여, 이런 일이 처음이 아니다. 과거에 동물로 태어났을 때에도 나의 아들 사리뿟따는 이렇게 화려하게 내게 돌아왔느니라."

이렇게 말씀하시고 부처님께서는 락카나 자따까를 설하셨다.

보살이 사슴왕이었을 때 락카나(사리뿟따)와 깔라(데와닷따)라는 두 아들이 있었다. 그는 아들들에게 무리를 거느리고 사냥꾼이 없는 산악지역으로 가서 안식처를 구하라고 일렀다. 어리석은 깔라는 가는 도중에 무리를 지킨다고 앞뒤로 설쳐대며 돌아다니다가 사냥꾼에게 발각돼 대부분의 사슴을 잃었다. 그러나 락카나는 깊은 밤중에만 이동해 안전하게 모두 숲속에 도착했다. 4개월 후 돌아오는 길에도 똑같은 일이 발생했다. 사슴왕은 락카나의 지혜를 칭찬했다.(Lakkhaṇa Jātaka, J11)

지혜가 있고 덕이 있는 사람과 함께 가라.
따뜻한 감정이 있는 사람과 함께 가라.
자신의 동료들을 무사히 데리고 오는 락카나를 보아라.
반면에 동료들을 다 잃어버리고 혼자 오는 저 어리석은 깔라를 보아라.

비구들이 또 말했다.
"부처님이시여, 데와닷따가 두 상수제자를 자신의 양쪽에 앉히고 부처님 흉내를 냈다고 합니다.

"비구들이여, 그가 나를 흉내 낸 것은 이번이 처음이 아니다. 과거생에서도 나를 흉내 내려고 무진 애썼지만 실패했다."

부처님께서는 위라까 자따까를 이야기하시고 게송을 읊었다.

보살이 위라까라는 이름의 까마귀로 태어나 연못에 살았다. 어느 때 까시에 가뭄이 들어 사윗타까(데와닷따)라는 까마귀가 먹이를 구하기 힘들어지자 아내를 데리고 위라까가 살고 있는 곳으로 왔다. 사윗타까는 위라까의 하인이 되어 위라까가 연못에서 잡은 고기를 얻어먹었다. 나중에 사윗타까는 위라까의 경고에도 불구하고 직접 고기를 잡기 위해 연못으로 뛰어들다가 빠져죽었다.(Viraka Jātaka, J204)

위라까여, 그대는 공작처럼 우아하고
꾀꼬리처럼 매혹적인 목소리를 가진 새를 본적이 있는가?
그가 바로 내 남편이라네.

그대의 남편 사윗타까는 나 위라까를 모방하여
물위를 걸으려고 했지만,
수초에 발이 얽혀 빠져죽고 말았지.

다음 날 부처님께서는 같은 주제로 깐다갈라까 자따까를 이야기해 주셨다.

보살이 카디라와니야라는 이름의 딱따구리였을 때 깐다갈라까(데와닷따)라는 친구가 있었다. 어느 날 보살은 친구를 데리고 아카시아 나무로 가서 아카시아 나무에 사는 벌레를 잡아 그에게 주었다. 깐다갈라까는 그 벌레를 먹고 자기도 친구의 도움 없이 벌레를 잡을 수 있다는 자신감이 생겨 카디라와니야의 경고에도 불구하고 아카시아 나무를 쪼다가 부리가 부러지면서 떨어져 죽었다.(Kandagalaka Jātaka, J210)

부드럽고 썩은 나무를 쪼아 벌레를 잡던 딱따구리 한 마리가
단단한 아카시아 나무에 와서
힘껏 쪼다가 머리가 부서져 죽었다네.

그리고 계속해서 위로짜나 자따까를 이야기해 주셨다.

보살이 사자로 태어나 깐짜나구하에 살았다. 자칼(데와닷따)이 사자에게 와서 먹이가 있는 곳을 알려주는 대가로 고기를 나눠 주기를 요청했고, 사자는 그의 요구를 들어주었다. 자칼이 점점 자라 강해지자 자기도 코끼리 사냥에 나설 테니 허락해 달라고 요구했다. 사자는 마지못해 허락

했다. 자칼은 단숨에 코끼리에게 뛰어들었으나 목표를 잘못 정해 땅에 떨어져 코끼리에게 밟혀 죽었다.(Virocana Jātaka, J143)

뇌수가 터져 나가고 머리가 쪼개지고
갈비뼈가 부러졌구나.
오늘 그대는 거의 환상적인 모습을 보여주는구나!

부처님께서는 '데와닷따는 은혜를 모르는 놈이다'라는 말을 듣고 자와사꾸나 자따까를 이야기해 주셨다.

　　보살이 딱따구리였을 때 목에 뼈가 걸려 컥컥거리고 있는 사자(데와닷따)를 만났다. 딱따구리는 사자의 입가에 쐐기를 박아 자기를 삼키지 못하게 하고서 사자의 입에서 뼈를 빼냈다. 나중에 사자가 물소를 뜯어먹고 있는 것을 보고 자기에게 은혜를 베풀기를 요구했다. 그러나 사자는 그때 자신의 입에서 무사히 목숨을 건진 것만으로도 충분히 은혜를 베풀었다며 거절했다.(Javasakuṇa Jātaka, J308)

나는 귀하에게 해드릴 수 있는 모든 봉사를 해드렸지요.
존경하는 백수의 왕이여,
부디 호의를 베풀어 주시길.

나는 피를 마시고 살생을 좋아하지.
네가 내 턱 사이에 있을 때 먹어버릴 수도 있었다는 것을 알아라,
네가 아직 살아있는 것만으로도 이미 호의를 베푼 것이다.

데와닷따가 보살을 살해하려고 했던 것과 관련해서 꾸룽가 자따까를 이야기해 주셨다.

　　보살이 영양이었을 때 세빤니 나무의 열매를 좋아해서 따먹으러 가곤 했다. 사냥꾼(데와닷따)이 그것을 알고 영양을 사냥할 기회를 노리며 숨

어있었다. 그러나 보살은 사냥꾼이 나타난 것을 눈치 채고 도망쳐 죽음에서 벗어났다.(Kuruṅga Jātaka, J21)

그대가 세빤니 열매를 떨어뜨려 유혹한다는 사실을
영양들은 이미 잘 알고 있었지.
우리 다른 세빤니 나무로 가세나.
그대의 나무는 우리를 좋아하지 않는 것 같으니.

'데와닷따는 이득과 명예를 잃고 바닥으로 떨어졌다.'라는 이야기가 들리자 부처님께서 말씀하셨다.
"비구들이여, 그가 그렇게 바닥으로 곤두박질친 것은 이번이 처음이 아니다. 과거생에서도 그랬다."
부처님께서는 이와 관련해 우바또밧타 자따까를 이야기해 주셨다.

　　한 어부(데와닷따)가 어린 아들을 데리고 낚시도구를 챙겨 낚시하러 갔다. 어부가 낚싯대를 드리우자 낚싯줄이 암초에 걸려버렸다. 그는 큰 물고기가 걸린 줄 알고 힘껏 당겼으나 따라 올라오지 않자 아들에게 빨리 어머니에게 가서 이웃사람에게 싸움을 걸라고 말했다. 이웃사람들이 고기 잡는 곳으로 달려와 함께 고기를 건져 올리게 되면 고기를 나눠 줘야 하기 때문에 그들의 이목을 딴 데로 돌리기 위해서였다. 아들이 가고나자 어부는 옷을 벗고 물로 뛰어들었다. 그러나 큰 고기를 건지기는커녕 암초에 부딪쳐 두 눈을 잃고 말았다. 게다가 그 사이에 도둑이 와서 옷을 훔쳐 달아났고 아내는 마을사람들에게 붙잡혀 싸움을 건 대가로 벌금을 물었다. 그때 보살은 목신木神이었는데 이 광경을 보고 얻은 교훈을 게송으로 읊었다.(Ubhatobhaṭṭha Jātaka, J139)

그대는 강에서 눈도 잃고 옷도 잃었네.
집에서는 싸움이 있었네.
그대가 꾸민 일은 물과 땅 양쪽에서 모두 망했네.

부처님께서는 데와닷따와 관련된 자따까를 이야기해 주신 후 라자가하를 떠나 사왓티로 가서 제따와나에 머무셨다.

데와닷따의 죽음[194]

데와닷따는 중병에 걸려 침대에서 일어나지 못했다. 9개월 동안 차도가 없자 그는 부처님을 뵙고 싶어 제자들에게 말했다.

"부처님을 뵙고 싶다. 부처님을 뵈올 수 있게 해다오."

"스님은 건강할 때 부처님과 원수가 되어 지내지 않았습니까? 우리는 스님을 부처님께 모셔갈 용기가 없습니다."

"나를 파멸로 몰아넣지 마라. 나는 비록 부처님에게 악의를 품었지만, 부처님께서는 터럭만큼도 나를 미워해 본 적이 없다."

이 말은 사실이다.

살인미수자 데와닷따에게도, 살인강도 앙굴리말라[195]에게도,
코끼리 날라기리에게도, 아들 라훌라에게도,
부처님은 모두 똑같이 자애로운 마음으로 대하셨네.

"부처님을 만나게 해 다오."

데와닷따는 제자들에게 계속해서 간청했다. 결국 제자들은 그를 가마에 태우고 사왓티로 출발했다. 비구들이 데와닷따가 오고 있다는 사실을 부처님께 알렸다.

"부처님이시여, 데와닷따가 부처님을 뵈러 오고 있다고 합니다."

"비구들이여, 그는 금생의 몸으로 나를 결코 볼 수 없을 것이다."

---

194) 데와닷따가 중병에 들어 부처님을 만나려고 사왓티로 가다가 지옥에 빨려 들어가기까지 이야기는 사뭇다와니자 자따까(Samuddavāṇija Jātaka, J466)의 서문에서 유래한다.
195) 앙굴리말라에 대한 설명은 게송 173번 이야기에 자세히 나온다.

(데와닷따가 다섯 가지 계율을 제정하자고 요구했을 때에도 부처님을 다시는 볼 수 없을 거라고 말씀하셨다고 한다.)

"부처님이시여, 데와닷따가 지금 오고 있다고 합니다. 지금 거의 다 왔다고 합니다."

"그가 하고 싶은 대로 놔둬라. 하지만, 그는 다시는 나를 볼 수 없을 것이다."

"부처님이시여, 그가 지금 1요자나까지 왔다고 합니다."

"부처님이시여, 그가 지금 반 요자나까지 왔다고 합니다."

"부처님이시여, 그가 지금 사분의 일 요자나까지 왔다고 합니다"

"부처님이시여, 그가 지금 연못에 들어섰습니다."

하지만 부처님께서는 이렇게 말씀하셨다.

"그가 제따와나 안에 있는 연못까지 들어왔다고 해도 나를 결코 볼 수 없을 것이다."

데와닷따를 태우고 온 사람들이 연못가에 가마를 내려놓고 목욕하려고 연못으로 들어갔다. 데와닷따는 몸을 일으켜 발을 땅에 내려놓고 일어섰다. 그 순간 그의 발이 땅속으로 꺼져들기 시작했다. 처음에는 발목까지, 다음에는 무릎까지, 그다음에는 가슴까지, 그다음에는 목까지 꺼져 들어갔다. 마침내 턱뼈가 땅에 닿자 그는 마지막 숨을 토해 게송을 읊었다.

사람 가운데 가장 존귀하신 분
신들 중의 신
인간을 가장 잘 길들이시는 분
모든 것을 알고 보시는 분
과거의 공덕으로 삼십이상三十二相을 갖추신 분
그분 부처님께 아직 남아 있는 턱뼈와
아직 살아 숨 쉬고 있는 목숨을 바쳐 귀의합니다.

부처님께서는 일이 이렇게 전개될지 미리 아셨으면서도 데와닷따를 출가시켰다.

'그가 출가하지 않는다면 윤회를 벗어나는 씨앗을 심지 못하지만, 출가한다면 아무리 큰 죄를 저지른다고 해도 미래에 윤회를 벗어날 씨앗을 심을 것이다.'

부처님께서는 이런 생각으로 데와닷따를 출가시킨 것이다. 데와닷따는 10만 대겁이 지난 뒤 앗팃사라라는 이름의 벽지불이 될 것이다.[196)

데와닷따는 땅속으로 빠져들어 아비지옥에 태어났다.

"붓다에게 죄를 저질렀기 때문에 쉴 틈 없이 고문하라."

그는 이렇게 고문을 받았다. 그가 100요자나 넓이의 아비지옥에 들어갔을 때 그의 키가 100요자나로 커졌다. 머리는 귀까지 철로 된 헬멧 속으로 들어가고 발은 발목까지 철로 된 땅속으로 들어가서 움직일 수 없이 서 있었다. 야자나무 줄기만한 쇠창이 서쪽 철벽에서 나와 등을 꿰뚫고 가슴으로 나와 동쪽 벽까지 뚫고 지나갔다. 또 다른 쇠창이 남쪽 벽에서 나와 오른쪽 옆구리를 꿰뚫고 들어가 왼쪽 옆구리로 나와 북쪽 벽까지 뚫고 지나갔다. 또 다른 쇠창이 헬멧에서 나와 두개골을 꿰뚫고 항문으로 나와 땅까지 뚫고 지나갔다. 이렇게 꼼짝할 수 없는 자세에서 고문을 받았다.

비구들은 이렇게 말했다.

"데와닷따가 그 먼 거리를 왔지만, 부처님을 뵙지 못하고 결국 땅속으로 빨려 들어갔구나."

---

196) 밀린다 왕은 부처님이 일체지를 갖추고 있다면 데와닷따가 승단을 분열시킨 죄로 지옥에서 일 겁 동안 고통을 받을 줄 알았을 터인데 왜 그를 출가시켰는지 물었다. 나가세나 존자가 대답하길, 의사가 환자의 손발을 자르며 고통을 주는 것은 환자의 병을 고치기 위한 것이다. 이처럼 부처님은 데와닷따가 지옥의 고통이 끝나면 출가 수행한 인연으로 미래에 영원한 고통에서 벗어나 벽지불이 될 것이기 때문이라고 대답한다.(밀린다왕문경 2편 제1장 3, P247-민족사 동봉)

"비구들이여, 데와닷따가 내게 해를 끼치고 땅속으로 빨려들어 간 것은 이번이 처음이 아니다. 과거생에서도 그는 땅속으로 빨려들어 갔다."

부처님께서는 과거생에서 코끼리 왕이었을 때 일어난 일을 간략히 이야기해 주셨다.

코끼리가 숲속에서 길을 잃은 어떤 사람을 자기 등에 태워 안전한 장소까지 데려다 주었다. 하지만 그 사람은 세 번씩이나 되돌아와 코끼리 어금니를 뽑아갔다. 처음에는 끝부분을 가져가고, 두 번째는 중간까지 썰어가고, 세 번째는 뿌리까지 뽑아갔다. 그는 보살을 죽인 죄로 땅이 그를 삼켜버렸다.

부처님께서는 실라와 나가 자따까를 이야기해 주셨다.

> 보살이 8만 마리의 코끼리를 거느리고 히말라야에 살고 있었다. 그의 이름은 실라와였다. 어느 날 그는 숲속에서 길을 잃고 헤매는 사람(데와닷따)을 보았다. 그는 연민심이 일어나 자신의 거처로 데려가서 맛있는 과일을 대접하고 숲 밖으로 안내해 집으로 돌려보냈다. 그러나 이 사악한 자는 숲속의 표시를 눈여겨보았다가 도시로 돌아가 상아 장사꾼에게 실라와의 어금니를 가져오겠다고 말했다. 그는 숲으로 돌아가서 실라와에게 자신은 살기가 어렵고 힘드니 어금니를 좀 떼어달라고 구걸했다. 그를 딱하게 여긴 실라와는 어금니를 썰어가도록 허락했다. 그러나 이 사악한 사람은 다시 돌아왔다. 결국 실라와는 어금니를 뿌리까지 뽑아가도록 허용했다. 이 사악한 자가 베나레스로 돌아오자 땅이 갈라지면서 그를 삼켜버렸다. 이 광경을 지켜본 목신(사리뿟따)이 그의 배은망덕한 악행을 보고 게송을 읊었다.(Sīlava Nāga Jātaka, J72)

은혜를 모르고 항상 기회를 노리는 자에게
온 세계를 준다 해도 그를 만족시킬 수 없네.

부처님께서는 같은 주제로 이야기를 계속하셨다. 데와닷따가 깔라부 왕으로 있을 때 깐띠와디(보살)에게 해를 끼치고 땅속으로 빨려들어 간 이야기를 하려고 깐띠와디 자따까를 설하셨다.

　　보살이 깐띠와디라는 이름으로 까시의 부유한 가족으로 태어났다. 부모가 죽자 그는 많은 재산을 가난한 사람에게 보시하고 히말라야로 들어가 은둔수행자가 됐다. 세월이 흘러 그는 까시로 되돌아와 총사령관(사리뿟따)의 보살핌 속에 왕의 정원에 머물렀다. 어느 날 베나레스의 깔라부 왕(데와닷따)은 후궁들을 데리고 정원에 놀러 나왔다가 잠이 들었다. 후궁들은 잠든 왕의 곁을 떠나 이리저리 거닐다가 은둔수행자를 보고 다가가 법문을 청했다. 잠에서 깬 왕은 여인들이 보이지 않자 찾아 나섰다가 은둔수행자 곁에 모여 있는 것을 보고 질투가 일어났다. 그는 은둔수행자가 인내(khanti)에 대해 법문하는 것을 보고 그의 인내를 시험하기 시작했다. 왕은 그에게 여러 가지로 고통을 가했으나 전혀 동요하지 않는 걸 보고 분노가 극에 달해서 그의 사지를 자르게 했다. 그런데 왕이 공원을 떠나는 순간 땅이 열리면서 그를 삼켜버렸다. 총사령관은 무슨 일이 일어났는지 사태를 파악하고 달려와 은둔수행자에게 용서를 구했다. 은둔수행자는 왕에게 전혀 악의가 없다면서 왕의 행운을 빌었다.(Khantivādi Jātaka, J313)

　　부처님께서는 또 데와닷따가 마하빠따빠 왕으로 있을 때 쭐라 담마빨라(보살)에게 해를 끼치고 땅속에 빨려들어 간 이야기를 하려고 쭐라 담마빨라 자따까를 설하셨다.

　　보살이 베나레스를 통치하고 있는 마하빠따빠 왕(데와닷따)의 아들로 태어났다. 왕비는 짠다(마하빠자빠띠)였다. 어느 날 왕비가 일곱 살 난 아들과 노는 데 정신이 팔려 왕이 방에 들어왔는데도 일어나지 않았다. 왕에게 질투가 불같이 일어났다. 왕은 사형집행인에게 왕자의 손발과 머리를 자르고 칼로 몸을 '마치 화환처럼' 난도질하게 했다. 왕비는 비탄에 잠겨 울다가 비통한 마음에 쓰러져 죽었다. 그러자 아비지옥의 불길이 솟아올라 '마치 양털 담요처럼' 왕을 감싸더니 끌고 들어가 버렸다.(Culla Dhammapāla Jātaka, J358)

데와닷따가 땅속으로 빨려들어 갔을 때, 시민들이 기뻐하고 즐거워하면서 깃발을 달고 형형색색의 천을 걸고 그릇에 꽃꽂이로 장식하고 축제를 벌이며 말했다.

"그가 죽으니 너무나 기쁘다."

비구들이 이 일을 부처님께 보고하자 부처님께서 말씀하셨다.

"데와닷따의 죽음에 시민들이 즐거워한 것은 이번이 처음이 아니다. 과거생에서도 기뻐했었다."

무자비함과 잔인함 때문에 모두가 미워했던 베나레스의 삥갈라 왕의 죽음에 온 국민들이 즐거워했던 이야기를 하려고 부처님께서는 삥갈라 자따까를 설하셨다.

마하삥갈라(데와닷따)는 베나레스의 왕이었다. 그는 아주 악하고 잔인했다. 그가 죽자 국민들이 모두 기뻐하며 그의 시체를 마차 천 대 분량의 나무로 태우고 축제를 벌였다. 그러고 나서 그의 아들(보살)을 왕으로 추대했다. 모든 사람들이 즐거워하는데 궁전의 문지기만이 울고 있었다. 그 이유를 물었더니 마하삥갈라가 하루에 여덟 번 문을 드나들면서 주먹으로 자기 머리를 때렸다고 했다. 이제 그는 죽었지만 지옥에서 야마 왕(염라왕)의 머리를 주먹으로 쥐어박을 것이고, 그러면 야마 왕이 그를 지상으로 돌려보낼 것이고, 그러면 자기는 또 얻어맞아야 하기 때문에 두려워운다는 것이었다. 그러자 보살은 문지기에게 지옥에서 빠져나오는 것은 불가능하다고 설명해 주었다.(Mahāpiṅgala Jātaka, J240)

모든 사람들이 삥갈라의 손에 괴로움을 겪다가
그가 죽자 신뢰를 회복하고 기뻐하는데
문지기여, 왜 우는 것이냐?
노란 눈을 가진 그가 너만 잘 대해 주었더란 말이냐?

노란 눈을 가진 그가 나를 잘 대해 준 것이 아니고
그가 되돌아올까 봐 두려워 우는 겁니다.
죽어 지옥에 간 그가 야마 왕을 두들겨 패면
야마 왕이 그를 되돌려 보내지 않을까요?

비구들이 마지막으로 부처님께 여쭈었다.
"부처님이시여, 데와닷따는 어디에 태어났습니까?"
"비구들이여, 그는 아비지옥에 태어났다."
"부처님이시여, 그는 여기 사는 동안에도 고통을 겪고 죽어서도 고통 받는 곳에 태어났습니다."
"비구들이여, 그렇다. 마음을 챙기지 않고 방일 속에서 살아가는 사람은 재가자거나 출가자이거나 양쪽 세상 모두에서 고통을 겪는다."
부처님께서는 이렇게 말씀하시고 게송을 읊으셨다.

악행을 하는 자는
금생에서도 괴롭고 다음생에서도 괴롭고
두 생에서 모두 괴로워한다.
악행을 저질렀구나! 라고 되새기며 괴로워하고
악처에 떨어져 더욱 괴로워한다.(17)

열세 번째 이야기
소녀 수마나의 죽음

부처님께서 제따와나 사원에 계실 때 수마나 소녀와 관련해서 게송 18번을 설하셨다.

매일 2천 명의 비구가 아나타삔디까 집에서 공양하고, 재가신도 위사카의 집에서도 2천 명의 비구가 공양했다. 사왓티에서 공양을 올리려는 사람은 누구든지 이 두 재가신도에게 조언을 구해야 한다. 당신은 그 이유를 알고 싶은가? 당신이 만약 이런 질문을 받았다고 하자.

"그대들이 공양을 올린 장소에 아나타삔니까 장자나 위사카 부인이 왔습니까?"

그래서 그대가 "오지 않았습니다."고 대답하면, "그들이 오지 않았다면 10만 냥이나 들여서 보시공양을 했어도 어찌 진정한 보시공양이라고 하겠습니까?"라고 비난받을 것이다.

왜냐하면 두 사람은 비구들이 좋아하고 싫어하는 것을 잘 알고 스님들을 대접하는 법을 잘 알아서 필요한 것을 제때 제공하기 때문이다. 그래서 공양을 올리고 싶은 사람은 두 사람을 데리고 가곤 했다. 이 때문에 두 사람은 가끔 스님들에게 직접 공양을 대접하지 못하곤 했다.

이처럼 공양을 올리는 일은 아주 세심하게 신경을 써야 하기 때문에 위사카는 나이가 들어 자기 대신 이 일을 맡을 사람을 조심스럽게 찾았다.
'나를 대신해서 누가 승가에 봉사할 수 있을까?'

고심 끝에 위사카는 손녀가 이 일의 적임자라고 보고 그녀에게 일을 맡기고 자신은 뒤로 물러났다. 이후로 손녀는 위사카를 대신해서 스님들에게 봉사하게 됐다.

아나타삔디까 장자는 비구들에게 공양을 올리는 일을 장녀인 마하수밧다에게 맡겼다. 그녀는 비구들에게 세심하게 주의를 기울이며 잘 보살폈다.

그녀는 스님들이 설하는 법문을 귀담아듣고 실천해 수다원을 얻었다. 그리고 얼마 후 결혼하여 시댁에 가서 살았다. 아나타삔디까는 이번에는 쭐라수밧다를 그 자리에 임명했다. 그녀도 언니처럼 승가를 잘 보살피고 법문을 듣고 수행해 수다원이 됐다. 그리고 얼마 후 결혼해 집을 떠났다. 장자는 이번에는 막내딸 수마나에게 이 일을 맡겼다. 수마나는 사다함을 얻고서도 결혼하지 않고 처녀로 지냈다. 어느 날 그녀는 중병이 들어 크나큰 고통 때문에 음식을 끊고 사람을 보내 아버지를 찾았다.

아나타삔디까는 사원의 공양간에 있다가 딸이 찾는다는 전갈을 받고 부리나케 달려가 딸에게 물었다.

"무슨 일이냐? 내 귀여운 딸 수마나야!"

딸은 뜻밖에 이렇게 말했다.

"뭐라고 말하는 거야? 아우야!"

"사랑하는 나의 딸아, 너 지금 제정신으로 말하는 것이냐?"

"나는 지금 제정신으로 말하는 거다. 아우야!"

"사랑하는 나의 딸아, 뭔가 두려운 게 있느냐?"

"난 두렵지 않아, 아우야."

그녀는 더 이상 말이 없었다. 그녀는 죽은 것이다.

장자는 수다원이었지만, 가슴 속에서 복받쳐 오르는 슬픔을 참을 수 없었다. 딸의 장례식을 마치자 그는 눈물을 흘리며 부처님에게 갔다.

"장자여, 그렇게 눈물을 흘리며 슬픈 얼굴로 오다니 무슨 일이 있는가?"

"부처님이시여, 저의 딸 수마나가 죽었습니다."

"그런데 왜 우는가? 딸의 죽음이 믿어지지 않는가?"

"부처님이시여, 잘 알고 있습니다. 그러나 저의 딸은 겸손하고 성실한 사람이었습니다. 그렇게 착한 딸이 죽을 때 정신이 온전치 못한 상태로 헛소리를 하다가 죽었다는 생각이 나를 슬프게 합니다."

"장자여, 그대의 딸이 죽을 때 뭐라고 했는가?"

"부처님이시여, 제가 '귀여운 딸 수마나야!'라고 부르자 그녀가 '뭐라고 말하는 거야? 아우야.'라고 대답했습니다. 그래서 물었습니다. '너 지금 제 정신으로 말하는 거냐? 사랑하는 나의 딸아!' '나 지금 제정신으로 말하는 거다, 아우야.' '사랑하는 나의 딸아, 너 뭔가 두려운 게 있느냐?' '나 두렵지 않아, 아우야.' 그렇게 말하고 딸은 곧바로 죽었습니다."

부처님께서 아나타삔디까에게 말씀하셨다.

"장자여, 그대의 딸은 정신을 잃고 말한 것이 아니다."

"그러면 왜 그렇게 말했습니까?"

"그것은 정신적으로 딸이 도과道果가 한 단계 높았기 때문이다. 장자여, 그대는 수다원과를 얻은 반면, 그대의 딸은 사다함과를 얻었다. 도과에 있어서는 딸이 그대보다 한 단계 높았기 때문에 그렇게 불렀던 것이다."

"부처님이시여, 단지 그 이유 때문이었습니까?"

"장자여, 그렇다."

"부처님이시여, 제 딸은 지금 어디에 태어났습니까?"

"장자여, 그녀는 지금 뚜시따 천에 태어났다."

"부처님이시여, 저의 딸은 가족과 함께 있을 때도 즐거워했고 죽어서도 즐거운 세상에 태어났습니다."

"그렇다, 장자여. 마음챙기며 살아가는 사람은 이 세상과 저세상 양쪽에서 즐거워한다."

부처님께서는 이렇게 말씀하시고 게송을 읊으셨다.

선행을 하는 이는
금생에서도 즐겁고, 내생에서도 즐겁고,
두 생에서 모두 즐거워한다.
착한 일을 했구나! 하고 되새기며 즐거워하고
선처에 태어나 더욱 즐거워한다.(18)

열네 번째 이야기
강사 비구와 수행자 비구

부처님께서 제따와나에 계실 때 두 친구 비구와 관련해서 게송 19, 20번을 설하셨다.

사왓티에 우정이 매우 돈독한 두 친구가 살고 있었다. 어느 날 두 친구는 사원에 가서 부처님의 법문을 듣고 세속적 즐거움을 포기하고 비구가 됐다. 그들은 은사 스님 밑에서 5년을 보낸 후 부처님께 나아가 교단에서 반드시 해야 할 비구의 의무에 대해 여쭈었다. 그들은 수행의 의무와 교학의 의무에 대해 상세한 설명을 들었다. 이때 나이가 더 많은 비구가 부처님께 말씀드렸다.

"부처님이시여, 저는 나이 들어 출가했기 때문에 교학을 배울 시간적 여유가 없습니다. 저는 곧장 수행의 의무를 이행하겠습니다."

부처님께서는 그에게 아라한까지 성취할 수 있는 수행주제를 주셨다. 그는 열심히 정진해 신통력을 갖춘 아라한이 됐다. 이번에는 나이가 적은 비구가 부처님께 말씀드렸다.

"부처님이시여, 저는 교학의 의무를 이행하겠습니다."

그는 삼장을 점차 배우고 익혀 통달하게 됐다. 그는 가는 곳마다 법을 설하고 암송했다. 그는 여기저기 삼장을 가르치고 돌아다니며 500명의 제자들을 길렀고, 열여덟 군데 승가의 강사가 됐다.

한 무리의 비구가 부처님께 와서 수행주제를 받았다. 그들은 나이 많은 비구가 거주하는 곳으로 가서 그를 스승으로 모시고 지도를 받으며 정진해 아라한이 됐다. 그들은 스승인 장로에게 삼배를 드리고 말했다.

"스승이시여, 우리는 부처님을 뵈러 가고자 합니다."

"그렇게 하게나. 부처님께 가거든 내 이름으로 부처님 발아래 엎드려 인사를 올리고 80분의 대장로님들에게도 내 이름으로 인사를 올려주시게나.

그리고 내 친구 장로에게도 가서 '우리의 스승께서 스님에게 안부를 묻습니다.'라고 인사를 올려주시게나."

비구들은 부처님과 대장로들에게 가서 '저희들의 스승이 부처님과 대장로님들께 인사를 올립니다.'라고 말하고 삼가 인사를 올렸다.

그리고 스승의 속가 친구였던 비구에게 가서 스승의 이름으로 안부를 묻자 강사 스님이 말했다.

"그가 누구인가?"

"그분은 스님의 속가 친구입니다, 스님."

이와 같이 제자들이 강사 스님에게 안부를 묻는 일이 잦아지자 강사 스님은 기분이 언짢아졌다.

강사 스님이 그들에게 물었다.

"그대들은 그 스님에게서 무엇을 배웠는가? 경장 중에서 단 하나의 니까야라도 배웠는가? 삼장 197)중에서 일장—藏이라도 배웠는가?"

강사 스님은 혼자 생각했다.

---

197) 삼장(tipiṭaka, 三藏)

삼장	종류
경장 sutta-piṭaka, 經藏	디가 니까야Dīgha-nikāya(長部)
	맛지마 니까야Majjhima-nikāya(中部)
	상윳따 니까야Saṁyutta-nikāya(相應部)
	앙굿따라 니까야Aṅguttara nikāya(增支部)
	쿳다까 니까야Khuddaka-nikāya(小部)
율장 vinaya-piṭaka 律藏	숫따위방가Suttavibbaṅga(戒目)
	칸다까Khandhaka(健度)
	빠리와라Parivāra(部隨, 附錄)
논장 abhidhamma-piṭaka 論藏	담마상가니Dhammasaṅganī(法集論)
	위방가Vibhaṅga(分別論)
	다뚜까타Dhātukathā(界論)
	뿍갈라빤냣띠Pugalapaññatti(人施設論),
	까타왓투Kathāvatthu(論事)
	야마까Yamaka(雙論)
	빳타나Paṭṭhāna(發趣論)

'내 친구는 네 구절로 된 사구게송四句偈頌 하나도 외우지 못한다. 그는 비구가 되자 다 떨어진 가사를 걸치고 곧바로 숲속으로 들어가 버렸다. 그래도 숲속에서 많은 제자를 불러 모은 모양이다. 그가 돌아오면 뭘 알고 제자를 가르치는지 질문해야겠다.'

얼마 후 강사의 친구 비구가 부처님을 뵈러 왔다. 그는 가사와 발우를 강사 비구에게 맡기고 부처님과 80명의 대장로에게 인사를 드리고 왔다. 강사 비구는 친구 비구에게 승가의 법도에 따른 예의를 갖추고 자기와 똑같은 크기의 의자를 제공하고 앉아서 그에게 질문함으로써 그의 무지를 일깨우고 자신의 학문을 드러내려고 했다.

그 순간 부처님께서 천안天眼으로 살펴보시고 생각했다.

'강사 비구가 나의 아들에게 못된 짓을 하게 되면 그는 지옥에 태어날 것이다.'

부처님께서는 강사 비구에 대한 연민심으로 자리에서 일어나 사원을 산책하는 체하며 두 사람에게 가서 붓다의 자리에 앉았다.

비구들이 앉아 있는 곳에는 어디든 붓다의 자리가 준비돼 있다. 비구들은 항상 붓다의 자리를 마련해 놓고 자리에 앉는다. 그래서 부처님께서는 이미 준비되어 있는 자리에 앉으신 것이다.

부처님께서는 자리에 앉아서 삼장을 통달한 강사 비구에게 초선정初禪定에 대해 질문하셨다. 강사 비구는 이 질문에 정확히 대답했다. 부처님께서는 이선정二禪定에서부터 비상비비상처 선정까지 색계와 무색계 팔선정八禪定198)에 대해 질문하셨다. 그는 정확히 대답했다. 부처님께서는 이번에는

---

198) 색계와 무색계 팔선정을 요약하면 다음과 같다. 자세한 것은 3권 부록 II A.2.b와 A.5 참조.

세계	선정(jhāna)	선정의 5요소	성취방법
	초선정	일으킨 생각, 지속적인 고찰,	마음이 선명한 표상에 한 시간 또 는 두 시간 집중된 상태를 유지하

수다원도에 대해서 질문하셨다. 그는 대답할 수 없었다. 그것은 문자를 통해서는 알 수 없고 수행을 통해서만 알 수 있는 것이다. 부처님께서는 강사 비구의 친구인 아라한 비구에게 물으셨다. 그는 즉시 정확하게 대답했다.

"사두!善哉 사두! 사두!"

색계 4 선정		희열, 행복, 집중	게 되면 초선정에 들어간다. 이때 선정의 5요소가 있는가를 확인하여야 하며 5요소가 없다면 초선정이 아니다.
	이선정	희열, 행복, 집중	선정의 5요소 중에서 일으킨 생각과 지속적인 고찰을 제거하면 이선정에 들어간다.
	삼선정	행복, 집중	이선정에서 희열을 제거하면 행복과 평온이 남아있는 삼선정에 들어간다.
	사선정	집중, 평온	삼선정에서 행복을 제거하면 집중과 평온만이 존재하는 사선정에 들어간다. 사선정에서는 호흡이 멈춘다.
무색계 4 선정	공무변처정	집중, 평온	여러 가지 선정 중에서 까시나를 대상으로 사선정을 얻은 후에 까시나를 제거하고 비어있음을 관찰함으로써 공무변처정에 들어간다.
	식무변처정	집중, 평온	공무변처를 '아는 마음'을 대상으로 식무변처정에 들어간다.
	무소유처정	집중, 평온	식무변처의 '아는 마음'마저도 없다는 것을 대상으로 무소유처정에 들어간다.
	비상비비상처정	집중, 평온	무소유처를 '아는 마음'을 대상으로 비상비비상처정에 들어간다.
멸진정			팔선정을 모두 성취한 사람 중에서 아나함과 아라한만이 들어갈 수 있다. 이 선정을 상수멸정이라고도 한다.

부처님께서는 매우 기뻐하시며 칭찬하셨다. 부처님께서는 차례대로 나머지 세 가지 도에 대해서도 질문하셨다. 삼장을 통달한 비구는 전혀 대답하지 못했다. 아라한과를 얻은 비구는 모든 질문에 정확히 대답했다. 부처님께서는 네 번의 대답 때마다 크게 칭찬하셨다. 용과 가루다까지 포함해서 지신들부터 범천의 천신들까지 모든 천신이 대답을 들을 때마다 박수치며 환호했다.

부처님께서 스승의 친구 비구만 칭찬하고 강사 비구는 전혀 칭찬하지 않자, 강사 비구의 제자들과 동료들은 기분이 상했다.

"부처님께서는 왜 한쪽만 칭찬하시는가? 부처님께서는 아무것도 모르는 스승의 친구 비구는 네 번이나 칭찬하시고, 삼장을 통달하고 500명의 비구를 가르치는 우리의 스승은 전혀 칭찬하지 않으셨다."

부처님께서 그들에게 물으셨다.

"비구들이여 무슨 이야기를 하고 있는가?"

비구들이 자신들의 생각을 말하자 부처님께서 말씀하셨다.

"비구들이여, 너희들의 스승은 나의 가르침에서는 소치는 목동과 같다. 그렇지만 나의 아들은 소에서 나오는 다섯 가지 생산물을 마음대로 즐기는 목장 주인과 같다."

부처님께서는 이를 게송으로 읊으셨다.

경전을 가르칠지라도
제멋대로 지내며
실천하지 않는 자는
남의 소를 세는 목동처럼
깨달음의 열매를 맛볼 수 없네.(19)

경전을 적게 암송할지라도
가르침을 실천하여

탐욕, 성냄과 어리석음을 없애고
가르침을 여실히 알아 해탈한 이는
이 삶과 저 삶을 붙잡지 않고
깨달음의 열매를 맛보리라.(20)

제2장 불방일

Appamāda Vagga

제2장 불방일Appamāda Vagga[199]

첫 번째 이야기
마간디야와 사마와띠[200] 왕비

부처님께서 꼬삼비의 고시따라마[201]에 계실 때 사마와띠와 500명의 시녀 그리고 마간디야와 친척 500명의 죽음과 관련해서 게송 21, 22, 23번을

---

199) 불방일(appamāda): 부처님의 가르침을 전부 모아 한 낱말로 나타낼 수 있다면 불방일이다. 부처님의 말씀 중에 가장 많이 등장하는 단어이고 부처님께서 이 세상을 떠나시는 마지막 순간에도 이 말씀을 남기고 가셨으니 이보다 중요한 단어는 없을 것이다. 불방일은 방일(pamāda)의 반대어다. 그래서 '불방일'을 알려면 반대가 되는 '방일'이라는 단어를 살펴봐야 한다. 방일은 분별론에서 다음과 같이 세 가지로 설명하고 있다. ① 나쁜 행위에만 마음이 가 있는 상태다. 무엇을 하거나 말하거나 생각하거나 나쁜 쪽으로만 마음을 기울이는 것이 방일이다. ② 욕망을 일으키는 형상, 소리, 냄새, 맛, 감촉에 마음이 빼앗긴 상태다. 마음이 이 다섯 가지 대상으로 달려가는 것을 다스리지 못하는 것을 방일이라고 한다. ③ 나쁜 짓을 하지 않더라도 좋은 행위를 하지 않으려고 하는 것도 방일이다. 왜냐면 마음은 좋은 쪽으로 나아가지 않으면 나쁜 쪽으로 달려가기 때문이다. 빠알리어 'Pamāda'는 '미치다, 취하다.'라는 뜻의 mada에서 생겨난 단어로 '흐리멍텅, 혼미, 부주의'라는 의미다. 방일은 옳고 그름을 바르게 구분하지 못하고 대상을 주의깊게 살피지 않는 부주의함을 말한다. 불방일은 방일의 반대이므로 대상에 주의깊게 깨어있고 항상 알아차리는 것을 말한다.

200) 사마와띠Sāmāvatī: 우데나 왕의 왕비로 동료 왕비인 마간디야에게 시녀들과 함께 살해당했다. 그녀는 여자 신도 가운데 자비심으로 머무는 데서 제일이다.

201) 고시따라마Ghositārāma: 꼬삼비에 있는 세 개의 사원, 즉 고시따라마, 꾹꾸따라마Kukkuṭarāma, 빠와리야라마Pavāriyarāma 중 하나로 고시따Ghosita 또는 고사까Ghosaka 장자가 지어 승단에 기증했다.

설하셨다.

1.우데나 왕202)의 탄생과 젊은 시절

어느 때 알라깝빠 왕이 알라깝빠를 다스리고 웨타디빠까 왕이 웨타디빠까 왕국을 다스리고 있었다. 그들은 어린 시절부터 절친한 친구로 한 스승 밑에서 교육을 받았다. 부왕이 죽자 그들은 왕위를 물려받고 왕국을 통치했다. 각 나라의 넓이는 가로 세로 10요자나였다. 그들은 가끔 만나 함께 지내곤 했는데, 사람들이 태어나서 죽어가는 것을 바라보며 이야기를 나누다 결론을 내렸다.

"사람들이 저 세상으로 갈 때 어느 누구도 따라가지 못합니다. 심지어 자기 몸조차도 따라가지 못합니다. 모든 것을 버리고 가야만 합니다. 세속의 삶이 무슨 쓸모가 있습니까? 우리 출가하는 것이 어떻겠습니까?"

그들은 왕국을 아들과 부인에게 넘겨주고 출가해 사문의 삶을 선택했다. 그들은 히말라야 산으로 들어가 머무르며, 앞으로 어떻게 살아가고 수행해야 할지 논의했다.

"우리는 부귀와 명예를 버리고 출가한 것이지 먹고 살기 힘들어 출가한 것은 아닙니다. 우리가 함께 지낸다면 출가하지 않은 사람과 무엇이 다르겠습니까? 그러니 우리 떨어져 살도록 합시다. 그대는 이 산에 올라가서 사십시오. 나는 저 산에 올라가 살겠습니다. 보름마다 우뽀사타 재일에 만나서 법담을 나누도록 합시다."

---

202) 우데나Udena 왕: 왐사Vaṃsa국의 왕 빠란따빠Parantapa의 아들로 태어 났으나 우여곡절 끝에 왕위에 올랐다. 그는 고사까Ghosaka를 재정관에 임명했는데 그의 양녀인 사마와띠Sāmāvatī에게 반해서 결혼했다. 그 후 웃제니Ujjeni 왕의 딸 와술라닷따Vāsuladattā와 마간디야Māgandiyā와 도 결혼했다. 그는 종교적인 인물은 아니어서 부처님 가르침에 그다지 관심을 보이지 않았으나 아난다 존자에게 가사 공양을 한 적이 있다. 게송 137번 이야기에 나오는 아이 없는 보디 왕자는 그의 아들이다.

그때 그들에게 이런 생각이 일어났다.

"우리가 만나서 대화하게 되면 만나는 즐거움에 빠질 우려가 있습니다. 만나지는 말고 단지 상대방이 살아있는지 죽었는지 확인만 합시다. 보름마다 산꼭대기에서 불을 피워 신호를 보내기로 합시다."

그들은 그렇게 불로 연락하며 살았다.

시간이 흘러 웨타디빠까는 죽어서 큰 위력을 지닌 천신으로 태어났다. 보름이 지나 알라깝빠는 건너편 산에 불이 보이지 않자 동료가 죽었다는 것을 알았다. 웨타디빠까는 천신으로 태어나자마자 자신의 영광이 어디서 왔는지 살펴보았다. 전생의 행위들을 회상해 보다가 출가해 엄격한 금욕수행을 했던 것을 기억해냈다.

'내 친구에게 가봐야겠다.'

그는 천신의 모습을 감추고 여행자로 변신한 뒤 알라깝빠에게 가서 절하고 공손하게 한쪽에 서 있었다.

알라깝빠가 물었다.

"그대는 어디서 오는 길입니까?"

"존자님, 저는 여행자입니다. 아주 먼 곳에서 왔지요. 존자님께서는 여기 혼자 머무십니까? 다른 사람은 없습니까?"

"내게 동료가 한 명 있습니다."

"어디에 있습니까?"

"저 산 위에 살고 있습니다. 그러나 우뽀사타 재일에 불을 피우지 않은 걸 보니 아마 죽은 모양입니다."

"존자님, 정말 그렇습니까?"

"형제여, 그렇습니다."

"존자님, 제가 바로 그 사람입니다."

"당신은 어디에 태어났습니까?"

"존자님, 저는 천상 세계에 큰 위력을 지닌 천신으로 태어났습니다. 저는 존자님을 뵙기 위해 내려왔습니다. 여기서 지내는 데 어려운 점은 없습니까? 혹시 무슨 골칫거리 같은 것은 없습니까?"

"형제여, 코끼리 때문에 아주 귀찮습니다."

"존자님, 코끼리가 어떻게 귀찮게 합니까?"

"깨끗하게 쓸어놓은 땅에 똥과 오줌을 싸고 발로 쿵쿵거리며 먼지를 일으킵니다. 똥을 치우고 땅을 고르는 일도 이제 정말 지쳤습니다."

"그럼 그들을 쫓아버리길 원합니까?"

"형제여, 그렇습니다."

"좋습니다. 그러면 제가 코끼리를 쫓는 악기와 주문을 알려 드리도록 하겠습니다."

웨타디빠까는 알라깝빠에게 코끼리를 부리는 삼현금三絃琴을 주고, 세 가지 줄과 각 줄에 해당하는 주문을 가르쳐주었다.

"첫 번째 줄을 튕기면서 이 주문을 외면 코끼리들은 뒤도 안 돌아보고 줄행랑을 놓을 것입니다. 두 번째 줄을 튕기면서 이 주문을 외면 코끼리들은 한걸음마다 뒤돌아보며 도망칠 것입니다. 세 번째 줄을 튕기면서 이 주문을 외면 코끼리 왕이 다가와서 등을 내밀 것입니다. 그러면 하고 싶은 대로 하십시오."

이렇게 일러주고서 천신은 떠났다. 알라깝빠는 웨타디빠까가 가르쳐준 대로 해서 코끼리를 쫓아버리고 평화롭게 살았다.

당시 꼬삼비의 왕은 빠란따빠였다. 어느 날 그는 밖에 나와 따사로운 아침햇살에 몸을 녹이며 앉아 있었다. 그의 곁에는 만삭의 왕비가 함께 앉아 있었다. 왕비는 10만 냥의 값어치가 나가는 왕의 심홍색 망토를 걸치고 있었다. 그녀는 왕과 사랑스러운 말을 주고받으면서 왕의 손가락에서 10만 냥의 가치가 있는 옥새가 새겨진 반지를 빼서 자기 손가락에 끼웠다.

바로 그 순간 코끼리 어금니만큼 큰 부리의 거대한 새가 허공을 가르며 날아오다가 심홍색 외투를 걸치고 있는 왕비를 고깃덩인 줄 알고 날개를 펼치며 급강하해서 덮쳐왔다. 왕은 새가 덮쳐오는 소리를 듣고 벌떡 일어나 왕궁으로 피했지만, 왕비는 만삭으로 둔하기도 하거니와 겁도 많아 몸이 굳어지면서 재빨리 움직이지 못했다. 새가 왕비에게 와락 달려들더니 거대한 발톱으로 그녀를 움켜쥐고 하늘로 솟아올랐다. 이 새는 코끼리 다섯 마리의 힘을 가지고 있으며, 포획물을 원하는 곳으로 날라다가 게걸스럽게 뜯어먹는다고 한다.

왕비는 새에게 붙잡혀 가면서 죽음에 대한 두려움으로 공포에 떨었다. 하지만, 정신을 차려 침착한 마음을 유지하면서 죽음의 문턱에서 벗어날 방법을 궁리하기 시작했다.

'동물들은 본래 사람의 목소리에 두려움을 가지고 있다. 소리를 지르면, 놀란 새가 나를 떨어뜨리겠지? 하지만, 지금 그렇게 한다면 공중에서 떨어져서 나와 뱃속의 아이만 산산조각이 나고 말거야. 기다렸다가 새가 내려앉아 나를 먹으려고 하는 순간 소리를 질러 쫓아버려야겠다.'

그녀는 지혜의 힘으로 참고 견뎌냈다.

히말라야 산에 반얀나무 한 그루가 서 있었다. 다 자란 나무는 아니었지만, 무성하고 큰 가지를 드리우고 있어 마치 대형천막을 쳐놓은 것 같았다. 새는 먹잇감을 포획하면 이 나무에 내려앉아 먹어치우곤 했다. 이때에도 새는 왕비를 얽히고설킨 가지에 내려놓고 자기가 날아온 하늘을 쳐다보았다.(새들에겐 자기가 날아온 하늘을 다시 바라보는 습성이 있다고 한다.) 왕비는 바로 이 순간이 새를 놀래 쫓아버릴 절호의 기회라고 생각하고 양손을 꽉 쥐고 젖 먹던 힘을 다해 크게 소리를 내질렀다. 새는 갑작스러운 소리에 놀라 도망쳐버렸다.

해가 지자 거센 바람이 일고 사방으로부터 거대한 폭풍이 몰려왔다. 연약한 왕비는 비바람 속에서 거의 초주검이 됐다. 그녀의 곁엔 '두려워하지 마! 내가 있잖아!'라고 말해주는 이가 아무도 없었다. 그녀는 밤새 한숨도 자지 못하고 뜬눈으로 보냈다. 어둠이 지나고 구름이 흩어지고 날이 밝아오자 아침이 왔다. 그 순간 아이가 태어났다. 폭풍이 물러가고 산 위에 따뜻한 태양이 떠오를 때 아이가 태어났다고 해서 왕비는 아들의 이름을 우데나(utu, 날씨, 온도)라고 지었다.

나무에서 멀지 않은 곳에 사문 알라깝빠가 살고 있었다. 우기에는 추위에 대한 두려움 때문에 과일과 딸기를 따러 숲속으로 들어가지 않는 게 사문의 관습이었다. 대신에 그는 나무 밑에서 새들이 뜯어먹고 남긴 뼈를 주워서 푹 고아 곰국을 만들어 마시곤 했다. 그날도 그는 뼈를 주우러 갔다. 나무 아래에서 뼈를 줍던 그는 나뭇가지 위에서 들려오는 갓난아기의 울음소리를 들었다.

그는 위를 쳐다보다가 왕비를 발견했다.
"당신은 누구요?"
"나는 여인입니다."
"어떻게 거기에 올라갔소?"
"괴물 같은 거대한 새가 나를 여기까지 붙잡아왔어요."
"그럼 조심해서 내려오시오."
"존자님, 신분이 차이가 날까 봐 두려워 내려갈 수 없어요."
"무슨 계급이오?"
"저는 왕족 신분이에요."
"나도 또한 왕족 신분입니다."
"그러면 왕족의 암호를 말씀해 보세요."
그는 왕족의 신분을 확인하는 암호를 말해주었다.
"좋아요. 그러면 나무에 올라와서 아이를 내려주세요."
그는 나무에 올라가 아이를 안고 내려왔다. 그녀는 그의 손을 잡지 않고 혼자 힘으로 내려왔다.
알라깝빠는 왕비를 오두막집으로 데려가서 삿된 마음 없이 조심스럽게 보살폈다. 산속에서 꿀을 따주기도 하고 농사지은 쌀로 죽을 끓여주기도 하며 극진히 보살펴주었다.

얼마간 시간이 흐른 뒤 왕비는 곰곰이 자신의 처지를 생각해 봤다.

'나는 왕궁으로 가는 길도 모른다. 그렇다고 사문이 우리를 끝까지 보살 피리라고 믿을 수도 없다. 만약에 그가 우리를 버리고 가버린다면 우리 모자는 여기서 굶어죽을 것이다. 그를 유혹해서 금욕에 대한 맹세를 깨뜨리게 해야겠다.'

그녀는 야한 옷차림으로 알라깝빠를 유혹해 금욕을 깨뜨렸다. 그때부터 그들은 한 방을 썼다.

어느 날 알라깝빠는 달과 별자리의 운행을 살피다가 빠란따빠 별이 빛을 잃고 희미해지는 것을 보고 아내가 된 왕비에게 말했다.

"여보, 꼬삼비의 왕, 빠란따빠가 죽었소!"

"당신, 왜 그렇게 말하는 거예요? 혹시 그에게 감정이 있어요?"

"여보, 내가 왜 그에게 감정이 있겠소? 나는 단지 그의 별자리가 빛을 잃은 것을 보고 말했을 뿐이오."

그녀는 갑자기 울음을 터뜨렸다.

"왜 우는 거요?"

그녀는 빠란따빠가 남편이며 자기는 왕비였다고 밝혔다.

"아내여, 울지 마시오. 태어난 자는 언제가 죽게 돼 있는 것이 자연의 섭리라오."

"나도 그쯤은 알아요."

"그럼 왜 우는 거요?"

"왕위 계승법에 따라 나의 아들이 왕위를 물려받을 권리가 있어요. 아들이 거기 있었다면 지금쯤 왕위에 올랐을 것인데 여기서 평범한 사람이 되어버렸다는 생각이 나를 슬프게 하는군요."

"아내여, 걱정하지도 말고 슬퍼하지도 말아요. 아들이 왕권을 물려받기를 원한다면 내가 방법을 찾아보겠소."

알라깝빠는 그녀의 아들에게 삼현금을 물려주고 코끼리 다루는 주문을 가르쳐주었다.

그때 많은 코끼리가 반얀나무 아래에 와서 누워 있었다. 그는 소년에게 말했다.

"코끼리가 오기 전에 반얀나무 위로 올라가 있다가 코끼리가 오면 첫 번째 줄을 튕기고 주문을 외워라. 그러면 코끼리들이 뒤도 돌아보지 않고 줄행랑을 칠 것이다. 그런 다음에 내려와서 내게 오너라."

소년은 그가 가르쳐준 대로 하고서 돌아와 보고했다. 다음 날 그는 또 소년에게 말했다.

"오늘은 두 번째 줄을 튕기고 나서 이 주문을 외워라. 그러면 코끼리들이 한 걸음마다 뒤돌아보며 도망칠 것이다."

소년은 이번에도 그가 시킨 대로 하고서 돌아와 보고했다.

알라깝빠는 소년의 어머니에게 말했다.

"아내여, 아들에게 당부할 말이 있으면 하고 그를 보내서 왕이 되게 하시오."

그녀는 아들을 불러 말했다.

"너는 이렇게 말해야 한다. '나는 꼬삼비의 왕, 빠란따빠의 아들이다. 괴물 같은 거대한 새에게 붙잡혀갔다.' 그렇게 말하고 나서 총사령관과 대신들의 이름을 모두 말하거라. 그래도 그들이 믿지 않는다면 아버지의 망토인 심홍색 담요를 보여주어라. 그리고 왕이 항상 끼었던 옥새 반지도 보여주어라."

이렇게 말하고 그녀는 아들을 떠나보냈다.

소년이 알라깝빠에게 와서 물었다.

"이제 어떻게 해야 하나요?"

"나무에 올라가 가장 낮은 가지에 앉아서 세 번째 줄을 튕기면서 이 주문을 외워라. 그러면 코끼리 왕이 와서 등을 내밀 것이다. 너는 코끼리 왕을 타고 가서 왕권을 되찾아라."

소년은 부모에게 절하고 코끼리 왕에 올라타고 코끼리 귀에 속삭였다.

"나는 꼬삼비의 왕, 빠란따빠의 아들이다. 나를 데려가서 왕권을 되찾게 해 다오."

코끼리 왕은 이 말을 듣고 나팔소리처럼 울었다.

"수많은 코끼리들이여, 모여라!"

수많은 코끼리들이 모여들자 코끼리 왕은 두 번째로 나팔소리처럼 울었다.

"늙고 연약한 코끼리들은 물러가라!"

늙고 연약한 코끼리들이 물러가자 코끼리 왕은 세 번째로 나팔소리처럼 울었다.

"어린 코끼리들은 물러가라!"

그러자 어린 코끼리들도 물러갔다.

소년은 수많은 코끼리 전사에 둘러싸여 행진하기 시작했다. 국경마을에 도착한 그는 이렇게 외쳤다.

"나는 왕의 아들이다. 출세를 원하는 자들은 나를 따르라."

그는 군대를 모집해 진을 치고 나아가 성을 포위하고 시민들에게 전령을 보내서 말했다.

"전쟁을 하든지 아니면 왕국을 넘겨라."

시민들은 대답했다.

"전쟁도 안 되고 왕국도 넘겨줄 수 없다. 거대한 새가 만삭의 몸인 왕비를 잡아채가 버렸다. 그녀가 살았는지 죽었는지 모른다. 그녀에게서 소식이 오지 않는 한 전쟁도 안 되고 왕국도 넘길 수 없다."

그 당시 왕국은 부자상속이 원칙이었다. 소년이 소리쳤다.

"내가 왕비의 아들이다."

그렇게 말하면서 총사령관과 장관들의 이름을 말했다. 그래도 그들이 믿지 않자 소년은 부왕의 심홍색 망토와 옥새 반지를 보여주었다. 드디어 성문이 열리고 그는 왕위에 올랐다.

2. 고사까의 탄생과 젊은 시절

고사까의 과거생: 아들을 버린 꼬뚜할라까

어느 때 알라깝빠[203] 왕국에 기근이 들어 꼬뚜할라까는 생계를 유지할 수 없었다. 그는 꼬삼비로 가서 살아야겠다고 생각하고 식량을 준비하고 어린 아들 까삐와 아내 깔리를 데리고 출발했다.(사람들이 역병으로 죽는 것을 보고 집을 버리고 떠났다는 이야기도 있다.)

여행이 계속되자 처음에 준비해 간 식량은 다 떨어지고 굶주림에 지쳐 아이를 업고 갈 힘도 없었다. 고심 끝에 꼬뚜할라까가 아내에게 말했다.

"여보, 우리가 살아남는다면 아이를 또 가집시다. 지금은 아이를 버리고 갑시다."

'자식에 대한 어머니의 사랑은 무한하다.'라는 속담이 있듯이 이 어머니의 경우도 그랬다.

"목숨이 붙어 있는 한 아이를 버릴 수 없어요."

아내 깔리는 완강히 거절했다.

"그럼 어떻게 할 작정이요?"

"교대로 업고 가요."

어머니의 차례가 됐을 때 그녀는 아이를 꽃다발처럼 가슴에 안고 가다가 힘에 부치자 등에 업었다. 이번에는 아버지가 아이를 업고 가다가 고통이

---

203) 미얀마 본에는 알라깝빠Allakappa로 나오고 스리랑카 본에는 아지따 Ajita로 나온다.

심해지자 아내에게 다시 말했다.

"여보, 우리가 살아남는다면 아이를 하나 더 가지면 되지 않소? 아이를 버리고 갑시다."

그러나 어머니는 절대로 아이를 버릴 수 없다며 완강히 거부했다.

가슴과 등으로 옮겨 다니느라 피곤했던지 아이는 아버지의 팔에서 잠이 들었다. 아버지는 아들이 잠들자 아내를 먼저 보낸 다음 나뭇잎으로 잠자리를 만들고 아이를 뉘어놓고 풀로 덮어주었다. 그리고는 아내를 뒤따라갔다. 아내가 뒤를 돌아보고 아이가 없자 물었다.

"당신, 아이는 어디 있어요?"

"덤불 속에 뉘어 놨소."

"여보! 날 죽이지 말아요! 난 아이 없이는 살 수 없어요! 내 아들을 빨리 데리고 와요!"

그녀는 두 손으로 가슴을 치며 울부짖었다. 남편은 결국 아이를 다시 데리고 왔다.

단 한 번 아들을 버린 과보로 꼬뚜할라까는 다음생에서 일곱 번이나 버려졌다. 그러니 '이것은 사소한 문제야'라고 생각하면서 악행을 가볍게 여기지 마라.

그들은 힘든 여행을 계속해 어떤 목장에 도착했다. 목장은 마침 젖소축제가 한창이었다. 한 벽지불께서는 항상 이 집에서 공양하셨다. 목장 주인은 벽지불에게 음식을 올린 후 우유죽을 풍족하게 만들어 축제를 열었다. 그때 목장 주인은 거의 굶어죽기 직전인 방문자들을 보고 물었다.

"당신들은 어디서 오는 길입니까?"

그들의 이야기를 듣고 인정 많은 주인은 하인을 시켜 우유죽과 버터를 넉넉히 가져다주었다. 아내가 음식을 받아놓고 남편에게 말했다.

"여보, 당신이 살아야 나도 살 수 있어요. 오랫동안 당신은 음식 구경을 거의 못했어요. 오늘 배불리 드세요."

그녀는 우유죽과 버터를 남편 앞에 놓고 자신은 조금만 먹었다. 남편은 배가 터지도록 먹었다. 그는 칠팔 일간 배고픔을 심하게 겪었기 때문에 아무리 먹어도 쉽게 만족하지 못했다.

목장 주인은 하인이 그들에게 우유죽을 가져다주는 것을 보고 나서 음식을 먹기 시작했다. 목장 주인의 의자 밑에는 암캐 한 마리가 누워있었다. 목장주인은 음식을 먹으면서 개에게 몇 스푼의 우유죽을 먹여주었다. 꼬뚜할라까는 그 광경을 지켜보면서 생각했다.

'개가 음식을 저렇게 받아먹다니 나보다 복이 많구나!'

그날 밤, 꼬뚜할라까는 우유죽을 너무 많이 먹은 탓에 소화불량으로 죽었다. 그리고 암캐의 자궁 속에서 새로운 생을 시작했다.

깔리는 남편의 장례를 치른 후 그 집에서 일을 도와주고 한 종지의 쌀을 얻었다. 그리고 그 쌀로 밥을 지어 벽지불의 발우에 넣어드리고서 이렇게 기원했다.

"이 한 그릇의 쌀밥이 불행한 제 남편 꼬뚜할라까에게 복덕을 가져다주기를!"

남편을 잃은 그녀는 이제 마땅히 갈 곳이 없었다.

'여기 남아 있는 게 좋겠다. 벽지불께서 규칙적으로 여기 오신다. 탁발하러 오시든 그냥 오시든 그분에게 삼배를 올리고 봉사를 할 수 있을 것이다. 그렇게 하면 마음의 평화를 찾고 많은 공덕을 쌓을 수 있을 것이다.'

그녀는 목장에 남아 하녀가 됐다.

육칠 개월이 지나 암캐가 강아지 한 마리를 낳았다. 목장 주인은 암소 한 마리에서 난 우유를 강아지에게 먹였다. 얼마 되지 않아 강아지는 큰 개가 됐다. 벽지불께서 공양을 드실 때 항상 자신이 먹던 음식을 개에게 주었기 때문에 개는 벽지불을 아주 잘 따랐다.

목장 주인은 매일 두 번 규칙적으로 벽지불에게 가서 시중들었다. 개도 항상 주인을 따라갔다. 가는 길이 야생동물의 서식지여서 목장 주인은 막대기로 관목을 치고 땅을 두드리며 '휘이! 휘이! 휘이!' 세 번 소리쳐서 동물들을 쫓아버리고 걸어가곤 했다. 어느 날 그는 벽지불에게 말씀드렸다.

"존자님, 제가 올 수 없을 때는 개를 보내겠습니다. 그러면 제가 존자님을 뵙고 싶다는 것으로 알고 와 주셨으면 합니다."

그때부터 목장 주인은 불가피하게 직접 갈 수 없는 날에는 개를 불러 말하곤 했다.

"아이야, 가서 존자님을 모시고 오너라."

개는 주인의 말을 듣고 벽지불이 계신 곳으로 출발했다. 개는 주인이 멈춰 서서 관목을 두드리고 땅을 친 곳에 와서는 자기도 멈추어 서서 세 번 짖었다. 개는 자기가 짖는 소리에 동물들이 모두 놀라 도망친 것을 확인하고서야 앞으로 나아갔다. 개는 볼일을 보고 나뭇잎과 풀로 지은 오두막집에 들어갔다. 개는 벽지불이 앉아계신 곳에 가서 세 번 짖어 자신의 도착을 알리고서 한쪽에 앉았다. 그러면 벽지불께서는 지금이 가야 할 때라는 것을 알고 자리에서 일어나 출발하셨다. 개는 앞장서 달리며 자주 짖어댔다. 벽지불께서는 가끔 엉뚱한 길로 들어서서 개를 시험하셨다. 그때마다 개는 잘못된 길로 들어섰다고 알리기 위해 길을 막고 짖어댔다.

어느 날 벽지불은 일부러 엉뚱한 길로 들어서셨다. 벽지불은 개가 앞을 가로막는 것을 무시하고 나아갔다. 그러자 개는 벽지불이 바른 길로 들어설 때까지 집요하게 아랫가사를 물고 늘어졌다. 개는 그토록 벽지불에게 충직했다.

시간이 지나 벽지불의 가사가 낡아 헤지자 목장 주인은 새 가사 천을 벽지불에게 보시했다. 벽지불께서는 가사 천을 받아들고 말씀하셨다.

"혼자서 가사를 만든다는 것은 아주 어려운 일이오. 가사를 만들기 편리

한 곳에 가서 만들어 입어야겠소."

"존자님, 여기서 만드십시오."

"아니오, 여기서는 만들기가 쉽지 않습니다."

"존자님, 그러면 다른 곳에 오래도록 머물지 마십시오."

그때 개는 벽지불 곁에서 그들의 대화를 모두 듣고 있었다.

"가사를 만들어 입고 올 때까지 평안하시길!"

벽지불께서는 이렇게 말씀하시고 공중으로 날아올라 간다마다나 쪽으로 떠나가셨다. 개는 벽지불께서 공중으로 날아오르자 큰소리로 짖기 시작했다. 개는 벽지불께서 점점 사라져 보이지 않을 때까지 짖어대다가 결국 심장이 터져 죽었다.

동물들은 정직하기 때문에 속이지 않는다고 한다. 그러나 사람들은 생각과 말이 다르다. 그래서 부처님께서 어떤 비구에게 이렇게 말씀하셨다.

"인간이 하는 행동에는 감추고 꾸미는 것이 있지만 동물의 행동에는 꾸밈이 없고 정직하다."

개는 정직하고 속이지 않고 살았기 때문에 죽어서 삼십삼천의 천상에 태어나 천 명의 천녀를 거느리고 살았다. 그는 거기서 이루 말로 표현할 수 없는 기쁨과 영광을 누렸다. 그가 작은 목소리로 속삭이면 16요자나까지 들렸다고 하고, 큰 목소리로 말하면 천신들의 도시 전체에 다 들렸다고 한다. 도대체 무슨 공덕을 지었기에 이런 과보를 받았을까? 그것은 벽지불을 그리워하는 마음으로 짖어댔기 때문이다. 그는 삼십삼천에 잠깐 동안 머물다가 그곳에서 죽었다.

천신들이 죽는 경우는 네 가지가 있다. 수명이 다한 경우, 복덕이 다한 경우, 영양분이 다한 경우, 화를 낸 경우이다. 많은 공덕을 쌓은 사람은 천신들의 세계에 태어나 정해진 수명 동안 머문다. 그리고 그곳에서 죽어 더 높은 세계, 더 높은 천상세계에 태어난다. 이런 경우가 '수명이 다해서 죽은 경우'이다. 약간의 공덕을 쌓은 사람은 왕의 창고에 던져둔 두세 바가지 쌀처럼 미미하여 중간에 복덕이 다해서 수명을 채우지도 못하고 죽는다. 세 번째는 천상세계의 감각적 즐거움에 빠져 밥 먹는 것을 잊어버리고 놀다가 체력이 고갈되어 죽는다. 이것이 '영양분이 다해서' 죽는 경우다. 네 번째는 상대방의 영광을 질투해 화를 내다가 죽는다. 이것이 '화'로 인해 죽는 경우다.

고사까의 현재생: 고사까 일곱 번이나 버려지다

고사까는 먹는 것도 잊어버리고 감각적 즐거움을 누리다가 영양분이 고갈돼 삼십삼천에서 죽어 꼬삼비의 기생의 모태에 들었다. 어느 날 기생은 아들을 낳자 하녀에게 말했다.

"아들인가 딸인가?"

"아들입니다. 마님"

"그러면 아기를 낡은 광주리에 담아서 쓰레기 더미에 내다버려라."

기생은 갓 낳은 아들을 내다버렸다.

기생들은 딸인 경우에는 잘 돌보고 키우지만 아들은 필요가 없었다. 왜냐하면 딸만이 가업을 이을 수 있기 때문이었다.

까마귀와 개들이 버려진 아기를 먹어치우려고 떼 지어 몰려왔다. 하지만, 과거생에 벽지불을 그리워하며 지었던 공덕으로 어떤 짐승도 감히 아기에게 덤벼들지 못했다.

그때 한 남자가 길을 가다가 까마귀와 개들이 떼 지어 몰려있는 것을 보았다.

"저게 뭐지?"

남자는 호기심에 가까이 가 보니 한 갓난아기가 광주리에 담겨 있었다. 그는 예쁜 아기에게 반해서 광주리를 집어 들고 외쳤다.

"난 아들을 얻었다!"

그는 아기를 데리고 집으로 갔다.

그때 마침 꼬삼비의 재정관이 왕궁으로 가다가 제사장이 왕궁에서 나오는 것을 보고 물었다.

"제사장님, 오늘 별자리를 관찰해 보았습니까?"

"그렇습니다. 재정관님. 우리가 별자리를 관찰하는 것 외에 달리 해야 할 일이 있나요?"

"그럼 우리나라에 무슨 특별한 일이라도 있습니까?"

"한 가지 있습니다. 이 나라의 대재정관이 될 아이가 오늘 태어났습니다."

그때 재정관의 아내가 만삭이었으므로 그는 즉시 집으로 사람을 보내 알아보게 했다.

"가서 아이가 태어났는지 알아보아라."

그러나 아이가 아직 태어나지 않았다는 것이었다. 그는 왕을 알현하고 집으로 돌아와 깔리라는 하녀를 불러 천 냥을 주면서 말했다.

"이 성을 샅샅이 뒤져서 오늘 태어난 아기를 데려오너라."

그녀는 온 성안을 뒤져 아기가 있는 집을 찾아 주인에게 물었다.

"아기가 오늘 태어났습니까?"

"오늘 태어났습니다."

"아기를 제게 넘길 수 있습니까?"

처음에는 적은 금액을 제시했으나 점점 늘어나서 결국 천 냥을 주고 아기를 손에 넣을 수 있었다. 그녀는 아기를 데리고 와서 재정관에게 넘겼다.

재정관은 아기에게 방을 마련해 주고 생각했다.

'딸이 태어나면 아기와 결혼시키고 그를 재정관으로 만들겠다. 그러나 아들이 태어나면 그를 죽여야겠다.'

며칠 후 아내가 아들을 낳자 재정관은 다시 생각에 잠겼다.

'데려온 아기가 없다면 내 아들이 재정관 자리를 차지하겠지? 그러니 데

려온 아기를 없애버려야겠다.'

재정관은 깔리를 불러 말했다.

"이 애를 목장으로 데리고 가거라. 목장 주인이 축사에서 문을 열고 소를 밖으로 내몰 때를 기다렸다가 문간에 뉘어놓아라. 그러면 소가 아기를 짓밟아 죽일 것이다. 소가 밟아 죽이는지 죽이지 않는지 정황을 잘 보고 돌아와서 보고해라."

그녀는 아기를 축사로 데려가서 문이 열리자 문간에 뉘어놓았다. 보통 때에는 우두머리 황소가 맨 뒤에 나왔다. 그러나 이날따라 우두머리 황소가 맨 먼저 나와서 네 발로 아기를 감싸고 말뚝처럼 서 있었다. 수백 마리의 소들이 황소의 옆구리를 스치면서 지나갔다. 목장 주인이 그 광경을 보고 생각했다.

'이 황소는 항상 맨 뒤에 나왔는데, 오늘따라 맨 처음 나와서 저렇게 말뚝처럼 움직이지 않고 서 있다니 대체 무슨 일인가?'

가까이 가서 보니 갓난아기가 황소의 배꼽 아래에 누워 있었다. 그는 아기에게 반해서 품에 안고 말했다.

"난 오늘 아들을 얻었다!"

그리고는 아기를 데리고 집으로 갔다.

깔리가 재정관에게 돌아가서 일어난 일을 모두 보고하자 재정관이 말했다.

"목장 주인에게 가서 천 냥을 주고 아기를 데려오너라."

그녀는 아기를 데려와 재정관에게 건넸다.

"깔리야, 어두운 새벽에 무역상단이 500대의 수레를 끌고 출발할 것이다. 아기를 바퀴가 지나갈 자리에 뉘어놓아라. 소에 밟혀 죽든 바퀴에 깔려 죽든 잘 관찰하고 와서 보고해라."

그녀는 다시 아기를 데려가서 마차 바퀴가 지나갈 곳에 뉘어놓았다. 상단의 대장이 모는 마차가 제일 먼저 왔다. 마차의 소들이 아기가 누워 있는 곳 가까이 가서는 멍에를 흔들어 떨어뜨렸다. 주인이 다시 멍에를 씌우고 몰아보려 했지만 소들은 재차 멍에를 흔들어 떨어뜨리고 움직이려 하지 않았다. 그렇게 주인과 소가 실랑이하는 가운데 해가 솟았다.

'소들이 대체 왜 이러는 거야?'

주인은 대관절 무슨 일인가 싶어 길을 내다보다가 아기를 발견했다.

'오, 세상에! 내가 끔찍한 잘못을 저지를 뻔했군!'

그는 아기를 품에 안고 기쁨에 차서 말했다.

"나는 아들을 얻었다!"

그는 아기를 데리고 길을 떠났다.

깔리는 즉시 재정관에게 돌아와서 일어난 일을 보고했다. 재정관이 말했다.

"그 대상隊商의 대장에게 가서 천 냥을 주고 아기를 다시 데려오너라."

그녀가 아기를 데려오자 재정관이 말했다.

"아기를 데려가서 화장터의 수풀에 뉘어놓아라. 개들에게 뜯어 먹히든 야차에게 잡아먹히든 죽을 것이다. 살아나거나 죽거나 간에 잘 지켜보고 돌아와 보고해라."

그녀는 분부대로 아기를 화장터로 데려가서 수풀 위에 내려놓고 한쪽에 숨어서 지켜보았다. 그러나 개도 까마귀도 야차도 감히 아이에게 다가가지 못했다. 어머니도 아버지도 형제도 친척도 그를 보호하지 않는데 누가 보호하는가? 그를 보호하는 것은 전생에 개였을 때 벽지불을 그리워하며 짖었던 그 공덕이다.

그때 염소치기가 수천 마리 염소를 몰고 화장터 옆을 지나 목초지로 가고 있었다. 한 마리 암염소가 수풀 속으로 들어가 풀과 잎사귀를 뜯어 먹으며 지나가다가 아기를 보자 무릎을 꿇고 아기를 핥기 시작했다. 염소치기가 소리를 질렀다.

"워이! 워이!"

하지만, 염소는 나오지 않았다. 그래서 염소치기는 수풀 속으로 달려가며 중얼거렸다.

"내 이놈의 염소를 두들겨 패서 끌고 나와야겠다."

수풀 속에 들어간 염소치기는 염소가 무릎을 꿇고 아기를 핥고 있는 것을 보았다. 그는 아기에게 반해서 품에 안아들고 말했다.

"나는 아들을 얻었다!"

그는 아기를 안고 떠났다.

깔리가 재정관에게 돌아와서 일어난 일을 모두 보고하자 재정관이 말했다.

"염소치기에게 가서 천 냥을 주고 아기를 다시 데려오너라."

그녀가 아기를 데려오자 그가 말했다.

"아기를 데리고 강도의 절벽[204]이라고 알려진 산꼭대기로 가서 절벽 아래로 내던져 버려라. 그러면 협곡의 벽에 부딪히거나 바닥에 떨어져 산산조각이 날 것이다. 죽었는지 살았는지 확인하고 돌아와서 보고해라."

그녀는 산꼭대기에 있는 강도의 절벽으로 가서 아기를 절벽 아래로 내던졌다. 절벽 아래에는 대나무들이 숲을 이루고 있었고, 대나무 위는 나무를 휘감고 지나가는 군자 풀로 빽빽하게 덮여 있었다. 아기는 두툼한 양탄자처럼 펼쳐져 있는 군자 풀 위로 떨어졌다. 이날 한 죽세공업자가 주문을 받아 아들과 함께 대나무를 베어 가기 위해 숲에 들어왔다. 그들이 일하려는 순간 대나무가 흔들리면서 아기 울음소리가 났다.

"어디서 아기 울음소리가 들리는 것 같은데?"

그는 대나무를 타고 올라가 사위를 둘러보다가 아기를 발견했다. 그는 아기를 안아들고 기뻐 소리쳤다.

"난 아들을 얻었다!"

---

204) 강도의 절벽: 강도들을 떨어뜨려 죽이는 절벽이다.

그는 아기를 데리고 집으로 돌아갔다.

깔리는 재정관에게 돌아가서 일어난 일을 보고하자 재정관이 말했다.

"죽세공업자에게 가서 천 냥을 주고 아기를 데려오너라."

그녀가 다시 아기를 데려왔다. 수차례 걸친 제정관의 살해 시도에도 불구하고 아기는 잘 자라 어느덧 소년이 돼 있었다. 그의 이름은 고사까였다. 그는 재정관에겐 눈엣가시와 같았다. 재정관은 그를 똑바로 쳐다보지 못했다.

재정관은 그를 감쪽같이 죽일 방법을 생각해냈다. 그는 옹기장이를 찾아가 말했다.

"언제 가마에 불을 붙이는가?"

"내일 붙입니다."

"내가 천 냥을 줄 테니 한 가지 일을 해 주려나?"

"무슨 일입니까?"

"내게 주워온 아이가 하나 있네. 내일 그 애를 보낼 테니 날카로운 도끼로 조각내어 옹기에 넣고 가마 속에서 구워버리게나. 여기 천 냥이 있네. 이건 계약조로 주는 것이고 일이 잘 마무리되면 추가로 보답하겠네."

"좋습니다."

옹기장이는 계약에 동의했다.

다음 날 재정관은 고사까를 불러 옹기장이에게 보냈다.

"어제 내가 옹기장이에게 도자기를 만들어 달라고 주문했다. 가서 '아버지께서 주문한 일을 내일까지 끝마치랍니다.'라고 말하고 오너라."

"그렇게 하겠습니다."

고사까는 옹기장이 집으로 가는 길에 아이들이 놀고 있는 것을 보았다. 그곳에는 재정관의 친아들이 다른 아이들과 구슬치기를 하고 있었다. 재정관의 친아들이 고사까를 보자 말을 던졌다.

"어디 가는 거야?"

"아버지 심부름으로 옹기장이 집에 가는 중이야."

"내가 갔다 올 테니 넌 여기 남아서 내 대신 구슬치기 좀 해라. 이 녀석들이 내 돈을 다 따버렸어. 네가 도로 따서 내게 돌려줘."

"아버지가 나무라실 거야."

"형, 두려워할 거 없어. 내가 말을 전해주고 올게. 돈을 많이 잃었거든. 돌아올 때까지 형이 내가 잃은 것을 전부 따줘야 해."

고사까는 구슬치기 선수였다. 그래서 친아들이 그렇게 졸랐다.

고사까는 어쩔 수 없이 친아들을 옹기장이에게 보내고 대신 구슬치기를 했다.

"그러면 네가 옹기장이에게 가서 '아버지가 주문한 일을 내일까지 끝내랍니다.'라고 말하고 와라."

일이 재정관의 의도와는 전혀 다른 방향으로 흘러갔다. 재정관의 친아들이 양아들 대신 옹기장이에게 간 것이다. 옹기장이는 재정관이 지시한 대로 재정관의 친아들을 죽여 가마불 속으로 던져버렸다. 고사까는 하루 종일 구슬치기를 하다가 저녁에야 집으로 돌아갔다. 재정관은 고사까가 아직 살아있는 것을 보고 놀라 물었다.

"너! 옹기장이에게 다녀왔느냐?"

고사까는 동생을 옹기장이에게 보내고 자기가 집으로 돌아온 이유를 설명했다.

"오! 통탄할 일이로다!"

재정관은 떨리는 목소리로 울부짖었다. 온몸이 벌겋게 달아올라 혈관에서 피가 금방이라도 쏟아질 것 같았다. 그는 옹기장이 집으로 달려가 그의 어깨를 붙잡고 흔들어대며 울부짖었다.

"오! 옹기장이여, 날 죽이지 말게! 날 죽이지 말게!"

옹기장이는 울부짖는 재정관을 보고 말했다.

"주인마님, 목소리를 낮추십시오. 일은 끝났습니다."

재정관에게 태산 같은 슬픔이 몰려왔다. 재정관은 결국 이렇게 커다란 괴로움을 겪었다. 죄 없는 사람에게 해를 끼치는 사람은 결국 큰 괴로움을 겪게 돼있다.

그래서 부처님께서는 이렇게 게송을 읊으셨다.

악의가 없는 사람에게
벌을 주고
해를 끼친다면
열 가지 괴로움 가운데
한 가지를 반드시 당하리라. (137)

처절한 고통과 재산의 상실
불구, 중병, 정신병에 걸린다.
형벌, 모함, 가족의 죽음,
잦은 재산 피해를 당하거나
집이 불탄다.
그런 후에도 못된 자는
목숨이 다하면 지옥에 태어난다. (138-140)

일이 이 지경에 이르자 재정관은 고사까를 똑바로 쳐다볼 수 없었다.

'어떻게 하면 이 녀석을 죽일 수 있을까?'

그는 생각에 생각을 거듭하다가 한 가지 방법을 강구해냈다.

'이 녀석을 내가 소유하고 있는 100개의 마을을 관리하는 감독관에게 보내서 죽이라고 해야겠다.'

그는 감독관에게 편지를 썼다.

"이 녀석은 내가 주워 기른 아들이다. 이 녀석을 보낼 테니 죽여서 시궁창에 던져버려라. 일이 잘 되면 후하게 보답하겠다."

그는 고사까를 불러서 말했다.

"사랑하는 고사까야, 내가 소유하고 있는 100개의 마을을 관리하는 감독관이 있단다. 이 편지를 그에게 가져다주어라."

재정관은 고사까의 옷 가장자리에 편지를 단단히 묶어 주었다.

고사까는 글을 읽거나 쓸 줄 몰랐다. 어렸을 때부터 재정관은 그를 죽일 궁리만 했었다. 그런데 어떻게 고사까에게 글을 가르칠 생각을 했겠는가? 고사까는 자기 옷에 묶여 있는 살인청부 편지를 가지고 출발하면서 아버지에게 말했다.

"아버지, 여행용 도시락을 준비하지 못했습니다."

"여행용 도시락은 필요 없다. 가는 도중에 어느 마을에 내 부자 친구가 살고 있으니 그 집에 가서 먹고 가면 된다."

"알겠습니다."

고사까는 아버지에게 절하고 출발했다.

얼마 후 그가 마을에 도착하여 부잣집이 어디 있는지 물어 찾아갔다. 부자의 아내가 물었다.

"어디서 오는 길이냐?"

"수도에서 오는 길입니다."

"누구네 아들이냐?"

"재정관의 아들입니다, 부인."

"그러면 그대가 고사까로군."

"그렇습니다, 부인."

부인은 그를 처음 보는 순간 마음에 쏙 들었다. 부인에게는 십오륙 세쯤 되는 아름답고 매력적인 딸이 하나 있었다. 부모는 딸을 보호하려고 7층 꼭대기 방에 살도록 하고 심부름하는 시녀를 딸려주었다. 그때 마침 딸이 시녀에게 상점에 가서 물건을 사오라고 심부름을 보냈다. 어머니가 7층에서 내려오는 시녀를 보고 물었다.

"어디 가는 중이냐?"

"아가씨의 심부름을 가는 중입니다, 마님."

"심부름은 잠시 미루고 여기 잠깐 오너라. 이 청년에게 의자를 가져다주고 발을 씻긴 후 기름을 발라 주어라. 그리고 침대를 마련해 주고 나서 심부름을 가거라."

시녀는 부인이 시키는 대로 했다.

시녀가 돌아왔을 때 딸은 왜 늦었냐며 꾸짖었다.

"화내지 마세요. 제 잘못이 아니에요. 재정관의 아들 고사까라는 분이 오셨는데 그분을 편히 쉬게 해드리고 심부름을 갔어요."

'재정관의 아들 고사까'라는 이름을 듣는 순간 그녀의 가슴속 깊은 곳에서 격한 사랑의 감정이 솟구쳐 나와 온몸을 떨게 했다.

그녀는 과거생의 꼬뚜할라까(지금의 고사까)의 아내였다. 그때 그녀는 벽지불에게 한 종지의 쌀로 밥을 지어 공양을 올렸고 그 공덕으로 부잣집 딸로 태어난 것이다. 고사까라는 말만 듣고도 사랑의 감정으로 흥분한 것은 놀라운 일이 아니다. 그래서 부처님께서 이렇게 말씀하신 것이다.

전생의 인연이든 금생의 새로운 만남이든
사랑은 물속의 수련처럼 피어난다.

딸이 시녀에게 물었다.

"그는 지금 어디 있지?"

"침대에서 자고 있어요."

"손에 뭘 들고 있든?"

"옷에 편지를 달고 있어요."

'무슨 편지일까?'

그녀는 궁금해서 고사까가 자는 틈을 타 살그머니 옷에서 편지를 뜯어내어 가지고 방으로 올라갔다. 그녀는 문을 잠그고 창문을 열어 방을 환하게 밝힌 다음 편지를 읽었다.

"오! 세상에!"

그녀는 흥분해서 소리를 질렀다.

"이런 바보! 자신을 죽이라는 살인청부 편지를 옷자락에 매달고 죽음을 향해 달려가고 있다니. 내가 읽어보지 않았더라면 그는 죽은 목숨이었을 것이다."

그녀는 편지를 갈기갈기 찢어버리고 재정관의 이름으로 새로 썼다.

"이 아이는 나의 아들 고사까입니다. 그에게 100개의 마을에서 선물을 준비해 주시오. 그리고 부자 친구의 딸과 결혼시키도록 하시오. 마을 한가운데 거주할 이층집을 지어주도록 하시오. 집 주변에 담장을 높게 치고 보초를 세우고 철통같이 보호하시오. 이 일을 다 완수하고 나면 '시키신 일을 잘 완수했습니다.'라고 소식을 보내시오. 그러면 후하게 보답하겠소."

그녀는 새로 쓴 편지를 곱게 접어서 고사까의 옷에 원래대로 꿰매주었다.

한낮까지 잠을 푹 자고난 고사까는 일어나서 밥을 먹고 길을 떠났다. 그날 늦게 마을에 도착한 그는 바쁘게 일하고 있는 감독관을 만났다.

"고사까야, 여기 웬일이지?"

"아버지께서 편지를 보내셨어요."

"고사까야, 어디 한번 편지를 볼까? 편지를 내게 다오."

그는 편지를 읽고 나서 기쁨에 찬 목소리로 감탄을 연발했다.

"자 보거라. 주인어른께서 얼마나 너를 사랑하는지. 여기 '나의 장남을 위해 결혼식을 준비하라.'라고 쓰여 있구나."

그는 마을사람들에게 소리쳤다.

"집 지을 나무와 집 짓는 데 필요한 재료들을 즉시 가져오도록 하시오."

편지에 쓰인 대로 감독관은 마을 한가운데 집을 짓고, 100개의 마을에서 선물을 준비하게 했다. 그리고 부자 친구의 딸과 결혼식을 올리게 하고 나서 재정관에게 사람을 보내 말했다.

"시키신 일을 잘 완수했습니다."

재정관은 이 말을 듣고 분노에 차서 소리쳤다.

"시킨 일은 하지 않고 시키지도 않은 일을 하다니!"

마지막 계획까지 수포로 돌아간 데 대한 낙담과 자신의 친자식이 죽은 데 대한 슬픔이 겹쳐지자 재정관에게 분노의 불길이 일어나 설사병이 도졌다.

부자의 딸은 하인들에게 이렇게 지시했다.

"재정관에게서 사람이 오면 누구든지 남편에게 말하기 전에 먼저 내게 말해라."

재정관은 일이 이 지경이 됐지만, 그래도 천하게 주워 기른 자식에게는 재산을 물려줄 수 없다고 생각하고 집사에게 말했다.

"집사여, 아들을 보고 싶네. 하인을 보내서 아들을 오라고 하게."

"그렇게 하겠습니다."

집사는 편지를 써서 보냈다.

부자의 딸은 수도에서 하인이 왔다는 말을 듣고 응접실로 불러서 물었다.

"무슨 일인가?"

"재정관이 중병이 들어 아들을 보고 싶다고 합니다, 마님"

"재정관께서는 아직 힘이 남아 있으신가, 아니면 쇠약해지셨는가?"

"힘도 남아 있고 음식도 드실 수 있습니다, 마님."

그러자 그녀는 수도에서 사람이 왔다는 사실을 남편에게 알리지 않고 하인에게 방을 내주고 돈을 주면서 말했다.

"내가 보낼 때 가도록 하게. 그때까지 이 방에 머무르게."

재정관이 집사를 불러 말했다.

"아들에게 아직 말을 전달하지 않았는가?"

"주인어른, 보냈습니다. 그런데 보낸 사람이 아직 돌아오지 않고 있습니다."

"그러면 또 다른 사람을 보내도록 하게."

집사는 또 한 사람을 보냈고, 부자의 딸은 이번에도 남편에겐 비밀로 하고 먼젓번에 온 사람에게 한 것처럼 방을 내주고 머물도록 했다. 그 사이 재정관의 병세는 점점 나빠져 갔다. 재정관의 방에 요강 단지가 하나 들어가고 다른 요강 단지가 나왔다. 재정관이 또다시 집사에게 물었다.

"아직도 사람을 보내지 않았는가?"

"보냈습니다. 그런데 보낸 사람이 아직도 돌아오지 않고 있습니다, 주인어른."

"그러면 또 다른 사람을 보내도록 하게."

집사는 또 한 사람을 보냈다. 세 번째 사람이 왔을 때 부자의 딸이 물었다.

"재정관의 병세가 어떤가?"

"병이 아주 깊어졌습니다. 음식도 먹지 못하고 죽은 듯이 누워만 있습니다. 요강 단지 하나가 들어가고 또 다른 요강 단지가 나왔습니다."

갈 때가 됐다고 생각하고 그녀는 남편에게 말했다.

"당신의 아버지가 병이 들었다고 합니다."

"여보, 무슨 소리를 하는 거요?"

"단지 가벼운 병이라고 들었습니다."

"그럼 내가 어떻게 해야 하오?"

"100개의 마을에서 보내온 선물들을 가지고 당신 아버지를 만나보러 가요."

"그럽시다."

선물들을 수레에 싣고 가다가 그녀가 말했다.

"아버지의 병이 몹시 심해졌다고 합니다. 이 선물들을 모두 가지고 가려면 지체될 것이니 선물은 돌려보내고 사람만 가도록 해요."

그녀는 선물을 모두 집으로 돌려보내고 남편에게 말했다.

"저는 아버지의 베갯머리에 서 있겠어요. 당신은 아버지의 발끝에 서 계세요."

집에 도착하자 그녀는 하인들에게 지시를 내렸다.

"집 앞뒤로 보초를 세우고 철저히 경계하라."

그때 재정관은 엎드려 누워 있고, 집사는 그의 발을 주무르고 있었다. 방 안에 들어가서 재정관의 아들은 아버지의 발끝에 서고 아내는 베갯머리 쪽에 섰다. 집사가 재정관에게 말했다.

"아들이 도착했습니다."

"어디 있는가?"

"여기 당신의 발끝에 서 있습니다."

그는 아들을 보고 집사를 가까이 오게 해서 물었다.

"내 집에 재산이 얼마나 있는가?"

"금은만을 따지면 4억 냥이 있습니다. 마을과 논과 하인과 가축과 사륜마차와 짐마차 등을 전부 합하면 10억 냥이 넘습니다."

재정관의 의도는 '이 모든 재산을 고사까에게 물려주지 않겠다.'라는 것이었다. 그런데 그의 입에서 '주겠다.'라는 말이 먼저 흘러나왔다.

부자의 딸이 이 말을 듣는 순간 생각했다.

'재정관이 말을 계속한다면 다른 말이 흘러나올지도 모른다.'

그녀는 슬픔이 복받쳐 오르는 듯 눈물을 터트리며 말했다.

"아버님, 정말이세요? 아버님이 돌아가시면 너무 슬퍼요."

그녀는 재정관이 다시 말하지 못하도록 가슴에 얼굴을 묻은 채 재정관의 가슴을 두드리며 매우 슬픈 척 울어댔다. 그 순간 재정관은 숨을 거두었다.

그들은 우데나 왕에게 재정관의 죽음을 알렸고 왕은 장례식을 치르게 하고 신하에게 물었다.

"그에게 아들이나 딸이 있소?"

"폐하, 그에게 고사까라는 아들이 있습니다. 아들은 재정관이 죽기 전에 모든 재산을 상속받았다고 합니다."

얼마 후 왕은 재정관의 아들을 궁으로 불러들였다. 그날은 비가 많이 와서 궁전 정원 여기저기에 물웅덩이가 생겨나 있었다. 재정관의 아들이 왕을 알현하려고 왕궁으로 향했다. 마침 왕은 창문을 열고 밖을 내다보고 있었다. 왕은 고사까가 여기저기 움푹 팬 물웅덩이를 펄쩍 건너뛰며 가로질러 오는 것을 바라보았다. 그가 도착해서 왕에게 예를 올리고 일어서자 왕이 물었다.

"그대가 고사까인가?"

"그렇습니다, 폐하."

"아버지가 돌아가셨다고 너무 슬퍼마시오. 짐이 그대를 아버지의 재정관 자리에 임명하겠소."

"폐하의 은혜에 감사드립니다."

"그럼 가보도록 하시오."

왕은 창가에 서서 그가 궁전을 떠나가는 것을 바라보았다.

고사까는 올 때는 물웅덩이를 건너뛰어 오더니 갈 때는 뛰어넘지 않고 발이 물에 젖는데도 불구하고 그냥 걸어갔다. 왕은 시종을 보내 그를 다시 돌아오게 했다.

"고사까여, 올 때는 물웅덩이를 뛰어넘어 오더니 갈 때는 물에 젖는데도 그냥 지나간 이유가 무엇이오?"

"폐하, 제가 소년이었을 때는 놀기를 좋아했습니다. 하지만, 이제 폐하께서 저를 고위 관직에 임명하겠다고 약속하셨는데 어찌 철부지 소년처럼 행동하겠습니까? 이제 지위에 걸맞게 겸손하고 위엄 있고 품위 있게 행동해야 하지 않겠습니까?"

이 말을 듣고 왕은 생각했다.

'이 사람은 현명한 자다. 지금 즉시 재정관 자리에 임명해야겠다.'

왕은 그를 재정관 자리에 임명하고 그 지위에 걸맞은 대우를 해주고 과거에 그의 아버지가 누렸던 영광을 누리게 해주었다. 고사까는 화려한 사륜마차를 타고 성을 한 바퀴 돌았다. 그의 권세와 영광이 온 도시를 흔들리게 했다.

부자의 딸은 남편의 보모였던 깔리와 함께 앉아 이야기를 나누고 있었다.

"보모, 남편이 이 모든 영광을 얻게 된 것은 순전히 나 때문이에요."

"어째서 그렇습니까, 마님?"

"왜냐고요? 남편은 자기 옷에 꿰매져 있는 편지가 자기를 죽이라는 살인청부인지도 모르고 우리 집에 왔어요. 내가 그 편지를 찢어버리고 새로 써서 나와 결혼식을 올리게 했어요. 그렇게 목숨을 구해주고 유산을 상속받게 해주었지요."

"마님, 마님이 알고 있는 것이 전부가 아닙니다. 사실 마님의 남편이 갓난아기였을 때부터 재정관은 끊임없이 그를 죽이려고 했어요. 그를 죽이려던 모든 시도가 결국 실패로 돌아갔지만, 그 때문에 많은 돈이 낭비됐지요."

"깔리! 재정관은 정말 끔찍하고 혐오스러운 범죄를 저질렀군요!"

마차를 타고 성을 순방하고 나서 고사까는 집으로 돌아왔다.

'그가 얻은 이 모든 영광은 순전히 나 때문이다.'

아내는 집에 들어오는 남편을 보고 이렇게 생각하며 웃었다. 고사까는 그녀의 웃음을 보고 의아해하며 물었다.

"왜 웃는 거요?"

"웃을 이유가 있지요."

"그 이유를 말해줄 수 없소?"

그녀는 말해줄 수 없다고 거절했다. 그는 검을 빼들고 위협하는 흉내를 내며 말했다.

"말해주지 않는다면 당신을 두 동강 내어버리겠소."

"당신이 얻은 이 모든 영광은 순전히 나 때문이라는 생각에 웃는 거예요."

"그것은 모두 아버지에게서 물려받은 것인데 어째서 그런 말을 하는 거요?"

고사까는 이제까지 자기를 죽이려던 살인 음모를 전혀 모르고 있었다. 그래서 아내가 무슨 말을 하는지 이해하지 못했다. 아내는 그간의 일을 자세히 설명해 주었다.

"당신 말은 사실이 아니야."

고사까는 믿을 수 없다는 표정을 지으며 보모 깔리를 돌아보며 물었다.

"깔리, 그녀가 한 말이 사실이오?"

"사실입니다. 갓난아기였을 때부터 양아버지는 끊임없이 도련님을 죽이려고 했지요. 모든 시도가 실패로 돌아가고 많은 돈이 낭비됐어요. 도련님은 일곱 번이나 죽음의 문턱에서 가까스로 살아났답니다. 마을에서 돌아와서야 재정관의 자리에 오르신 것입니다."[205]

고사까가 이 말을 듣고 깊이 생각했다.

'생각 없이 사는 삶이 얼마나 위험한가! 끔찍한 죽음에서 벗어났으니 이제부터는 깨어 있는 삶을 살아가야겠다.'

그는 친구를 보시 책임자로 임명하고 매일 천 냥 어치의 음식을 가난하고 의지할 데 없는 사람들에게 보시했다.

---

205) 청정도론(Vis12.41)에서는 고사까 장자가 죽음의 문턱에서 일곱 번이나 살아난 것을 '공덕을 가진 자의 신통'의 예로 들고 있다.

3. 사마와띠의 젊은 시절

이때 밧다와띠 성에 밧다와띠야라는 장자가 살고 있었다. 그는 고사까 재정관을 본 적은 없지만 고사까의 친구였다. 고사까 재정관은 밧다와띠 성에서 온 상인에게서 밧다와띠야 장자의 부와 나이에 대해 전해 듣고 친구가 되고 싶어 선물을 보냈다. 마찬가지로 밧다와띠야 장자도 꼬삼비에서 온 상인에게서 고사까 재정관의 부와 나이에 대해서 듣고 친구가 되고 싶어 선물을 보냈다. 이렇게 해서 둘은 서로 상대를 본 적은 없지만 친구로 지내게 됐다.

얼마 후 밧다와띠야 장자의 집에 역병이 들었다. 역병이 퍼지면 처음에는 파리들이 죽고, 다음에는 벌레, 생쥐, 닭, 돼지, 소, 남녀 하인들이 차례로 죽고 마침내는 주인들까지 죽어나간다. 담장을 넘어 도망친 사람만이 목숨을 건진다. 그래서 그때 밧다와띠야 장자와 아내는 딸을 데리고 집을 뛰쳐나와 고사까 재정관에게 가서 잠시 의탁해 볼까 하고 꼬삼비로 출발했다. 그들은 여행을 시작한 지 얼마 되지 않아 가져간 음식이 바닥났다. 더군다나 뜨거운 태양과 휘몰아치는 비바람에 시달리고 배고픔과 목마름으로 온몸의 기운이 바닥나고 말았다. 가까스로 꼬삼비에 도착한 그들은 맑은 연못에서 목욕하고 성문 가까이에 있는 여행자 숙소에 들어갔다.

장자가 아내에게 말했다.

"여보, 이렇게 초라한 모습으로 가면 자식을 보는 어머니도 좋아하지 않는다오. 사람들이 그러는데 여기 내 친구가 여행자와 가난하고 불쌍한 사람들에게 하루에 천 냥 어치의 음식을 보시한다고 하오. 우리 여기에서 이삼일 머물면서 딸을 그곳에 보내 음식을 가져오게 합시다. 음식을 먹고 기운을 차려 혈색이 돌아오면 그때 친구를 만나도록 합시다."

"여보, 그렇게 해요."

그들은 여행자 숙소에 임시로 머물기로 했다.

다음 날 식사 시간이 되자 여행자들과 가난하고 불쌍한 사람들이 음식을 타러 나갔다. 부모는 딸을 보내며 말했다.

"애야, 가서 음식을 타 오너라."

그녀는 좋은 가문의 부잣집 딸로서 자존심이 상했지만, 부끄러움을 무릅쓰고 동냥 그릇을 들고 가난한 사람들과 함께 앞으로 갔다.

"몇 사람 몫이 필요한가?"

"세 사람 몫입니다."

그들은 세 사람 몫의 음식을 주었다. 그녀는 음식을 가지고 와서 부모에게 드렸다. 세 식구가 음식을 놓고 앉았을 때 두 모녀는 장자에게 말했다.

"고귀한 가문에도 불행은 다가오는 법입니다. 우리는 상관치 말고 많이 드세요. 우리는 걱정하지 마세요."

모녀가 음식을 많이 드시라고 권하자 장자는 얼마나 배가 고팠던지 한꺼번에 너무 많이 먹었다. 그는 먹은 음식을 소화시키지 못해 밤새 끙끙 앓다가 태양이 솟아오를 때 죽어버렸다. 모녀는 슬픔을 가누지 못하고 울부짖으며 그의 죽음을 애통해 했다.

다음 날 젊은 소녀는 두 번째로 음식을 타러 갔다.

"몇 사람 몫이 필요한가?"

"두 사람입니다."

그녀는 음식을 가져와서 어머니에게 드리며 많이 드시라고 권했다. 어머니도 그녀가 권하는 대로 음식을 먹고 탈이 나서 바로 그날 죽어버렸다. 혼자 남은 소녀는 눈물을 흘리며 자기에게 닥친 불행을 한탄했다. 다음 날 그녀는 심하게 배가 고파 눈물을 흘리며 거지들과 함께 음식을 타러 갔다.

"몇 사람의 몫이 필요한가?"

"한 사람입니다."

음식을 나눠 주는 책임자는 밋따라는 사람이었다. 소녀가 3일째 음식을 받아가고 있는 것을 잘 아는 그는 소녀에게 소리쳤다.

"썩 꺼져라! 이 천한 여자야! 오늘에서야 네 위장의 크기를 알았단 말이냐?"

부끄러움과 두려움이 가득한 귀족 가문의 딸은 가슴에 칼을 맞은 것처럼, 상처에 소금을 뿌린 것처럼 가슴이 아파 눈물을 흘리며 물었다.

"선생님, 그게 무슨 말이에요?"

"그제는 세 사람 몫을 가져가고 어제는 두 사람 몫을 가져가더니 오늘은 한 사람 몫을 가져가는 것을 보니, 이제야 네 뱃속의 양이 얼마인지 알게 된 모양이구나."

"선생님, 그게 나 혼자 몫으로 가져갔다고 생각하세요?"

"그럼 그렇게 많이 가져간 이유가 무엇이지?"

"선생님, 그제는 세 사람이었고, 어제는 두 사람이었고, 오늘은 나 혼자 남았어요."

"어떻게 그런 계산이 나온단 말이냐?"

그녀는 처음부터 끝까지 일어난 일을 모두 이야기했다. 그녀의 이야기를 듣고 밋따는 눈물을 참지 못하고 울며 말했다.

"귀여운 소녀야, 걱정하지 마라. 이제까지는 밧다와띠야 장자의 딸이었지만, 오늘부터 넌 내 딸이다."

그는 그녀의 이마에 키스하고 집으로 데려가 양녀로 삼았다.

어느 날 그녀는 음식을 나눠 주는 식당에서 시끄럽게 다투는 소리와 날카로운 고함소리가 나는 것을 듣고 아버지에게 말했다.

"아버지, 음식을 나눠 줄 때 사람들에게 조용히 하라고 말하지 않나요?"

"이 사람들은 통제할 수 없단다."

"그건 간단한 문제예요."

"어떻게 그게 간단한 문제지?"

"식당에 울타리를 치고 들어오는 문과 나가는 문을 다는 거예요. 그렇게 하면 사람들이 평화롭고 조용하게 음식을 타 갈 거예요."

아버지는 그녀가 하는 말을 듣고 무릎을 탁 쳤다.

"옳거니, 그거 아주 좋은 생각이다."

그는 그녀가 제안한 대로 시행했다. 그때까지 그녀의 이름은 사마(sāmā, 주근깨가 많은 여인)였지만 울타리(vati)를 치고 나서는 사마와띠(Sāmā-vati)라고 불렀다. 그 이후로 식당에서 떠들썩한 소동이 일어나지 않았다.

고사까 재정관은 식당에서 들려오는 소음에 익숙해져 있었다. 오히려 그 소리를 즐기고 있는 편이었다. 그 소리가 들리면 항상 '저 소리는 내 식당에서 나는 소리야.'라는 생각이 들었기 때문이다. 그런데 이삼 일 동안 식당에서 아무 소리도 들리지 않는 것이었다. 이상하게 여기던 차에 음식을 나눠 주는 책임자인 밋따가 보고하러 오자 물었다.

"가난하고 불행한 사람들에게 음식을 나눠 주고 있소?"

"그렇습니다."

"그런데 이삼 일 동안 소리가 전혀 들리지 않으니 어찌된 일이오?"

"사람들이 음식을 받으면서 떠들지 않도록 조치를 취했습니다."

"그럼 전에는 어째서 그렇게 하지 않았소?"

"전에는 그런 방법을 몰랐습니다."

"그럼 어떻게 그런 방법을 알았소?"

"제 딸이 방법을 일러주었습니다."

"내가 한 번도 본 적이 없는 딸이 또 있단 말이오?"

밋따는 전염병이 발생할 때부터 소녀를 장녀로 입양할 때까지 밧다와띠야 장자의 가족에게 일어난 불행을 전부 설명했다.

"그런 일이 있었으면 왜 내게 진즉 말하지 않았소? 내 친구의 딸은 곧 내 딸이오."

그는 사람을 보내 그녀를 데려오게 해서 물었다.

"소녀야, 네가 밧다와띠야 장자의 딸이냐?"

"그렇습니다, 어르신."

"아무 걱정하지 마라. 이제부터 넌 내 딸이다."

그는 그녀의 이마에 키스하고 장녀로 삼았다. 그리고 500명의 시녀로 하여금 시중들게 했다.

어느 날 꼬삼비에 축제가 시작됐다. 평소에는 외출을 하지 않던 귀족 집안의 딸들도 축제 때는 시녀들을 데리고 강으로 목욕하러 가곤 했다. 그날 사마와띠도 500명의 시녀를 데리고 궁전 뜰을 지나 강으로 목욕을 하러 가는 중이었다. 우데나 왕은 창가에 서 있다가 그녀가 지나가는 것을 보고 시종들에게 물었다.

"저들은 누구의 무희들인가?"

"폐하, 저들은 무희들이 아닙니다."

"그러면 누구의 딸인가?"

"폐하, 재정관 고사까의 딸 사마와띠입니다."

왕은 그녀를 보는 순간 사랑에 빠졌다. 그는 사람을 보내 고사까 재정관에게 말했다.

"당신의 딸을 내게 보내시오."

재정관이 답장을 보냈다.

"보낼 수 없습니다."

"그렇게 고집 부리지 말고 보내도록 하시오."

"폐하, 제가 딸을 폐하에게 보낸다면 사람들이 출세를 위해 그녀를 이용한다고 할 것입니다. 그래서 보낼 수 없습니다."

재정관의 답장을 듣고 분노한 왕은 군대를 보내 재정관 부부를 집밖으로 쫓아내고 집을 폐쇄시켰다.

사마와띠가 목욕을 마치고 돌아오다가 군인들이 길을 막고 있는 것을 보고 물었다.

"아버지, 무슨 일이에요?"

"딸아, 왕이 너를 보내라고 했단다. 그럴 수 없다고 하자 우리를 집밖으로 내쫓고 집을 폐쇄시켰단다."

"왕이 명령을 내리면 '줄 수 없습니다.'라고 말해서는 안 되고, 오히려 딸과 시녀를 데리고 가시겠다면 '기꺼이 드리겠습니다.'라고 말해야 합니다."

"딸아, 너를 사랑하니까 그리 한 거란다."

재정관은 사람을 보내 왕의 뜻대로 하겠다고 전했다.

왕은 사마와띠와 시녀들을 왕궁으로 데려가서 그녀와 결혼식을 올리고 첫째 왕비 자리에 앉혔다. 그녀의 시녀들은 모두 궁녀가 됐다.

4. 와술라닷따를 얻은 우데나 왕

우데나 왕의 또 다른 왕비는 웃제니의 짠다빳조따 왕의 딸 와술라닷따였다. 어느 날 짠다빳조따는 놀이동산에서 돌아올 때 자신의 부귀와 영광을 둘러보고 신하들에게 물었다.

"나와 같은 부귀와 영광을 갖추고 있는 자가 또 있소?"

"화려한 영광으로 말하자면 꼬삼비의 우데나 왕이 훨씬 더 뛰어납니다."

"그래? 그럼 그 녀석을 붙잡아오도록 합시다."

"그를 붙잡기는 불가능합니다."

"묘책을 강구하면 충분히 붙잡을 수 있을 것이오."

"폐하, 그래도 불가능합니다."

"왜 그렇소?"

"그는 코끼리를 부리는 재주가 있다고 합니다. 주문을 외우고 삼현금을 연주해서 코끼리를 쫓기도 하고 사로잡기도 하면서 마음대로 코끼리를 부린다고 합니다. 그처럼 많은 코끼리를 가진 사람도 없을 것입니다."

"그렇다면 그를 붙잡기란 불가능하겠구려."

"그를 꼭 잡고 싶으시다면 한 가지 묘책이 있습니다. 나무코끼리를 만들어 그를 유혹할 수 있는 장소에 놓고 아주 훌륭한 코끼리가 있다고 소문을 내는 겁니다. 그가 코끼리를 잡으려고 쫓아오면 멀리 달아나며 유인하는 겁니다. 그리고 그가 부하들과 떨어져 외톨이가 되기를 기다렸다가 사로잡는 것입니다."

"훌륭한 계책이오!"

왕은 무릎을 치며 탄성을 질렀다.

왕은 나무로 움직일 수 있는 코끼리를 만들어 긴 천을 둘둘 감은 후 실물과 거의 비슷하게 색을 칠했다. 그리고는 코끼리를 국경 가까이에 있는 호숫가에 가져다 놓았다. 코끼리 뱃속에는 많은 사람이 숨어서 가끔 코끼리 똥을 삽으로 퍼 밖으로 내던졌다. 어떤 꼬삼비 나무꾼이 그 코끼리를 보았다.

"우리의 왕이 바라던 바로 그런 코끼리이다."

그는 왕에게 달려가 아뢰었다.

"폐하, 제가 아주 훌륭한 코끼리를 보았습니다. 만년설로 둘러싸인 히말라야 산꼭대기처럼 흰 코끼리입니다. 폐하께서 아주 좋아하시는 그런 코끼리입니다."

우데나 왕은 즉시 코끼리에 올라탄 후 나무꾼을 길잡이 삼아 출발했다. 무장한 부하들이 뒤를 따랐다. 웃제니의 첩보원들은 우데나 왕이 오고 있다는 것을 즉시 짠다빳조따 왕에게 알렸다.

짠다빳조따 왕은 즉시 우데나 왕이 다가오는 길을 터놓고 양 산기슭에 군대를 매복시켰다. 우데나 왕은 적들이 숨어있는 것도 알아차리지 못하고 계속 코끼리를 추적해 왔다. 그는 주문을 외우고 삼현금을 튕겼지만, 이 코끼리에게는 통하지 않았다. 나무 코끼리의 뱃속에 숨어있는 사람들은 이 코끼리를 몰고 매우 빠른 속도로 달아났다. 우데나 왕은 코끼리를 따라잡을 수 없자 말로 갈아타고 쫓아갔다. 말에 박차를 가하고 전속력으로 달리다보니 우데나 왕은 어느덧 자신의 군대와 점점 멀어져 혼자가 됐다. 그때 양쪽 산기슭에 은신하고 있던 짠다빳조따 왕의 군인들이 쉽게 우데나 왕을 잡아서 짠다빳조따에게 데리고 갔다. 우데나 왕의 군대는 우데나가 적군의 손에 잡힌 것을 알고 웃제니 외곽에 진지를 구축하고 계속 머물렀다.

우데나 왕을 생포한 짠다빳조따 왕은 그를 감옥에 가두고 사흘간 축제를 벌이며 적국의 왕을 사로잡은 기쁨을 즐겼다. 사흘째 되는 날 우데나 왕은 간수에게 물었다.

"친구여, 자네의 왕은 어디에 있는가?"

"적국의 왕을 생포한 기쁨에 잔치를 열고 술을 마시고 계십니다."

"그대의 왕은 왜 그렇게 여자처럼 행동하는가? 적국의 왕을 사로잡았으면 놓아주거나 아니면 죽이거나 해야지. 기껏 한다는 것이 굴욕이나 주면서 술이나 마시고 있단 말인가?"

간수가 왕에게 가서 이 말을 전했다. 왕이 감옥에 와서 물었다.

"그대가 그런 말을 했다는 것이 사실이오?"

"그렇소."

"좋소. 내가 풀어주겠소. 대신 한 가지 조건이 있소. 그대가 코끼리 부리는 주문을 알고 있다고 그러던데 내게 가르쳐 줄 수 있겠소?"

"가르쳐 줄 수 있지만 내게도 조건이 있소. 스승에 대한 예의로 내게 삼배를 올리시오."

"웃기는 소리로군. 난 절대로 절을 할 수 없소."

"그럼 나도 절대로 가르쳐 줄 수 없소."

"그렇다면 그대를 처형하겠소."

"당신 마음대로 하시오. 그렇다고 내 몸을 죽일 수 있을지언정 내 영혼을 지배할 수는 없을 것이오."

우데나 왕의 도전적인 말에 웃제니의 왕은 머리를 굴리기 시작했다.

'어떻게 하면 주문을 알아낼 수 있을까? 옳거니! 먼저 내 딸에게 주문을 배우게 한 후 다시 딸한테 배우면 되겠다. 이렇게 주문 배우는 것을 아무도 모르게 해야 해!'

그는 우데나 왕에게 말했다.

"내가 아닌 다른 사람이 절을 한다면 그 사람에게 주문을 가르쳐 줄 수 있겠소?"

"그렇게 할 수 있소."

"꼽추 여인이 있는데 방 한가운데 커튼을 치고 서로 얼굴을 보지 않고 주문을 가르치면 되오."

"꼽추든 절름발이든 내게 삼배를 올린다면 주문을 가르쳐주겠소."

왕은 딸 와술라닷따에게 가서 말했다.

"사랑하는 나의 딸아, 어떤 문둥이가 있는데 그가 코끼리 다루는 주문을 알고 있단다. 그에게 주문을 배워 와야 한다. 너는 커튼 뒤에 앉아 있다가 그가 커튼 밖에서 주문을 반복하면 잘 기억했다가 내게 다시 가르쳐다오. 다른 사람이 주문을 배우게 해선 안 되기 때문에 네게 특별히 부탁하는 거란다."

혹시 서로 사랑하게 될까 봐 염려한 짠다빳조따는 딸은 꼽추라고 하고 우데나를 문둥이로 속였던 것이다. 이렇게 해서 커튼을 사이에 두고 우데나는 와술라닷따에게 주문을 반복해서 가르치게 됐다.

우데나 왕은 주문을 반복해서 와술라닷따에게 가르쳤지만 그녀는 제대로 따라하지 못했다. 우데나는 화가 나서 소리쳤다.

"이 저능아 꼽추야! 입술은 두텁고 볼은 축 늘어진 바보야! 내가 볼 수만 있다면 콱 쥐어박고 싶다!"

와술라닷따가 이 말을 듣고 화가 나서 쏘아붙였다.

"이 천한 문둥이야! 그게 무슨 말이야? 네가 감히 나를 꼽추라고 부르는 게냐?"

우데나는 화를 참지 못하고 커튼을 들어올렸다. 그런데 거기에는 꼽추가 아닌 아름다운 여인이 앉아 있는 것이 아닌가.

"넌 누구냐?"

"난 이 나라 왕의 딸 와술라닷따다."

"그대 아버지가 당신을 꼽추라고 하던데……."

"아버지께서 당신을 문둥이라고 말씀하시던데……."

두 사람이 동시에 외쳤다.

"우리가 사랑하게 될까 봐 두려워 그렇게 속였구나!"

그들은 커튼 안에서 사랑을 나누었다. 그때부터 주문을 가르치거나 배우는 수업은 사라졌다. 그 사이에 무슨 일이 일어났는지 모르는 왕은 주기적으로 딸에게 물었다.

"딸아, 주문을 잘 배우고 있느냐?"

"예, 아버지. 잘 배우고 있어요."

어느 날 우데나 왕이 와술라닷따에게 말했다.

"사랑하는 이여, 남편이 돌보고 베푸는 부귀와 영광은 당신 아버지도 어머니도 형제도 자매도 할 수 없는 것이라오. 당신이 내 목숨을 구해준다면 그대에게 500명의 시녀를 붙여주고 왕비로 삼겠소."

"약속을 틀림없이 지키신다면 목숨을 구해드리겠어요."

"틀림없이 지키겠소."

"좋아요."

그녀는 아버지에게 가서 인사하고 공손하게 한 곁에 섰다.

"딸아, 네 임무를 완수했느냐?"

"아직 완수하지 못했어요, 아버지."

"그럼 뭐 필요한 게 있느냐?"

"아버지, 마음대로 드나들 수 있는 문과 타고 갈 수 있는 코끼리나 말 한 마리가 필요해요."

"그게 왜 필요하냐?"

"아버지, 스승님이 말씀하시기를 주문을 부리려면 어떤 약초가 필요하답니다. 그 약초는 밤에 별빛이 비출 때 나타나는데 어떤 때는 늦게 나서야 하고 어떤 때는 일찍 나서야 하기 때문에 우리 마음대로 사용할 수 있는 출입문과 탈 것이 필요해요."

"좋다."

왕이 동의했다.

그들은 언제든지 드나들 수 있는 문을 약속받고 기뻐했다.

웃제니의 왕은 다섯 가지 운송수단을 갖추고 있었다. 첫째가 밧다왓띠라고 불리는 암코끼리로 하루에 50요자나를 갈 수 있었다. 둘째는 까까라고 불리는 노예로 하루에 60요자나를 달릴 수 있었다. 서너 번째는 쩰라깐티와 문자께시라는 두 암탕나귀로 하루에 100요자나를 갈 수 있었다. 다섯 번째는 날라기리라고 불리는 코끼리로 하루에 120요자나를 갈 수 있었다.

짠다빳조따의 과거생: 다섯 가지 운송수단을 얻게 된 인연

현생에 부처님께서 세상에 출현하시기 전에 왕은 지방 현령의 하인이었다. 어느 날 현령이 성문 밖에서 목욕을 하고 돌아오고 있었다. 그때 한 벽지불께서 탁발을 나왔다가 마라가 온 성안 사람들에게 농간을 부려 음식을 얻지 못한 채 텅 빈 발우를 들고 나오고 있었다. 벽지불이 성문에 다다르자 마라가 변장하고 다가와서 물었다.

"존자님, 탁발하셨습니까?"

"네가 탁발을 할 수 없게 만들지 않았느냐?"

"좋습니다. 그럼 다시 되돌아가 보십시오. 이번에는 제가 음식을 얻을 수 있게 해드리겠습니다."

"난 다시 들어가지 않겠다."

벽지불이 성으로 들어가지 않고 돌아가자 마라도 그 자리에서 사라졌다. 만약 벽지불이 다시 성으로 들어가면 마라는 또다시 주민들의 마음을 홀려서 무례하게 손뼉을 치고 웃고 춤추게 할 것이다. 그래서 벽지불은 성으로 다시 들어가지 않았다.

이때 그 성을 다스리는 현령이 벽지불이 텅 빈 발우를 들고 성에서 나오는 것을 보고 물었다.

"존자님, 탁발을 좀 하셨습니까?"

"형제여, 한 바퀴 돌고 나오는 중입니다."

현령은 생각했다.

'존자님이 질문에는 대답하지 않고 다른 말을 하는 것을 보니 탁발하지 못한 것이 틀림없다.'

현령은 텅 빈 발우를 보았다. 하지만, 그는 집에 음식이 준비됐는지 어떤지 알 수 없어 감히 발우를 받아들고 집으로 모셔가지 못했다.

"잠깐만 여기서 기다리십시오."

그는 부리나케 집으로 달려가 아내에게 물었다.

"식사가 준비되어 있소?"

그는 음식이 준비되어 있다는 말을 듣고 하인에게 지시했다.

"자네보다 더 빠른 사람이 없네. 자네는 지금 최대한 빨리 달려가서 존자님께 달려가서 발우를 받아오게나."

하인은 즉시 달려가 발우를 받아왔다. 현령은 그 발우에 자기가 먹을 음식을 가득 채우고 하인에게 말했다.

"최대한 빨리 달려가서 발우를 존자님께 드리도록 하게나. 오늘 지은 이 공덕은 모두 자네에게 넘기겠네."

하인은 재빠르게 달려가서 벽지불께 발우를 드리고 오체투지로 절을 올리고 나서 말했다.

"존자님, 공양시간이 거의 다 되어 제가 최대한 빠르게 달려왔습니다. 이 공덕으로 하루에 50, 60, 100, 120요자나를 갈 수 있는 다섯 가지 운송수단을 얻기를 기원합니다. 제가 올 때 뜨거운 햇빛 때문에 땀을 많이 흘린 공덕으로 미래에 태양 같은 권세를 누리기를 기원합니다. 제 주인께서 공양 공덕을 제게 넘기셨습니다. 이 공덕으로 존자님께서 얻으신 도과를 저도 얻기를 기원합니다."

"그렇게 되기를!"

벽지불께서 이렇게 공양 축원을 해 주셨다.

그대가 바라고 원하는 모든 일이 속히 이루어지기를!
보름달이 가득 차듯이 모든 바람이 가득 차기를!
그대가 바라고 원하는 모든 일들이 속히 이루어지기를!
소원을 빌면 이루어지는 마니보주처럼 그대의 소원이 이루어지기를!

이 게송은 벽지불들이 항상 하는 축원 게송이라고 한다. 이 게송에서 '마니보주'는 원하는 모든 것을 이루어지게 하는 보석을 말한다. 그때의 하인이 왕의 전생이며 지금의 짠다빳조따다. 그는 이 공덕의 결과로 다섯 가지 운송수단을 얻게 된 것이다.(과거생 이야기 끝)

어느 날 왕은 신하들과 함께 동산으로 놀러갔다.

'지금이 도망칠 시간이다.'

우데나 왕은 일곱 개의 자루에 금은 동전을 가득 채워 암코끼리에 싣고 와술라닷따를 태우고 도망쳤다. 이걸 본 후궁의 호위병들이 즉시 왕에게 달려가 보고했다. 왕은 추격대를 보내며 말했다.

"즉시 뒤쫓아 가서 붙잡아라."

우데나 왕은 추격대가 쫓아오는 것을 보고 금전 자루를 열고 길 위에 금전을 뿌렸다. 추격대는 잠시 추격을 멈추고 금전을 줍더니 다시 쫓아왔다. 이번에는 은전 자루를 열고 길 위에 은전을 뿌렸다. 추격대가 돈에 대한 탐욕 때문에 추격이 늦춰지는 동안 그는 성의 외곽에 진을 치고 있는 자신의 부하들에게 달려갔다. 부하들은 왕을 보고 달려와 호위하고 꼬삼비로 돌아갔다. 그는 꼬삼비에 도착하여 와술라닷따와 결혼식을 올리고 그녀를 둘째 왕비로 삼았다.

5. 마간디야를 거절한 부처님

우데나 왕의 왕비 자리에 오른 또 다른 여인은 마간디야였다. 그녀는 꾸루에 살았던 바라문 마간디야의 딸이었다. 어머니 이름도 마간디야였고 삼촌의 이름도 마간디야였다. 그녀는 천녀처럼 아름다워서 그녀의 아버지는 딸과 어울릴 만한 남편감을 구할 수 없었다. 대부분의 상류층 자제들이 그녀에게 청혼했지만 아버지는 '넌 내 딸과 결혼할 자격이 없어.'라고 하면서 거절했다.

어느 날 부처님께서 이른 새벽에 세상을 살펴보시다가 바라문 마간디야와 아내가 아나함을 성취할 인연이 무르익은 것을 아셨다. 그래서 가사와 발우를 들고 마간디야가 불을 섬기고 있는 곳으로 가셨다. 바라문은 이 세상에서 가장 완벽한 모습을 하고 있는 부처님을 보고 생각했다.

'세상에 이 사람과 견줄 만한 사람은 없다. 내 딸을 이 사람에게 줘야겠다.'

그는 부처님에게 말했다.

"사문이여, 제게 딸이 하나 있습니다. 그런데 내 딸과 결혼시킬 만한 남자를 여태 보지 못했습니다. 당신은 내 딸과 어울리고 내 딸은 당신에게 어울립니다. 당신은 가사를 돌볼 아내가 필요하고 내 딸은 의지할 남편이 필요합니다. 내 딸을 당신에게 주겠습니다. 딸을 데리고 돌아올 때까지 여기 잠깐 기다리시오."

부처님께서는 아무 말도 하지 않으시고 가만히 계셨다.

바라문은 부리나케 집으로 달려가 아내에게 말했다.

"여보! 여보! 드디어 우리 딸의 남편감을 찾았소. 빨리 서둘러요! 딸을 화장시키고 예쁜 옷을 입히고 몸단장을 해 주시오."

바라문은 딸에게 예쁜 옷을 입히고 딸과 아내를 데리고 부처님께 갔다. 온 성안 사람들이 이 소문을 듣고 술렁거렸다.

"이제까지는 자기 딸과 어울리지 않는다고 모든 구혼자를 퇴짜 놓더니, 오늘은 딸에게 어울리는 남편감을 찾았다고 말한다. 도대체 그가 얼마나 훌륭한 모습을 지녔기에 그러는지 우리도 따라가 보자."

바라문은 딸을 데리고 출발했다. 부처님께서는 바라문이 기다리라고 한 곳에 있지 않고 그곳에 발자국만 남기고서 다른 곳으로 가서 서 계셨다.

부처님의 발자국은 당신이 발자국이 남기를 서원하고 밟은 곳에서만 나타나고 다른 곳에서는 나타나지 않는다. 만약 어느 한 사람만 보기를 서원하면 그 사람만 볼 수 있다. 그 사람이 보기 전까지 코끼리와 다른 동물들이 밟거나, 큰 비가 오거나, 태풍이 몰아쳐도 발자국은 훼손되지 않는다.

아내가 바라문에게 말했다.

"그 사람은 어디 있어요?"

"내가 여기 있으라고 했는데 대체 어딜 갔지?"

그는 주위를 둘러보다가 발자국을 발견하고 말했다.

"여기 그 사람 발자국이 있소."

바라문의 아내는 옛날부터 전해 내려오는 위대한 사람의 특징을 말하는 베다의 구절을 포함해서 삼베다[206]에 능통했다. 그녀는 구절을 암송하면서 발자국에 새겨져 있는 문양을 조심스럽게 살피고 나서 말했다.

---

206) 삼베다(tevijja) : 기원전 1500년께 아리아인들이 인도를 침략해 지배 계급을 형성하면서 바라문교를 탄생시켰다. 그들은 신들에게 불을 피우고 제물을 올리고 신들을 찬미하는 찬가를 부르고 신들의 은혜에 감사드리고 무병장수, 가축의 번식, 자손의 번창, 전쟁에서의 승리를 기원했다. 이들은 점차 제사만능주의로 흘러갔으며 기원전 1000년~800년께는 리그베다, 사마베다, 야주르베다를 편찬했다. 리그베다Rigveda는 신들을 찬미하는 1,017수의 찬가 모음집이고 사마베다Samaveda는 리그베다 가운데 운율이 있는 찬가들을 모아 곡을 붙여 노래한 노래모음집이다. 야주르베다Yajurveda는 제사의식을 집행할 때 제식의 작법, 공물을 바치는 방법, 공물을 만드는 방법과 기도 문구를 모은 것이다.

"여보, 이 사람은 오욕락207)을 추구하는 사람이 아니에요."
그녀는 이렇게 말하면서 노래를 불렀다.

탐욕이 강한 자의 발자국은 발바닥 안쪽이 보이지 않고요.
분노가 많은 자의 발자국은 거칠게 찍히고요.
어리석은 자의 발자국은 질질 끌지요.
여기 이 발자국은 번뇌의 장막을 걷어버린 사람의 것이에요.

"당신은 항상 물그릇에서 악어를 본다 하고 집안에 도둑이 숨어 있다는 식으로 말하는구려. 이제 그런 터무니없는 말은 그만 두시구려."
"당신 좋으실 대로 말씀하세요. 그렇지만 이 발자국은 오욕락을 추구하는 사람의 것이 아님이 분명해요."

그때 바라문은 주위를 둘러보다가 부처님을 발견했다.
"이 사람 여기 있었군!"
바라문은 부처님께 가서 말했다.
"사문이여, 내 딸을 줄 테니 데리고 가지 않겠소?"
부처님께서는 '나는 당신 딸이 필요하오. 아니면 당신 딸이 필요 없소.'라고도 말하지 않았다.
"당신에게 한 가지 이야기를 들려주겠소."
"사문이여, 이야기 하시오."

부처님께서는 출가한 그날부터 염소치기 반얀나무 아래에 앉아 깨달음을 얻을 때까지 마라가 허점을 찾으려고 얼마나 집요하게 쫓아다녔는지 설명하셨다. 그리고 또 부처님께서 염소치기 반얀나무 아래에서 깨달음을 얻었을 때, 마라가 '이 사람은 자신의 지배력을 벗어나버렸다.'라고 생각하면서 얼마나 원통해하고 비탄에 잠겼는지도 설명하셨다. 또한 마라의 세 딸

---

207) 오욕락五慾樂: 색욕, 재물욕, 명예욕, 식욕, 수면욕.

들이 아버지의 슬픔을 달래기 위해 소녀의 모습과 중년의 요염한 모습을 하고 와서 당신을 타락시키기 위해 얼마나 애썼는지 말씀하셨다. 그리고는 게송을 읊으셨다.

갈애, 혐오, 애욕이라는 이름의
선녀처럼 아름다운 세 딸을 보았어도
사랑하고픈 생각이 없었는데,
오줌과 똥으로 가득 찬 마간디야를 왜 원하겠는가?
그 더러운 몸에 나의 발바닥조차 닿지 않게 하겠네.

이 게송 끝에 바라문과 아내는 아나함과를 얻었다.

하지만, 딸 마간디야는 화가 나서 생각했다.
'이 사람이 나를 필요로 하지 않아서 필요하지 않다고 말하는 것은 이해할 수 있다. 그렇지만 내가 오줌과 똥으로 가득 차 있는 더러운 것이라고 말하고, 발바닥조차 닿게 하지 않겠다고 말한 것은 나를 모욕하는 말이다. 나의 태생, 혈통, 사회적 지위, 부와 젊고 아름다운 매력으로 나보다 뛰어난 남편을 얻어 사문 고따마에게 복수하겠다.'
그녀는 부처님께 증오심을 품었다.

부처님께서는 당신이 그렇게 말하면 마간디야가 악의를 품을 거라는 것을 모르셨을까? 부처님께서는 이미 다 알고 아셨다. 아셨다면 왜 그런 게송을 읊으셨을까? 두 사람의 깨달음을 위해서였다. 부처님께서는 남이 당신에게 분노를 드러내는 것을 개의치 않으셨다. 부처님께서는 오직 도과를 증득할 시기가 무르익은 사람들을 위해서 법을 설하실 뿐이다.

그녀의 부모는 그녀의 삼촌 쭐라마간디야에게 그녀를 맡기고 출가해 아라한이 됐다. 쭐라마간디야는 출세를 위해 아름다운 조카를 이용하려고 했다.

'나의 조카딸은 평범한 사람의 아내가 되기에는 너무나 뛰어나다. 그녀에게는 왕비 자리가 어울린다.'

그는 조카딸을 곱게 화장시키고 예쁜 옷을 입히고 화려한 장신구로 치장시켜 꼬삼비로 데려가서 왕에게 올렸다.

"폐하, 이 보석처럼 빛나는 여인은 폐하의 여인이 되기에 부족함이 없습니다."

왕은 그녀를 보는 순간 사랑에 빠졌다. 그는 그녀와 결혼식을 올리고 세 번째 왕비로 삼았다.

이렇게 해서 왕은 세 왕비를 얻게 됐으며 각각의 왕비에게 500명의 시녀를 두었다.

6. 사마와띠와 마간디야의 죽음

재정관, 사문 그리고 목신

이때 꼬삼비에는 재정관이 세 명 있었다. 고사까, 꾹꾸따, 빠와리야가 그들이었다. 우기가 가까워지자 히말라야에서 500명의 사문이 안거를 지내기 위해 도시로 내려왔다. 세 장자는 사문들이 탁발을 위해 성안으로 들어오는 것을 보았다. 그들은 기쁜 마음으로 의자를 제공하고 공양을 올리고 이곳에 머물기를 간청해 약속을 받아냈다. 세 장자는 우기 4개월 동안 그들이 머무를 숙소를 짓고 온갖 시중을 들었다. 그리고 다음 우기에도 되돌아와 머물겠다는 약속을 받아내고 그들을 떠나보냈다. 그때부터 사문들은 히말라야에서 팔 개월을 보내고 항상 세 장자들의 집에 내려와 우기 동안 머물렀다.

어느 때 사문들이 히말라야에서 내려오는 중에 커다란 반얀나무 한 그루가 서 있는 것을 보고 그 나무 아래 앉아 휴식을 취했다.

'이 나무에 사는 목신은 평범한 신이 아니고 큰 위력을 가진 신일 거야.

우리 사문들에게 마실 물을 가져다주면 얼마나 좋을까?'

나이든 사문이 이렇게 생각하자 목신은 즉시 마실 물을 떠다주었다. 나이든 사문이 씻을 물을 생각하자 목신은 즉시 씻을 물을 대령했고, 또 음식을 생각하자 목신은 즉시 음식을 가져와 올렸다.

'이 목신은 우리가 생각하는 것을 즉시 눈앞에 대령한다. 그를 보고 싶다.'

나이든 사문이 이렇게 생각하자 목신은 즉시 나무줄기에서 나와 몸을 드러냈다. 그들은 목신에게 물었다.

"목신이여, 당신은 큰 위력을 가지고 있구려. 무슨 공덕을 지었기에 그런 능력을 가졌소?"

"존자님, 그런 것은 물어보시지 마십시오."

"목신이여, 이야기해 보시오."

목신은 아주 겸손했다. 그는 자기가 지은 공덕이 아주 작았기 때문에 말하고 싶지 않았다. 그러나 사문들이 자꾸 조르자 어쩔 수 없이 이야기를 시작했다.

"그럼 잘 들으십시오."

목신의 전생의 공덕

목신은 전생에 아나타삔디까에게 고용된 가난한 일꾼이었다. 그는 아나타삔디까로 덕분에 생계를 유지하고 있었다. 어느 우뽀사타 재일에 아나타삔디까는 사원에서 집으로 돌아와 물었다.

"이 일꾼에게 누가 오늘이 우뽀사타 재일이라고 말해주었는가?"

"말해주지 않았습니다. 주인마님."

"그러면 그에게 저녁밥을 지어 주어라."

그래서 그들은 일꾼에게 저녁밥을 지어 주었다. 이 일꾼은 하루 종일 일했기 때문에 저녁에 집으로 돌아왔을 때는 배가 무척 고팠다. 그러나 밥이 자기 앞에 놓이자 갑자기 이상한 생각이 들었다.

'다른 날에는 저녁시간이 되면 '밥을 달라, 양념을 달라, 반찬을 달라.' 이렇게 외치는 소리로 시끄러웠는데, 오늘은 아무 소리도 들리지 않는다. 그들은 나 혼자 먹을 음식만 준비했다. 어쩐 일이지?'

그는 사람들에게 물었다.

"나머지 사람들은 모두 식사했습니까?"

"아무도 먹지 않았습니다."

"왜 먹지 않았습니까?"

"이 집에서 우뽀사타 재일에는 아무도 오후에 음식을 먹지 않습니다. 오후에는 일체 음식을 먹지 않는 계(午後不食戒)를 지킵니다. 대재정관은 어린아이에서 짐승들까지 이 계를 지키기를 요구합니다. 저녁이 되면 입을 깨끗이 닦고 짜뚜마두208)를 먹고, 몸의 32부분에 대한 명상209)을 외우고 나서 잠자리에 듭니다. 그러나 당신은 우뽀사타를 지킬 필요가 없다고 생각해서 당신에게만 밥을 지어드리는 것입니다. 맛있게 드시기 바랍니다."

"여러분이 우뽀사타를 지키는 것이 좋겠다고 생각한다면 저도 우뽀사타를 지키고 싶습니다."

"이 문제는 재정관께서 결정할 사항입니다."

"그럼 가서 물어보십시오."

그들이 재정관에게 가서 묻자 그가 대답했다.

"그가 지금부터 음식을 먹지 않고, 입을 깨끗이 씻고, 우뽀사타 계율210)

---

208) 짜뚜마두catumadhu: 오후에 먹지 않는 계를 지키는 사람에게 허기를 달래기 위해 허용하는 것으로 버터, 꿀, 설탕, 버터기름을 섞어서 만든 것으로 우리나라 조청과 맛이 비슷하다.

209) 32부분에 대한 명상: 3권 부록 II. A. 3 참조.

210) 우뽀사타 계율: 재가자들이 지키는 우뽀사타(포살)는 한 달에 네 번 있다. 초하루, 8일, 보름, 23일이다. 이 날에는 8계를 받아 지켜야 한다. 8계; 살생, 도둑질, 성행위, 거짓말, 술, 춤추고 노래하는 것을 금하고, 높고 화려한 침상을 금하고, 12시 이후 음식을 먹는 것을 금한다.

을 받아 지킨다면 반나절의 공덕을 얻을 것이다."

일꾼은 온종일 열심히 일했기 때문에 배가 고팠다. 거기다가 음식을 먹지 않자 체액에 이상 현상이 일어나기 시작했다. 그는 끈으로 배를 칭칭 동여매고 끝을 한 손으로 잡고 방바닥을 구르며 끙끙 앓았다. 재정관이 이 소식을 듣고 횃불을 앞세우고 짜뚜마두를 들고 와서 물었다.

"자네, 어디 아픈가?"

"몸의 체액에 이상이 생겼습니다."

"그럼 일어나서 이 짜뚜마두를 먹게나."

"주인님께서 드십시오."

"나는 아프지 않다네. 자네가 들게나."

"주인님, 제가 우뽀사타를 하루 종일 지키지 못하고 반나절만 지키는데 그 반나절마저도 못 지키게 하십니까?"

일꾼은 그렇게 말하면서 먹기를 거부했다.

"여보게, 그렇게 하면 안 된다네. 먼저 몸을 생각해야 한다네."

재정관이 그렇게 말렸지만, 그는 끝까지 먹기를 거부했다. 결국 그는 아침에 태양이 떠오를 때 마치 꽃이 시드는 것처럼 죽어 목신으로 태어났다.

재정관들, 사문들, 그리고 목신

목신은 자신의 전생 이야기를 이렇게 마무리했다.

"그 아나타삔디까 재정관은 **부처님**께 귀의하고, 법에 귀의하고, 승가에 귀의했습니다. 그 사람 때문에 제가 반나절의 우뽀사타를 지킬 수 있었고, 그 공덕으로 이런 능력을 지니게 됐습니다."

500명의 사문들이 **부처님**이라는 이름을 들었을 때 모두 일어나서 목신에게 공손한 태도로 합장하고 말했다.

"방금 **부처님**이라고 말씀하셨습니까?"[211]

---

211) 사문이란 불교의 출가자만을 의미하는 단어가 아니고 바라문을 제외한

그들은 믿기지 않는다는 듯이 목신에게 세 번이나 연거푸 똑같은 질문을 되풀이했다.

"**부처님**이라고 말했습니다."

그들은 모두 마음속에서 흘러나오는 감흥을 이렇게 표현했다.

"이 세상에서 좀처럼 들을 수 없는 부처님이라는 말을 오늘 듣는구나!"

그들은 이렇게 말을 끝맺었다.

"목신이여, 우리가 10만 겁 동안 윤회하면서 한 번도 듣지 못했던 감흥어를 그대가 오늘 듣게 해주었습니다."

500명의 사문들은 스승에게 말했다.

"그럼 이제 부처님을 친견하러 갑시다."

"벗들이여, 우리에게는 자비로운 후원자, 세 장자가 있잖습니까? 내일 그들의 집에서 공양하고 방금 우리가 들었던 말을 해 주고 가도록 합시다."

스승의 말을 존중해 그들은 장자들의 집을 방문했다. 사문들이 도착하자 장자들은 마중 나가서 집으로 안내하고 자리를 제공하고 공양을 올렸다. 사문들은 공양을 마치고서 말했다.

"대장자들이여, 우리는 떠나야 합니다."

"존자님들이여, 우기 4개월 동안은 우리들 집에서 머물기로 약속하지 않았습니까? 어디로 가실 것입니까?"

"부처님께서 이 세상에 출현하셨습니다. 법이 출현하고 승가가 출현했습니다. 그래서 우리는 부처님을 뵈러 갑니다."

나머지 모든 교단의 출가자들을 통칭해 사문이라고 한다. 외도들도 부처님을 부를 때는 사문 고따마라고 부른다. 여기 500명의 사문들은 불교의 비구스님들이 아니고 출가한 사람들이 한 무리를 이루어 공동체 생활을 하는 수행자 무리이다.

"그럼 존자님들만 부처님께 갈 수 있습니까?"

"누구나 부처님께 갈 수 있습니다."

"그럼 잠깐 기다리십시오. 우리도 준비가 끝나는 대로 같이 가겠습니다."

"준비가 끝날 때까지 기다리려면 시간이 많이 지체됩니다. 그러니 우리가 먼저 출발하겠습니다. 당신들은 뒤따라오시기 바랍니다."

사문들은 먼저 가서 위없는 깨달음을 얻으신 부처님을 만나 뵙고 삼배를 올리고 공손하게 한쪽에 앉았다. 부처님께서는 그들에게 차제설법을 하셨다. 이 법문 끝에 그들은 모두 사무애해를 갖춘 아라한이 됐다. 그들이 비구가 되겠다고 하자 부처님께서 말씀하셨다.

"에타 빅카오!(오라! 비구여!)"

부처님의 말씀이 끝나자 가사와 발우가 저절로 갖추어지고 오래도록 스님 생활을 한 장로처럼 위의가 갖추어졌다.

세 장자들은 음식, 가사, 깔개, 버터기름, 꿀, 당밀 등 시주물들을 500대의 수레에 싣고 사왓티로 갔다. 사왓티에 도착하자 부처님께 삼배를 드리고 법문을 들었다. 이 법문 끝에 그들은 수다원과를 얻었다. 그들은 보름 동안 사왓티에 머물면서 부처님과 승가에 공양을 올리고 부처님께 꼬삼비를 방문해 주시기를 청했다. 부처님께서는 그들의 초청을 받아들이며 말씀하셨다.

"여래212)들은 조용하고 한적한 곳에서 홀로있음을 기뻐한다."

"부처님이시여, 사원을 세우고 스님들이 머물 거처가 완성되면 사람을 보내겠습니다. 그때 오시기 바랍니다."

장자들은 꼬삼비로 돌아가서 고사까 장자는 고시따라마를 세우고, 꾹꾸

---

212) 여래如來(Tathāgata): 부처님께서 자신을 부를 때 사용하는 호칭이다. 이 단어를 두 가지로 분석해 볼 수 있다. ① tatha(이렇게) + agata(오신 분): 모든 부처님은 십바라밀을 완성해 오셨기 때문에 '이렇게 오신 분(如來)'이다. ② tatha(이렇게) + gata(가신 분): 부처님들은 모두 열반을 얻어 진리의 세계로 가셨기 때문에 '이렇게 가신 분(如去)'이다.

따 장자는 꾹꾹따라마를 세우고, 빠와리야 장자는 빠와리까라마를 세웠다.

세 사원이 완성되자 장자들은 심부름꾼을 보내 부처님께 방문해 주십사고 청했다. 부처님께서는 비구들을 데리고 꼬삼비로 가셨다. 세 장자는 부처님을 마중 나와서 사원으로 안내하고 차례로 시중들었다. 부처님께서는 세 사원을 돌아가며 하루씩 머물고 그 사원을 세운 장자의 집에 가서 탁발하셨다. 세 장자에게는 수마나라는 하인이 있었다. 그는 화초를 가꾸는 원예사였다. 원예사는 장자들에게 말했다.

"저는 오랫동안 주인님들을 시중들었습니다. 저도 이제 부처님께 공양올리고 싶습니다. 단 하루만 부처님을 모실 수 있도록 해 주십시오."

"좋은 일이네, 그러면 내일 부처님을 모시도록 하시게."

"그렇게 하겠습니다. 주인님."

그는 부처님을 초청하고 공양을 올릴 준비를 하기 시작했다.

사마와띠 왕비를 깨달음으로 인도한 쿳줏따라

우데나 왕은 사마와띠 왕비에게 매일 꽃을 올리도록 동전 여덟 닢을 주었다. 왕비에게 쿳줏따라[213]라는 여자 시종이 있었다. 그녀는 매일 꽃장수 수마나에게 가서 꽃을 샀다. 바로 그 특별한 날 그녀가 꽃을 사러 갔을 때 수마나가 말했다.

"오늘 부처님을 초청했단다. 이 꽃을 모두 부처님께 공양을 올리는 데 사용할 생각이다. 나를 좀 도와다오, 부처님께 공양을 올리는 일을 도와주

---

213) 쿳줏따라Khujjuttarā: 은행가 고시따Ghosita 가문의 보모였다가 고시따의 양녀인 사마와띠가 왕비가 되자 왕궁으로 따라가 그녀의 몸종이 됐다. 그녀는 정원사 수마나Sumana에게 꽃을 사러갔다가 그곳에서 부처님의 법문을 듣고 수다원이 됐다. 그녀는 사마와띠와 시녀 500명의 스승이 되어 법을 가르치다가 사마와띠와 시녀들이 마간디야에게 살해당하자 나머지 생을 부처님의 가르침을 전하는 데 바쳤다. 부처님께서는 그녀를 여자 신도 가운데 다문제일(bahussutānaṃ, 多聞第一)이라고 선언하셨다.

고 법문도 들어보아라. 그리고 남아 있는 꽃을 사가거라."

"그렇게 하겠습니다."

그녀는 남아서 수마나를 도와주기로 했다. 수마나는 부처님과 스님들에게 공양을 올리고 시중을 들었다. 공양이 끝나고 수마나가 부처님 발우를 받아들자 부처님께서 법문을 시작하셨다. 이때 쿳줏따라는 부처님 법문을 듣고 수다원과를 얻었다.

쿳줏따라는 이때까지 동전 네 닢으로 꽃을 사고 나머지 네 닢은 착복하곤 했다. 그러나 이날은 동전 여덟 닢으로 꽃을 사서 돌아갔다. 사마와띠 왕비는 이날따라 꽃의 양이 많은 것을 보고 놀라워했다.

"착한 여인이여, 오늘은 전하께서 꽃을 사라고 두 배로 돈을 주었느냐?"

"아닙니다, 마님"

"그러면 왜 그렇게 꽃이 많지?"

"이전에는 동전 네 닢은 제가 챙기고 나머지 네 닢으로 꽃을 사서 가져왔습니다."

"그런데 오늘은 왜 돈을 챙기지 않았지?"

"오늘은 위없는 깨달음을 얻으신 분으로부터 법문을 듣고 법을 이해했기 때문입니다."

보통사람이라면 '사악한 하녀야, 이제까지 훔친 돈을 모두 내놔라.'라고 꾸짖었을 것이다. 하지만, 왕비는 영적인 인물이었다.

"착한 여인이여, 그럼 그대가 불사不死의 감로수라도 마셨단 말인가? 정말 그렇다면 나도 감로수를 마시게 해 다오."

"좋습니다. 그러려면 먼저 저를 위해서 목욕물을 준비하라고 지시하십시오."

왕비는 열여섯 병의 향수를 탄 물로 그녀를 목욕시키고 고운 비단옷을 입혔다. 속에 블라우스와 치마를 입히고 어깨에 사리를 걸치게 하고서 법상을 마련했다. 쿳줏따라는 법상에 앉아 수채화가 그려진 부채를 들고 왕비와 500명의 여인에게 마치 부처님이 법문하시듯이 법을 설했다. 그 법문을 듣고 그녀들은 모두 수다원과에 이르렀다. 왕비와 500명의 시녀가 모두 쿳줏따라에게 삼배를 올리고 말했다.

"벗이여, 오늘부터 힘든 일은 하지 마시고 우리들의 어머니, 우리들의 스승이 되어주소서. 매일 부처님께 가서 법문을 듣고 돌아와 우리들에게 그대로 들려주소서."

그때부터 그녀는 항상 부처님의 법문을 듣고 와서 왕비와 500명의 시녀에게 들려주었다.214) 그러다보니 그녀는 어느덧 삼장을 외우게 됐고 부처님께서 그녀를 여자 신도들 중 다문제일多聞第一이라고 선언하셨다.

"비구들이여, 나의 여자 재가신도 중에 경을 많이 듣고 법을 잘 설하기로는 쿳줏따라가 제일이니라."215)

왕비와 500명의 여인이 그녀에게 말했다.

"우리는 부처님을 만나 뵙고 싶어요. 만나서 꽃과 향을 올릴 수 있게 해주세요."

"마님, 그건 왕궁에 심각한 문제를 일으킬 수 있습니다. 여러분을 모시고 왕궁 밖으로 나갈 수는 없습니다."

"우리의 희망을 깨뜨리지 말아요. 부처님을 만나게 해 주세요."

"그러면 좋습니다. 여러분 방에 밖을 바라볼 수 있을 만큼 벽에 큰 구멍을 내세요. 그리고 향과 화환을 들고 부처님께서 세 장자의 집으로 가실 때

---

214) 여시어경(Itivuttaka): 쿳다까 니까야 네 번째 경으로 쿳줏따라가 부처님께 법문을 듣고 와서 사마와띠 왕비와 500명의 시녀에게 들려주어 그녀들로 하여금 외우게 한 경이다. 그녀는 자기 말이 아니고 부처님 말씀이라는 것을 강조하기 위해서 '나는 이와 같이 들었다.(여시)'로 법문을 시작했다고 한다. 후에 아난다 장로가 라자가하 1차 결집에서 이 경을 암송해 결집했다.

215) 앙굿따라 니까야(A1.14.73)에서는 '경전을 많이 들은 자(多聞) 가운데 제일'로 나오는데 여기서는 '많이 듣고 설하는 데서 제일'이라고 나온다. 즉 '설법說法 제일'이 추가되어 있다.

구멍을 통해 바라보며 삼배를 드리고 존경을 표하도록 하세요."

그녀들은 쿳줏따라의 지시대로 부처님께서 오고 가실 때 밖을 바라보며 삼배를 드리고 존경을 표했다.

부처님과 사마와띠에게 향하는 마간디야의 음모

어느 날 마간디야가 자신의 궁에서 나와 걷다가 사마와띠 왕비가 살고 있는 궁까지 오게 됐다. 그녀는 방에 큰 구멍이 나 있는 것을 보고 물었다.

"이게 무슨 구멍이지?"

여인들은 그녀가 부처님에게 증오심을 품고 있다는 것도 모르고 말했다.

"부처님께서 이 앞을 지나가실 때 우린 여기 서서 부처님을 보고 삼배를 드리고 꽃과 향을 올리고 있어요."

"사문 고따마가 이 성에 와 있다고!"

그녀의 머리가 교활하게 움직였다.

'이제 복수의 기회가 왔다. 이 여인들 또한 신도들이니까 이들에게도 똑같이 복수하겠다.'

그녀는 왕에게 가서 말했다.

"대왕이시여, 사마와띠와 시녀들이 반역을 저지를 것입니다. 며칠 안가서 전하의 목숨을 노릴 것입니다."

"그 순박한 여인들은 결코 나쁜 짓을 할 사람들이 아니오."

왕은 그녀의 모함을 믿지 않았다. 그녀가 또다시 말했지만, 왕은 여전히 믿지 않았다. 세 번째로 말해도 여전히 믿지 않자 그녀가 말했다.

"대왕이시여, 저를 믿지 못하겠다면 그녀들이 살고 있는 곳에 가보십시오. 그리고 나서 판단해도 늦지 않을 것입니다."

왕은 그녀들이 사는 곳으로 가서 벽에 나있는 구멍을 살펴보고 물었다.

"이게 무슨 구멍이오?"

그녀들은 벽에 구멍을 낸 이유를 설명했다. 왕은 화내지 않고 말없이 구멍을 메우게 하고, 방마다 열고 닫을 수 있는 창문을 만들어 밖을 내다볼 수 있도록 해 주었다.

사마와띠와 시녀들을 해치지 못하자 마간디야는 다른 계략을 꾸며야 했다.

'어떻게 해서든 사문 고따마에게 복수해야겠다.'

그녀는 사람들을 매수해서 자기의 음모를 지시했다.

"사문 고따마가 탁발을 위해 성안에 들어오면 하인들과 함께 욕설과 비방을 퍼부어 그를 성문 밖으로 쫓아버려라."

삼보를 믿지 않는 이교도들은 부처님께서 성안에 들어오시자 부처님 뒤를 따라다니며 욕설을 퍼붓기 시작했다.

"강도, 못된 놈, 바보, 낙타, 황소, 얼간이, 지옥에 갈 자, 짐승 같은 자, 구제받지 못할 자, 지옥에서 영원히 고통을 받을 자!"

그들은 이렇게 열 가지 모욕적인 말로 비방하고 욕설을 퍼부었다.

아난다 존자는 욕설을 듣고 부처님께 간청했다.

"부처님이시여, 이 성 사람들이 욕설과 비방을 퍼붓고 있습니다. 우리 다른 곳으로 가야 합니다."

"아난다여, 어디로 간단 말이냐?"

"부처님이시여, 다른 도시로 가야 합니다."

"아난다여, 그 도시에서도 욕설과 비방을 퍼붓는다면 그땐 어디로 가야 하는가?"

"부처님이시여, 그러면 또 다른 도시로 가야 합니다."

"아난다여, 거기서도 욕설과 비방을 퍼붓는다면 그땐 어디로 가야 하는가?"

"부처님이시여, 또 다른 도시로 가야 합니다."

"아난다여, 그렇게 해서는 안 된다. 어려움이 일어나면 어려움이 가라앉을 때까지 기다려야 한다. 어려움이 가라앉은 다음에 다른 곳으로 가야 한다. 아난다여, 누가 욕설과 비방을 퍼붓느냐?"

"하인들과 종들과 이교도들 모두가 욕설과 비방을 퍼붓고 있습니다."

"아난다여, 여래는 전쟁터에 나간 코끼리와 같다. 전쟁터에 나간 코끼리가 사방에서 날아오는 화살을 참고 견디는 것이 코끼리가 해야 할 일이듯이, 사악한 자들이 내뱉는 말을 참고 견디는 것이 여래가 해야 할 일이다."

부처님께서는 그렇게 말씀하시고 코끼리 품에 나오는 세 게송을 읊으셨다.

전쟁터의 코끼리가
날아오는 화살을
참고 견디듯이
나는 욕설을 참고 견디리라.
사람들은 대부분 도덕과 계율을 모른다. (320)

사람들은 축제에 잘 길들인 코끼리만을 데리고 가고
왕은 길들인 코끼리만을 탄다.
날아오는 비난의 화살을 잘 참는 사람이
자신을 가장 잘 길들인 사람이다. (321)

노새나 준마나 힘센 코끼리도
길들이면 훌륭하지만,
가장 훌륭한 것은 자신을 길들이는 것이다. (322)

이 법문은 그곳에 모인 많은 사람에게 감동을 주었다. 부처님께서 법문을 설하시고 나서 아난다에게 말씀하셨다.

"아난다여, 불안해하지 마라. 이 사람들은 7일 동안 욕하고 8일째 되는 날에는 잠잠해질 것이니라. 여래가 만난 어려움은 7일을 넘어가지 않느니라."

부처님을 모욕함으로써 성문 밖으로 쫓아내려는 시도가 실패로 돌아가자 마간디야는 다시 모략을 꾸미기 시작했다.

'이제 어떻게 하지?'

이때 교활한 생각이 떠올랐다.

'사마와띠와 500명의 시녀는 그의 신도들이다. 그녀들을 파멸로 몰아넣어야겠다.'

어느 날 우데나 왕이 술을 과하게 마시고 있었다. 마간디야는 왕과 다과를 들면서 삼촌에게 사람을 보내 말을 전했다.

"산 닭 여덟 마리와 죽은 닭 여덟 마리를 가져오시오. 도착하면 계단 꼭대기에 서서 도착했다고 알리도록 하시오. '들어오라.'는 말을 듣고도 들어오지 말고 산 닭 여덟 마리를 먼저 들여보내고 나중에 죽은 닭 여덟 마리를 들여보내시오."

그녀는 시동侍童을 매수해서 할 일을 지시했다.

"내가 지시한 대로 정확히 이행하라."

삼촌이 와서 왕에게 자신의 도착을 알렸다. 그는 '들어오라'는 말을 듣고 말했다.

"저는 왕께서 술을 마시고 계시는 곳은 들어가지 않겠습니다."

마간디야는 시동을 보내면서 말했다.

"지금 삼촌에게 가거라."

시동은 삼촌에게서 산 닭 여덟 마리를 받아가지고 왕에게 가서 말했다.

"폐하, 제사장이 폐하께 올린 선물입니다."

"요리하면 아주 맛있겠는걸! 누구에게 요리를 시키지?"

마간디야가 대답했다.

"폐하, 사마와띠와 500명의 시녀들은 하는 일이 거의 없습니다. 그들에게 보내 요리하라고 하십시오."

왕은 시동에게 지시했다.

"그 닭들을 사마와띠 왕비에게 가져가거라. 다른 사람 손에 맡기지 말고 직접 닭을 죽여 요리하라고 해라."

"폐하, 그렇게 하겠습니다."

시동은 닭을 가지고 가서 그대로 전했다. 그러나 여인들은 펄쩍 뛰면서 절대로 그렇게 할 수 없다고 거절했다.

"우리는 살아있는 생명을 절대로 죽일 수 없어요."

시동은 왕에게 돌아가 그렇게 전했다.

마간디야는 이 기회를 노렸다.

"폐하, 아시겠습니까? 그녀들이 정말로 살생을 하지 않는지 알아봐야 하지 않겠습니까? 폐하, 이번에는 '요리를 해서 사문 고따마에게 보내라.'라고 지시해 보십시오."

왕은 그렇게 지시를 내렸다. 그러나 시동은 살아있는 닭을 가져가는 척하면서 살아있는 닭은 제사장에게 주고 죽은 닭 여덟 마리를 여인들에게 가져다주면서 말했다.

"이 닭들을 요리해서 부처님께 올리랍니다."

"이 일은 우리가 꼭 해야 할 일입니다."

그녀들은 시동에게서 닭을 받았다.

시동이 돌아가자 왕이 물었다.

"그래 어떻게 됐는가?"

시동은 왕에게 보고했다.

"제가 가서 '닭들을 요리해서 사문 고따마에게 보내랍니다.'라고 말했더니 그녀들이 닭을 받았습니다."

마간디야가 말했다

"폐하, 그것 보십시오. 폐하께서 시키신 일도 거부하지 않습니까? 제가 전에 '그들은 다른 사람을 좋아하고 있다.'고 말씀드렸을 때 믿지 않으셨지요?"

왕은 이 말을 듣고도 그녀들의 행동을 너그럽게 보아주었다. 마간디야는 이제 또 다른 모략을 꾸며야 했다.

'이제 어떻게 하지?'

이때 우데나 왕은 사마와띠, 와술라닷따, 마간디야 세 왕비에게 시간을 똑같이 할애해 각각의 궁에서 일주일씩 돌아가면서 머물렀다. 마간디야는 왕이 며칠 뒤 사마와띠 처소에 간다는 것을 알고 삼촌에게 말했다.

"독사를 내게 보내 주시오."

삼촌은 그녀가 지시한 대로 해서 뱀을 보냈다. 왕은 항상 코끼리를 부리는 삼현금을 가지고 다녔다. 그 삼현금에는 구멍이 나 있었다. 마간디야는 그 구멍에 뱀을 집어넣고 꽃송이로 막아 두었다. 뱀은 삼현금 안에서 이삼 일 정도 그대로 있었다.

며칠 후 왕이 사마와띠의 처소로 가려고 할 때 마간디야가 말했다.

"폐하, 오늘은 누구의 처소에 가십니까?"

"사마와띠 처소에 가오."

"폐하, 오늘은 제 꿈이 심히 사납습니다. 가서는 아니 되옵니다."

"별걱정을 다하는구려."

그녀는 세 번이나 왕이 사마와띠에게 가지 못하게 막으려고 했으나 실패로 돌아갔다.

"그러면 저도 따라가겠습니다."

왕의 만류에도 불구하고 그녀는 기어이 따라나서며 말했다.

"폐하께 무슨 일이 일어날지 모릅니다."

왕은 사마와띠와 시녀들이 올린 옷을 입고 꽃과 향수를 뿌리고 장신구를 달고 앉아 배부르게 식사를 했다. 그러고는 삼현금을 베갯머리에 두고 침대에 누웠다. 마간디야는 왔다 갔다 하는 체 하다가 삼현금의 구멍에 메워둔 꽃송이를 살짝 빼냈다. 그러자 이삼 일 동안 아무것도 먹지 못한 뱀이

쉬잇 소리를 내며 미끄러져 나와 침대 끝에 똬리를 틀고 고개를 빳빳하게 쳐들었다. 마간디야가 뱀을 보고 비명을 질렀다.

"폐하, 뱀이 있습니다!"

그녀는 왕에게 악다구니를 썼다.

"이 어리석은 왕은 내가 한 충고를 귀담아듣지 않더니 이렇게 될 줄 알았다!"

그녀는 사마와띠와 500명의 시녀에게도 욕을 퍼부었다.

"이 부끄러움도 모르는 파렴치한 것들아, 왕의 은덕으로 무엇이든 얻지 않았더냐? 왕이 죽어야만 행복할 거라고 생각했느냐? 그러나 왕이 살아있으니 너희들에게는 힘든 시간이 될 것이다."

그녀는 왕에게 고개를 돌려 자신의 충고를 믿지 않아 이런 화를 초래했다는 것을 강조했다.

"폐하, 오늘 제 꿈이 사나우니 사마와띠 처소에 가지 말라고 하지 않았습니까? 제가 하는 말을 못 들으셨습니까?"

왕은 뱀을 보고 죽음에 대한 두려움에 떨며 솟아오르는 분노를 참지 못하고 소리쳤다.

"어찌 감히 이런 짓을 할 수 있단 말이냐! 괘씸한 것들 같으니라고! 마간디야가 너희들이 사악하다고 말했을 때 믿지 않았다. 처음에 벽에 구멍을 내고 앉아있을 때도, 닭을 요리해 달라고 보내자 되돌려 보낼 때도 믿지 않았었는데, 이제 침대에 뱀을 풀어놓다니!"

하지만, 사마와띠 왕비는 평온한 마음으로 500명의 시녀들에게 조용히 훈계했다.

"벗들이여, 우리에겐 자애심을 제외한 다른 의지처가 없습니다. 그대들이 자신을 사랑하고 행복하기를 원하듯이 왕과 왕비에게도 사랑하고 행복하기를 원해야 합니다. 절대로 어느 누구에게도 증오심을 품어서는 안 됩니다."

왕은 뿔로 만든 활을 가져오게 했다. 그 활은 천 명의 장정이 달려들어 시위를 메겨야 할 정도로 강궁이었다. 왕은 시위를 물리고 줄을 튕겨보고 나서 독화살을 메겼다. 왕은 부하들을 시켜 사마와띠를 제일 앞에 세우고 일렬종대로 500명의 시녀를 세우고서 사마와띠 가슴에 활을 쏘았다. 그러나 화살은 사마와띠의 자애삼매의 힘 때문에 날아온 길을 되돌아가 왕의 가슴에 닿았다. 왕은 이 신비한 기적을 보고 생각했다.

'내가 쏜 화살은 바위도 꿰뚫는다. 나와 그녀 사이에 텅 빈 공간만이 있을 뿐 막힘이 없는데 화살은 갔던 길로 되돌아왔다. 결국 이 지각없고 생명 없는 화살도 그녀의 무죄無罪를 아는구나. 그러나 나는 분별력이 있는데도 그녀에게 죄가 없다는 것을 모르는구나.'

왕은 활을 내던지고 사마와띠 앞에 무릎을 꿇고 합장하고 자비로 용서해 달라고 애원하면서 노래를 불렀다.216)

나는 당황스러워 어찌할 바를 모르겠네.
내 마음이 온통 혼란에 빠졌네.
사마와띠여, 나를 지켜주시오
나의 귀의처가 되어 주시오

---

216) 청정도론 12장(Vis12.35)에서도 똑같은 상황을 묘사하고 있지만, 청정도론에서는 훨씬 사실적으로 아래와 같이 묘사하고 있다. "왕은 화가 나서 사마와띠를 죽이리라 생각하고 활을 빼들고 독화살을 겨누었다. 사마와띠는 시녀들과 함께 왕에 대한 자애로 마음을 가득 채웠다. 왕은 화살을 쏠 수도 내려놓을 수도 없이 떨고 서 있었다. 그때 왕비가 말했다. '대왕이시여, 힘드십니까?' '그렇다. 힘들다.' '그러면 활을 내려놓으세요.' 왕이 활을 던져버리자 왕비가 말했다. '대왕이시여, 마음에 한 점 미움이 없는 사람을 어느 누구도 미워할 수 없습니다.' 왕은 사마와띠 앞에 무릎을 꿇고 합장하고 자비로 용서해 달라고 애원했다." 청정도론에서는 이것을 삼매가 충만함에 의한 신통(samādhivipphāra-iddhi)이라고 예를 들고 있다. 그래서 부처님께서는 그녀를 '자애가 가득한 마음으로 머무는 데서 제일'이라고 칭찬하셨다.

사마와띠 왕비는 이 말을 듣고 '좋습니다, 폐하. 제게 귀의하십시오.'라고 말하지 않았다.

"대왕이시여, 제가 귀의하고 있는 분에게 당신도 귀의하십시오."

그녀는 이렇게 말하면서 노래를 불렀다.

나에게 귀의하지 마세요
제가 귀의하는 분
이 세상에 견줄 데가 없는 분
그분 부처님께 귀의하세요
그런 다음에 나의 귀의처가 되어 주세요

왕이 말했다.

"그 말을 들으니 더 혼란스럽소. 이 세상에 또 다른 귀의할 사람이 있단 말이오?"

왕은 다시 노래를 불렀다.

이제 더 혼란을 느끼네.
내 마음은 온통 혼란에 빠졌네.
사마와띠여, 나를 지켜주시오
나의 귀의처가 되어 주시오

그녀가 또다시 거절하자 왕은 결국 이렇게 말했다.

"좋소. 그럼 당신과 부처님 두 사람 모두에게 귀의하겠소. 내가 당신에게 한 가지 상을 내리겠소."

"좋아요, 그 상을 받아들이겠어요."

왕은 부처님께 나아가 귀의하고 7일 동안 공양을 올렸다. 그런 다음에 사마와띠에게 말했다.

"어떤 상을 받고 싶은지 말해 보시오."

"대왕이시여, 저는 금은은 필요치 않습니다. 대신 다른 상을 주십시오. 제가 바라는 것은 부처님과 500분의 스님들을 정기적으로 초청해서 공양을 올리고 법문을 듣는 것입니다."

왕은 부처님께 삼배를 드리고 나서 말씀드렸다.

"부처님이시여, 500분의 스님들과 함께 정기적으로 방문하셨으면 합니다. 사마와띠와 시녀들이 부처님께 법문을 듣고 싶답니다."

부처님께서 대답하셨다.

"대왕이여, 여래는 항상 한곳만을 갈 수 없습니다. 많은 사람이 와서 법문해 주기를 원합니다."

"그럼, 여기 올 수 있는 스님 한 분을 지정해 주시기 바랍니다."

부처님은 아난다에게 매일 가서 법문해 주라고 지시하셨다. 그래서 그녀들은 매일 아난다 장로에게 공양을 올리고 법문을 듣게 됐다.

어느 날 여인들은 장로의 법문을 듣고 크게 환희심이 일어나 한 벌에 500냥의 가치가 있는 옷 500벌을 올렸다. 그 옷은 그녀들이 항상 어깨에 걸치고 있는 노란 사리였다. 왕은 그녀들이 한 사람도 사리를 걸치고 있지 않은 것을 보고 물었다.

"그대들의 노란 사리는 어디에 있는가?"

"우리는 모두 장로님께 시주했어요."

"장로님이 그 모두를 다 받아갔단 말인가?"

"네, 모두 다 받아갔어요."

왕은 장로에게 가서 삼배를 드리고 여인들이 보시한 옷에 대해 물었다.

"장로님, 옷이 너무 많지 않습니까? 그 많은 옷을 어떻게 하십니까?"

"우리에게 필요한 만큼만 보관하고 나머지는 모두 가사가 낡은 스님들에게 보냅니다."

"낡은 가사는 그럼 어떻게 합니까?"

"낡은 가사는 더 낡은 가사를 입은 스님들에게 드립니다."

"더 낡은 가사는 어떻게 합니까?"

"가사가 낡아 더 이상 입을 수 없을 때는 침대보로 사용합니다."

"침대보가 낡으면 어떻게 합니까?"

"방석으로 사용합니다."

"방석이 낡으면 어떻게 합니까."

"발수건으로 사용합니다."

"발수건이 낡으면 어떻게 합니까?"

"잘게 찢고 회반죽과 섞어서 벽을 바르는 데 사용합니다."

"존자님께 시주한 것은 어느 것 하나도 버리는 게 없군요."

"대왕이여, 그렇습니다."

왕은 기쁜 마음으로 옷 500벌을 더 가져오게 해서 장로에게 시주했다.

사마와띠의 죽음

마간디야의 증오심은 끝이 없었다.

'모든 일이 계획과는 정반대로 되어 버렸으니 이제 어떻게 하지?'

오랜 궁리 끝에 그녀는 마지막 수단을 쓰기로 작정했다. 그녀는 동산으로 놀이를 나가면서 사람을 보내 삼촌에게 말했다.

"사마와띠의 처소로 가서 옷장을 열고 천을 끄집어내어 기름항아리에 옷과 천을 푹 적신 다음 기둥에 모두 감도록 하시오. 그리고 왕비와 시녀들을 방안에 모으고 밖에서 문을 잠그고 불을 지르도록 하시오. 그런 다음에 아무에게도 들키지 말고 도망쳐 나오도록 하시오."

삼촌 마간디야는 친척과 하인들을 데리고 사마와띠 궁으로 가서 옷장을 열고 옷과 천을 기름항아리에 적신 다음 집 기둥에 감기 시작했다. 사마와띠와 시녀들이 와서 물었다.

"지금 뭐하는 겁니까?"

"마님, 전하께서 기둥을 튼튼하게 해야 한다면서 기름을 적신 옷과 천으로 감싸라고 명령하셨습니다. 저도 때로는 왕궁에서 왜 이런 일을 시키는지 이해하지 못하겠습니다. 바라옵건대, 마님께서는 여기 계시지 마시고 안으로 들어가시기 바랍니다."

왕비와 시녀들은 그가 요구하는 대로 순순히 방으로 들어갔다. 그는 즉시 문에 빗장을 걸고 각 기둥마다 불을 붙이고 도망쳐버렸다.

불길에 휩싸인 방에 갇힌 사마와띠 왕비는 시녀들에게 이렇게 훈계했다.

이것을 알기란 쉽지 않습니다.
부처님의 일체지로도 알기가 쉽지 않습니다.
시작을 알 수 없는 길고 긴 윤회 속에서
얼마나 많이 불에 타 죽었는지를.
그러니 순간순간 일어나는 현상에 마음을 챙기십시오.
고통스러운 순간에도 그 고통에 반응하는 마음을 정확히 관찰하십시오.

집이 화염에 휩싸이고 불이 몸에 다가오는 순간에도 그녀들은 추호의 동요없이 방바닥에 가부좌를 틀고 앉아 몸의 고통스러운 느낌에 마음을 집중하며 수행했다. 그래서 그녀들은 죽기 전에 어떤 이는 사다함과를, 또 어떤 이는 아나함과를 증득했다. 이 이야기가 우다나에 기록돼 있다.[217]

많은 비구가 공양을 마치고 부처님께 다가가 삼배를 드리고 공손히 한쪽에 앉아서 이 일을 부처님께 말씀드렸다.

"부처님이시여, 우데나 왕이 놀이동산에 가고 없을 때 사마와띠 왕비와 시녀들의 처소가 완전히 불타버렸습니다. 그래서 사마와띠 왕비와 500명의 시녀가 모두 목숨을 잃었습니다. 부처님이시여, 그녀들은 죽어 어디에 태어

---

217) 우다나의 우데나 경(Udena Sutta, Ud7.10)에 나온다.

났습니까?"

"비구들이여, 어떤 신도들은 사다함과를 얻었고, 어떤 신도들은 아나함과를 얻었다. 비구들이여, 이 신도들은 열심히 수행해 모두 도과를 성취했다."

이 일을 정확히 아시는 부처님께서 마음에서 일어나는 감흥어를 읊으셨다.

어리석음에 묶여있으면 세상이 마냥 좋아 보이네.
존재의 족쇄에 묶인 바보는 무명의 어둠에 싸여
영원한 실체가 있다고 생각한다네.
그러나 실재를 여실히 보는 자는
그곳에 실체가 없음을 안다네.

부처님께서는 법을 설하시고 이렇게 말씀하셨다.
"비구들이여, 중생들은 끝없이 윤회하면서 방일하게 살다가 자주 악행을 저지른다. 그들은 즐거움과 괴로움을 겪으며 윤회 속을 헤맨다."

"사마와띠 왕비 처소에 불이 났습니다!"
왕은 이 외침을 듣고 부리나케 달려갔지만, 집은 이미 불에 다 타고 시커먼 잔해만 황량하게 뒹굴고 있었다. 왕은 신하들에게 둘러싸여 앉아있었다. 그는 북받쳐 오르는 슬픔을 억누르며 사마와띠 왕비의 고귀한 덕을 회상했다.
'누가 이런 짓을 저질렀을까?'
항상 사마와띠에게 증오를 품고 있는 마간디야가 진범인 것이 거의 확실해 보였다.
'그녀에게 바로 물어보면 절대 자기가 하지 않았다고 잡아뗄 것이다. 그러니 돌려서 넌지시 물어봐야겠다.'

왕은 신하들에게 말했다.

"이 순간까지도 무슨 일을 하든지 사마와띠가 나를 살해하지 않을까 두려워하고 의심하고 있었는데 이제야 마음이 평화롭구려. 이제 안심하고 다리를 쭉 뻗고 잘 수 있겠구려."

"폐하, 누가 이런 일을 했겠습니까?"

"누군가 나를 진정 사랑하는 사람이 했을 게 틀림없소."

이때 마간디야가 가까이 서 있다가 왕이 하는 말을 듣고 기뻐 외쳤다.

"저 말고 누가 이 일을 했겠어요. 제가 삼촌을 시켜서 그렇게 하라고 했답니다."

"당신 말고 이 세상에 진정으로 나를 사랑하는 사람은 없구려. 정말 너무 고맙고 기쁘게 생각하오. 상을 내릴 테니 이 일에 참여한 친척들을 모두 불러오시오."

마간디야는 친척들에게 사람을 보내 왕의 말을 전했다.

"왕이 기뻐하며 상을 내리겠대요. 그러니 모두들 왕궁으로 들어오세요."

왕은 궁에 들어온 사람 모두에게 공훈功勳을 내렸다. 마간디야와 아무 관계도 없는 사람들까지 이 말을 듣고 뇌물을 주고 왕궁에 들어와 말했다.

"우리도 마간디야 왕비의 친척입니다."

왕은 그들 모두를 붙잡게 되자 구덩이를 파고 허리까지 흙으로 묻고 그 위에 짚더미를 덮은 후 불을 질렀다. 그리하여 머리와 피부가 바짝 타들어 가는 고통을 맛보게 하고 쟁기로 갈아 몸을 갈기갈기 찢어 죽였다. 왕은 마간디야의 살을 예리한 칼로 수십 조각 잘라내어 화로에 과자 굽듯이 구워서 그녀의 입에 집어넣어 먹게 했다.

비구들이 법당에 모여 이야기를 나누고 있었다.

"믿음이 강한 여자 신도들이 그렇게 고통 속에 죽은 것은 사리에 맞지 않습니다."

그때 부처님께서 법당에 들어와 물으셨다.

"비구들이여 여기서 무엇을 토론하고 있느냐?"

비구들이 대답하자 부처님께서 말씀하셨다.

"비구들이여, 금생만을 놓고 보면 사마와띠와 시녀들의 죽음이 이치에 맞지 않고 불공평하게 보일 것이다. 그러나 과거생에 지었던 악업을 살펴보면 그녀들이 받은 과보는 어느 모로 보나 이치에 맞고 공평하다."

"부처님이시여, 그녀들이 과거생에 지은 악업이 무엇인지 말씀해 주십시오."

부처님께서는 비구들의 요청에 따라 그녀들의 과거생에 대한 이야기를 시작하셨다.

사마와띠와 시녀들의 과거생: 벽지불을 불태우려 한 여인들

브라흐마닷따 왕이 베나레스를 통치하고 있을 때 여덟 분의 벽지불이 규칙적으로 왕궁에 와서 공양하셨다. 500명의 시녀들은 벽지불이 공양하시는 동안 시중을 들었다. 그러던 어느 날 일곱 분의 벽지불이 히말라야로 돌아가고 한 분의 벽지불이 갠지스 강가에서 풀 더미에 둘러싸여 멸진정에 들었다. 벽지불들이 떠나자 왕은 시녀들을 데리고 물놀이를 나갔다. 그녀들은 하루 종일 물속에서 놀다가 물 밖으로 나오니 체온이 떨어져 추위를 느꼈다. 어디 가서 따뜻한 불에 몸을 녹이고 싶었다.

"불을 피울 수 있는 곳을 찾아 봐"

그녀들은 여기저기 돌아다니다가 풀 더미를 발견하고 빙 둘러 앉아 불을 붙였다. 불이 타들어가자 벽지불의 모습이 드러났다. 그녀들은 두려움에 가득차서 외쳤다.

"우린 이제 망했다! 우린 이제 망했다! 왕이 존경하는 벽지불을 태워버리다니! 왕이 이 사실을 알면 우린 죽은 목숨이다. 차라리 벽지불을 완전히 태워 흔적을 없애버리자."

그녀들은 사방에서 장작을 주위 모아 벽지불 주위에 높다랗게 쌓아놓고 기름을 부은 후 불을 지르고 떠나버렸다.

처음에 불을 지른 행위는 의도적인 행위가 아니기 때문에 과보를 초래하지 않았다. 하지만, 나중에 불을 지른 행위는 고의적인 행위였기 때문에 그것이 원인이 되어 고통스러운 과보를 초래했다. 벽지불은 멸진정에 들어 있었기 때문에 그녀들이 10만 수레분의 장작을 쌓아 기름을 붓고 불을 지른다고 해도 털끝하나 손상을 입히기는커녕 열기조차 느끼게 할 수 없었다. 멸진정에 든 지 7일째 되던 날 벽지불은 멸진정에서 나와 자리에서 일어나 먼지를 툴툴 털고 떠나가 버렸다. 하지만, 그녀들은 이 업 때문에 지옥에 떨어져 10만 년 동안 뜨거운 불에 태워졌다. 그리고도 이 악행의 과보가 끝나지 않아 금생에서도 집 안에 갇혀 불에 태워진 것이다. 이렇게 그녀들은 100생을 집 안에 갇혀 불에 태워졌다. 이것이 그녀들이 과거생에 저지른 업이다.

부처님께서 이야기를 마치시자 비구들이 여쭈었다.

"부처님이시여, 그러면 쿳줏따라는 어떻게 해서 꼽추가 됐습니까? 어떻게 해서 지혜로운 여인이 됐습니까? 어떻게 해서 수다원을 얻었습니까? 어떻게 해서 심부름하는 하녀가 됐습니까?"

쿳줏따라의 과거생

비구들이여, 같은 왕이 베나레스를 통치하고 있을 때 약간 꼽추였던 벽지불이 있었다. 이때 어떤 하녀가 담요를 어깨에 걸치고 발우를 손에 들고 허리를 약간 구부린 채 꼽추 흉내를 내며 걸으면서 말했다.

"우리 벽지불께서는 이렇게 걸으시지."

이것이 그녀가 꼽추가 된 과보이다.

어느 날 그녀는 벽지불들에게 의자를 갖다드리고 발우를 받아서 뜨거운 우유죽을 발우에 가득 담아드렸다. 벽지불께서 발우를 받아들자 발우가 너무 뜨거워 왼손과 오른손을 번갈아가며 옮겨야 했다. 그녀는 벽지불들이 발우가 너무 뜨거워 제대로 들지 못하는 것을 보고 상아 팔찌 여덟 개를 드리며 말했다.

"이 팔찌를 발우 받침대로 사용하세요."

벽지불들이 그렇게 하자 그녀가 말했다.

"존자님들이시여, 저는 팔찌가 필요 없습니다. 떠나시기 전에 제가 바치는 선물이니 받아주시기 바랍니다."

벽지불들은 팔찌를 가지고 난다물라 산 동굴로 가셨다. 팔찌들은 오늘날까지 손상되지 않고 잘 보존돼 있다. 이 복덕으로 그녀는 삼장을 외우고 심오한 지혜를 갖추게 됐다. 그녀가 수다원과를 얻은 것은 벽지불들을 시중든 공덕이다. 이것이 그녀가 두 부처님 사이에 지었던 선업이다.

위없는 깨달음을 얻으신 깟사빠 부처님 시대에 베나레스에 한 재정관의 딸이 살고 있었다. 어느 날 저녁 그림자가 드리울 때 그녀는 거울을 보며 화장을 고치고 있었다. 그때 번뇌에서 해탈한 비구니가 다가왔다. 비구니는 평소에 그녀와 아주 친숙한 사이였다. 비구니는 저녁 시간이면 자신들의 후원자들을 방문하곤 했다. 재정관 딸은 주위에 시중드는 하녀가 없자 비구니에게 말했다.

"어서 오세요, 스님. 저기 화장품 바구니를 좀 갖다 주시겠어요?"

비구니가 생각했다.

'내가 화장품 바구니를 가져다주지 않으면 그녀는 내게 싫어하는 마음을 일으키게 될 것이다. 그러면 그녀는 지옥에 태어날 것이다. 화장품 바구니를 가져다주면 그녀는 하녀로 태어날 것이다. 지옥에 태어나 고통을 겪는 것보다는 하녀로 태어나는 것이 훨씬 낫겠다.'

비구니는 그녀에 대한 연민 때문에 바구니를 가져다주었다. 이 과보로 그녀는 심부름꾼 하녀가 된 것이다.(과거생 이야기 끝)

어느 날 비구들이 법당에서 토론을 시작했다.

"사마와띠와 500명의 시녀는 집에 갇혀 불에 타죽었습니다. 마간디야와 친척들은 짚더미 불에 태워지고 쟁기에 갈려 산산이 찢겨졌습니다. 그리고 마간디야는 끓는 기름 속에 삶아졌습니다. 누가 산 자이고 누가 죽은 자입니까?"

이때 부처님께서 들어오셔서 물으셨다.

"비구들이여 무슨 이야기를 하고 있는가?"

비구들이 대답하자 부처님께서 말씀하셨다.

"비구들이여, 알아차림 없이 방일하게 사는 자는 100년을 산다 해도 죽은 자와 마찬가지다. 부지런히 알아차리며 사는 자는 살았건 죽었건 항상 산 자와 마찬가지다. 마간디야는 살아 있을 때에도 이미 죽은 자였고, 사마와띠와 시녀들은 죽었지만 산 자와 마찬가지다. 그러니 비구들이여, 방일하지 않고 알아차리는 자는 결코 죽지 않는다."

부처님께서는 이렇게 말씀하시고 게송을 읊으셨다.

주의깊게 알아차리는 것(不放逸)은
불사不死에 이르는 길이고,
게으르고 방일하게 지내는 것은
죽음에 이르는 길이네.
주의깊게 알아차리는 이는 죽지 않고
게으르고 방일하게 지내는 자는 죽은 자와 같네.(21)

지혜로운 이는
이와 같이 분명히 알아
주의깊게 알아차리는 성인의 왕국에서
기뻐하고 즐거워하리라.(22)

지혜로운 이는

있는 그대로 바르게 보고
늘 노력하며 항상 최선을 다해
얽매임의 위험이 사라진
으뜸가는 열반218)을 만나리라.(23)

---

218) 열반nibbāna: 열반은 사성제의 세 번째 진리이며 부처님의 제자라면 누구나 도달해야 할 최종 목표다. 법法에는 원인과 조건에 의해 일어나는 유위법(dhamma)과 원인과 조건에 의하지 않고 일어나는 무위법(Dhamma)이 있는데 무위법이 곧 열반이다. 열반은 세간의 영역이 아니고 출세간의 영역에 속한다. 열반은 추상적인 것이 아니고 몸으로 직접 생생하게 체험할 수 있는 것이다. 열반은 불사不死의 경지(amatapada)이고 불멸의 경지(accutapada)이다. 열반은 성인들이 경험하는 궁극적 실재, 즉 진리이다. 열반을 언어로 표현하기란 쉽지 않다. 하지만, 어쩔 수 없는 전달을 위해 부정적인 언어와 긍정적인 언어를 사용해서 설명하곤 한다. 부정적인 언어를 사용하면, 괴로움의 소멸, 탐욕과 성냄과 어리석음의 제거, 번뇌의 제거, 자존심과 이기심의 파괴, 오염원의 제거 등이 있다. 긍정적인 언어를 사용하면, 위없는 행복, 평온, 고요(적정), 해탈, 영원한 자유, 생사의 홍수에 휩쓸려가지 않는 안전한 섬 등이 있다. 열반을 성취한 아라한은 얻음과 잃음, 칭찬과 비난, 명예와 불명예, 즐거움과 괴로움에 흔들리지 않고 완벽한 평온 속에 머문다. 아라한은 사후에 어떻게 되는가? 이것은 언어로 설명할 수 없다. 왜냐하면 생각이 있는 곳엔 언어가 있지만 생각의 길이 끊어진 곳에 언어가 없기 때문이다.

두 번째 이야기
아버지 재산을 되찾은 꿈바고사까

부처님이 웰루와나 사원에 계실 때 꿈바고사까와 관련해서 게송 24번을 설하셨다.

어느 때 라자가하의 대재정관의 집에 역병이 번졌다. 이 병이 번지면 파리부터 시작해서 소까지 모든 동물들이 죽고 그 다음엔 하인들, 또 그 다음엔 주인가족들까지 죽는다. 결국 재정관과 그의 아내까지 병에 걸렸다. 부모는 역병에 걸리자 아들을 보고 눈물을 흘리며 말했다.

"사랑하는 아들아, 너도 알다시피 이 병이 발생하면 담 넘어 도망친 사람만이 목숨을 부지할 수 있단다. 그러니 우리는 걱정하지 말고 즉시 도망쳤다가 역병이 사라지면 돌아오너라. 우리가 너를 위해 집안에 사십억의 보물을 묻어두었단다. 돌아와서 그 보물을 찾아서 살아가거라."

부모의 유언에 아들은 소리 내어 울면서 작별 인사를 하고 담장을 넘어 죽음으로부터 도망쳤다. 그리고 산속 밀림에서 12년을 살다가 돌아왔다.

그가 도망칠 때는 소년이었는데 돌아올 때는 머리와 수염이 길게 자란 청년이 됐기 때문에 아무도 그를 알아보는 자가 없었다. 그는 부모가 보물을 묻고 표시해 둔 곳에 가보았다. 보물은 누가 손댄 흔적 없이 안전했다.

'여기는 나를 알아보는 자가 아무도 없다. 내가 이 보물을 꺼내 쓰기 시작하면 사람들은 '어떤 거지가 보물을 도굴했다.'라고 말할 것이다. 그러면 절도죄로 붙잡혀 재산을 압수당하고 곤욕을 치를 것이다. 일단 막일이나 하면서 생계를 꾸려나가야겠다.'

그는 다 떨어진 옷을 입고 일꾼들의 숙소로 가서 물었다.

"일꾼이 필요한 사람 있습니까?"

일꾼들이 그를 보고 말했다.

"우리를 위해 한 가지 일을 해 주면 급료를 지불하겠네."

"어떤 일입니까?"

"일꾼들에게 그날 할 일을 지시하는 것이라네. 그러니까 아침 일찍 일어나서 돌아다니며 '일어나시오. 수레를 끌고 와서 소에 멍에를 메시오. 코끼리와 말을 끌고 풀밭에 갈 시간이오. 여자들도 일어나서 밥을 짓고 고깃국을 끓이시오.'라고 일꾼들에게 소리치는 일이라네."

"좋습니다."

그 일을 하겠다고 하자 일꾼들은 그가 살 집을 마련해 주었다. 그는 매우 열심히 일하기 시작했다.

빔비사라 왕에게는 목소리를 들으면 그 사람의 운명을 알 수 있는 특이한 능력이 있었다. 어느 날 왕은 그의 목소리를 듣고 말했다.

"저 목소리는 부자의 목소리인데?"

왕을 가까이서 보필하는 여자 시종장이 이 말을 듣고 생각했다.

'왕이 지시하지 않아도 이것은 조사해 볼 필요가 있다.'

그녀는 부하를 시켜 지시했다.

"가서 그가 누구인지 알아보아라."

부하는 즉시 달려 나가 그를 살펴본 후 돌아와서 보고했다.

"그는 일꾼들에게 고용된 일꾼으로 가족도 없는 외롭고 가난한 사람입니다."

왕은 이 보고를 듣고 아무 말이 없었다. 그러나 다음 날도 그 다음 날도 그의 목소리를 들은 왕은 의혹에 가득 찬 목소리로 똑같은 말을 반복했다.

왕이 날마다 똑같은 말을 반복하자 여자 시종장은 계속해서 부하를 보내 조사했지만, 보고 내용은 매번 똑같은 것이었다.

"그는 가난한 사람입니다."

그녀는 곰곰이 생각에 잠겼다.

'매번 왕은 '그는 가난한 사람입니다.'라는 보고를 들으면서도 믿지 않고 '저 목소리는 부자의 목소리인데?'라고 하면서 이해할 수 없다는 표정이다.

여기에는 필시 무슨 이유가 있을 것이다. 사실을 밝혀 봐야겠다.'

그녀는 왕에게 말했다.

"폐하, 제게 돈 천 냥을 주십시오. 제가 딸을 데려가서 그의 재산을 모두 왕궁으로 실어오게 하겠습니다."

왕은 돈 천 냥을 그녀에게 주었다. 그녀는 이 돈을 들고 딸에게 다 떨어진 옷을 입혀 왕궁을 나섰다. 그녀는 여행자로 가장하고 일꾼들의 집들이 모여 있는 곳으로 갔다. 그녀는 그중 한 집에 들어가 안주인에게 말했다.

"아주머니, 우리는 여행 중입니다. 여기서 하루나 이틀 머물다 갈 수 없겠습니까?"

"이 집에는 많은 사람이 살고 있습니다. 여기서 머물러도 상관없지만, 꿈바고사까가 혼자 살고 있어서 집이 텅 비어 있으니 그리로 가시는 게 좋을 듯합니다."

그녀는 꿈바고사까의 집으로 가서 말했다.

"젊은이, 우리는 여행 중입니다. 여기서 하루나 이틀 머물 수 있겠습니까?"

그는 그녀의 요청을 거절했다. 그녀가 여러 번 간청했지만, 소용없었다. 그녀는 다시금 애원하듯이 간절하게 말했다.

"오늘 딱 하루만 머물 수 없겠습니까? 내일 아침 일찍 떠나도록 하겠습니다."

결국 허락을 받아낸 그녀와 딸은 그 집에 머물게 됐다. 다음 날 꿈바고사까가 숲속으로 일을 나가기 위해 집을 나설 때 그녀가 말했다.

"우리가 여기서 요리를 해도 되겠지요? 그대의 아침식사를 준비해 줄 테니 쌀과 반찬 살 돈을 주고 가세요."

"제 식사는 직접 만들어 먹을 테니 신경쓰지 마십시오."

그녀가 계속 졸라대자 그는 어쩔 수 없이 그렇게 하라고 했다. 그녀는 가게에 가서 요리 기구와 가장 비싼 쌀을 사가지고 왔다. 그녀는 궁중에서 요리했던 솜씨를 발휘해 밥을 짓고 찌개와 두세 가지 반찬을 맛있게 만들었다. 꿈바고사까가 숲에서 일을 마치고 돌아오자 그녀는 식사를 차려주었다.

그는 오랜만에 맛있게 식사하자 기분이 좋아졌다. 이때를 노려 그녀가 말했다.

"젊은이, 긴 여행길에 피곤하고 힘들어 그러는데 하루나 이틀 더 쉬어가도 될까요?"

"그렇게 하시지요."

저녁에도 그 다음 날에도 그녀는 아주 맛깔스러운 궁중요리를 해 주었다. 그녀는 그의 마음이 부드러워졌다는 것을 알고 말했다.

"젊은이, 우리 여기서 며칠 더 머물러야겠습니다."

그녀는 그 집에 아예 눌러앉을 계획에 착수했다. 어느 날 그녀는 예리한 칼로 침대 틀을 묶고 있는 끈을 여러 군데 잘라놓았다. 그가 돌아와 침대에 눕자 침대 한쪽이 내려앉았다.

"이 침대가 왜 이 모양으로 잘려져 있지?"

"어린 아이들이 몰려와서 침대 위에서 뛰어노는 것을 막을 수가 있어야지요."

"당신 때문에 이런 골칫거리가 자꾸 일어나는 겁니다. 당신이 오기 전에는 밖에 나갈 때 문을 잠그고 나갔기 때문에 이런 일이 안 일어났죠."

"제가 어떻게 할 수 있었겠어요? 그 아이들을 막을 방도가 없었어요."

그녀는 사흘 동안 계속해서 침대의 끈을 끊어버렸다. 그가 흥분해서 화내고 비난해도 그녀의 대답은 마찬가지였다.

그녀는 이제 끈을 한두 개 남기고 다 끊어버렸다. 그날 밤 그는 침대에 눕자마자 침대가 완전히 부서져나가는 바람에 바닥에 내동댕이쳐졌다. 그가 벌떡 일어나며 말했다.

"이제 어떻게 해야 하나? 이제 어디서 자야 하나? 이제 누울 침대 하나 없구나."

"젊은이, 이웃집 아이들이 들어오는 것을 도저히 막을 수 없었어요. 하지만, 걱정하지 말아요. 어디 잠잘 곳이 있는지 찾아봅시다."

그녀는 딸에게 말했다.

"애야, 네 오빠가 잘 수 있도록 곁을 좀 내주렴."

그녀의 딸은 침대 한쪽으로 누우면서 꿈바고사까에게 말했다.

"이쪽으로 와서 누우세요."

어머니도 그에게 눕기를 권했다.

"젊은이, 가서 누이동생 옆에 누우세요."

그래서 꿈바고사까는 소녀와 같은 침대를 사용하게 됐다. 그날 밤 그는 소녀와 사랑을 나누었다. 다음 날 소녀가 울음을 터뜨리자 어머니가 물었다.

"딸아, 왜 우느냐?"

"엄마, 그와 사랑을 나누었어요."

"무슨 대단한 일도 아니구나. 어차피 너도 남편이 있어야 하고 그도 아내가 있어야 하는데 잘됐구나."

그녀는 꿈바고사까를 사위로 삼았고 꿈바고사까와 그녀의 딸은 함께 살게 됐다.

며칠 후 그녀는 왕에게 사람을 보내 말을 전했다.

"'일꾼들이 일하는 곳에서 축제를 열 것이니 축제를 즐기지 않는 자는 엄벌에 처한다.'라고 포고령을 내리십시오."

왕은 그녀의 말대로 했다. 장모가 꿈바고사까에게 말했다.

"이보게 사위, 왕이 일꾼들이 일하는 곳에서 축제를 여는데, 축제를 즐기지 않는 이는 엄벌에 처한다고 명령을 내렸다는데, 이제 우리 어떻게 하지?"

"장모님, 저는 하루 벌어 하루 살아가고 있습니다. 제가 어떻게 해야 합니까?"

"이보게 사위, 자기 집을 가지고 있는 사람은 돈을 빌릴 수 있다네. 왕의 명령은 어길 수 없지만 빚은 어떻게 해서든 갚을 수 있다네. 어디서 동전 한두 냥 얻어오게나."

꿈바고사까는 이 말에 용기를 내어 40억 냥의 보물이 숨겨져 있는 곳으로 가서 동전 한 냥을 꺼내서 가져왔다. 장모는 그 돈을 왕에게 보내고 자신이 가진 돈으로 축제에 참석했다. 또 며칠 후 그녀는 왕에게 똑같은 말을 전했다. 왕은 또 명령을 내렸다.

"일꾼들이 일하는 곳에서 축제를 열 것이며, 축제를 즐기지 않는 이는 엄벌에 처한다."

또다시 꿈바고사까는 전과 똑같이 돈을 빌려오라는 장모의 등쌀에 떠밀려 보물이 감춰진 곳에 가서 동전 석 냥을 가져와 그녀에게 주었다. 그녀는 그 동전 석 냥을 다시 왕에게 보냈다. 며칠이 지나자 그녀는 왕에게 또 다른 전언을 보냈다.

"부하들에게 명을 내려 꿈바고사까를 소환해서 전하 앞에 대령시키라고 하십시오."

왕의 부하들이 와서 그를 찾기 시작했다.

"누가 꿈바고사까인가?"

그들이 꿈바고사까를 보고 말했다.

"이보시오, 전하께서 당신을 부르십니다. 함께 가실까요?"

꿈바고사까는 왕이 부른다는 소리에 두려워 가지 않겠다고 버텼다.

"전하께서 저 같은 하찮은 인간을 어찌 알겠습니까? 사람을 잘못 보신 것이 아닙니까?"

왕의 부하들은 그를 붙잡아 손과 발을 양쪽에서 들고 강제로 데리고 갔다. 장모가 그것을 보고 왕의 부하들에게 악을 쓰며 말했다.

"이 파렴치한 불한당들아! 내 사위가 무슨 잘못이 있다고 붙잡아 간단 말이냐!"

그리고는 꿈바고사까를 돌아보며 말했다.

"여보게, 두려워하지 말고 따라가 보게나. 내가 있잖은가! 내가 왕을 알현하고 그대를 붙잡은 이 불한당들의 손발을 잘라버리라고 하겠네."

그녀는 딸을 데리고 앞장서서 왕궁으로 갔다. 왕궁에 도착한 그녀는 관복으로 갈아입고 장신구를 달고 화려하게 치장하고서 왕의 옆에 가서 섰다.

왕의 부하들이 꿈바고사까를 질질 끌고 와서 왕 앞에 부복시켰다. 꿈바고사까가 왕에게 예를 올리고 일어서자 왕이 물었다.

"그대가 꿈바고사까인가?"

"그렇습니다, 폐하."

"그대는 왜 많은 재산을 가지고 있으면서 없는 것처럼 속이는가?"

"폐하, 제게 무슨 재산이 있다고 그러십니까? 저는 그날 벌어 그날 살아가는 막일꾼입니다."

"거짓말 하지 마라. 왜 속이려고 드는가?"

"속이지 않습니다, 폐하. 저는 돈이라고는 땡전 한 푼도 없습니다."

그러자 왕은 동전 몇 개를 보여주며 그에게 물었다.

"이 돈은 어디서 났는가?"

꿈바고사까는 그 돈들을 알아보고 생각했다.

'아이고! 이젠 망했다! 이 돈이 어떻게 왕의 손에 들어갔지?'

그는 주위를 둘러보다가 두 여인이 화려하게 보석이 박힌 옷을 입고 왕의 옆에 서 있는 것을 보았다.

'이들이 비밀리에 꾸민 계략에 넘어갔구나! 이 여인들은 왕의 사주를 받은 자들이다.'

왕이 그에게 말했다.

"말하라. 이렇게 속이는 이유가 무엇인가?"

"폐하, 이 세상에 제가 믿고 의지할 만한 사람이 아무도 없습니다."

"그대가 믿고 의지할 만한 사람 중에 나만한 사람이 있을까?"

"폐하께서 저의 의지처가 되어주신다면 저로서는 가장 든든한 우군을 얻은 셈입니다, 폐하."

"내가 바로 그대의 우군이다. 도대체 그대의 재산은 얼마나 되는가?"

"40억 냥입니다, 폐하."

"그대의 재산을 이리로 운반해 오려면 무얼 보내야 하지?"

"수레가 좋겠습니다, 폐하."

왕은 수백 대의 수레를 보내서 꿈바고사까의 재산을 가져와 궁전 앞뜰에 쌓게 했다. 그리고서 라자가하의 시민들을 모아놓고 물었다.

"이 도시에 이만한 재산을 소유한 사람이 있소?"

"없습니다, 폐하."

왕은 그에게 최고의 서훈敍勳을 내리고 재정관에 임명했다. 그리고 공주와 결혼시켜 사위로 삼았다.

왕은 꿈바고사까를 데리고 부처님께 가서 삼배를 드리고 말씀드렸다.

"부처님이시여, 이 사람을 보십시오. 지혜로 따지면 이 사람만한 사람도 없습니다. 그는 40억 냥의 보물을 가지고 있었지만 전혀 우쭐대지 않고 가진 자의 티를 내지 않았으며, 자만심으로 의기양양해 하지도 않았습니다. 마치 가난한 사람처럼 다 헤진 옷을 입고 일꾼들의 숙소에서 막노동꾼으로 살았습니다. 제가 이 사실을 알고 숨겨놓은 보물을 그의 재산으로 인정하고 왕궁으로 옮겨오게 했습니다. 그리고 대재정관에 임명하고 제 딸과 결혼시켰습니다. 저는 이렇게 현명한 사람을 처음 봅니다."

왕의 이야기를 듣고 부처님께서 말씀하셨다.

"대왕이여, 그와 같은 삶이 올바른 삶입니다. 도둑과 악한 자들의 행위는 살아있을 때에도 자신을 마음 졸이게 하고 죽어서도 불행한 곳으로 끌고 갑니다. 재산이 없는 사람은 농사짓거나 고용되어 일하고 사는 것이 올바

른 삶입니다. 그런 사람은 온 힘을 다해 힘써 노력해야 합니다. 항상 알아차
리고 몸과 말과 생각을 깨끗이 하고 지혜를 가지고 주의깊게 행동해야 합
니다. 몸과 말과 생각을 힘써 자제하고 올바르게 살려고 노력하고 결코 알
아차림을 놓아버리지 말아야 합니다. 그런 사람에게 부귀와 명예는 점점
커질 것입니다."

그렇게 말씀하시고 부처님께서는 게송을 읊으셨다.

힘써 노력하고
주의깊게 알아차리며
청정한 행위를 하고
현명하게 생각하는 사람,
절제하며
바르게 생계를 유지하고
늘 깨어있는 사람,
그런 사람의 명성은 더욱 커지리라.(24)

이 게송 끝에 꿈바고사까는 수다원과를 성취했다.

세 번째 이야기
쭐라빤타까 장로의 깨달음219)

부처님께서 웰루와나 사원에 계실 때 쭐라빤타까220)와 관련해서 게송
25번을 설하셨다.

쭐라빤타까의 탄생

라자가하에 사는 부유한 상인의 딸이 나이가 차서 성숙해지자 부모는 그
녀를 7층 꼭대기 방에 살게 하고 지나칠 정도로 보호하고 감시했다. 그럼에
도 불구하고 그녀는 젊음의 열기와 성욕을 참지 못하여 하인과 사랑을 나
누었다. 그녀는 자신의 부도덕한 행위를 남들이 알게 될까 봐 두려워 남자
에게 말했다.

"우리는 이제 여기서 더 이상 살 수 없어요. 아버지 어머니가 알게 되면

---

219) 이 이야기는 쭐라까셋티 자따까(Cullakaseṭṭi Jātaka, J4) 서문에서 유래
한다. 하지만, 자따까의 본문과 쭐라빤타까의 과거생 이야기는 다르다.
220) 쭐라빤타까Cūlapanthaka: 80명의 대장로 중의 한 분이며, 마음으로 만든
몸을 창조하는 데 제일이다. 그는 길 위에서 태어났기 때문에 빤타까
panthaka(길)라는 이름을 얻었다. 여기 법구경 주석서에 그가 깨달음을
얻는 과정이 자세히 설명되어 있다. 그는 빠두뭇따라 부처님 당시에 재가
불자였는데 비구 중 한 분이 마음으로 수많은 분신分身을 창조하는 것을
보고 자기도 그렇게 되겠다고 서원을 세웠다고 한다. 그는 깟사빠 부처님
당시에 출가해 흰색까시나(odātakasiṇa) 수행을 2천년 동안 했다고 한다.
쭐라빤타까 장로는 색계선정(rūpajjhāna)과 사마타 수행에서 최고였으
며, 형 마하빤타까 장로는 무색계 선정(arūpajjhāna)과 위빳사나 수행에
서 최고였다. 다른 비구들은 분신을 한두 명 정도밖에 창조하지 못하지만,
그는 한 번에 모양이 전혀 다른 천 명의 분신을 창조할 수 있었으며 창조
한 분신들이 모두 각각 다른 일을 할 수 있었다고 한다. 비유경(譬喩經,
Apadāna)에 따르면 그는 18세에 출가했다고 한다. 우다나(Ud5.10)에는
부처님께서 그를 칭찬하는 게송이 실려 있다.

사지를 찢어버리고 말 거예요. 우리 멀리 도망가서 함께 살아요."

그들은 몇 가지 필요한 짐만 챙겨 집을 떠났다.

"우리를 알아보는 사람이 아무도 없는 곳으로 가서 살면 문제없을 거야."

그렇게 해서 함께 길을 떠난 두 사람은 긴 여행 끝에 한 마을에 정착해서 살게 됐다. 그리고 얼마 후 그녀는 임신했다. 출산일이 가까워지자 그녀는 남편과 상의했다.

"일가붙이 한 명 없는 곳에서 아이를 낳게 되면 너무 힘들 거예요. 친정으로 가서 아이를 낳는 게 좋겠어요."

남편은 처갓집에 가면 살아남지 못할까 두려워 '오늘 갑시다.' '내일 갑시다.'하면서 차일피일 출발을 미뤘다.

젊은 아내는 생각했다.

'이 바보는 자기가 큰 죄를 저질렀다는 것을 알고 감히 갈 엄두를 못 내는구나. 하지만, 부모는 자식들이 잘 되기만을 바라지 않는가? 남편이 가든 안가든 나는 가야겠다.'

그녀는 남편이 외출한 사이 이웃에 친정집에 다녀온다고 말하고 짐을 챙겨 길을 떠났다. 남편이 집에 돌아와서 아내가 보이지 않자 이웃에 아내의 행방을 물었다. 그녀가 친정집에 갔다는 말을 듣고 황급히 뒤쫓아 가서 함께 친정으로 향했다. 그런데 가는 도중에 아내가 길에서 아이를 낳았다.

"여보, 아들이요, 딸이요?"

"아들이에요."

"이제 어떡하지?"

"아이를 낳았으니 친정에 갈 필요가 없어졌어요. 이제 집으로 돌아가요."

부부는 돌아가는 것이 최선이라고 생각하고 집으로 돌아갔다. 그들은 아이의 이름을 길에서 태어났다고 해서 빤타까(길)라고 지었다. 얼마 지나지 않아 그녀는 둘째 아이를 가졌다. (첫째 아이를 낳을 때와 똑같은 일이 벌어졌다.) 둘째 아이도 길에서 태어났기 때문에 그들은 큰아이를 마하빤타까라고 부르고 둘째 아이를 쭐라빤타까라고 불렀다. 그들은 두 아이를 데리고 자기들의 보금자리로 되돌아갔다.

마하빤타까가 자라서 소년이 됐을 때 그는 다른 아이들이 삼촌, 할아버지, 할머니에 대해 이야기하는 것을 듣고 어머니에게 물었다.

"어머니, 다른 아이들은 할아버지와 할머니에 대해 이야기하는데 우리는 친척이 없어요?"

"아들아, 우리에게도 친척이 있단다. 라자가하에 부자 상인 할아버지와 많은 친척이 살고 있단다."

"우린 왜 거기 안 가요, 어머니?"

그녀는 적당히 얼버무릴 수밖에 없었다. 하지만 아들이 자꾸 똑같은 질문을 되풀이하자 그녀는 결국 남편에게 말했다.

"애들 때문에 피곤해 죽겠어요. 우리 이제 아이들을 데리고 친정에 가보는 게 어때요? 아버지 어머니가 설마 우리를 잡아먹기라도 하겠어요?"

"나는 감히 직접 만나지 못하겠소. 하지만, 거기까지 데려다 줄 수는 있소."

"좋아요, 라자가하에 가서 부모님을 만나볼 수 있는 좋은 방법을 찾아봐요."

그들은 아이들을 데리고 라자가하로 가서 성문 근처에 있는 여행자 숙소에 머물렀다. 그녀는 심부름꾼을 시켜 친정 부모에게 자신과 아이들이 라자가하에 왔다는 말을 전했다. 친정 부모는 이 소식을 듣고 생각했다.

'수없는 윤회를 지나오면서 아들이나 딸이 돼보지 않은 적이 없었다. 그러나 딸년이 우리에게 준 상처가 너무 깊어 두 번 다시 보기 싫다. 딸년에게 어디 가서 먹고 살 만한 돈을 주어 보내버리자. 그러나 애들은 무슨 죄가 있겠는가? 이리로 보내라고 해서 우리가 기르도록 하자.'

친정 부모는 딸에게 돈을 보냈다. 두 사람은 보내온 돈을 받고 아이들을 친정 부모에게 보냈다. 그래서 아이들은 외할아버지 집에서 자라나게 됐다.

쭐라빤타까는 너무 어렸지만 마하빤타까는 할아버지를 따라가 부처님께 가서 법문을 듣곤 했다. 자주 법문을 듣게 되자 마하빤타까는 출가하고픈 생각이 일어나 할아버지에게 말했다.

"허락하신다면 출가하고 싶어요."

"애야, 그게 정말이냐? 네가 출가한다는 말만큼 나를 기쁘게 하는 말도 없단다. 출가를 허락해 달라고? 암, 하고말고. 출가를 허락하마."

비구가 된 쭐라빤타까

할아버지는 마하빤타까를 데리고 부처님께 다가가 삼배를 올리자 부처님께서 말씀하셨다.

"장자여, 손자를 얻었는가?"

"부처님이시여, 그렇습니다. 제 손자가 부처님께 출가하고 싶다고 합니다."

부처님은 탁발하며 두타행을 하는 장로에게 아이를 출가시키라고 지시했다. 장로는 수행주제로 몸의 32부분 중에서 처음 다섯 가지를 가르치고 나서 머리를 깎아주고 출가시켰다. 소년은 여러 안거를 지내면서 경전을 외우고 비구계를 받고 바른 마음가짐으로 열심히 수행 정진해 아라한이 됐다.

마하빤타까[221]가 무색계 선정에 들어 행복을 즐기거나 열반을 대상으로

---

221) 마하빤타까Mahāpanthaka: 쭐라빤타까의 형이며 라자가하에 사는 다나셋티의 손자였다. 그는 무색계 선정(arūpajjhāna)에서 최고였으며 그래서 인식의 전개에 능숙한(saññāvivaṭṭakusalānaṃ)자 가운데 제일이다. 그는 빠두뭇따라Padumuttara 부처님 당시에 부처님께서 어떤 비구에게 이 분야에 제일이라고 칭찬하는 것을 듣고 자신도 그렇게 되기를 서원했

하는 과果삼매에 들어 행복 속에 세월을 보내다가 문득 동생에게 생각이 미쳤다.

'쭐라빤타까에게도 이런 행복을 경험하게 하는 것이 어떨까?'

그는 할아버지에게 가서 말했다.

"장자여, 허락해 주신다면 쭐라빤타까를 출가시키고 싶습니다."

"좋습니다, 스님. 당장 출가시키시오."

장자는 부처님의 가르침에 깊은 믿음을 가지고 있기도 했지만, 사람들이 '이 두 아이는 외손자입니까?'라고 물으면 '도망친 딸의 아들들입니다.'라고 말하기가 부끄러워서 출가하는 것을 기쁘게 허락했다고 한다.

마하빤타까는 동생 쭐라빤타까를 출가시켰다. 그러나 쭐라빤타까는 머리가 둔해 출가 후 4개월 동안 경전 한 구절도 외우지 못했다.

이른 아침 붉은 연꽃이 향기를 머금고 꽃을 피우듯이
하늘에 밝게 빛나는 태양처럼 눈부시게 빛나는 부처님을 보라!

위없는 깨달음을 얻으신 깟사빠 부처님 시대에 그는 지혜가 뛰어난 사람이었다. 그는 출가해 비구가 된 후 머리는 모자라지만 열심히 경전을 배우려고 노력하는 한 비구를 멍청이라고 놀리고 조롱했다. 조롱받은 비구는 더 당황해서 게송 한 구절도 외우지 못했다. 이 과보로 쭐라빤타까는 멍청이로 태어나 한 문장을 외우면 앞에 외웠던 문장을 잊어버렸다. 그가 이 게송을 외우려고 애쓰는 동안 4개월이 지나갔다.

마하빤타까가 동생 쭐라빤타까에게 말했다.

"쭐라빤타까야, 부처님 가르침을 배우는 것은 네 능력으로는 불가능하다. 4개월 동안 한 게송도 외우지 못했는데 어떻게 깨달음을 성취할 수 있겠느냐? 사원을 떠나 세속으로 돌아가거라."

───────────────

다고 한다.

형은 동생에게 집으로 돌아가라고 했지만 쭐라빤타까는 부처님 가르침에 신심이 있어서 세속으로 돌아가고 싶지 않았다.

그때 마하빤타까 장로는 공양청이 들어오면 비구들에게 알리고 배정하는 소임을 보고 있었다. 어느 날 지와까 꼬마라밧짜222)가 많은 꽃과 여러 종류의 향수를 가지고 지와까 망고 사원223)으로 가서 부처님께 꽃과 향을 올리고 삼배를 드리고 법문을 들었다. 그는 법문을 듣고 나서 부처님께 삼배를 드리고 자리에서 일어나 마하빤타까 장로에게 다가가 여쭈었다.

---

222) 지와까 꼬마라밧짜Jīvaka Komārabhacca: 그는 부처님 당시 중국의 화타에 버금가는 유명한 의사였다. 그는 라자가하의 기생 살라와띠Sālavatī의 아들로 태어났으며 아바야 왕자Abbayarājakumāra에게 입양됐다. 그는 자신의 출생 비밀을 알게 되자 몰래 딱까실라Takkasila로 가서 7년간 의학수업을 받았으며 최고의 명의가 되어 빔비사라 왕과 부처님과 스님들의 주치의가 됐다. 지와까는 유명해지자 많은 환자들을 치료하느라 항상 바빴다. 하지만 바쁜 와중에도 스님들에 대한 치료를 게을리하지 않았다. 그러자 많은 사람이 임시로 출가해 병을 치료하고 환속하는 일이 많았다. 그래서 그는 부처님께 나병, 종양, 피부병, 결핵, 간질병 등이 있는 사람은 출가시키지 말도록 요청했고, 부처님께서는 그의 요청에 따라 이를 금했다. 그는 수다원과를 얻고 부처님을 하루에 두 번 친견하고 싶었으나 웰루와나가 너무 멀어 자신의 집 가까이에 있는 자기의 망고 숲 ambavana에 사원을 지어 승단에 기증했다. 부처님께서는 그를 '사람들에 의해서 사랑받는 자 가운데 제일(aggm puggalappasannānaṃ)'이라고 칭송하셨다. 율장 대품 제8 가사 편에 지와까의 일대기가 자세히 언급돼 있다.

223) 지와까 망고 숲Jīvakāmbavana: 지와까 소유의 망고 숲으로 라자가하에 있다. 그는 이곳에 사원을 지어 승단에 기증했다. 아자따삿뚜 왕이 부처님을 방문하고 사문과경(Sāmaññaphala Sutta, D2)을 들은 곳이다. 이 망고 동산은 맛다꿋치Maddakucchi에서 가까이 있다. 맛다꿋치는 깃자꾸따 아래에 위치한 야생동물 보호구역으로 부처님께서 이곳을 지나시다가 데와닷따가 굴린 바위에서 나온 파편으로 발을 다친 곳이다. 이때 부처님께서는 지와까 망고 숲에 있는 사원으로 옮겨져 지와까의 치료를 받았다.

"존자님, 이 사원에 부처님과 함께 살고 있는 스님이 몇 분이나 됩니까?"

"500분입니다."

"존자님, 내일 부처님과 스님들을 모시고 저희 집에 오셔서 공양하시기 바랍니다."

"재가신도여, 쭐라빤타까는 어리석고 멍청하고 지혜가 성숙될 가능성조차 없습니다. 그를 빼고 나머지 모든 스님을 모시고 가도록 하겠습니다."

쭐라빤타까는 이 말을 듣고 생각했다.

'장로는 모든 스님의 공양청을 받아들이면서 고의적으로 나를 제외시켰다. 의심할 여지없이 형의 애정은 식어버렸다. 여기에 머문들 무슨 이익이 있겠는가? 재가자의 삶으로 돌아가서 공양이나 올리고 공덕이나 쌓으면서 한세상 살다 가야겠다.'

그는 다음 날 아침 일찍 환속할 생각으로 방문을 나섰다. 아침 일찍 부처님께서도 세상을 살피다가 형제의 일을 아시고 쭐라빤타까가 나서고 있는 산문으로 미리 가서 경행하고 계셨다.

쭐라빤타까가 사원 문을 나가다가 부처님이 계신 것을 보고 다가가 인사를 올리자 부처님께서 말씀하셨다.

"쭐라빤타까여, 이 시간에 어디를 가는가?"

"부처님이시여, 형이 저를 승단에서 쫓아냈습니다. 그래서 지금 세속으로 돌아가는 중입니다."

"쭐라빤타까여, 내가 직접 너의 출가를 받아주었는데, 네 형이 너를 추방했을 때 왜 내게 찾아오지 않았느냐? 재가자로 되돌아가는 것이 무슨 이익이 있겠느냐? 그러지 말고 여기 남아 있거라."

부처님은 법륜이 그려진 손으로 쭐라빤타까의 머리를 부드럽게 쓰다듬어주셨다. 부처님은 그를 데리고 간다꾸띠[224]로 가서 신통으로 아주 깨끗

---

224) 간다꾸띠Gandhakuṭi(如來香室): gandha(향기) + kuṭi(오두막집)의 합성어이다. 제따와나 사원(祇園精舍)에 있던, 부처님이 사셨던 방이 하나뿐

한 천을 만들어 주면서 말씀하셨다.

"쭐라빤타까야, 여기에서 얼굴을 동쪽으로 하고 앉아서 '라조 하라낭 *rajoharaṇaṁ*[225]'이라고 외우면서 이 천 조각을 들고 손으로 비비도록 해라."

공양청에 나갈 시간을 알리는 소리가 들리자 부처님께서는 대중스님들과 함께 지와까의 집으로 가서 준비된 자리에 앉으셨다.

쭐라빤타까는 태양을 마주보고 앉아 천을 문지르면서 '라조하라낭, 라조하라낭'을 외웠다.

천을 문지르자 얼룩이 지면서 더러워졌다.

'이 천 조각이 전에는 아주 깨끗했는데 이제 더러워졌다. 내가 이렇게 문질러서 본래의 깨끗한 성질을 잃어버리고 더러워졌다. 아! **조건에 의해 생겨난 모든 것은 무상하구나**!(諸行無常).'

그는 일어남과 사라짐을 관찰하고 지켜보면서 위빳사나 지혜를 키워나갔다. 부처님께서는 쭐라빤타까에게 위빳사나 지혜가 일어난 것을 아시고 지와까의 집에 앉아 계신 채로 쭐라빤타까 앞에 광명의 몸을 나투시고 말씀하셨다.

"쭐라빤타까여, 천 조각만이 때로 인해 더러워지고 얼룩지는 것은 아니다. 네 안에도 탐욕과 성냄과 어리석음의 때가 있다. 이것들을 제거하여라."

인 건물이다. 많은 신도가 꽃과 향을 가져와 부처님께 올려 항상 향기가 났기 때문에 간다꾸띠로 불렸다. 나중에는 다른 사원에서도 부처님의 머무시는 방을 모두 간다꾸띠라고 불렀다. 붓다왐사Buddhavaṁsa(佛種姓經) 주석서(BuA. 247)에 의하면 제따와나 간다꾸띠 안에 있는 부처님 침대 자리는 모든 부처님의 침대가 놓이는 불변의 자리(avijahiṭṭhānāṁ)라고 말하고 있다.

225) 라조하라낭rajoharaṇaṁ: '먼지, 때'를 뜻하는 rajo와 '나르다, 운반하다'를 뜻하는 harati의 파생명사인 haraṇa의 합성어이다. 그래서 '먼지 닦기, 때 닦기'로 번역할 수 있다. 미얀마 번역본에서는 '때를 닦자.' 또는 '때를 닦는 천'이라고 번역하고 있다.

부처님께서는 이렇게 말씀하시고 게송을 읊으셨다.

때는 몸에 낀 때만을 말하지 않네.
때는 탐욕의 다른 이름
탐욕이 없는 청정한 나의 교단에서
비구들은 탐욕이라는 마음의 때를 제거하며 살아가네.

때는 몸에 낀 때만을 말하지 않네.
때는 분노의 다른 이름
분노가 없는 청정한 나의 교단에서
비구들은 분노라는 마음의 때를 제거하며 살아가네.

때는 몸에 낀 때만을 말하지 않네.
때는 어리석음의 다른 이름
어리석음이 없는 청정한 나의 교단에서
비구들은 어리석음이라는 마음의 때를 제거하며 살아가네.

이 게송 끝에 쭐라빤타까는 사무애해를 갖춘 아라한이 됐고 삼장에 능통하게 됐다.

그가 과거생에 왕이었을 때 성을 공식적으로 순회하는 공식 행사가 있었다. 이때 이마에 흐르는 땀을 깨끗한 수건으로 닦자 수건이 더러워지는 것을 보고 생각했다.

'이 몸 때문에 깨끗한 수건이 이전의 깨끗한 성질을 잃어버리고 더러워졌다. 아! 모든 조건지어진 것은 무상하구나!'

그때 그는 무상에 대한 인식을 얻었다. 그는 과거의 원인과 '라조하라낭'을 외우는 수행으로 마음의 때를 제거하고 해탈하게 된 것이다.

지와까 꼬마라밧짜가 부처님 발우에 청수를 따라드리려 하자 부처님께서 발우를 손으로 덮으시면서 말씀하셨다.

"지와까여, 사원에 남아 있는 스님은 없는가?"

마하빤타까가 대답했다.

"부처님이시여, 사원에 남아 있는 스님이 아무도 없습니다."

"지와까여, 사원에 남아 있는 스님이 있다."

"제가 알아보겠습니다."

지와까는 하인에게 지시했다.

"사원에 가서 스님이 혹시 남아 있는지 알아보고 오너라."

그때 쭐라빤타까는 신통으로 이 일을 알아차리고 생각했다.

'형은 사원에 남아 있는 스님이 아무도 없다고 말했다. 내가 사원에 스님이 남아 있다는 것을 보여줘야겠다.'

그는 즉시 신통으로 분신分身을 창조해 망고사원을 가득 채웠다. 몇 명은 가사를 만들고 몇 명은 가사를 염색하고 다른 이는 경전을 암송하고 있었다. 이렇게 쭐라빤타까는 신통으로 각각 다른 모습으로 다른 일을 하고 있는 천 명의 분신을 창조했다.[226] 그래서 지와까의 하인이 사원에 와서 많은 스님이 있는 것을 보고 돌아가 지와까에게 보고했다.

"주인님, 망고사원이 스님들로 꽉 차 있습니다."

쭐라빤타까 장로가 천 명의 분신을 만들고서
자신을 부르러 갈 때까지 아름다운 망고사원에 앉아있구나.

부처님께서 하인에게 말씀하셨다.

"사원에 가서 '부처님께서 쭐라빤타까를 부르십니다.'라고 말하여라."

하인은 사원에 가서 그렇게 소리치자 천 명의 목소리가 동시에 외쳤다.

"내가 쭐라빤타까다! 내가 쭐라빤타까다!"

하인이 돌아와서 보고했다.

---

226) 청정도론 제12장 신통변화(Vis12,60-66)에서 쭐라빤타까 장로를 하나인 상태에서 여러 몸을 창조하는 신통의 예로 언급하고 있다.

"부처님이시여, 그곳에 있는 스님 모두가 '내가 쭐라빤타까다.'라고 말하고 있습니다."

"그러면 가서 '내가 쭐라빤타까다.'라고 제일 먼저 말하는 스님을 손으로 붙잡아라. 그러면 나머지는 모두 사라질 것이다."

하인이 사원에 가서 그렇게 하자 천 명의 스님이 모두 사라져버렸다. 쭐라빤타까 장로는 하인과 함께 돌아왔다.

공양이 끝나자 부처님께서 지와까에게 말했다.

"지와까여, 쭐라빤타까의 발우를 받아들어라. 오늘은 그가 그대를 위해 법문을 해줄 것이다."

지와까가 발우를 받아들자 쭐라빤타까는 젊은 사자가 사자후를 토하는 것처럼 삼장을 폭넓게 인용하면서 법문했다. 법문이 끝나자 부처님께서 자리에서 일어나서 대중들과 함께 사원으로 돌아가셨다. 사원에 도착하자 부처님께서는 간다꾸띠 앞에서 비구들에게 법문하시고 대중들을 돌려보내고 간다꾸띠로 들어가셔서 사자처럼 오른쪽 옆구리를 바닥에 대고 누우셨다.

저녁이 되자 비구들이 법당에 모여들었다. 비구들은 붉은 양탄자를 둘러치듯이 앉아 부처님의 불가사의한 능력에 찬사를 보내기 시작했다.

"벗들이여, 마하빤타까는 쭐라빤타까의 잠재적 성향을 이해하지도 못하고 '이 멍청이는 4개월 동안 한 구절의 게송도 외우지 못했다.'고 구박하면서 그를 추방했습니다. 그러나 법왕이신 부처님께서는 밥 한 끼 먹을 동안에 그를 사무애해를 갖추고 삼장을 통달한 아라한이 되게 하셨습니다. 정말 부처님의 지혜는 끝이 없습니다."

부처님께서는 비구들이 이 주제로 법담을 나누고 있다는 것을 아셨다. 부처님께서는 지금 비구들에게 가야 할 때라는 것을 아셨다. 부처님께서는 자리에서 일어나 아랫가사를 걸치고 허리띠를 매고 어깨에 갈색 가사를 걸치고 견줄 바 없는 우아한 모습으로 코끼리처럼 걸어서 법당에 들어가셨다.

부처님께서는 장엄한 붓다의 자리에 오르셔서 유간다라[227] 산봉우리 위로 떠오르는 아침 햇살처럼 몸에서 여섯 색깔의 광명을 놓으시고 심해의 밑바닥까지 땅을 진동시키고서 자리에 앉으셨다.

부처님께서 도착하시자 비구들은 법담을 멈추고 침묵을 지켰다. 부처님께서는 온화하고 자비스러운 마음으로 대중들을 둘러보시고 말씀하셨다.

"비구 대중들이 나의 마음을 무한히 기쁘게 하는구나. 손 하나 까딱하지 않고 발 하나 움직이지 않고 기침소리도 내지 않고 재채기소리도 들리지 않는구나. 비구 대중들은 붓다에 대한 존경심으로 붓다의 위엄 앞에 고요히 마음을 가라앉히고 앉아있구나. 만약 나의 수명이 다할 때까지 여기 앉아서 말하지 않는다면 비구들은 먼저 말하는 것을 자제하며 결코 입을 열지 않을 것이다. 그러니 내가 먼저 말하겠다."

그래서 부처님께서는 범천과 같은 감미로운 목소리로 비구들에게 말씀하셨다.

"비구들이여, 여기 모두 함께 모여 무슨 이야기를 나누고 있었는가? 그대들이 갑자기 중단한 대화의 주제는 무엇인가?"

비구들이 말씀드리자 부처님께서 말씀하셨다.

"비구들이여, 쫄라빤타까가 멍청이였던 적은 이번이 처음이 아니다. 그가 내게 의지했던 것도 이번이 처음이 아니다. 과거생에서도 나는 그의 의지처였다. 과거생에서 나는 그를 부자로 만들어주었다. 금생에서는 그를 세간을 초월하는 출세간의 부자가 되게 했다."

비구들이 그 이야기를 해 달라고 요청하자 부처님께서는 이야기를 시작

---

227) 유간다라Yugandhara: 시네루Sineru(수미산) 산 주위에 있는 일곱 봉우리 중에 하나로 태양이 이 산 위로 떠오른다고 한다. 부처님께서 세 걸음으로 따와띵사Tavatiṁsa(도리천)에 올라가실 때 첫 번째 발로 이 산봉우리를 밟았다고 한다.(게송 181번 이야기)

하셨다.

쭐라빤타까의 과거생 : 유명한 스승, 젊은 제자 그리고 베나레스의 왕

어느 때 베나레스에 사는 젊은이가 유명한 스승 밑에서 학문과 기술을 배우기 위해 딱까실라228)로 갔다. 그는 500명의 제자를 둔 스승 문하에 들어가 스승에게 정성껏 시중을 들었다. 그는 스승의 발을 닦고 향수를 발라 드리는 등 스승에게 할 수 있는 모든 의무를 충심으로 다했다. 하지만, 그는 머리가 둔해서 단 하나의 일도 배우지 못했다. 스승은 깊은 고민에 싸였다.

'이 젊은이는 매우 헌신적이다. 그러니 그에게 한 가지라도 가르쳐야 한다.'

젊은이는 배우려고 열심히 노력하긴 했지만, 단 하나도 배우지 못했다. 오랫동안 단 하나도 배우지 못하자 그는 실망한 나머지 스승에게 집으로 돌아가겠다고 말했다.

스승은 생각에 잠겼다.

'이 젊은이는 오랫동안 헌신적으로 시중을 들었다. 그에게 많은 것을 가르쳐주고 싶지만 불가능하다. 어떻게 해서라도 보답은 해야 하니 주문을

---

228) 딱까실라Takkasilā: 간다라Gandhāra의 수도이며 교육의 도시이다. 특이한 것은 자따까와 주석서에는 자주 언급되는 도시이지만 경에는 나오지 않는다. 꼬살라의 왕 빠세나디, 릿차위족 왕자 마할리, 말라족의 왕자 반둘라가 이곳에서 동문수학했다.(게송 47번) 부처님의 주치의 지와까도 이곳에서 7년간 의술을 배우고 최고의 명의가 됐고, 앙굴리말라 장로도 이곳에서 공부했다. 딱까실라의 학생들은 삼베다(Veda), 18가지 학문 (vijjā)을 배우거나, 궁술(게송 349번), 검도, 코끼리 다루는 기술, 금세공 (게송 235번), 주문(Manta) 등을 배웠다. 빔비사라 왕에 의해 부처님의 출현을 알게 된 딱까실라의 왕 뿍꾸사띠Pukkusāti는 왕위를 버리고 라자가하로 와서 부처님의 가르침을 듣고 아나함과를 성취했다.

만들어서 가르쳐줘야겠다.'

스승은 그를 데리고 숲속으로 들어가서 한 가지 주문을 만들었다.

"못된 짓을 하고 있구나! 못된 짓을 하고 있구나! 왜 그 짓을 하는지 난 다 알지!"

스승은 젊은이에게 이 주문을 가르치고 수백 번 반복하게 했다.

"이제 알겠느냐?"

"알겠습니다. 이제 다 알겠습니다."

스승이 생각했다.

'아무리 멍청해도 몸으로 힘들게 외운 주문은 결코 잊어버리지 않는다.'

스승은 그에게 여비를 주고 떠나보내며 말했다.

"고향으로 돌아가서 이 주문으로 생계를 꾸려나가거라. 주문을 잊어버리지 않으려면 자꾸 반복해야 한다."

그가 집으로 돌아오자 어머니는 매우 기뻤다.

"나의 아들이 공부를 많이 하고 드디어 돌아왔구나. 그를 위해 축하연을 벌여야겠다."

이때 베나레스의 왕은 죄를 저지르거나 잘못을 범하지 않으려고 자신의 생각과 행동과 말에서 어떤 허물이 있는지 관찰해 보고 있었다. 스스로 살펴본 바로는 어떤 부도덕한 행위를 한 적이 없었다. 그렇지만 자신이 모르는 허물이 있을 수도 있다고 생각했다.

'사람들은 남의 결점은 잘 보아도 정작 자신의 결점은 잘 보지 못한다. 도시를 돌아다니면서 사람들이 나에 대해 어떻게 말하는지 들어봐야겠다. 사람들이 저녁을 먹고 앉아서 이런 저런 이야기를 할 때 내가 잘못 통치하고 있다면 "나쁜 왕이 중벌을 내리고 세금을 지나치게 걷어가고 학대하여 도저히 못살겠다."라고 말할 것이다. 반대로 바르게 통치하고 있다면 "우리의 왕이여, 천수를 누리소서!"라고 찬사를 보내며 성군聖君이라고 할 것이다. 황혼녘에 변장하고 돌아다니며 그들이 하는 말을 들어보자.'

그때 도둑들이 굴을 뚫고 들어가 두 집을 털기 위해 두 집 사이에 굴을 파고 있었다. 왕은 어두운 처마 밑에 숨어서 그들이 하는 짓을 지켜보았다. 이 집에는 딱까실라에서 방금 돌아온 젊은이가 살고 있었다. 도둑들이 굴을 다 뚫고 들어가서 훔칠 물건을 찾기 시작했다. 바로 그때 젊은이가 잠결에 주문을 반복하기 시작했다.

"못된 짓을 하고 있구나! 못된 짓을 하고 있구나! 왜 그런 짓을 하는지 난 다 알지!"

도둑들이 이 말을 듣고 두려움에 떨며 외쳤다.

"이 사람은 우리가 무슨 짓을 하는지 다 아는구나. 우리를 붙잡아 죽일지도 모른다."

그들은 공포에 떨며 입고 있는 옷까지도 던져버리고 줄행랑을 놓았다. 왕은 도둑들이 젊은이의 주문을 듣고 도망치는 것을 지켜보고 난 후 성을 한 바퀴 돌고 왕궁으로 돌아왔다.

밤이 지나고 아침이 밝아오자 왕은 부하를 불러서 말했다.

"어느 곳에 가면 굴이 뚫린 집이 있을 것이다. 그 집에는 딱까실라에서 많은 공부를 하고 돌아온 젊은이가 있다. 그를 데려오너라."

부하가 젊은이에게 가서 말했다.

"전하께서 부르십니다."

부하는 그를 데리고 왕에게 갔다. 왕이 젊은이를 보고 물었다.

"그대가 딱까실라에서 공부를 많이 하고 돌아온 젊은이오?"

"그렇습니다, 폐하."

"내게 그 주문을 가르쳐 주시오."

"좋습니다, 폐하. 저와 함께 앉아서 배우십시오."

왕은 함께 앉아서 주문을 배웠다.

"자, 이것은 주문을 가르쳐 준 대가요."

왕은 그에게 천 냥을 내렸다.

바로 이때 총사령관이 왕의 이발사를 찾아와서 물었다.

"왕이 언제 면도를 할 것 같은가?"

"내일이나 모레쯤 할 겁니다."

총사령관이 그에게 천 냥을 주면서 말했다.

"그대가 해야 할 일이 있네."

"무엇입니까? 장군님."

"왕에게 면도를 해 줄 때 면도날을 아주 날카롭게 갈아서 왕의 숨통을 끊어버리게. 그러면 그대는 총사령관이 되고 나는 왕이 될 것이네."

"좋습니다."

이발사는 역적모의에 동의했다.

왕이 면도하는 날, 이발사는 왕의 수염에 향수를 바르고 날카로운 면도 칼을 왕의 뺨에 갖다 댔다. 그러나 왕의 목을 한 번에 따 버리기에는 면도 칼이 약간 무뎠다. 면도칼로 단 한 번에 승부를 걸어야 하기 때문이었다. 그는 옆으로 물러나서 다시 면도칼을 날카롭게 갈기 시작했다. 마침 그때 왕은 주문이 생각나서 외우기 시작했다.

"못된 짓을 하고 있구나! 못된 짓을 하고 있구나! 왜 그런 짓을 하는지 난 다 알지!"

이발사의 이마에서 염주알만한 땀방울이 흘러내렸다.

'왕이 역적모의를 다 알고 있구나.'

그는 이렇게 생각하고 면도칼을 땅에 내던지고 왕의 발아래 무릎을 꿇었다.

왕들은 보통 한두 가지 정도는 대충 눈치로 알아차린다. 베나레스의 왕은 즉시 이발사를 추궁했다.

"이 사악한 이발사야, 네 자신을 알렸다? 왕이 모를 거라고 생각했느냐?"

"목숨만 살려주십시오, 폐하."

"좋다. 두려워 말고 이실직고하라."

"폐하. 총사령관이 천 냥을 주면서 폐하를 살해하면 총사령관을 시켜주겠다고 유혹했습니다."

왕은 젊은 스승 때문에 목숨을 건진 것을 고맙게 생각하고 역모를 꾸민 총사령관을 불렀다.

"그대를 섭섭하게 했던 적이 있었소? 부족한 게 있으면 어디 한 번 말해보시오. 꼴도 보기 싫으니 당장 내 왕국을 떠나주시오."

왕은 총사령관을 왕국에서 추방했다. 왕은 그의 스승이었던 젊은이를 불러서 말했다.

"스승이시여, 당신 덕분에 목숨을 구했습니다."

왕은 그에게 공훈功勳을 내리고 총사령관에 임명했다. (과거 이야기 끝)

"그때 그 젊은이가 쭐라빤타까이고 유명한 스승은 나였다."

부처님께서 과거 이야기를 마치시고 말씀하셨다.

"비구들이여, 과거생에서도 쭐라빤타까는 머리가 부족했었고, 나는 그의 의지처였고 그를 부자로 만들어주었다."

어느 날 비구들이 또 '부처님이 쭐라빤타까의 의지처가 됐다.'라고 이야기를 나누자 부처님께서는 쭐라셋티 자따까를 설하셨다.

보살이 베나레스 시에 쭐라까셋티라는 이름의 부자였을 때였다. 그는 전조나 징조를 보고 미래를 예측하는 능력이 있었다. 어느 날 그는 길 위에 큰 쥐 한 마리가 죽어 있는 것을 보고 별자리를 확인하고 혼자 중얼거렸다. "어떤 젊은이가 이 쥐를 집어 들기만 해도 그는 성공이 확실하다." 쭐란떼와시까(지금의 쭐라빤타까 장로)라는 몰락한 가문의 젊은이가 길을 지나가다가 이 말을 듣고 그 쥐를 들고 가서 선술집 주인에게 고양이 먹이로 동전 한 닢에 팔았다. 그 동전으로 당밀을 사서 물과 섞어 당밀차를 만들어 꽃장수들에게 팔았다. 그렇게 해서 동전 여덟 닢을 벌었다. 어느 날 왕의 정원이 비바람으로 인해 떨어진 나뭇가지와 잎사귀로 엉망이 됐다. 그는 사람들을 시켜 당밀차를 나눠 주며 나뭇가지와 잎을 모으게 했다. 그때 마침 땔나무가 필요한 도자기공에게 나뭇가지와 잎을 팔아 동전 열여섯 닢을 벌었다. 그는 그 돈으로 당밀차를 만들어 성문 가까이 가서 육상무역 상인들, 해상무역 상인들과 얼굴을 익혔다. 육상무역 상인들은 그에게 500마리 말을 끌고 오는 말장수가 도착한다는 정보를 주었다. 그는 그 말장수에게 말 먹이풀을 대주고 돈을 벌었다. 해상무역 상인들은 배가 들어온다는 정보를 주었다. 그는 짐마차로 물건을 운반해 주고 막대한 돈을 벌었다. 그래서 모두 20만 냥의 돈을 벌었다. 그는 쭐라셋티에게 감사하다는 말을 하러 찾아갔다. 쭐라셋티는 그가 돈을 번 이야기를 듣고 그의 지혜를 높이 사서 딸과 결혼시켰다.(Culla Seṭṭhi Jātaka, J4)

지혜롭고 영리한 사람은 몇 푼의 돈으로 부귀영화를 얻는다네.
마치 크나큰 불이 작은 불씨에서 시작하듯이.

부처님께서는 게송을 읊고서 말씀하셨다.
"비구들이여, 내가 쭐라빤타까의 의지처가 된 것은 이번이 처음이 아니다. 과거생에서도 나는 그를 부자로 만들어주었다. 그 당시 젊은 제자는 쭐라빤타까였고 부자 상인은 바로 나였다."
부처님께서는 자따까에 나오는 사람들이 현재의 누구인지 확인해 주셨다.

어느 날 비구들이 법담을 나누고 있었다.
"벗들이여, 쭐라빤타까는 4개월 동안 단 하나의 게송도 외우지 못했습니다. 하지만, 결코 의지력을 잃지 않고 노력해 아라한이 되어 세속을 초월하는 진리의 부자가 됐습니다."
부처님께서 들어오셔서 물으셨다.
"비구들이여, 무슨 이야기를 나누고 있는가?"

비구들이 대답하자 부처님께서 말씀하셨다.

"비구들이여, 가르침에 따라 강한 의지를 가지고 힘써 노력하는 비구는 세속을 초월하는 진리의 부자가 되느니라."

부처님께서는 이렇게 말씀하시고 게송을 읊으셨다.

지혜로운 이는
힘써 노력하고
주의깊게 알아차리며
절제하고 감각기관을 잘 다스려
자신을 섬(의지처)으로 만들어야 한다.
홍수가 덮칠 수 없는 안전한 섬으로.(25)

네 번째 이야기
바보들의 축제

부처님께서 제따와나 사원에 계실 때 바보들의 축제, 발라낙캇따와 관련해서 게송 26, 27번을 설하셨다.

어느 날 사왓티에 '발라낙캇따(바보들의 축제)'라 불리는 축제가 열렸다. 이때에는 어리석고 우둔한 사람들이 자기 몸에 재와 소똥을 바르고 온갖 쌍스러운 욕을 해대면서 7일 동안 거리를 돌아다녔다. 이 사람들은 친척이나 친구나 스님들을 보고도 부끄러워하지 않았고 집집마다 돌아다니며 대문에 서서 온갖 욕설과 악담을 퍼부었다. 이 거친 말을 참지 못하는 사람들은 그들에게 자신의 형편에 맞게 동전 한두 닢 정도 주어 보냈다. 그들은 돈을 받고는 또 다른 집으로 가곤 했다.

그 당시에 사왓티에는 많은 재가신도들이 살고 있었다. 그들은 사람을 보내 부처님께 말씀드렸다.

"부처님이시여, 일주일 동안 스님들을 사원에 가만히 있게 하고 절대로 성에 들어가게 하지 마십시오"

재가신도들은 일주일 동안 음식을 준비해서 사원으로 보내고 자신들도 절대 집밖으로 나가지 않았다. 8일째 되는 날 축제가 끝나자 신도들은 부처님과 스님들을 집으로 초대해 많은 음식을 올렸다. 공양이 끝나자 그들은 공손하게 한쪽에 앉아서 부처님께 말씀드렸다.

"부처님이시여, 저희들은 아주 힘들게 일주일을 보냈습니다. 바보 같은 자들이 내뱉는 욕설 때문에 귀청이 터져나가는 것 같았습니다. 아무도 다른 사람에게 공손하게 인사하지 않았습니다. 그래서 스님들을 성에 들어오지 마시라고 한 것입니다. 저희들도 절대로 밖에 나가지 않았습니다."

부처님께서 신도들이 하는 말을 듣고 말씀하셨다.

"어리석고 우둔한 사람들은 그렇게 행동한다. 하지만, 지혜로운 사람들은 귀중한 보물을 다루듯이 깨어있음(불방일)을 보호하여 불사不死의 열반을 실현한다."

부처님께서는 이렇게 말씀하시고 게송을 읊으셨다.

지혜 없는 어리석은 사람들은
알아차림이 없어 방일하게 살아가지만
지혜로운 이는 알아차림을
아주 귀한 가보처럼 보호하네.(26)

늘 깨어있으라.
감각적 즐거움에 빠지지 마라.
주의깊게 알아차리며 힘써 정진하는 이는
크나큰 행복을 얻으리라.(27)

다섯 번째 이야기
마하깟사빠 장로

부처님께서 제따와나 사원에 계실 때 마하깟사빠229) 장로와 관련해서

---

229) 마하깟사빠Mahākassapa: 대장로 중의 한 분이며 두타행 제일 (dhutavādānaṃ)이다. 그는 마가다Magadha의 마하띳타Mahātittha 마을의 바라문 가문에서 태어났으며 그때의 이름은 삡빨리Pippali였다. 그가 성인이 되자 부모는 출가할 생각을 하고 있는 그를 억지로 결혼시켰다. 그의 아내는 밧다 까삘라니Bhaddā Kāpilānī였다. 하지만 두 부부는 성관계를 하지 않기로 약속하고 함께 지내다가 부모가 돌아가시자 바로 출가했다. 부처님께서 웰루와나Veluvana의 간다꾸띠에 앉아있을 때 땅이 흔들리는 것을 느끼고 마하깟사빠를 만나기 위해 라자가하Rājagaha와 날란다Nālanda 사이에 있는 '바후뿟따까 니그로다 나무Bahuputtaka nigrodha'(다자탑이 아님) 아래에 가서 앉아 있었다. 마하깟사빠가 걸어오다가 부처님을 처음 보고 자기의 스승임을 즉시 알아차리고 다가가 삼배를 올렸다. 부처님은 그곳에서 그에게 비구계를 주셨다. 돌아오는 도중에 부처님께서 길가에 앉으려고 하자 깟사빠 장로가 자신의 가사 (pilotika saṅghāti)를 접어 자리를 만들어 드렸다. 부처님께서 천이 부드럽다고 칭찬하자 장로는 부처님께 자기의 가사를 공양올리고 부처님의 낡은 가사를 달라고 청했다. 부처님이 벗은 가사를 입을 만한 복덕을 지닌 자가 이 세상에 마하깟사빠를 제외하곤 없기 때문에 옷을 바꿔 입는 순간 땅이 또 흔들렸다. 그는 항상 이 일을 자랑스럽게 회상했다. 부처님께서는 그가 당신의 사후에 경전 결집을 주도해 자신의 가르침을 영원히 전승할 것이기 때문에 그렇게 했다고 한다. 그는 열세 가지 두타행을 맹세했으며 출가 후 8일 만에 아라한이 됐다. 그는 빠두뭇따라Padumuttara 부처님 당시에 니사바Nisabha 비구에게 두타행 제일이라고 부처님이 칭송하시자 자기도 그렇게 되기를 서원했다고 한다. 그는 빠와Pāvā에서 꾸시나라 Kusinārā로 가는 도중 부처님께서 대열반에 드셨다는 소식을 들었다. 말라족Malla들은 부처님 유체를 화장용 장작더미에 올리고 불을 댕기려고 했으나 불이 붙지 않았다. 마하깟사빠가 7일 후 다비장에 도착하여 오른쪽 어깨를 드러내고 세 바퀴를 돌자 부처님의 두 발이 관 밖으로 나왔다. 장로가 부처님 발에 머리를 대고 존경심을 나타내자 발이 사라지며 불이

게송 28번을 설하셨다.

어느 날 장로가 삡팔리 동굴230)에 머물고 있을 때였다. 장로는 아침에 라자가하 성에 들어가서 탁발하고 돌아와 공양을 드시고 자리에 앉으셨다. 장로는 광명 까시나231)를 성취해 천안天眼으로 깨어 있는 중생이거나, 혼미한 중생이거나, 물속에 사는 중생이거나, 땅에 사는 중생이거나, 산속에 사는 중생이거나 어디에 살든지 모든 중생이 업에 따라 태어나고 죽는 것을 살펴보았다.

부처님께서는 제따와나 사원에 계시면서 천안으로 세상을 둘러보시다가 깟사빠 장로를 살펴보았다.

저절로 타올랐다. 그 후 그는 사무애해四無碍解를 갖춘 500명의 아라한을 모아 라자가하에서 경전결집을 주도했다. 결집을 할 때 그의 나이는 120세였다. 그는 전륜성왕의 32상 중 7상을 갖추고 있었다. 상윳따 니까야 제16 깟사빠 상응에서 부처님께서는 그의 검소하고 만족한 삶을 칭찬하고 팔선정과 멸진정 그리고 오신통에 있어서 부처님 당신과 동등한 능력을 갖추고 있음을 칭찬하고 계신다.

230) 삡팔리 동굴Pipphali-guhā : 라자가하 앞산에 칠엽굴로 가는 길에 있는 동굴이다. 마하깟사빠 장로가 자주 머물렀던 곳이다. 장로가 중병이 들어 이 동굴에 누워있을 때 부처님이 오셔서 일곱 가지 깨달음의 요소(bojjhaṅga, 七覺支)를 설하여 기운을 북돋았다는 이야기가 있다. 장로가 이 동굴에서 7일간 멸진정에 들었다가 나와 라자가하에 탁발하러 들어갔을 때 삭까 천왕과 그의 아내가 직조공으로 변장하고 와서 그에게 한 끼 공양을 올린 적이 있다.(게송 56번 이야기) 또 장로의 제자가 이곳을 불질러버리고 도망쳐버린 일도 있었다.(게송 61번 이야기) 장로에게 한 끼 공양을 올린 과보로 삼십삼천Tāvatiṃsa에 태어난 라자Rajā 천녀가 이곳에 내려와 장로의 방을 청소하고 장로를 시중들다가 거절당한 곳이기도 하다.(게송 118번 이야기)
231) 광명 까시나(ālokakasina) : 까시나 수행은 사마타 수행에 해당한다. 천안통을 성취하려면 불 까시나, 광명 까시나, 흰색 까시나로 선정을 얻어야 하고 이 중에서 광명 까시나가 가장 좋다. 광명 까시나 수행법은 3권 부록 II A.4.g 참조.

'오늘 나의 아들 깟사빠가 무슨 수행에 전념하고 있지?'

부처님은 그가 중생들이 업에 따라 태어나고 사라지는 것을 관찰하고 있다는 것을 즉시 아시고 마치 깟사빠와 얼굴을 마주보고 앉은 것처럼 광명의 모습으로 나투시어 말씀하셨다.

"중생들이 업에 따라 태어나고 사라지는 것을 아는 지혜는 붓다의 지혜만이 한계가 없다. 중생들은 여기서 죽어 저기에 태어나고 부모가 누구인지도 모르고 모태에 들어 새로운 생명을 얻는다. 다른 사람의 지혜로는 이런 것을 알 수 없다. 깟사빠여, 이러한 것을 아는 지혜는 그대의 능력 밖이다. 붓다의 지혜만이 중생들이 태어나고 사라지는 것을 완전히 알고 볼 수 있다."

부처님께서는 이렇게 말씀하시고 게송을 읊으셨다.

지혜로운 이는
주의깊게 알아차림으로써
방일한 삶을 물리치고
지혜의 누각에 올라 근심 없이
슬픈 중생들을 내려다본다.
산위에 오른 현자가
산 아래 어리석은 이들을 바라보듯이.(28)

여섯 번째 이야기
열심히 정진하는 비구와 게으른 비구

부처님께서 제따와나에 계실 때 두 비구와 관련해서 게송 29번을 설하셨다.

두 비구가 부처님으로부터 수행주제를 받아서 숲속 사원으로 들어갔다. 그중 한 비구는 아침 일찍부터 땔감을 모아 화로에 불을 피우고 저녁이 되면 사미와 행자들과 화롯가에 앉아 잡담에 열을 올렸다. 다른 비구는 수행에 열중하면서 잡담하고 있는 비구에게 충고했다.

"벗이여, 그래서는 안 됩니다. 수행주제에 집중하지 않고 방일하게 살아가는 비구는 악처[232]가 곧 자기 집이 될 것입니다. 부처님께 직접 받은 가르침은 형식적인 수행으로 얻어지는 것이 아니고 열심히 정진해야 성취되는 것입니다."

동료비구는 충고에 관심조차 기울이지 않았다.

'이 비구는 누가 충고해도 듣지 않는구나.'

열심히 정진하는 비구는 동료 비구는 내버려두고 일어나고 사라지는 현상에 끊임없이 알아차리며 홀로 정진했다.

게으른 비구는 초저녁에 화롯가에서 몸을 따뜻하게 데우고 사원으로 들어오다가 마침 열심히 정진하는 비구가 경행을 마치고 방에 들어가는 것을 보고 말했다.

"게으른 비구여, 드러누워 잠이나 자려고 숲속에 들어왔습니까? 부처님에게서 직접 수행주제를 받았다는 것을 명심한다면 일어나서 열심히 수행에 매진해야 되는 것이 아닙니까?"

---

232) 악처(apāya-bhūmi, 惡處): 악처는 선업을 쌓을 기회가 없는 곳, 비참한 곳(duggati), 파멸처(vinipāda), 행복이 없는 곳(niraya)을 말한다. 악처에 대해서는 3권 부록 I. 불교의 세계관 참조.

그는 그렇게 말해놓고 자기 방으로 들어가 드러누워 잠을 잤다. 이렇게 게으른 비구는 여섯 감각기관에서 일어나는 대상에 전혀 알아차리지 않고 시간이나 때우며 지냈다.

그러나 동료 비구는 초저녁에는 발과 몸의 움직임에 주의를 기울이는 경행에 집중하고, 한밤중에는 방에 들어가 쉬고 새벽에 일찍 일어나 수행에 매진했다. 이렇게 열심히 알아차리며 수행 정진하여 오래지 않아 사무애해를 갖춘 아라한이 됐다.

두 비구는 안거가 끝나자 부처님께 가서 삼배를 드리고 공손하게 한쪽에 앉았다. 부처님께서 그동안 불편 없이 잘 지냈는지 자애롭게 물으시며 말씀하셨다.

"그동안 둘 다 주의깊게 알아차리며 열심히 수행에 매진하여 출가자의 목표에 도달했으리라 믿는다."

게으른 비구가 대답했다.

"부처님이시여, 어떻게 이 비구를 주의깊게 생활했다고 말할 수 있겠습니까? 그는 여기를 떠나는 순간부터 줄곧 드러누워 잠만 잤을 뿐입니다."

"그럼 너는 어찌했느냐?"

"부처님이시여, 저는 아침부터 땔감을 주워 모아 화로에 불을 피웠습니다. 저녁에는 화롯가에 앉아 몸을 따뜻하게 데우며 지냈습니다. 저는 잠을 자지 않았습니다."

부처님께서 게으른 비구를 꾸짖었다.

"너는 게으르게 시간을 보냈으면서 '열심히 알아차리며 살았습니다.'라고 거짓말을 하는구나. 너는 알아차림과 게으름도 구분을 못하느냐? 나의 아들과 비교해 보면 너는 노쇠하고 비루먹은 망아지와 같고 나의 아들은 잘 달리는 준마와 같다."

제멋대로 방일하게 사는 사람들 속에서
주의깊게 알아차리며

졸고 있는 사람들 속에서
늘 깨어있는 이는
열반을 향해 달려간다.
날쌘 말이 느린 말을 앞지르듯이.(29)

일곱 번째 이야기

공덕을 지어 도리천의 왕이 된 삭까233)

부처님께서 웨살리 근처의 꾸따가라살라234)에 계실 때 삭까235) 천왕과

---

233) 이 이야기는 상윳따 니까야 제11 삭까 상응(S11.11, S11.12, S11.13)에서
  유래한다.

234) 꾸따가라살라kūṭāgārasālā: 벽은 없고 지붕은 뾰쪽한 누각처럼 생긴 커
  다란 건물을 말한다. 마을 주민들이 모여 회의하는 공회당 역할도 하고
  지나가는 여행객들의 휴게 시설로도 이용된다. 부처님께서 유행하시다가
  이런 건물에서 자주 법문하시고 머무셨다. kūṭa(뾰쪽 지붕이 있는 누
  각)+āgāra(집)+sālā(강당)의 합성어이며 그래서 중국에서는 중각강당
  重閣講堂이라고 번역했다.

235) 삭까Sakka: 빠알리어로는 삭까이며, 우리나라에서는 제석천왕帝釋天王
  또는 도리천왕忉利天王, 삼십삼천왕三十三千王이라고 부른다. 그가 살고 있
  는 세계는 빠알리어로는 따와띵사Tāvatiṃsa, 우리나라에서는 도리천 또
  는 삼십삼천이라고 부르며 6개의 욕계천欲界天 가운데 밑에서 두 번째이
  다. 그는 도리천의 왕이지만 절대군주는 아니며 항상 '수담마 의회
  Sudhamā-sabhā'에서 신들을 모아 그들의 의견을 듣고 의사를 결정한다.
  아래 하늘인 사천왕천(Cātumahārājika)의 사대천왕四大天王이 인간세계
  를 순찰하고 수담마의회에서 삭까 천왕에게 보고한다. 그는 인간일 때
  일곱 가지 공덕을 실천해 천왕이 됐다고 한다. 그는 친절하고 공명정대하
  지만, 완전하지 못하고 지혜가 부족하고 탐욕, 성냄, 어리석음과 근심,
  걱정에서 자유롭지 못하며 때로는 겁이 많고 소심해 아수라Asura와 싸울
  때 도망을 치기도 한다. 그는 부처님에 대한 열렬한 신봉자이며 항상 부처
  님을 찾아뵙고 질문하고 법문을 듣는다. 상윳따 니까야 제11 삭까 상응은
  그와 관련된 경들을 모은 것이다. 디가 니까야 삭까의 질문 경
  (Sakkapañha Sutta, D21)에서 삭까는 부처님께 여러 가지 질문을 드리
  고 부처님의 대답을 듣고 나서 수다원이 된다. 그의 홍옥보좌
  (Paṇḍukambalasilāsana, 紅玉寶座)는 자신의 수명이 다했거나, 공덕이 다
  했거나, 간절한 기원이 있거나, 출가 수행자에게 도움이 필요한 경우에
  뜨거워진다. 그럴 때면 그는 내려가서 문제를 해결해 준다. 부처님이 출가
  하실 때 머리를 깎아 공중에 던지자 그가 받아서 천상에 있는 쭐라마니쩨
  띠야Cūḷāmaṇi cetiya에 봉안했다. 부처님 유해를 화장하고 도나 바라문

관련해서 게송 30번을 설하셨다.

마할리236)의 질문

웨살리에 사는 릿차위족의 왕자 마할리는 부처님께서 삭까왕문경237)을

이 사리를 분배할 때 치아사리를 살짝 터번에 숨기는 것을 보고 천왕이
치아사리를 터번에서 빼내어 천상에 가져가 쭐라마니쩨띠야에 봉안했다.
그는 중요한 시기에는 항상 부처님 곁에 있었다. 부처님께서 성도 전 마라
의 공격을 받을 때, 성도 후 빔비사라 왕이 공양에 초대할 때, 간담바
Gaṇḍamba에서 부처님이 쌍신변(Yamakapāṭihāriya)의 신통을 보이실
때, 부처님께서 천상에서 상깟사Saṅkassa로 내려올 때, 웨살리Vesāli에
기근이 들어 부처님께서 방문하셨을 때, 부처님께서 대열반에 드실 때에
도 항상 부처님 곁을 지켰다. 대열반에 드시기 10달 전에 심한 설사가
일어났을 때 삭까 천왕이 내려와 변기통을 나르는 등 정성껏 간호했다.
천왕은 가끔 임신 못하는 여인들의 간절한 기도에 응해 아들을 점지해
주기도 한다. 그의 아내는 수자따Sujāta 등 네 명이며 그의 마부는 마딸리
Mātāli이며, 목수는 윗사깜마Vissakamma이며, 무기는 벼락을 내리는 금
강저(Vajirāvudha)이다. 그는 웨자얀따Vejayanta 궁전에 살며 웨자얀따
마차를 타고 다닌다.
236) 마할리Mahāli: 웨살리Vesāli에 사는 릿차위족Licchavi의 지도자 중 한
명이며 딱까실라Takkasilā에서 공부하고 돌아와 젊은 릿차위들의 교육
에 헌신했다. 그러나 너무 열심히 노력하다가 실명하고 말았다. 웨살리에
기근과 역병이 들어 많은 사람이 죽어나갈 때 부처님을 초청하자는 부족
회의의 결정에 따라 라자가하의 웰루와나Veḷuvana 사원으로 가서 부처
님을 모셔와 재앙을 물리쳤다. 그는 비구들 중에서 가장 많은 공양을 받는
데서 제일인 시왈리Sīvali 존자의 아버지였고, 여자 재가신도들 중에서
가장 훌륭한 공양을 올리는 데서 제일인 숩빠와사Suppavāsā의 남편이었
다.
237) 삭까왕문경(Sakkapañha Sutta, D21): 부처님께서 웨디야기리Vediya-
giri에 있는 인다살라 동굴Indasāla-guhā에 계실 때, 삭까 천왕이 많은
신을 데리고 찾아와 부처님께 열네 가지 질문을 던졌다. 번뇌가 일어나는
과정(탐욕과 성냄-질투와 인색-좋아함과 싫어함-열의-일으킨 생각-번
뇌망상)을 연기적으로 고찰하고 번뇌를 없애기 위한 수행으로 계를 지킴,

상세히 설명하는 것을 듣고 생각했다.

'부처님께서는 삭까 천왕의 영광스러운 모습을 자세히 묘사하는데 실제로 직접 만나서 법을 설하신 것일까, 아니면 보지 않고 법을 설하신 것일까? 삭까 천왕과 잘 알고 있는 사이인가, 아니면 모르는 사이인가 여쭤봐야겠다.'

마할리는 부처님께 다가가서 삼배를 드리고 한쪽에 앉아 여쭈었다.

"부처님이시여, 부처님께서는 삭까 천왕을 만나보셨습니까?"

"만나보았다."

"만나보셨으면 어떻게 생겼습니까? 혹시 삭까 천왕과 비슷하게 닮은 자를 보신 것은 아닙니까? 삭까 천왕을 만나본다는 것은 아주 어려운 일입니다."

"마할리여, 나는 삭까 천왕을 잘 안다. 그가 어떤 자질로 삭까 천왕이 됐으며 과거생에 어떤 공덕을 지어서 삭까 천왕의 자리에 올랐는지도 잘 안다."

"마할리여, 삭까 천왕이 과거생에 인간이었을 때 마가라는 이름의 청년이었다. 그래서 그를 마가와Magava라고 부른다. 삭까 천왕이 과거생에 인간이었을 때 그는 청정한 보시를 실천했다. 그래서 그를 뿌린다나Purindana라고 부른다. 삭까 천왕이 과거생에 인간이었을 때 그는 정성스럽게 공양을 올렸다. 그래서 그를 삭까Sakka라고 부른다. 삭까 천왕이 과거생에 인간이었을 때 그는 머물 장소를 보시했다. 그래서 그를 와사와Vasava라고 부른다. 삭까 천왕이 과거생에 인간이었을 때 천 가지 일을 순식간에 생각할 수 있었다. 그래서 그를 사핫삭카Sahassakkha라고 부른다. 삭까 천왕은 아수라의 딸인 수자따의 남편이다. 그래서 그를 수잠빠띠Sujampati라고 부른다. 삭

감각기능의 단속, 그리고 느낌(즐거움, 괴로움, 무덤덤함)에 대한 관찰을 통해 갈애를 소멸하고 열반을 증득한다는 부처님의 가르침을 들었다. 삭까 천왕과 많은 천신이 이 경을 듣고 수다원과를 성취했다.

까 천왕은 도리천의 신들을 지배하고 통치한다. 그래서 그를 데와나민다 Devānaminda라고 부른다. 삭까 천왕은 과거생에 인간이었을 때 일곱 가지 서원을 세우고 지켜서 삭까 천왕의 지위를 얻었다. 일곱 가지 서원이란 무엇인가?

① 살아있는 한 부모를 봉양하리라.
② 살아있는 한 연장자를 공경하리라.
③ 살아있는 한 부드럽게 말하리라.
④ 살아있는 한 험담하지 않으리라.
⑤ 살아있는 한 시기하지 않으리라.
⑥ 살아있는 한 진실만을 말하리라.
⑦ 살아있는 한 화내지 않으리라. 만약 화가 일어나면 즉시 제거하리라.

마할리여, 삭까 천왕은 과거생에 이 일곱 가지 서원을 세우고 실천했다. 그는 이것을 실천했기 때문에 삭까 천왕의 지위를 얻은 것이다."

부모를 봉양하고, 집안의 연장자를 공경하며,
부드럽고 상냥하게 말하고, 험담하지 않으며,
시기하지 않고, 진실만을 말하고, 분노를 다스린 사람을
도리천의 신들은 훌륭한 사람이라고 부른다네.

"마할리여, 이것이 삭까가 과거생에 마가 왕자였을 때 지었던 공덕이니라."
부처님께서 말씀하시자 마할리는 그가 과거생에 행했던 일들을 전부 듣고 싶어 부처님께 말씀드렸다.
"부처님이시여, 마가 왕자가 어떻게 공덕을 지었습니까?"
"그럼 이야기할 테니 잘 들어라."

부처님께서 이야기를 시작하셨다.

삭까의 과거생: 마가 청년[238]

오랜 옛날에 마가다 왕국의 마짤라 마을에 마가라는 사람이 살았다. 어느 날 그는 마을사람들이 모여 있는 곳에 갔다. 그곳은 먼지가 많고 더러워 발을 딛고 서 있기 힘든 곳이었다. 그는 그곳을 발로 대충 치우고 서 있었다. 그러자 다른 사람이 자기를 밀쳐내고 그 자리를 차지했다. 그는 화내지 않고 또 다른 자리를 깨끗이 하고 서 있었다. 그러자 또 다른 사람이 그를 밀쳐내고 그 자리를 차지했다. 그는 이번에도 화내지 않고 또 다른 자리를 깨끗하게 만들고 서 있었다. 이렇게 계속해서 사람들이 그가 깨끗하게 만들어 놓은 자리를 밀쳐내고 그 자리를 차지했다.

'내가 한 일을 모든 사람들이 좋아하는 것 같다. 내가 한 일이 다른 사람들을 행복하게 한다면 이것은 공덕을 짓는 행위임이 틀림없다.'

그는 이렇게 생각하고 삽을 들고 와서 탈곡장만큼 큰 땅을 고르고 깨끗이 치웠다. 그러자 많은 사람이 와서 그곳에 서 있었다. 날씨가 추워지자 불을 피워 그들을 따뜻하게 해 주었다. 그러자 그 자리를 좋아하지 않는 사람은 아무도 없었다. 그걸 보고 그는 생각했다.

'땅을 고르고 매끈하게 하는 일은 응당 내가 해야 할 일이다.'

그는 이른 아침부터 삽을 가지고 나와 더러운 것을 깨끗이 치우고 울퉁불퉁한 곳을 고르고 길 쪽으로 뻗어 통행에 불편을 주는 나뭇가지를 자르며 길을 다듬어 나갔다.

다른 사람이 그가 하는 일을 보고 물었다.

"선생님, 무슨 일을 하고 계십니까?"

---

238) 이 이야기는 꿀라와까 자따까(Kulāvaka Jātaka, J31)의 본문에서 유래한다.

"저는 천상으로 가는 길을 닦고 있습니다."

"저도 함께 닦겠습니다."

"좋습니다. 함께 닦도록 합시다. 잘 닦은 길은 오가는 사람들을 행복하게 해줍니다."

이 두 사람이 일하는 것을 보고 세 번째 사람이 와서 똑같이 묻고 똑같은 대답을 듣고 그 일에 합류했다. 그렇게 사람들이 계속 모여들기 시작하더니 마침내 모두 서른세 명이 합류하게 됐다. 모두가 삽과 도끼를 들고 와서 1요자나의 길을 다듬고 땅을 고르며 함께 일했다. 그때 마을 촌장이 와서 그들이 하는 일을 보고 생각했다.

'이 사람들은 어리석은 일을 하고 있구나. 강에서 고기를 잡거나 숲속에서 사냥하거나 술을 만들어 진탕 마시거나 한다면 얻어먹을 것이 생길 텐데.'

촌장은 그들에게 물었다.

"무슨 일을 하고 있습니까?"

"천상으로 가는 길을 닦고 있습니다."

"그것은 세속을 살아가는 사람이 할 짓이 아닙니다. 당신들이 해야 할 일은 강에서 고기를 잡거나 숲에 들어가 짐승을 잡거나 술을 진탕 마시면서 즐겁게 보내는 것입니다."

그들은 촌장의 말을 듣지 않았다. 촌장이 계속 설득을 해보았으나 들은 척도 하지 않았다.

마침내 마을 촌장은 화를 내며 말했다.

"이들을 파멸의 구렁텅이로 몰아넣어야겠다."

그는 왕에게 가서 말했다.

"폐하, 한 무리의 강도들이 약탈하는 것을 보았습니다."

왕이 말했다.

"그들을 붙잡아 내 앞으로 끌고 오시오."

마을 촌장은 서른세 명의 젊은이를 붙잡아 왕에게 끌고 갔다. 왕은 자세히 심문해 보지도 않고 부하들에게 명령을 내렸다.

"코끼리로 짓밟아 죽여라!"

코끼리에게 밟혀 죽게 된 절박한 순간 마가는 동료들에게 이렇게 훈계했다.

"벗들이여, 우리에게는 자비 이외에 다른 의지처가 없습니다. 그러니 마음을 고요히 가라앉히고 아무에게도 증오심을 품어서는 안 됩니다. 우리를 밟아 죽이려는 왕과 촌장과 코끼리에게 자비의 마음을 가득 채워 보내십시오."

서른두 명의 젊은이는 마가의 충고를 그대로 따랐다. 그러자 자애의 힘으로 코끼리도 감히 다가오지 못했다.

부하들이 이 일을 왕에게 보고했고 왕은 다시 명령을 내렸다.

"사람들이 너무 많으면 코끼리가 감히 밟아 죽이지 못하는 법이다. 그들을 두꺼운 멍석으로 덮고 코끼리로 밟아 죽여라."

부하들이 멍석으로 덮고 밟아 죽이기 위해 코끼리를 그들 쪽으로 몰았다. 코끼리는 멀리 떨어져서 한 바퀴 돌더니 뒤로 물러갔다. 왕이 이 일을 전해 듣고 뭔가 이유가 있다고 생각했다. 그는 서른세 명의 젊은이를 데려오게 해서 물었다.

"친구들이여, 내가 알지 못하는 것이 있는가?"

"폐하, 무슨 말입니까?"

"그대들은 무리를 지어 숲속을 돌아다니며 강도짓을 하지 않았더냐?"

"폐하, 누가 그렇게 말했습니까?"

"친구들이여, 마을 촌장이 그렇게 보고했다."

"폐하. 저희들은 강도가 아닙니다. 저희들은 사실 천상으로 가는 길을 깨끗이 닦고 있었습니다. 험한 길을 깨끗이 고르고 있었습니다. 그런데 마을 촌장이 와서 바르지 못한 삶을 살도록 저희를 설득했습니다. 이를 거절하자 화가 난 그가 우리를 파멸시키려고 폐하를 속이고 누명을 씌운 것입니다."

"친구들이여, 동물인 코끼리도 그대들이 착한 사람이라는 것을 아는데 인간인 내가 알아차리지 못하다니. 용서해 주기 바라오."

왕은 마을 촌장과 그의 아내, 아이들을 모두 노예로 만들었다. 그리고 서른세 명의 젊은이들에게 코끼리 한 마리를 하사하고 마을도 마련해 주었다. 일이 잘 해결되자 서른세 명의 젊은이는 이렇게 생각했다.

'금생에 지은 공덕의 결과가 금생에 바로 드러나는구나.'

그들은 차례로 코끼리를 타고 마을을 돌며 기쁨을 누렸다.

그들은 마을을 돌고 나서 회의를 열었다.

"더 많은 공덕을 짓는 것이 좋겠습니다. 무엇을 하면 좋을까요?"

"사거리 교차로에 많은 사람을 위해 안전하고 튼튼한 공회당을 짓도록 합시다."

그들은 대목수를 불러 공회당 공사를 시작했다. 그들은 여자들에게 집착하지 않고 관심도 적었기 때문에 선업을 쌓는 데 동참할 기회를 주지 않았다.

마가에게는 수난다, 수쩟따, 수담마, 수자따 네 명의 아내가 있었다. 수담마는 몰래 대목수에게 가서 뇌물을 주고 말했다.

"공회당을 짓는 데 나도 한몫 끼고 싶어요. 아주 큰 몫을 제게 주세요."

"좋습니다."

대목수는 그녀의 요구를 받아들였다. 그는 먼저 첨탑을 만들 나무를 표시하고, 베어서 마를 때까지 뉘어놓았다. 나무가 마르면 먹줄을 튕기고 다듬고 구멍을 뚫어서 첨탑 모양을 만들었다. 그리고 마지막으로 이렇게 명문(銘文)을 새겼다.

'수담마 법당'

첨탑이 마무리 되자 천으로 곱게 싸서 그녀의 집 뒤에 뉘어 놓았다.

공회당이 완성되고 첨탑을 올리는 준공식 날이 다가오자 대목수가 서른세 명의 젊은이에게 말했다.

"우리가 잊어버린 것이 있습니다."

"그게 무엇입니까?"

"첨탑입니다."

"그럼 빨리 만들도록 합시다."

"갓 베어서 송진이 흐르는 나무로는 만들 수 없습니다. 오래 전에 베어서 말린 나무를 구해야 합니다."

"그럼 이 상황에서 우리가 할 수 있는 최상의 방법은 무엇입니까?"

"혹시 누구네 집에 팔려고 마른 나무로 첨탑을 만들어 놓은 것이 있는지 한 번 찾아봅시다."

그들은 여기저기 찾으러 돌아다니다가 수담마의 집에 원하는 것이 있다는 것을 알고 천 냥을 주면서 팔기를 원했지만, 살 수가 없었다. 수담마가 그들에게 말했다.

"공회당을 짓는 선업에 동참하게 해준다면 첨탑을 그냥 드리겠어요."

"하지만 우리는 이미 공회당을 짓는 데 여인들은 제외시키기로 결정했습니다."

대목수가 그들에게 말했다.

"아니 지금 무슨 말을 하는 것입니까? 범천을 제외하고 여인들이 제외되는 곳은 어디에도 없습니다.[239] 첨탑을 가지고 갑시다. 그래야 일이 빨리 마무리 될 것입니다."

"좋습니다."

그들은 첨탑을 가져가 공회당을 완성했다. 공회당은 세 개의 방으로 이루어져 있었다. 하나는 마을 회의실로 이용하고 나머지 둘은 가난한 사람

---

239) 범천은 색계 하늘을 말한다. 그곳에는 남녀 구분이 없으며 모두 남성의 모습을 하고 있다.

들과 환자용 간병실로 사용했다.

서른세 명의 젊은이는 서른세 개의 의자를 만들었다. 의자가 완성되자 코끼리에게 지시했다.

"손님이 와서 의자에 앉으면 그 의자의 주인집으로 손님을 안내해서 하룻밤 머물게 해라. 손님의 발을 닦아주고 등을 문질러 주고 여러 가지 맛있는 음식을 제공해라. 하룻밤 머물게 하는 그 모든 접대는 순전히 의자 주인의 몫이다."

그 후로 지나가는 손님이 공회당에 들어와 의자에 앉으면 코끼리는 손님을 의자 주인집으로 데려갔고 주인은 그날의 모든 접대를 책임졌다.

마가는 공회당 옆에 흑단나무를 심고 흑단나무 아래 돌 의자를 만들어 놓았다. 공회당에 들어온 사람 모두가 첨탑을 쳐다보고 '수담마 법당'이라고 씌어있는 명문을 읽었다. 서른세 명의 이름은 어디에도 없었다.

수난다가 곰곰이 생각해 보았다.
'서른세 명의 남자는 공회당을 짓는 데 여자들의 몫을 주지 않았다. 그런데 수담마는 재치 있게 자기 몫을 차지했다. 나도 뭔가를 하고 싶은데 무엇이 좋을까?'
그때 좋은 생각이 떠올랐다.
'공회당에 오는 사람들은 물도 마셔야 하고 목욕도 해야 할 것이다. 그들을 위해 연못을 파야겠다.'
그녀는 목욕할 수 있는 연못을 만들었다.

수찟따도 생각에 잠겼다.
'수담마는 첨탑을 만들고 수난다는 연못을 만들었는데 나는 무얼 하지?'
그녀에게도 좋은 생각이 떠올랐다.
'공회당에 들어온 사람들이 물도 마시고 목욕도 했으면 떠날 때는 옷에 꽃을 꽂고 싶을 것이다. 꽃이 가득한 정원을 만들어야지.'

그녀는 아름답고 화사한 꽃들로 가득한 정원을 만들었다. 이 세상 온갖 종류의 꽃들이 넘쳐나는 정원이었다.

수자따는 이렇게 생각했다.

'나는 마가의 외종사촌이자 아내이다. 그가 지은 공덕은 곧 내 공덕이고 내가 지은 공덕은 곧 그의 공덕이다.'

그녀는 아무것도 하지 않고 오직 자신을 치장하면서 세월을 보냈다.

마가는 이렇게 어머니와 아버지를 봉양하고 집안의 연장자를 존경하고 부드럽게 말하고 시기하지 않고 진실만을 말하며 화가 나더라도 참고 인내했다. 그는 이렇게 일곱 가지 계율을 열심히 지켜나갔다.

부모를 봉양하고, 집안의 연장자를 공경하며,
부드럽고 상냥하게 말하고, 험담하지 않으며,
시기하지 않고, 진실만을 말하고, 분노를 다스린 사람을
도리천의 신들은 훌륭한 사람이라고 부른다네.

마가는 이렇게 공덕을 짓고 나서 수명이 다하자 도리천의 삭까 천왕으로 태어났다. 그의 동료들도 모두 도리천에 태어났고 대목수는 윗사깜마 천신으로 태어났다.

그 당시 도리천에는 아수라[240]들이 살고 있었다. 그들은 새로운 천신들

---

240) 아수라Asura: 빠알리 문헌에서 아수라는 사악도四惡道로 분류되는 불행하고 고통받는 중생이다. 그러나 여기에 나오는 아수라들은 헐벗고 굶주리며 땅에 사는 아수라들이 아니라 천상의 영광을 누리는 천신들이다. 이들은 원래 수미산(Sineru) 꼭대기에 있는 따와띵사(도리천)의 원주민들이었으나 마가Magha와 그의 동료 서른두 명이 그곳에 태어나면서 이들에게 밀려 수미산 아래에 새로운 거처를 마련하고 살아가고 있다. 이 천상의 아수라들은 자신들의 옛 땅을 회복하려고 삼십삼천의 천신들과 전쟁을 하지만, 항상 패배한다. 아수라의 왕은 웨빠찟띠Vepacitti 또는 아수린다Asurinda라고 불린다.

이 자기들이 사는 곳에 태어난 것을 알고 그들을 위해 천상의 감로주ᄇ露酒를 준비해서 축제를 벌였다. 삭까는 동료들에게 술을 절대 마시지 말라고 지시했다. 하지만 아수라들은 술을 진탕 먹어대더니 결국 인사불성이 됐다. 삭까는 이렇게 생각했다.

'이런 작자들과 왕국을 함께 공유한다면 제석천왕의 부귀영화가 무슨 이익이 있겠는가?'

그는 동료들에게 신호를 보내 아수라들을 바다에 던져버렸다. 아수라들은 순식간에 바닷속으로 곤두박질쳤다. 그러나 아수라들에게도 과거생에 지은 공덕이 있어 수미산 아래에 새로운 아수라 성과 찟따빠딸리(얼룩무늬의 나팔꽃) 나무가 솟아났다.

그때부터 삼십삼천의 신들과 아수라들 사이에 전쟁이 연일 계속됐다. 하지만 아수라들은 계속 패배해 결국 서른세 명의 천신이 도리천의 성을 차지하게 됐다.

도리천의 성은 동문에서 서문까지, 남문에서 북문까지의 거리가 1만 요자나이다. 성에는 천 개의 문이 있고, 정원과 연못으로 꾸며져 있고, 한가운데는 전생에 공회당을 지은 공덕으로 승리의 궁전이라 불리는 궁전이 생겨났다. 궁전에는 여러 개의 장대가 꽂혀 있는데, 황금 장대에는 보석 깃발이, 보석 장대에는 황금 깃발이, 산호 장대에는 진주 깃발이, 진주 장대에는 산호 깃발이, 칠보 장대에는 칠보 깃발이 각각 꽂혀 있다.

공회당 옆에는 흑단나무를 심은 과보로 둘레가 거대한 산호나무가 솟아났다. 돌 의자를 만든 과보로 산호나무 아래에 길이가 60요자나이고 폭이 50요자나이고 두께가 15요자나인 재스민 꽃처럼 불그스레한 홍옥보좌紅玉寶座가 생겨났다. 삭까가 보좌에 앉으면 반이 땅속으로 들어가고 일어나면 다시 원상태로 올라온다.

코끼리도 에라와나 천신으로 태어났다. 천상에는 동물이 없었다. 천신들이 정원에 놀러갈 때 그는 150요자나 크기의 코끼리로 변신했다. 그는 서른세 명의 천신을 태우기 위해 등에 서른세 개의 누각을 만들었다.

에라와나는 삭까를 위해 등에 '수닷사나'라고 불리는 누각을 만들었다. 의자 위에는 닫집을 만들고 온갖 보석으로 치장했다. 닫집 주위에 일정한 간격으로 온갖 보석으로 장식된 깃발을 달았다. 그 깃발 아랫단에는 딸랑거리는 종이 줄 지어 달려있어서 미풍이 불어와 흔들릴 때면 현악오중주의 아름다운 선율처럼 또는 천상합창단의 화음처럼 감미로운 종소리가 흘러나왔다. 누각 한 중앙에는 삭까를 위해 보석 의자를 준비하여 항상 쉬게 했다. 에라와나의 코에는 상아가 일곱 개 달려 있고 상아에는 일곱 개의 연못이 있고, 연못에는 일곱 가지 연꽃이 심어져 있고, 연꽃에는 일곱 개의 꽃이 달려 있고, 꽃에는 일곱 개의 잎사귀가 달려 있다. 그 잎사귀 위에서 무희들이 춤의 향연을 벌인다. 삭까가 누리는 영광은 이런 것이다.

수담마도 죽어 도리천에 태어났다. 그녀가 태어남과 동시에 넓이가 900요자나인 '수담마'라 불리는 법당이 동시에 생겨났다. 건물의 아름다움으로 따지면 그보다 더 수려한 건물이 없었다. 매달 초파일에는 그곳에서 법문이 있었다. 지금까지도 아름다운 건물을 보면 사람들은 '신들의 법당 수담마처럼 아름답구나!'라고 말했다. 수난다도 죽어서 도리천에 태어났다. 그녀가 태어남과 동시에 넓이가 500요자나인 연못이 생겨났다. 수찟따도 죽어 도리천에 태어났다. 그녀가 태어남과 동시에 넓이가 500요자나인 찟따라따라는 정원이 생겨났다. 그녀는 죽음의 징조가 나타난 천신들을 정원으로 데려와 편안하게 해 주었다. 그러나 수자따는 죽어 산의 바위굴 속에서 두루미로 태어났다.

삭까는 자기 아내들이 어디에 태어났는지 살펴보았다.

'수담마와 수난다와 수찟따는 여기에 태어났다. 그런데 수자따는 어디에 태어났지?'

수자따가 바위굴 속에서 두루미로 태어났다는 것을 안 삭까는 생각에 잠겼다.

'공덕을 짓지 않아서 이 바보 같은 여자는 바위굴 속에서 두루미로 태어났구나. 그녀에게 공덕을 짓게 해서 이리로 데려와야겠다.'

그는 지상으로 내려가 변신하고 그녀에게 가서 물었다.

"여기서 뭘 하고 있지?"

"당신은 누구세요?"

"나는 전생의 네 남편 마가이다."

"당신은 어디에 태어났어요?"

"나는 도리천에 태어났다. 네 동료 여인들이 어디에 태어났는지 아느냐?"

"몰라요."

"그들도 도리천에 나의 아내로 태어났다. 네 동료들을 보고 싶지 않느냐?"

"제가 어떻게 그곳에 갈 수 있나요?"

"내가 데리고 가겠다."

그는 그녀를 도리천으로 데려가서 수난다라고 부르는 연못 둑에 내려놓았다. 그가 다른 세 아내에게 말했다.

"수자따를 보고 싶지 않느냐?"

"그녀가 어디 있어요?"

"연못 둑에 있다."

세 여인은 연못에 가서 두루미가 된 그녀를 보았다.

"맙소사! 자신만을 치장하며 살았던 여인의 과보가 어떤지 보게 됐네! 저 긴 목과 갈라진 발을 좀 봐! 그녀의 긴 다리를 좀 봐! 정말 외모가 환상적이구나!"

그녀들은 수자따를 실컷 조롱하고 떠나갔다.

삭까가 그녀에게 가서 말했다.

"네 동료들을 봤느냐?"

"보았어요. 나를 마음껏 조롱하고 갔어요. 이제 나를 있던 곳으로 데려다 주세요."

삭까가 그녀를 지상으로 데려가서 물위에 놓아주고 물었다.

"너는 하늘의 영광을 봤느냐?"

"봤어요."

"너도 열심히 공덕을 짓는다면 그곳에 태어날 수 있다."

"어떻게 해야 하나요?"

"나의 가르침을 그대로 따르겠느냐?"

"네, 가르침을 따르겠어요."

삭까는 그녀에게 오계241)를 가르쳤다. 그리고는 그녀에게 다시 한 번 다짐을 주었다.

"잊지 말고 철저히 지키도록 해라."

그리고 삭까는 떠나갔다.

그 후로 그녀는 오직 자연적으로 죽은 물고기만을 찾아서 먹었다. 며칠이 지나서 삭까는 그녀를 시험해 보려고 지상으로 내려갔다. 그리고 물고기로 변해 모래사장에 드러누워 죽은 체하고 있었다. 이를 본 두루미는 죽은 물고기로 생각하고 부리로 물었다. 그녀가 물고기를 막 삼키려고 할 때 꼬리가 살짝 꿈틀거렸다. 물고기가 살아있다는 것을 안 순간 그녀는 즉시 물고기를 물속에 놓아주었다. 삭까는 좀 기다렸다가 다시 몸을 뒤집어 배를 드러내며 죽은 체했다. 그녀는 물고기가 이제 죽었다고 생각해서 또다시 부리로 물어 올렸다. 그리고 막 삼키려는 순간 또다시 꼬리가 살짝 움직였다. 그녀는 물고기가 살아 있다는 것을 알고 다시 물고기를 놓아주었다.

---

241) 오계(pañcasīla, 五戒): 부처님의 제자라면 누구나 지켜야 할 가장 기본이 되는 계율이다. ① 살생하지 마라. ② 도둑질하지 마라. ③ 삿된 음행을 하지 마라. ④ 거짓말을 하지 마라. ⑤ 술을 마시지 마라.

삭까는 이렇게 세 번이나 시험해 보고 그녀가 충실하게 계를 지킨다는 것을 알고 자신의 모습을 드러내며 말했다.

"너를 시험해 보려고 여기 왔다. 너는 성실하게 계를 지키고 있구나. 이렇게 확고하게 계를 지킨다면 오래지 않아 내 아내로 다시 태어나게 될 것이다. 항상 주의깊게 깨어있어라."

이렇게 말하고 삭까는 떠나갔다.

이날 이후로 그녀는 자연사自然死한 물고기를 구할 때도 있었고 구하지 못할 때도 있었다. 이삼 일 동안 먹이를 구하지 못하자 그녀는 결국 굶어죽었다. 그녀는 계를 지킨 복덕으로 베나레스의 옹기장이 딸로 태어났다. 그녀가 열다섯 살이 됐을 때 삭까는 그녀가 어디에 태어났는지 살펴보고 그녀에게 가봐야겠다고 생각했다.

삭까는 칠보를 오이로 둔갑시켜 짐수레에 가득 싣고 소를 몰아 베나레스로 들어갔다.

"자! 오이 사시오! 오이 사시오!"

사람들이 돈을 들고 몰려왔다.

"내 오이는 돈 받고 팔지 않습니다."

"그럼 그냥 주는 겁니까?"

"계를 지키는 여인에게만 그냥 드립니다."

"아니, 선생님, 계라는 것이 도대체 뭡니까? 검은색입니까, 갈색입니까, 아니면 황색입니까?"

"당신은 계가 무엇인지조차 모르는데 계를 지킬 수 있겠습니까? 나는 오이를 계를 지키는 여인에게만 드릴 것입니다."

"선생님, 옹기장이 딸이 있는데 그녀는 날마다 '나는 계를 지킵니다.'라고 말합니다. 그녀에게 주도록 하십시오."

옹기장이 딸이 말했다.

"그렇습니다. 저는 계를 지킵니다. 그러니 제게 주십시오."

"당신은 누구요?"

"저는 계를 어겨본 적이 없는 처녀입니다."

"그럼 당신에게만 드리겠습니다."

삭까는 수레를 그녀의 집으로 몰고 가서 오이로 둔갑시킨 천상의 보석을 그녀에게 주었다. 천상의 보석은 다른 사람은 손댈 수 없는 것이었다. 삭까는 자신의 모습으로 돌아와서 말했다.

"이 정도면 네가 평생 쓰고도 남을 것이다. 이제 돈은 걱정 말고 계를 지키는 데 모든 노력을 다해라."

삭까는 그렇게 다짐을 주고 떠나갔다.

옹기장이 딸로서의 수명이 끝나자 그녀는 삭까의 철천지원수인 아수라 왕 웨빠쩟띠의 딸로 태어났다. 두 생에 걸쳐 오계를 지켰기 때문에 그녀는 매혹적인 황금빛 피부를 지녔다. 평생에 한 번 보기 힘들 정도의 아름다움이었다. 아수라의 왕 웨빠쩟띠는 그녀에게 청혼하는 모든 아수라를 모아놓고 말했다.

"너희들은 내 딸과 결혼하기에는 어울리지 않는다."

왕은 아수라들의 청혼을 거절하면서 말했다.

"내 딸이 스스로 어울린다고 생각하는 사람을 고르게 하겠다."

왕은 아수라 대장들을 모아놓고 딸의 손에 꽃다발을 들려주고 말했다.

"네게 어울리는 남편을 스스로 선택해라."

그때 삭까는 그녀가 어디에 태어났는지 알아보다가 지금 무슨 일이 일어나는지 알게 됐다. 그는 늙은 아수라로 변장하고서 아수라들이 모여 있는 곳의 끝에 서 있었다. 웨빠쩟띠의 딸이 여기저기 둘러보다가 과거생에 그녀의 남편인 삭까를 보는 순간 사랑의 물결이 폭포수처럼 쏟아져 나왔다. 그녀는 꽃다발을 그의 머리에 던지며 소리쳤다.

"저 사람을 선택하겠어요."

아수라들이 말했다.

"왕은 오랫동안 자기 딸의 남편감을 찾지 못하더니 오늘 한 명 찾기는 찾았는데 너무 늙어서 차라리 딸의 할아버지라고 하는 게 낫겠다."

그들은 늙은이에게 여인을 빼앗긴 수치심으로 고개를 떨어뜨리고 나가 버렸다.

삭까는 그녀의 손을 잡고 나가면서 소리쳤다.

"나는 삭까 천왕이다."

그리고 공중으로 도망쳤다.

"우리가 오늘 늙은 삭까에게 우롱당하는구나."

아수라들은 소리 지르며 뒤쫓기 시작했다. 마부 마탈리가 승리의 전차라고 불리는 마차를 몰고 달려와 삭까와 신부를 태우고 도망치기 시작했다. 마차가 질주하며 판야나무 숲에 다다르려고 할 때 가루다242) 새의 새끼들이 마차가 질주해 오는 소리를 듣고 두려움에 비명을 질렀다. 삭까가 이 비명을 듣고 마탈리에게 물었다.

"무슨 비명인가?"

"가루다의 비명입니다."

"왜 비명을 지르는가?"

"마차가 질주해 오는 소리를 듣고 깔려 죽을까 봐 두려워 비명을 지르는 것입니다."

"순전히 나 때문에 마차에 깔려 한 생명이라도 죽게 해서는 안 된다. 마

---

242) 가루다Garuḍa: 천상에 사는 새이며 심발리Simbali 숲에 산다. 크기가 거대하여 한 번 날갯짓하면 폭풍이 일어나기도 한다. 반얀banyan 나무를 뿌리째 뽑아버리거나 찢어버릴 수 있는 힘이 있다. 주로 용(nāga)을 잡아 먹고 살기 때문에 용들의 최대의 행복은 가루다의 공격에서 자유로운 것이다. 용들을 꼼짝 못하게 하는 알람바야나Ālambāyana 주문을 알고 있다. 가루다는 사람으로 변신할 수 있으며 우뽀사타 재일을 지키고 계율을 준수하기도 한다. 수빤나Suppaṇda라고 부르기도 한다.

차를 돌려라."

마탈리는 채찍으로 신디 말에게 신호를 보내서 마차를 되돌렸다.

아수라들은 마차가 되돌아오는 것을 보고 말했다.

"늙은 삭까가 아수라 성에서 도망쳐 왔는데 이제 마차를 돌려 우리에게 달려온다. 이건 필시 지원군이 도착했다는 증거다."

아수라들은 즉시 몸을 돌려 아수라 성으로 되돌아갔다. 그들은 창피해서 고개를 들지 못했다.

삭까는 아수라의 처녀 수자따를 자기의 성으로 데려가서 2천500만 천녀의 수장에 임명했다.

어느 날 수자따는 삭까에게 한 가지를 요구했다.

"대왕이시여, 도리천에서는 부모도 형제자매도 없어요. 그러니 당신이 어디를 가든지 항상 나를 데리고 가 주세요."

"그렇게 하겠소."

삭까는 그녀의 요구대로 하겠다고 약속했다. 그 이후로 얼룩덜룩한 나팔꽃나무가 활짝 필 때면 아수라들은 이렇게 외쳤다.

"지금이 우리의 산호나무가 꽃필 때다!"

그리고 모두 일어나서 삭까에게 돌격했다. 삭까 천왕은 바다 밑에는 용들로 방어진을 구축하고, 다음에는 수빤나(가루다)들로, 그 다음에는 꿈반다들로, 그 다음에는 약카들로, 그 다음에는 사대천왕[243]으로 차례차례 방어진을 구축했다. 그리고 재앙을 피할 목적으로 손에 천둥번개를 들고 있는 인드라 상을 성문 앞에 세웠다. 아수라들이 용이나 가루다, 꿈반다, 약카들을 물리치고 성문까지 진격해 왔다가 인드라 상을 보고 소리쳤다.

"삭까가 돌격해 온다!"

그리고는 꽁지 빠지게 도망을 쳤다.(과거 이야기 끝)

---

243) 사대천왕(Cātumahārāja): 천상 중에서 가장 낮은 하늘에 있는 네 명의 왕이다. 각기 동·서·남·북을 담당한다. 3권 부록 I. 3. 가항 참조.

"이와 같이 마할리여, 마가는 방일하지 않는 깨어있음의 길을 걸었다. 그는 주의깊게 깨어있었기 때문에 도리천의 천왕이 되어 사천왕천과 도리천을 통치하게 된 것이다. 이렇게 깨어있음은 역대 모든 부처님들과 성인들이 칭찬해 마지않는 것이다. 왜냐하면 주의깊은 깨어있음으로 해서 세간에서나 출세간에서 더 높은 경지로 나아가기 때문이다. 부처님께서는 이렇게 말씀하시고 게송을 읊으셨다.

마가와는
제멋대로 방일하게 살지 않고
바르고 착하게 살아
신들의 왕이 됐다.
그러기에 바르고 착한 삶은 찬탄할 만하고
방일한 삶은 비난받아 마땅하다.(30)

이 게송 끝에 마할리 왕자는 수다원과를 성취했다.

여덟 번째 이야기
산불을 경책 삼아 아라한이 된 비구

부처님께서 제따와나 사원에 계실 때 한 비구와 관련해서 게송 31번을 설하셨다.

부처님께 아라한으로 인도하는 수행주제를 받은 한 비구가 숲속으로 들어가 전심전력을 다해 분투노력했지만, 아라한과를 얻지 못했다.

'부처님께 다시 가서 내게 꼭 맞는 다른 수행주제를 달라고 해야겠다.'

그는 꾸띠에서 나와 부처님께 가기 위해 길을 떠났다. 길을 가는 도중에 산불이 온 숲을 태우며 휩쓸고 지나가는 것을 보았다. 그는 불을 피해 풀 한포기 없는 산꼭대기로 올라가 휩쓸고 지나가는 불길을 바라보고 바위 위에 앉아있었다. 그리고 불길이 아무것도 남기지 않고 숲을 잿더미로 만들어버리는 것을 바라보며 마음을 한 생각에 집중시켰다.

'이 불길이 지나가면서 크고 작은 나무들을 모두 태워버리듯이 나 또한 고귀한 도의 지혜[244]라는 불로써 크고 작은 모든 족쇄와 집착과 번뇌와 욕망을 다 태워버리면서 나아가리라.'

부처님께서는 간다꾸띠에 앉아 계시면서 비구의 마음이 집중돼 가는 것을 보고 광명의 모습을 나투시어 마치 얼굴을 마주 보듯이 앉아 게송을 읊

---

244) 도의 지혜(maggañāṇa): 도의 지혜는 족쇄를 끊고 오염원을 제거하고 번뇌를 끊고 취착을 버리는 역할을 한다. 과의 지혜(phalañāṇa)는 족쇄와 오염원과 번뇌와 취착이 사라지고 열반에 안주한 상태이다. 도의 지혜는 수다원도, 사다함도, 아나함도, 아라한도의 네 가지가 있다. 단계마다 끊어져 나가는 족쇄가 다르다. 유신견, 의심, 계율과 의식에 대한 집착, 악처로 인도하는 감각적 욕망과 적의, 이 다섯 가지 법은 수다원도의 지혜로 끊어지고, 나머지 거친 감각적 욕망과 적의는 사다함도의 지혜로 제거되고, 미세한 감각적 욕망과 적의는 아나함도의 지혜로 끊어지고, 색계에 대한 욕망, 무색계에 대한 욕망, 자만, 들뜸, 무명의 다섯 가지 법은 오직 아라한도의 지혜로 제거된다.

으셨다.

주의깊게 알아차림을 즐기고,
제멋대로 방일하게 지내는 삶에서
위태로움을 보는 비구는
불길이 크고 작은 숲을 태우고 가듯
족쇄를 태우며 나아간다.(31)

이 게송 끝에 비구는 그곳에 앉아 모든 족쇄를 끊어버리고 사무애해를
갖춘 아라한이 됐다. 그는 즉시 공중으로 날아서 부처님께 다가가 붓다의
황금빛 몸을 찬양하며 삼배를 드리고 떠나갔다.

아홉 번째 이야기
검박하게 살아가는 니가마와시 띳사 장로

부처님께서 제따와나에 계실 때 니가마와시 띳사 장로와 관련해서 게송 32번을 설하셨다.

한 젊은이가 사왓티에서 가까운 시골 읍에서 태어나고 자라나서 불교 교단에 출가했다. 그는 스무 살이 되자 비구계를 받았다. 그는 시골에서 왔다고 해서 니가마와시 띳사(시골에 사는 띳사)라고 불렸다. 그는 검박하게 생활하고, 항상 작은 것에 만족하고, 조용한 곳에서 홀로 지내는 것을 좋아하고, 순수한 마음과 굳은 결심으로 열심히 정진하는 비구로 널리 알려져 있었다. 그는 친척들이 사는 마을에서 항상 탁발하며 살아갔다. 그가 사는 마을이 사왓티 성에 가까이 있어서 아나타삔디까 장자나 신도들이 특별하게 맛있는 음식을 올리는 공양 행사나 빠세나디 왕이 올리는 일생에 한 번 있는 가장 화려한 공양 행사에도 참석할 수 있었다. 하지만 그는 결코 사왓티에 발을 들여놓지 않았다.

어느 날 비구들 사이에 그에 관한 좋지 않은 말들이 돌기 시작하더니 부처님 귀에까지 들어가게 됐다.

"니가마와시 띳사는 가만히 앉아 열심히 수행하지 않고 친척들과 친밀한 관계를 유지하며 바쁘게 살아가고 있습니다. 그는 아나타삔디까나 다른 신도들이 올리는 풍요로운 공양이나 빠세나디 왕이 여는 화려한 공양 행사에도 참석하지 않습니다."

부처님께서 니가마와시 띳사를 불러서 물었다.

"비구여, 그대에 대해 떠도는 말들이 사실인가?"

"부처님이시여, 그것은 사실이 아닙니다. 저는 단지 친척들에게서 먹을 만큼의 음식을 얻을 뿐입니다. 맛있는 것이든 거친 것이든 내 몸을 지탱하는 데 필요한 양만큼의 음식을 구할 수 있는데, 굳이 맛있는 음식을 얻으려고 도시로 가는 것이 무슨 이익이 있겠는가라는 생각에 가지 않는 것입니다. 부처님이시여, 저는 친척들과 친밀한 관계를 유지하며 살아가는 것이 아닙니다."

부처님께서는 비구의 훌륭한 마음가짐을 알고서 매우 칭찬하셨다.

"사두!(훌륭하다!) 사두! 사두! 비구여, 나와 같은 스승을 만나서 그대가 그렇게 검소하게 사는 것은 전혀 이상한 일이 아니다. 검박함은 나의 성격이고 습관이니라."

비구들이 그 이야기를 해 달라고 요청하자 부처님께서는 당신의 과거 이야기를 말씀하셨다.

부처님의 과거생: 삭까와 앵무새[245]

어느 때 수천 마리의 앵무새가 히말라야 갠지스 강둑에 있는 무화과나무 숲에 살고 있었다. 앵무새 왕은 무화과나무의 열매가 다 떨어지자 어린 싹이나 잎사귀 나무껍질 등 남아있는 것은 무엇이든지 먹고 갠지스 강의 물을 마시며 바라는 것 없이 검소하게 살면서 다른 곳으로 가지 않았다. 그가 만족하고 검소하게 사는 공덕으로 삭까 천왕의 궁전이 흔들리기 시작했다. 삭까는 궁전이 흔들리는 원인이 앵무새에게 있다는 것을 알고 그를 시험해 보기로 결심했다. 삭까는 신통력으로 그 무화과나무를 시들어 버리게 했다. 그 나무는 이제 여기저기 갈라지고 속이 텅 빈 앙상한 나무가 되어 바람이 들이치면 황량한 메아리가 울려나오고 갈라진 틈과 구멍 사이로 먼지가 풀풀 휘날렸다. 그러나 앵무새는 먼지와 갠지스 강물을 먹으면서도 다른 나무로 옮겨가지 않았다. 그는 쓸쓸한 바람과 뜨거운 태양에도 아랑곳하지 않고 여전히 자신의 무화과나무 꼭대기에서 살아갔다.

삭까는 앵무새가 정말로 행복하고 만족해 한다는 것을 알고 생각했다. '그에게 우정의 미덕에 대해 이야기하고, 상으로 무화과나무에 열매가

---

245) 이 이야기는 마하수까 자따까(Mahāsuka Jātaka, J429)에서 유래한다.

많이 달리도록 해 줘야겠다.'

삭까는 아내 수자따를 거위로 변신시켜서 그에게 보냈다. 그녀는 무화과 나무 숲으로 날아가서 앵무새와 멀지 않은 나뭇가지에 사뿐히 내려앉아 노래를 불렀다.

푸른 잎사귀와 과일이 풍부하게 달린 다른 나무들도 많은데
앵무새는 왜 말라비틀어지고 속이 텅 빈 고목나무에 앉아 즐거워합니까?

앵무새 역시 노래로 대답했다.

이 나무는 전에 나에게 많은 이익을 주었는데
말라비틀어졌다고 나무를 버려서야 되겠습니까?

(이 이야기는 자따까 제10장에 자세히 설명돼 있지만 자따까에 나오는 것과 여기에 나오는 것이 대부분 같으나 약간 다르다.)
부처님께서 이 이야기를 마치고 나서 말씀하셨다.
"그때 삭까는 아난다였고 앵무새 왕은 바로 나였다. 이와 같이 비구들이여, 적은 것에 만족하는 것은 바로 나의 성격이고 습관이니라. 그래서 나의 아들 니가마와시 띳사가 나를 스승으로 삼아 작은 것에 만족하고 행복해 하는 것은 전혀 이상한 일이 아니다. 이와 같은 비구는 사마타 위빳사나와 도과로부터 물러날 수 없고 퇴보할 수 없고 점점 열반에 가까이 다가간다."
부처님께서는 이렇게 말씀하시고 게송을 읊으셨다.

주의깊게 알아차림을 즐기고,
제멋대로 방일하게 사는 삶에서
위험을 보는 비구는
뒤로 물러나지 않고
열반을 향해 나아간다.(32)

제3장 마음

citta vagga

제3장: 마음Citta Vagga

첫 번째 이야기
부처님을 홀로 두고 수행하러 간 메기야 장로246)

부처님께서 짤리까 바위산247)에 계실 때 메기야 장로248)와 관련해서 게송 33, 34번을 설하셨다.

이 장로의 이야기는 메기야 경249)에 자세히 나온다.

---

246) 이 이야기는 장로게경의 메기야 주석(ThagA. i. 66), 앙굿따라 니까야 메기야 경(Meghiya Sutta A9.3), 우다나 메기야 경(Meghiya Sutta, Ud4.1)에도 나온다.

247) 짤리까 바위산Cālikāpabbata: 부처님께서 성도 후 13년째, 18년째, 19년째 안거를 보내신 곳이다. 이곳에서 메기야 경을 설할 때는 13년째 안거라고 한다.(BuA.3) 이 근처에 잔뚜Jantu 마을이 있고 끼미깔라Kimikālā 강이 옆으로 흐르고 있고 강둑에는 망고 숲이 있었다.

248) 메기야Meghiya: 까삘라왓투Kapilavatthu의 사끼야족 출신으로 한동안 부처님 시자로 있었다. 그가 부처님을 모시고 짤리까Cālikā에 있을 때 잔뚜Jantu 마을로 탁발을 나갔다. 그는 돌아오는 도중에 끼미깔라 강변의 망고 숲에 매료됐다. 그는 부처님께 그곳에서 수행하겠다고 허락을 요청했으나 부처님께서는 당신 주변에 비구가 아무도 없으니 다른 비구가 올 때까지 기다리라고 하면서 두 번이나 거절했다. 하지만, 메기야가 세 번째로 요청하자 수행을 허락하셨다. 메기야는 그곳에 가서 수행을 시작했으나 온갖 망상이 일어나 결국 부처님께 되돌아왔다. 그때 부처님께서는 메기야 경을 설하셨고 그는 수다원과를 얻었다.

249) 메기야 경(Meghiya Sutta, A9.3): 메기야 장로가 망고 숲으로 수행하러 들어갔다가 감각적 욕망, 분노, 남을 해치려는 생각 등 망상에 휩싸여 되돌아오자 부처님께서 수행을 무르익게 하는 다섯 가지, ① 훌륭한 도반(부처님 또는 스승) ② 지계持戒 ③ 법담法談 ④ 정진精進 ⑤ 지혜智慧를 말씀하신다.

어느 때 메기야 장로가 망고 숲에 정진하러 들어갔다가 탐욕, 성냄, 어리석음이라는 세 가지 나쁜 마음三毒心이 일어나서 정진이 되지 않자 부처님께 돌아왔다. 그러자 부처님께서 그에게 말씀하셨다.

"메기야여, 너는 큰 잘못을 저질렀다. 내가 너에게 '내가 지금 혼자 있으니 다른 비구들이 올 때까지 기다리라'고 하지 않았느냐? 그런데 너는 나의 요청에도 불구하고 시자侍者의 책임도 던져버리고 수행하러 간다고 하면서 가버렸다. 비구는 생각나는 대로 행동해서는 안 된다. 마음이란 변덕스러운 것이어서 사람은 항상 마음을 잘 조절해야 한다."

부처님께서는 이렇게 말씀하시고 게송을 읊으셨다.

흔들리고 동요하며
보호하기 어렵고 지키기 어려운 마음을
슬기로운 이는 곧게 만든다.
화살을 만드는 이가 굽은 곳을 곧게 펴듯이.(33)

물 밖으로 던져진
물고기가 몸부림치듯
이 마음도 또한 그렇다.
마라의 왕국에서 벗어나려고
수행 대상에 집중하면
마음은 싫어하며 몸부림친다.(34)

이 게송 끝에 메기야 장로는 수다원과를 성취했고 다른 비구들은 사다함과, 아나함과를 성취했다.

두 번째 이야기
타심통이 있는 여자 재가신도

부처님께서 사왓티에 계실 때 어떤 비구와 관련해서 게송 35번을 설하셨다.

꼬살라국의 어느 산 아래에 집들이 빼곡히 들어찬 마띠까라는 시골 마을이 있었다. 어느 날 60명의 비구가 부처님에게서 수행주제를 받고 수행처를 찾아가다가 음식을 탁발하려고 이 마을에 들어갔다. 마을 촌장의 이름은 마띠까였다. 마띠까의 어머니가 그들을 보고 자리를 제공하고 온갖 재료로 정성스럽게 요리한 우유죽을 공양을 올리면서 물었다.

"스님들께서는 어디로 가시려고 합니까?"

"수행하기 알맞은 곳으로 가려고 합니다."

비구들이 안거 기간에 머무를 거처를 찾아가고 있다는 것을 알고 그녀는 스님들 발아래 절하고 말했다.

"스님들이 안거 3개월 동안 여기에 머무르신다면 저는 삼귀의와 오계를 받들고 우뽀사타를 지킬 수 있습니다."

비구들은 그녀가 도와준다면 탁발에 큰 어려움 없이 깨달음을 얻을 수 있을 거라고 생각해 그녀의 제안을 받아들였다.

마띠까의 어머니는 스님들이 지낼 사원을 손보고 깨끗이 청소한 후 시주했다. 스님들은 그곳에 머무르면서 수행에 들어갔다. 어느 날 스님들은 함께 모여 대중회의를 열었다.

"벗들이여, 우리는 주의깊게 알아차려야 합니다. 수행하지 않고 방일하게 지내서는 안 됩니다. 우리 앞에는 팔대지옥[250]이 우리 집인 것처럼 대문을 활짝 열어놓고 있습니다. 우리는 현존해 계신 부처님으로부터 직접 수행주제를 받아들고 여기에 왔습니다. 부처님의 발뒤꿈치를 그대로 따라

---

250) 팔대지옥八大地獄: 3권 부록 I 불교의 세계관 참조.

간다 하더라도 표리부동한 사람은 결코 부처님의 가르침을 얻을 수 없습니다. 부처님의 뜻을 따라야만 부처님의 가르침을 얻을 수 있는 것입니다. 그러니 주의깊게 알아차리며 열심히 정진합시다. 두 비구가 한곳에 있지 맙시다. 저녁에 함께 모여 장로에게 시중들고 아침에 함께 모여 탁발을 나가도록 합시다. 나머지 시간에는 두 사람이 함께 모여서는 안 됩니다. 만약에 비구가 병에 걸리면 사원 뜰에 나와 종을 울리도록 합시다. 종소리가 들리면 함께 나와서 그를 간호하고 치료하도록 합시다."

대중들은 이렇게 합의를 보고 각자 방으로 들어갔다.

어느 날 저녁 무렵에 비구들이 열심히 수행 정진하고 있을 때 마띠까의 어머니가 버터기름, 당밀 등 오후에 먹어도 되는 음식을 들고 하인들을 데리고 사원에 왔다. 그녀는 스님들이 보이지 않자 사람들에게 물었다.

"스님들은 어디 갔습니까?"

"마님, 각자 방에서 좌선하고 있는 것 같습니다."

"스님들을 만나보려면 어떻게 해야 합니까?"

대중공사에서 결정된 합의 사항을 알고 있는 사람이 말했다.

"종을 친다면 스님들이 모여들 것입니다."

그래서 그녀가 종을 치자 비구들이 종소리를 듣고 '누가 병이 났나보다'고 생각하고 방문을 열고 사원 앞뜰로 나왔다. 그러나 같은 길로 나오는 비구가 없었다.

그녀는 비구들이 방에서 나와 한 명씩 따로따로 오는 것을 보고 '스님들이 싸웠나보다'라고 생각했다. 그녀는 비구들에게 인사를 올리고 나서 물었다.

"스님들께서 혹시 싸우셨습니까?"

"신도님, 우리는 싸우지 않았습니다."

"저희 집에 오실 때에는 이렇게 따로따로 오시지 않고 함께 모여 오셨는데 지금은 각자 방에서 한 명씩 따로따로 나오시는 것은 어째서 그렇습니까?"

"신도님, 우리는 각자 방에 앉아서 사문의 법을 닦고 있습니다."

"스님, '사문의 법'이라는 말이 무슨 말입니까?"

"우리는 몸의 32부분을 관찰하면서 늙음, 죽음, 더러움을 인식하고, 이 몸이 무상하고 괴롭고 실체가 없다는 본래 성질을 꿰뚫어보고 집착과 번뇌에서 벗어나 윤회에서 해탈하는 것입니다."[251]

"스님, 그럼 몸의 32부분을 관찰하면서 늙음, 죽음, 더러움을 인식하고, 이 몸이 무상하고 괴롭고 실체가 없다는 본래 성질을 꿰뚫어보고 집착과 번뇌를 벗어나 윤회에서 해탈하는 이 수행은 스님들에게만 허용되는 것입니까 아니면 우리들에게도 허용되는 것입니까?"

"신도님, 이 수행은 누구나 할 수 있습니다."

"좋아요, 스님. 그렇다면 몸의 32부분에 대한 명상을 제게 가르쳐주시고 늙음, 죽음, 더러움을 인식하고 집착과 번뇌에서 벗어나 윤회에서 해탈하는 수행을 어떻게 하는지도 가르쳐 주세요."

"좋습니다. 가르쳐 줄 테니 잘 배우십시오."

비구들은 그녀에게 수행법을 자세히 가르쳐 주었다. 그녀는 몸의 32부분에 대한 명상을 시작했다. 그녀는 수행 진척이 아주 빨라서 비구들을 앞질러 아나함도 아나함과에 도달했다. 그녀는 동시에 사무애해와 신통력도 갖추었다.

그녀는 깨달음의 기쁨에서 나와 천안으로 스님들이 깨달음을 성취했는지 살펴보았다.

'스님들은 아직도 탐욕과 성냄과 어리석음에 묶여있구나. 스님들은 아직도 삼매와 위빳사나 지혜를 얻지 못하고 있구나.'

그녀는 스님들이 아라한과를 증득할 자질을 갖추고 있는지 살펴보았다. 스님들은 충분한 자질을 갖추고 있었다. 이번에는 수행처가 적절한지 살펴

---

251) 32부분에 대한 명상: 수행방법은 3권 부록 Ⅱ.A.3 참조.

보았다. 수행처도 나무랄 데 없었다. 그녀는 스님들이 훌륭한 도반들인지를 살펴보았다. 스님들은 모두 훌륭한 도반들이었다. 그녀는 마지막으로 음식이 적절한지 살펴보았다. 그런데 음식에 문제가 있어 이 때문에 수행에 진척이 없었다.

그때부터 그녀는 우유죽과 다양한 재료로 요리한 맛있는 음식을 올렸다. 그녀는 비구들이 자리에 앉자 청수물과 음식을 올리면서 말했다.

"스님들이시여, 먹고 싶은 것이 있으면 무엇이든 가져가서 드십시오."

맛있고 영양가 좋은 음식을 먹게 되자 비구들의 마음이 안정되기 시작했다. 마음이 평온해지자 일어나고 사라지는 현상을 더 예리하게 관찰할 수 있었다. 그들은 곧 사무애해를 갖춘 아라한이 됐다. 비구들은 깨달음을 얻고 나서 생각했다.

'대시주자인 재가신도가 우리에게 커다란 도움을 주었구나. 맛있고 영양가 좋은 음식을 제공받지 못했더라면 깨달음을 얻을 수 없었을지도 모른다. 안거가 끝나고 자자[252]를 하고 나면 부처님을 찾아뵈러 가야겠다.'

비구들은 재가신도에게 작별인사를 했다.

"우리는 부처님을 뵈러 가야 합니다."

그녀가 얼마간 따라 나와서 배웅하며 말했다.

"스님들이시여, 안녕히 가십시오. 혹시 지나갈 일이 있으면 들르시기 바랍니다."

덕담을 나누고 그녀는 집으로 돌아갔다.

---

252) 자자(自恣, pavāraṇā): 우기의 안거 해제날에 안거 동안의 허물이나 지은 죄를 서로 고백하고 대중에게 자신의 허물을 드러내 달라고 청하는 행사이다. 자자 행사에서 비구는 대중에게 이렇게 청한다. "대중스님들이시여, 저의 허물을 들었거나, 보았거나, 혹은 의심이 있다면 허물을 드러내어 알려주시기를 청하옵니다. 스님들은 연민심을 내어 제게 말씀해 주십시오. 그 허물을 알면 저는 참회하겠습니다." 상윳따 니까야 자자 경 (Pavāraṇā Sutta, S8.7)을 읽어보면 그 당시에 부처님과 500대중이 엄숙하게 자자를 하는 모습을 볼 수 있다.

비구들이 사왓티에 도착해서 부처님께 삼배를 올리고 공손히 한쪽에 앉자 부처님께서 말씀하셨다.

"비구들이여, 건강하게 잘 지냈느냐? 탁발하는 데 어려움이 없었느냐?"[253]

"부처님이시여, 우리는 편안히 잘 지냈습니다. 특히 음식 때문에 어려움을 겪지 않았습니다. 마띠까의 어머니는 우리가 '오! 오늘은 이런 음식을 준비해 주었으면 좋겠다.'라고 생각하면 바로 우리의 생각을 읽고 그 음식을 준비해 주었습니다."

비구들은 합창하듯 입을 모아 그녀를 칭찬했다.

어떤 비구가 그녀의 미덕을 칭찬하는 소리를 듣고 그곳에 가고 싶어졌다. 그는 부처님께 그 마을에 가서 수행하고 싶다고 말하고 수행주제를 받았다. 그는 제따와나를 떠나 마을에 도착해서 사원에 들어갔다. 그는 사원에 도착하자 그녀의 능력을 시험해 보고 싶어졌다.

'이 신도는 다른 사람의 마음속에 일어나는 생각을 다 읽는다고 들었다. 내가 지금 먼 길을 오느라 지치고 피곤해서 사원을 청소할 여력이 없다. 그녀가 사람을 보내서 준비해 주었으면 좋겠다.'

그녀는 자기 집에 앉아서 비구의 마음을 읽고 하인을 보냈다.

"사원에 가서 스님께서 사용하는 데 불편이 없도록 깨끗이 청소하고 정돈해 드리세요."

하인은 지시한 대로 사원을 준비해 주었다. 비구는 음료수가 먹고 싶어한 생각을 일으켰다.

'그녀가 내게 달콤한 주스를 보내주었으면!'

그녀는 즉시 사탕수수로 만든 주스를 보내주었다. 다음 날 이른 아침 그는 또 생각을 일으켰다.

'우유죽과 나물무침을 조금만 보내주었으면 좋겠다.'

---

253) 부처님께서 멀리서 온 비구에게 항상 하시는 인사말이다.

그녀는 즉시 우유죽과 나물무침을 보내주었다. 우유죽을 마시고 나서 그는 또 생각했다.

　'그녀가 맛있는 과자를 만들어 보내주었으면 좋겠다.'

　그녀는 즉시 과자를 만들어 보내주었다.

　그는 이제 그녀를 만나보고 싶어졌다.

　'이 신도는 내가 생각하는 것을 모두 보내주었다. 이제 그녀를 만나보고 싶다. 맛있게 요리한 부드러운 음식을 가지고 직접 와 주었으면 좋겠다.'

　신도는 비구의 마음을 읽고 생각했다.

　'이 스님이 나를 만나보고 싶어 하는군. 나보고 직접 와 주었으면 하는 군.'

　그녀는 부드러운 음식을 만들어서 사원으로 가져가 비구에게 올렸다. 비구가 공양하고 나서 물었다.

　"신도여, 당신이 마띠까마따(마띠까의 어머니)입니까?"

　"그렇습니다, 스님"

　"당신은 다른 사람의 생각을 읽을 수 있다는 데 사실입니까?"

　"왜 그런 것을 묻는지요, 스님?"

　"당신은 내가 생각했던 모든 것을 다 해주었어요. 그래서 묻는 겁니다."

　"스님들도 다른 사람의 생각을 읽는다고 알고 있는데요, 스님."

　"나는 다른 사람에게 묻는 것이 아닙니다. 나는 당신에게 묻습니다."

　이렇게 직접 물어보는데도 그녀는 다른 사람의 생각을 읽는다고 대답하지 않고 은근슬쩍 넘어갔다.

　"다른 사람의 생각을 읽지 못하는 사람도 우연히 그 사람이 원하는 바를 해줄 수 있지 않을까요, 스님?"

　비구는 자신이 잘못 왔다고 생각했다.

　'내가 아주 난처한 상황에 빠져버렸구나. 생각이란 것은 조절하기 힘들어서 때로는 고귀한 생각을 할 때도 있지만, 때로는 저열한 생각도 하기 마련인데 내가 한 번이라도 나쁜 생각을 하게 되면 그녀는 도둑을 붙잡은 것처럼 나의 멱살을 붙잡고서 내동댕이칠 것이다. 그러니 여기서 빨리 도망치는 것이 최선책이다.'

그는 신도에게 말했다.

"재가신도여, 나는 가고자 합니다."

"어디로 가시나요, 스님?"

"부처님께 갑니다."

"스님, 여기서 한 번 수행해 보시지요."

"여기에 더 이상 머무를 수 없습니다. 나는 정말로 가야합니다."

그는 그곳을 떠나 부처님께 돌아갔다.

부처님께서 그에게 물으셨다.

"비구여, 그곳에 오래 머무를 수 없었느냐?"

"부처님이시여, 그곳에 더 이상 머무를 수 없었습니다."

"무슨 이유인가?"

"부처님이시여, 그 신도는 제 마음속에서 일어나는 모든 생각을 다 읽을 수 있습니다. 중생이란 때로는 고귀한 생각도 하고 때로는 저열한 생각도 하게 마련입니다. 그래서 제가 단 한 번이라도 나쁜 생각을 하게 되면 그녀는 도둑을 잡은 것처럼 멱살을 잡고 흔들 것입니다. 그래서 돌아왔습니다."

"그곳이 바로 네가 머무르며 수행해야 할 곳이다."

"부처님이시여, 절대 그곳에 머무르지 않겠습니다."

"그럼 딱 한 가지만 지킬 수 있겠느냐?"

"부처님이시여, 무엇을 지키라는 겁니까?"

"마음은 지키기가 어렵나니 마음 한 가지만 꼭 지키도록 해라. 마음은 통제하기 어렵나니 다른 모든 것은 신경쓰지 말고 오직 마음 하나만 지키도록 해라."

부처님께서는 이렇게 말씀하시고 게송을 읊으셨다.

마음은 다스리기 어렵나니
항상 좋아하는 곳으로 빠르게 치닫는다.
마음을 길들여야 훌륭하나니
길들여진 마음이 행복을 가져온다.(35)

부처님께서 이렇게 비구를 훈계하고서 다시 그곳으로 보내셨다.
"비구여, 그곳으로 돌아가거라. 다른 것엔 관심두지 말고 오직 네 마음에
만 집중해라. 그곳에 가서 다시 수행을 시작해라."
비구는 부처님의 훈계를 듣고 다시 그곳으로 갔다. 그리고 오직 자신의
마음에만 집중하며 수행했다. 여자 신도는 천안으로 비구를 살펴보고서 그
가 부처님께 훈계를 듣고 다시 돌아왔다는 것을 알았다. 그녀는 즉시 맛있
는 음식을 준비해서 그에게 올렸다. 비구는 좋은 음식을 제공받고 정진을
시작한 지 얼마 되지 않아 아라한이 됐다.

비구는 아라한과의 행복을 즐기면서 며칠을 보냈다.
'여자 신도가 결국 내게 많은 도움을 주었구나. 그녀의 도움으로 나는 해
탈을 성취했다.'
그는 그녀가 금생에서만 도움을 주었는지 과거생에서도 도움을 주었는
지 알아보고 싶어졌다. 그가 아흔아홉 번째 생까지 과거생을 회상하자 그
녀가 그 생에서 자기 아내였으나 다른 사람과 사랑에 빠져 자객을 고용해
자기를 살해했다는 것을 알았다. 비구는 과거생에 그녀가 저지른 악업을
보고 생각했다.
'오! 그녀는 정말 커다란 악업을 저질렀구나!'
여자 신도도 자기 집에 앉아서 스님이 성스러운 삶의 목표에 도달했는지
알고 싶어졌다. 그녀는 스님이 아라한과에 도달했다는 것을 알았다.
'스님이 아라한과를 성취했구나. 그리고 나의 도움으로 깨달음을 성취했
다고 생각하는구나. 그가 숙명통으로 과거생에도 내가 자기에게 도움을 주

었는지 살펴보다가, 아흔아홉 번째 생에서 내가 정부와 짜고 목숨을 빼앗았다는 것을 알았구나. 내가 과거생에 그에게 도움을 주었던 적이 없었던가?'

그녀는 이 일을 더 알아보기 위해 자신의 백 번째 생을 회상해 보았다. 그녀는 그 생에서도 그의 아내였으며, 목숨을 빼앗을 수 있는 상황에서 살려주었다는 것을 알았다. 그녀는 과거생에서도 자신이 그에게 도움을 주었다는 것을 알리기 위해 집에 앉은 채로 말했다.

"그 앞 생으로 더 나아가서 관찰해 보세요."

비구는 천이통天耳通으로 그녀의 말을 듣고 앞 생으로 더 나아가 관찰해 보았다. 그는 백 번째 생을 회상해 보고 그녀가 그때에도 자기의 아내였으며 목숨을 살려주었다는 것을 알았다. 그는 기쁨에 가득차서 소리쳤다.

'이 여자 신도가 내게 커다란 도움을 주었구나.'

비구는 네 가지 도과에 관한 법을 설하고 대열반254)에 들었다.

---

254) 대열반(parinibbāna, 無餘涅槃, 般涅槃): 부처님과 아라한의 죽음을 말한다. 아라한이 아닌 사람이 죽으면 31세계 어딘가에 다시 태어나지만, 부처님과 아라한은 더 이상 태어나지 않는다.

세 번째 이야기
승가생활에 적응하지 못하는 아누뿝바 비구

부처님께서 제따와나에 계실 때 승가생활에 적응을 못하는 비구와 관련해서 게송 36번을 설하셨다.

부처님께서 제따와나에 계실 때 어떤 부잣집 아들이 자기 집에 자주 탁발 나오는 장로에게 다가와 말했다.

"스님, 모든 괴로움에서 해탈하고 싶습니다. 제게 괴로움에서 해탈하는 길을 가르쳐 주세요."

"사두(훌륭하다)! 그대가 모든 괴로움에서 해탈하고 싶다면 스님을 배정받아 공양을 올리고, 보름마다 공양을 올리시오. 안거 동안에 스님들에게 수행처를 제공하고 가사와 필요한 필수품을 드리도록 하시오. 그대의 재산을 삼등분해서 하나로 사업을 하고, 하나로는 자식과 아내를 부양하고 나머지 하나는 승가에 공양을 올리는 데 사용해 공덕을 지으시오."

"스님, 알겠습니다."
부잣집 아들은 스님이 말한 대로 공덕을 지었다.
"스님, 이것보다 더 훌륭한 다른 수행은 없습니까?"
"삼보에 귀의하고 오계를 받아 지키십시오."
부잣집 아들은 그렇게 하고 나서 이것보다 더 훌륭한 수행은 없는가 물었다.
"십선계255)를 받아 지키십시오."

---

255) 십선계十善戒: 이 열 가지 계율은 재가자들의 실천덕목으로 설해졌다. 이 계율은 반드시 지켜야 하는 금지 계율이라기보다는 실천하면 천상에 태어나는 이로움이 있다고 하며 불자들이 행위를 하는 데 선악의 판단 기준이 된다. 앙굿따라 니까야 자눗소니 경(Jāṇussoṇi sutta, A10.177)에는 십선계를 지키면 인간과 욕계 천상 세계에 태어나는 원인이 된다고 설명하고 있다. 열 가지 계율은 이렇다. ① 살생하지 마라. ② 주지 않은

"그렇게 하겠습니다, 스님."

부잣집 아들은 십선계를 받아 지켰다. 그는 점차적으로(anupubbena) 공덕을 지어갔으므로 아누뿜바Anupubba라고 불렸다.

"제가 또 해야 할 일이 있습니까?"

"출가해서 비구가 되시오."

부잣집 아들은 즉시 출가해 비구가 됐다.

그의 은사恩師 스님은 아비담마에 정통했고 그의 계사戒師 스님은 율장을 다 외우는 뛰어난 율사律師였다. 은사 스님은 자주 찾아와서 그에게 아비담마에 나오는 문제를 자꾸 반복해서 설명했다.

"부처님의 가르침은 이렇게 하면 합당하고 저렇게 하면 합당하지 않다."

계사 스님도 그에게 와서 율장에 나오는 계율을 반복해서 가르치며 훈계했다.

"우리 교단에서는 이렇게 하면 계율에 맞고 저렇게 하면 계율에 맞지 않는다."

얼마간 시간이 지나자 그는 짜증나기 시작했다.

'오! 출가 생활은 정말 힘든 일이구나! 모든 괴로움에서 해탈하기 위해 비구가 됐는데 여기서는 손을 뻗고 기지개를 펼 여유조차 없구나. 차라리 가정생활을 하면서 괴로움에서 해탈하는 방법을 찾아보는 것이 낫겠다. 다시 가정으로 돌아가는 것이 최선책이다.'

그때부터 출가 생활이 지겨워지고 불만이 쌓여가자 그는 수행도 하지 않고 가르침도 더 이상 듣지 않았다. 그의 몸은 뼈쩍 말라가고 피부는 쭈그러지고 힘줄이 몸 밖으로 튀어나왔다. 극심한 피로감이 그를 내리 눌렀다. 온

것을 가지지 마라. ③ 자신의 배우자가 아닌 사람과 음행을 하지 마라. ④ 거짓말을 하지 마라. ⑤ 아첨하거나 실없는 말을 하지 마라. ⑥ 이간질을 하지 마라. ⑦ 욕설을 하지 마라. ⑧ 탐내지 마라. ⑨ 성내지 마라. ⑩ 삿된 견해를 갖지 마라.

몸 여기저기가 헐어터지고 피부에 염증까지 생겼다. 젊은 비구들이 바짝 야윈 그의 모습을 보고 물었다.

"스님은 황달에 걸린 사람처럼 몸이 비쩍 마르고 피부에 주름이 지고 몹시 피곤해 보입니다. 무슨 힘든 일이라도 있습니까?"

"스님, 나는 출가 생활이 만족스럽지 못합니다."

"왜 그렇습니까?"

그가 자신이 처한 상황을 자세히 설명하자, 그들은 두 스승에게 데리고 갔고, 두 스승은 부처님께 데리고 갔다.

부처님께서 말씀하셨다.

"비구들이여, 왜 내게 왔는가?"

"부처님이시여, 이 비구가 출가 생활이 힘들다고 합니다."

"비구여, 이 말이 사실인가?"

"부처님이시여, 그렇습니다. 전 출가 생활에 적응하지 못하겠습니다."

"왜 적응하지 못하는가?"

"부처님이시여, 저는 모든 괴로움에서 벗어나기 위해 출가했습니다. 저의 은사 스님은 아비담마를 가르치고 율사 스님은 계율만을 가르칩니다. 부처님이시여, 그래서 저는 '여기는 손을 뻗고 한숨 돌릴 여유조차 없구나. 나는 가정생활로 돌아가서 괴로움에서 해탈하는 방법을 찾아보는 것이 낫겠다. 나는 가정으로 되돌아가야겠다.'라고 결론을 내렸습니다."

"비구여, 너는 한 가지만 지킬 수 있다면 나머지는 지키지 않아도 된다."

"부처님이시여, 그 한 가지가 도대체 무엇입니까?"

"네 마음을 지킬 수 있겠느냐?"

"지킬 수 있습니다."

"그 마음 한 가지만 지키도록 해라."

부처님께서는 이렇게 훈계하시고 게송을 읊으셨다.

마음은 미묘하여 보기 어렵나니
항상 즐거운 곳으로 치닫는다.
지혜로운 이는 마음을 잘 보호해야 하나니
잘 보호된 마음이 행복을 가져온다.(36)

이 게송 끝에 아누빨바는 수다원과를 성취했다.

네 번째 이야기
스승의 머리를 내리친 조카 상가락키따

부처님께서 사왓티에 계실 때 상가락키따와 관련해서 게송 37번을 설하셨다.

사왓티에 사는 어떤 가문의 젊은이가 부처님의 법문을 듣고 출가해 비구계를 받고 열심히 수행한 지 얼마 되지 않아 아라한이 됐다. 그는 상가락키따 장로라고 알려졌다. 그의 여동생이 아들을 낳았는데 그녀는 오빠의 이름을 따서 아들 이름을 상가락키따라고 지었다. 그래서 그는 조카 상가락키따라고 알려졌다. 조카는 스무 살이 되어 장로를 은사로 출가했다. 그는 비구계를 받고 한 마을에서 우기 3개월 동안 안거에 들어갔다. 그는 안거 기간에 두 벌의 가사용 천을 받았는데 한 벌은 길이가 일곱 자였고 한 벌은 여덟 자였다. 그는 여덟 자 가사는 스승에게 올리고 일곱 자 가사는 자신이 입으려고 마음먹었다. 안거가 끝나자 그는 여기저기 유행하면서 제따와나로 향했다.

사원에 도착하여 보니 장로가 아직 도착하지 않고 있었다. 그는 장로의 방을 청소하고 발 씻을 물을 길러오고 자리를 준비하고 장로가 오는 길을 바라보며 앉아 있었다. 장로가 오는 것이 보이자 그는 얼른 마중 나가서 가사와 발우를 받아들고 장로에게 자리를 권했다.
"스승님, 자리에 앉으십시오."
그는 장로가 자리에 앉자 야자잎 부채로 부채질을 해 드리고, 마실 물을 드리고, 발을 씻어 드렸다. 그리고 가사용 천을 가져와 장로의 발아래 놓았다.
"스승님, 이 천으로 가사를 만들어 입으십시오."
그런 다음 스승 뒤에 서서 다시 부채질을 해 드렸다. 장로가 조카에게 말했다.

"상가락키따야. 내게는 가사가 충분히 있단다. 이 천은 네가 사용하도록 해라."

"스승님, 제가 이 가사용 천을 받는 순간부터 스승님에게만 드리기로 결심했습니다. 그러니 반드시 받아주셔야 합니다."

"상가락키따야. 내 가사는 새것이니 그 천은 네가 사용하도록 해라."

"스승님 부디 이 천을 거절하지 마십시오. 스승님께서 사용하신다면 제게 커다란 공덕이 될 것입니다."

젊은 비구가 여러 번 요청했으나 장로는 한사코 거절했다. 조카는 장로 뒤에 서서 부채질을 해 드리다가 한 생각을 일으켰다. 그 한 생각이 생각을 낳고 점점 커져 저절로 흘러가기 시작했다.

'속가로 따지면 나는 장로님의 조카이다. 절집으로 따지면 나는 이분의 제자이다. 그럼에도 불구하고 장로님은 스승으로서 나와 함께 물건을 나누려고 하지 않는다. 스승이 나와 함께 물건을 나누려 하지 않는다면 내가 계속 비구로 남아 있을 이유가 뭐 있겠는가? 나는 속가로 돌아가야겠다.'

이제 망상은 세속생활로 접어들기 시작했다.

'세속에서 살아가는 것도 만만치 않다. 일단 가정으로 돌아가면 어떻게 벌어먹을 것인가?'

망상이 꼬리에 꼬리를 물었다.

'이 여덟 자짜리 옷감을 팔아서 암염소를 사야겠다. 새끼를 잘 낳는 염소라면 자꾸 새끼를 치겠지. 그럼 그것을 내다 팔아 얼마간 자금을 모을 수 있을 것이다. 얼마간 자금이 모이면 아내를 맞이하자. 그럼 아내가 아이를 낳겠지. 아이의 이름을 외삼촌의 이름을 따서 상가락키따라고 짓자. 아이를 유모차에 태우고 아내와 아이를 데리고 외삼촌에게 인사하러 갈 것이다. 사원으로 가면서 나는 아내에게 말하겠지. '여보, 아이를 내게 주시오. 내가 안고 가겠소.' 그녀가 대답하겠지. '왜 아이를 안고 가려고 그래요? 수레나 잘 몰아요.' 그러면서 그녀는 자기가 안고 가려고 하겠지. 하지만, 팔 힘이 부족해서 아이를 떨어뜨리게 되고, 수레바퀴가 아이 위를 지나가겠지. 그럼 나는 화가 나서 말하겠지. '아이를 안고 갈 힘도 없으면서 아이를 내게 주지 않더니 결국 나를 망치는구나.' 나는 이렇게 말하면서 지팡이로 그녀를 후려치겠지.'

부채질하던 젊은 비구는 망상이 여기에 다다르자 팔이 저절로 움직여 야자잎 부채로 장로의 머리를 내리치고 말았다. 장로는 왜 상가락키따가 자기 머리를 내리치는지 관찰해 보고 그의 머릿속에 지나갔던 번뇌를 읽고서 말했다.

"상가락키따야, 네 여인을 때리지 못하니까 이 늙은 장로를 내리치는구나.

젊은 비구는 당황했다.

'오! 난 망했다! 스승님은 내 마음속에 지나갔던 망상 덩어리들을 모두 알고 계시는구나. 이제 어떻게 비구 생활을 계속할 수 있겠는가?'

그는 부채를 던져버리고 도망치기 시작했다. 젊은 비구들이 쫓아가서 그를 붙잡아 부처님께 데리고 갔다.

부처님께서 비구들을 둘러보시고 말씀하셨다.

"비구들이여, 이 비구를 왜 붙잡아서 데려왔는가?"

"그가 스승에 대해 불만을 느끼고 도망치기에 붙잡아서 데려왔습니다."

"비구여, 그 말이 사실인가?"

"부처님이시여, 사실입니다."

"비구여, 그대는 왜 그런 바보 같은 생각을 하는가? 그대는 여전히 열심히 노력하는 붓다의 아들이 아닌가? 붓다의 가르침 아래로 출가해 수다원, 사다함, 아나함, 아라한이 되지 못했다고 해서 그런 어리석은 생각을 일으킨단 말인가?"

"부처님이시여, 저는 만족스럽지 못합니다."

"왜 만족스럽지 못하는가?"

젊은 비구가 가사를 받을 때부터 야자잎 부채로 장로의 머리를 내리칠 때까지 겪은 것을 전부 이야기했다.

"부처님이시여, 그래서 제가 도망친 것입니다."

"비구여, 그렇게 불안해하지 마라. 마음이란 원래 즐거운 대상을 찾아 끊임없이 방황하고 헤매는 것이란다. 그러니 탐욕과 성냄과 어리석은 망상으로부터 벗어나기 위해 부단히 노력해야 한다."

부처님께서 이렇게 말씀하시고 게송을 읊으셨다.

마음은 먼 곳으로 달려가고
홀로 헤매며
형체도 없으면서 어두컴컴한 굴속에 숨는다.
이 마음을 잘 다스려라!
그러면 마라의 속박에서 벗어나리라.(37)

이 게송 끝에 조카 상가락키따는 수다원과를 성취했다.

다섯 번째 이야기
여섯 번이나 환속을 반복한 찟따핫타 장로256)

부처님께서 사왓티에 계실 때 찟따핫타 장로와 관련해서 게송 38, 39번을 설하셨다.

사왓티에 사는 젊은이가 잃어버린 소를 찾아 숲으로 들어갔다. 정오가 돼서야 겨우 소를 찾아 소떼 속에 다시 집어넣었다. 배가 심하게 고프고 갈증이 난 그는 사원에 가면 얻어먹을 음식이 있지 않을까 생각하고 사원으로 들어갔다. 그는 비구들에게 가서 인사하고 공손하게 한쪽에 서 있었다. 그때 비구들은 충분히 먹고 음식이 많이 남아 있자 배가 고픈 표정으로 쳐다보고 있는 젊은이를 보고 말했다.

"여기 음식이 남았습니다. 가져가서 드십시오."

(부처님이 현존해 계실 때는 맛있는 우유죽과 다양한 음식이 풍부하게 들어온다.)

젊은이는 먹고 싶은 만큼 배부르게 먹었다. 그는 물을 마시고 손을 씻고 나서 스님들께 삼배를 올리고 여쭈었다.

"스님들이시여, 오늘 무슨 특별한 공양청을 받으셨습니까?"

"아니오, 비구들은 항상 이렇게 공양을 받습니다."

젊은이는 곰곰이 생각해 보았다.

'우리는 얼마나 바쁘게 움직이고 사는가? 우리가 밤낮으로 바쁘게 일하지만 이렇게 맛있게 요리한 밥과 반찬은 평생 한 번도 구경하지 못한다. 스님들은 항상 이렇게 먹는다고 한다. 내가 더 이상 재가자로 남아있을 이유가 무엇인가? 나도 비구가 되어야겠다.'

그가 스님들에게 가서 출가하겠다고 말했다.

---

256) 이 이야기는 꿋달라 자따까(Kuddāla Jātaka, J70)에 나오지만 서문 내용이 약간 다르다.

"신도여, 훌륭한 생각입니다."

비구들은 그를 출가시켜 비구계를 주었다. 비구가 된 그는 크고 작은 모든 의무를 다했다. 며칠 지나지 않아 맛있는 음식을 배불리 먹은 덕에 그의 몸은 퉁퉁해지고 피부에 윤기가 흘렀다.

얼마쯤 지나자 그는 이런 생각이 들었다.

'음식을 힘들게 탁발해서 얻어먹으며 살아가는 것이 무슨 이익이 있지? 다시 재가자로 돌아가야겠다.'

그는 자기 집으로 돌아갔다. 며칠 동안 논밭에 나가 일하자 몸이 다시 수척해졌다. 세속일이 힘들고 만만치 않자 또 생각이 바뀌었다.

'내가 왜 이런 힘들고 고통스러운 일을 하고 있지? 다시 비구가 돼야겠다.'

그는 다시 절에 가서 비구가 됐다. 비구로 며칠을 지내자 또다시 출가 생활이 지겨워졌다. 그래서 다시 세속으로 돌아갔다. 며칠이 지나자 또 세속 생활이 지겨워지기 시작했다.

'내가 이런 힘든 세속 생활을 왜 계속해야 하지? 다시 비구가 돼야겠다.'

그는 다시 비구들에게 가서 삼배를 올리고 출가하겠다고 말했다. 비구로 있는 동안 스님들을 성심성의껏 시중들었기 때문에 비구들은 그에게 다시 비구계를 주었다. 이렇게 그는 출가와 환속을 여섯 번이나 반복했다. 비구들은 그가 '마음의 지배를 받으며 산다.'고 생각해서 찟따핫타(마음의 지배를 받는 자)라는 이름을 붙여 주었다.

출가와 환속을 반복하는 가운데 아내가 임신하게 됐다. 그는 숲속에서 농기구를 챙겨가지고 돌아와 집에다 농기구를 내던지고 가사를 찾기 위해 방으로 들어가면서 중얼거렸다.

'다시 노란 가사를 입어야겠다.'

그때 아내는 침대에 누워 자고 있었다. 그녀의 속옷은 반쯤 벗겨져 있었고 입에선 침이 질질 흐르고 입을 반쯤 벌린 채 코를 골고 있었다. 그녀는 마치 부풀어 오른 시체처럼 보였다.

'몸은 항상하지 않고 끊임없이 변화하는 괴로운 것이로구나!'

그는 출가와 환속을 반복한 원인을 이제야 깨달았다.

'출가해 비구가 돼서도 그녀에 대한 애욕 때문에 출가 생활을 계속할 수 없었던 거야!'

그는 가사를 가슴에 안고 도망치듯 집을 뛰쳐나갔다.

그와 한집에 살고 있는 장모는 그가 집을 뛰쳐나가는 것을 보고 중얼거렸다.

'이 배신자가 숲에서 돌아오자마자 가사를 가슴에 안고 사원을 향해 뛰쳐나가는구나. 대체 무슨 일이 있는 거지?'

그녀는 방으로 들어가 자기 딸이 자고 있는 모습을 보고 곧 상황을 짐작했다.

'아내가 자고 있는 모습에 혐오감을 느껴 집을 뛰쳐나갔구나.'

그녀는 딸을 깨우고 말했다.

"일어나라, 이 마귀할멈아! 네가 자는 모습을 보고 남편이 혐오감을 느껴 집을 뛰쳐나갔다. 앞으로 더 이상 함께 살지 못할 것이다."

"엄마, 내버려둬요. 나가거나 말거나 신경 쓸 일이 하나도 없어요. 며칠 후면 되돌아올 거예요."

'이 몸은 항상하지 않고 끊임없이 변화하는 괴로운 것이로구나!'라는 말을 수없이 외우면서 사원으로 달려가는 동안 어느새 그는 수다원과를 얻었다. 그는 사원에 도착해서 비구들에게 삼배를 올리고 출가시켜 줄 것을 요청했다. 그러자 비구들이 그를 보고 말했다.

"우리는 당신의 출가를 받아줄 수 없습니다. 왜 또 비구가 되려고 합니까? 당신의 머리는 너무 자주 깎아서 숫돌처럼 반들반들 합니다."

"스님들이시여, 이번 한 번만 더 출가를 받아주십시오."

비구들은 그에게서 많은 도움을 받았기 때문에 또다시 출가를 허락했다.

그는 출가한 지 며칠이 지나지 않아 사무애해를 갖춘 아라한이 됐다.

비구들이 그에게 말했다.

"쩟따핫타 스님, 이제 집으로 돌아가야 할 때가 되지 않았습니까? 이번에는 상당히 오래 머무는 것 같습니다."

"스님들이시여, 세속에 대한 집착이 남아있을 때에는 집으로 돌아갔습니다. 이제 세속에 대한 집착을 완전히 버렸습니다. 더 이상 돌아가고 싶은 생각이 없습니다."

비구들이 부처님께 가서 말씀드렸다.

"부처님이시여, 이 비구는 마치 자신이 구경의 깨달음을 성취한 아라한인 것처럼 말하고 있습니다."

"비구들이여, 나의 아들은 마음이 확고하지 못하고 바른 법을 이해하지 못했을 때에는 출가와 환속을 반복했다. 그러나 지금은 선업과 악업을 모두 초월한 아라한이 됐다."[257]

부처님께서는 그렇게 말씀하시고 게송을 읊으셨다.

마음이 굳건하지 못하고
바른 법도 알지 못하며
믿음도 없는 이는
결코 지혜를 이룰 수 없네.(38)

마음이 탐욕에 젖지 않고
성냄에 불타지 않으며
선악을 초월하여 깨어있는 이는
더 이상 두려울 게 없네.(39)

---

257) 아라한의 마음은 단지 작용만 하는 마음(kiriyacitta)이기 때문에 과보를 일으키지 않는다. 따라서 선업善業도 악업惡業도 되지 않는다.

어느 날 비구들이 모여 법담을 나누고 있었다.

"벗들이여, 애착은 고통스러운 것입니다. 충분히 아라한이 될 자질을 갖춘 젊은이가 애욕에 사로잡혀 일곱 번이나 출가와 환속을 반복했습니다."

부처님께서 비구들이 이 주제를 가지고 법담을 나누는 것을 듣고 법당에 들어가 붓다의 자리에 앉아 물으셨다.

"비구들이여, 그대들은 법당에 앉아 무엇을 토론하고 있었는가?"

비구들이 말씀드리자 부처님께서 말씀하셨다.

"비구들이여, 그것은 틀림없는 사실이다. 애착은 진정 고통스러운 것이다. 번뇌가 물질이고 어딘가에 집어넣을 수 있다면 우주는 좁아질 것이고 범천의 세계는 낮아질 것이다. 애착은 심지어 나와 같은 지혜를 갖춘 고귀한 존재도 현혹시키느니라. 그러니 다른 사람들에 대해서는 말해 무엇 하겠는가? 과거생에 나는 반 단지의 종자콩과 뭉툭한 삽 한 자루 때문에 여섯 번이나 출가와 환속을 거듭했느니라."

"부처님이시여, 그때 무슨 일이 있었습니까?"

"비구들이여, 듣고 싶은가?"

"부처님이시여, 듣고 싶습니다."

"그럼 이야기해 줄 테니 잘 들어라."

부처님께서 이렇게 말씀하시면서 이야기를 시작하셨다.

부처님의 과거생: 꿋달라와 삽

브라흐마닷따 왕이 베나레스를 통치하고 있을 때 꿋달라라는 현자가 살고 있었다. 그는 이교도의 교단에 출가해 사문이 되어 히말라야에서 8개월간 머물렀다. 우기가 되어 땅이 축축이 젖자 그에게 한 생각이 일어났다.

'내 집에 반 단지의 종자콩과 뭉툭한 삽 한 자루를 놔두고 왔는데 지금도 그대로 있을 것이다.'

그는 세속으로 되돌아가 삽으로 땅을 일구고 콩을 심고 울타리를 쳐서 콩을 가꾸었다. 콩이 무르익자 추수를 해서 반 단지는 종자로 남기고 나머지는 식량으로 사용했다. 그때 한 생각이 일어났다.

'내가 왜 세속에 살고 있지? 다시 사문이 되어 8개월을 히말라야에 가서 살아야겠다.'

그는 집을 떠나 다시 사문이 됐다. 반 단지의 종자콩과 뭉툭한 삽 한 자루 때문에 일곱 번 출가해서 사문이 되고 일곱 번 세속으로 되돌아간 것이다.

일곱 번째 집으로 돌아오자 그에게 이런 생각이 일어났다.

'내가 이 뭉툭한 삽 한 자루 때문에 사문이 되고 세속으로 돌아오길 일곱 번이나 되풀이 했다. 애착의 대상인 문제의 이 삽을 강물에 던져버리자.'

그는 반 단지의 종자콩과 뭉툭한 삽을 들고 갠지스 강둑으로 갔다. 그리고 갠지스 강둑에 서서 이걸 어떻게 던져버릴 것인지 생각했다.

'내가 이것들을 던지고서 어디에 떨어지는지 보게 되면 혹시 물속으로 뛰어들어 다시 건져낼지 모른다. 그러니 어디에 떨어지는지 알 수 없게 조심해서 던져버려야겠다.'

그는 콩 단지를 싸서 삽자루에 묶고 일어섰다. 그는 눈을 찔끔 감고 삽을 머리 위로 세 번이나 빙글빙글 돌려 원심력을 이용해 갠지스 강물에 힘껏 던져버렸다. 그는 삽이 어디에 떨어지는지 보지 않고 뒤로 돌아서서 세 번 크게 소리쳤다.

"나는 정복했다! 나는 정복했다! 나는 정복했다!"

그때 국경지방의 반란을 진압하고 돌아오던 베나레스의 왕이 갠지스 강둑에서 천막을 치고 강물에 내려가 목욕하다가 이 소리를 들었다. '나는 정복했다!'라는 말은 왕이 듣기 좋은 소리가 아니었다. 베나레스의 왕은 꿋달라에게 가서 물었다.

"나는 지금 적들을 물리치고 '나는 정복했다!'라고 생각하면서 돌아왔는데, 당신은 '나는 정복했다! 나는 정복했다! 나는 정복했다!'라고 외쳤소.
도대체 뭘 정복했다는 말이오?"

"당신은 밖에 있는 적을 정복했습니다. 당신은 이번에는 승리했지만, 다
음에는 패배할 수도 있습니다. 그러나 나는 욕망이라는 내면의 적을 정복
했습니다. 다시는 욕망이 나를 정복하는 일은 없을 것입니다. 욕망을 정복
하는 것만이 진정한 승리입니다."

그렇게 말하면서 꿋달라는 게송을 읊었다.

다시 패배할 수 있는 승리는 진정한 승리가 아니라네.
다시 패배하지 않는 승리가 진정한 승리라네.

게송을 읊은 후 꿋달라는 갠지스 강물을 바라보면서 물 까시나258)를 명
상하다가 선정을 얻어 가부좌를 한 채 공중으로 날아올랐다. 왕은 보살로
부터 정신을 일깨우는 가르침을 듣고 꿋달라에게 공손히 삼배를 올리고 자
신을 사문으로 받아달라고 요청했다. 왕은 1요자나까지 길게 늘어선 자신
의 부하들과 함께 사문이 됐다.

이웃나라 왕이 그가 사문이 됐다는 소리를 듣고 그의 왕국을 차지하려고
군대를 이끌고 쳐들어갔다. 하지만, 그렇게 번성하던 도시가 텅 비어있는
것을 보고 충격을 받았다.

'이렇게 아름다운 도시를 포기하고 출가해 사문이 되다니! 왕은 어떤 어
려움 때문에 사문이 된 것이 아니었구나! 나도 출가해서 사문이 되어야겠
다.'

이웃나라 왕도 꿋달라에게 가서 사문으로 받아줄 것을 요청하고, 자신의
부하들과 함께 사문이 됐다. 이렇게 해서 일곱 나라의 왕이 차례로 사문이
됐다. 그들의 수행처는 7요자나 길이까지 뻗쳐 있었다. 보살은 많은 사람을
출가시켜 함께 성스러운 삶을 살다가 범천에 태어났다.(과거 이야기 끝)

---

258) 물 까시나: 열 개의 까시나 명상 중 하나이다. 자세한 내용은 3권 부록
    II. A.4.d 참조.

부처님께서 이야기를 마치시고 말씀하셨다.

"비구들이여, 그 당시 내가 꿋달라였다. 애착이 얼마나 고통스러운 것인지 잘 알겠는가?"

여섯 번째 이야기
자애경을 설하게 된 인연259)

부처님께서 사왓티에 계실 때 위빳사나 지혜를 얻은 어떤 비구들과 관련해서 게송 40번을 읊으셨다.

500명의 비구가 부처님께 아라한까지 이르는 수행주제를 받아들고 수행에 전념하기 위해 100요자나를 걸어 어느 마을에 도착했다. 그들을 본 마을 주민들은 맛있는 우유죽과 여러 가지 음식을 올리며 물었다.
"스님들이시여, 어디로 가는 길입니까?"
"수행하기 알맞은 장소를 찾아갑니다."
"스님들이시여, 여기서 3개월 안거를 보내십시오. 그럼 우리도 스님들의 가르침 아래 삼보에 귀의하고 오계를 받아 지키겠습니다."
마을 주민들이 비구들의 동의를 받아내고 말했다.
"스님들이시여, 여기서 그리 멀지 않은 곳에 커다란 숲이 있습니다. 그곳에 머무르십시오."
비구들은 마을 주민들과 헤어져 그 숲으로 들어갔다.

그 숲에 사는 목신들은 비구들이 숲에 들어오는 것을 보고 생각했다.
'계행을 갖춘 스님들이 숲에 들어와 나무 아래 머문다면 우리들이 아내와 아이들과 함께 나무 위에서 사는 것은 적절하지 못하다.'
목신들은 비구들이 오늘 하룻밤 머무르고 내일 떠날 것으로 생각하고 가족을 데리고 땅에 내려와 머물렀다. 그러나 이튿날도 비구들이 마을에서 탁발하고 숲으로 돌아오는 것을 보았다.
'아마 마을의 누군가가 내일 공양에 초청했나 보다. 그래서 스님들이 하룻밤 더 머물기 위해 되돌아온 걸 거야. 내일은 분명히 떠날 거야.'

---

259) 이 이야기는 소송경小誦經(Khuddakapāṭha)에 나오는 자애경(Metta Sutta, Khp9) 주석과 같다. 소송경이 더 길고 자세하게 언급하고 있다.

목신들은 오늘은 떠날까 내일은 떠날까 초조한 마음을 달래며 땅에 머무르는 동안 보름이 지나갔다.

이제 의심할 여지없이 비구들이 우기 3개월을 이 숲에서 지낸다는 것이 확실해지자 목신들은 더 이상 참을 수 없었다.

'스님들이 여기에 머문다면 아내와 아이들을 데리고 나무에 올라가 지내는 것은 적절하지 않다. 그렇지만 땅바닥에서 지내는 것은 무척 피곤한 일이다. 스님들을 쫓아버릴 좋은 방법이 없을까?'

목신들은 낮에는 선방에서, 밤에는 잠자는 꾸띠에서 또는 경행대 끝에서 목 없는 귀신의 모습이나 다리 없는 귀신의 모습으로 나타나거나 소름끼치는 귀곡鬼哭 소리를 질러대며 비구들을 놀라게 했다. 설상가상으로 비구들은 기침과 재채기, 그리고 갖가지 병으로 고생하고 있었다. 비구들은 만나면 서로 이렇게 안부를 물었다.

"밤새 별 일 없었습니까?"

"저는 감기에 걸렸습니다."

"저는 재채기를 하고 있습니다."

"저는 어젯밤에 목 없는 귀신을 보았습니다."

"저는 어젯밤에 다리 없는 귀신을 보았습니다."

"저는 으스스한 귀곡소리를 들었습니다."

"이곳을 속히 떠나야 합니다. 이곳은 수행하기 좋은 장소가 아닙니다. 부처님께 다시 가도록 합시다."

비구들은 그 숲을 떠나 머지않아 사원에 도착했다. 그들이 부처님께 가서 삼배를 올리고 한쪽에 공손하게 앉자 부처님께서 말씀하셨다.

"비구들이여, 그대들은 왜 안거 기간에 한곳에 머물지 않고 돌아왔느냐?"

"부처님이시여, 우리가 그곳에 있을 때 무시무시한 형상들이 나타나 놀라게 했습니다. 그곳은 수행할 만한 장소가 아니어서 돌아온 것입니다."

"비구들이여, 그곳이 그대들이 가야할 곳이다."

"부처님이시여, 절대로 돌아가지 않겠습니다."

"비구들이여, 처음에 갈 때는 무기 없이 갔지만 이번에는 무기를 가지고 가거라."

"부처님이시여, 무슨 무기입니까?"

"내가 새로운 무기를 주겠다. 이 무기를 가지고 가야 한다."

부처님께서는 자애경을 설하셨다.

도닦음에 능숙하여 열반의 경지를 이루려는 이는
유능하고 정직하고 진솔하며 온화하고 부드럽고 겸손하라.

만족하고 공양하기 쉬우며 일 없고 검소하며,
감관은 고요하고 슬기로우며 거만하지 않고 신도 집에 집착하지 말지어다.

지혜로운 이가 나무랄 일은 어떤 사소한 것도 삼가하오니
모든 중생이 안락하고 평화로워 행복할지어다.

살아있는 생명이면 어떤 것이나
움직이거나 움직이지 않거나
길거나 크거나 중간이거나
짧거나 작거나
보이거나 보이지 않거나 멀거나 가깝거나
태어났거나 태어날 모든 중생이 행복하기를!

남을 속이지 말고
어디서든지 누구든지 경멸하지 말고
분노와 증오로 남의 고통을 바라지 말지어다.

어머니가 외아들을 목숨으로 감싸듯

살아있는 모든 생명을 향해 가없는 자애를 키워나가라.

일체의 세계에 대해 위로 아래로 사방으로
장애없이 원한없이 적의없이 무량한 자애를 닦을지어다.

서 있거나 걷고 있거나 앉아 있거나 누워 있거나 깨어있는 한
자애의 마음을 굳게 새기니 이것이 거룩한 마음가짐이로다.

사견에 빠지지 않고 계행과 지혜를 갖추어
감각적 욕망과 집착을 제거하면 다시는 모태에 들지 않으리라.

부처님께서 자애경을 설하시고 나서 말씀하셨다.
"비구들이여, 그대들은 숲 밖에서부터 자애경을 암송하면서 숲속 수행처
로 들어가야 한다."[260]
부처님께서는 이 가르침을 내리시고 그들을 떠나게 했다.

비구들은 부처님께 삼배를 올리고 떠난 지 얼마 지나지 않아 숲에 도착
했다. 그들은 숲 밖에서 자애경을 합송하면서 숲으로 들어가자 숲속에 사
는 목신들의 마음에 비구들에 대한 따사로운 감정이 솟아나기 시작했다.
목신들은 몸을 나타내어 그들을 따뜻하게 맞이하고 가사와 발우를 받아들
었다. 비구들의 손과 발을 닦아드리고 사방에 호위를 서며 비구들을 보호
했다. 이제 귀신의 소리도 들리지 않고 숲이 고요해지자 비구들의 마음도
고요히 가라앉았다. 비구들은 선방과 각자의 꾸띠에서 열심히 위빳사나 지
혜를 얻기 위해 수행했다. 그들은 몸과 마음에서 일어나고 사라지는 현상
에 주의깊게 알아차리며 무상하고 괴롭고 고통스러운 몸과 마음의 본질적
특성을 통찰했다.

---

260) 자애관慈愛觀: 초기에는 자애경을 암송하며 수행했으나 세월이 흐르면서
　　자애관 수행법이 체계적으로 발전했다. 자애관 수행법에 대한 자세한 것
　　은 3권 부록 II. A.6.a 참조.

"이 몸은 부서지기 쉽고 실체가 없는 것이 마치 질그릇 같구나!"
그들은 위빳사나 지혜에 접어들기 시작했다.

부처님께서 간다꾸띠에 앉아 계시면서 비구들이 위빳사나 지혜를 갖추기 시작했다는 것을 아셨다. 부처님께서는 100요자나 거리가 떨어져 있었지만 마치 그들 앞에 앉아 있는 것처럼 광명의 모습을 나투시고 여섯 색깔의 빛을 놓으면서 말씀하셨다.
"비구들이여, 그러하다. 이 몸은 질그릇처럼 부서지기 쉽고 불안정하다."
부처님께서는 이렇게 말씀하시고 게송을 읊으셨다.

이 몸은 항아리처럼 부서지기 쉬우니
이 마음을 요새처럼 굳건하게 지켜라.
지혜의 칼로 마라를 정복하고
정복하고 성취한 것을 보호하고 유지하라.(40)

이 설법 끝에 500명의 비구가 아라한과를 성취했다.

일곱 번째 이야기
종기로 고생하는 뿌띠갓따 띳사 장로

부처님께서 사왓티에 계실 때 뿌띠갓따 띳사 장로와 관련해서 게송 41번을 설하셨다.

사왓티에 사는 어떤 젊은이가 부처님의 법문을 듣고 마음을 내어 출가했다. 그는 비구가 된 후 띳사 장로로 알려졌다. 세월이 흐르자 그의 몸 여기 저기서 종기가 생겨났다. 처음에는 겨자씨보다 작은 뾰루지처럼 보였다. 하지만, 점점 커져 강낭콩만 하더니 점점 더 커져 대추만 하다가 어느새 자두만큼 부풀어 올랐다. 그리고 마침내 종기가 터져 온몸이 피고름으로 뒤덮이며 썩은 냄새가 진동했다. 그래서 그를 뿌띠갓따(악취가 나는 몸) 띳사 장로라고 불렀다. 얼마 더 지나자 병이 점점 진행되어 뼈마디가 모두 풀려 버렸다. 이제 아무도 그를 돌보려 하지 않았다. 웃가사와 아랫가사는 터져나온 피고름으로 범벅이 되어 마치 옷에 물감으로 그림을 그려놓은 듯했다. 동료 비구들은 그를 더 이상 돌볼 수 없게 되자 밖에 내놓았다. 그는 아무도 돌봐주는 사람 없이 밖에 처량하게 누워 있었다.

모든 부처님은 항상 하루에 두 번 세상을 살펴보신다. 새벽에 세상 끝에서 간다꾸띠로 지혜의 그물을 펼쳐 살펴보시고 저녁에는 간다꾸띠에서 세상 끝까지 지혜의 그물을 펼쳐 살펴보신다. 이때 뿌띠갓따 띳사 장로가 부처님의 지혜의 그물에 걸렸다. 부처님께서는 띳사 비구가 아라한이 될 만큼 바라밀이 성숙했다는 것을 아셨다.

'동료들에게서 버림받은 비구가 의지할 사람은 나 이외에는 아무도 없구나.'

부처님께서는 간다꾸띠에서 나와서 천천히 걸어가서 화로가 있는 방으로 가셨다. 부처님께서는 물주전자를 깨끗이 씻어 물을 채운 후 화로 위에 얹어 놓았다. 물이 따뜻하게 데워지자 띳사 비구에게 가서 누워 있는 침대 끝을 잡아당겼다.

이때 비구들이 달려와서 부처님께 말씀드렸다.

"부처님이시여, 물러나십시오. 저희들이 옮기겠습니다."

비구들은 띳사의 침대를 들어서 화로가 있는 방으로 옮겼다. 부처님께서 따뜻한 물을 가져와 그에게 뿌려 몸에 달라붙어 있는 가사를 떼어내셨다. 비구들은 띳사의 웃가사를 벗겨 뜨거운 물에 세탁한 후 햇볕에 말렸다. 부처님께서 직접 띳사의 몸을 따뜻한 물로 적시고 살살 문질러가며 목욕을 시켜주셨다. 목욕이 끝나고 웃가사가 마르자 비구들에게 웃가사를 입히게 하고 아랫가사를 벗겨 뜨거운 물에 세탁해서 햇볕에 말리게 했다. 몸의 물기가 증발하고 아랫가사도 바짝 마르자 부처님께서 손수 아랫가사를 입혀주셨다. 목욕하고 깨끗한 가사를 입게 된 띳사 비구는 고요하고 평온한 마음으로 침대에 누워 있었다. 부처님께서 그의 머리맡에 서서 말씀하셨다.

"비구여, 마음이 몸을 떠나면 몸은 썩은 통나무처럼 아무짝에도 쓸모가 없게 되어 땅바닥에 버려질 것이다."

부처님께서는 이렇게 말씀하시고 게송을 읊으셨다.

머지않아
마음이 떠나고 나면
이 몸은 땅바닥에 버려지리라.
마치 썩은 통나무처럼.(41)

이 게송 끝에 뿌띠갓따 띳사 장로는 아라한이 되어 바로 대열반에 들었다. 부처님께서는 그의 몸을 화장하고 사리를 수습해 탑에 안치하라고 지시하셨다.

비구들이 부처님께 여쭈었다.

"부처님이시여, 뿌띠갓따 띳사 장로는 어디에 태어났습니까?"

"비구들이여, 그는 대열반에 들었다."

"부처님이시여, 아라한이 될 자질을 갖춘 비구가 어떻게 그런 지독한 병에 걸렸습니까? 어째서 온몸의 뼈가 완전히 분해됐습니까? 과거생에 어떤 공덕을 쌓았기에 금생에 아라한이 될 인연을 얻었습니까?"

"비구들이여, 이 모든 일이 과거생에 그가 지었던 행위 때문이다."

"부처님이시여, 그가 어떤 행위를 했는지 말씀해 주십시오."

"비구들이여, 이야기해 줄 테니 잘 들어라."

뿌띠갓따 띳사 장로의 과거생: 잔인한 들새 사냥꾼

깟사빠 부처님 당시에 그는 덫을 놓아 새를 잡는 들새 사냥꾼이었다. 그는 항상 많은 새를 잡았다. 그는 잡은 새를 왕실에 바치고 있었는데, 모두 왕실에 바치지 않고 내다 팔기도 했다. 하지만, 많은 새를 잡아 한꺼번에 죽여서 팔려다가 팔리지 않을 경우에는 부패할까 봐 걱정됐다. 그래서 그는 새가 날아가지 못하도록 다리를 꺾고 날갯죽지를 부러뜨려 한쪽에 쌓아 두었다가 다음 날 내다 팔았다. 너무 많이 잡은 날에는 직접 요리해서 먹기도 했다.

어느 날 맛있게 요리해서 막 먹으려는 순간, 한 아라한이 탁발을 나왔다가 자기 집 앞에 서 있는 것을 보았다. 그는 장로를 보는 순간 마음이 평화로워지는 것을 느끼며 갑자기 공덕을 짓고 싶어졌다.

'나는 많은 동물을 죽이고 먹어왔다. 그런데 지금 집 앞에 고귀한 스님이 와 계신다. 맛있게 요리한 음식을 스님에게 올려야겠다.'

그는 장로에게 음식을 올리고 오체투지로 삼배를 드리고 말했다.

"스님이시여, 제가 공양을 올린 공덕으로 스님이 성취하신 위없는 진리를 저도 얻을 수 있기를 발원합니다."

장로가 돌아가면서 말했다.

"당신이 발원하는 대로 이루어지기 바랍니다."

부처님께서 띳사의 과거생 이야기를 하고 나서 말씀하셨다.

"비구들이여, 그가 도과를 얻게 된 것은 과거생에 지은 선업 때문이다. 그리고 중병에 걸려 온몸의 뼈가 분해돼 버린 것은 새의 뼈를 부러뜨린 악업 때문이다. 그가 금생에 아라한이 된 것은 아라한에게 한 끼 음식을 올렸기 때문이다."

여덟 번째 이야기
목동 난다261)

부처님께서 꼬살라에 계실 때 목동 난다와 관련해서 게송 42번을 설하셨다.

난다는 아나타삔디까의 소떼를 돌보는 목동이었다. 하지만, 난다는 부자여서 많은 재산을 소유하고 있었고 온갖 즐거움을 향유하고 있었다. 난다는 소에서 나는 다섯 가지 생산물을 아나타삔디까의 집에 가져다주다가 그집에 자주 오시는 부처님의 가르침을 듣곤 했다. 그는 부처님에 대한 믿음이 일어나 부처님과 스님들을 집에 초청했으나 얼마동안 부처님께서는 그의 지혜가 무르익기를 기다리며 공양청에 응하지 않으셨다. 어느 날 그의 지혜가 무르익자 부처님께서는 비구들을 데리고 그의 집 가까이에 있는 나무 아래에 앉아 계셨다.

난다가 부처님께 다가와 삼배를 올리고 부처님과 비구들을 공양에 초청했다. 그리고 일주일 동안 온갖 맛있는 음식으로 공양을 올렸다. 일주일째 되는 날 부처님께서는 그에게 보시의 가르침, 계의 가르침, 천상에 나는 가르침, 감각적 욕망의 허물과 저열함, 감각적 욕망에서 벗어남의 이익, 네 가지 성스러운 진리 등을 순차적으로 설하셨다. 이 법문 끝에 난다는 수다원과를 얻었다. 부처님께서 떠나시자 난다는 부처님의 발우를 받아들고 배웅을 나왔다. 한참을 따라 나오자 부처님께서 말씀하셨다.
"난다여, 여기서 되돌아가거라."
난다는 부처님께 삼배를 올리고 되돌아갔다.

그 순간 사냥꾼이 화살을 쏘아 난다를 죽였다. 그가 죽는 것을 본 비구들이 슬퍼하며 부처님께 말씀드렸다.

---

261) 이 이야기는 우다나 목동경(Gopāla Sutta, Ud4.3)에 나온다.

"부처님이시여, 부처님께서 여기 오셨기 때문에 난다가 공양을 올리고 배웅하러 나왔다가 죽음을 당했습니다. 부처님께서 여기 오시지 않았더라면 난다는 죽지 않았을 것입니다."

"비구들이여, 내가 여기에 오거나 오지 않거나 난다는 동서남북 어디를 가든 다가오는 죽음을 피할 수 없다. 강도나 원수가 해를 끼치는 것보다 나쁜 마음이 더 큰 해를 끼친다."

부처님께서는 이렇게 말씀하시고 게송을 읊으셨다.

적이 적에게 해를 끼치고
원수가 원수에게 해를 끼치는 것보다
삿된 마음이 내게 더 큰 해를 끼친다.(42)

비구들은 난다가 과거생에 어떤 악업을 지어 죽음을 당했는지 묻지 않았다. 그래서 부처님께서도 거기에 대해 아무 말씀도 하지 않으셨다.

아홉 번째 이야기
두 아이의 어머니이자 아버지였던 소레이야 장로

부처님께서 사왓티 제따와나에 계실 때 소레이야 장로와 관련해서 게송 43번을 설하셨다. 이 이야기는 소레이야 성에서 시작해서 사왓티 성에서 끝을 맺는다.

부처님께서 사왓티에 계실 때 소레이야 성에서 이런 일이 일어났다. 소레이야라는 은행가의 아들이 친한 친구들과 함께 마차를 타고 목욕하려고 강으로 나갔다. 그때 마하깟짜야나 장로가 탁발하려고 성으로 들어오다가 성문에서 두 겹 가사를 수하셨다. 은행가의 아들 소레이야가 황금빛 살결을 지닌 장로를 보자 애욕이 일어났다.

'오! 장로가 나의 아내가 됐으면! 그렇지 않으면 나의 아내가 그와 같은 뽀얀 살결을 지녔으면!'

이런 생각이 그의 머릿속을 스치는 순간 소레이야의 몸이 남자에서 여자로 변하기 시작했다. 그는 소스라치게 놀라 마차에서 뛰어 내렸다. 그에게 무슨 일이 일어났는지 모르는 동료들은 어리둥절하며 소리쳤다.

"도대체 무슨 일이야? 도대체 무슨 일이야?"

남자에서 여자로 변한 소레이야는 딱까실라로 가는 길을 따라 걸어갔다. 친구들은 사방으로 그를 찾아다녔지만 보이지 않자, 강으로 가서 목욕하고 집으로 돌아갔다. 마을 사람들이 그들을 보고 물었다.

"은행가의 아들은 어디 있느냐?"

"그는 혼자 목욕하고 집으로 돌아갔을 거라고 생각했어요."

부모는 사방으로 찾아보았지만 찾지 못하자 눈물을 흘리며 슬퍼했다. 부모는 아들이 죽었을 것이라고 생각하고 장례를 치렀다.

여자가 된 소레이야는 딱까실라로 향하는 대상을 만나 짐마차에 가까이 따라갔다. 상인들은 마차를 따라오는 아리따운 여인을 보고 말했다.

"한 여인이 마차를 따라오고 있는데 뉘 집 딸인지 모르겠네."

그녀가 말했다.

"당신 마차나 잘 모십시오. 나는 걸어서 따라가겠습니다."

그녀는 오래 걸은 탓에 몸이 피곤해지자 손에 끼고 있는 반지를 여비로 주고 마차에 자리를 얻어 올라탔다. 상인들은 그녀의 아름다운 얼굴을 보자 중매를 서서 이익을 챙길 생각을 했다.

'딱까실라에 살고 있는 은행가의 아들이 이제 장가갈 때가 됐지. 이 여인을 소개해 주면 많은 선물을 줄지 모르지.'

상인들은 딱까실라에 도착하자 은행가의 아들에게 가서 말했다.

"우리가 오는 도중에 보석처럼 아름다운 여인을 데려왔습니다."

은행가의 아들이 이 말을 듣고 사람을 보내 그녀를 데려오게 했다. 그녀는 정말 눈부시게 아름다웠다. 그는 첫눈에 반해 그녀와 결혼했다.

남자들 중에 과거생에 여자가 되어보지 않은 사람 없고 여자들 중에 과거생에 남자가 되어보지 않은 사람 없다. 그리고 남의 아내와 간통한 남자는 10만 생 동안 지옥에서 고통을 받는다. 그리고 100생 동안 여자로 태어난다. 아난다 장로는 과거 10만 생 동안 바라밀을 닦았다. 그는 윤회하는 동안 대장장이로 태어났던 적이 있었는데 그때 남의 아내와 간통했다. 이 과보로 그는 지옥에서 고통을 겪었다. 그 후에도 악업이 소진되지 않아 열네 생을 여인으로 태어나 한 남자의 아내로 살았다. 그리고도 일곱 생이 더 지나서야 악업이 소진됐다. 남자로 살기를 원하는 여인은 공양을 올려 여러 가지 공덕을 짓고, 더 이상 여자로 살려는 생각을 버리고 이렇게 서원을 세워야 한다.

'이 공덕으로 남자로 태어나기를!'

그러면 죽은 후 남자로 태어난다. 남편을 잘 받들고 충실히 따르는 아내들은 죽은 후 남자로 태어날 수도 있다. 그러나 소레이야는 아라한에게 어리석은 생각을 일으킨 과보로 바로 그 생에서 여자로 몸이 바뀐 것이다.

여자로 몸이 바뀐 소레이야는 딱까실라의 은행가의 아들과 결혼했다. 얼마 지나지 않아 소레이야는 임신하게 됐고 달이 차서 아들을 낳았다. 첫째 아들이 걸을 때쯤 그녀는 둘째 아들을 낳았다. 이렇게 해서 소레이야는 소레이야 성에서 낳은 두 아들의 아버지이면서 딱까실라에서 낳은 두 아들의 어머니가 되어 모두 네 아들을 두었다.

그러던 어느 날 소레이야의 친구가 500대의 수레에 물건을 싣고 소레이야를 출발해서 딱까실라에 도착했다. 소레이야는 저택의 맨 꼭대기 방에서 창문을 열고 거리를 내다보고 있다가 친구가 마차를 타고 지나가는 것을 보았다. 그녀는 곧 그를 알아보고 하인을 보내 집안으로 불러들여 후하게 대접했다. 알지도 못하는 안주인으로부터 뜻하지 않은 대접을 받은 친구가 물었다.

"마님, 제가 전에 본 적이 없는 것 같은데 친절하게 대해주는군요. 제가 누군지 아십니까?"

"그래요, 당신을 잘 알고 있어요. 당신은 소레이야 성에 살고 있지 않나요?"

"그렇습니다. 마님"

소레이야는 자신의 부모와 전 아내와 아들의 안부를 물었다.

"모두 잘 있습니다. 그들을 잘 아십니까?"

"잘 알지요. 그들에게 아들이 한 명 있는 걸로 아는데 어디 있지요?"

"마님, 거기에 대해 말도 마십시오. 어느 날 함께 마차를 타고 목욕하러 강으로 가다가 갑자기 사라져버렸어요. 그가 어디서 무슨 일을 하는지 아무도 모릅니다. 사방으로 찾아보았지만 찾지 못했어요. 결국 우리는 그의 부모님에게 이야기했지요. 부모님은 슬피 울며 장례식을 치렀습니다."

"친구여, 내가 바로 소레이야라네."

"원 세상에! 마님. 농담도 잘하십니다. 그는 남자입니다. 그는 잘생긴 젊은 남자이지 여자가 아닙니다."

"그렇게 놀랄 필요는 없다네. 어찌됐든 내가 소레이야니까."

"그럼 이 불가사의한 일에 대해 설명해 보시겠습니까?"

"그대는 그날 탁발 나온 마하깟짜야나 장로님을 보았던 걸 기억하는가?"

"그분을 본 걸로 기억하고 있습니다."

"내가 마하깟짜야나 장로님을 보았을 때 이런 생각이 일어났지. '오! 장로님이 내 아내가 됐으면! 그렇지 않으면 내 아내가 그와 같은 뽀얀 살결을 지녔으면!' 이 생각이 머릿속을 스치는 순간 내 몸이 남자에서 여자로 바뀌었다네. 나는 너무 당황한 나머지 이런 괴이한 일을 누구에게도 말하지 못하고 마차에서 뛰어내려 여기까지 왔지."

"오! 자네는 아주 큰 잘못을 저질렀군! 그런데 왜 그때 말하지 않았나? 왜 장로에게 용서를 구하지 않나?"

"그때 당황해서 미처 용서를 구하지 못했지. 지금 장로님이 어디 계신지 아는가?"

"지금 이 도시 근방에 계신다고 들었네."

"그분을 여기로 모시고 올 수 없을까? 나는 그분에게 공양을 올리고 용서를 구하고 싶네."

"좋네, 모셔올 테니 공양을 올릴 준비나 하게나. 내가 장로님에게 그대를 용서해 달라고 말씀드리겠네."

소레이야의 친구는 장로가 머무는 곳으로 가서 삼배를 올리고 공손하게 한쪽에 앉아서 말했다.

"스님, 내일 저의 공양청을 받아주시기 바랍니다."

"당신은 다른 도시에서 이 도시로 온 상인이 아닙니까?"

"스님, 제가 이 도시에 사는지 여부는 묻지 마시고 제발 내일 저의 공양청을 받아주시기 바랍니다."

장로는 그의 초청을 받아들였다. 소레이야의 집에서는 장로를 위해 여러 가지 맛있는 음식을 준비했다. 다음 날 장로가 오자 친구는 자리를 제공하고 맛있는 음식을 올렸다. 그리고 한 여인을 데리고 와서 장로의 발아래 무릎을 꿇게 하고 말했다.

"스님, 제 친구를 용서해 주십시오."

"도대체 뭘 용서해 달라는 것입니까?"

"이 여인은 원래 저의 친구입니다. 어느 날 그가 장로님을 바라보고 이런저런 생각을 일으켰는데 그 즉시 남자 몸에서 여자 몸으로 바뀌었습니다. 제발 이 여인을 용서해 주십시오, 스님."

"일어서십시오. 당신을 용서합니다."

장로가 '용서합니다.'라고 말하자마자 소레이야는 다시 여자 몸에서 남자 몸으로 바뀌었다. 그녀가 다시 남자가 되자 남편이었던 딱까실라의 은행가의 아들이 소레이야에게 말했다.

"좋은 친구여, 당신은 두 아들의 어머니이고 나는 아버지입니다. 분명히 두 아이는 우리 둘의 아이입니다. 그러니 우리 여기서 함께 살도록 합시다. 행복하게 살 수 있을 겁니다."

"친구여, 나는 한 생에서 두 번이나 몸이 바뀌는 것을 경험했습니다. 처음에 남자였다가 그다음엔 여자가 됐고 다시 남자가 됐습니다. 처음에는 두 아이의 아버지였지만 최근에는 두 아이의 어머니가 됐습니다. 한 생에서 두 번이나 몸이 바뀌고 나니 이젠 더 이상 세속 생활은 생각하기도 싫습니다. 두 아들을 잘 보살피고 키우는 것은 당신 몫입니다. 부디 애들에게 무관심하지 마십시오."

그렇게 말하고 나서 소레이야는 아이들을 꼭 껴안고 입을 맞추고 나서 아이들의 아버지에게 넘겼다. 그는 장로 아래로 출가해 비구가 됐다. 장로는 그를 데리고 사왓티로 갔다. 그 후 그는 소레이야 비구로 알려졌다.

사왓티 성에 사는 주민들은 이런 기이한 일이 일어났다는 것을 알자 놀라고 신기해하면서 그에게 다가와 물었다.

"스님 그런 불가사의한 소문이 들리던데 그것이 정말 사실입니까?"

"사실입니다."

"스님, 두 아이의 아버지였다가 두 아이의 어머니였다는 말이 사실이군요. 그러면 이 두 쌍의 아이들 중 어느 쪽이 더 애정이 갑니까?

"어머니였을 때의 아이들에게 더 애정이 갑니다."

사람들은 그를 만나면 모두 똑같이 질문했고 소레이야 비구도 항상 똑같이 대답하곤 했다.

"제가 어머니였을 때의 아이들에게 더 강한 애정이 갑니다."

소레이야 비구는 이제 대중들과 떨어져서 홀로 수행에 매진했다. 그는 홀로 앉고 홀로 서 있었다. 그는 항상 홀로있음에 기뻐하며 몸과 마음에서 일어나고 사라지는 현상에 주의깊게 마음챙기고 얼마 지나지 않아 사무애해를 갖춘 아라한이 됐다. 만나는 사람들마다 여전히 같은 질문을 던졌으나 이젠 대답이 예전과 달라졌다.

"그게 사실이세요? 스님, 그게 사실이세요?"

"사실입니다."

"어느 쪽 아이들에게 더 애정이 가나요?"

"아무에게도 애정이 가지 않습니다."

비구들이 부처님에게 말씀드렸다.

"부처님이시여, 이 비구는 진실이 아닌 말을 하고 있습니다. 전에는 항상 '어머니였을 때의 아이들에게 더 강한 애정이 갑니다.'라고 대답했는데, 이제는 '아무에게도 애정이 가지 않습니다.'라고 말하고 있습니다. 그는 자신이 마치 아라한인 것처럼 말하고 있습니다."

"비구들이여, 나의 아들은 거짓말하고 있는 것이 아니다. 나의 아들은 바른 마음으로 도과를 성취한 후부터 자식에 대한 애정이 끊어졌다. 부모도 아라한을 성취하는 데 도움을 줄 수 없다. 바른 길에 들어선 마음만이 아라한을 성취하는 데 도움을 줄 수 있다."

부처님께서는 이렇게 말씀하시고 게송을 읊으셨다.

부모도 친척도
어느 누구도 해 주지 못하나니
바르게 나아가는 마음만이
자신을 더욱 거룩하게 하리라.(43)

이 법문 끝에 많은 사람이 수다원과를 성취했다.

제4장 꽃

Puppha Vagga

제4장 꽃Puppha Vagga

첫 번째 이야기
마음의 땅

부처님께서 사왓티에 계실 때 땅에 대해 이야기하며 시간을 낭비하고 있는 500비구와 관련해서 게송 44, 45번을 설하셨다.

어느 날 비구들이 부처님과 함께 시골길을 걸어 제따와나로 돌아왔다. 비구들은 법당에 모여 여러 마을을 지나오면서 보았던 땅에 대해 이야기하기 시작했다. 땅이 평평하다느니 고르지 않았다느니 진흙이 많았다느니 자갈이 많았다느니 보통 흙이었다느니 황토였다느니 하면서 잡담을 나누었다. 그때 부처님께서 다가와 비구들에게 물으셨다.

"비구들이여, 그대들은 여기 앉아서 무슨 이야기를 나누고 있는가?"

"우리는 마을을 지나오면서 보았던 여러 가지 땅에 대해 이야기 하고 있었습니다."

"비구들이여, 그것은 외부의 땅이다. 그대들은 내면의 땅을 어떻게 하면 청정하게 할 것인가에 대해 이야기해야 마땅하다."

부처님께서는 이렇게 말씀하시고 게송을 읊으셨다.

누가 이 땅을 잘 알겠는가?
누가 천상, 지옥과 인간 세계를 알겠는가?
동산바치262)가 꽃을 고르듯
누가 훌륭하게 설해진 법263)을 알겠는가?(44)

---

262) 동산바치: 꽃동산을 가꾸는 사람을 가리키는 말로 순수 우리말이다.
263) 훌륭하게 설해진 법: 서른일곱 가지 깨달음을 위한 필수품(三十七助道品)을 말한다. 37조도품을 열거하면 아래와 같다. ① 네 가지 알아차림의

붓다의 고귀한 제자들264)은
안의 땅과 천상, 지옥, 인간 세계를 잘 안다.
동산바치가 꽃을 잘 알듯이
붓다의 고귀한 제자들은
훌륭하게 설해진 법을 잘 안다.(45)

이 법문 끝에 500명의 비구는 사무애해를 갖춘 아라한이 됐고, 그곳에
모인 많은 사람도 이익을 얻었다.

확립(四念處) ② 네 가지 바른 노력(四正勤) ③ 네 가지 성취 수단(四如意足)
④ 다섯 가지 조절 기능(五根) ⑤ 다섯 가지 힘(五力) ⑥ 일곱 가지 깨달음
의 요소(七覺支) ⑦ 여덟 가지 올바른 도(八正道)
264) 붓다의 고귀한 제자들(유학): 원문에는 'sekha(有學)'라고 나온다. sekha
는 '배우다. 학습하다. 닦다.'라는 뜻을 가진 어근 'sikkha'에서 나온 단어로
계, 정, 혜 삼학을 계속 닦아 가고 있는 이를 말한다. 닦아 가고 있는 중이
면 아직 배워야 할 것이 남아 있기 때문에 '닦아야 할 것이 남아있는 이'라
는 뜻도 있다. 보통 유학은 열반을 성취하지 못한 범부를 가리키는 말로
쓰진 않지만 열심히 수행 정진하는 범부를 뜻하는 경우도 있다. 그러나
대부분 열반을 성취한 수다원, 사다함, 아나함을 말한다. 아라한은 더 이
상 배울 것이 남아 있지 않기 때문에 'asekha(無學)'이다.

두 번째 이야기
아지랑이와 물거품을 보고 아라한이 된 비구

부처님께서 사왓티에 계실 때 아지랑이에 마음을 집중해 수행한 한 비구와 관련해서 게송 46번을 설하셨다.

어떤 비구가 부처님께 수행주제를 받아들고 숲으로 들어갔다. 그는 열심히 분투노력했으나 아라한과를 성취하지 못했다.
'부처님께 가서 수행방법을 더 자세하게 설명해 달라고 여쭤야겠다.'
그는 부처님이 계신 곳을 향해 길을 떠났다.

그는 길을 가는 도중에 아지랑이가 아른거리는 것을 보았다.
'이 뜨거운 여름에 나타나는 아지랑이는 멀리서 보면 실체가 있는 것처럼 보이지만 가까이 가보면 사라져버린다. 이와 같이 나라는 존재도 일어나고 사라질 뿐이지 어떤 실체가 있는 것이 아니다.'
그는 아지랑이에 마음을 집중하며 몸과 마음으로 이루어진 자신의 존재가 실체가 없음을 관찰했다. 그는 또 길을 가다가 덥고 피곤해서 아찌라와디 강에 들어가 목욕하고 폭포 옆에 있는 나무그늘에 가서 쉬었다. 그는 물거품들이 방울방울 생겨나 흘러가다가 바위에 부딪쳐 사라지는 것을 바라보았다.
'이 존재도 또한 물방울과 같다. 존재가 태어나는 것은 물방울이 일어나는 것과 같고 죽는 것은 물방울이 사라지는 것과 같다.'

부처님께서 간다꾸띠에 앉아 계시면서 광명의 모습을 나투시어 비구를 보고 말씀하셨다.
"비구여, 바로 그러하다. 이 존재도 또한 물방울이나 아지랑이처럼 일어났다 사라질 뿐이지 거기에 어떤 실체가 있는 것은 아니다."
부처님께서는 이렇게 말씀하시고 게송을 읊으셨다.

이 몸이 물거품과 같고
아지랑이와 같음을 분명히 알아
마라의 꽃265)을 꺾어버려라.
그러면 죽음의 왕도 볼 수 없는
저 평화의 세계로 가리라.(46)

이 게송 끝에 비구는 즉시 사무애해를 갖춘 아라한이 됐다. 그는 부처님을 찾아뵙고 부처님의 덕과 지혜를 높이 찬탄했다.

---

265) 마라의 꽃(māra puppha) : 마라의 꽃은 욕망의 꽃이며, 윤회하면서 돌고
도는 세 가지 연기의 굴레를 말한다. 세 가지 굴레는 오염원의 굴레, 업의
굴레, 과보의 굴레이다. ① 오염원의 굴레: 무명-갈애-취착 ② 업의 굴레:
상카라(행)-존재(업) ③ 과보의 굴레: 의식-정신물질-여섯 감각토대-접
촉-느낌. 사람은 진리를 알지 못하는 무명으로 인해 갈애를 일으켜 선악
의 행위를 하게 된다. 그래서 오염원의 굴레가 업의 굴레를 일어나게 한
다. 업이 익으면 과보가 일어난다. 즉 업의 굴레가 과보의 굴레를 일어나
게 한다. 과보로 생성된 오온은 또다시 무명으로 갈애를 일으킨다. 즉
과보의 굴레가 다시 오염원의 굴레를 일으킨다. 이렇게 사람은 진리를
깨달아 열반을 얻을 때까지 끝없이 돌고 돈다. 이 세 가지 굴레를 도의
지혜로 끊어버려야만 마라도 보지 못하는 열반을 실현할 수 있다.

세 번째 이야기
사끼야족을 몰살시킨 위두다바266)

부처님께서 사왓티에 계실 때 위두다바267)와 그의 부하들이 홍수에 휩쓸려가 죽은 사건과 관련해서 게송 47번을 설하셨다.

꼬살라 왕의 아들인 빠세나디 왕자는 사왓티에 살고 있었다. 릿차위족의 마할리 왕자는 웨살리에 살고 있었다. 말라족 왕의 아들인 반둘라 왕자는 꾸시나라에 살고 있었다. 이 세 왕자는 각자 자기 나라를 떠나 유명한 스승 아래서 학문과 무술을 배우기 위해 딱까실라로 향했다. 그런데 이 셋은 우연히도 도시 밖 한 숙소에서 모두 만났다. 그들은 서로 통성명을 하고 자신들의 가문과 여기에 온 이유에 대해 이야기하다가 친구가 됐다. 이후 그들은 한 스승 밑에서 함께 배웠다. 시간이 흘러 세 사람 모두 학문과 무술에 통달하게 되자 스승을 떠나 각자의 고국으로 돌아갔다.

빠세나디 왕자는 부왕 앞에서 여러 가지 무술을 능숙하게 펼쳐 보여 부왕을 즐겁게 했다. 부왕은 그에게 즉시 왕위를 물려주었다.

마할리 왕자는 고향으로 돌아가서 릿차위족268) 왕자들을 가르치는 데

---

266) 이 이야기는 우리의 조선왕조실록처럼 인도의 꼬살라 왕조실록이다. 위두다바가 디가까라야나와 모반해 왕권을 찬탈하고 부처님의 혈족인 사끼야족을 멸망시키고 자신도 홍수에 떠내려가 죽은 사건은 부처님의 나이 80세, 대열반에 드시던 해에 일어난 일이다. 맛지마 니까야 법탑 경 (Dhammacetiya Sutta, M89)은 이때 설해진 것이다. 이 사건은 밧다살라 자따까(Bhaddasāla Jātaka, J465)의 서문에도 기록돼 있다.

267) 위두다바Viḍūḍabha: 꼬살라의 빠세나디 왕과 와사바캇띠야 왕비 사이에 태어난 왕자이며 사끼야족 마하나마의 외손자이다. 반둘라의 조카 디가까라야나Dīghakārāyaṇa와 쿠데타에 성공하여 부왕을 몰아내고 왕위에 올라 사끼야족을 멸망시켰다.

268) 릿차위Licchavī: 왓지Vajjī 연합국의 한 부족으로 그들의 수도는 웨살리였다. 그들은 강한 유대감과 단결력으로 강한 국가를 유지했다. 이 공화국

혼신의 노력을 다했다. 그런데 너무 무리하게 가르치다가 그만 눈이 멀고
말았다. 릿차위 왕자들은 스승의 안위를 걱정하며 말했다.

"아아! 우리의 스승께서 실명하고 말았구나! 그렇지만 스승을 저버리지
않고 끝까지 충실하게 따라야겠다."

왕자들은 일 년에 은 10만 냥의 수입이 생기는 성문을 스승에게 드렸다.
마할리는 성문에서 통행세를 받아 나오는 수입으로 생활하며 500명의 릿차
위 왕자에게 학문과 무술을 지도하며 살았다.

반둘라269) 왕자도 고향에 돌아가자 말라족 왕자들에게 자신이 배운 무
술을 펼쳐 보였다. 하지만, 그를 시기하는 말라족 왕자들은 그를 골탕 먹일
계략을 꾸몄다. 그들은 60개의 대나무 다발을 만들어 공중에 매달아 놓고

의 수장들은 모두 왕(rāja)으로 불렸으며 무슨 일이 생기면 항상 함께
모여 토의를 걸쳐 결정했다. 회의를 알리는 북이 울리면 모두 하던 일을
놓고 즉시 모여들었다. 부처님께서는 사란다다 탑Sārandada-cetiya에서
릿차족 사람들에게 ① 회의를 자주 열고 많은 사람이 모이고, ② 함께
일을 결정하고, ③ 전통을 존중하고, ④ 연장자를 공경하고, ⑤ 여인과
여자아이를 강제로 범하지 않고, ⑥ 조상의 사당을 잘 유지 공경하고,
⑦ 성인(아라한)를 잘 보호하고 공경하면 국가가 쇠퇴하지 않는다는 칠
불퇴법七不退法을 설하셨다. 웨살리에는 약카를 숭배하는 탑들이 많이 있
었던 것으로 보아(대반열반경), 처음에 이들은 약카Yakkha를 숭배하고
있었던 것으로 보인다. 후에 부처님이 출현하시자 이들은 대부분 독실한
불교 신자가 됐다. 부처님께서는 릿차위족 젊은이들이 화려한 장신구로
치장하고 번쩍거리는 마차를 타고 공원으로 놀러가는 것을 보고 이들을
삼십삼천(Tāvatiṃsa)의 천신들에 비유하기도 하셨다.(게송 214번 이야
기)

269) 반둘라Bandhula: 말라족의 족장의 아들이며 딱까실라에서 왓지국의 마
할리와 꼬살라의 빠세나디와 함께 동문수학했다. 그는 자기 나라를 떠나
사왓티로 가서 살았으며 빠세나디 왕이 그를 총사령관에 임명했다. 그의
부인은 말리까Mallikā였는데 빠세나디의 아내 말리까 왕비와 구분하기
위해 반둘라-말리까Bandhula-Mallikā라고 알려졌다. 그와 그의 아들 32
명이 왕에게 살해당한 이야기가 여기에 나온다.

그에게 베어 보게 했다. 반둘라는 공중으로 높이 뛰어오르며 검으로 힘껏 내리쳤다. 그는 59개의 다발을 가볍게 잘라버렸다. 하지만, 마지막 다발은 쩽그랑 소리가 요란하게 들리며 잘려지지 않았다. 그 다발에는 쇠막대기가 숨겨져 있었던 것이다. 그는 말라족들의 야비한 속임수를 알아차리고 검을 던져버리며 분노했다.

"친척이나 친구 중에 대나무 다발에 쇠막대기가 들어있다고 말해 주는 이가 한 명도 없구나. 사실을 알려 주었으면 쇳소리도 나지 않게 완전히 잘라버렸을 것이다."

그는 화난 목소리로 아버지에게 말했다.

"내가 말라족 왕자들을 모두 죽여 버리고 홀로 왕이 되겠습니다."

"아들아, 우리 말라족은 공화제 국가이며 여러 왕이 합의하에 통치하는 것이 과거부터 내려온 전통이란다."

부모는 온갖 말로 설득하여 그의 생각을 포기하게 했다. 반둘라는 고국을 떠나 친구 빠세나디가 왕으로 살고 있는 사왓티에 가서 살겠다며 길을 떠났다.

빠세나디 왕은 반둘라가 온다는 말을 듣고 마중 나가서 그를 호위해 왕궁으로 데려와 특별대우를 해주었다. 왕은 그를 총사령관에 임명했다. 이후 반둘라는 부모를 모시고 와서 사왓티에서 가족을 이루고 살았다.

어느 날 빠세나디 왕이 궁전의 발코니에 서서 거리를 내려다보고 있었다. 거리에는 수천 명의 비구가 아나타삔디까, 쭐라 아나타삔디까, 위사카, 숩빠와사 집으로 탁발을 가고 있었다. 왕이 시종에게 물었다.

"저 스님들은 어디로 가시는 건가?"

"폐하, 매일 2천 명의 비구가 아나타삔디까의 집으로 음식과 약 등을 얻으러 가고, 500명의 비구가 쭐라 아나타삔디까의 집으로 가고, 위사카와 숩빠와사의 집으로도 각각 500명의 비구가 탁발을 갑니다."

왕이 이 말을 듣고 승가에 공양을 올리고 싶어졌다. 왕은 사원으로 가서 부처님과 비구들을 공양에 초청했다. 왕은 일주일 동안이나 부처님과 비구들에게 공양을 올리고 일주일째 되는 날 부처님께 다가가 삼배를 올리고 말씀드렸다.

"오늘 이후로 매일 500명의 스님과 함께 제 왕궁에 오셔서 공양하시기 바랍니다."

"대왕이여, 여래는 매일 어느 한 집만을 갈 수는 없습니다. 많은 사람이 여래에게 공양을 올리고 법문을 듣고 싶어 합니다."

"그러면 스님 한 분을 임명해서 그분이 책임을 지고 다른 스님들을 데리고 제 집에 오셔서 공양하셨으면 합니다."

부처님은 아난다에게 매일 왕궁에서 공양하도록 지시했다.

왕은 비구 대중들이 왕궁에 오자 공양을 올리는 일을 다른 사람에게 맡기지 않고 손수 스님들의 발우를 받아서 음식을 담아주며 시중들었다. 왕은 7일 동안은 시중을 잘 들었지만, 8일째가 되자 정신이 산만해지며 공양을 올리는 일을 소홀히 했다. 그러자 비구들이 술렁거렸다.

"왕궁에 오면 왕이 특별히 신경을 쓰지 않는 한 자리를 권하는 이도 없고 시중드는 이도 없다. 여기에 더 이상 남아 있을 이유가 없다."

많은 비구가 왕궁을 떠나 다른 집으로 탁발을 갔다. 다음 날도 왕이 공양을 올리는 일을 소홀히 했다. 그래서 더 많은 비구가 그곳을 떠나 다른 집으로 갔다. 그 다음 날도 왕이 공양을 올리는 일을 소홀히 하자 나머지 비구들까지 왕궁을 떠나고 오직 아난다 장로만이 남아서 공양을 받았다.

덕을 갖춘 사람들은 어떤 상황에서도 가족의 믿음을 지켜준다. 부처님에게는 비구 상수제자로서 사리뿟따 장로와 마하목갈라나 장로가 있었고, 비구니 상수제자로서 케마 장로니와 웁빨라완나 장로니가 있었다. 본받아야 할 남자 신도로서 쩟따와 핫타까 알라와까[270]가 있었고, 본받아야 할 여자

---

270) 핫타까 알라와까Hatthaka Āḷavaka: 쩟따 장자와 함께 본받아야 할 대표적인 재가신도로 언급된다.(A2.12.3) 그는 알라위Āḷavi 왕의 아들로 알라

신도로서 난다의 어머니 웰루깐타끼[271]와 쿳줏따라가 있었다.[272] 이 여덟

와까 약카Ālavaka Yakkha에게 제물로 받쳐졌으나 부처님께서 구해주셨
다. 그는 약카의 손에서 부처님에게 다시 왕의 신하에게 '손에서 손으로
넘겨졌다.'고 해서 핫타까라고 불렸다. 그는 부처님의 법문을 들으며 자라
아나함이 됐다. 그는 500명의 제자들을 거느린 7명의 재가스승 중 한 명이
다. 부처님께서 '어떻게 이렇게 많은 회중會衆을 거느리게 됐는지' 묻자
그는 '많이 베풀고(慈悲), 친절하게 말하고(愛語), 친절하게 대하고(利行),
평등하게 대함(同事)으로써 이렇게 많은 추종자를 거느리게 됐다'고 대답
했다.(A8.3.4) 그래서 부처님께서는 그를 사섭법四攝法을 실천하는 자 가
운데서 제일이라고 선언하셨다. 부처님께서는 그가 믿음, 계행, 양심, 수
치심, 자애, 지혜, 다문多聞, 겸손의 여덟 가지 뛰어난 자질을 갖추고 있다
고 칭찬하셨다.(A8.3.3) 그는 죽어 아위하Aviha(無煩天, 정거천 중의 맨 첫
번째 하늘)에 태어났다. 그는 천인의 모습으로 부처님 앞에 나타나 천상에
서도 법문을 듣고 싶어 하는 많은 신에 둘러싸여 있다고 말하며, 생전에
세 가지 일을 충분히 하지 못한 것이 후회스럽다고 말했다. 세 가지는
① 부처님을 자주 뵙지 못한 것, ② 부처님 가르침을 충분히 듣지 못한
것, ③ 승가를 충분히 후원하지 못한 것이다.(A3.128)

271) 웰루깐따끼 난다마따Veḷukaṇṭakī Nandamātā: 그녀는 쿳줏따라와 함께
본받아야 대표적인 여자 신도이다.(A2.12.4) 그녀는 사리뿟따와 목갈라
나 장로가 수좌로 있는 승단에 여섯 가지 요건을 갖춘 공양을 올림으로써
가장 수승한 공양(chaḷaṅgadāna)을 올렸다고 부처님으로부터 칭찬을 받
았다.(A6.4.7) 그녀는 유일한 아들 난다Nanda가 자신이 보는 앞에서 사
형을 당할 때에도, 남편이 죽어 약카로 태어나 자신 앞에 모습을 드러냈을
때에도 전혀 마음에 동요가 없었다. 그녀는 계율을 어긴 적이 없었으며
매일 오후불식午後不食을 지키고 경을 외웠다. 그녀는 사선정에 자유롭게
들어갈 수 있었고, 다섯 가지 족쇄를 깨뜨린 아나함이었다.

272) 부처님의 상수제자로서 사리뿟따Sāriputta는 지혜제일이고 목갈라나
Moggallāna는 신통제일이다. 비구니 상수제자로 케마Khemā는 비구니
중 지혜제일이고 웁빨라완나Uppalavaṇṇā는 비구니 중 신통제일이다. 본
받아야 할 남자 신도로 찟따Citta는 아나함이며 우바새 중 설법제일이
다.(게송 73번) 상윳따 니까야 찟따상응(S41)은 그의 법문을 모은 것이
다. 핫타까 알라와까는 아나함이고 사섭법을 실천하는 자 가운데 제일이
다. 본받아야할 여자 신도 중에서 난다의 어머니 웰루깐타끼는 사선정을

명을 포함해서 많은 제자가 서원을 세우고 십바라밀을 닦아 큰 덕을 갖추었다. 이와 같이 아난다 장로도 서원을 세우고 10만 생을 바라밀을 닦아 큰 덕을 갖추었다. 그래서 아난다 장로는 어떠한 상황에서도 왕의 믿음을 지켜주기 위해 홀로 남아 공양을 받았던 것이다. 왕궁에서는 아난다 장로 한 사람을 위해 자리를 마련하고 공양을 올렸다.

비구들이 다 떠난 텅 빈 자리에 왕이 나타났다. 그는 여러 가지 맛있는 음식들이 전혀 손도 대지 않은 채 남아 있는 것을 보고 물었다.

"스님들이 오시지 않았느냐?"

"아난다 장로님만이 홀로 와서 공양을 들었습니다, 폐하."

"스님들이 이렇게 손해를 끼치다니!"

왕은 화가 나서 부처님께 가서 말씀드렸다.

"부처님이시여, 제가 500분의 음식을 준비했는데 아난다 장로님만이 와서 공양을 들었습니다. 나머지 음식은 손도 대지 않은 채 그대로 남았습니다. 비구들이 왕궁에 나타난 흔적도 없습니다. 이게 도대체 어찌된 까닭입니까?"

부처님께서는 비구들에게 잘못이 있다고 말하지 않았다.

"대왕이여, 제자들이 그대에게 믿음이 부족해서 그러는 것이오. 비구들이 가지 않은 데에는 반드시 타당한 이유가 있을 것이오."

부처님께서는 비구들에게 어떤 집은 방문해야 하고 어떤 집은 방문할 필요가 없는지에 대해 설명하시고 경을 암송하셨다.[273]

"비구들이여, 아홉 가지 결함이 있는 집에 방문해서는 안 된다. 부득이 방문했으면 자리에 앉아서는 안 된다. 무엇이 아홉인가?

① 가족이 모두 일어나 반갑게 맞이하지 않거나

증득한 아나함이다. 쿳줏따라Khujjutarā는 수다원이며 우바이 중 법문을 많이 듣고 완전히 이해하는 데서(多聞) 제일이다.

273) 앙굿따라 니까야 가족 경(Kulasutta, An.11.17).

② 가족이 예의바르게 인사하지 않거나

③ 가족이 절을 올리지 않거나

④ 가족이 소유하고 있는 것을 감추거나

⑤ 가족이 많은 공양물이 있는데도 조금만 올리거나

⑥ 가족이 좋은 공양물이 있는데도 나쁜 공양물을 올리거나

⑦ 가족이 공경하는 마음으로 올리지 않고 불손하게 올리거나

⑧ 가족이 법문을 듣기 위해 자리에 앉지 않거나

⑨ 가족이 법문을 듣지 않을 때이다.

비구들이여 이런 아홉 가지 결함을 가지고 있는 집은 방문해서는 안 된다. 부득이 방문했다 해도 자리에 앉아서는 안 된다.

비구들이여, 이와 반대로 아홉 가지 좋은 점이 있는 집은 방문해도 좋다. 방문했으면 자리에 앉는 것이 좋다. 무엇이 아홉인가?

① 가족이 모두 일어나 반갑게 맞이하거나

② 가족이 예의바르게 인사하거나

③ 가족이 절을 올리거나

④ 가족이 소유하고 있는 것을 감추지 않거나

⑤ 가족이 많은 공양물을 준비해 올리거나

⑥ 가족이 좋은 공양물을 준비해 올리거나

⑦ 가족이 불손한 마음으로 올리지 않고 공손하게 올리거나

⑧ 가족이 법문을 듣기 위해 자리에 앉거나

⑨ 가족이 법문을 들을 때이다.

비구들이여, 이와 같이 아홉 가지 좋은 점이 있는 집은 방문해도 좋다. 방문했으면 자리에 앉는 것이 좋다.

대왕이여, 나의 제자들이 그대에게 믿음이 부족한 것은 이런 이유가 있을 것입니다. 믿음이 없는 곳에서 살았던 옛날의 어떤 현자도 그랬습니다. 사람들이 그에게 존경심을 가지고 보살펴주었지만 결국 죽음에 가까운 고

통을 겪고 나서야 믿음이 있는 곳으로 옮겨갔습니다."

"그게 언제였습니까?"

왕이 묻자 부처님께서 과거의 이야기를 시작하셨다.

부처님의 과거생: 께사와, 깝빠, 나라다 그리고 베나레스의 왕[274]

옛날에 브라흐마닷따 왕이 베나레스를 통치하고 있을 때 께사와라는 왕이 왕위를 포기하고 출가해 사문이 됐다. 그때부터 왕은 사문 께사와로 알려졌다. 500명의 신하도 그를 따라 출가했다. 그의 수염과 머리를 손질해주던 이발사 깝빠도 출가해 그의 제자가 됐다. 사문 께사와는 제자들과 함께 히말라야에서 여덟 달을 지내다가 몸에 소금기와 초산을 보충하려고 베나레스로 내려왔다. 그들이 탁발하려고 도시에 들어가자 왕이 반갑게 맞이하며 우기 4개월 동안 보살펴주기로 약속했다. 왕은 동산에 거처를 마련해 주고 아침저녁으로 찾아가서 시중들었다.

며칠을 생활해 보니 그곳은 도저히 살 곳이 못되었다. 코끼리와 다른 동물들 소리 때문에 시끄러워 지낼 수 없자 사문들은 께사와에게 가서 말했다.

"스승이시여, 우리는 여기가 전혀 마음에 들지 않습니다. 떠나야겠습니다."

"형제들이여, 어디로 가려고 하는가?"

"스승이시여, 히말라야로 가겠습니다."

"우리가 도착한 날 왕과 여기서 우기 4개월 동안 지내기로 약속했는데 어찌 무정하게 떠날 수 있단 말인가?"

"스승께서 약속하면서 우리의 의견을 전혀 물어보지 않았잖습니까? 더 이상 여기에 머무를 수 없습니다. 여기서 그리 멀지 않은 곳에 거처를 정하

---

274) 이 과거생 이야기는 께사와 자따까(Kesava Jātaka, J346)에서 유래한다.

고자 합니다. 그러면 스승에 대한 소식을 들을 수 있을 것입니다."

그들은 스승에게 인사를 올리고 떠나갔다. 스승과 깝빠 둘만 남아 그곳을 지켰다.

왕이 시중을 들기 위해 왔다가 둘만 남아 있자 물었다.

"나머지 사문들은 전부 어디로 갔습니까?"

"대왕이여, 그들은 이곳이 불편하고 마음에 들지 않아 히말라야로 떠났소."

얼마 지나지 않아서 깝빠도 또한 견딜 수 없다며 떠나려고 했다. 스승은 몇 번이고 떠나지 말라고 설득했지만 그의 결심을 꺾을 수 없었다. 결국 깝빠도 그곳을 떠나 다른 동료들과 합류했다. 다행히 그곳은 스승이 머무는 곳에서 그리 멀리 떨어지지 않아서 스승의 소식을 들을 수 있었다.

스승은 항상 제자들을 걱정했다. 얼마간 시간이 흐르자 스승은 중병에 걸려 고통을 겪기 시작했다. 왕은 의사를 보내 치료해 주었지만 차도가 없었다. 스승이 고통을 견디지 못해 왕에게 청했다.

"대왕이여, 그대는 내가 건강이 회복되기를 원하오?"

"존자님이시여, 할 수만 있다면 즉시 회복시켜 드리고 싶습니다."

"대왕이여, 나의 건강이 회복되기를 원한다면 제자들이 있는 곳으로 보내주시오."

"그렇게 하겠습니다, 존자님."

왕은 신하인 나라다를 불러 세 명의 신하와 함께 스승을 침대에 뉘인 채로 제자들이 있는 곳으로 모셔다 드리라고 지시했다.

"존자님의 건강 상태를 항상 살펴보고 내게 소식을 보내도록 하게."

깝빠는 스승이 오고 있다는 소식을 듣고 마중 나왔다.

"나머지 사문들은 어디 있는가?"

께사와가 묻자 깝빠가 대답했다.

"그들은 저기에 머물고 있습니다."

나머지 사문들도 스승이 도착했다는 말을 듣고 모여들었다. 그들은 뜨거운 물을 끓여드리고 여러 가지 맛있는 과일을 드시게 했다. 그러자 즉시 스승의 병이 좋아지기 시작했다. 며칠 지나자 완전히 건강을 회복해서 불그스레한 안색을 되찾았다. 나라다가 하도 신기해서 노래를 불러 물었다.

원하는 대로 다 들어주는 왕을 떠나서
깝빠의 초라한 오두막집을 좋아하는 이유가 뭡니까?

나무들은 푸르러 마음이 상쾌하고
깝빠의 법다운 말은 나를 기쁘게 한다네, 나라다여.

윤기 흐르는 쌀밥과 맛있는 고깃국을 떠나서
소금도 없는 거친 수수밥을 좋아하는 이유가 뭡니까?

음식이 맛있거나 없거나 많거나 적거나
믿음을 가지고 먹는다면 그게 최고의 맛이라네.

부처님께서 이야기를 마치고 자따까의 주인공들이 현재의 누구인지 설명해주셨다.

"그 당시 왕은 지금의 목갈라나이고, 나라다는 사리뿟따이고, 깝빠는 아난다이고 사문 께사와는 바로 납니다. 대왕이여, 과거생에서도 또한 현자는 죽음에 가까운 고통을 겪을 때 믿고 의지할 만한 곳으로 갔습니다. 제자들이 그대를 믿을 수 없었기 때문에 왕궁으로 공양하러 가지 않는다는 것을 나는 이해합니다."(과거 이야기 끝)

왕은 생각했다.

'나는 승가의 믿음을 얻어야 한다. 어떻게 하면 좋을까? 부처님의 친척의 딸을 맞아들이는 것이 가장 좋은 방법이겠다. 그렇게 되면 비구 스님과 사미 스님들이 '왕은 부처님의 친척이다.'라고 생각하면서 매일 왕궁에 와서

공양할 것이다.'

왕은 사신을 사끼야족에게 보내 말했다.

"당신들의 딸을 한 명 보내시오."

그는 사신에게 자기에게 보낼 딸의 이름을 알아가지고 오라고 명령했다. 사신은 사끼야족에게 가서 왕의 뜻을 전달했다.

사끼야족들은 모여 회의를 했다.

"왕은 우리의 적이다. 그의 요구를 거절하면 목숨을 빼앗을 것이다. 하지만, 그는 우리처럼 혈통이 썩 좋은 것이 아니다. 어떻게 하면 좋을까?"

마하나마가 좋은 의견을 제시했다.

"내가 노예 여자 사이에서 얻은 와사바캇띠야라는 딸이 있는데 뛰어나게 아름답습니다. 그 아이를 보내는 게 좋겠습니다."

그는 사신에게 가서 말했다.

"우리들의 처녀를 한 명 보내기로 했습니다."

"누구의 딸입니까?"

"부처님의 사촌인 사끼야족 마하나마의 딸입니다. 처녀의 이름은 와사바캇띠야입니다."

사신은 왕에게 가서 이 사실을 알렸다.

왕이 흡족해 하며 말했다.

"그렇다면 아주 잘된 일이다. 그녀를 즉시 데려오너라. 그러나 캇띠야의 왕들은 속임수에 능해서 노예의 딸을 보낼 수도 있다. 그러니 그녀가 아버지와 한 밥상에서 밥을 먹는지 확인하고 데려오너라."

왕은 그렇게 지시하고 사신을 다시 보냈다. 사신이 마하나마에게 가서 왕의 뜻을 전달했다.

"전하, 저의 왕께서 당신 딸이 당신과 함께 밥을 먹는지 확인하라고 했습니다."

"좋습니다. 그렇게 하지요."

마하나마는 그렇게 대답하고 딸을 예쁘게 단장시키고 그녀와 함께 식사하는 모습을 보여주었다. 사신은 그의 딸을 사왓티까지 호위하고서 왕에게 함께 식사했다는 것을 증언했다. 왕은 기뻐하며 그녀에게 성수를 뿌려 왕비에 책봉하고 500명의 시녀를 거느리게 했다.

얼마 지나지 않아 그녀는 황금빛 몸을 지닌 아들을 낳았다. 왕은 너무나 기뻐서 신하를 보내 아이의 외할머니에게 말했다.

"사끼야족 왕의 딸 와사바캇띠야가 아들을 낳았으니 이름을 지어주시오."

외할머니가 이 말을 듣고 기뻐 소리쳤다.

"나의 딸이 아이를 낳기 전에도 많은 사람의 사랑을 받았는데 이제 아이까지 낳았으니 왕에게서 넘치도록 사랑받겠네."

그때 심부름을 갔던 신하가 약간 귀가 먹어서 '사랑(vallabhā)'이란 말을 위두다바Vidūdabha로 잘못 들었다. 신하는 왕에게 가서 말했다.

"이름을 위두다바로 지어주셨습니다."

왕이 이름을 듣고 생각했다.

'이 이름은 옛 가족의 이름일 것이다.'

그래서 아이를 위두다바라고 불렀다. 왕은 부처님께서 즐거워하실 거라고 생각하며 어린 아이인데도 불구하고 아이를 장군에 임명했다.

위두다바는 왕자의 교육을 받으며 자라났다. 그가 일곱 살이 됐을 때 다른 왕자들이 외가에서 코끼리 장난감, 말 장난감 등 많은 선물을 받는 것을 보고 어머니에게 물었다.

"어머니, 다른 왕자들은 외가에서 많은 선물을 받는데 왜 내게는 외가에서 아무런 선물도 보내지 않나요? 어머니에게는 아버지 어머니가 없나요?"

그녀가 그럴듯한 핑계를 댔다.

"아들아, 너의 외할아버지는 사끼야족의 왕으로 여기서 아주 멀리 떨어져 있단다. 그래서 아무것도 보낼 수 없단다."

그렇게 얼버무렸지만 그가 열여섯 살이 되자 또 이야기를 꺼냈다.

"어머니, 외할아버지 집에 가보고 싶어요."

"아들아, 왜 거기를 가려고 하느냐?"

그녀가 한사코 가려는 것을 막아보았지만 아들은 자꾸 가보겠다고 떼를 썼다.

결국 그녀는 허락하게 됐다.

"좋다, 다녀오너라."

왕자는 왕의 허락을 얻어 많은 군대를 거느리고 출발했다. 와사바캇띠야는 그보다 먼저 편지를 써서 보냈다.

"나는 여기서 행복하게 잘살고 있어요. 나의 아들에게 왕자에 걸맞은 대우를 해 주시기 바랍니다."

사끼야족들은 위두다바가 온다는 소식을 전해 듣고 회의를 했다.

"노예의 자식에게 우리의 아들딸들을 인사 올리게 할 수는 없는 일이다."

그래서 그보다 어린 왕자와 공주들은 전부 시골로 보내버렸다. 그가 까삘라왓투에 도착해 왕실 객사에 머물자 사끼야족들도 그곳에 모두 모였다. 그리고 위두다바에게 일일이 소개했다.

"이분이 너의 외할아버지이고, 이분은 너의 외삼촌이 되신다."

위두다바는 그들 모두에게 인사를 올렸다. 그러나 자기에게는 한 명도 인사하는 사람이 없자 의아해서 물었다.

"내게 인사하는 사람은 한 명도 없으니 어찌된 일입니까?"

"젊은 왕자와 공주들은 모두 시골로 여행을 갔다네."

사끼야족들은 위두다바에게 최고의 후한 대접을 해 주었다. 위두다바는 며칠 머문 뒤 부하들을 거느리고 자기 나라로 떠났다.

어떤 궁녀가 왕실 객사에서 위두다바가 앉았던 자리를 우유로 닦으면서 모욕적인 말을 내뱉었다.

"이 자리는 노예 여인 와사바캇띠야의 자식이 앉았던 자리야."

그때 마침 위두다바의 호위병 중 한 명이 깜빡 잊고 간 자신의 검을 찾으러 되돌아왔다. 그는 검을 집어 들면서 궁녀가 위두다바를 경멸하는 말을 들었다. 그는 궁녀를 추궁해 위두다바의 어머니가 사끼야족 마하나마와 노예 여인 사이에서 태어난 딸이라는 것을 알아냈다. 그는 돌아가서 병사들에게 이 놀라운 사실을 퍼뜨렸다.

"와사바캇띠야는 노예 여인의 딸이라는군."

이 말은 즉시 커다란 소동을 일으켰다. 이 일을 알게 된 위두다바는 분노로 온몸을 떨면서 무시무시한 복수를 맹세했다.

"사끼야족들이 내가 앉았던 자리를 우유와 물로 씻었다. 사끼야족들의 목을 쳐서 그 자리를 피로 씻겠다."

왕자가 사왓티로 돌아오자 신하들이 그동안 일어난 일을 왕에게 보고했다. 왕은 노예 여인의 딸을 준 사끼야족들에 대한 분노로 와사바캇띠야와 아들 위두다바에게 주었던 모든 명예를 박탈하고 노비에 의해 얻은 재산 정도만 주었다.

며칠 후 부처님께서 왕궁으로 가서 자리에 앉자 왕이 다가와서 삼배를 올리고 말했다.

"부처님이시여, 당신의 친족들이 제게 보낸 여인이 노예 여인의 딸이라는 것을 알았습니다. 그래서 그녀와 아들에게 주었던 명예를 모두 박탈하고 노예로 강등시켰습니다."

"대왕이여, 사끼야족들이 그렇게 한 것은 옳은 일이 아니었습니다. 그들이 딸을 보낼 때 왕에게 걸맞은 배필을 보냈어야 했습니다. 대왕이여, 그러나 이것 또한 이야기를 해야겠습니다. 와사바캇띠야는 또한 왕의 딸이기도 하고 더욱이 캇띠야 왕궁에서 성수를 뿌리며 관정식을 거쳐 왕비에 책봉됐습니다. 그리고 위두다바 또한 왕의 아들이 아닙니까? 어머니 쪽 가계가 무슨 문제가 되겠습니까? 사회적 계급을 정하는 것은 오직 아버지 쪽 가계입니다. 옛날의 한 왕은 땔감을 모으는 가난한 여인을 왕비에 책봉했습니다. 그녀가 낳은 왕자는 훗날 사방 12요자나 넓이의 영토를 가진 베나레스의 왕이 됐습니다. 그 왕의 이름이 깟타와하나였습니다."

부처님께서는 그렇게 말씀하시고 깟타하리까 자따까를 설하셨다.

브라흐마닷따 왕이 숲속에 들어갔다가 흥겹게 노래 부르며 땔감을 모으고 있는 하층계급의 여인을 보고 잠시 사랑을 나누었다. 그때 그녀는 보살을 임신했다. 왕은 옥새 반지를 그녀에게 주며 아들이 태어나면 왕궁으로 보내라고 말했다. 보살이 자라나서 소년이 되자 아이들은 그를 '애비 없는 자식'이라고 놀려댔다. 그가 어머니에게 자신의 출생을 따져 물었고, 어머니는 모든 사실을 이야기해 주었다. 그길로 그는 왕궁으로 가서 왕과 대면했다. 왕은 자기 자식을 인정하기가 부끄러워 그가 자기 자식인지 확인하는 시험을 했다. 결국 왕은 그를 자식으로 받아들이고 그의 어머니를 왕비로 책봉했다. 부왕이 죽자 보살은 왕위에 올랐다.

(Kaṭṭhahāri Jātaka, J7)

왕은 부처님의 설법을 듣고 기쁨에 젖어 말했다.
"사회적 계급을 정하는 것은 오직 아버지 가계이다."
왕은 와사바캇띠야와 그녀의 아들을 다시 예전의 신분으로 복권시켰다.

꾸시나라에 사는 말리까의 딸이자 총사령관 반둘라의 아내인 말리까는 오랫동안 자식을 낳지 못하고 있었다. 그래서 반둘라는 아내를 친정으로 쫓아버렸다.
"당신은 친정으로 돌아가시오."
그녀는 소박맞은 슬픔에 짐을 꾸려 떠나면서도 부처님께 인사라도 드리고 가야겠다고 생각했다. 그녀는 제따와나에 가서 부처님께 삼배를 드렸다.
"어디로 가는가?"
"부처님이시여, 남편이 저를 친정으로 쫓아냈습니다."

"왜 쫓아낸단 말인가?"

"그를 위해 아이를 낳아주지 못하기 때문입니다."

"그 문제라면 친정으로 돌아갈 필요가 없다. 남편에게 돌아가거라."

그녀는 기쁜 마음으로 부처님께 삼배를 올리고 남편에게 되돌아갔다.

"왜 되돌아왔지?"

남편이 그녀를 보고 퉁명스럽게 묻자 그녀가 대답했다.

"열 가지 위대한 힘(十力)을 지니신 부처님께서 되돌아가라고 하셨어요."

"미래를 훤히 아시는 부처님께서 그렇게 말씀하셨다면 까닭이 있을 것이다."

반둘라는 부처님 말씀을 묵묵히 따랐다.

얼마 후 말리까는 아이를 가졌다. 임신하자 그녀는 임신으로 인한 강한 열망이 일어나 남편에게 말했다.

"임신하고 나니 강한 열망이 일어났어요."

"그게 무엇이요?"

"웨살리에 릿차위족 왕자들이 왕위에 오르는 대관식을 거행할 때 사용하는 연못이 있어요. 그곳에 들어가 목욕하고 그 물을 마시고 싶어요."

"원하는 것을 이루게 해 주겠소."

남편은 천 명의 장정이 달려들어야 겨우 시위를 메길 수 있는 강궁을 들고 아내를 전차에 태우고 사왓티에서 웨살리로 떠났다. 그는 릿차위의 왕자 마할리가 살고 있는 성문으로 들어갔다. 성문에 붙어있는 집에 살고 있던 마할리가 덜커덕거리며 성문을 지나가는 전차 소리를 듣고 중얼거렸다.

'이것은 반둘라의 전차가 지나가는 소리로구나. 오늘 릿차위 왕자들에게 가혹한 시련이 닥쳐오고 있구나.'

릿차위족들의 성지인 연못은 용감한 병사들이 안팎으로 보초를 서고 있었다. 그리고 연못 위는 격자무늬 철창으로 덮여져 있었다. 그 격자 간격이 너무나 촘촘해서 새들도 뚫고 들어갈 수 없을 정도였다. 반둘라는 전차에서 내리자마자 경계병들을 막대기로 때려 기절시켰다. 그는 격자무늬 철창을 찢어버리고 연못으로 들어가 아내의 소원대로 그곳에서 목욕하도록 해주었다. 그리고 자신도 연못에서 목욕하고 웨살리를 떠나 왔던 길로 되돌아갔다.

정신이 든 보초병들이 이 일을 릿차위 왕자들에게 달려가 보고했다. 릿차위 왕자들은 분노에 가득차 500대의 전차에 올라타서 쫓기 시작했다.

"반둘라와 그의 아내 말리까를 사로잡겠다."

마할리가 그들을 말렸다.

"여보게 제발 쫓아가지 말게. 그는 그대들 모두를 죽일 만큼 강한 사람이야."

릿차위 왕자들은 그의 말을 듣지 않고 말했다.

"우리는 모두 함께 싸울 것입니다."

"그러면 반둘라의 전차 바퀴가 반쯤 땅속으로 파고들면 얼른 되돌아오시게. 그때 되돌리지 못하면 천둥치는 소리가 울릴 때 전차를 되돌리게나. 그때에도 되돌리지 못하면 말이 끄는 수레의 앞쪽에 구멍이 보일 걸세. 그때는 꼭 돌아오시게나. 더 이상 따라가지 말게나."

마할리의 경고에도 불구하고 왕자들은 계속 추격했다.

말리까가 릿차위족들이 쫓아오는 것을 보고 말했다.

"여보, 전차들이 쫓아오는 것이 보여요."

"전차들이 모두 하나로 보일 때 내게 말하시오."

모든 전차가 하나로 보이자 그녀가 말했다.

"모든 전차가 하나로 보여요."

"내 대신 이 고삐를 잡으시오."

반둘라는 고삐를 아내에게 넘겨주고 전차에서 일어서서 활을 들었다. 그러자 마차 바퀴가 반쯤 땅으로 파고들었다. 릿차위 왕자들은 전차 바퀴가 땅으로 반쯤 파고드는 것을 보고도 되돌리지 않았다. 반둘라가 활시위를 손가락으로 튕기자 활에서 천둥치는 소리가 일어났다. 그래도 릿차위 왕자들은 돌아가지 않았다. 적들이 돌아가지 않고 계속 추격해 오자 반둘라는 전차에 서서 한 대의 화살을 쏘았다. 화살은 오백 왕자의 허리띠 부분을 차례로 뚫고 지나가서 땅에 처박혔다.

릿차위 왕자들은 화살이 자신들의 몸을 완전히 뚫고 지나간 지도 모르고 소리쳤다.

"거기 멈춰라! 거기 멈춰라!"

그렇게 말하면서 그들은 계속 쫓아왔다.

반둘라가 전차를 멈춰 세우고 말했다.

"너희들은 모두 죽은 자들이다! 나는 죽은 자들과는 싸우지 않는다."

"네 눈에는 우리가 죽은 자로 보이나?"

그들이 묻자 반둘라가 대답했다.

"제일 앞에 있는 사람의 허리띠를 풀어보아라."

왕자들이 제일 앞에 있는 사람의 허리띠를 풀자 그는 곧 땅에 고꾸라져 죽었다.

반둘라가 말했다.

"집으로 돌아가서 아내와 자식들에게 유언할 게 있으면 하고, 마지막 훈계를 하고나서 갑옷을 벗어라."

릿차위족 왕자들은 집으로 돌아가 그가 말한 대로 하고서 모두 쓰러져 죽었다. 반둘라는 말리까를 데리고 사왓티로 돌아갔다.

말리까는 열여섯 쌍둥이를 낳아 모두 32명의 아들을 두었다. 자식들 모두가 용감하고 힘이 장사였으며 뛰어난 무술을 갖추었다. 아들들은 각기 천 명의 부하를 거느렸다. 아들들이 아버지와 함께 각기 자기 부대를 거느리고 왕궁에 가면 궁전 앞뜰이 그들의 군대로 가득 찼다.

어느 날 재판정에서 부정한 판결을 받아 패소한 사람이 반둘라를 찾아와

억울함을 호소했다. 그는 큰소리로 울면서 판사들의 불공정한 판결에 대해 강하게 항변했다. 이에 반둘라는 재판정에 가서 슬기롭게 판결해 재산을 실재 소유주에게 되돌려 주었다. 민중들은 큰 소리로 그의 공명정대한 판결을 칭송하며 박수치고 환호했다. 법정에서 소란스러운 소리가 들려오자 왕이 물었다.

"왜 저렇게 소란스러운가?"

왕은 재판정에서 일어난 일을 듣고 크게 기뻐하며 타락한 판사들을 모두 해고하고 반둘라에게만 재판을 집행하게 했다. 그 후로 그는 항상 공정한 판결을 내렸다.

해고당한 판사들은 더 이상 뇌물을 챙길 수 없게 되자 심각한 금전적 손실을 입었다. 그들은 신하들 사이를 이간질하고 반둘라가 반역을 꾀하고 있다고 모함했다.

"반둘라가 왕위를 노리고 있습니다."

이 말을 믿고 곧이곧대로 믿은 왕은 끓어오르는 분노를 제어할 수 없었다.

'여기서 그를 죽이면 그를 신망하는 사람들이 나만 호되게 비난할 것이다.'

왕은 묘책을 생각해냈다. 왕은 부하를 시켜 국경지방에서 반란이 일어난 것처럼 꾸몄다. 그리고 반둘라를 불러 명령을 내렸다.

"국경 지방에 반란이 일어났다는 보고가 들어왔소. 장군이 아들들을 데려가서 반란군을 진압하시오."

왕은 반둘라와 아들들을 보내고 나서 그들을 모두 죽일 수 있을 만큼 많은 용맹스러운 전사들을 보내면서 명령을 내렸다.

"반둘라와 서른두 명 아들의 목을 잘라서 가져오너라."

반둘라가 국경에 도착하자 조작된 반란군은 즉시 도망쳐버렸다. 반둘라는 국경 지방의 질서를 회복하고, 평화롭고 살기 좋은 곳으로 만들어주고 나서 사왓티로 향했다. 그와 아들들이 사왓티에서 멀지 않은 곳에 이르렀을 때 숲속에 매복해 있던 왕의 전사들이 급습하여 그와 아들들의 목을 모두 잘랐다.

그날 말리까 부인은 두 상수제자인 사리뿟따와 목갈라나 장로, 그리고 500명의 비구를 집으로 초청해 공양을 올리고 있었다. 바로 그때 비참한 소식이 담긴 편지가 그녀에게 전해졌다. 거기에는 이렇게 쓰여 있었다.

"지금 당신의 남편과 서른두 명 아들의 머리가 잘리는 참변이 일어났습니다."

그녀는 편지를 읽고 나서 아무에게도 말하지 않고 편지를 접어 호주머니에 넣었다. 그리고 아무 일도 없는 듯 비구들을 시중들었다. 그때 하인들은 바삐 스님들에게 공양을 올리고 있었다. 그들은 기름 항아리를 가져오다가 장로 스님들 앞에서 실수로 떨어뜨리고 말았다. 항아리가 박살나자 사리뿟따 장로가 말리까 부인에게 말했다.

"항아리란 원래 깨어지게 돼 있는 것입니다. 그러니 신경쓰지 마십시오."

그러자 말리까 부인은 품안에 접어 넣었던 편지를 꺼내며 말했다.

"조금 전 이 편지를 받았습니다. 여기에는 제 남편과 아들들의 목이 잘리는 참변이 일어났다고 쓰여 있습니다. 이 글을 읽고도 신경쓰지 않는데 항아리 하나 깨진 것에 신경쓰겠습니까?"

이 말을 듣고 사리뿟따는 숫따니빠따에 나오는 게송[275]을 암송하기 시작했다.

정해진 운명은 모양이 없어 알 수가 없고,
죽음은 비참하고 수명은 짧아 괴로움에 얽혀 있네.

---

275) 살라 경(Salla Sutta, Sn.3.8) : 숫따니빠따 제3장 화살경.

태어난 자는 죽음을 피할 방법이 없고
늙으면 죽음이 따라오나니 이것이 존재의 법칙이네.

익은 과일은 떨어져야 할 운명에 두려워하고
태어난 존재는 죽어야 할 운명에 두려워하네.

옹기장이가 빚은 질그릇은 끝내 깨어지고
사람의 목숨도 결국 끝을 맺는다네.

젊은이도 늙은이도 어리석은 이도 현명한 이도
모두 죽음에 굴복하고 마나니 사람은 결국 죽음에 이르네.

죽음에 붙잡혀 저세상으로 가는 이들,
아비도 자식을 보호하지 못하고 친척도 어쩌지 못한다네.

보라, 친척들이 애타는 마음으로 지켜보지만
도살장에 끌려가는 소처럼 사람들이 하나둘 끌려가는 것을!

이와 같이 세상 사람들은 늙음과 죽음에 지배를 받고
그러므로 현명한 사람은 세간의 이치를 알기에 슬퍼하지 않네.

그대는 오는 길도 가는 길도 모르고
생사의 양끝을 바르게 보지 못하며 부질없이 통곡하고 있구나!

그렇게 통곡함으로써 어리석게 자신을 해치는 사람에게
무슨 이익이라도 있다면 현자도 그리 했을 것이네.

울부짖고 슬퍼하는 것으로는 마음의 평안을 얻을 수 없나니
괴로움만 깊어지고 몸만 해칠 따름이네.

몸이 여위고 안색이 창백해지니 자기 스스로를 해칠 뿐이고,
그렇다고 죽은 이가 살아나지 않으므로 통곡은 부질없는 일이네.

슬픔을 그만두지 않는 사람은 점점 더 괴로워질 뿐이네.
목숨이 다한 사람 때문에 울부짖는 것은 슬픔의 포로가 될 뿐이네.

보라, 사람들이 업에 끌려 죽어가는 것을!
살아있는 이들도 죽음에 붙잡혀 떨고 있지 않는가.

생각하는 대로 되지 않는 법.
이별도 또한 이와 같으니. 보라, 세상의 법칙을!

사람이 백 년 혹은 그 이상을 산다 해도
삶을 그만둘 때는 가족과 이별해야 하네.

그러므로 아라한의 말씀을 듣고 한탄을 멈춰야 하리.
죽어 떠난 이를 보고 '내가 어찌할 수 없다.'는 것을 깨달아야 하리.

불난 집은 물로 꺼야 하듯이
현명하고, 배우고, 수행하고, 지혜로운 이는
생겨난 걱정을 즉시 날려버리네.
바람에 솜털을 날려버리듯이.

스스로의 행복을 구하는 이라면
비애와 갈망과 근심을 떨쳐버려라!
몸에 박힌 화살을 뽑아버려라!

화살을 뽑아버리고 집착이 없고 마음의 평안을 얻는다면
슬픔을 초월하여 행복한 열반에 들어가리라!

사리뿟따 장로는 이렇게 가르침을 설하고 자리에서 일어나 사원으로 돌아갔다. 말리까는 서른두 명의 며느리를 불러서 이렇게 훈계했다.

"너희들의 남편들에게 죄가 없다는 것을 안다. 하지만, 이 일은 과거생에 그들이 지었던 악업이 무르익었기 때문에 일어난 것이다. 그러니 슬퍼하거나 한탄하지 마라. 왕에게 증오심을 품어서도 안 된다."

그녀를 감시하던 왕의 밀정이 이 말을 듣고 그녀들이 왕을 증오하지 않는다는 것을 왕에게 보고했다. 왕은 양심의 가책을 느끼고 그녀들에게 가서 백배사죄하고 어떠한 보상이라도 해 주겠다고 말했다. 말리까는 보상을 받아들이겠다고 대답했다.

말리까는 남편과 아들들의 장례식을 치르고 목욕하고 왕에게 찾아가 말했다.

"폐하, 폐하께서 보상을 해 주겠다고 말씀하셨습니다. 저희는 바라는 것이 없습니다. 저와 제 서른두 명의 며느리는 친정으로 돌아가고 싶을 뿐입니다."

왕이 동의하자 말리까는 며느리들을 각기 친정으로 돌려보내고 자신은 고향인 꾸시나라로 돌아갔다. 왕은 총사령관 후임에 반둘라의 조카 디가까라야나를 임명했다. 디가까라야나는 돌아다니며 왕을 비난했다.

"나의 삼촌을 죽인 사람은 왕이다."

왕은 죄 없는 반둘라를 죽인 죄책감에 사로잡혀 후회하며 괴로워했다. 마음이 평화롭지 못하고 통치하는 데 기쁨을 느끼지도 못했다. 그때 부처님께서는 울룸빠[276]라는 사끼야족의 작은 마을에 머물고 계셨다. 왕은 그곳으로 가서 부처님이 계시는 숲 가까이에 군대를 주둔시키고 부처님을 찾아뵙기 위해 디가까라야나를 데리고 사원으로 들어갔다. 그는 왕권을 나타내는 다섯 가지 상징물(왕관·옥새·왕홀·반지·망토)을 총사령관 디가까라야나에게 맡기고 부처님이 계시는 간다꾸띠로 들어갔다.

여기서 부처님과 빠세나디 왕이 나눴던 대화가 법탑 경[277]에 나온다.

---

276) 울룸빠Ulumpa : 법탑 경에는 메다딸룸빠Medataḷumpa로 나온다.

277) 법탑 경(Dhammacetiya Sutta, M89) : 빠세나디Pasenadi 왕이 총사령관 디가까라야나Dīghakārāyana를 데리고 메다딸룸빠에 계시는 부처님을 찾아뵙고 '부처님은 스스로 올바로 깨달으신 분이고 가르침은 잘 설해졌고 승가는 그 가르침을 잘 실천하고 있다.'는 것을 추론해 불법승 삼보를

빠세나디 왕이 간다꾸띠에 들어간 사이 총사령관 디가까라야나는 말 한 마리와 시녀 한 명을 남기고 왕권을 나타내는 다섯 가지 상징물을 가지고 사왓티로 돌아가서 위두다바를 왕으로 옹립했다. 왕은 부처님과 법담을 나누고 밖으로 나와 보니 군대가 보이지 않았다. 그는 시녀에게 무슨 일이 일어났는지 물었다. 그리고 반역이 일어났음을 알았다.

'라자가하에 가서 나의 조카 아자따삿뚜 왕에게 군대를 빌려 위두다바를 사로잡고 왕권을 되찾아야겠다.'[278]

왕은 시녀와 함께 라자가하로 말을 타고 달려갔지만, 성문은 이미 굳게 닫혀있었다. 너무 늦게 도착한 것이다. 더위와 피로로 탈진한 그는 성문 밖 허술한 객사에서 시녀의 무릎을 베고 누운 채 죽고 말았다. 밤이 지나고 날이 밝아오자 사람들은 허술한 객사에서 한 여인이 울부짖으며 통곡하는 소리를 들었다.

"꼬살라의 왕이시여, 당신은 보호자도 없이 이런 외딴곳에서 죽고 말았군요!"

사람들은 아자따삿뚜 왕에게 가서 이 사실을 알렸다. 아자따삿뚜 왕은 외삼촌 빠세나디 왕의 장례식을 성대하게 치러주었다.

위두다바가 왕이 되자 그는 옛날의 모욕을 기억해냈다.

"사끼야족을 모두 죽여 버리겠다."

───────────────

찬탄하는 경이다. 이 경의 내용 중에 빠세나디 왕이 자신의 나이가 80세임을 말하는 부분이 나온다. 부처님께서도 왕과 동년배였고 부처님께서 80세에 대열반에 드셨으니 부처님의 친족인 사끼야족이 위두다바에게 멸망당한 것은 부처님의 마지막 삶에 일어난 일이라는 것을 알 수 있다. 이 날이 빠세나디 왕과 부처님의 마지막 만남이었으며, 빠세나디 왕이 위두다바에게 왕위를 찬탈당한 날이기도 하다.

278) 빠세나디 왕의 누이인 꼬살라데위Kosaladevī가 정략적 결혼에 의해 마가다Magadha 국의 빔비사라 왕과 결혼하여 아자따삿뚜를 낳았으니 아자따삿뚜는 빠세나디 왕의 조카가 된다.

그는 군대를 이끌고 까삘라왓투로 진군해갔다. 어느 날 부처님께서 새벽에 세상을 관찰하시다가 당신의 종족이 바람 앞의 등불 신세라는 것을 아셨다. 부처님께서는 아침에 탁발하고 돌아와서 간다꾸띠에서 사자처럼 오른쪽 옆구리를 바닥에 대고 누우셨다. 그리고 석양 무렵 까삘라왓투 국경으로 날아가 그늘이 거의 없는 나무 아래에 앉아계셨다. 그곳에서 멀지 않은 위두다바의 국경에는 커다란 반얀나무가 무성한 나뭇가지를 드리운 채 짙은 그늘을 만들며 서 있었다.

위두다바가 부처님이 계시는 것을 보고 다가와 삼배를 올리고 말했다. "부처님이시여, 어찌 이런 뜨거운 날에 그늘도 없는 나무 아래에 앉아계십니까? 짙은 그늘을 드리우고 있는 반얀나무 아래로 가셔서 앉으십시오"

"대왕이여, 염려하지 마시오. 종족의 그늘이 나를 시원하게 해 줍니다."

위두다바는 부처님께서 당신의 종족을 보호하려고 오셨다는 것을 알고 군대를 철수해 사왓티로 되돌아갔다. 부처님께서는 허공을 날아서 제따와나 사원으로 돌아가셨다.

얼마 후 왕은 또다시 사끼야족에 대한 증오가 끓어오르자 두 번째로 군대를 이끌고 진군해갔다. 하지만, 똑같은 곳에서 부처님을 뵙고 다시 되돌아왔다. 세 번째로 군대를 이끌고 나아갔으나 똑같은 장소에서 부처님을 뵙고 되돌아왔다. 그러나 네 번째로 군대를 이끌고 나아갔을 때 부처님께서는 사끼야족의 과거생의 업들을 살펴보셨다. 그들은 과거생에 강에 독약을 풀어 많은 물고기를 죽였던 악업이 있었으며, 그 악업이 무르익어 이제 과보를 초래하고 있었다. 부처님께서는 이 사실을 알고 더 이상 위두다바를 막지 않으셨다.

위두다바는 '사끼야족들을 모두 죽이겠다.'라고 분노에 찬 말을 중얼거리면서 나아갔다. 부처님의 종족은 모두 오계를 지키기 때문에 비록 적일지라도 살인을 할 수 없었다. 살인하느니 차라리 죽음을 택했다. 그래서 사끼야족들은 서로 이렇게 말했다.

"우리는 전쟁에 대비해서 많은 훈련을 받았고 또 싸움에 능하다. 우리는 모두 궁술의 달인이고 멀리까지 쏠 수 있는 큰 활을 사용한다. 그러나 우리가 사람의 생명을 빼앗는다는 것은 계율에 어긋나는 것이다. 우리는 다만 활솜씨를 보여주어 그들을 도망치게 하자."

사끼야족들은 갑옷을 입고 활을 들고 전쟁터로 나아갔다. 그들이 쏜 화살은 위두다바 군대의 열 사이와 방패 사이를 지나가거나 기껏해야 그들의 귀에 구멍을 낼 뿐 사람을 맞추지 않았다. 위두다바는 사끼야족들이 화살을 쏘는 것을 보고 말했다.

"사끼야족들은 절대로 사람을 죽이지 않는다고 자랑하고 다닌다던데 지금은 나의 부하들을 죽이고 있지 않은가?"

부하 중의 한 명이 대답했다.

"전하, 왜 고개를 돌려 주변을 둘러보지 않으십니까?"

"부하들이 죽어나가고 있지 않은가?"

"한 명의 부하도 죽지 않았습니다. 죽은 사람이 있는지 세어보십시오."

위두다바는 전장을 살펴보고 아무도 죽지 않았다는 것을 알았다.

위두다바는 고개를 돌려 부하들에게 명령을 내렸다.

"'우리는 사끼야족이다.'라고 말하는 자는 모두 죽여라. 마하나마를 따르는 자들은 죽이지 마라."

대부분의 사끼야족들은 목숨을 건질 수 있는 어떤 대책도 없이 그냥 서 있었다. 어떤 이는 살기 위해 풀잎을 꺾어 손에 들고 있었고 어떤 이는 갈대잎을 꺾어 손에 들고 있었다. 사끼야족들은 차라리 죽느니 거짓말하지 않았다. 그래서 위두다바의 병사들이 '너는 사끼야족인가 아닌가?'라고 물으면 풀잎을 물고 있는 사람들은 '사끼야족이 아니다.'라고 말하지 않고 '나는 풀잎 사끼야.'라고 말하고 갈대잎을 물고 있는 사람들은 '나는 갈대잎

사끼야다.'라고 말했다. 마하나마를 따르는 사람들은 목숨을 건졌다. 풀잎
과 갈대잎을 손에 들고 살아남은 사람들은 후에 '풀잎 사끼야족, 갈대잎 사
끼야족'으로 알려졌다. 풀잎 사끼야족과 갈대잎 사끼야족을 제외한 나머지
는 젖먹이 어린아이까지 모두 죽임을 당했다. 피가 강물이 되어 흐르자 마
침내 위두다바는 사끼야족의 피로 옛날에 모욕을 당했던 그 자리를 씻을
수 있었다. 이렇게 해서 사끼야족은 위두다바에 의해 멸족을 당했다.

위두다바는 사끼야족의 왕 마하나마를 붙잡고 군대를 돌렸다. 행군 도중
에 아침을 먹을 시간이 되자 위두다바는 군대를 세우고 아침을 가져오게
했다. 아침 식사가 차려지자 그는 외할아버지와 함께 먹고 싶은 생각이 들
어 마하나마를 데려오게 했다. 하지만, 많은 캇띠야들은 노예의 아들과 식
사하기보다는 차라리 목숨을 포기했다. 마하나마는 호수를 바라보며 말했
다.

"나의 외손자여, 손발이 더러우니 호수에 가서 목욕하고 오겠다."

"좋습니다. 외할아버지. 목욕하고 오십시오."

마하나마는 죽을 결심을 했다.

'함께 식사하는 것을 거부하면 나를 죽일 것이다. 그렇다면 차라리 내 손
으로 죽는 것이 낫겠다.'

마하나마는 머리를 풀어 끝을 묶고 묶은 머리카락에 발을 넣고 물속으로
뛰어들었다.

그가 지은 공덕의 힘으로 용궁이 뜨거워지기 시작했다. 용왕은 무슨 일
이 일어났는지 알아보고 마하나마에게 가서 그를 태우고 용궁으로 돌아왔
다. 마하나마는 용궁에서 12년을 살았다. 위두다바는 식탁에 앉아 이제나
저제나 마하나마가 나오기를 기다렸다.

'이제 외할아버지가 나올 것이다. 이제 외할아버지가 나올 것이다.'

시간이 너무 지체된다는 것을 알고 왕은 횃불을 비추고 샅샅이 뒤져보라
고 지시했다. 심지어 부하들의 옷속까지 뒤져보았으나 찾을 수 없자 그가

죽었을 거라고 생각하고 출발했다.

아찌라와띠 강에 도착할 때쯤 날이 어두워졌다. 위두다바는 행군을 멈추고 막사를 치고 야영하라고 명령했다. 어떤 병사들은 강가 모래사장에 군막을 치고, 어떤 병사들은 강둑에 막사를 치고 누웠다. 강가에 누워 있는 병사들은 전생에 죄를 짓지 않고 사끼야족들을 직접 죽이지 않은 병사들이었고 강둑에 누워 있는 병사들은 전생에 죄를 짓고 사끼야족을 직접 살해한 병사들이었다. 그때 그들이 누워있는 곳에 개미떼들이 몰려오기 시작했다.

"개미떼들이 몰려오고 있다! 개미떼들이 몰려오고 있다!"

그들은 결국 모두 일어나서 자리를 옮기기 시작했다. 강가에 자던 죄 없는 병사들은 강둑으로 옮기고 강둑에 자던 죄 있는 병사들은 강가 모래사장으로 옮겨 잠이 들었다. 그때 갑자기 폭우가 몰려오더니 끊임없이 쏟아져 내렸다. 불어난 강물은 홍수가 되어 강가 모래사장에서 자고 있던 위두다바와 병사들을 순식간에 바다로 휩쓸고 가버렸다. 그들은 모두 물고기와 거북이의 밥이 됐다.

비구들이 이 두 비참한 사건을 두고 말이 많았다.

"사끼야족들의 죽음은 이치에 맞지 않는다. 계를 지키고 착하게 살아가는 사끼야족들이 칼에 베이고 창에 찔려 몰살당한 것은 인과의 법칙에 맞지 않는다."

부처님께서 비구들의 대화를 듣고 말씀하셨다.

"비구들이여, 금생만을 따지면 사끼야족들이 그렇게 비참하게 집단학살을 당한 것은 공정하지 못하다. 하지만, 과거생에 그들이 지었던 악업을 고려해 보면 인과의 법칙은 아주 공정한 것이다."

"부처님이시여, 그들이 과거생에 무슨 악업을 지었습니까?"

"과거생에 그들은 강물에 독약을 풀어 많은 물고기를 죽였다."

어느 날 법당에서 비구들이 모여 이야기를 나누고 있었다.

"위두다바가 사끼야족들을 모두 학살하고 자신의 욕망을 채우기 전에 그와 부하들은 모두 홍수에 휩쓸려 바다로 떠내려가 물고기와 거북이의 밥이 되어 버렸습니다."

부처님께서 들어와 물으셨다.

"비구들이여, 여기 모여서 무슨 이야기를 나누고 있는가?"

비구들이 말씀드리자 부처님께서 말씀하셨다.

"비구들이여, 거센 홍수가 잠자는 마을을 휩쓸고 가버리듯이 중생들이 욕망을 모두 충족하기도 전에 죽음의 왕이 그들의 목숨을 거두고 네 가지 고통의 바다로 휩쓸고 가느니라."

부처님께서는 이렇게 말씀하시고 게송을 읊으셨다.

쾌락의 꽃을 따 모으느라
제정신이 없는 사람들을
죽음이 휩쓸어간다.
깊이 잠든 마을을 홍수가 휩쓸고 가듯이.(47)

네 번째 이야기
남편을 존경하는 빠띠뿌지까

부처님께서 사왓티에 계실 때 빠띠뿌지까라는 여인과 관련해서 게송 48
번을 설하셨다.

이 이야기는 삼십삼천에서 시작된다. 삼십삼천(도리천)에 사는 말라바
리(꽃을 붙이고 다니는 자)라는 이름의 천신이 살고 있었다. 어느 날 그는
천 명의 천녀를 거느리고 환희동산[279]에 들어갔다. 500명의 천녀가 나무
위에 올라가 꽃을 따서 던지면 500명의 천녀는 주워서 말라바리 천신의 몸
을 꽃으로 장식했다. 그중 나뭇가지에서 꽃을 따던 한 천녀가 마치 등불이
꺼지듯이 사라져서 사왓티에 사는 한 여인의 자궁으로 들어갔다. 그녀는
인간으로 태어나서도 과거생에 말라바리 천신의 아내였다는 것을 기억하
고 있었다. 그녀는 자라나면서 항상 전 남편 곁에 다시 태어나기를 기원하
며 향과 꽃을 올리곤 했다.

열여섯 살이 되자 그녀는 한 남자와 결혼했다. 그때에도 그녀는 스님들
을 지정받아 올리는 공양, 보름마다 올리는 공양, 안거철에 올리는 공양 등
을 하면서 항상 이렇게 기원했다.
"이 공양 공덕으로 남편 곁에 다시 태어나기를 기원합니다."

---

279) 환희동산(Nandanavana) : 삼십삼천(Tāvatiṃsa, 忉利天)에 있는 동산으
로 삭까를 비롯한 천신들이 즐기는 곳이다. 전륜왕(cakkavattin)들은 이
곳에 태어나 환희동산에서 삶을 즐긴다. 욕계 여섯 하늘에는 각각의 환희
동산이 있다. 천신들은 죽음이 다가오면 환희동산으로 가서 잔치를 즐기
다가 죽는다. 보살도 인간세계로 내려가기 전에 뚜시따Tusita천에 있는
환희동산에 있다가 인간세계로 내려와 모태에 들어갔다. 환희동산은 아
름답고 기쁨이 가득해 마치 아미타경에 묘사돼 있는 극락세계와 같은
곳이다. 이곳에 들어가면 죽음이 가까이 온 사람도 자신의 처지를 잊어버
릴 정도로 황홀한 곳이다. 이곳에서 마음챙기고 수행한다는 것은 불가능
하다.

비구들이 그녀의 기원을 듣고 말했다.

'이 여인은 오직 남편만을 생각하며 살아간다.'

그래서 비구들은 그녀를 빠띠뿌지까(남편을 존중하는 자)라고 불렀다. 그녀는 매일 스님들을 위해 마을 공회당을 깨끗이 청소하고 마실 물을 떠다드리고 의자를 제공했다. 지정받아 올리는 공양과 보름마다 올리는 공양과 그 밖의 다른 공양을 올리고 싶은 사람들은 공양물을 그녀에게 가져와서 부탁하곤 했다.

"신도님, 이것들을 제 대신 승가에 올려주시오."

이렇게 사원과 집을 오가며 그녀는 천상에 태어나는 데 필요한 모든 공덕을 한꺼번에 갖추었다. 그녀는 임신하고 열 달이 되어 아들을 낳았다. 아들이 걸을 때쯤 되자 또 아들을 낳았다. 그녀는 그렇게 모두 네 명의 아들을 두었다.

어느 날 그녀는 스님들에게 공양을 올리고 법문을 듣고 계를 받아 지키더니 그날 저녁에 갑작스러운 병으로 죽었다. 그녀는 소원대로 삼십삼천의 남편 곁에 다시 태어났다. 그녀가 인간세계에 태어나 아이를 넷이나 낳고, 죽어서 천상에 태어날 때까지 천상의 하루는 아직 지나가지 않았다. 그래서 다른 천녀들은 아직도 말라바리에게 꽃을 달아주고 있었다. 말라바리 천신이 그녀에게 물었다.

"아침부터 보이지 않던데 어디 갔다 온 거요?"

"저는 여기서 죽었었어요."

"도대체 무슨 말을 하는 거요?"

"정말이에요."

"그럼 어디에 태어났다는 거요?"

"사왓티의 어느 가정에 태어났어요."

"거기서 얼마 동안 머물렀소?"

"열 달이 되어 어머니 자궁에서 나와서, 열여섯 살에 한 남자와 결혼했고 네 아이를 낳았어요. 스님들에게 자주 공양을 올리고 삼배를 드리고 당신 곁에 다시 태어나기를 기원했어요."

"인간의 수명은 도대체 얼마나 되는가요?"

"겨우 100년 정도예요."

"그렇게 짧단 말이오?"

"그래요."

"인간들이 그렇게 짧은 기간을 살면서 부주의하게 잠이나 자면서 세월을 보내던가요, 아니면 공양을 올리고 공덕을 쌓으며 스님들을 존중하고 살아가던가요?"

"모르는 소리 마세요. 인간들은 자기가 마치 무한한 수명을 가지고 태어난 것처럼, 결코 늙어 죽지 않을 것처럼 부주의하게 잠이나 자면서 살아가고 있어요."

말라바리 천신은 크게 놀라며 말했다.

"당신 말대로라면, 겨우 100년밖에 살지 못하면서 부주의하게 잠이나 자면서 세월을 보낸다면 인간들은 언제 괴로움에서 벗어나 해탈을 이룬단 말인가!"

인간의 100년은 삼십삼천의 하루이다. 삼십삼천의 수명은 천상의 수명으로 천 년이다. 천상의 수명을 인간의 수명으로 환산하면 1000×30일 $\times 12$달 $\times 100$년 = 3천600만 년이다. 그래서 그 천신에게는 하루조차 지나지 않은, 찰나처럼 느껴진 것이다. 아니 더 정확히 말하면, 한순간에 이런 일이 일어난 것이다. 그래서 천신은 사람들이 주의깊게 마음챙기지 않고 방일하게 살아가는 것을 크게 잘못됐다고 생각한 것이다.

다음 날 비구들이 마을에 들어가자 마을 공회당이 청소가 돼 있지 않고, 자리도 준비돼 있지 않고, 마실 물을 가져다주는 사람도 없었다.

"빠띠뿌지까 부인은 어디로 갔습니까?"

"스님들이시여, 그녀를 만날 생각은 이제 하지 마십시오. 어제 스님들이 공양을 드시고 떠난 후 죽었습니다."

수다원과를 아직 얻지 못한 비구들은 그녀의 친절한 시중을 생각하고 눈물을 참지 못했다. 아라한과를 얻은 비구들은 마음의 흔들림 없이 평온한 감정을 유지하고 있었다.

아침 공양 후 비구들은 사원으로 가서 부처님께 여쭈었다.

"부처님이시여, 주의깊게 여러 가지 공덕을 쌓으며 오직 자기 남편만을 그리워하며 살았던 빠띠뿌지까 부인이 죽었습니다. 그녀는 어디에 태어났습니까?"

"비구들이여, 그녀는 남편 곁에 태어났다."

"부처님이시여, 그녀의 남편은 아직 살아있습니다."

"비구들이여, 그녀는 여기에 있는 남편을 그리워한 것이 아니다. 그녀의 남편은 삼십삼천의 말라바리 천신으로 남편을 꽃으로 꾸며주는 동안 죽어 이곳에 태어났던 것이다. 이제 그녀는 꽃을 따던 바로 그 동산으로 되돌아가 남편 곁에 태어난 것이다."

"부처님이시여, 그 말씀이 사실입니까?"

"그렇다, 비구들이여. 내가 한 말은 사실이다."

"오! 인간의 수명이 그토록 짧단 말인가? 그녀는 아침에 우리에게 공양을 올리고 저녁에 병으로 죽었습니다."

"그렇다, 비구들이여, 인간의 수명은 참으로 짧은 것이다. 인간이 속세의 일을 갈망하며 감각적 즐거움을 채 충족시키기도 전에 죽음이 덮쳐와 울부짖는 그들을 끌고 간다."

부처님께서는 이렇게 말씀하시고 게송을 읊으셨다.

욕망의 꽃을 따 모으느라
제정신이 없는 사람을
죽음이 먼저 끌고 가리라.
욕망을 미처 채우기도 전에.(48)

다섯 번째 이야기
구두쇠 꼬시야를 교화한 목갈라나 장로280)

부처님께서 사왓티에 계실 때 인색한 부자 꼬시야와 관련해서 게송 49번을 설하셨다.

이 이야기는 라자가하에서 시작한다. 라자가하에서 그리 멀지 않은 작게리라는 마을에 구두쇠 꼬시야가 살고 있었다. 그는 8억 냥의 재산을 지닌 엄청난 부자였다. 그러나 얼마나 노랑이인지 풀잎 끝에 달릴 정도의 한 방울의 기름조차 다른 사람에게 베풀지 않고, 자기도 물론 사용하지 않았다. 그의 재산은 엄청났지만 아들이나 딸들에게조차 어떤 즐거움도 누리게 하지 않았고, 사문이나 바라문에게 시주도 하지 않아서 마치 유령이 출몰하는 우물처럼 사용되지 않은 채 남아있었다.

어느 날 아침 부처님께서 대연민삼매에서 나오셔서 부처님의 눈(佛眼)으로 세상의 신심있는 가정을 둘러보다가, 45요자나 정도 떨어져 있는 꼬시야와 그의 아내가 수다원과를 얻을 인연이 성숙해 있다는 것을 아셨다.

그날 아침 부자는 왕궁에 들어가서 왕을 알현하고 집으로 돌아가는 도중에 반쯤 굶주린 시골 사람이 짜빠띠에 시큼한 커리를 얹어 먹는 것을 보았다. 그 모습에 시장기를 느낀 그는 집에 가서 혼자서만 짜빠띠를 먹을 수 있는 방법을 궁리하기 시작했다.

'내가 짜빠띠를 먹고 싶다고 내놓고 이야기하면 사람들이 같이 먹자고 달려들 것이다. 그렇게 되면 많은 양의 참깨와 밀가루와 버터기름과 설탕과 그 밖의 식량이 축날 것이다. 그러니 아무에게도 말하지 않아야겠다.'

그는 여기저기 돌아다니며 배가 고파서 참을 수 없을 때까지 참고 또 참았다. 시간이 흐르자 안색이 파리하게 변하기 시작하더니 급기야는 온몸의

---

280) 이 이야기는 일리사 자따까(Iilisa Jātaka, J78)의 서문에서 유래한다.

힘줄이 불거져 나왔다. 결국 그는 배고픔을 참지 못하고 방에 들어가 침대를 껴안고 엎드려 누웠다. 배고픔의 고통보다도 재산이 축나는 것이 더 두려워 아무에게도 말을 할 수 없었던 것이다.

침대에 엎드려 있는 그에게 아내가 다가와 등을 문질러 주면서 물었다.
"여보, 무슨 어려운 일이 있어요?"
"아무 일도 아니오."
"왕이 당신에게 화를 냈나요?"
"아니오, 그런 일 없소."
"그러면 애들이나 하인들이 당신을 기분 나쁘게 했나요?"
"그런 일도 없었소."
"그러면 당신은 뭔가 원하는 것이 있군요?"
아내가 그렇게 말하는데도 재산이 축날까 두려워 그는 아무 말도 하지 않고 침대에 엎드려 있었다.
"여보, 말해 봐요. 원하는 것이 뭐예요?"
남편은 겨우 입을 움직여 기어들어가는 목소리로 말했다.
"그래, 원하는 것이 있지."
"그래 원하는 것이 뭐예요?"
"짜빠띠가 먹고 싶소."
"겨우 그까짓 걸 가지고 그러는 거예요? 당신이 가난뱅이예요? 작게리 사람이 모두 먹을 만큼 짜빠띠를 충분히 만들겠어요."
"당신은 왜 다른 사람들까지 걱정하는 거요. 그들도 열심히 일해서 음식을 사먹을 만큼 돈을 벌고 있잖소?"
"좋아요. 그러면 이 거리에 사는 사람들이 충분히 먹을 만큼 굽겠어요."
"당신은 씀씀이가 너무 헤퍼서 탈이요."
"그러면 이 집에 있는 사람 모두 먹을 만큼 굽겠어요."
"당신은 손이 너무 크다니까."

"좋아요. 그러면 당신과 아이들과 내가 먹을 만큼만 굽겠어요."

"당신은 왜 애들을 생각하지?"

"좋아요. 그러면 당신과 나 오직 둘이 먹을 만큼만 굽겠어요."

"왜 거기에 당신이 들어가는 거요?"

"좋아요. 그러면 오직 당신만을 위해 굽겠어요."

그러자 남편이 말했다.

"여기서 굽게 되면 많은 사람이 볼지 모르니까 좋은 밀가루는 놔두고 안 좋은 밀가루하고 화덕하고 냄비하고 우유, 기름, 꿀, 설탕 조금씩만 가지고 7층 꼭대기로 올라가서 구웁시다. 다 구워지면 나 혼자만 남아서 먹도록 하겠소."

"좋아요."

아내는 남편이 원하는 대로 하인들에게 필요한 물건들을 챙겨서 꼭대기 층으로 옮기게 하고 하인들은 돌려보내고 남편을 불렀다. 남편은 한 층 한 층 올라가면서 모든 문을 닫고 빗장을 걸었다. 그는 7층 꼭대기 문까지 잠그고 앉았다. 아내는 화덕에 불을 피우고 화덕 위에 냄비를 얹고 짜빠띠를 굽기 시작했다.

아침 일찍 부처님께서는 목갈라나 장로를 불러서 말씀하셨다.

"목갈라나여, 라자가하 가까이에 있는 작게리라는 마을에 인색한 부자가 살고 있다. 그는 지금 짜빠띠가 먹고 싶지만 다른 사람이 볼까 두려워 7층 꼭대기에서 짜빠띠를 굽고 있다. 거기 가서 그에게 보시 공덕에 대해 가르쳐라. 그리고 그와 아내를 데리고 짜빠띠와 우유와 기름과 꿀과 설탕을 신통력으로 모두 제따와나로 옮기도록 해라. 나는 오늘 500명의 비구와 함께 제따와나에 앉아서 짜빠띠로 공양을 할 것이다."

"알겠습니다, 부처님이시여."

장로는 부처님의 지시를 그대로 따랐다.

장로는 신족통神足通으로 순식간에 날아가 창문 앞에서 웃가사와 아랫가사를 추스르고 보석으로 장식한 동상처럼 공중에 서 있었다. 부자는 창가에 서 있는 장로를 보자 심장이 심하게 요동쳤다.

"저런 사람들이 두려워서 이 꼭대기까지 올라왔는데 이 인간은 어떻게 창가에 와서 서 있는 거야?"

그는 공덕을 지을 기회인데도 알지 못하고 불속에 던진 소금이 탁탁 소리를 내며 튀듯이 흥분해서 소리 질렀다.

"비구여, 공중에 그렇게 서 있다고 내가 줄 것 같으오? 공중에서 앞뒤로 경행하여도 주지 않겠소."

장로가 공중에서 땅에서처럼 경행했다.

"공중에서 경행한다고 내가 줄 것 같으오? 공중에서 가부좌를 틀고 앉아 있어도 주지 않겠소."

장로가 공중에서 가부좌를 틀고 앉아 있었다.

"공중에서 가부좌를 틀고 앉아 있다고 내가 줄 것 같으오? 창문턱에 와서 서 있어도 주지 않겠소."

장로가 창문턱에 와서 섰다.

"창문턱에 와서 서 있다고 내가 줄 것 같으오? 연기를 내뿜어도 주지 않겠소."

장로가 연기를 내뿜어서 집 전체가 연기로 가득 찼다. 부자는 눈이 바늘로 꼭꼭 쑤시는 것 같았다. 그는 집이 불타버릴까 두려워서 '입에서 불을 뿜어내도 주지 않겠소.'라고 차마 말을 할 수 없어 어려운 선택을 해야 했다.

"이 비구는 질기고 끈덕져서 뭔가 얻을 때까지는 절대 떠나지 않을 거야. 짜빠띠 하나 주어서 쫓아버려야겠다."

그는 아내에게 말했다.

"여보, 짜빠띠를 아주 조그맣게 하나 구워주고 쫓아버려요."

그의 아내가 반죽을 쪼그맣게 떠서 화로에 올려놓았다. 그런데 어쩐 일인지 짜빠띠가 점점 커지더니 냄비에 가득 차버렸다. 부자가 그것을 보고 생각했다.

'이 마누라가 반죽을 너무 크게 뜬 모양이군.'

그는 직접 반죽을 국자 끝에 쪼그맣게 떠서 냄비에 올려놓았다. 하지만, 이전 것보다 더 크게 되어버렸다. 이렇게 짜빠띠는 구울 때마다 이전 것보다 더 커지는 것이었다. 부자는 결국 작게 만드는 것을 포기하고 아내에게 말했다.

"여보, 하나만 갖다 줘버려요."

아내가 바구니에서 하나를 꺼내려고 하자 모든 짜빠띠가 붙어서 떨어지지 않았다. 부자의 아내가 말했다.

"여보, 짜빠띠가 모두 달라붙어서 뗄 수가 없어요."

"내가 떼어보지."

부자는 직접 떼어보려고 해보았지만 소용이 없었다. 부자가 한쪽 끝을 잡고 아내가 다른 쪽 끝을 잡고 힘껏 당겨 보았지만 떨어지지 않았다.

부자는 온몸에 땀을 뻘뻘 흘리면서 짜빠띠와 씨름하는 동안 먹고 싶은 갈망도 다 사라져 버렸다.

"여보, 나는 이제 짜빠띠가 필요없으니 바구니째 몽땅 줘버려요."

아내가 짜빠띠가 든 바구니를 들고 장로에게 다가갔다. 장로는 부자와 아내에게 보시를 하면 어떤 공덕이 있고 삼보를 믿으면 어떤 공덕이 있는지 설법했다.

"보시하는 것이 신에게 제사지내고 기도하는 것보다 낫습니다."

장로는 보시와 여러 가지 공덕의 과보에 대해 하늘의 보름달처럼 명백하게 설명했다.

부자가 장로의 법문을 듣고 갑자기 신심이 일어나 말했다.

"장로님, 이리 가까이 오셔서 의자에 앉아 공양하십시오."

"부자여, 부처님께서 짜빠띠를 드시기 위해 사원에서 기다리고 계십니다. 그러니 괜찮으시다면 아내와 함께 짜빠띠와 우유와 기름과 다른 음식물을 들고 부처님께 같이 가십시다."

"장로님, 부처님께서는 지금 어디에 계십니까?"

"부처님께서는 여기서 45요자나 떨어진 제따와나 사원에 계십니다."

"장로님, 어떻게 그 먼 거리를 짧은 시간에 갈 수 있단 말입니까?"

"당신이 그렇게 하겠다면 제가 신통력으로 옮겨드리겠습니다. 저택의 계단 꼭대기는 그대로 놔두고 계단 끝을 제따와나 정문에 연결시켜 놓겠습니다. 그러면 꼭대기 층에서 맨 아래층까지 내려가는 것보다 더 짧은 시간에 제따와나에 도착할 수 있습니다."

"좋습니다, 장로님."

부자가 동의하자 장로는 계단의 꼭대기는 그대로 놔두고 '계단 끝이 제따와나 정문에 닿아 있어라.'라고 결심하자 그대로 됐다. 장로는 집 꼭대기 층에서 아래층에 내려가는 것보다 더 짧은 시간에 부자와 아내를 제따와나에 도착하게 했다.

부자와 그의 아내는 부처님께 다가가서 지금이 공양시간이라고 말씀드렸다. 부처님께서 공양간에 들어가서 비구들과 함께 자리에 앉으셨다. 부자가 부처님과 비구들에게 청수를 올렸다. 부자의 아내가 짜빠띠를 부처님의 발우에 담아드렸다. 부처님께서는 생명을 유지하는 데 필요한 양만큼 받으셨다. 비구들도 똑같이 생명을 유지하는 데 필요한 양만큼 받았다. 부자는 부처님과 비구들에게 우유와 기름과 꿀과 설탕을 나눠드렸다.

부처님과 500명의 비구가 식사를 마치자 부자와 아내도 먹고 싶은 만큼 먹었다. 그런데도 바구니 속 짜빠띠는 전혀 줄어들지 않은 채 그대로였다. 사원 전체 비구들에게 나눠 주고 사원에서 일하는 사람들까지 다 나눠 주고도 여전히 남아있었다.

사람들이 부처님께 말씀드렸다.

"부처님이시여, 짜빠띠가 전혀 줄어들지 않았습니다."

"그럼 나머지는 제따와나 문 밖으로 던져버려라."

그들은 제따와나 밖에 있는 가까운 굴속에 던져버렸다. 그때부터 이곳을 짜빠띠 동굴이라고 불렀다.

부자와 아내는 부처님께 다가가 한쪽 곁에 공손히 서 있었다. 부처님께서 법문을 하셨고, 법문이 끝나자 부부는 수다원과를 성취했다. 부부는 부처님께 삼배를 드리고 제따와나 정문으로 가서 계단에 오르자 자신들이 이미 자기 집에 와 있다는 것을 알았다. 그날 이후로 부자는 8억 냥의 재산을 부처님과 비구들에게 공양을 올리는 데 쓰거나 가난한 사람들을 돕는 데 사용했다.

다음 날 저녁에 비구들이 법당에 모여 감탄사를 연발했다.

"벗들이여, 목갈라나 장로의 신통력을 보십시오! 믿음을 잃게 하지 않고 재산에 손해를 끼치지 않으면서도 짧은 시간에 구두쇠 부자를 설득해 인색함을 버리게 했습니다. 그리고 제따와나로 옮겨와서 부처님께 짜빠띠를 공양을 올리게 하고 수다원과를 성취하게 했습니다. 장로의 지혜와 신통은 정말 대단합니다!"

이처럼 비구들이 법당에 앉아서 장로의 덕과 지혜를 칭찬하고 있었다. 부처님께서는 비구들이 하는 말을 듣고 법당으로 들어오셔서 물으셨다.

"비구들이여, 여기에 모여 무슨 이야기를 나누고 있는가?"

비구들이 모두 이야기 하자 부처님께서 말씀하셨다.

"비구들이여, 비구가 재가신도를 교화할 때는 믿음을 잃게 하지 않고, 재산에 손해를 끼치지 않고, 피곤하게 하거나 위압감을 주지 않고 가르쳐야 한다. 그리고 부처님의 덕과 지혜를 알게 하기 위해 다가갈 때에도 마치 벌이 꿀을 모을 때 꽃에 아무런 손상을 입히지 않고 다가가듯이 그렇게 다가가야 한다. 나의 아들 목갈라나가 바로 그러한 비구이다."

부처님께서는 장로를 칭찬하시고 게송을 읊으셨다.

벌이 꽃과 향기를 해치지 않고
꿀을 모아 날아가듯이,
이와 같이 수행자도
마을에 피해를 주지 않고
탁발하며 살아가야 하리라.(49)

부처님께서 게송을 읊으시고 장로의 덕과 지혜를 더 드러내기 위해 법문을 계속하셨다.

"비구들이여, 목갈라나 장로가 구두쇠 꼬시야를 교화한 것은 이번이 처음이 아니다. 과거생에서도 그는 인과응보因果應報에 대해 꼬시야를 가르쳤느니라."

부처님께서는 일리사 자따까를 이야기 하셨다.

라자가하의 부자인 일리사는 절름발이에 꼽추에 사팔뜨기였다. 그는 무신론자에 구두쇠여서 자기 재산을 누구에게도 주어 본 적이 없고 자신도 즐기지 못했다. 그의 7대 조상까지는 모두가 관대해서 많은 보시를 했지만 일리사는 음식을 나눠 주는 곳을 불태워버리고 가난한 사람들을 쫓아버렸다. 어느 날 한 시골뜨기가 마른 명태를 안주삼아 술을 마시는 것을 보고 자기도 술을 마시고 싶은 강한 충동을 느꼈다. 한동안 그 충동과 싸우다가 병이 생길 지경이 되자 하인에게 동전 한 닢을 주면서 술집에 가서 야자 술을 사와 술 단지를 강가 덤불숲에 숨겨놓으라고 시켰다. 아무도 보지 않는 곳에서 혼자 먹으려고 했던 것이다. 일리사의 아버지는 죽어 도리천의 삭까 천왕(목갈라나)으로 태어났다. 삭까 천왕이 살펴보니 자기 아들이 구두쇠가 되어 있었다. 그래서 아들의 어리석음을 일깨워 주려고 일리사와 똑같은 모습으로 변해 왕에게 가서 일리사의 재산을 모두 바치겠다고 제의했다. 왕이 거절하자 삭까 천왕은 일리사의 집으로 가

서 하인들에게 모든 창고를 열고 재산을 가난한 사람들에게 나눠주라고
명령했다. 하인들은 변장한 일리사를 진짜 일리사인줄 알았고, 일리사의
아내도 남편이 술을 먹고 갑자기 관대한 마음이 일어났다고 생각했다. 뜻
하지 않은 횡재를 한 사람들 중에는 일리사의 마차꾼도 있었다. 그는 마
차에 재물을 가득 싣고 일리사가 취해 누워 있는 길옆을 지나가면서 일리
사를 찬양하는 노래를 불렀다. 일리사가 그의 입에서 자기 이름이 나오는
소리를 듣고 쳐다보니 자기 재산을 잔뜩 싣고 가고 있는 것이 아닌가. 못
가도록 막자 마차꾼은 그를 두들겨 패고 길을 떠나버렸다. 그가 허둥지둥
집으로 달려와 보니 짐꾼들이 재산을 다 빼가고 있었다. 그는 왕에게 달
려가 도움을 구했다. 왕이 그의 말을 듣고 조사해 보니 일리사가 두 명이
었다. 둘 다 얼굴의 사마귀까지 완전히 똑같았다. 일리사의 아내와 아이
들과 이발사도 둘을 구별하지 못했다. 일리사는 모든 희망이 무너져 내리
자 졸도하고 말았다. 그러자 삭까가 자기 모습을 드러내며 일리사에게 말
했다. 이 모든 재산은 자기가 모은 것이지 일리사가 모은 것이 아니라고
말하며 일리사에게 착하게 살고 베풀면서 살라고 충고하고 떠났다. 일리
사는 그의 충고를 받아들여 자비로운 사람이 됐다.(Ilisa Jātaka, J78)

둘 다 절름발이에 안짱다리 사팔뜨기이고
둘 다 사마귀가 달려 있으니
둘 중 누가 일리사인지 모르겠네.

여섯 번째 이야기

나체수행자 빠티까와 여자 신도

부처님께서 사왓티에 계실 때 나체수행자[281] 빠티까와 관련해서 게송 50번을 설하셨다.

사왓티에 어떤 여인이 빠티까라는 나체수행자를 아들로 여기며 돌봐주고 있었다. 이웃에 한 여인이 살고 있었는데 자주 부처님께 가서 법문을 듣고 와 부처님의 덕과 지혜를 찬탄하는 것이었다.

"오! 부처님의 법문은 정말 경이롭구나!"

그녀는 이웃 여인이 이렇게 부처님을 찬탄하는 것을 듣고 자기도 법문을 듣고 싶었다. 그녀는 나체수행자에게 넌지시 물어보았다.

"나도 부처님께 가서 법문을 듣고 싶습니다."

그녀가 솔직하게 요구하는데도 나체수행자는 가지 못하게 극구 말렸다.

"안돼요, 가지 마시오."

그럴수록 여인은 부처님을 뵙고 싶은 생각이 더욱 간절해졌다.

'이 나체수행자는 내가 사원에 가서 법문을 듣는 것을 절대 허락하지 않을 것이다. 부처님을 초청해서 우리 집에서 법문을 들어야겠다.'

저녁이 되자 그녀는 아들을 불러 부처님을 초청하는 심부름을 보냈다.

"부처님께 가서 내일 우리 집에 오셔서 공양을 받으시라고 말씀드려라."

소년은 사원으로 가는 도중에 나체수행자에게 먼저 들러 인사를 올렸다.

"어디 가느냐?"

"어머니 심부름으로 부처님을 초청하러 가는데요."

"가지 마라."

"저도 안 갔으면 좋겠지만 어머니가 두려워 안 갈 수 없어요."

---

281) 나체수행자(acela): 나체수행자에는 세 부류가 있다. 아지와까Ājivaka, 니간타Nigaṇṭha, 옷을 입지 않은 유행자(nagga-paribbhājaka)이다. 여기에 나오는 나체수행자는 아지와까(막칼리 고살라의 제자들)이다.

"우리 둘이 붓다를 위해 준비한 음식을 먹도록 하자. 그러니 가지 마라."

"안돼요. 어머니가 꾸중하실 거예요."

"그러면 가기는 가되 붓다를 초청할 때 우리 집은 어디에 있는지 어떤 길로 가는지 말하지 마라. 사원 가까이 사는 것처럼 행동하고 돌아올 때는 집을 못 찾도록 다른 길로 돌아서 여기로 오너라."

소년은 나체수행자의 지시를 듣고 부처님께 가서 어머니의 공양청을 전한 후 나체수행자가 시킨 대로 다른 길로 돌아서 나체수행자에게 갔다.

"어떻게 했느냐?"

"시키는 대로 다 했어요."

"잘했구나. 우리 둘이 붓다를 위해 준비한 음식을 먹도록 하자."

다음 날 아침 일찍 나체수행자는 소년을 데리고 여인의 집에 가서 뒷방에 앉아 있었다. 이웃 사람들이 모두 여인의 집에 와서 집안을 청소하고 라자꽃과 여러 종류의 꽃으로 장식하고 부처님이 앉으실 화려한 의자를 준비했다.

부처님을 잘 모르는 사람들은 부처님의 자리를 어떻게 준비해야 하는지 모르고, 부처님에게 길 안내가 필요 없다는 것도 모른다. 부처님께서 보리수 아래에서 깨달음을 얻으신 그날 10만 세계가 진동하고 모든 길이 부처님에게 환하게 드러난다. 이 길은 지옥으로 가는 길이요, 이 길은 축생의 세계로 가는 길이요, 이 길은 아귀 세계로 가는 길이요, 이 길은 인간 세계로 가는 길이요, 이 길은 천상으로 가는 길이요, 이 길은 죽음이 없는 열반으로 가는 길이라고 부처님은 완전히 꿰뚫어 아신다. 그런데 어느 마을, 어느 읍, 어느 집으로 가는 길과 같은 사소한 길이야 말할 필요가 있겠는가?

부처님께서는 이른 아침에 가사와 발우를 들고 곧장 여자 신도가 있는 집으로 가셨다. 그녀는 문밖으로 뛰쳐나와 부처님께 오체투지로 삼배를 올리고 집안으로 모셨다. 그녀는 부처님 손에 청수를 부어드리고 여러 가지 맛있는 음식을 올렸다. 부처님께서 공양을 마치시자 그녀는 부처님의 발우를 받아들고 법문을 청했다. 부처님께서는 감미로운 목소리로 법문을 하셨다. 그녀는 법문을 듣고 너무 기뻐서 연신 찬탄사를 연발했다.

"사두!(훌륭합니다.) 사두! 사두!"

뒷방에 앉아 있던 나체수행자는 그녀가 부처님의 법문을 듣고 찬탄하는 소리를 들었다. 그는 참을 수가 없어 '그녀는 더 이상 나의 신도가 아니다.'라고 중얼거리면서 뛰쳐나와 그녀에게 소리 질렀다.

"이 마녀야! 이런 사람의 법문을 듣고 박수치고 찬탄하다니 정신이 돌았구나!"

그는 그녀와 부처님을 비난하고 욕설을 잔뜩 퍼붓고 가버렸다. 그녀는 나체수행자의 모욕적인 말에 당황해서 마음이 흐트러지자 부처님의 법문에 집중할 수 없었다. 부처님께서 그녀에게 물었다.

"재가신도여, 그대는 나의 말에 집중할 수 없는가?"

"부처님이시여, 나체수행자의 모욕적인 말에 마음이 완전히 흐트러져 버렸습니다."

"이교도의 말에 관심을 두거나 주의를 기울이지 말고 자신이 한 행위나 하려는 행위가 선한지 악한지 잘 살펴야 한다."

부처님께서 이렇게 말씀하시고 게송을 읊으셨다.

다른 이의 거친 말[282]도
이미 했거나 하려는 남의 행위는 보지 말고
이미 했거나 하려는 자신의 행위만을 살펴야 한다.(50)

이 게송 끝에 여인은 수다원과를 성취했다.

---

282) 거친 말로 옮긴 빠알리어 'viloma'는 깊은 상처를 건드리듯 남을 아프게 하는 모든 나쁜 행위나 말을 말한다.

일곱 번째 이야기
찻따빠니와 빠세나디 왕

부처님께서 사왓티에 계실 때 재가신도인 찻따빠니와 관련해서 게송 51, 52번을 설하셨다.

사왓티에 찻따빠니라는 재가신도가 살고 있었다. 그는 삼장에 통달했으며 아나함과를 얻은 사람이었다. 그는 이른 아침 우뽀사타를 지키기 위해 부처님께 가서 삼배를 올렸다.

아나함을 얻은 성인들은 우뽀사타 계를 받아 지키기 위해 애쓸 필요가 없다. 도과의 힘으로 저절로 청정행을 하며 하루에 한 끼만 먹게 된다. 그래서 부처님께서 이렇게 말씀하신 것이다.[283]

"대왕이여, 도공 가띠까라는 하루 한 끼 식사하고, 청정행을 하고, 계행을 갖추고, 착하고 건전한 법을 지닌 사람입니다."

이렇게 아나함과를 얻은 사람이 하루 한 끼만 먹고 청정행을 하는 것은 당연한 일이다.

찻따빠니 또한 우뽀사타를 지키면서 부처님께 나아가 삼배를 올리고 앉아서 법문을 들었다. 그때 빠세나디 왕이 법당으로 들어와 부처님께 삼배를 올렸다. 찻따빠니는 왕이 들어오는 것을 보고 마음속으로 생각했다.

'일어나서 왕을 맞이해야 할까, 아니면 그냥 앉아 있을까?'

그는 곧 결론을 내렸다.

'왕 중의 왕인 부처님 앞에서 한 지역의 왕을 일어나서 맞이할 수 없는

---

283) 가띠까라 경(Ghaṭīkāra Sutta, M81): 깟사빠 부처님 당시에 도공 가띠까라는 아나함이며 깟사빠kassapa 부처님께 헌신했다. 이 대목은 그가 청정한 삶을 사는 것을 깟사빠 부처님께서 그 당시의 끼끼Kikī 대왕에게 칭송하는 장면이다. 그 당시 고따마 부처님은 조띠빨라Jotipāla라는 바라문 청년이었는데 친구인 도공 가띠까라의 손에 이끌려 부처님께 가서 법문을 듣고 환희심을 내어 출가했다.

일이다. 내가 일어나서 왕을 맞이하는 것은 그에게 존경을 표하는 것이 되겠지만 부처님께는 결례가 되는 일이다. 그러니 왕이 화를 낸다고 해도 일어나지 않겠다.'

찻따빠니는 일어나서 왕에게 인사하지 않았다. 지혜로운 사람이라면 자기보다 높은 사람 앞에서 다른 사람이 일어나서 자기에게 인사하지 않는다고 화내지 않는 법이다.

빠세나디 왕은 찻따빠니가 일어나지 않자 몹시 화가 났다. 하지만, 꾹 참고 부처님께 삼배를 올리고 공손하게 한쪽에 앉았다. 부처님께서는 왕이 화나 있는 것을 보고 찻따빠니를 두둔하셨다.

"대왕이여, 재가신도 찻따빠니는 삼장에 통달하고 직접 증득한 법(아나함과)이 있는 사람이며, 이익이 있고 없음을 잘 아는 지혜로운 사람입니다."

부처님께서 이렇게 찻따빠니를 매우 칭찬하자 왕의 마음이 누그러졌다.

어느 날 왕이 아침을 먹고 위층 창문에서 밖을 내다보는데 찻따빠니가 일산을 들고 샌들을 신고 왕궁 앞뜰을 지나가는 것을 보았다. 왕은 곧 부하를 시켜 그를 불러오게 했다. 찻따빠니는 일산과 샌들을 벗어 문 앞에 가지런히 놓고 왕에게 다가가 인사를 올리고 공손히 한쪽에 섰다.

"찻따빠니여, 오늘은 왜 일산과 샌들을 한쪽에 가지런히 두고 오는가?"

"왕께서 저를 부르셨다고 들었기 때문에 전하 앞에 오기 전에 일산과 샌들을 벗어두었습니다."

"내가 왕이란 걸 오늘에야 분명히 아셨군, 그래?"

"전하께서 왕이라는 걸 예전부터 알고 있었습니다."

"그 말이 사실이라면 왜 예전에 부처님 앞에서 나를 보고도 일어나지 않으셨지?"

"대왕이시여, 왕 중의 왕인 부처님 앞에서 한 지역의 왕을 보고 일어나서 맞이한다면 부처님께 큰 결례를 범하는 것입니다. 그래서 일어나지 않았던 것입니다."

"좋소. 지난간 것은 지난간 대로 내버려둡시다. 그건 그렇고 내가 듣기로는 그대가 금생과 내생에 이익이 되거나 이익이 되지 않는 일에 대해 잘 알고, 삼장에 통달했다고 하던데 나의 왕비들을 위해서 법을 설해줄 수 있겠소?"

"저는 할 수 없습니다, 폐하."

"왜 할 수 없소?"

"왕궁은 문책이 심한 곳입니다. 옳거나 그르거나 심한 견책이 따릅니다, 폐하."

"그렇게 말하지 마오. 예전에 나를 보고 일어나지 않은 것은 옳다고 말하면서 왕궁에서는 옳거나 그르거나 상관없이 문제가 된다고 말하는 것은 나를 심히 모욕하는 것이요."

"폐하, 스님들이 해야 할 법문을 재가자가 하는 것은 비난 받기 쉽습니다. 스님을 초청해서 법문을 듣는 것이 좋을 줄로 아옵니다."

"그대는 가도 좋소."

왕은 그를 보내고 부처님께 신하를 보내 요청했다.

"부처님이시여, 나의 왕비 말리까와 와사바캇띠야가 부처님의 법문을 듣고 싶다고 합니다. 그러니 500명의 비구와 함께 정기적으로 오셔서 공양을 드시고 법문해 주십시오."

"대왕이여, 여래는 어느 한 곳만을 정기적으로 갈 수 없습니다."

"그러면 한 스님을 정해서 보내주십시오."

부처님은 아난다 장로에게 그 의무를 맡겼다. 아난다 장로는 규칙적으로 왕궁에 가서 두 왕비에게 법을 설했다. 두 왕비 중에서 말리까는 열심히 배우고, 배운 것을 잊지 않기 위해 되풀이해서 외우며, 외운 것을 실천하려고 애썼다. 그러나 와사바캇띠야는 열심히 배우지도 않았고 외우지도 않았으며 실천하려고도 하지 않았다.

어느 날 부처님께서 아난다 장로에게 물으셨다.
"아난다여, 그대의 여자 신도들은 법을 잘 배우고 있는가?"
"그렇습니다, 부처님이시여."
"어느 쪽이 더 열심히 배우는가?"
"부처님이시여, 말리까 왕비가 열심히 배우고 암기하고 완전하게 이해하고 실천합니다. 그러나 부처님의 종족인 와사바캇띠야 왕비는 열심히 배우지도 않고 암기하려고도 않고 이해하지도 못하고 실천하지도 않습니다."
"아난다여, 법문을 열심히 듣지도 않고 배우지도 않고 외우지도 않고 실천하지도 않는 사람에게 나의 법문은 빛깔은 좋지만 향기가 없는 꽃과 같다. 반대로 법문을 열심히 듣고 배우고 외우고 실천하는 사람에게는 풍성한 열매와 많은 축복이 되어 돌아온다."
부처님께서 이렇게 말씀하시고 게송을 읊으셨다.

아름답지만 향기 없는 꽃이
이익이 없듯이
아무리 훌륭한 가르침도
실천하지 않으면
아무 이익이 없다.(51)

아름다우면서 향기로운 꽃이
많은 이익을 주듯
잘 설해진 훌륭한 가르침도
따르고 실천해야만
많은 이익이 있다.(52)

이 게송 끝에 많은 사람이 수다원, 사다함, 아나함이 됐다.

여덟 번째 이야기
위사카의 일생

부처님께서 여자 재가신도인 위사카와 관련해서 게송 53번을 설하셨다.

위사카는 앙가국[284]의 밧디야 도시에서 태어났다. 그의 할아버지는 멘다까 장자고 아버지는 다난자야 장자고 그의 어머니는 수마나 데위였다. 위사카가 일곱 살이 됐을 때 부처님께서는 셀라와 그의 친척들이 도과를 성취할 바라밀이 성숙했다는 것을 아시고 많은 비구를 데리고 그 도시에 오셨다. 그때 그녀의 할아버지 멘다까 장자는 도시의 재정관을 맡고 있었는데, 장자는 과거생에 큰 바라밀을 지은 다섯 명 중 한 명이었다.

큰 바라밀을 갖추고 있는 다섯 명은 멘다까 장자, 그의 아내 짠다빠두마, 장남 다난자야, 장남의 아내 수마나 데위, 멘다까 장자의 하인 뿐나였다. 멘다까 장자는 천문학적인 재산을 가지고 있는 부자였다. 빔비사라 왕이 통치하고 있는 나라에는 멘다까 장자를 포함해 다섯 명의 억만 장자가 있었다. 그들은 조띠까, 자띨라, 멘다까, 뿐나까 그리고 까까왈리야였다.

멘다까 장자는 부처님께서 오신다는 소식을 듣고 손녀 위사카를 불러 마중을 보냈다.

"위사카야, 오늘은 너에게도 축복이 되고 우리에게도 축복이 될 것이다. 500명의 시녀와 함께 500대의 마차를 타고 십력을 지니신 부처님께 마중

---

284) 앙가Aṅga : 마가다Magadha 국의 동쪽에 위치한 나라로 수도는 짬빠 Campā였다. 다른 도시로는 멘다까 대부호가 사는 밧디야Bhaddhiya와 앗사뿌라assapura가 있었다. 섬세한 발의 소유자이며 정진제일인 소나 꼴리위사Soṇa Koḷivisa장로는 출가 전에 앙가국의 대지주였다. 마가다국의 빔비사라Bimbisāra 왕이 앙가국의 브라흐마닷따Brahmadatta 왕과의 전쟁에 승리하여 왕국을 합병시켰다. 앙가국은 현재의 벵갈 지방이다.

나가거라."

"그렇게 하겠습니다."

위사카는 할아버지가 시키는 대로 마중나갈 채비를 했다.

그녀는 사리를 잘 구별하는 지혜가 있었다. 그녀는 마차로 갈 수 있는 데까지 가서 마차에서 내려 걸어갔다. 그녀는 부처님께 다가가서 삼배를 올리고 한쪽에 섰다. 과거에 쌓았던 선업이 무르익었기 때문에 부처님께서는 기쁜 마음으로 그녀에게 법을 설하셨고 법문이 끝나자 그녀와 시녀 500명은 수다원과를 성취했다.

멘다까 장자도 부처님께 다가가 법문을 듣고 수다원과를 성취했다. 장자는 너무나 기뻐서 부처님을 집으로 초대했다. 다음 날 그는 부처님과 비구들에게 여러 가지 맛있는 음식으로 보름동안 공양을 올렸다. 부처님께서는 오랫동안 그곳에 머무르고 나서 길을 떠나셨다.

이때 두 강대국인 마가다국의 빔비사라 왕과 꼬살라국의 빠세나디 왕은 서로 상대방의 누이와 결혼하여 친척관계를 맺고 있었다. 어느 날 꼬살라의 빠세나디 왕에게 이런 생각이 떠올랐다.

'빔비사라 왕의 영토에는 헤아릴 수 없는 많은 재산과 큰 복덕을 가진 부자들이 다섯 명이나 살고 있는데 나의 영토에는 그런 부자가 한 명도 없다. 빔비사라 왕에게 가서 그렇게 커다란 복덕을 지닌 사람을 한 명만 달라고 하면 어떨까?'

그는 마가다국의 빔비사라 왕에게 갔다. 빔비사라 왕은 빠세나디 왕과 다정스럽게 인사하고 물었다.

"무슨 일로 여기까지 오셨소?"

"그대의 나라에는 다섯 명의 무한한 복덕을 지닌 억만장자가 살고 있는데 그중 한 명만 데리고 가면 안 될까 하는 생각에 여기까지 왔소."

"그들은 유명한 가문이라서 내 마음대로 할 수 없다오."

"한 명이라도 데려가지 못하면 나는 돌아가지 않겠소."

빔비사라 왕은 신하들과 상의하고 나서 대답했다.

"조띠까와 같은 유명한 가문을 옮기는 것은 땅덩어리를 옮기는 일과 같소. 하지만, 멘다까의 아들 다난자야 장자라면 어떨지 모르겠소. 그에게 가서 상의해 보고 나중에 연락을 주겠소."

빔비사라 왕은 다난자야 장자를 불러서 물었다.

"꼬살라의 왕이 내게 '거부장자 한 명을 데려가고 싶다.'고 말하는데 그대가 같이 가겠소?"

"폐하, 폐하께서 보내신다면 가겠습니다."

"좋소, 준비되는 대로 떠나도록 하시오."

다난자야 장자는 이동할 준비를 마치고 왕에게 보고했다. 빔비사라 왕은 장자에게 존경을 표하고 빠세나디 왕과 작별했다.

"그를 데리고 잘 가시오."

빠세나디 왕은 그를 데리고 사왓티로 출발했다. 그들은 하루 종일 여행하여 저녁이 되자 막사를 치고 야영했다. 그곳은 아주 쾌적하고 아름다운 곳이었다. 다난자야 장자가 왕에게 물었다.

"이곳은 누구의 영토입니까?"

"이곳은 나의 영토이오."

"여기서 사왓티까지 거리가 얼마나 됩니까?"

"일곱 요자나 정도 되오."

"도시는 복잡하며 사람들로 꽉 차 있고 제가 데리고 온 사람들은 너무나 많습니다. 폐하께서 허락하신다면 여기에 거주지를 정하겠습니다."

"그렇게 하시오."

왕은 흔쾌히 승낙했다. 왕은 그곳에 도시를 만들어주고 사왓티로 돌아갔다. 이곳은 저녁(sayaṁ)에 처음으로 거주했다고 해서 사께따[285] 라고 불렀

---

285) 사께따Sāketa: 부처님 시대에 인도에 있던 여섯 개의 대도시 중 하나이

다.

사왓티에 미가라 장자와 아들 뿐나왓다나가 살고 있었다. 뿐나왓다나가 결혼할 나이가 되자 부모가 말했다.

"아들아, 어디에 살든지 네가 좋아하는 여인이 있으면 직접 고르도록 해라."

"저는 결혼할 생각이 없어요."

"그러면 안 된다. 후손이 없는 가문은 오래가지 못하고 망하기 쉽단다."

부모가 여러 번 설득하자 아들이 말했다.

"다섯 가지 아름다움을 갖추고 있는 여자라면 결혼하겠어요."

"다섯 가지 아름다움이라는 것이 무엇이냐?"

"다섯 가지 아름다움이란 머릿결의 아름다움, 살의 아름다움, 뼈의 아름다움, 피부의 아름다움, 젊음의 아름다움이에요."

복덕이 많은 여인은 머릿결이 공작의 깃털 같아서 풀어 내려뜨리면 치마 끝자락에 닿고 그 끝을 살짝 올리면 하늘을 향한다. 이것이 머릿결의 아름다움이다. 입술은 장미꽃처럼 붉고 가지런하고 키스하면 촉촉하고 부드럽다. 이것이 살의 아름다움이다. 치아는 눈처럼 하얗고 가지런하고 간격이 없이 촘촘하며, 다이아몬드를 세워 가지런히 늘어놓은 것처럼 보이고, 그 빛이 가지런히 자른 조가비처럼 반짝거린다. 이것이 뼈의 아름다움이다. 피

다. 여섯 개의 대도시는 라자가하Rājagaha, 사왓티Sāvatthi, 짬빠Campā, 꼬삼비Kosambi, 베나레스Benares 그리고 사께따Sāketa이다. 사께따는 사왓티에서 7요자나 정도 떨어져 있었다. 이 도시는 위사카Visāka의 아버지 다난자야Dhanañjaya가 건설했다고 한다. 사께따 근처에는 세 개의 사원이 있었다. 안자나와나Añjanavana와 깔리까 장자가 지어 승단에 기증한 깔리까라마Kaḷikārāma 그리고 띠깐따끼와나Tikaṇṭakivana이다. 사께따에는 500생 동안 부처님의 부모였다고 주장하는 바라문 부부가 살고 있었다.(게송 225번 이야기) 사께따는 현재의 수잔 꼿Sujañ Kot이라고 한다.

부는 한 번도 사용하지 않은 전단향나무나 화장품처럼 향기가 나고, 물에 젖지 않는 수련처럼 매끄러우며 백합처럼 하얗다. 이것이 피부의 아름다움이다. 아이를 열 번이나 낳았어도 한 번 낳은 사람처럼 싱싱하다. 이것이 젊음의 아름다움이다.

뿐나왓다나의 부모는 108명의 바라문을 초청해 식사를 대접하고 물었다.
"다섯 가지 아름다움을 지닌 처녀가 어디 있는지 혹시 아십니까?"
"글쎄요. 어딘가에 있지 않을까요?"
부모는 그들 중 여덟 명의 바라문을 선정해 여행 경비를 지불하면서 그런 처녀를 찾아달라고 부탁했다.
"일을 끝내고 돌아오면 수고비를 충분히 드리겠습니다. 모든 나라를 다 뒤져서라도 그런 처녀를 꼭 찾아주십시오. 처녀를 찾으면 이 화환을 그녀의 머리에 얹어주고 청혼하십시오."
부모는 그렇게 말하며 10만 냥의 값어치가 있는 황금 화환을 바라문들에게 주고 떠나보냈다. 바라문들은 모든 대도시를 돌아다니면서 열심히 찾아보았지만 다섯 가지 아름다움을 지닌 처녀를 발견할 수 없었다. 그들은 아무런 소득 없이 사왓티로 돌아오다가 사께따에 들렀다. 그때 사께따는 축제가 한창이었다. 그들은 축제를 보자 뭔가 좋은 예감이 들었다.
"오늘 드디어 우리의 노력이 성공적인 결실을 맺을 것 같다."

그 도시에는 매년 위와따나캇따(연간축제)라고 불리는 축제가 있었다. 그날만은 평소에 한 번도 외출을 하지 않던 규중처녀들도 시녀들을 데리고 강으로 목욕하러 갔다. 이날에는 부잣집 자제들과 캇띠야 계급의 아들들이 길가에 서 있다가 마음에 드는 처녀가 지나가면 꽃다발을 그녀의 머리에 올리며 청혼하는 풍습이 있었다.

바라문들도 강둑으로 가서 한 공회당에 들어가 기다렸다. 이제 16세의 어여쁜 처녀가 된 위사카도 온갖 장신구로 치장하고 500명의 시녀들과 목욕하려고 강가로 걸어갔다. 그때 갑자기 폭풍이 불더니 비가 쏟아지기 시작했다. 500명의 시녀는 비를 피하려고 온 힘을 다해 공회당으로 달려갔다. 그러나 위사카는 폭우에도 아랑곳하지 않고 보통 걸음으로 천천히 걸어서 회관으로 들어갔다. 회관으로 들어서자 그녀의 옷과 보석은 흠뻑 젖어 있었다.

바라문들은 그녀가 네 가지 아름다움을 갖추고 있는 것을 보았다. 그들은 그녀의 치아를 보고 싶었다. 그래서 그녀의 입을 열도록 유도하려고 자기들끼리 말했다.

"이 소저는 아주 게으른 아가씨로군. 남편 될 사람은 식어빠진 죽도 제대로 얻어먹지 못하겠군. 우리가 완전히 잘못 짚었어!"

위사카가 이 말을 듣고 그들에게 말했다.

"지금 누구를 말하는 거예요?"

"우리는 지금 소저의 얘기를 하고 있소."

그녀의 목소리는 부드럽고 꾀꼬리가 우짖는 것처럼 아름다웠다. 그녀가 은방울 굴리는 듯한 낭랑한 목소리로 다시 말했다.

"내가 뭐 어떻다는 거지요?"

"소저의 시녀들은 힘껏 뛰어서 옷이나 보석이 비에 젖지 않고 공회당으로 들어왔는데, 소저는 전혀 뛰지도 않고 그 짧은 거리를 천천히 걸어오느라 옷과 장신구가 완전히 젖어서 들어왔지요."

"그게 아니랍니다. 나는 시녀들보다 강하고 천천히 걷는 데에는 다 이유가 있어요."

"그 이유가 무엇이지요?"

"이 세상에 뛰어가면 손해 보는 네 종류의 사람이 있어요. 그리고 제가 뛰지 않는 또 다른 이유가 있어요."

"뛰어가면 손해 보는 네 종류의 사람이 누구입니까?"

"왕이 곤룡포를 입고 왕관을 쓰고 옥대를 두르고 왕궁의 앞뜰을 뛰어간다면 모양새가 좋지 않습니다. 왕이 뛰어가는 것을 보면 사람들은 '왕이 체통머리 없이 평민들처럼 왜 뛰어가는가?'라고 비난할 것입니다. 왕의 의전용 코끼리가 모든 장신구로 치장하고 달려갈 때도 마찬가지입니다. 코끼리가 자연스럽게 걸어간다면 보기가 좋을 것입니다. 스님이 뛰어간다면 모양새가 좋지 않습니다. 스님이 뛰어가는 것을 보면 사람들은 '스님이 속인들처럼 왜 뛰어가는가?'라고 비난할 것입니다. 그러나 스님이 주위로 고개를 돌리지 않고 알아차리며 고요하고 차분하게 걷는다면 모양새가 좋을 것입니다. 여인이 뛰어간다면 보기가 좋지 않습니다. 여인이 뛰어가면 사람들은 '이 여인은 왜 남자처럼 뛰어가는 거야?'라고 비난할 것입니다. 이들이 뛰어가면 손해 보는 네 종류의 사람입니다."

"또 다른 이유란 무엇이오?"
"부모가 딸을 키울 때는 금지옥엽金枝玉葉으로 애지중지하며 키웁니다. 키워서 다른 가정에 결혼시키려는 생각으로 키웁니다. 그런데 달려가다가 치마 끝자락에 걸려 넘어지거나 돌에 걸려 넘어져서 손발이라도 부러진다면 가정에 커다란 부담이 됩니다. 입고 있는 옷이 젖으면 말리면 되지만 몸을 다치게 되면 회복이 쉽지 않습니다. 이러한 생각 때문에 저는 뛰지 않았습니다."

위사카가 말하는 동안 바라문들은 그녀에게 치아의 아름다움이 있다는 것을 알았다.
"저렇게 가지런하고 고운 치아는 전에 본적이 없다."
바라문들은 그녀를 칭찬하면서 정식으로 청혼했다.
"소저, 그대만이 이 화환을 받을 자격이 있구려."
바라문들은 그렇게 말하면서 황금화환을 그녀의 머리에 얹었다. 그러자 그녀가 물었다.
"어느 도시에서 오셨습니까?"

"우리는 사왓티에서 왔습니다."

"어느 가문에서 보내서 왔습니까?"

"가문의 어른은 미가라 장자입니다."

"저의 남편이 될 사람은 누구입니까?"

"뿐나왓다나 꾸마라입니다."

위사카는 그 가문이 자기 가문과 동등한 혈통이라고 생각하고 청혼을 받아들였다. 그녀는 즉시 아버지에게 사람을 보내 마차를 보내달라고 했다. 올 때는 걸어서 왔지만 청혼의 꽃다발을 받은 순간부터 걸어가는 것은 적절치 못하기 때문이었다. 귀족 가문의 딸은 사륜마차를 타고 다닌다. 시녀들은 그녀의 머리 위에 일산을 드리워주거나 없으면 야자 잎이라도 드리워줘야 한다. 이것마저 없으면 치마라도 벗어서 그녀의 어깨 위로 드리워줘야 한다.

그녀의 아버지는 마차를 보내주었다. 그녀는 마차를 타고 시녀들과 함께 집으로 향했다. 바라문들도 그녀의 뒤를 따랐다. 그녀의 아버지가 바라문들에게 물었다.

"어디서 오셨습니까?"

"사왓티에서 왔습니다."

"가문의 어른은 누구입니까?"

"미가라 장자입니다"

"내 딸의 남편이 될 아들은 누구입니까?"

"뿐나왓다나 꾸마라입니다."

"재산이 얼마나 됩니까?"

"4억 냥 정도 됩니다."

"내 재산에 비하면 한 푼어치 정도 되겠군. 하지만, 이미 결혼하기로 한 마당에 재산을 따져 무엇 하리."

그녀의 아버지는 결혼을 승낙하고 바라문들을 이틀 동안 대접을 한 후 떠나보냈다.

바라문들은 사왓티로 돌아가서 미가라 장자에게 보고했다.

"우리가 소저를 찾았습니다."

"뉘 집 딸이오?"

"다난자야 장자의 딸입니다."

미가라 장자는 생각했다.

'내가 유명한 가문의 딸을 얻었구나. 가능한 한 빨리 그녀를 우리 집으로 데려오는 게 좋겠다.'

그는 왕에게 사께따로 며느리 될 처녀를 데리러 가야한다고 알렸다.

'그 가문은 내가 빔비사라 왕에게 부탁해서 데려와 사께따에 정착시킨 유명한 가문이다. 나도 이 결혼식에 관심을 가져야겠다.'

왕은 이렇게 생각하고 그에게 말했다.

"나도 같이 가겠소."

"좋습니다, 폐하."

미가라 장자는 다난자야 장자에게 편지를 보냈다.

"제가 갈 때 왕도 동행할 것입니다. 왕의 군사가 아주 많습니다. 이 많은 사람을 먹여주고 돌봐줄 수 있습니까?"

다난자야 장자가 답장을 보냈다.

"열 명의 왕이 온다고 해도 괜찮습니다."

미가라 장자는 집 지킬 사람만 남겨놓고 나머지는 모두 데리고 출발했다. 그는 사께따에서 반 요자나 정도 되는 거리에서 행진을 멈추고 전언을 보냈다.

"우리가 지금 도착했습니다."

다난자야 장자는 미가라 장자에게 결혼예물을 보내고 나서 딸을 불러 상의했다.

"네 시아버지가 도착했다고 한다. 그리고 꼬살라의 왕도 왔다고 하는구

나. 네 시아버지에게 어느 집을 사용하게 하고 왕과 왕의 부하들은 어느 집을 사용하게 하지?"

장자의 딸 위사카에게는 다이아몬드처럼 날카로운 지혜가 있었다. 그것은 그녀가 10만 생 동안 서원을 세우고 공덕을 지었던 과보라고 한다.

그녀는 그들 각자에게 알맞은 거처를 마련해 주도록 하인들에게 지시했다.

"시아버지를 위해 저 집을 준비하고 왕을 위해 이 집을 준비하고 왕의 신하들을 위해 저 집을 준비하라."

그리고 하인들과 종들을 불러 각자 임무를 할당했다.

"그대들 몇 명은 왕을 시중들고 몇 명은 신하들을 시중들도록 하라. 코끼리나 말을 모는 이들도 이 결혼식을 마음껏 즐길 수 있도록 그대들 몇 명은 코끼리, 말과 다른 동물들을 돌보아 주어라. 사람들이 도착하면 모두가 결혼식을 마음껏 즐기도록 모든 준비를 다하라."

시집갈 처녀가 가만히 앉아 있지 않고 왜 직접 나서서 일을 맡아 처리하는가? 사람들이 위사카의 결혼식에 왔는데 즐기지도 못하고 말이나 돌보면서 시간을 보냈다는 말이 나오지 않도록 하기 위해서다.

그날 위사카의 아버지는 여러 명의 금세공사를 불러 말했다.

"내 딸에게 큰덩쿨장신구[286]를 만들어 주시오.

---

286) 큰덩쿨장신구: 빠알리어로는 마하라따빠사다나(Mahālatāpasādhana)이다. mahā(큰) + latā(덩쿨) + pasādhana(장신구)의 합성어다. 그래서 원뜻 그대로 큰덩쿨장신구라고 번역했다. 뒤에 나오는 이 장신구에 대한 설명에 의하면 공작의 모양을 하고 머리에서 발끝까지 닿는다고 나오는데 순전히 보석으로만 만들었는지 아니면 망토에 보석을 촘촘히 박아 공작 모양의 그림을 그린 것인지 알 수 없다. 아마도 엄청난 보석이 들어갔으며 이것을 은실로 꿰었다는 설명과 사원에 들어갈 때는 벗어서 망토에 싸서 시녀에게 주었다는 기록으로 보아, 망토에 보석을 박은 것이 아니고 순전히 보석으로 만든 장신구일 것이다.

그렇게 말하면서 장신구를 만드는 데 들어가는 금, 은, 루비, 진주, 산호, 다이아몬드를 충분히 건네주었다.

며칠을 지낸 뒤 왕은 다난자야 장자에게 사람을 보내 말했다.

"장자는 우리를 오랫동안 대접할 생각일랑 마시오. 신부가 떠날 준비가 되는대로 우리에게 알려주시오."

장자가 왕에게 말했다.

"우기가 닥쳐왔습니다. 4개월 동안은 그냥 여기에 머무는 게 좋겠습니다. 필요한 것이 있으면 무엇이든지 제공하겠습니다. 불편함이 없다면 우기 동안 머물다 가시기 바랍니다."

그때부터 사께따의 도시는 길고 긴 축제 분위기가 계속됐다. 귀족부터 가장 천한 사람까지 모두가 값비싼 옷을 입고 향수를 바르고 꽃으로 장식하고서 왕이 자기만을 바라본다고 생각하면서 돌아다녔다. 이렇게 3개월이 지났는데도 여전히 장신구가 완성되지 않았다.

그때 집사가 와서 장자에게 보고했다.

"다른 것은 부족한 것이 없는데 요리하는 데 쓸 땔나무가 부족합니다."

"못쓰게 된 코끼리 우리나 다 쓰러져가는 집을 헐어서 땔나무로 사용하도록 하게."

이렇게 얻은 땔나무로 보름 동안 요리하고 나니 또 땔나무가 떨어졌다. 집사가 와서 또 보고했다.

"땔나무가 다 떨어졌습니다."

"이 우기철에 땔나무를 구할 수 없네. 그러니 천을 보관하는 창고를 열어 거친 천들을 꺼내어 심지를 만들어 기름 항아리에 드리우고 불을 붙여 요리하게."

그들은 그렇게 또 보름을 버텼다.

4개월이 지나자 드디어 장신구가 완성됐다. 이 장신구를 만드는 데 다이아몬드가 한 되, 진주가 세 되, 산호가 여섯 되, 루비가 여덟 되, 그 외에도 일곱 종류의 보석이 사용됐다. 보석을 꿰매는 데는 평범한 실을 사용하지 않고 순전히 은실을 사용했다. 이 장신구를 머리에 쓰면 발끝까지 닿았다. 금은으로 문양을 만들고 거기에 보석을 달았다. 머리에는 금관이 있었고 이어져 내려와 귀에서 하나의 문양을 이루고 더 내려오다가 목에 하나의 문양을 이루고 팔꿈치, 손목, 등과 허리, 그리고 무릎에서 하나의 문양을 이루었다.

세공사들은 전체적으로 공작새 모양으로 만들었다. 오른쪽과 왼쪽 날개에 각각 500개의 황금 깃털을 붙였고 부리에는 산호를 박았으며 눈에는 루비를 넣었다. 목과 꼬리에도 여러 가지 색깔의 보석을 넣었다. 이 장신구를 위사카의 머리에 씌우고 늘어뜨리면 마치 공작새가 산꼭대기에 서서 춤추는 것 같았다. 천 개의 깃털이 부딪쳐 소리를 내면 마치 천상의 합창단이 노래 부르는 것 같았고 현악오중주의 연주를 듣는 듯했다. 가까이 가서야 사람들은 이것이 진짜 공작이 아니라는 것을 알았다. 이 장신구를 만드는 데 재료비가 9천만 냥 들었고 세공비가 10만 냥 들었다.

위사카가 과거생에 어떤 공덕을 지었기에 이런 값비싼 장신구를 갖게 됐을까? 그녀는 깟사빠 부처님 당시에 20만 명의 비구에게 가사와 발우를 보시했고 그 외에 실, 바늘, 염색 재료 등을 모두 그녀의 돈으로 보시했다고 한다. 여인들이 가사를 보시하면 미래생에 값비싼 장신구를 얻게 된다. 남자들이 가사를 보시하고 미래생에 부처님을 만나 출가하면 가사와 발우가 초자연적으로 생겨난다.

장자는 4개월 동안 딸의 혼숫감을 만들고 나서 딸의 결혼 지참금을 준비하기 시작했다. 여러 수레의 돈, 여러 수레의 금 은 구리 그릇, 여러 수레의 비단옷, 여러 수레의 버터기름, 여러 수레의 쌀, 여러 수레의 농기구를 실었다.

장자는 부잣집 딸이 이웃집에 농기구를 빌리러 가는 일은 없어야 한다고 생각해서 모든 농기구를 준비해 주었다. 장자는 딸을 시중들 시녀들에게 비싼 옷을 입히고 치장해서 여러 대의 마차에 태우고서 말했다.

"너희들은 나의 딸을 목욕시키고 음식을 준비하고 옷을 입히고 치장하는 등 모든 시중을 들도록 해라."

장자는 또 딸에게 소를 줘야겠다고 생각했다. 그래서 그는 하인들에게 지시했다.

"작은 소 우리를 열어라. 그대들은 사분의 일 요자나마다 일 우사바[287] 너비로 양쪽으로 북을 들고 사분의 3요자나 거리까지 서서 소가 벗어나지 못하게 해라. 그대들이 서 있는 곳에 소가 오면 북을 두드려라."

하인들이 그의 지시대로 소 우리를 열었다. 소가 사분의 일 요자나 거리를 나아가면 북을 치고, 사분의 이 요자나 거리를 나아가면 북을 치고 사분의 삼 요자나 거리를 나아가면 또 북을 쳤다. 이렇게 소가 양쪽으로 빠져나가지 못하게 유인해 소가 일 우사바 너비로 사분의 삼 요자나 거리에 가득 찼다.

장자는 이 정도라면 딸에게 충분하다고 생각해서 소 우리를 닫으라고 지시했다. 하지만, 소 우리를 닫았는데도 불구하고 위사카가 과거생에 지은 복덕으로 황소와 젖소들이 우리를 뛰어넘어 빠져나갔다. 하인들이 막으려고 해보았지만 어찌할 수 없었다. 수많은 황소와 젖소와 송아지들이 우리를 뛰어넘어갔다.

과거생에 그녀가 어떤 공덕을 지었기에 그 많은 소가 우리를 뛰어넘어 따라갔는가? 깟사빠 부처님 당시에 위사카는 끼끼 왕의 막내딸로 태어났는데 이름은 상가다시였다. 그때 그녀는 20만 명의 비구에게 소에서 나는 다섯 종류의 생산물(우유, 버터, 치즈, 발효 우유, 버터기름) 등으로 공양을 올렸었다. 젊은 비구들과 사미들이 발우를 손으로 덮으며 '이제 그만'이라

---

287) 우사바usabha : 약 64m

고 소리를 쳤지만 그녀는 '이것은 맛이 좋습니다. 이것은 마음을 기쁘게 합니다.'라고 말하면서 계속 공양을 올렸다. 이 공덕의 과보로 소가 뛰어넘어 가는 것을 하인들이 막을 수 없었다고 한다.

장자가 이 모든 것을 주고 나자 장자의 아내가 말했다.

"당신은 이 많은 재산을 주었지만 딸아이가 일을 시킬 수 있는 남자 하인과 여자 하인은 아직 준비하지 않았어요. 무슨 이유가 있어요?"

"하인들 중에 누가 내 딸을 좋아하고 누가 좋아하지 않는지 알 수 없잖소. 가고 싶지 않은 하인들을 억지로 보낼 수는 없잖소. 마차가 출발을 하려고 할 때 '따라가고 싶은 사람은 따라가고, 따라가고 싶지 않은 사람은 남아라.'라고 말하려고 하오."

딸이 출발하기 전날 밤 장자는 방에 딸을 불러 앉히고 말했다.

"얘야, 네가 시댁에서 사는 동안 지켜야 할 행동 규범이 몇 가지 있단다."

그는 딸에게 열 가지 훈계를 했다. 그때 미가라 장자가 옆방에 앉아 있다가 이 열 가지 훈계를 들었다.

"시댁에 사는 동안 집안의 불을 집 밖으로 옮기지 마라. 집 밖의 불을 집안으로 옮기지 마라. 돌려주는 자에게 주어라. 돌려주지 않은 자에게 주지 마라. 돌려주거나 주지 않은 자에게 주어라. 행복하게 앉아라. 행복하게 먹어라. 행복하게 잠자라. 불을 잘 돌보아라. 가정의 신들을 존중해라."

다음 날 장자는 모든 식솔을 불러 모아놓고 그중 여덟 명에게 많은 재물을 주며 딸의 보호자로 임명했다.

"시댁에서 딸에게 어떤 잘못을 뒤집어씌우려고 하면 그대들이 나서서 해결해 주시오."

장자는 딸에게 9천만 냥의 가치가 있는 큰덩쿨장신구를 입히고 목욕용 향수가루를 살 돈을 주고 손을 잡고 마차에 태웠다. 그리고 그가 소유하고 있는 사께따 주위의 열네 마을을 지나가면서 이와 같이 선언했다.

"내 딸과 함께 가고 싶은 사람은 따라가도 좋다."

열네 마을 사람들은 이 선언을 듣자마자 모두 환호했다.

"우리의 주인아씨가 떠나가면 여기 남은들 무슨 즐거움이 있겠는가?"

그들은 모두 짐을 싸가지고 따라나섰다. 다난자야 장자는 왕과 미가라 장자에게 존경을 표하고 딸을 배웅하고 돌아갔다.

미가라 장자가 행렬의 제일 뒤에서 마차를 타고 가다가 많은 사람이 따라오는 것을 보고 물었다.

"이 사람들은 누구인가?"

"며느리가 일을 시킬 남자 하인과 여자 하인들이랍니다."

"누가 이 많은 사람을 먹여 살릴 수 있단 말인가? 그들을 막대기로 때려서 돌려보내라. 기어이 돌아가지 않겠다고 떼를 쓰는 사람만 데리고 가거라."

위사카가 항의하며 말했다.

"멈추세요! 그들을 쫓지 말아요. 그들은 내가 먹여 살릴 거예요."

장자가 그녀의 항의에 대답했다.

"며늘아기야, 우리는 이 많은 사람이 필요 없단다. 누가 이들을 먹여 살리지?"

그는 사람들을 시켜 흙덩이를 던지거나 막대기로 때려 그들을 쫓아버렸다. 끝까지 되돌아가지 않겠다고 버티는 사람만 데리고 갔다.

"이 정도면 충분하다."

장자는 그렇게 말하며 여행을 계속했다.

위사카가 사왓티의 성문에 도착하자 그녀는 덮개 있는 마차를 타고 성에 들어가야 하는지 아니면 덮개 없는 마차로 옮겨 타고 들어가야 하는지 잠시 고민했다.

'덮개 있는 마차에 앉아서 성에 들어간다면 큰덩쿨장신구의 화려하고 장엄한 모습을 사람들이 보지 못할 거야.'

그녀는 덮개 없는 마차에 서서 자신의 화려함을 온 도시 사람들에게 보이면서 성으로 들어갔다. 사왓티 주민들은 위사카의 화려한 자태를 보면서 말했다.

"이 여인이 위사카로군. 당당한 모습이 잘 어울리는구나."

그녀는 화려한 모습을 하고 시댁으로 들어갔다.

그날 위사카가 사왓티 성으로 들어가자 도시 주민들이 서로 말했다.

"다난자야 장자는 우리가 그의 집에 갔을 때 후하게 대접해 주었다."

그래서 주민들은 능력껏 선물을 마련해서 위사카에게 보내왔다. 위사카는 보내온 선물을 사께따로 보내 친정가족과 도시 주민들에게 나눠 주었다.

'이것은 어머니에게, 이것은 아버지에게, 이것은 오빠에게, 이것은 동생에게 보내야겠다.'

그녀는 선물마다 받는 사람의 나이와 지위에 알맞게 정이 듬뿍 담긴 편지를 써서 함께 보냈다. 도시 주민 모두를 친척으로 생각하면서 편지와 선물을 보냈다.

한밤중이 되자 위사카의 순종 암말이 새끼를 낳았다. 그녀는 하녀의 손에 횃불을 들게 하고 우리로 가서 말을 뜨거운 물에 목욕시키고 기름을 발라주고 나서 방으로 돌아갔다.

미가라 장자는 아들의 결혼식을 준비하면서 부처님께서 손이 닿을 만큼 가까운 거리에 있는데도 불구하고 부처님을 완전히 무시했다. 반면에 그는 나체수행자인 니간타들을 오랫동안 신봉해 왔기 때문에 그들에게 호의를 가지고 있었다.

"나는 성스러운 사문들(니간타)에게 공양을 올려야겠다."

장자는 우유죽을 끓여 수백 개의 새 그릇에 담아 준비하고 500명의 나체수행자 니간타들을 초청했다. 장자는 나체수행자들이 오자 집안에 자리를 제공하고 시종을 보내 위사카를 불렀다.

"며늘아기야, 와서 아라한들에게 인사를 올려라."

위사카는 수다원과를 성취했기 때문에 그녀도 성인에 속했다. 그래서 그녀는 '아라한'이라는 말을 듣자 너무나 기뻐서 현관으로 들어갔다. 그곳에는 나체수행자들이 벌거벗고 앉아 식사를 하고 있었다. 그 모습을 보고 그녀가 말했다.

"부끄러움도 모르고 최소한의 도덕적 양심도 없는 파렴치한 인간들을 어떻게 '아라한'이라고 부를 수 있지요? 아버님, 왜 저를 이런 수치스러운 곳에 부르셨나요?"

그녀는 시아버지를 힐난하면서 자기 방으로 돌아갔다.

위사카의 이런 태도에 나체수행자들이 모두 한목소리로 맹렬히 비난했다.

"장자님, 당신 아들의 배필로 다른 처녀를 구할 수 없었습니까? 사문 고따마를 따르는 천한 여자를 왜 받아들였습니까? 당장 이집에서 쫓아버리시오."

장자가 이 말을 듣고 생각했다.

'이 사문들이 그렇게 말한다고 해서 그녀를 쫓아버릴 수는 없다.'

그는 나체수행자들에게 말했다.

"존자님, 젊은 애들은 옳고 그름을 판단할 줄도 모르면서 온갖 일을 저지르기 쉽습니다. 고정하십시오."

장자는 그들을 달래서 돌려보냈다. 그들이 돌아가자 장자는 고급 의자에 앉아 황금접시에 담긴 맛좋은 우유죽에 꿀을 타서 먹기 시작했다.

그때 한 스님이 탁발하려고 장자의 집으로 들어왔다. 위사카는 시아버지에게 부채질을 해 드리고 있다가 스님을 보고 생각했다.

'내가 시아버지에게 스님이 오셨다고 말하는 것은 적절치 않다.'

그녀는 직접 말하는 대신 옆으로 비켜서서 시아버지가 스님을 볼 수 있도록 했다. 그러나 시아버지는 스님을 보고도 못 본 체 고개를 숙이고 열심히 먹고만 있었다. 시아버지가 스님을 보고도 못 본 체 하는 것을 보고 그녀가 말했다.

"스님, 그냥 가십시오. 아버님께서는 지금 식은 음식을 드시고 계십니다."

미가라 장자는 나체수행자들이 며느리를 쫓아버리라는 끈질긴 요구에는 견뎌냈지만, 그녀가 '그는 식은 음식을 먹고 있다.'라고 말하자 참지 못하고 먹던 그릇을 내려놓고 하인들에게 지시했다.

"우유죽을 내어가고 저 여인을 집에서 쫓아버려라. 그녀는 내가 우유죽을 먹고 있는데 나를 '식은 음식을 먹고 있는 남자'라고 비난했다."

그러나 이 집의 하인들은 모두 위사카의 하인들이었다. 그러니 위사카의 손과 발을 붙잡아 내쫓을 사람이 누가 있겠는가? 아무도 감히 그렇게 하겠다고 대답하지 않았다.

위사카는 시아버지 말에 따져 물었다.

"아버님, 제가 이 집에서 쫓겨나야 할 이유가 충분치 않습니다. 저는 강가에서 데려온 물 긴는 노예가 아니에요. 아버지 어머니가 엄연히 살아계신데 어떻게 이런 이유로 쫓겨나겠어요? 이런 문제가 발생할까봐 여기로 올 때 아버지께서 여덟 분의 보호자를 불러 저를 맡기면서 '내 딸에게 무슨 문제가 생기면 밝히고 해결하라.'고 말씀하셨어요. 그러니 그분들을 불러서 제게 잘못이 있는지 밝히도록 해 주세요."

"네 말이 옳다."

장자가 그렇게 대답하고 여덟 명의 보호자를 불러 말했다.

"내가 황금접시에 담긴 우유죽을 먹고 있는데 이 젊은 여인은 내가 식은 음식을 먹고 있다고 말했소. 그녀에게 죄를 물어 이 집에서 쫓아버리시오."

"장자께서 하신 말씀이 사실인가요, 소저?"

"사실이라고 말할 수 없어요. 정확한 사실은 이렇습니다. 스님이 탁발을 오셔서 집 앞에 서 계셨어요. 하지만, 시아버지께서는 맛있는 우유죽에 꿀을 섞어 드시면서 스님을 못 본 체 하셨어요. 그래서 '시아버지는 금생에 새로운 공덕은 짓지 않으시고 과거생에 지은 식어버린 복덕으로 살아가신다.'라고 생각하고 스님에게 '스님, 그냥 가십시오. 저의 시아버님은 식은 음식을 드시고 계십니다.'라고 말했어요. 제게 무슨 잘못이 있습니까?"

"전혀 잘못이 없습니다. 소저께선 맞는 말을 하셨습니다. 장자께서는 화내야 할 이유가 또 있습니까?"

"좋소, 이 일에 대해 그녀에게 잘못이 없다는 것을 인정하겠소. 그러나 어느 날 한밤중에 그녀가 하인과 하녀들을 데리고 집 뒤로 들어가는 걸 보았소."

"장자께서 하신 말씀이 사실인가요, 소저?"

"제가 집 뒤로 간 이유는 다른 것이 아닙니다. 저의 순종 암말이 우리에서 새끼를 낳았습니다. 그래서 방에 무심하게 앉아있을 수 없어 하인들에게 횃불을 들게 하고 우리로 가서 암말을 보살펴 주었습니다."

"장자님, 소저께서 하녀들조차 하지 않는 일을 했군요. 거기에 무슨 잘못이 있습니까?"

"좋소, 이 일에 대해서도 잘못이 없다는 것을 인정하겠소. 그러나 이 집에 올 때 그녀의 아버지가 열 가지 비밀스러운 훈계를 했는데 그 의미를 알 수 없소. 내게 그 의미를 말해보라고 하시오. 예를 들어, 그녀에게 '집안의 불을 집 밖으로 옮기지 마라.'라고 했는데 어떻게 이웃집에 불도 나눠주지 않고 그렇게 인정머리 없이 살 수 있단 말이오?"

"장자께서 하신 말씀이 사실인가요, 소저?"

"친정아버지가 하신 말씀은 그런 뜻이 아니에요. 아버지가 하신 말씀은 '시아버지와 남편의 허물을 보아도 집 밖에 나가 흉보지 마라. 세상에 이보다 더한 불은 없단다.'라는 뜻이에요."

"좋소, 그건 그렇다고 치고 '집 밖의 불을 집안으로 들이지 마라.'라고 말했는데 집안에 불이 꺼지면 다른 집에서 불을 가져오지 않고 어디서 불을 가져오겠소?"

"장자께서 하신 말씀이 사실인가요, 소저?"

"아버지께서는 그런 뜻으로 말씀하신 것이 아니에요. 아버지가 하신 말씀은 '이웃집 남자나 여인이 시아버지나 남편의 흉을 보거든 집에 돌아와서 누구누구가 당신에 대해서 좋지 않은 말을 했다고 고자질 하지 마라. 세상에 이보다 더한 불은 없단다.'라는 의미예요."

장자는 그녀에게서 어떤 잘못도 찾을 수 없었다. 이와 마찬가지로 다른 문제에서도 전혀 허물이 없었다. 나머지 훈계에서도 진실한 의미는 이랬다. '돌려주는 사람에게만 주어라.'라는 말은 빌려간 농기구를 돌려주는 사람에게만 빌려주라는 의미이다. '돌려주지 않는 사람에게는 주지 마라.'라는 말은 빌려간 농기구를 돌려주지 않는 사람에게는 빌려주지 말라는 의미이다. '주거나 주지 않은 사람 모두에게 주어라.'라는 말은 도움이 필요한 가난한 사람이나 친구에게 그들이 보답을 하거나 않거나 아낌없이 나눠 주라는 의미이다. '행복하게 앉아라.'라는 말은 일어나 맞이해야 할 곳에서는 앉아 있어서는 안 된다는 의미이다. '행복하게 먹어라.'라는 말은 시아버지와 남편이 식사하기 전에 먹지 말고 그들이 식사할 때 먼저 시중을 들고 그들이 다 먹고 나면 혼자 먹으라는 의미이다. '행복하게 잠자라.'라는 말은 시아버지와 남편이 자기 전에 먼저 자서는 안 되고 그들에게 해야 할 크고 작은 의무를 다 하고 나서 침대에 누워야 한다는 의미이다. '불을 잘 보살펴라.'라는 말은 시아버지와 남편을 불꽃처럼 용왕처럼 잘 모셔야 한다는 의미이다. '가정의 신들을 존경해라.'라는 말은 시아버지와 남편을 신처럼 받들어야 한다는 의미이다.

장자는 열 가지 훈계의 진정한 의미를 듣고 나서 고개를 숙이고 아무 말도 하지 못했다. 여덟 명의 보호자가 물었다.

"장자님, 소저에게 또 다른 잘못이 있습니까?"

"없소."

"그녀에게 잘못이 없는데 까닭도 물어보지 않고 왜 집에서 쫓아내려고 하십니까?"

이때 위사카가 말했다.

"처음에 시아버님 명령대로 이 집에서 쫓겨나는 것은 적절하지 않았습니다. 하지만, 제가 여기로 올 때 아버지께서 여덟 분의 보호자에게 저를 맡기시고 어려운 일이 일어나면 제게 잘못이 있는지 없는지 결정하라고 하셔서 여덟 분이 제게 잘못이 없다는 것을 밝혀주셨습니다. 제게 잘못이 없다는 것이 밝혀졌으니 이제 이 집을 떠나는 것이 좋겠습니다."

위사카는 즉시 명령을 내렸다.

"하인과 하녀들은 떠날 준비를 하고 마차와 수레를 대기시켜라."

장자는 여덟 명의 보호자를 기다리게 하고 위사카에게 말했다.

"내가 잘 알지도 못하고 그런 말을 했구나. 나를 용서해 다오."

"아버님, 저의 힘이 닿는 한까지는 모두 용서해 드리겠어요. 하지만, 저는 부처님에 대한 확고한 신심을 가진 집안의 딸이에요. 우리는 스님들이 오지 않는 집안에서는 살 수 없어요. 제가 스님들에게 봉사할 수 있도록 허락하신다면 생각해 보고 남도록 하겠어요."

"며늘아기야, 네가 원하는 대로 마음껏 비구들에게 봉사하여라."

다음 날 위사카는 부처님을 초청해서 공양을 올리게 됐다. 나체수행자들은 부처님께서 미가라 장자의 집에 가고 있다는 말을 듣고, 장자의 집으로 먼저 가서 장자를 둘러싸고 앉았다. 위사카가 부처님께 청수를 올리고 시아버지에게 시녀를 보내 말했다.

"공양을 올릴 준비가 다 됐으니 아버님께서 오셔서 부처님께 공양을 올리고 시중드는 게 좋겠어요."

미가라 장자는 가고 싶었지만 나체수행자들이 못 가게 막았다.

"장자여, 사문 고따마에게 갈 생각은 전혀 하지 마시오."

그래서 시녀에게 말했다.

"갈 수 없으니 며늘아기한테 혼자 시중들라고 해라."

위사카는 부처님과 스님들에게 공양을 올렸다. 부처님과 스님들이 공양을 끝내자 그녀는 또 시녀를 보내 말했다.

"아버님께서 오셔서 부처님 법문을 듣는 게 좋겠어요."

장자는 지금 법문을 들으러 가지 않으면 도리가 아니라고 생각하고 법문을 듣기 위해 일어나자 나체수행자들이 말했다.

"그렇게 사문 고따마의 법문을 듣고 싶다면 커튼을 치고 밖에 앉아 듣도록 하시오."

하인들이 커튼을 치자 장자는 커튼 밖에 앉았다.

부처님께서 말씀을 시작하셨다.

"그대가 커튼 뒤에 앉아 있든 벽 뒤에 앉아 있든 산 넘어 앉아 있든 온 산으로 둘러싸인 곳에 앉아 있든 나는 그대에게 내 목소리를 들려줄 수 있다."

부처님께서는 잠부디빠 나무의 줄기를 잡고 흔들 듯이, 감로의 비를 내리듯이 차제설법을 하셨다. 부처님께서 법문을 설하시자 부처님 앞에 앉아 있는 사람들도, 뒤에 앉아 있는 사람들도, 100개의 철위산 아니 천 개의 철위산[288] 너머에 있는 사람들도, 천상의 사람들도 모두 이렇게 말했다.

"부처님께서는 오직 나만을 보며 오직 내게만 법문하고 계신다."

---

288) 철위산(cakkavāḷa, 鐵圍山): 하나의 세계를 철위산이라고 한다. 철위산 한 가운데 시네루Sineru(須彌山)가 있고, 주위로 유간다라Yugandhara, 까라위까Karavīka, 수닷사나Sudassana, 네민다라Nemindhara, 위나따까 VInataka, 앗사깐나Assakaṇṇa의 7개의 산이 있다. 한 철위산 안에 하나의 해와 하나의 달이 있고, 남섬부주를 비롯한 사대주가 있다. 철위산과 철위산 사이에 무간지옥이 있다. 우주에는 이러한 철위산이 무수히 많다. 하나의 태양은 하나의 철위산만을 비추지만 부처님의 몸에서 나온 빛은 모든 철위산을 다 비춘다.

부처님은 각각의 사람들을 바라보고 각각의 사람들에게 법문하시는 것처럼 보인다. 그래서 부처님을 흔히 '달'에 비유한다. 달이 하늘 한가운데 떠 있으면 사람들에게는 모두 똑같이 보인다. 그래서 사람들은 제각각 이렇게 말한다.

"달이 내 위에 떠 있다. 달이 내 위에 떠 있다."

사람들이 어디에 있든 부처님께서는 사람들과 마주보고 있는 것처럼 보인다. 이것은 부처님께서 보살이던 시절에 지은 보시의 과보라고 한다. 화려한 금관을 쓴 머리를 잘라 보시하고 반짝이는 눈알을 뽑아 보시하고, 심장을 뽑아 보시하고 잘리와 같은 아들이나, 깐하지나와 같은 딸이나 맛디와 같은 아내를 다른 사람의 노예로 보시했다.

미가라 장자는 커튼 뒤에 앉아 부처님의 법문을 집중해 듣다가 수다원과를 성취했다. 이제 장자는 부처님에 대한 흔들림 없는 믿음과 삼보에 대한 확고한 신념을 갖추었다. 그는 커튼을 젖히고 위사카에게 다가가서 말했다.

"오늘부터 그대가 나의 어머니일세."

그리고는 실제로 사람들에게 자신의 어머니임을 확신시키기 위해 그녀의 가슴에 입을 갖다 대고 젖을 빠는 시늉을 했다. 그 후로 그녀는 미가라마따(Migāramātā, 미가라의 어머니)[289]라고 불렸다. 나중에 그녀는 아들을 낳자 이름을 미가라라고 지어 실제 미가라마따가 됐다. 장자는 부처님께 가서 발아래 엎드려 발을 어루만지고 키스하며 자기 이름을 세 번 아뢰었다.

---

289) 미가라마따Migāramātā: 시아버지의 이름이 미가라Migāra이고 어머니는 마따mātā이니 미가라마따Migāramātā는 미가라의 어머니라는 뜻이다. 한문으로는 미가라를 鹿子로 번역하고 마따를 母로 번역해서 녹자모鹿子母라고 했다. 그녀는 그 후 장남을 낳자 미가라라고 지어 실제로 미가라마따가 됐다. 그래서 그녀가 지은 사원의 이름을 미가라마뚜빠사다Migāramātupāsāda라고 불렀는데 한문으로는 녹자모강당鹿子母講堂이라 번역했다.

"저는 미가라입니다, 부처님."

그리고 말을 계속이었다.

"부처님이시여, 이제까지 부처님께 공양을 올리면 무한한 공덕이 된다는 것을 몰랐습니다. 오늘에야 며늘아기 덕분에 부처님께 공양을 올리면 무한한 공덕이 된다는 것을 알았습니다. 저는 영원히 사악처의 고통에서 해탈했습니다.[290] 며늘아기가 제 집에 온 것은 제게 무한한 홍복이옵니다."

그는 그렇게 말하고 기쁨을 노래했다.

오늘에야 어디에 공양을 올려야
무한한 공덕이 생기는지 알았네.
훌륭한 며늘아기가 우리 집에 온 것은
실로 나의 홍복이네.

다음 날에도 위사카는 부처님을 초청했다. 그날 시어머니도 부처님의 법문을 듣고 수다원을 성취했다. 그날 이후 위사카의 집은 스님들에게 문을 활짝 열어젖혔다.

장자는 며느리에게 보답하고 싶었다.

'나는 며느리에게 커다란 은혜를 입었다. 며느리에게 선물하고 싶은데 어떤 것이 좋을까? 무거운 장신구는 항상 몸에 걸치고 다니기 어려울 것이다. 언제 어느 때든지 항상 걸칠 수 있는 가벼운 장신구를 만들어 주는 것이 좋겠다.'

그는 세공사를 불러 10만 냥의 돈을 들여 견고하고 세련된 장신구를 만들게 했다. 장신구가 완성되자 부처님과 비구들을 초청해서 풍부하게 공양을 올렸다. 그리고 위사카에게 열여섯 단지의 향수로 목욕하게 하고 장신구를 착용하게 했다. 그녀는 장신구를 착용하고 부처님께 나아가 삼배를 올렸다. 부처님께서는 설법하고 사원으로 돌아가셨다.

---

290) 수다원과를 성취하면 영원히 사악처(지옥, 아귀, 축생, 아수라)의 세계에 태어나지 않는다.

그날 이후로 위사카는 공양을 올리는 등 많은 공덕을 지으며 스님들에게 봉사했다. 그녀는 부처님께 여덟 가지 소원[291]을 말씀드렸다. 위사카가 부처님께 여덟 가지 소원을 말씀 드리자 부처님께서는 계율을 수정해 이를 허락하셨다.

"비구들이여, 우기에 비옷, 먼 곳에서 온 비구를 위한 음식, 먼 곳으로 가는 비구를 위한 음식, 병든 비구를 위한 음식, 간병하는 비구를 위한 음식, 병에 맞는 약, 죽, 비구니 목욕옷 등을 허용한다."

세월이 흘러 위사카의 집안은 마치 초승달이 점점 커져 보름달이 되듯이 아들과 딸들로 가득 찼다. 그녀는 열 명의 아들과 열 명의 딸을 두었다. 아들과 딸들이 또 각각 열 명의 아들과 열 명의 딸을 두었고, 손자 손녀들이 또한 열 명의 아들과 열 명의 딸을 두었다. 그래서 그녀가 120세가 됐을 때 그녀의 직계로 자식들과 손자 손녀들과 증손자 증손녀들이 모두 8천420명이 됐다. 그녀는 120세까지 살았지만 흰머리 한 올 없이 머리칼이 검었으며 항상 열여섯 살 소녀처럼 보였다고 한다.

그녀가 손자 손녀들과 증손자 증손녀들에게 둘러싸여 사원으로 가는 것을 보면 사람들은 항상 이렇게 물었다.

"저들 중에 누가 위사카인가요?"

---

291) 율장 대품(VinMv viii. 15)에 나오는 위사카Visākhā의 8가지 소원은 다음과 같다.
  ① 우기에 스님들에게 비옷을 드리겠다.
  ② 먼 곳에서 온 객스님에게 공양을 올리겠다.
  ③ 먼 곳으로 떠나는 스님에게 공양을 올리겠다.
  ④ 병든 스님에게 공양을 올리겠다.
  ⑤ 간병하는 스님에게 공양을 올리겠다.
  ⑥ 병든 스님에게 약을 드리겠다.
  ⑦ 항상 쌀죽을 올리겠다.
  ⑧ 비구니 스님들에게 목욕옷을 드리겠다.

그녀가 걷고 있으면 사람들은 그녀의 걷는 모습이 아름다워 좀 더 오래 걸어가기를 바랐다. 그녀가 앉아 있으면 사람들은 그녀의 앉아 있는 모습이 아름다워 좀 더 앉아 있기를 바랐다. 그녀가 누워 있으면 사람들은 그녀의 누워있는 모습이 아름다워 좀 더 누워 있기를 바랐다. 그녀는 이렇듯 어떤 자세 어떤 모습에서도 항상 아름다움을 잃지 않았다.

게다가 그녀는 힘이 장사여서 코끼리 다섯 마리와 맞먹는 힘을 가지고 있었다. 어느 날 왕이 위사카가 코끼리 다섯 마리의 힘을 가지고 있다는 말을 듣고 시험해 보기로 했다. 그래서 그녀가 사원에서 돌아오는 길목에 코끼리를 풀어놓았다. 코끼리는 상아를 들어 올리고 위사카를 향해 곧장 돌진했다. 그녀와 동행한 500명의 시녀 대부분이 무서워서 도망쳐버리고 몇 명은 남아서 팔을 뻗어 그녀를 보호하려 했다.

"무슨 일이냐?"

"왕이 마님의 힘을 시험하고 싶어서 코끼리를 풀었다고 합니다."

위사카가 코끼리를 보고 생각했다.

'내가 도망갈 이유가 전혀 없지. 이 녀석을 어떻게 붙잡지? 너무 힘을 줘 붙잡으면 죽어버릴지도 몰라.'

그녀는 상아를 두 손가락으로 잡고 코끼리를 밀어붙였다. 코끼리가 그녀의 힘을 이기지 못해 밀려가더니 왕궁의 담벼락에 엉덩이가 닿아서야 겨우 밀리는 것을 멈출 수 있었다. 사람들은 그 광경을 보고 박수치며 환호했다. 그녀는 시녀들을 데리고 무사히 집으로 돌아갔다.

위사카는 나이가 들어 자식과 손자와 증손자까지 많은 자손을 두었지만 그중에 병에 걸리거나 죽은 사람이 한 명도 없었다. [292] 그녀는 행운을 가져오는 여인으로 널리 알려졌다. 그래서 축제나 행사가 있으면 사왓티의

---

292) 여기 이야기와 달리 법구경 게송 213번 이야기와 우다나(Ud8.8)에는 손녀딸 닷따Dattā의 죽음에 대해 이야기하고 있다. 아마도 이때까지는 손녀가 죽지 않았을지도 모른다.

사람들은 그녀를 제일 먼저 초청했다.

축제나 행사 때가 되면 사람들은 화려한 옷을 입고 값비싼 장신구를 달고 사원으로 가서 법문을 들었다. 위사카도 초청받은 집에 가서 식사하고 큰덩쿨장신구를 입고 사람들과 함께 사원으로 갔다. 그리고 장신구를 벗어 하녀에게 맡기곤 했다.

축제가 열리면 사람들은 화려하게 옷을 입고 값비싼 장신구를 달고 사원으로 향했다. 위사카도 화려하게 옷을 차려입고 값비싼 장신구를 달고 사원으로 갔다. 사원에 도착하면 장신구를 벗어 망토에 싸서 하녀에게 주면서 이렇게 말하곤 했다.
"이 장신구를 잘 보관하고 있어라."

어느 날 그녀는 사원으로 가는 도중 문득 이런 생각이 들었다.
'이렇게 값비싼 보석 장신구를 머리에서 발끝까지 온몸에 주렁주렁 달고 사원에 가는 것은 올바르지 않다.'
그녀는 장신구를 벗어 망토에 싸서 꾸러미를 하녀에게 맡겼다. 하녀도 과거생의 공덕으로 다섯 마리 코끼리의 힘을 가지고 있어서 장신구 꾸러미를 혼자 들고 갈 수 있었다. 위사카는 장신구를 맡기면서 말했다.
"이 장신구를 들고 있어라. 부처님 법문을 듣고 나오면 다시 입도록 하겠다."
그녀는 장신구를 하녀에게 맡기고 시아버지가 만들어준 가벼운 장신구를 입고 부처님께 가서 법문을 들었다. 법문이 끝나자 부처님께 삼배를 올리고 자리에서 일어나 법당에서 나왔다. 그런데 하녀가 깜빡 잊고 장신구를 놔둔 채 그녀를 따라갔다.
법문이 끝나고 사람들이 다 돌아간 뒤 혹시 물건을 놓고 가지 않았는지 둘러보고, 놓고 간 물건이 있으면 챙겨 보관하는 게 아난다 장로의 습관이었다. 그날 아난다 장로는 큰덩쿨장신구가 있는 것을 보고 부처님께 말씀드렸다.

"부처님이시여, 위사카가 장신구를 놔두고 갔습니다."

"아난다여, 한쪽에 치워 놓아라."

아난다 장로는 장신구를 복도에 걸어두었다. 위사카는 사원을 둘러보며 오가는 스님들이나 병든 스님들이 약이나 다른 필요한 것이 있는지 살폈다. 그녀는 숩삐야와 함께 사원을 둘러보았다.

젊은 비구와 사미들은 사원을 둘러보고 있는 두 사람을 보면 발우나 다른 그릇을 들고 와서 버터기름, 꿀, 기름이나 다른 필요한 것들을 받아가곤 했다. 이날도 두 여인이 사원을 둘러볼 때 숩삐야가 한 병든 비구를 보고 물었다.

"스님, 어떤 약이 필요합니까?"

"고깃국을 먹어야 병이 낫는다고 합니다."

"그래요? 제가 준비해서 보내드리겠습니다."

다음 날 숩삐야는 고깃국을 끓일 고기를 구하지 못해 자신의 허벅지 살을 잘랐다. 하지만, 부처님에 대한 지극한 신심으로 몸이 다시 정상으로 회복됐다.[293]

---

293) 숩삐야Suppiyā: 율장 대품(VinMv vi. 23)에 나오는 이야기로 숩삐야가 사원에 들어가서 어떤 비구가 중병에 걸려있는 것을 보고 무슨 약이 필요한지 묻자 비구가 고깃국을 먹어야 한다고 대답했다. 그녀는 집으로 돌아와 하인을 시켜 고기를 사려고 했으나 그날은 고기를 파는 곳이 없었다. 그래서 자신의 허벅지 살을 베어 고깃국을 끓여 비구에게 보냈다. 남편이 이 사실을 알고 그녀의 신심에 감탄해서 다음 날 부처님을 초청해서 공양을 올렸다. 부처님이 그녀를 불러오게 했고 부처님을 뵙자마자 그녀의 상처는 순식간에 아물었다. 부처님께서 사원으로 돌아와 비록 사람고기인줄 모르고 먹었지만 무슨 고기인지 살피지 않고 먹은 비구를 꾸중하시고 사람 고기는 절대로 먹어서는 안 된다고 율을 정하셨다. 그녀는 10대 여자 신도 중 한 명이며 병자를 돌보는 데서 제일이라고 부처님께서 칭찬하셨다.

위사카가 모든 병든 비구와 젊은 비구들과 사미들을 돌봐주고 사원의 다른 문으로 나가서 하녀에게 말했다.

"장신구를 다오. 여기서 입어야겠다."

그 순간 하녀는 장신구를 깜빡 잊고 가져오지 않은 것을 기억해냈다.

"마님, 제가 깜빡 잊어버렸어요."

"그럼 가서 가져오너라. 그러나 아난다 장로께서 보관하고 있다면 가져오지 말고 아낌없이 보시해라."

위사카는 사람들이 두고 간 물건을 보관하는 일이 아난다 장로의 소임이라는 것을 알고 있었다.

"무슨 일로 돌아왔는가?"

아난다 장로가 묻자 하녀가 대답했다.

"마님의 장신구를 깜빡 잊어버리고 두고 갔습니다."

"복도에 걸어두었다. 가져가거라."

"장로님께서 손을 대셨다면 마님께서 시주하라고 하셨습니다."

그녀가 기쁨에 가득 찬 마음으로 돌아가자 위사카가 물었다.

"어떻게 됐느냐?"

하녀가 모두 이야기 하자 위사카가 말했다.

"장로님께서 손을 댄 것은 입지 않고 아낌없이 시주하겠다. 하지만 값비싼 장신구를 스님들이 처리하려면 골칫거리가 될 거야. 차라리 팔아서 그 돈으로 승가가 필요한 것을 제공하는 것이 좋겠다. 다시 가서 그 장신구를 가져오너라."

하녀가 다시 사원으로 돌아가서 장신구를 가져왔다.

위사카는 장신구를 입지 않고 금세공사에게 감정을 의뢰했다. 금세공사가 감정 결과를 말했다.

"이 장신구는 9천만 냥의 값어치가 있고 세공비가 10만 냥입니다."

그녀는 장신구를 마차에 싣고 말했다.

"좋습니다. 그 가격으로 팔겠으니 사려는 사람이 있는지 알아봐 주십시오."

그러나 그 가격으로 사려고 나서는 사람이 아무도 없었다.

큰덩쿨장신구를 입을 수 있는 사람은 거의 없었다. 잠부디빠를 다 찾아봐도 위사카와 말라족 반둘라 왕의 아내와 베나레스의 장자의 딸 말리까 세 사람뿐이었다.

위사카는 어쩔 수 없이 자신이 돈을 내고 다시 샀다. 그녀는 9천10만 냥을 마차에 싣고 사원으로 가서 부처님께 삼배를 올리고 말씀드렸다.

"부처님이시여, 만일 아난다 장로께서 나의 큰덩쿨장신구에 손을 대셨으면 다시는 이 장신구를 입지 않고 팔아서 시주하려고 생각했습니다. 하지만 팔려고 내놓았는데 아무도 사려고 나서는 사람이 없어서 제가 그 가격에 다시 샀습니다. 그렇게 해서 생긴 돈을 여기 가져왔습니다. 부처님이시여, 네 가지 필수품[294] 중에서 무얼 해 드리면 좋겠습니까?"

부처님께서 대답하셨다.

"위사카여, 사왓티 성 동문 밖에 스님들의 거처를 하나 짓는 게 좋겠다."

"부처님이시여, 그것은 제가 꼭 하고 싶은 일이었습니다."

그녀는 기쁨에 가득 찬 마음으로 대답했다. 그녀는 9천만 냥을 들여서 땅을 매입하고 9천만 냥을 더 들여서 스님들을 위한 거처를 짓기 시작했다.

어느 날 새벽 부처님께서 세상을 살펴보시다가 밧디야 성에 사는 장자의 아들 밧디야에게 수다원과를 성취할 인연이 무르익은 것을 아셨다. 밧디야는 전생에 천상에 살다가 죽어 그 가정에 태어났다. 부처님께서는 아나타삔디까의 집에서 공양을 드시고 밧디야에 가기 위해 사왓티 북쪽 성문을 나셨다.

---

294) 네 가지 필수품: 의복cīvara, 탁발음식piṇḍapāta, 약bhesajja, 거처 senāsana이다. 거처는 작은 꾸띠에서 거대한 사원까지 다 해당된다.

부처님께서 위사카의 집에서 공양을 드시면 남쪽 성문으로 나와서 제따와나로 가셨고 아나타삔디까의 집에서 공양을 드시면 동쪽 성문으로 나서서 뿝바라마로 가서 머무는 것이 일종의 관례였다.[295] 그런데 그날은 북문으로 나서자 사람들은 부처님께서 먼 곳으로 떠나신다는 것을 알았다.

위사카는 부처님께서 북문으로 나섰다는 말을 듣자 즉시 달려와 부처님께 인사를 드리고 물었다.

"부처님이시여, 유행을 떠나시는 겁니까?"

"그렇다네."

"부처님이시여, 많은 재산을 들여 스님들을 위한 사원을 짓고 있습니다. 제발 돌아오십시오."

"위사카여, 한 번 나선 발길을 돌릴 수 없는 것이 유행流行이다."

위사카는 부처님께서 가시는 데에는 충분한 이유가 있을 거라고 생각했다.

"부처님이시여, 그러시면 떠나시기 전에 건물을 어떻게 지어야 하는지 잘 알고 있는 스님을 지명하셔서 뒤에 남아 공사를 감독하도록 해 주십시오."

"위사카여, 그대가 좋아하는 비구의 발우를 받아들어라."

그녀는 아난다 장로를 특별히 좋아하고 있었지만, 목갈라나 장로가 큰 신통력을 갖추고 있어서 장로의 도움으로 공사를 순조롭게 진행하리라 생각하고 목갈라나 장로의 발우를 받아들었다. 장로가 부처님께 고개를 돌리자 부처님께서 말씀하셨다.

"목갈라나여, 그대는 그대의 제자 500명과 함께 되돌아가거라."

장로는 부처님이 지시한 대로 제자들을 데리고 되돌아갔다.

---

295) 제따와나(祇園精舍)는 아나타삔디까가 지은 사원이고 뿝바라마(東園精舍)는 위사카가 지은 녹자모강당을 말한다.

목갈라나 장로의 신통력으로 일꾼들은 50, 60요자나 거리를 단숨에 날아 가서 나무와 돌을 구해 왔다. 힘들이지 않고 나무와 돌들을 수레에 실었고 수레바퀴 축이 부러지는 일도 없었다. 그래서 짧은 기간에 이층 건물의 사원이 완성됐다. 사원에는 일층에 500개의 방, 이층에 500개의 방 합해서 천 개의 방이 있었다. 하지만, 커다란 건물 한 채만 우뚝 서 있는 모습이 주위와 조화를 이루지 못했다. 그래서 건물 주위에 대나무로 작은 꾸띠 500개와 작지만 화려한 건물 500개 그리고 긴 회랑 500개를 지었다. 이때 부처님께서 9개월을 유행하시고 사왓티로 돌아오셨다. 9개월이 지나자 위사카의 사원도 모두 완공됐다. 그녀는 60개의 물항아리를 담을 만한 커다란 첨탑을 황금으로 만들어 건물 꼭대기를 장식했다.

위사카는 부처님께서 뿝바라마로 오시고 있다는 소식을 듣고 마중 나가서 자기가 지은 사원으로 모셔와 머물러 주시기를 요청했다.

"부처님이시여, 스님들을 위한 사원을 완공했습니다. 여기서 스님들과 함께 4개월 동안 머물러 주십시오."

부처님께서는 그녀의 요청을 받아들여 그곳에서 머물렀고, 그녀는 뿝바라마에서 부처님과 스님들에게 매일 공양을 올렸다.

그녀의 친구가 10만 냥의 가치가 나가는 카펫을 가져와서 말했다.

"이 작은 카펫을 네가 지은 사원에다 깔고 싶은데 어디다 깔면 좋을까?"

"내가 깔 자리가 없다고 하면 그대는 '조금도 자리를 마련해 주지 않으려고 한다.'고 섭섭하게 생각하겠지? 그러니 직접 위아래 천 개의 방을 둘러보고 카펫을 깔 만한 자리가 있는지 찾아보는 게 어때?"

친구는 10만 냥짜리 카펫을 들고 온 방을 돌아보았지만, 이미 모든 방이 그 카펫만큼이나 비싼 카펫으로 깔려 있었다.

'이 사원에는 내가 공덕을 지을 자리가 없구나.'

그녀는 슬픔에 잠겨 사원 한쪽에 서서 울고 있었다.

아난다 장로가 그녀를 보고 물었다.

"왜 그렇게 울고 계시오?"

그녀가 이유를 설명하자 장로가 말했다.

"슬퍼하지 마시오. 내가 카펫을 깔 만한 장소를 알려드리겠소. 계단 아래 비구들이 발을 닦는 곳에 깔아서 매트로 사용하는 것이 좋겠소. 그러면 비구들이 발을 씻고 나서 건물에 들어가기 전에 거기서 발을 닦을 수 있을 것이오."

이곳은 위사카가 빠뜨린 곳이었다.

위사카는 4개월 동안 부처님과 스님들에게 공양을 올리고 마지막 날에는 모든 스님에게 가사용 천을 올렸다. 사미들에게도 각각 가사용 천을 올렸다. 마지막으로 스님들 발우에 상비약을 가득 채워 드렸다. 그녀는 음식을 올리고 가사와 약을 시주하는 데 9천만 냥을 사용했다.

그래서 그녀는 땅을 사는 데 9천만 냥, 건물을 짓는 데 9천만 냥, 음식과 가사와 약을 보시하는 데 9천만 냥 등 모두 합해서 2억7천만 냥을 사용했다. 이교도의 집으로 시집갔던 이 여인처럼 많은 재산을 시주한 여인은 일찍이 없었다.

어느 날 사원이 완공되고 낙성식이 열리던 날, 저녁 그림자가 서서히 길어질 때 그녀는 자식과 손자와 증손자들을 데리고 사원 주위를 돌면서 기쁨이 가득 차오르는 것을 느꼈다.

'내가 옛날 옛적에 세웠던 서원을 오늘에야 완전히 성취했구나.'

그녀는 일어나는 감흥을 감미로운 목소리로 노래했다.

흙벽돌과 회반죽으로 사원을 지어 기증할 때
나는 서원을 성취했네.
침대와 의자와 매트와 베개 등 모든 가구를 시주할 때
나는 서원을 성취했네.

맛있고 향기로운 음식을 공양 올릴 때
나는 서원을 성취했네.
약과 버터와 기름과 꿀을 시주할 때
나는 서원을 성취했네.

비구들이 그녀의 노랫소리를 듣고 부처님께 말씀드렸다.

"부처님이시여, 이제까지 위사카가 노래 부르는 것을 한 번도 들은 적이
없었는데 오늘 그녀는 자식과 손자와 증손자들을 데리고 사원을 돌아보면
서 노래를 부르고 있습니다. 그녀의 몸에 이상이 생기거나 미친 것이 아닙
니까?"

"비구들이여, 나의 딸은 정신이 이상해져서 노래를 부르는 것이 아니다.
그녀가 과거에 세운 서원이 성취돼 '나의 서원은 이제 완전히 성취됐다.'라
는 생각에 기쁨에 겨워 감흥을 노래하고 있는 것이다."

"부처님이시여, 그녀가 언제 서원을 세웠습니까?"

"비구들이여, 듣고 싶은가?"

"부처님이시여, 듣고 싶습니다."

부처님께서는 위사카의 과거생 이야기를 시작하셨다.

위사카의 과거생의 서원

10만 겁 전에 빠두뭇따라 부처님께서 세상에 출현하셨다. 이때 인간의
수명은 10만 년이었고 아라한이 된 사람도 10만 명이나 됐다. 부처님이 태
어나신 도시는 함사와띠였고, 아버지는 수난다, 어머니는 수자따 데위였다.
그때 가장 큰 여성 후원자가 부처님께 여덟 가지 소원을 요청해 허락받았
다. 그녀는 부처님께 어머니와 같은 존재였으며, 네 가지 필수품을 시주하
고 항상 아침저녁으로 사원에 가서 시중들었다.

그녀에게는 사원에 갈 때 항상 함께 가는 친구가 있었는데 그 친구는 그

녀가 얼마나 부처님과 친밀하게 대화하는지, 얼마나 부처님이 그녀를 소중하게 생각하는지 늘 지켜보고서 생각했다.

'이 여인은 어떻게 해서 저렇게 부처님의 사랑을 받는가?'

어느 날 그녀는 부처님께 물었다.

"부처님이시여, 이 여인과 어떤 관계이십니까?"

"그녀는 나의 여자 신도 중에서 보시제일이다."

"부처님이시여, 어떻게 하면 부처님의 여자 신도 중에서 보시제일이 됩니까?"

"10만 겁 동안 서원을 세우면 된다."

"부처님이시여, 한 여인이 지금 이 순간 서원을 세우면 보시제일이 될 수 있습니까?"

"될 수 있다."

"부처님이시여, 그러면 10만 명의 스님과 함께 일주일 동안 저의 공양을 받아주십시오."

부처님께서는 그녀의 공양청을 받아주었다.

그녀는 그렇게 일주일 동안 부처님과 스님들에게 공양을 올렸다. 마지막 날 그녀는 부처님의 가사와 발우를 받아들고 삼배를 올리고 부처님 앞에 무릎을 꿇고 서원을 세웠다.

"부처님이시여, 저는 신들의 지배자, 천왕이 되려는 생각으로 공양을 올린 것이 아닙니다. 저는 미래의 부처님에게서 여덟 가지 소원을 청하여 허락받을 수 있기를 서원합니다. 저는 미래의 부처님에게 어머니와 같은 존재가 되기를 서원합니다. 저는 네 가지 필수품을 보시하는 데 있어서 여인들 중에서 제일이라는 칭송을 받기를 서원합니다."

부처님께서는 '그녀의 서원이 성취될까?' 생각하면서 마음을 미래로 확장해 10만 겁을 살펴보시고 그녀에게 말했다.

"10만 겁 뒤에 고따마 부처님께서 세상에 출현하실 것이다. 그때 그대는 위사카라는 이름의 여자 신도가 되어 고따마 부처님에게서 직접 여덟 가지 소원을 허락받고, 그에게 어머니와 같은 존재가 될 것이며, 네 가지 필수품을 보시하는 데에서 제일이라는 칭송을 받을 것이다."

그녀가 이런 수기를 받은 것은 당연한 것이었다. 그녀는 공덕을 지으며 남은 수명을 다 살고 죽어 천상에 태어났다. 그녀는 천상과 인간계를 윤회하면서 깟사빠 부처님 시대에 까시의 끼끼 왕의 일곱 번째 막내딸로 태어났다. 그때 그녀의 이름은 상가다시였다. 그녀는 결혼해서 시댁에 가서 살았으며 오랫동안 언니들과 함께 공양을 올리며 여러 가지 공덕을 지었다.

어느 날 그녀는 깟사빠 부처님 앞에 무릎을 꿇고 서원을 세웠다.
"제가 언젠가 미래의 부처님에게 어머니와 같은 존재가 되기를 서원합니다. 네 가지 필수품을 보시하는 데 있어서 여자 신도 중에서 제일이라는 칭송을 받기를 서원합니다."

그 후 그녀는 천상과 인간세계를 윤회하다가 다난자야 장자의 딸로 태어났다. 그녀는 금생에 부처님 승단에서 많은 공덕을 지었다.(과거생 이야기 끝)

"비구들이여, 나의 딸은 지금 정신이 이상해져서 노래 부르고 있는 것이 아니다. 그녀는 자신이 옛적에 세운 서원을 성취했기 때문에 기쁨에 겨워 감흥을 노래하고 있는 것이다."
부처님께서는 이렇게 말씀하시고 법문을 설하셨다.
"비구들이여, 꽃이 많아야 꽃장수가 많은 화환을 만들듯이 위사카도 또한 공덕을 짓는 데 온 마음을 기울인다."

부처님께서는 이렇게 말씀하시고 게송을 읊으셨다.

꽃이 많아야 많은 화환을 만들듯이
태어나 언젠가 삶을 마쳐야 하는 우리는
공덕을 많이 지어야 하리라.(53)

이 게송 끝에 많은 사람이 수다원과, 사다함과, 아나함과를 성취했다.

아홉 번째 이야기
아난다 장로의 향기에 대한 질문296)

부처님께서 사왓티에 계실 때 아난다 장로의 질문에 대답하면서 게송 54, 55번을 설하셨다.

어느 날 아난다 장로가 저녁에 홀로 좌선하다가 이런 생각을 했다.
'전단향 적심목의 향기, 전단향 뿌리의 향기, 전단향 꽃의 향기가 있다. 부처님께서는 이 세 가지 향기만을 말씀하셨다. 이 향기들은 바람을 따라가지만 거슬러갈 수 없다. 바람을 따라가기도 하고 바람을 거슬러가기도 하는 향기가 있을까?'
그때 이런 생각이 떠올랐다.
'혼자 이 문제를 풀려고 한들 무슨 소용이 있겠는가? 부처님께 가서 여쭤 보는 게 낫겠다.'
아난다 장로는 부처님께 가서 여쭈었다.

경에는 이렇게 기록돼 있다.
어느 날 저녁 아난다 존자는 깊은 좌선 수행에서 일어나 부처님께 다가갔다. 가서는 부처님께 말씀드렸다.
"부처님이시여, 바람을 따라가지만 바람을 거슬러가지 못하는 세 가지 향기가 있습니다. 무엇이 셋이냐 하면 뿌리의 향기와 적심목의 향기와 꽃의 향기입니다. 부처님이시여, 이것이 바람을 따라가지만 바람을 거슬러가지 못하는 세 가지 향기입니다. 부처님이시여, 그런데 바람을 따라가기도 하고, 바람을 거슬러가기도 하고, 바람을 따라가면서 동시에 거슬러가기도 하는 그런 향기가 있습니까?"
"아난다여, 바람을 따라가기도 하고, 바람을 거슬러가기도 하고, 바람을

---

296) 이 이야기는 앙굿따라 니까야 향기경(Gandhajāta Sutta, A3.79)에서 유래한다.

따라가면서 동시에 거슬러가기도 하는 그런 향기가 있다."

"부처님이시여, 그러면 어떤 향기가 바람을 따라가기도 하고, 바람을 거슬러가기도 하고, 바람을 따라가면서 동시에 거슬러가기도 합니까?"

"아난다여, 여기 마을이나 성읍에 사는 여자나 남자가 부처님께 귀의하고 법에 귀의하고 승가에 귀의한다. 그는 생명을 죽이지 않고, 주지 않는 것을 가지지 않고, 삿된 음행을 하지 않고, 거짓말을 하지 않고, 정신을 혼미하게 만드는 술과 중독성 물질을 멀리한다. 그는 계행을 구족하고, 올바른 마음과 탐욕의 때를 여읜 마음으로 삶을 영위하고, 아낌없이 보시하고, 손이 크고, 주는 것을 좋아하고, 요구하는 것에 반드시 부응하고, 보시하고 나눠가지는 것을 좋아한다. 이런 자를 사문과 바라문들은 사방에서 칭송하며 말한다. '어느 마을이나 성읍에 사는 어떤 여자나 남자가 부처님께 귀의하고 법에 귀의하고 승가에 귀의한다. 생명을 죽이지 않고,.......보시하고 나눠가지는 것을 좋아한다.'라고. 아난다여, 바로 이러한 향기가 바람을 따라가기도 하고, 바람을 거슬러가기도 하고, 바람을 따라가면서 동시에 거슬러가기도 한다."

부처님께서는 이렇게 말씀하시고 게송을 읊으셨다.

전단향과 따가라향과 재스민향이
그 아무리 짙다 해도
바람을 거슬러가지 못한다.
다만 계행의 향기만이 바람을 거슬러가나니
계율을 갖춘 이의 향기는 사방으로 퍼져간다.(54)

전단향 따가라향 연꽃향
그리고 재스민향이 있지만
세상의 그 어떤 향기보다
계행의 향기가 가장 뛰어나다.(55)

열 번째 이야기

마하깟사빠 장로에게 공양을 올린 삭까 천왕297)

부처님께서 웰루와나에 계실 때 삭까 천왕이 마하깟사빠 장로에게 올린 공양과 관련해서 게송 56번을 설하셨다.

어느 날 마하깟사빠 존자가 일주일 동안 멸진정298)에 들었다가 나와서 라자가하 성으로 탁발을 나갔다. 그때 삭까 천왕의 시녀들인 분홍빛 발을 가진 500명의 천녀가 장로에게 공양을 올리려고 500명분의 공양을 준비해 천상에서 내려와 길가에 서서 장로에게 말했다.

"스님, 우리의 공양을 받아주옵소서."

장로가 대답했다.

"사라지시오. 나는 가난하고 불쌍한 사람에게 기회를 주려고 하오."

"스님, 우리의 소원을 저버리지 마소서. 제발 우리에게도 공양을 올릴 기회를 주옵소서."

그러나 장로는 그들이 천녀인 것을 알고 재차 거절했다. 천녀들이 떠날 생각은 하지 않고 계속 간청하자 장로가 말했다.

"그대들은 주제를 모르시오? 썩 사라지시오."

장로는 그렇게 말하면서 손가락을 튕겼다.

천녀들은 장로가 손가락을 튕기는 것을 보고 마음의 평정을 유지할 수 없었다. 그래서 더 이상 있을 수 없어 날아서 천상으로 돌아갔다. 삭까 천왕이 그들을 보고 물었다.

"어디를 다녀오는 길인가?"

---

297) 이 이야기는 우다나의 깟사빠 경(Kassapa Sutta, Ud3.7)에서 유래한다.
298) 멸진정(nirodhasamāpatti): 아나함과 아라한 중에서 팔선정八禪定을 성취한 자만이 들어가는 최고의 선정으로 멸진정에 들어갔다 나온 성인에게 공양을 올리면 무한한 공덕이 있다.

"멸진정에서 방금 나온 장로님에게 공양을 올려야겠다고 생각하고 지상에 내려갔었어요."

"공양을 올렸는가, 올리지 못했는가?"

"장로님은 우리의 공양을 거절했어요."

"장로님이 뭐라고 하면서 거절했는가?"

"장로님은 가난한 사람에게 기회를 주려고 한다고 말했어요."

"어느 길로 갔었는가?"

"이 길로 갔었어요."

"어떻게 그런 어리석은 방법으로 장로님께 공양을 올릴 수 있겠는가?"

삭까 천왕도 장로에게 공양을 올리고 싶은 생각이 간절했다. 그는 늙고 초췌한 베짜는 사람으로 변신했다. 이빨은 다 빠지고, 머리는 허옇고, 허리는 구부러지고 몸은 곧 자빠질 듯 휘청거렸다. 천왕은 아내 수자따도 늙은 여인으로 변신시키고 신통력으로 베틀을 만들어 베를 짜며 앉아 있었다.

장로는 성으로 가면서 생각했다.

'아주 가난한 사람에게 공덕을 쌓을 기회를 주고 싶다.'

장로는 성문 밖 거리에서 사방을 둘러보다가 두 사람을 보았다. 그때 삭까는 베를 짜고 있었고 수자따는 북에 실을 감고 있었다.

'두 사람은 늙어서도 일하고 있구나. 이 도시에 이 두 사람보다 더 가난한 사람은 없을 것이다. 그들이 한 주걱의 밥이라도 공양을 올리면 받아서 무한한 복을 받도록 해야겠다.'

장로는 그들을 향해 걸어갔다.

삭까는 장로가 다가오는 것을 보고 수자따에게 말했다.

"여보, 장로님께서 이쪽으로 오고 있소. 못 본 체하고 가만히 앉아 있어요. 그래야 장로님을 속이고 공양을 올릴 수 있을 거요."

장로가 다가와서 문 앞에 섰다. 그들은 못 본 것처럼 아무 일도 없는 듯 계속 일에만 열중하는 체 했다. 삭까가 시간을 조금 끌다가 수자따에게 말했다.

"장로님이 문 앞에 서 있는 것 같으니 나가보시오."

"당신이 나가보는 게 좋겠어요."

삭까는 밖으로 나가 장로에게 두 손과 두 무릎과 이마를 땅에 대고 삼배를 드리고 나서 잠시 처량한 모습을 짓다가 일어서서 말했다.

"어느 장로님이십니까?"

그리고는 약간 뒤로 물러서서 말했다.

"제가 이제 눈까지 흐릿해져서 잘 보이지가 않습니다."

그리고는 손을 이마에 대고 눈의 초점을 맞추는 것처럼 쳐다보더니 말했다.

"세상에! 마하깟사빠 장로님께서 이 누추한 집엘 다 오셨군요."

삭까는 집안으로 고개를 돌리며 소리 질렀다.

"부엌에 스님에게 올릴 음식이 있는가?"

수자따는 이리저리 음식을 찾는 척하며 대답했다.

"예, 조금 남았어요."

삭까는 장로의 발우를 받아들면서 말했다.

"스님, 음식이 거칠거나 고급스럽거나 괘념치 마시고 가엾이 여기시어 받아주시옵소서."

장로는 발우를 주면서 생각했다.

'한 그릇의 푸성귀 죽이든 한 줌의 식은 밥이든 받아서 그들이 복을 받도록 해야겠다.'

삭까는 집안으로 들어가서 발우에 밥을 담아 장로에게 올렸다.

온갖 재료와 양념으로 맛을 낸 음식의 향기가 곧 온 성내를 진동시켰다. 장로는 의아한 생각이 들었다.

'이 노인은 금방이라도 쓰러질 듯 허약한데 이 음식은 삭까 천왕이 먹는

음식처럼 감미롭다. 이 노인은 누구인가?'

장로는 그가 삭까라는 것을 알아채고 말했다.

"가난한 사람이 공덕을 지을 기회를 빼앗다니 당신은 큰 잘못을 저질렀소. 오늘 어떤 가난한 사람이 내게 공양을 올렸더라면 사령관이나 재정관의 지위를 얻을 수 있었을 텐데."

"저보다 더 가난한 사람이 세상에 또 어디 있겠습니까?"

"천상의 통치자라는 영광을 즐기는 그대가 어찌 가난한 사람입니까?"

"스님, 제가 말씀드리겠습니다. 저는 부처님께서 이 세상에 출현하시기 전에 공덕을 지었습니다. 그런데 부처님께서 이 세상에 출현하시자 세 천신이 부처님께 공양을 올린 공덕으로 제가 사는 천상에 태어났는데, 그들의 영광은 저보다 훨씬 더 뛰어난 것이었습니다. 세 천신이 제게 와서 축제를 열자고 말했습니다. 나는 시녀들을 데리고 줄행랑을 쳐서 집으로 들어가 버리고 말았지요. 그들의 몸에서 나는 광채가 저의 몸에서 나는 광채를 능가했습니다. 스님, 저보다 더 불쌍한 사람이 누가 있습니까?"

"그 말이 사실이라 해도 다음부터는 나를 속여 공양을 올리려고 하지 마시오."

"제가 속여서 올린 공양은 공덕이 되는 것입니까, 아니면 되지 않습니까?"

"공덕이 됩니다."

"장로님, 공덕이 된다면, 공덕을 쌓는 것이 저의 본분사本分事입니다."

삭까는 그렇게 말하고 장로에게 삼배를 드리고 수자따와 함께 장로의 주위를 세 바퀴 돌았다. 그리고서 공중으로 날아가며 기쁨을 노래했다.

오, 공양이여!
깟사빠 장로님께 올린 최상의 공양이여!

우다나에는 이렇게 기록돼 있다.[299]

어느 때 부처님께서 라자가하의 다람쥐 보호구역에 있는 웰루와나에 계셨다. 이때 마하깟사빠 장로는 삡팔리 동굴에 머물고 있었다. 장로는 가부좌를 틀고 일주일 동안 멸진정에 들어있었다. 일주일이 지나자 마하깟사빠 장로는 선정에서 나왔다. 나오자마자 이런 생각이 일어났다.

'라자가하에 탁발하러 가는 것이 어떨까?'

이때 500명의 천녀가 마하깟사빠 장로에게 자신들의 공양을 받아주시기를 간절히 청했으나 장로는 거절했다. 그리고 이른 아침에 웃가사와 아랫가사를 입고 발우와 두겹가사를 들고 탁발하러 라자가하에 들어갔다.

이때 삭까 천왕은 마하깟사빠 장로에게 공양을 올리고 싶어 베짜는 사람으로 변신해서 베틀에 앉아 베를 짜고 있었다. 그의 아내 아수라 천녀 수자따는 북에 실을 감고 있었다. 마하깟사빠 장로는 삭까 천왕이 앉아 있는 곳으로 다가왔다. 삭까 천왕은 마하깟사빠 장로가 다가오는 것을 보고 집 밖으로 나가 맞이했다. 그리고 발우를 받아들고 집안으로 들어가 밥통에서 밥을 퍼서 발우에 담아 장로에게 드렸다. 음식은 온갖 반찬과 양념으로 맛을 낸 최고의 요리였다.

그러자 마하깟사빠 장로에게 이런 생각이 떠올랐다.

'이 사람은 누구이기에 이렇게 훌륭하고 감미로운 음식을 만들 수 있단 말인가?'

그때 마하깟사빠 장로에게 이런 생각이 떠올랐다.

'이 사람은 삭까 천왕이다.'

이 사실을 알고 그는 삭까에게 말했다.

"어떻게 이렇게 할 수 있소, 꼬시야300)여. 다시는 이런 일을 하지 마시오."

---

299) 우다나의 깟사빠 경(Kassapa Sutta, Ud3.7)
300) 꼬시야Kosiya : 삭까Sakka 천왕을 꼬시야라고 부른 것이 경전에 몇 번 등장한다. 그러나 원래 꼬시야는 어떤 바라문 가문의 족성이다. 단어의 의미는 '올빼미'라는 뜻이다. 삭까의 성이 꼬시야라는 언급은 없다.

"깟사빠 장로님, 우리도 공덕이 필요합니다. 우리도 공덕을 지어야 합니다."

천왕은 마하깟사빠 장로에게 삼배를 올리고 주위를 세 번 돌고 나서 천상으로 날아오르며 기쁨의 노래를 세 번 소리쳐 불렀다.

오, 공양이여!
깟사빠 장로님께 올린 최상의 공양이여!

부처님께서는 사원에 있으면서 그의 노랫소리를 듣고 비구들에게 말씀하셨다.

"비구들이여, 기쁨을 노래하면서 하늘을 날아가는 삭까 천왕을 보라!"

"부처님이시여, 그가 무슨 일을 했습니까?"

"그는 나의 아들 깟사빠에게 신분을 속이고 공양을 올리고서 기쁨을 노래하며 공중으로 날아가고 있다."

"부처님이시여, 그가 어떻게 장로에게 공양을 올릴 만한 가치가 있다는 것을 알고 있습니까?"

"비구들이여, 천신이나 인간이나 나의 아들과 같이 항상 평온하고 주의 깊게 깨어있고 탁발만으로 생계를 유지하는 비구들을 존경하고 공양을 올리고 싶어 한다."

그렇게 말씀하시고 부처님께서는 감흥을 노래하셨다.

비구가 탁발을 나간다,
다른 목적이 있어서가 아니고
오직 자신의 몸을 지탱하기 위해서.
천신들은 그런 비구를 존경한다,
항상 평온하고 주의깊게 깨어있는 사람을.

"비구들이여, 삭까 천왕은 계행의 향기를 지니고 있는 나의 아들에게 다가와 공양을 올린다."

부처님께서는 그렇게 말씀하시고 게송을 읊으셨다.

따가라향과 전단향이 아무리 짙은들
하늘까지 이르지 못하지만
계율을 갖춘 이의 향기는
하늘까지 퍼져간다.(56)

열한 번째 이야기
자살 직전에 해탈한 고디까 장로[301]

부처님께서 라자가하의 웰루와나에 계실 때 고디까 장로가 열반을 얻은 것과 관련해서 게송 57번을 설하셨다.

고디까 장로는 이시길리 산[302] 검은 바위에 머물렀다. 그때 그는 주의 깊고 결연한 마음으로 부지런히 정진해 일시적인 마음의 해탈[303]을 이루었다. 그러나 자주 병이 엄습해 일시적인 마음의 해탈에서 물러났다. 두 번째, 세 번째, 여섯 번째까지 일시적인 마음의 해탈을 이루었으나 곧 물러났다. 그는 일곱 번째로 일시적인 마음의 해탈에 들어가서 생각했다.

"나는 여섯 번이나 일시적인 마음의 해탈에서 물러났다. 일시적인 마음의 해탈을 이루지 못한 이는 태어날 다음 생이 확실하지 않다. 이제 칼을 사용할 때다."[304]

---

301) 이 이야기는 상윳따 니까야 고디까 경(Godhika Sutta, S4.23)에 나온다.
302) 이시길리Isigili : 라자가하를 둘러싸고 있는 5개의 산 중의 하나이다. 나머지 4개의 산은 웨바라Vebhāra, 빤다와Paṇḍava, 웨뿔라Vepulla, 깃자꾸따Gijjhakuṭa이다. 이시길리 산 중턱에 깔라실라Kālasilā(검은 바위)가 있는데, 이곳에서 고디까Godhika 장로와 왁깔리Vakkali 장로가 자살했으며 목갈라나Moggallāna 장로가 살해당했다.
303) 일시적인 마음의 해탈(sāmayika cetovimutti) : 고디까 경 주석에 의하면 '일시적인 마음의 해탈은 세간의 선정을 말한다. 즉 색계 4선정과 무색계 4선정이다. 마음이 선정에 들어 일념을 이루면 마음의 동요가 가라앉아 그친다. 그러나 선정은 일시적으로 고요함에 이른 것이지 번뇌의 근본 뿌리를 제거하지 못하며 선정에서 나오면 번뇌가 다시 일어난다. 번뇌를 제거하기 위해서는 위빳사나 지혜로 오염원의 뿌리를 잘라내야 한다.
304) 자살하겠다는 말을 완곡하게 표현하고 있다. 선정에서 벗어난 사람이 죽으면 태어나는 곳이 불확실하다. 그러나 선정에 든 상태로 죽으면 색계에 태어난다. 자살은 두 종류가 있다. 하나는 몸과 마음을 혐오하고 해탈하려는 마음으로 자살하는 경우이다. 이 경우에는 불선업이 되지 않는다. 다른 하나는 성냄으로 자살하는 경우이다. 여기에는 삶에 대한 비관, 실연

그는 칼로 머리를 깨끗이 깎고 숨통을 끊을 생각으로 침대에 누웠다. 마라가 그의 의도를 알고 이렇게 생각했다.

'이 비구는 칼을 사용하려고 한다. 칼을 사용하려는 사람들은 대체로 목숨에 무관심하다. 이러한 사람이 위빳사나 지혜를 얻으면 즉시 아라한이 된다. 그러니 그가 실행에 옮기기 전에 막아야 한다. 하지만, 그는 나의 말을 듣지 않으니 붓다에게 그를 막으라고 설득해야겠다.'

마라는 평범한 사람으로 변신하고 부처님께 다가가 시를 읊으며 말했다.

오! 위대한 영웅, 지혜로운 이,
힘과 명예로 빛나는 이여!
그대의 발아래 예배드립니다.
세상을 다 보시는 분,
미움과 두려움을 초월한 이에게.

오! 죽음을 정복한 위대한 영웅이여!
그대의 제자가 죽음을 갈망하고,
자신의 목숨을 끊으려 하네.
그를 말리소서, 빛나는 이여!

오! 부처님이시여, 널리 알려진 분이여!305)
가르침을 기뻐하는 그대의 제자가
어떻게 깨달음을 성취하지 못하고
목숨을 끝내려고 합니까?

그때 장로는 칼을 사용했다.306) 부처님께서는 그가 마라라는 것을 알고

의 상처로 인한 분노 등 세상 사람들이 하는 모든 자살이 포함된다. 이런 자살은 불선업이므로 지옥이나 낮은 세계에 떨어진다.

305) 마라는 평소 부처님께 불손한 언어를 사용하는데 여기서는 부처님을 이용하려고 갖은 아첨을 다하고 있다.

306) 고디까 경 주석에서 그가 어떻게 아라한이 됐는지 설명하고 있다. 그는 '사는 것이 무슨 소용이람?' 이렇게 생각하면서 누워 칼로 목의 정맥을

시를 읊었다.

> 지혜로운 자의 행위는 이렇다네.
> 생명을 돌보지 않고
> 갈애를 뿌리째 뽑아버리고서
> 고디까는 대열반에 들었네.

부처님께서는 비구들을 데리고 장로가 누워 있는 곳으로 갔다. 그 순간 마라는 연기구름처럼, 검은 소용돌이처럼 사방으로 장로의 의식을 찾으면서 생각했다.

'그의 재생연결식[307]이 어디에 머물렀는가?'

부처님께서 연기구름 같고 검은 소용돌이 같은 것을 가리키면서 비구들에게 말씀하셨다.

"마라가 '훌륭한 젊은이 고디까의 의식이 어디에 머물렀는가?'라고 생각하면서 고디까의 의식을 찾고 있다. 그러나 비구들이여, 고디까의 의식은 머무는 바가 없다. 왜냐하면 고디까는 대열반에 들었기 때문이다."

마라는 장로의 의식이 머무는 곳을 찾을 수 없자 노란 모과나무로 만든 비파를 들고 왕자로 가장하고서 부처님께 다가와 물었다.

> 위, 아래, 옆과 사방팔방을 둘러봐도
> 그를 찾을 수 없네.
> 고디까는 어디로 갔습니까?

잘랐다. 그러자 고통이 일어났다. 그는 고통을 이겨내며 고통을 수행주제로 해서 위빳사나 지혜를 개발했다. 그는 죽음과 동시에 아라한이 됐다. 그는 모든 번뇌와 수명을 동시에 멸한 자가 됐다.

307) 재생연결식(paṭisandhi-citta): 중생이나 유학이 죽는 순간의 마지막 마음, 즉 금생의 마지막 마음이 죽음의 마음(cuti-citta)이고 다음 생의 첫 번째 마음이 재생연결식이다. 아라한의 죽음은 존재에 대한 욕망뿐만 아니라 모든 번뇌를 제거해버렸기 때문에 더 이상 재생연결식이 일어나지 않는다. 그는 할 일을 다 마쳤으며 더 이상 태어남이 없다.

부처님께서 마라에게 말씀하셨다.

마음이 견고한 자는 굳은 결심으로
항상 선정을 즐기며
생명을 돌보지 않고 밤낮으로 정진하네.

마라의 군대를 정복하고
다시는 태어나지 않는다네.
갈애를 뿌리째 뽑아버리고서
고디까는 대열반에 들었네.

부처님께서 이렇게 말씀하시자 마라는 슬픔에 가득차서 비파도 떨어뜨리고 우울한 마음으로 그 자리에 서 있었다.

부처님께서 말씀하셨다.
"악마여, 훌륭한 젊은이 고디까의 의식이 어디에 머물렀는지 알아서 무엇 하려는가? 그대 같은 사람 수백 수천 명이 찾는다 해도 결코 찾을 수 없다."
부처님께서는 그렇게 말씀하시고 게송을 읊으셨다.

계행을 잘 갖추고
주의깊게 알아차리며 살아가고
바르게 깨달아
번뇌에서 벗어난 이들이 가는 길을
마라가 어찌 알리오.(57)

이 법문 끝에 많은 사람이 수다원과, 사다함과, 아나함과를 성취했다.

열두 번째 이야기

불자인 시리굿따와 이교도 가라하딘나

부처님께서 제따와나에 계실 때 가라하딘나와 관련해서 게송 58, 59번을 설하셨다.

사왓티에 시리굿따와 가라하딘나 두 친구가 살고 있었다. 시리굿따는 부처님의 신도였고 가라하딘나는 나체수행자인 니간타308)의 신봉자였다. 니간타들은 가라하딘나에게 틈만 나면 이렇게 말했다.

---

308) 니간타Nigaṇṭha: 그들은 니간타 나따뿟따Nigaṇṭha Nātaputta의 제자들이다. 니간타 나따뿟따는 자이나교의 교주인 마하위라Mahāvira(大雄)를 말한다. 그와 그의 제자들은 헝겊조각으로 주요 부분만 가리고 거의 발가벗고 다니는 나체수행자들이었다. 디가 니까야 출가 생활의 결실 경(Sāmaññaphala Sutta, D2)에 니간타 나따뿟따에 대한 설명을 보면 '네 가지로 제어 하는 자(cātuyāmasaṁvara)'로 나타난다. ① 모든 물을 금하고, ② 모든 악을 금하고, ③ 모든 악을 씻어내고, ④ 모든 악을 완전히 몰아붙인다는 생각으로 산다. 네 가지로 제어하기 때문에 니간타(속박에서 풀려난)라고 불린다. 마하위라는 과거의 행위는 고행을 통해 근절하고 새로운 행위는 짓지 않으며, 과거의 악행은 참회를 통해 제거하고 새로운 악행을 범하지 않음으로써 해탈하게 된다고 가르쳤다. 그는 모든 것을 알고 보는 지혜와 커다란 신통을 가지고 있다고 주장했으나 라자가하의 부자가 전단향나무 발우를 만들어 장대 끝에 걸어놓고 가져가라고 했을 때 그가 계략을 꾸며 가져가려고 했으나 실패해 허풍임이 드러났다.(게송 181번 이야기) 그는 자신의 교리에 대한 확고한 신념이 있어서 제자들을 보내 부처님과 일대 토론을 벌이게 했으나, 토론하러 간 제자들 대부분이 부처님께 설복당하여 부처님의 제자가 된 내용이 여러 경전에 나온다. 그는 웨살리와 날란다, 라자가하에서 활동했으며, 그의 신도인 우빨리 가하빠띠Upāli gahapati가 그를 배반하고 부처님께 귀의하자 그는 뜨거운 피를 토하고 얼마간 머물다가 빠와Pāvā에 가서 죽었다. 그는 한쪽 제자들에게는 단견(uccheda, 斷見)을 가르치고 다른 쪽 제자들에게는 상견(sassata, 常見)을 가르쳤다. 그래서 그가 죽자마자 니간타 교단은 두 쪽으로 갈라졌다.

"그대의 친구 시리굿따에게 '왜 사문 고따마에게 가느냐? 고따마에게 얻을 게 뭐가 있느냐?'라고 왜 말하지 않는가? 왜 우리에게 와서 공양을 올리게 하지 않는가?"

가라하딘나는 그들이 하는 말을 듣고 시리굿따가 앉았거나 서 있거나 보이기만 하면 이렇게 말했다.

"친구여, 사문 고따마에게 가는 게 무슨 소용이 있는가? 그에게 가서 무얼 얻겠다는 것인가? 그 대신 나의 스승들에게 가서 공양을 올리지 않겠는가?"

시리굿따는 며칠 동안 못들은 척 하다가 어느 날 참을 수 없어 가라하딘나에게 말했다.

"친구여, 내게 자꾸 '사문 고따마에게 가면 무슨 이익이 있는가? 그 대신 나의 스승들에게 가서 공양을 올리게.'라고 말하는데 그럼 나의 질문에 대답해 보게. 도대체 그대의 스승들은 무얼 알고 있는가?"

"오! 친구여 그렇게 말하지 말게나. 나의 스승들은 모르는 게 없다네. 과거와 현재와 미래를 모두 안다네. 사람들의 생각과 말과 행동을 모두 안다네. 일어날 일과 일어나지 않을 일을 모두 안다네."

"그게 사실인가?"

"사실이라네."

"이 친구야, 그게 사실이라면 왜 진작 알려주지 않았는가? 겨우 오늘에서야 그대의 스승들이 그런 놀라운 신통을 갖추고 있다는 것을 알았잖은가? 그대의 스승들에게 가서 내가 공양에 초청한다고 말해 주게나."

가라하딘나는 니간타들에게 가서 공손히 인사하고 말했다.

"제 친구 시리굿따가 내일 스승님들을 공양에 초청했습니다."

"정말로 그가 그렇게 말했는가?"

"그렇습니다, 스승들이시여."

그들은 너무 기뻐 서로 말했다.

"잘됐다. 시리굿따가 우리를 믿는 순간부터 호박이 넝쿨째 굴러들어올 것이다."

시리굿따의 집은 아주 넓어서 두 건물 사이에 커다란 공간이 있었다. 그는 하인들을 시켜 거기다가 긴 구덩이를 파고 똥과 오물을 가득 채웠다. 그리고 구덩이 양 끝에 말뚝을 박고 밧줄을 연결했다. 의자의 앞다리는 땅위에 뒷다리는 밧줄 위에 얹어 놓아서 니간타들이 앉는 순간 뒤로 굴러 넘어지면서 구덩이 속으로 곤두박질치도록 만들었다. 구덩이가 있다는 것을 알아차리지 못하도록 의자 위에는 덮개를 펼쳐놓았다. 그는 여러 개의 음식 항아리를 깨끗이 씻어서 바나나 잎이나 천으로 덮고서 텅 빈 채로 집 뒤로 가져다 놓고 항아리 위에 우유죽이나 쌀밥 덩어리, 버터기름, 설탕, 과자 부스러기 등을 발라놓았다.

다음 날 아침 일찍 가라하딘나는 시리굿따의 집으로 가서 물었다.
"스승들을 위해서 음식을 잘 준비했는가?"
"친구여, 잘 준비했다네."
"어디 있는가?"
"여기 이 항아리들은 우유죽이고, 여기는 쌀밥이고, 이 항아리들은 버터기름, 설탕, 과자와 여러 가지 음식이라네."
"아주 잘됐네."
가라하딘나는 스승들을 모시려고 마중을 나갔다.

곧이어 니간타들이 도착했다. 시리굿따는 마중을 나가 니간타들에게 오체투지로 삼배를 드리고 일어나서 겉으로는 공손한 태도로 합장하면서도 마음속으로는 이렇게 생각했다.
'그러니까 너희들이 과거, 현재, 미래를 다 안다 이거지? 어쨌든 너의 신도가 그렇게 말했지. 너희들이 진짜로 다 안다면 내 집에 들어오지 말아야지. 들어와 봤자 우유죽이나 쌀밥이나 다른 음식이 아무것도 준비돼 있지 않지. 이 사실을 알지도 못하면서 들어온다면 똥으로 가득 찬 구덩이에 처박아 놓고 막대기로 두들겨 패줄 테다.'

이렇게 생각하면서 그는 하인들에게 지시했다.

"그들이 앉으려고 하면 뒤에 서 있다가 의자 위의 덮개를 잡아당겨서 덮개에 티끌이 묻지 않게 하라."

시리굿따는 니간타들에게 말했다.

"존자님들, 어서 오십시오."

니간타들이 들어와서 준비된 의자에 앉으려고 하자 시리굿따의 하인들이 소리쳤다.

"존자님들, 아직 앉지 마시고 기다리십시오."

"뭣 때문에 그러는 건가?"

"존자님들께서 저희 집에 들어오셨으면 의자에 앉을 때 이 집의 예절을 지켜야 합니다."

"어떻게 지켜야 하는 건가?"

"여러분께서 준비된 의자 앞에 서 있다가 모두가 동시에 앉아야 합니다."

시리굿따는 한 명의 니간타가 먼저 구덩이에 떨어지는 것을 보면 다른 니간타들이 의자에 앉지 않을까 봐 그렇게 말했다.

"그렇게 하지요."

니간타들은 시키는 대로 해야 한다고 생각했다. 그들 모두가 준비된 의자 앞에 서자 시리굿따의 하인이 말했다.

"자, 이제 동시에 앉으십시오."

시리굿따의 하인들은 그들이 의자에 막 앉으려고 하자 의자 위의 덮개를 잡아당겼다. 니간타들은 모두 자리에 앉았다. 이때 밧줄 위에 얹혀 있던 의자의 뒷다리가 무너져 뒤로 넘어지면서 니간타들은 모두 구덩이 속으로 곤두박질쳤다. 니간타들이 구덩이에 빠지자 시리굿따는 얼른 대문을 잠갔다.

그들이 구덩이에서 엉금엉금 기어 나오자 하인들을 시켜 막대기로 두들겨 패며 소리 질렀다.

"너희들이 과거, 현재, 미래를 모두 알아?"

시리굿따는 하인들을 시켜 니간타들을 한참 두들겨 팬 후 문을 열어주며 말했다.

"이 정도 교훈이면 됐다."

그들은 문밖으로 달아나기 시작했다. 그러나 시리굿따가 미리 길 위에 회반죽을 뿌려 놓았기 때문에 미끄러워 제대로 서지 못하고 허우적거렸다. 시리굿따는 또 하인들을 시켜 막대기로 두들겨 패고서 말했다.

"이 정도로 됐다. 놔 줘라."

"네가 우리를 개망신 시키는구나! 네가 우리를 개망신 시키는구나!"

그들은 분노의 눈물을 흘리며 자기들 신도의 집으로 들어갔다.

가라하딘나는 니간타들의 망신스러운 장면을 보고 화가 나서 말했다.

"시리굿따가 나를 망치는구나! 나의 스승들이 합장하고 예를 표했는데도 막대기로 때리고 치욕을 안겨주다니! 마음만 먹으면 여섯 천상에 태어나게 할 수 있는 나의 복밭福田인 그들에게 모욕을 안기다니!"

그는 곧장 왕에게 가서 시리굿따에게 천 냥의 벌금을 내려달라고 말했다. 왕은 시리굿따를 불러들였다. 시리굿따는 곧 왕에게 가서 예를 올리고 말했다.

"폐하, 벌을 내리기 전에 진상을 조사하고서 벌을 내리시겠습니까, 아니면 조사하지도 않고 내리시겠습니까?"

"벌을 내리기 전에 조사를 먼저 하겠다."

"좋습니다, 폐하. 그렇게 하십시오."

시리굿따는 왕에게 사건의 전말을 소상히 이야기했다.

"폐하, 제 친구는 니간타들의 신봉자입니다. 그는 내가 서 있거나 앉아있거나 보이기만 하면 '친구여, 사문 고따마가 네게 무슨 소용이 있는가? 무얼 얻으려고 사문 고따마에게 가는가?'라고 말했습니다."

시리굿따가 이야기를 모두 마치고 왕에게 말했다.

"폐하, 이런 경우에 벌을 내리는 게 옳다고 생각하면 그렇게 하십시오."

왕이 가라하딘나를 보고 말했다.

"그가 한 말이 사실인가?"

"사실입니다, 폐하."

"그대의 스승은 아무것도 알지 못하는데 부처님의 제자에게 가서 '나의 스승은 모든 것을 다 안다.'라고 말했는가? 이것은 그대 스스로 자초한 일이다. 나는 그대에게만 벌을 내리겠다."

그렇게 말하고 왕은 가라하딘나에게 벌을 주었다. 화가 난 가라하딘나는 자기 집에 오는 니간타들을 막대기로 때려서 쫓아버렸다.

가라하딘나는 분노 때문에 시리굿따와 보름 동안 말도 하지 않았다. 그리고 그에게 복수할 계획을 세웠다.

'나 혼자 속으로 화를 삭이며 있어 봤자 나만 손해다. 나도 시리굿따의 집에 오는 비구들에게 치욕을 안겨줘야겠다.'

그는 시리굿따에게 가서 말했다.

"친구 시리굿따여."

"무슨 일인가, 친구여?"

"친척이나 친구지간에도 싸움이나 말다툼이 있기 마련이라네. 왜 요즘은 통 내게 말도 하지 않는가?"

"친구여, 자네가 말하지 않으니 나도 말하지 않는 것뿐이라네. 친구여, 지나간 일은 이미 지나간 것이고 그 일 때문에 우리의 우정을 깨고 싶지 않다네."

그때부터 둘은 예전처럼 지냈다.

어느 날 시리굿따가 가라하딘나에게 말했다.

"니간타들이 그대에게 무슨 소용이 있는가? 무얼 얻겠다고 그들에게 가는가? 그 대신 나의 스승 부처님께 가서 공양을 올리지 않겠는가?"

그 말은 가라하딘나가 기다리고 기다리던 말이었다. 시리굿따가 자기의 가려운 곳을 제대로 긁어 준 것이다. 가라하딘나가 시리굿따에게 물었다.

"그대의 스승은 무엇을 아는가?"

"오 친구여, 그렇게 말하지 말게나. 부처님의 지혜는 한계가 없다네. 그분은 과거, 현재, 미래를 모두 꿰뚫고 계신다네. 모든 중생의 마음을 열여섯 가지 상태309)로 읽을 수 있다네."

"이 말이 사실이라면 어째서 여태까지 말하지 않았는가? 좋아, 부처님께 가서 내일 공양청을 한다고 전해주게. 500명의 비구와 함께 와주십사고 전해주게나."

시리굿따는 부처님께 가서 삼배를 올리고 말씀드렸다.

"부처님이시여, 제 친구 가라하딘나가 내일 공양에 초대하겠다고 합니다. 500명의 스님과 함께 오셔서 공양을 받아주시기 바랍니다. 그러나 얼마 전에 제가 그의 스승들인 니간타들을 혼내준 적이 있습니다. 그 일에 대한 보복으로 일을 꾸미는지 모르겠습니다. 그가 순수한 동기로 공양을 올리려고 하는지는 확신할 수 없습니다. 잘 생각하셔서 옳다고 생각하시면 받아들이시고 아니라고 생각하시면 거절하십시오."

부처님께서 그가 공양을 올리려는 의도가 무엇인지 관찰해 보시고 즉시

---

309) 16가지 마음: 대념처경(D22)이나 염처경(M10)에 나오는 마음관찰 수행법으로 열여섯 가지 마음을 열거하고 있다. ① 탐욕이 있는 마음 ② 탐욕이 없는 마음 ③ 성냄이 있는 마음 ④ 성냄이 없는 마음 ⑤ 어리석음이 있는 마음 ⑥ 어리석음이 없는 마음 ⑦ 수축된 마음(해태와 혼침) ⑧ 산란한 마음(들뜸) ⑨ 고귀한 마음(색계, 무색계 마음) ⑩ 고귀하지 않은 마음(욕계의 마음) ⑪ 위가 있는 마음(삼계의 마음) ⑫ 위가 없는 마음(출세간의 마음) ⑬ 삼매에 든 마음(근접삼매와 본삼매) ⑭ 삼매에 안 든 마음 ⑮ 해탈한 마음(반대 되는 것으로 대체함에 의한 해탈, 억압에 의한 해탈, 근절에 의한 해탈, 편안히 가라앉음에 의한 해탈, 벗어남에 의한 해탈) ⑯ 해탈하지 못한 마음

그가 무슨 일을 꾸미는지 아셨다.

'그는 건물들 사이에 큰 구덩이를 파고 60대분의 아카시아 나무를 가져와 가득 채울 것이다. 그리고 불을 놓아 숯불을 만들고 그 숯불 구덩이에 우리를 처박아서 치욕을 주려고 할 것이다.'

부처님께서는 당신이 가면 어떠한 이익이 있는지 관찰해 보셨다.

'내가 숯불 구덩이에 발을 디디면 마차바퀴만한 연꽃이 솟아오르고 숯불 구덩이는 없어질 것이다. 그러면 나는 연꽃을 밟고 올라가 의자에 앉을 것이다. 500명의 비구도 연꽃을 밟고 올라가 의자에 앉을 것이다. 많은 주민들이 몰려올 것이고 나는 그들에게 두 구절의 게송을 설할 것이다. 이 게송 끝에 많은 사람이 법에 대한 이해를 얻을 것이고 시리굿따와 가라하딘나는 수다원과를 성취할 것이다. 두 사람은 불교의 큰 후원자가 될 것이다. 이 훌륭한 젊은이들을 위해 내가 마땅히 가야한다.'

부처님께서는 초청을 받아들이셨다.

시리굿따는 가라하딘나에게 가서 부처님께서 초청을 받아들이셨다고 알렸다.

"삼계의 큰 스승을 모실 준비를 잘하게나."

가라하딘나는 속으로 생각했다.

'그를 어떻게 모실지 잘 알고 있지.'

그는 하인을 시켜 큰 구덩이를 파고 60대분의 아카시아 나무를 가져와 가득 채우고 불을 붙이고 나무가 재가 되지 않도록 밤새 연기만 나게 해 이글거리는 숯불 덩어리를 만들었다. 나무로 구덩이를 가로질러 놓고 깔개를 덮고 소똥을 발라놓았다. 그리고 무른 막대기로 통로를 만들어 놓고 회심의 미소를 지었다.

'그들이 이 통로에 들어서는 순간 막대기들이 부러지면서 숯불 구덩이 속으로 굴러떨어질 것이다.'

그는 집 뒤에 시리굿따가 했던 것처럼 텅 빈 항아리를 가져다 놓고 음식을 준비해 놓은 것처럼 꾸미고 함정이 있는 곳에 의자를 준비했다.

다음 날 아침 시리굿따는 가라하딘나의 집으로 가서 말했다.
"친구여, 음식은 준비됐는가?"
"친구여, 모두 준비했다네."
"어디 있는가?"
"이리 와서 보게나."
가라하딘나는 그를 데려가서 시리굿따가 했던 것처럼 항아리들을 보여주었다.
"아주 잘 됐네."
이윽고 많은 사람이 몰려왔다.

이교도가 부처님을 초청할 때는 항상 많은 군중이 몰려든다. 부처님을 믿지 않는 이교도들은 이런 생각으로 몰려온다.
'오늘 사문 고따마가 큰 낭패를 당할 것이다.'
반면, 부처님을 믿는 신도들은 이런 생각으로 몰려온다.
'오늘 부처님께서 훌륭한 법문을 하실 것이다. 우리는 오늘 부처님의 위대한 면모를 보게 될 것이다.'

부처님께서는 500명의 비구와 함께 가라하딘나의 집에 와서 문 앞에 섰다. 가라하딘나는 집에서 나와 오체투지로 삼배를 올리고 일어나 겉으로는 공손하게 합장하면서 속으로는 이렇게 생각했다.
'그러니까 붓다 당신이 과거, 현재, 미래를 다 안다 이거지? 중생들의 마음을 열여섯 가지 상태로 모두 읽는다 이거지? 어쨌든 그대의 신도가 그렇게 말했지. 정말로 다 안다면 이 집에 들어오지 말아야지. 들어온다 해도 우유죽도 쌀밥도 어떤 음식도 없지. 그 대신 숯불 구덩이에 굴러떨어져 치욕만 받을 뿐이지.'

그는 그렇게 생각하면서 부처님의 발우를 받아들고 말했다.

"부처님이시여, 어서 오십시오."

그는 부처님을 골탕 먹일 계획에 착수했다.

"부처님이시여, 우리 집에 오시면 들어오시는데 약간의 예절을 지켜야만 합니다."

"우리가 어떻게 해야 하는가?"

"한 분씩 차례대로 들어가 앉고 나면 다음 분이 들어가면 됩니다."

그는 나머지 비구들이 부처님이 들어가서 숯불구덩이에 떨어지는 것을 보게 되면 가까이 가려고 하지 않을 것이라고 생각했다. 그리고 부처님이 숯불구덩이에 홀로 떨어져서 쩔쩔매는 모습을 보고 싶었다. 그래서 그는 부처님께 이렇게 주문한 것이다.

"그렇게 하겠다."

부처님께서는 이렇게 대답하면서 홀로 구덩이로 나아갔다. 가라하딘나는 부처님이 구덩이에 이르자 뒤로 물러나 멈추어 서서 말했다.

"부처님이시여, 계속 가십시오."

부처님께서 발을 뻗어 숯불 구덩이 위에 내려놓자 덮개가 사라지고 마차 바퀴만한 연꽃이 솟아오르면서 숯불 구덩이는 없어져 버렸다. 부처님께서는 연꽃을 밟고서 앞으로 나아가 신비스럽게 생겨난 붓다의 자리에 앉으셨다. 비구들도 곧 따라와서 자리에 앉았다. 가라하딘나의 몸속에서 두려움의 불길이 확 일어났다. 그는 부처님 앞에 달려와 무릎을 꿇고 말했다.

"부처님이시여, 저의 귀의처가 되어주십시오."

"무슨 말인가?"

"제 집에는 500명의 스님을 위한 우유죽도 쌀밥도 어떤 음식도 준비돼 있지 않습니다. 제가 어떻게 하면 좋습니까?"

"그럼 무얼 준비했는가?"

"부처님을 구덩이에 떨어지게 해서 쩔쩔매는 모습을 보려고 큰 구덩이를 파고 숯불로 가득 채웠습니다. 그런데 커다란 연꽃이 솟아오르면서 숯불 구덩이는 사라져버렸습니다. 그리고 스님들 모두가 연꽃을 밟고 나아가 신비스럽게 생겨난 자리에 앉았습니다. 저는 어떻게 하면 좋습니까?"

"그대가 저 항아리들을 가리키면서 '이 항아리들은 모두 우유죽으로 가득 차 있고, 이 항아리들은 모두 쌀밥으로 가득 차 있다.'라고 말하지 않았는가?"

"제가 한 말은 모두 거짓입니다. 항아리들은 모두 텅 비어 있습니다."

"걱정하지 말고 가서 항아리에 우유죽이 들어있는지 다른 음식들이 들어있는지 확인해 보아라."

부처님께서 '우유죽'이라는 말을 한 순간 그 항아리들은 우유죽으로 가득 찼고, '쌀밥'이라는 말을 한 순간 그 항아리들은 쌀밥으로 가득 찼다. 다른 항아리들도 마찬가지였다.

가라하딘나는 기적을 보고 기쁨과 행복감이 온몸 가득 차오르면서 부처님에 대한 견고한 신심이 생겨났다. 그는 깊은 존경심으로 부처님과 스님들을 시중들었다. 공양이 끝나자 가라하딘나는 부처님의 발우를 받아들고서 법문을 들었다.

"중생들은 지혜의 눈이 없기 때문에 삼보의 공덕을 알지 못한다. 지혜가 없는 자는 맹인과 같고 지혜가 있는 자만이 눈이 있는 자이다."

부처님께서는 그렇게 말씀하시고 게송을 읊으셨다.

마음을 즐겁게 하는
맑고 향기로운 연꽃이
더러운 연못에서 피어나듯이.(58)

붓다의 제자들도
눈 먼 중생들 속에서
찬란한 지혜로 빛난다.(59)

이 게송 끝에 많은 사람이 법에 대한 이해를 얻었고 가라하딘나와 시리 굿따는 수다원과를 성취했다. 그 후 둘은 부처님과 비구들에게 공양을 올리고 많은 공덕을 쌓았다.

부처님께서 자리에서 일어나 사원으로 돌아가셨다. 저녁이 되자 비구들이 법당에 모여 법담을 나누고 있었다.

"오! 부처님의 위신력은 정말 불가사의하구나! 이글거리는 숯불 덩어리들이 사라져버리고 연꽃이 솟아오르다니!"

부처님께서 오셔서 비구들에게 물으셨다.

"비구들이여, 여기에 앉아서 무슨 이야기를 하고 있는가?"

비구들이 이야기하자 부처님께서 말씀하셨다.

"비구들이여, 내가 붓다가 됐을 때 숯불 구덩이에서 연꽃이 솟아오르는 것은 전혀 놀라운 일이 아니다. 내가 깨닫지 못한 보살이었을 때에도 연꽃이 솟아올랐다."

"부처님이시여, 그때가 언제였습니까? 그 이야기를 해 주십시오."

비구들의 요청에 따라 부처님께서는 카디랑가라 자따까를 설하셨다.

보살이 베나레스의 부자였을 때 벽지불이 일주일간의 멸진정에서 일어나서 공양하려고 그에게 왔다. 보살은 벽지불에게 음식을 보냈다. 그러나 마라가 벽지불과 보살 사이에 아카시아 나무로 큰 불구덩이를 만들었다. 그는 이 말을 듣고 직접 음식을 들고 공양을 못 올릴 바에 차라리 죽겠다는 마음으로 구덩이에 발을 디뎠다. 그 순간 그의 발밑에서 연꽃이 홀연히 솟아나고 불구덩이는 사라졌다. 마라는 낭패스러워 하며 도망쳐 버렸다.(Khadiraṅgāra Jātaka, J40)

공양을 올릴 수만 있다면
지옥에라도 기쁘게 뛰어들겠습니다.
여기 공양을 받으소서!

법구경 이야기 1

4판 발행 ｜ 2022년 4월 10일

옮긴이 ｜ 무념 · 응진
펴낸이 ｜ 김창협
펴낸곳 ｜ **옛길**
　　　　남양주시 덕송3로 12
　　　　전화 010-3706-4812
등록번호 ｜ 제505-2008-000005호(2008.5.15)
이메일 ｜ mahabhante@hanmail.net
홈페이지 ｜ http://cafe.daum.net/samatavipassana

ISBN 89-961738-1-6 04220
ISBN 89-961738-0-9(전3권)

값 ｜ 25,000원